国家出版基金项目
NATIONAL PUBLICATION FOUNDATION

中国近代
思想家文库

◎

唐方东树鉴卷

黄爱平 吴杰 编

中国人民大学出版社

·北京·

《中国近代思想家文库》编纂委员会名单

主　任　　柳斌杰　纪宝成

副主任　　吴尚之　李宝中　李　潞

　　　　　王　然　贺耀敏　李永强

主　编　　戴　逸

副主编　　王俊义　耿云志

委　员　　王汝丰　刘志琴　许纪霖　杨天石　杨宗元

　　　　　陈　铮　欧阳哲生　罗志田　夏晓虹　徐　莉

　　　　　黄兴涛　黄爱平　蔡乐苏　熊月之

　　　　　（按姓氏笔画排序）

总　序

　　对于近代的理解，虽不见得所有人都是一致的，但总的说来，对于近代这个词所涵的基本意义，人们还是有共识的。一个国家、一个民族走入近代，就意味着以工业化为主导的经济取代了以地主经济、领主经济或自然经济为主导的中世纪的经济形态，也还意味着，它不再是孤立的或是封闭与半封闭的，而是以某种形式加入到世界总的发展进程。尤其重要的是，它以某种形式的民主制度取代君主专制或其他不同形式的专制制度。中国是个幅员广大、人口众多、历史悠久的多民族国家，由于长期历史发展是自成一体的，与外界的交往比较有限，其生产方式的代谢迟缓了一些。如果说，世界的近代是从 17 世纪开始的，那么中国的近代则是从 19 世纪中期才开始的。现在国内学界比较一致的认识，是把 1840 年到 1949 年视为中国的近代。

　　中国的近代起始的标志是 1840 年的鸦片战争。原来相对封闭的国门被拥有近代种种优势的英帝国以军舰、大炮再加上种种卑鄙的欺诈打开了。从此，中国不情愿地加入到世界秩序中，沦为半殖民地。原来独立的大一统的中央集权的君主专制国家，如今独立已经极大地被限制，大一统也逐渐残缺不全，中央集权因列强的侵夺也不完全名实相符了。后来因太平天国运动，地方军政势力崛起，形成内轻外重的形势，也使中央集权被弱化。经历第二次鸦片战争、中法战争、甲午战争、八国联军入侵的战争以及辛亥革命后的多次内外战争，直至日本全面侵略中国的战争，致使中国的经济、政治、教育、文化，都无法顺利走上近代发展的轨道。古今之间，新旧之间，中外之间，混杂、矛盾、冲突。总之，鸦片战争后的中国，既未能成为近代国家，更不能维持原有的统治秩序。而外患内忧咄咄逼人，人们都有某种程度"国将不国"的忧虑。

　　"天下兴亡，匹夫有责"，读书明理的士大夫，或今所谓知识分子，尤为敏感，在空前的危机与挑战面前，皆思有所献替。于是发生种种救亡图存的思想与主张。有的从所能见及的西方国家发展的经验中借鉴某些东西，形成自己的改革方案；有的从历史回忆中拾取某些智慧，形成某种民族复兴的设想；有的则力图把西方的和中国所固有的一些东西加以调和或结合，形成某种救亡图强的主张。这些方案、设想、主张，从世界上"最先进的"，到"最落后的"，几乎样样都有。就提出这些方案、设想、主张者的初衷而言，绝大多数都含着几分救国的意愿。其先进与落后，是否可行，能否成功，尽可充分讨论，但可不必过为诛心之论。显而易见，既然救国的问题最为紧迫，人们所心营目注者自然是种种与救国的方案直接相关的思想学说，而作为产生这些学说的更基础性的理论，及其他各种知识、思想，则关注者少。

围绕着救国、强国的大议题，知识精英们参考世界上种种思想学说，加以研究、选择，认为其中比较适用的思想学说，拿来向国人宣传，并赢得一部分人的认可。于是互相推引，互相激励，更加发挥，演而成潮。在近代中国，曾经得到比较广泛的传播的思想学说，或者够得上思潮的，主要有以下几种：

（一）进化论。近代西方思想较早被引介到中国，而又发生绝大影响的，要属进化论。中国人逐渐相信，进化是宇宙之铁则，不进化就必遭淘汰。以此思想警醒国人，颇曾有助于振作民族精神。但随后不久，社会达尔文主义伴随而来，不免发生一些负面的影响。人们对进化的了解，也存在某些片面性，有时把进化理解为一条简单的直线。辩证法思想帮助人们形成内容更丰富和更加符合实际的发展观念，减少或避免片面性的进化观念的某些负面影响。

（二）民族主义。中国古代的民族主义思想，其核心是"非我族类，其心必异"，所以最重"华夷之辨"。鸦片战争前后一段时期，中国人的民族思想，大体仍是如此。后来渐渐认识到"今之夷狄，非古之夷狄"，"西人治国有法度，不得以古旧之夷狄视之"。但当时中国正遭受西方列强的侵略和掠夺，追求民族独立是民族主义之第一义。20世纪初，中国知识精英开始有了"中华民族"的概念。于是，渐渐形成以建立近代民族国家为核心的近代民族主义。结束清朝君主专制，创立中华民国，是这一思想的初步实现。第一次世界大战爆发，中国加入"协约国"，第一次以主动的姿态参与世界事务，接着俄国十月革命爆发，这两件事对近代中国的发展历程造成绝大影响。同时也将中国人的民族主义提升到一个新的层次，即与国际主义（或世界主义）发生紧密联系。也可以说，中国人更加自觉地用世界的眼光来观察中国的问题。新生的中国共产党和改组后的国民党都是如此。民族主义成为中国的知识精英用来应对近代中国所面临的种种危机和种种挑战的一个重要的思想武器。

（三）社会主义。社会主义作为一种模糊的理想是早在古代就有的，而且不论东方和西方都曾有过。但作为近代思潮，它是于19世纪在批判近代资本主义的基础上产生的。起初仍带有空想的性质，直到马克思和恩格斯才创立起科学社会主义。20世纪初期，社会主义开始传入中国。当时的传播者不太了解科学社会主义与以往的社会主义学说的本质区别。有一部分人，明显地受到无政府主义的强烈影响，更远离科学社会主义。直到五四新文化运动兴起之后，中国人始较严格地引介、宣传科学社会主义。但有一段时间，无政府主义仍是一股很大的思想潮流。中国共产党的成立，从思想上说，是战胜无政府主义的结果。中国共产党把在中国实现社会主义乃至共产主义作为自己的奋斗目标。此后，社会主义者，多次同各种非科学社会主义思想的信仰者进行论争并不断克服种种非科学社会主义思想的影响。

（四）自由主义。自由主义也是从清末就被介绍到中国来，只是信从者一直寥寥。直到五四新文化运动兴起，具有欧美教育背景的知识精英的数量渐渐多起来，自由主义始渐渐形成一股思想潮流。自由主义强调个性解放、意志自由和自己承担责任，在政治上反对一切专制主义。在中国的社会条件下，自由主义缺乏社会基础。在政治激烈动荡的时候，自由主义者很难凝聚成一股有组织的力量；在稍稍平和的时候，他们往往更多沉浸在自己的专业中。所以，在中国近代史上，自由主义不曾有，也不可能有大的作为。

（五）激进主义与保守主义。处于转型期的社会，旧的东西尚未完全退出舞台，新的东西也还未能巩固地树立起来，新旧冲突往往要持续很长的时间，有时甚至达到很激烈的程度。凡助推新东西成长的，人们便视为进步的；凡帮助旧东西排斥新东西的，人们便视为保守的。其实，与保守主义对应的，应是进步主义；与顽固主义相对的则应是激进主义。不过在通常话语环境中人们不太严格加以区分。中国历史悠久，特别是君主专制制度持续两千余年，旧东西积累异常丰富，社会转型极其不易。而世界的发展却进步甚速。中国的一部分精英分子往往特别急切地想改造中国社会，总想找出最厉害的手段，选一条最捷近的路，以最快的速度实现全盘改造。这类思想、主张及其采取的行动，皆属激进主义。在中共党史上，它表现为"左"倾或极左的机会主义。从极端的激进主义到极端的顽固主义，中间有着各种程度的进步与保守的流派。社会的稳定，或社会和平改革的成功，都依赖有一个实力雄厚的中间力量。但因种种原因，中国社会的中间力量一直未能成长到足够的程度。进步主义与保守主义，以及激进主义与顽固主义，不断进行斗争，而实际所获进步不大。

（六）革命与和平改革。中国近代史上，革命运动与和平改革运动交替进行，有时又是平行发展。两者的宗旨都是为改变原有的君主专制制度而代之以某种形式的近代民主制度。有很长一个时期，有两种错误的观念，一是把革命理解为仅仅是指以暴力取得政权的行动，二是与此相关联，把暴力革命与和平改革对立起来，认为革命是推动历史进步的，而改革是维护旧有统治秩序的。这两种论调既无理论根据，也不合历史实际。凡是有助于改变君主专制制度的探索，无论暴力的或和平的改革都是应予肯定的。

中国近代揭幕之时，西方列强正在疯狂地侵略与掠夺殖民地和半殖民地，中国是它们互相争夺的最后一块、也是最大的资源地。而这时的中国，沿袭了两千年的君主专制制度已到了奄奄一息的末日，统治当局腐朽无能，对外不足以御侮，对内不足以言治，其统治的合法性和统治的能力均招致怀疑。革命运动与改革的呼声，以及自发的民变接连不断。国家、民族的命运真的到了千钧一发之际，危机极端紧迫。先觉分子救国之心切，每遇稍具新意义的思想学说便急不可待地学习引介。于是西方思想学说纷纷涌进中国，各阶层、各领域，凡能读书读报者，受其影响，各依其家庭、职业、教育之不同背景而选择自以为不错的一种，接受之、信仰之、传播之。于是西方几百年里相继风行的思想学说，在短时期内纷纷涌进中国。在清末最后的十几年里是这样，五四时期在较高的水准上重复出现这种情况。

这种情况直接造成两个重要的历史现象：一个是中国社会的实际代谢过程（亦即社会转型过程）相对迟缓，而思想的代谢过程却来得格外神速。另一个是在西方原是差不多三百年的历史中渐次出现的各种思想学说，集中在几年或十几年的时间里狂泻而来，人们不及深入研究、审慎抉择，便匆忙引介、传播，引介者、传播者、听闻者，都难免有些消化不良。其实，这种情况在清末，在五四时期，都已有人觉察。我们现在指出这些问题并非苛求前人，而是要引为教训。

同时我们也看到，中国近代思想无比的多样性与复杂性呈现出绚丽多彩的姿态，各种思想持续不断地展开论争，这又构成中国近代思想史的一个突出特点。有些论争为我们留下了非常丰富的思想资料。如兴洋务与反洋务之争，变法与反变法之争，革命与改良之争，共和与立宪之争，东西文化之争，文言与白话之争，新旧伦理之争，科学与人生观之争，中国社会性质的论争，社会史的论争，人权与约法之争，全盘西化与本位文化之争，民主与独裁之争，等等。这些争论都不同程度地关联着一直影响甚至困扰着中国人的几个核心问题，即所谓中西问题、古今问题与心物关系问题。

中国近代思想的光谱虽比较齐全，但各种思想的存在状态及其影响力是很不平衡的。有些思想信从者多，言论著作亦多，且略成系统；有些可能只有很少的人做过介绍或略加研究；有的还可能因种种原因，只存在私人载记中，当时未及面世。然这些思想，其中有很多并不因时间久远而失去其价值。因为就总的情况说，我们还没有完成社会的近代转型，所以先贤们对某些问题的思考，在今天对我们仍有参考借鉴的价值。我们编辑这套《中国近代思想家文库》，希望尽可能全面地、系统地整理出近代中国思想家的思想成果，一则借以保存这份珍贵遗产，再则为研究思想史提供方便，三则为有心于中国思想文化建设者提供参考借鉴的便利。

考虑到中国近代思想的上述诸特点，我们编辑本《文库》时，对于思想家不取太严格的界定，凡在某一学科、某一领域，有其独立思考、提出特别见解和主张者，都尽量收入。虽然其中有些主张与表述有时代和个人的局限，但为反映近代思想发展的轨迹，以供今人参考，我们亦保留其原貌。所以本《文库》实为"中国近代思想集成"。

本《文库》入选的思想家，主要是活跃在 1840 年至 1949 年之间的思想人物。但中共领袖人物，因有较为丰富的研究著述，本《文库》则未收入。

编辑如此规模的《文库》，对象范围的确定，材料的搜集，版本的比勘，体例的斟酌，在在皆非易事。限于我们的水平，容有瑕隙，敬请方家指正。

《中国近代思想家文库》编纂委员会

目　录

唐鉴卷

导　言

方东树、唐鉴都是晚清时期著名的理学家，其生平际遇虽有所不同，学术造诣亦不尽一致，但他们的思想主张却多有相通之处。特别是在道光年间中国传统社会逐渐步入近代之时，两人各有一部著述风靡一时，歆动天下，这就是方东树的《汉学商兑》和唐鉴的《学案小识》，二者都对当时乃至后世产生了极大的影响。职此之故，因将两人重要著述合编为一卷。以下分别述之。

一

方东树（1772—1851），安徽桐城人，字植之，别号副墨子，又号歇庵、冷斋。晚年因慕春秋时期卫国大夫蘧瑗"五十知非"，卫国国君卫武公"耄而好学"之意①，以"仪卫"名轩，自号"仪卫老人"，亦署"仪卫主人"，学者称仪卫先生。

方东树出生于安徽桐城著名的方氏家族中的一支。曾祖父方泽，字苇川，晚自号待庐，乾隆十二年（1747）优贡生，曾任八旗官学教习，主讲山西洪洞玉峰书院。能诗擅文，论学尊崇朱熹，论文宗尚明艾南英。祖父方训，字味书，未入仕。父方绩，字展卿，县学生，承桐城派大家刘大櫆、姚鼐之学，力倡古文词，著有《经史札记》、《屈子正音》、《鹤鸣集》。

受家族和家学的影响，方东树自幼向学，即喜为古文词，并显示出

---

① 参见郑福照：《方仪卫先生年谱》，乾隆三十七年条，见王云五主编《新编中国名人年谱集成》，台北，台湾商务印书馆，1978。

很高的文学天赋。11 岁时，他仿效南朝齐、梁间诗人范云作《慎火树诗》，得到乡里前辈叹赏。其后，随着年龄的增长，他的读书范围日益广泛，兴趣也有所转移。据其自言："十八九时，读孟子书，怃然悟吾学之更有其大者、切者，遂屏文章不为。性喜庄、老及程、朱、陆、王诸贤书，读之若其言皆如吾心之所发者。以观近时人文字，辄见其踳驳谬盭，为不当意"①。乾隆五十八年（1793），方东树 22 岁，他与父亲方绩同拜著名学者、桐城派大家姚鼐为师，受业于江宁（今南京）钟山书院。在姚门诸弟子中，方东树不仅"随侍讲席最久"②，而且以其杰出的诗文才华和致力于程朱理学的学术趋向，深得姚鼐器重，与梅曾亮、管同、刘开并称为"姚门四杰"。

在拜师姚鼐的同年，方东树亦入县学，补弟子员，数年后补增广生。与所有同时代的读书人一样，方东树也期冀走上读书做官、学以致用的坦途。然而，天不遂人愿，数十年间，他先后十次参加乡试，一次应考岁试，均未得中。直至道光八年（1828），方东树年届 57 岁，始绝意仕途，不再应试。

科举多次受挫，迫于生计，方东树只得奔走四方，或教授弟子，或参赞幕府。他先后馆于江西新城陈用光侍郎、安徽桐城汪志伊尚书府邸，又辗转于安徽阜阳、六安、池州、宿州等地讲学。并应姚鼐之邀，长期在江宁书院课其长孙学业。其间还曾应江宁知府吕燕昭之请，参与纂修《江宁府志》。虽常年往来奔走，不遑宁处，但收入却极为微薄，方东树常常陷入衣食无着的窘境。诚如其自言："二十余年颠沛失荡，所至辄穷，忧患疾病，日与死迫。羁旅异地，每遇良辰会节，瞻望家园，凶祥莫卜，中夜推枕起叹，戚然不知涕之流落也。"③ 嘉庆二十四年（1819），48 岁的方东树应两广总督阮元之请赴广州，参与纂修《广东通志》。此后数年，除短暂主持廉州海门书院、韶州韶阳书院外，均客居阮元幕府，或协纂书籍，或教授经学。道光六年（1826），阮元调任云贵总督，方东树遂自粤归里。其后，又先后主持安徽庐州庐阳书院、亳州泖湖书院、宿松松滋书院，佐理安徽巡抚邓廷桢幕府，客居武进县令姚莹官署。道光十七年（1837），赴广东参赞两广总督邓廷桢幕府，次年应粤海关监督豫堃之请，参与纂修《粤海关志》。道光二十年

---

① 方东树：《考槃集文录》卷六，《答姚石甫书》。
② 郑福照：《方仪卫先生年谱》，乾隆五十八年条。
③ 方东树：《考槃集文录》卷六，《答姚石甫书》。

(1840)归里，授徒论学，培养人才。桐城戴钧衡、方宗诚、苏惇元、文汉光、甘绍盘、郑福照等十余人均出其门下，各有所成。与此同时，他还致力著述，十年中，撰成《大意尊闻》等书凡十余种，并自编其文集、诗集。虽然生活依然艰困，但方东树甘之如饴，著述授徒，"益穷性命之归"①。唯对自己当年因漂泊在外，生计窘迫，未能归家为其父亲奔丧一事耿耿于怀，"誓宜没于外以自罚"②。咸丰元年（1851），当新任安徽祁门县令唐治邀请他前去主持东山书院时，方东树不顾年高体弱，执意前往。未及数月，即因病卒于当地，享年80岁。

　　尽管终其一生，方东树只是一介书生，但他始终坚持传统儒学讲求经世致用的价值理念，"尝言立身为学，固以修德制行，内全天理为极，而于人世事理，亦必讲明通贯以待用"。故而他早年即"锐然有用世志，凡礼乐、兵刑、河漕、水利、钱谷、关市，大经大法，皆尝究心，曰此安民之实用也"③。道光十一年（1831），桐城发生水灾，县令杨大缙不但不加抚恤，反而一味贪赃娄索，导致民怨沸腾。而当地官府竟以民变上疏安徽巡抚邓廷桢，请求派兵镇压。当时方东树正客居邓廷桢幕府，闻讯后立即面见邓廷桢，详陈实际情形，并以身家性命担保，请求罢兵，终于使得一方百姓免遭涂炭。道光十八年（1838），方东树因参赞时任两广总督邓廷桢幕府，客居广州，目睹鸦片流毒天下，祸害百姓。他忧心如焚，深感"彼外夷之以此愚毒中国也，非独岁糜中国金钱数十百万而已也，其势将使中国人类日就渐灭也。此天地之大变也，自生民以来，其祸之柔且烈，未有若此者也"④。因此，他作《化民正俗对》，力陈禁烟之道，提出："欲令鸦片之害永绝，则莫若严治食者，欲严治食者，则莫若先治士大夫在上之人。"⑤又作《劝戒食鸦片文》，痛陈鸦片之害，力劝食者戒烟。鸦片战争爆发后，方东树虽然已因年老归乡居家，但仍心系国事。当他得知朝廷将帅面对英军进逼大多退守避让，不战而逃，东南数省丧师失地，百姓惨遭兵燹之祸时，极为痛心疾首。他不顾衰病在身，伏案疾书，撰成《病榻罪言》一文，纵横捭阖，鉴古论今，提出收服汉奸，申严军法，增修武备，禁断贸易等制敌之策，认为

---

①　方宗诚：《仪卫先生行状》，见方东树《大意尊闻》卷首。
②　郑福照：《方仪卫先生年谱》，咸丰元年条。
③　方宗诚：《仪卫先生行状》，见方东树《大意尊闻》卷首。
④　方东树：《考槃集文录》卷二，《劝戒食鸦片文》。
⑤　方东树：《考槃集文录》卷二，《化民正俗对》。

"谋国之道，不恃敌之不攻，惟恃我之不败。今日之事，及逆夷暂退，急须认真增修武备，倡勇敢，鼓士气，储蓄聚，习弓矢，镇静以安百姓，勿摇民心"，只要"朝廷诚威诚断，诸将诚勇诚谋，必可转败为功"①。道光三十年（1850），方东树已家居 10 年之久，年届 79 岁高龄，但当他读到魏源所著《海国图志》时，"甫尽卷首四条，不禁五体投地，拍案倾倒，以为此真良才济时切用要著，坐而言可起而行，非迂儒影响耳食空谈也"②，忧国忧民之情，丝毫未减当年。诚如其弟子苏惇元所言，方东树一生，"身虽未仕，常怀天下忧。凡遇国家大事，忠愤之气见于颜色，或流涕如雨"③，典型地表现了一个传统知识分子的情怀。

当然，方东树对当时乃至后世影响最大的，还是他恪守程朱理学、捍卫儒学道统的思想主张和学术实践。尊崇朱子之学，历来是桐城方氏家族的传统，方东树也不例外。他"幼承家范"，成年后师从姚鼐，奠定了深厚的理学根基。自谓"平生观书，不喜异说。少时亦尝泛滥百家，惟于朱子之言有独契，觉其言言当于人心，无毫发不合，直与孔、曾、思、孟无二"。故其立身处世，接物待人，乃至辨析学术，裁量人物，无不以朱子为宗，甚而"见后人著书，凡与朱子为难者，辄恚恨，以为人性何以若是其蔽也"④。对占据清代学术主流地位的汉学，方东树自然深为不满。他曾撰《辨道论》，指责汉学"以章句为本，以训诂为主，以博辨为门，以同异为攻，不概于道，不协于理，不顾其所安"，其说"以文害辞，以辞害意，弃心而任目，刬㭬精神而无益于世用。其言盈天下，其离经畔道过于杨、墨、佛、老"⑤。嘉庆年间，汉学风靡一时，不仅学术界群趋于文字、音韵、训诂、考据的研究，几乎"家家许、郑，人人贾、马"，而且还出现了为汉学家立传，彰显汉学学术成就的总结性著作，即江藩的《国朝汉学师承记》，在学术界产生了极大影响。当时，方东树与江藩同在两广总督阮元幕府，眼见"汉学大盛，新编林立，声气扇和，专与宋儒为水火。而其人类皆以鸿名博学，为士林所重，驰骋笔舌，弗穿百家，遂使数十年间承学之士耳目心思为之大

① 方东树：《考槃集文录》卷二，《病榻罪言》。
② 方东树：《考槃集文录》卷六，《与魏默深书》。
③ 苏惇元：《仪卫方先生传》，见方东树《考槃集文录》卷首。
④ 方东树：《书林扬觯》卷下，《序纂》，见《四库未收书辑刊》第九辑，北京，北京出版社，2000。
⑤ 方东树：《考槃集文录》卷一，《辨道论》。

障"，本不欲置辩的方东树再也按捺不住，毅然决然，挺身而出，发愤著述，撰成《汉学商兑》三卷。他仿效朱熹当年为批评其他学人学派之说所著《杂学辨》的体例，首先摘录论敌原文，再"各为辨正于下"。凡引原文，皆注明某人某书；所作辨正，"特论其纲领宗旨"；若"援引事类，或推衍余意"，则"以类附注句下"。全书"本止一卷，首尾脉络相贯"，但因篇幅较多，分为三卷："首溯其畔道罔说之源；次辨其依附经义小学，似是而非者；次为总论，辨其诋诬唐宋儒先，而非事实者。"①

在阐发其书宗旨义例的《序例》中，方东树开篇即列举汉学家攻击宋学的要点所在，他说："近世有为汉学考证者，著书以辟宋儒、攻朱子为本，首以言心言性言理为厉禁。海内名卿巨公、高才硕学数十家递相祖述，膏唇拭舌，造作飞条，竞欲咀嚼。究其所以为之罪者，不过三端：一则以其讲学标榜，门户分争，为害于家国。一则以其言心言性言理，堕于空虚心学禅宗，为歧于圣道。一则以其高谈性命，束书不观，空疏不学，为荒于经术。"由此出发，方东树旁征博引，反复辩难，对汉学家的思想主张、学术宗旨、研究方法，乃至学术成就，进行了全面的批评，尤集矢于顾炎武、毛奇龄、惠栋、戴震、段玉裁、钱大昕、焦循、江藩、阮元等汉学大家，大段征引其言论观点，逐条予以辩驳，甚至不惜攻击谩骂诋毁之辞。

出于卫道的目的，方东树对汉学家著书立说，"惟取汉儒破碎穿凿谬说，扬其波而汩其流，抵掌攘袂，明目张胆，惟以诋宋儒、攻朱子为急务"尤为反感，指责其"不知学之有统，道之有归，聊相与逞志快意，以骛名而已"，断言汉学家"毕世治经，无一言几于道，无一念及于用，以为经之事尽于此耳矣，经之意尽于此耳矣。其生也勤，其死也虚，其求在外，使人狂，使人昏，荡天下之心，而不得其所本。虽取大名如周公、孔子，何离于周公、孔子？其去经也远矣"②！不仅如此，方东树还给汉学家扣上"离经叛道"的罪名，比之于杨、墨、佛、老，视之为洪水猛兽，甚至有过之而无不及。在他看来，汉学家"弃本贵末，违戾诋诬，于圣人躬行求仁，修齐治平之教，一切抹撇。名为治经，实足乱经；名为卫道，实则畔道"③，"较之杨、墨、佛、老而更陋，拟之洪水猛兽而更凶。何者？洪水猛兽害野人，此害专及学士大

---

① 方东树：《汉学商兑》卷首，《汉学商兑序例》。
② 方东树：《汉学商兑》卷首，《重序》。
③ 方东树：《汉学商兑》卷首，《汉学商兑序例》。

夫。学士大夫学术昧，则生心发事害政，而野人无噍类矣"。①

　　站在宋学的立场，方东树对汉学家一致遵循的由文字、音韵、训诂以寻求经书义理的学术宗旨深致不满，攻击不遗余力。他说："夫谓义理即存乎训诂，是也"，"然训诂不得义理之真，致误解古经，实多有之。若不以义理为之主，则彼所谓训诂者，安可恃以无差谬也。诸儒释经解字，纷纭百端。吾无论其他，即以郑氏、许氏言之，其乖违失真者已多矣，而况其下焉者乎？总而言之，主义理者，断无有舍经废训诂之事；主训诂者，实不能皆当于义理。何以明之？盖义理有时实有在语言文字之外者"。据此，方东树认为："解经一在以其左证之异同而证之，一在以其义理之是非而衷之。二者相须不可缺，庶几得之。今汉学者，全舍义理而求之左验，以专门训诂为尽得圣道之传，所以蔽也。"何况一些汉学家一味泥古、复古，"言不问是非，人惟论时代，以为去圣未远，自有所受，不知汉儒所说，违误害理者甚众"。故而他极力强调："夫训诂未明，当求之小学，是也。若大义未明，则实非小学所能尽。今汉学宗旨，必谓经义不外于小学，第当专治小学，不当空言义理。以此欲蓦过宋儒而蔑之，超接道统，故谓由考核以通乎性与天道，由训诂以接夫唐、虞、周、孔正传。此最异端邪说，然亦最浅陋，又多矛盾也。"针对汉学家群趋于典章制度考核的学术风气，方东树反诘说："如《考工》车制，江氏有考，戴氏有图，阮氏、金氏、程氏、钱氏皆言车制，同时著述，言人人殊，讫不知谁为定论。他如蔡氏赋役，沈氏禄田，任氏、江氏、盛氏、张氏宫室，黄氏、江氏、任氏、戴氏衣服冕弁，各自专门，亦互相驳斥，不知谁为真知定见。庄子所谓'有待而定'者邪？"② 在他看来，此等学问"得之固佳，即未邃明，亦无损大体，无关阃旨"③。故而方东树对汉学诸家的研究成果，基本持否定的态度，他说："汉学诸人，言言有据，字字有考，只向纸上与古人争训诂形声，传注驳杂，援据群籍，证佐数百千条。反之身己心行，推之民人家国，了无益处，徒使人狂惑失守，不得所用。"④

　　方东树还进而总结汉学六蔽："其一，力破'理'字，首以穷理为厉禁，此最悖道害教"；"其二，考之不实，谓程朱空言穷理，启后学空疏之陋"；"其三，则由于忌程朱理学之名及《宋史·道学》之传"；"其四，则畏

---

① ②　方东树：《汉学商兑》卷下。
③　方东树：《汉学商兑》卷中之下。
④　方东树：《汉学商兑》卷中之上。

程朱检身，动绳以理法，不若汉儒不修小节，不矜细行，得以宽便其私"；"其五，则奈何不下腹中数卷书，及其新慧小辨，不知是为驳杂细碎，迂晦不安，乃大儒所弃余，而不屑有之者也"；"其六，则见世科举俗士，空疏者众，贪于难能可贵之名，欲以加少为多，临深为高也"①。可以说，方东树对汉学的批评和攻击，把清初以来或隐或显的汉宋之争推向了一个极端。

平心而论，方东树对汉学的指责，不能说完全没有道理。诸如批评典章制度的考证言人人殊，不知何所适从；针砭汉学考据驳杂细碎，无益国计民生；认为训诂考据不能完全赅括经书义理和儒学内容等，都切中汉学弊病。但他纯粹从卫道的立场出发，一以程朱理学为衡，门户之见极深，故而其书多充斥愤激之辞、诟詈之语，名为"商兑"，实则攻击，乃至谩骂、诋毁，这不能不说是《汉学商兑》一书的最大缺陷。萧一山也认为："方东树作《汉学商兑》，专以诋毁经学家为务，而道统之观念更为炽烈，益多主观之论矣。"②

《汉学商兑》成书后，当时的理学家多有赞誉，如姚莹称："研究大著，宏博渊通，沉精明辨，息群言之喙，区大道之途。书成一家，义宗百氏，洵斯文之木铎，为正学之明镫。"③ 沈钦韩谓："不遍读群书，不足知其援据该洽；不精深穷理，不足知其折衷允当；不能包括古今义理是非，不足以周知此书之蕴。"④ 甚有称《汉学商兑》之书成，"于是汉学之气焰始衰"⑤ 者。其后，随着晚清社会环境的变化和学术风气的转变，特别是曾国藩、李鸿章等人对方东树其人其书的肯定，《汉学商兑》一版再版，影响也越来越大。民国初年，梁启超纵论清代学术，对是书多所认可，他说："方东树之《汉学商兑》，却为清代一极有价值之书。其书成于嘉庆间，正值正统派炙手可热之时，奋然与抗，亦一种革命事业也。其书为宋学辩护处，固多迂旧，其针砭汉学家处，却多切中其病。就中指斥言汉《易》者之矫诬，及言典章制度之莫衷一是，尤为知言。"⑥

① 方东树：《汉学商兑》卷下。

② 萧一山：《清代通史》卷中，第三篇第十五章《乾嘉时代之文学与理学》，第二册，782页，北京，中华书局，1986。

③ 姚莹：《汉学商兑题辞》，见方东树《汉学商兑》卷末。

④ 沈钦韩：《汉学商兑题辞》，见方东树《汉学商兑》卷末。

⑤ 方宗诚：《柏堂师友言行记》卷一，见《续修四库全书》，第540册，上海，上海古籍出版社，2002。

⑥ 梁启超：《清代学术概论》十九，58页，上海，上海古籍出版社，2005。按：梁启超谓《汉学商兑》"成于嘉庆间"，不确。参见本书《方东树年谱简编》。

但另一方面，对《汉学商兑》一书的影响和作用也不乏持否定意见者。有学者认为，该书论据"陈言无力，所以并未起什么作用"①，也有学者断言："究其实，汉学衰微与汉宋调和等，与《汉学商兑》并无任何的直接关联。"② 客观而言，认为《汉学商兑》出而"汉学之气焰始衰"，将方东树对汉学的批评誉为"一种革命事业"，固然有夸大的成分，但完全否定汉学衰微与《汉学商兑》一书的关联，似乎也走向了另一个极端。道光初年，汉学虽仍盛行，但已是强弩之末，自身弊端日益显露。随着形势的变化，不仅来自外界的批评始终不断，汉学阵营内部也出现了自我反省的声音。在这种情形之下，《汉学商兑》对汉学全方位的批评、攻击乃至诋毁，无疑促使学界进一步反思汉学的弊病，从而对学术思潮的消长变化起到推波助澜的作用。钱穆在指出《汉学商兑》一书"专务纠驳"、"肆口无忌"，并将方东树学术造诣与当时学者加以比较之时，也认为该书"惟以纵横排奡见长，然亦颇为并时学者推重。良以汉学已臻极盛，木老蠹生，水久腐起，亦学术将变应有之象也"③。

方东树恪守程朱理学，也极为重视立身制行。在他看来，"学之本事"在于"修己治人之方"④，士人"必也才当世用，卓乎实足济世，不幸不用，而修身立言足为天下后世法"⑤。他一生勤于读书著述，"每日鸡鸣起，至漏数十下始就寝。严寒酷暑，精进靡间"。虽迫于生计，经常奔走四方，但于"舟车尘土之间，忧戚病患之余"⑥，仍好学深思，刻苦自励，时时体验"身心性命之旨，修己接物之方"⑦，凡有所悟，皆随笔条记，积数十年之功，撰成《待定录》百余卷，"自天道、治法、物理、人情，修齐之教，格致之方，省察存养之旨，诸儒学术同异得失，以逮说经、考史、诗文、小学、浮屠、老子、杂家之说，罔不探赜抉微，析非审是"。惜其书未刊，后毁于兵燹。晚年家居课徒，方东树亦持身谨严，侃侃不阿，"遇事据理直论，或面折人非"，"凡以诗文就

① 汪绍楹：《校点后记》，见方东树撰，汪绍楹校点《昭昧詹言》卷末，北京，人民文学出版社，1961。
② 漆永祥：《方东树〈汉学商兑〉新论》，载《文史哲》，2013（2）。
③ 钱穆：《中国近三百年学术史》下册，520、521页，北京，中华书局，1986。
④ 方东树：《考槃集文录》卷三，《待定录自序》。
⑤ 郑福照：《方仪卫先生年谱》，咸丰元年条。
⑥ 方宗诚：《仪卫先生行状》，见方东树《大意尊闻》卷首。
⑦ 郑福照：《方仪卫先生年谱》，道光四年条。

正者，既告之法，必进以古人务本之义"①。对晚辈要求尤为严格，他先后撰成《大意尊闻》、《山天衣闻》等书，或记述"内省自讼"之所得，或择取古人相关之格言，欲以警示儿孙后辈。特别是《大意尊闻》一书，初成于道光二十年（1840），即其归乡的第一年。在此后家居的十年中，方东树不断进行修改，直至道光三十年（1850），即其去世的前一年，才最终定稿。在这部随笔札记体裁的著述中，方东树将其一生的经历、体验和感悟凝聚于笔端，"自小学以至于大学之事，格致、省察、克制、存养以至于成德之功，居身、接物、齐家、训俗、教学以至于治平之业，无不有以探其原而穷其弊，笃实亲切，不阔不肤"②，可谓其教也谆谆，其情也殷殷，既写给儿孙，实则亦写给世人，至今读来，仍有很强的现实借鉴意义。当然，方东树并非完人，其性格亦有缺陷，他自谓其"性轻脱率意，又精神短浅，虑患不深，疏放不慎"③，故而常常好发议论，针砭讥刺，逞一时快意，而罔顾其所安。即便在进行正常的学术批评之时，也往往不能做到心平气和，《汉学商兑》就是如此。这大概也是智者之失吧。

　　方东树在文学上亦有相当造诣。他认为"文章如面，万有不同"，著书撰文，当"本之以经济，以求其大；本之以义理，以求其醇。表章纪事然后重，陶铸性情然后真"④。故其为文，"务尽其事之理，而足乎人之心。"⑤ 尽管因学术兴趣转移，方东树曾一度"屏文章不为"，甚至欲焚而弃之，但实际上仍笔耕不辍，自言"吾无用于世，而窃慕古之立言者，蕲与为不朽，故平生喜著书"⑥。所撰文章亦在其好友毛岳生、姚莹的劝说及其弟子戴钧衡、方宗诚的协助下，得以编成《考槃集文录》十二卷并保存下来。当时人即对其文多有好评，管同说："无不尽之意，无不达之辞，国朝名家无此境界。"⑦ 方宗诚也推崇说："先生之文醇茂昌明，言必有本，随事阐发，皆关世教。"⑧ 不仅其文堪列桐城派之林，方东树在诗歌创作乃至诗学理论上也颇有建树。他将诗作先后

①　方宗诚：《仪卫先生行状》，见方东树《大意尊闻》卷首。
②　方宗诚：《大意尊闻序》，见方东树《大意尊闻》卷首。
③　方东树：《未能录》卷上，《敬事五》，见《仪卫轩全集》，光绪十七年重刻本。
④　方东树：《考槃集文录》卷三，《姚石甫文集序》。
⑤　方东树：《考槃集文录自序》，见《考槃集文录》卷首。
⑥　方东树：《考槃集文录》卷二，《冷斋说》。
⑦　方东树：《考槃集文录自序》引管同语。
⑧　方宗诚：《仪卫先生行状》，见方东树《大意尊闻》卷首。

编成《半字集》二卷、《王余集》一卷、《考槃集》三卷等行世，时人称
其"穷源尽委，而沉雄坚实，卓然自成一家"①。特别是他评点王士禛
《古诗选》、姚鼐《今体诗钞》等读本，阐发其论诗见解，后汇编为《昭
昧詹言》一书，成为桐城派以文论诗的代表作，对当时以及后世都产生
了很大的影响。

方东树对佛、道思想也有研究，史载其"研极义理，于经史百家、
浮屠、老子之说，罔不穷究"②。他曾著《老子章义》、《考正感应篇畅
隐》、《语心证璞》、《向果微言》、《最后微言》等，讨论儒、佛、道三家
心性之旨。因在其思想主张中并未占据主导地位，且对后世影响不大，
故此从略。

二

唐鉴（1778—1861），湖南善化（今属长沙市）人，字栗生，号镜
海，或作敬楷，又称小岱山人。

唐鉴出生于官宦世家。祖父唐焕，字尧章，乾隆六年（1741）举
人，曾任山东平阴县县令。父亲唐仲冕，字六枳，号陶山，学者称陶山
先生。乾隆五十八年（1793）进士，历任江苏荆溪、吴江、吴县知县、
海州、通州知州，松江府、苏州府知府，官至陕西布政使。他为官清正
廉洁，关心民瘼，每至一地，均兴利除弊，振兴文教，深得民众拥戴，
江苏士人为其绘像刻石，立于苏州沧浪亭。在学术方面，唐仲冕也颇有
成就。他崇尚明体达用之实学，精研群经，长于考证，与钱大昕、王
昶、孙星衍、洪亮吉、段玉裁等乾嘉学者多有交游往还，著有《岱
览》、《陶山文录》、《陶山诗录》等。

唐鉴幼年跟随祖父读朱子《小学》诸书，又通读《资治通鉴》等史
著，奠定了良好的学问基础。嘉庆十二年（1807），刚届而立之年的唐
鉴得举湖南乡试。十四年（1809）中进士，次年入翰林院，改庶吉士，
开始步入仕途。他先后任翰林院检讨，充国史馆协修、会试同考官，升
浙江道监察御史。道光元年（1821），简任广西平乐府知府，在当地兴
利除弊，捕盗安民，并相其地宜，推广开塘治田之法。四年（1824），

---

① 方宗诚：《仪卫先生行状》，见方东树《大意尊闻》卷首。
② 《清史列传》卷六七，《儒林传上二》，北京，中华书局，1987。

以母病告归。后迭遭母丧、父丧，守制6年。服阙，再补平乐府知府，于任内捐廉修缮文庙、考棚、书院，革除陋规，惩治盗贼，又重申开塘治田之法，以惠民生。时值湖南江华瑶民赵金龙率众起事，波及广东、广西两省。唐鉴奉命出守平乐府属要隘富川，得知贺县瑶民意欲聚众响应，他"轻车减从，亲往抚之"①。事平之后，又亲自拟定善后章程，惩治扰民胥役，兴办义学书院，以端正风俗，消除隐患。十三年（1833），因办理瑶事有功，唐鉴得升任安徽徽宁池太广兵备道，兼管钞关。次年，调江安徽宁池太庐凤淮扬十府粮储道，管理漕粮督运事务。他在其任谋其政，多次就漕运事宜上疏言事，得到朝廷认可施行。十六年（1836），补授贵州按察使。十八年（1838），调江宁布政使。时两江总督陶澍卧病，唐鉴代为处理日常事务，陶澍去世后又署理两江事务。他为政清廉，处事干练，深得皇帝信任。二十年（1840），内转太常寺卿，入京供职。鸦片战争爆发后，举国震动，唐鉴坚决主战，反对求和，他不畏强权，毅然上疏，"劾琦善、耆英等人，直声震天下"②。二十五年（1845），唐鉴因入值内廷途中发生翻车事故，手肘受伤，遂于是年冬奏请开缺，回到湖南善化。居乡期间，唐鉴或与同乡后学罗泽南、刘蓉、左宗棠、劳崇光等人探讨性理之学，或应邀主讲江南尊经书院，借以倡导正学，培养人才。咸丰元年（1851），因其弟子吕贤基推荐，内阁特旨传谕唐鉴进京。新登基的皇帝对这位74岁的老臣极为重视，先后召见十一次，或问家世学术，或询安民之策。唐鉴皆一一进言，凡"中外利弊，无所不罄"③，又以当年在京供职时所撰《畿辅水利备览》一书进呈。咸丰帝"嘉其品学兼优，器识安定，欲令留京供职"。但因年老体衰，唐鉴去意坚决，他先后陛辞四次，始得"赏加二品衔，回江南主讲书院"④。咸丰十一年（1861），唐鉴因病卒于湖南宁乡，享年84岁。后曾国藩代递其遗折并请谥，奉特旨予谥"确慎"。

唐鉴生历乾隆、嘉庆、道光、咸丰四朝，主要为政经历，则在嘉道年间。虽然算不上高官显宦，但其一生，亦扬厉中外，颇多建树。在其前后长达30余年的宦海生涯中，唐鉴始终讲求经济之学，重视国计民

① 唐尔藻：《唐公镜海府君行状》，见唐鉴《唐确慎公集》卷首。
② 李元度：《国朝先正事略》卷三一。
③ 曾国藩：《皇清诰授通奉大夫二品衔太常寺卿谥确慎唐公墓志铭》，见唐鉴《唐确慎公集》卷首。
④ 唐鉴：《唐确慎公集》卷首，《恭谢赏加二品衔，回江南主讲书院疏》。

生。在他看来，"学贵有用，用之于家而一家孝弟，用之于国而一国仁让；事君而有益于君，治民而有裨于民，通于古而宜于今，守其常而权其变"①。又说："礼乐农桑当求其切于时者，典章文物当论其通于今者。"② 他明确指出："今夫礼乐、兵农、典章、名物、政事、文章、法制、度数，何莫非儒者之事哉！"③ 基于这一理念，唐鉴无论居官朝廷，抑或为政一方，均勤政爱民，实心任事，努力践履经济之学。

早在考中进士，入官翰林之时，唐鉴就与贺长龄、陶澍、戚人镜、贺熙龄等志同道合之友人，相互切磋学问经济，树立了经世济民的志向。尽管只是一介文官，但唐鉴却究心经济民生，目睹畿辅水利久废不举，田土荒芜，他采择古书，并实地查访直隶地区河流湖泊，撰《畿辅水利备览》一书，希望朝廷派遣得力官员，重修水利，开垦农田，既为农民解决生计问题，也为国家谋求生财之道。

外任地方之后，唐鉴对民风习俗、地方利弊尤为重视。粤西地区山深林密，历来为壮、瑶等少数民族聚居之地。唐鉴先后两任广西平乐府知府，不仅在当地大力推行诸多惠民举措，而且还在为宦实践中，逐渐形成了一种比较开明的民族观，能够相对平等地对待当地的瑶民。在他看来，"天之生人，畀以至灵之性，即畀以向善之性，瑶岂有异耶！"④ 据此，他明确表示，"瑶亦人也，异视之则异，同视之则同"⑤，瑶民中亦有"尚衣冠，重礼义，随民籍，入庠序"⑥ 之人，因而，当湖南瑶民起事波及广西，平乐府属富川、贺县等地民情汹汹之时，他力主抚绥，反对征剿，并于事平之后，采取较为可行的治理办法。在调任江安徽宁池太庐凤淮扬十府粮储道期间，唐鉴闻知漕船运粮水手多有恃强逞凶，聚众斗殴之事，即亲自拟定《禀查禁水手滋事章程四则》，严格约束，严加管理。但当他得知山东一些运河官员因河道淤塞，往往责令粮船水手帮同挖沙时，又毅然为粮船水手请命，上《粮船水手捞十字河沙不便禀》，指出水手责在漕运，不宜帮同捞挖运河淤沙。在贵州按察使任内，尽管其治在刑名、吏治，并不直接参与民生事务，但唐鉴目睹当地山多地少，习俗广种薄收，民众食不果腹的困穷情形，仍常与时任贵州巡抚

---

① 唐鉴：《四砭斋省身日课》卷十三。
② 唐鉴：《四砭斋省身日课》卷十。
③ 唐鉴：《学案小识叙》，见《学案小识》卷首。
④ 唐鉴：《唐确慎公集》卷三，《五原学舍图记》。
⑤ 唐鉴：《唐确慎公集》卷二，《壬辰防瑶五论》。
⑥ 唐鉴：《唐确慎公集》卷三，《五原学舍图记》。

的好友贺长龄共同探讨裕民之策，大力推广区田法，并劝谕农民早种早收，莫误农时。而在任江宁布政使期间，针对江南风气浮华，习俗奢靡，各种迎神赛会花样百出，甚至"多有妇女童稚枷锁随行"之举①，唐鉴多次颁布告示，晓谕严禁，以端风俗，以利民生。而当他察觉一些州县官为图省事，为保乌纱，往往于地方"劫盗、抢夺、偷窃等事，闻报不即查拿，反将事主任意磨折，逼其改重为轻，掩饰从事，知害不除"等情，尤为痛心，特别予以谕示督责，晓之以理，动之以情，明确指出："州县于民为尤近，故民之称州县者曰父母。试思父母之于子，忍见其受人侵暴乎？忍见其被人劫夺乎？忍见其号呼而不为之详查乎？忍见其痛楚而不为之垂怜乎？"要求州县官设身处地，为民着想，他说："尔州县未出仕时，亦闾里子民也。倘或有跳梁入室，告之官而官不究，且加之督责，其必厌恶此官，薄劣此官。若竟被劫被抢，一告不应，再告三告亦不应，而反遭诘难，反受磕诈，其当何如怨恨，何如冤结也。今俨然为民父母，而遂忘之乎？遂不知子民之苦乎？"②

综观唐鉴 30 余年的仕宦经历，完全可以说，他以自己清正廉洁、勤政爱民的实践，诠释了为官的职责和境界，诚如其督饬州县官时所言："设官所以爱民、卫民、保民，救民之疾苦，捍民之患害。见有加于吾民者，恨不能以身当之，见有困于吾民者，恨不能以身御之。此凡临民者，皆宜有是心。"③ 这既是唐鉴对州县官治民理政的要求，也是他自己多年历官中外的写照。

然而，较之临民莅政，经济事功，唐鉴对当时以及后世影响更大的，还是他的理学思想及其实践。唐鉴幼时即跟随祖父唐焕读朱熹《小学》等书，奠定了最初的学问基础。"年三十后，专读朱子之书，于《文集》、《语录》致力尤深。"④ 初入仕途，为官翰林时，他与贺长龄、陶澍、戚人镜、贺熙龄等人既以经济相劝勉，亦以理学相切磋，经常在一起探讨学问，争论问题。其后任职地方，他在自身潜研性道、浸润程朱，致力于涵养修身的同时，也极为重视教化风俗，认为"人心风俗全系乎教"⑤，因而每官一地，均以兴学立教、培养人才为己任。任平乐府知府时，捐资重修道乡书院，创办五原学舍，并亲自制定书院学规及

① 参见唐鉴：《唐确慎公集》卷五，《禁枷锁赛祭事》。
②③ 唐鉴：《唐确慎公集》卷五，《拟饬州县为民除害谕》。
④ 许乔林：《四砭斋省身日课序》，见唐鉴《四砭斋省身日课》卷首。
⑤ 唐鉴：《四砭斋省身日课》卷十。

义学规制，要求士子勤学、敬师、择友，尤要树立"希圣希天"的志向，"取圣贤之言行以为步趋"①。官贵州按察使之时，招当地士子入署读书，并于官署倡立四处义学。"官江宁，亦如之"。晚年重回内廷，更是大力倡导正学，笃守程朱，严立藩篱。一时之间，京城一批意欲有所作为的学人士子，如倭仁、曾国藩、吴廷栋、吕贤基、何桂珍、窦垿等人，皆从之"考德问业"②，俨然形成以其为核心的京师理学群体，衰微已久的程朱理学也因此而逐渐兴盛起来。告老归乡后，又先后主讲江南尊经书院、钟山书院，江西白鹿洞书院，湖南朗江书院，为阐扬程朱理学，培养经世人才尽心竭力。

作为道光年间理学界的领军人物，唐鉴还通过梳理学术史的方式，表彰理学，裁量人物，总结清初以来理学发展变化的脉络，此即《学案小识》的编纂。道光二十三年（1843），唐鉴以程朱为宗主，开始对清初以来 200 年间的学术进行辨析和总结。历经两年，于道光二十五年（1845）编成《学案小识》一书，经其弟子何桂珍、窦垿、曾国藩及其外甥黄兆麟、黄倬等人校阅刊行。全书凡 14 卷，加卷末一卷，实际为 15 卷。其编排则分五大学案：卷一、二为《传道学案》，收录陆陇其、张履祥、陆世仪、张伯行凡 4 位学者；卷三至五为《翼道学案》，收录汤斌、顾炎武、张尔岐等 19 位学者；卷六至九为《守道学案》，收录于成龙、魏裔介、李光地等 44 位学者，卷十、十一则为该案的《待访录》，收录应撝谦、张贞生、刁包等 68 位学者；卷十二至十四为《经学学案》，收录黄宗羲、朱鹤龄、梅文鼎等 104 位学者，其中卷十四末附《待访录》，收录张惠言、金榜、王鸣盛等 8 位学者；卷末为《心宗学案》，收录张沐、潘平格、赵御众凡 3 位学者，后附《待访录》，收录邵廷采、魏一鳌、张问达等 6 位学者。全书收录学者计 256 人，若加上因父子、兄弟或同好等关系而附录的严如煜等 7 位学者（其中守道 3 人、经学 4 人），则为 263 人。

唐鉴在《学案小识》卷首的《提要》中，对其将清初以来 200 年间学术人物划分为传道、翼道、守道、经学和心宗五大学案的缘由，逐一作了说明。《传道学案》居于全书冠冕，地位最为重要，别择也最为严苛。唐鉴认为："传何由而得其道乎？曰：孔、孟、程、朱。道何由而

---

① 唐鉴：《唐确慎公集》卷五，《道乡书院学四则》。

② 曾国藩：《皇清诰授通奉大夫二品衔太常寺卿谥确慎唐公墓志铭》，见唐鉴《唐确慎公集》卷首。

传得其人？曰：述孔、孟、程、朱。述孔、孟、程、朱何由而遽谓之传乎？曰：孔、孟、程、朱之道晦，而由斯人以明；孔、孟、程、朱之道废，而由斯人以行。孔、孟、程、朱道何由而遽明遽行乎？曰：辨之严，异说不能乱；行之力，同志服其真。虽未必遽能大明与行，而后之学者可由是而进于明，进于行也。则谓之明可，谓之行可，谓之传可。"① 可见，只有传承孔、孟、程、朱之道的学者，才是唐鉴心目中的传道者，也才有资格录入《传道学案》。翼道与传道相辅相成，在唐鉴看来，"传道者少，未尝不为道忧；翼道者众，又未尝不为道喜。非翼道之重于传道也，翼之则道不孤矣。道不孤，则乱道者不能夺其传矣。不能夺其传，而后统纪可一，法度可明，学术正而人心端，教化肃而风俗美，人道与天道、地道并立矣。然则道之传也，传者传之，翼者亦相与传之也"。也就是说，由于有翼道者的辅助，传道者始得不孤，道统传承亦得不绝，故而翼道较之传道虽略逊一筹，但其羽翼道统传承的作用也十分重要。当然，儒学道统的传承，除传道、翼道者之外，守道者的始终不渝也功不可没。唐鉴说："今夫救时者，人也；而所以救时者，道也。正直可以懔回邪，刚健可以御强梗，庄严可以消柔佞，端悫可以折侵侮，和平可以息横逆，简易可以综繁赜，抱仁戴义可以淑心身，周规折矩可以柔血气，独立不惧可以振风规，百折不回可以定识力。守顾不重乎哉！"正因为有了守道者的坚持和守护，儒学道统的传承也才有了基本的保障。故而在《学案小识》一书中，传道居首，翼道次之，守道再次之，三者相互呼应，构成了全书的主体，不仅收录的学者达 135 人，占总数的一半以上，而且卷帙在全书 15 卷中占 11 卷，接近全书的四分之三。

理学道统传承之外，对清初以来蓬勃兴起的汉学，《学案小识》也不能不有所反映。但唐鉴站在程朱理学的立场，对汉学心存不满，多所贬抑。在他看来，自汉代说经"专门名家"之后，"支分派演，愈推愈广，历千有余载而至于今。考古者必溯其源，言师者必从其朔，得其一字一句，远搜而旁猎之，或数十百言，或数千百言，曼衍而无所底止，而考证之学遂争鸣于天下。盖穿凿附会亦在所不免也"。唐鉴认为："孟子之后，传圣人之道以存经者，朱子一人而已矣。其他则大氐解说辞意者也，综核度数者也。乃或以辞意之别于今，度数之合于古，遂至矜

---

① 唐鉴：《学案提要》，见《学案小识》卷首。以下引文未注出处者皆同此。

耀，以为得所未得，而反厌薄夫传圣人之道以存经者，是其所以自处亦太轻矣。"故其书所立的《经学学案》，只用五分之一亦即 3 卷的篇幅，简要记载包括附录 4 人在内的 116 位汉学家的学行。而对陆王心学，唐鉴更是直斥其为"害道之学"，上自王阳明，下迄孙奇逢，抨击不遗余力。他说："为阳明之学者，推阐师说，各逞所欲，各便所私，此立一宗旨，彼立一宗旨，愈讲愈诞，愈肆欲狂，愈名高而愈无礼，沦渐流荡，无所底极，而人心亡矣。人心亡，世教裂，而明社亦遂墟矣。有徵君孙先生者，与鹿伯顺讲学于明者也，入国朝年已七十，遁影韬形，枯槁以终其身，宜矣。而乃移讲席于苏门山，仍以其旧闻号召天下，是亦不可以已乎？"因此，其书仅将《心宗学案》附于卷末，著录 3 人，列待访者 6 人而已。

唐鉴秉持程朱理学的立场，不仅在学案的设置和编排上意存轩轾，而且在内容记述上也有轻重之分。作为学案体著述，《学案小识》大体沿袭了清初著名学者黄宗羲《明儒学案》、《宋元学案》确立的总论、传主传略、传主学术资料选编三段式体例而略有变通。唐鉴将各学案总论汇为《国朝学案小识提要》一篇冠于卷首，以下则按各学案分卷，依次记述学者学行。对全书主体即传道、翼道和守道三学案收录的学者，记述内容大体包括传主生平传略、论学要语以及著者对其学术的评论和著述的介绍等。其中尤以论学要语即传主学术资料的选辑所占篇幅最大，为示征信，还逐一列举篇名出处。只有列入《待访录》的一些学者，或因"一时搜求未得其著述"①，有的未录其论学要语。而对收入《经学学案》的学者，所记内容都比较简略，大多只载其生平，介绍其著述，并未摘录传主的学术资料。个别有摘录者，也都不注出处。唐鉴自言："经学三卷，有本《四库书目》者，有采取于先辈文集者，有就本人所著书论次者，参互成篇，未便揭明所出。"②但实际上，这一做法，正反映了著者对汉学的轻视和不满。至于列入《心宗学案》者，著者虽摘录其论学要语，但却多所批评，甚至随录随驳，摒之为异端邪说，足见唐鉴极力维护程朱理学道统的苦心孤诣。

如果说，唐鉴在学案的设置和内容的记述方面已有轻重轩轾之别，那么，在入传学者的选择和编排上，则更突出地反映了著者的学术立场

---

① 唐鉴：《学案小识》卷十，《待访录》。
② 唐鉴：《学案小识》卷十二，《经学学案》。

和门户之见。其中，作为全书主体的传道、翼道和守道三学案，入选学者及其排列顺序，几乎完全从著者个人的主观标准出发，既非依据时代先后，亦未按照师承授受，而是以传主捍卫理学道统传承的勇气和作用来第其高下，定其先后。如位列《传道学案》之首的陆陇其，其学术成就和学术气象既不如陆世仪，其年代亦在张履祥之后，只因其极力尊朱黜王，得到清统治者的赏识并享入祀孔庙之殊荣，唐鉴便将其拔擢于全书卷首。又如同为清初王学大儒孙奇逢弟子的汤斌、耿介和魏一鳌，唐鉴以汤斌"潜心圣贤之学，尽性至命"，"卒谥文正，从祀两庑"①，将其列入《翼道学案》之首；耿介亦因能"笃志躬行，以倡明绝学为己任"②，得列入《守道学案》之中。而魏一鳌则因"从徵君孙先生游最久"，师徒问答最多，不免"高旷之病"③，被贬入《心宗学案》，且置于《待访录》内，所记不过三言两语。其他如《经学学案》收录人物多年代倒置，《心宗学案》入传者寥寥数人，也都让人难以索解。故《学案小识》甫成书，便招致学者质疑。据唐鉴弟子窦垿记载，有人在得知该书目录之后即提出疑问："若是其门户乎？是书之旨，吾不及知。以其目言之，则吾惑滋甚。新学无论矣。夫守先王之道以待后之学者，非传道乎？得不传之学于六经，非经学乎？"④ 稍后，江南学者鲁一同更直接批评"唐氏之书横列三等"，其传道、翼道、守道之分，"进退率于胸怀，轻重凭其位置，虽具尚论之识，实乖虚己之义"。并对唐鉴将经学排除在儒学道统传承之外的做法提出异议，他说："既列三等，又述经学，不知经者为是道耶，为非道耶？经不蹈道则非学，道不宗经则非道，适开门户之私，又非文章性道合一之恉。"对心学一派学者，鲁一同则持比较宽容的态度，认为"陆王之学，高明得之为简易，愚顽蹈之为猖狂，此其优劣乃在疏密之分，非关邪正之别"，而唐鉴抨击太过，"遂使吾道之内，矛戟森立，歧畛横分，世变日下，人材至难，何苦自相摧败如此"⑤。民国时期，梁启超对该书也评价不高，他说："唐镜海搜罗较博，而主观抑更重。其书分立'传道'、'翼道'、'守道'三案，第其高下，又别设'经学'、'心学'两案，示排斥之意。盖纯属讲章家

①　唐鉴：《学案小识》卷三，《翼道学案·睢州汤先生》。
②　唐鉴：《学案小识》卷七，《守道学案·登封耿先生》。
③　唐鉴：《学案小识》卷末，《心宗学案·待访录·新安魏先生》。
④　窦垿：《学案小识跋》，见唐鉴《学案小识》卷末。
⑤　鲁一同：《通甫类稿》卷二，《与高伯平论学案小识书》，见沈云龙主编《近代中国史料丛刊》第 37 辑，台湾文海出版社，1981。

争道统的见解，不足语以史才明矣。"① 萧一山更是全盘予以否定，认为"唐鉴作《学案小识》分'传道'、'翼道'、'守道'、'经学'、'心宗'等项，完全保守道统观念，而强以无关重要之程朱残局为主体，最无学术史之眼光"②。

诚然，唐鉴此书确有很深的门户之见，但在道光末年世风日下，道德沦丧，人心不古，风俗浇漓，清王朝内外交困，面临前所未有之危机的情势下，唐鉴如此不遗余力地表彰正学，扶持道统，坚守门户，严立藩篱，实际上反映出其欲借此挽回世道人心，拯救社会危机的良苦用心。诚如其外甥黄兆麟所言："是编标道统之所归，明范围之所在，既不得以猎取名物而弃身心，更不得以蹈袭禅机而忘懿德。挽狂澜于既倒，引一发于千钧。此则吾舅父扶持正学之苦心也夫！"③ 而唐鉴这一用意，也得到了其弟子曾国藩、何桂珍、窦埏等人的认同。其后，随着曾国藩、倭仁、吕贤基等一批惕厉中外的理学家的崛起，理学复苏，清王朝的统治也一度走出困境，出现了短暂的"中兴"局面。可以说，唐鉴的《学案小识》在一定程度上，促进了清中叶以后学术风气的变化和理学的复兴。尤其是该书将清初以来程朱学派的135位学者汇为一编，在基本反映出清代理学发展概貌的同时，也辑录和保存了较为丰富的文献资料，具有较高的学术价值。

综而观之，在道光年间社会危机逐渐加深，学术潮流发生变化的背景之下，方东树的《汉学商兑》和唐鉴的《学案小识》先后继起，或从理论、方法上对汉学痛下针砭，大加挞伐，或从学术史总结的视角为理学摇旗呐喊，擂鼓助阵。前者有荡涤之力，后者则具开辟之功，二者一破一立，堪称清代中叶学术潮流转换的风向标和理学复兴的代表作，在清代学术发展史上具有不可替代的作用。

三

方东树的著述很多，据其自言和弟子所述以及相关文献、书目记

① 梁启超：《中国近三百年学术史》十五，见《清代学者整理旧学之总成绩（三）》，323页，北京，东方出版社，2003。
② 萧一山：《清代通史》卷中，第三篇第十五章《乾嘉时代之文学与理学》，第二册，781页。
③ 黄兆麟：《学案小识跋》，见唐鉴《学案小识》卷末。

载，计有：《汉学商兑》3 卷、《待定录》100 余卷、《书林扬觯》2 卷、《未能录》2 卷、《进修谱》1 卷、《猎较正簿》1 卷、《山天衣闻》1 卷、《一得拳膺录》（卷数不详）、《思适居铃语》4 卷、《大意尊闻》3 卷、《老子章义》2 卷、《阴符经解》1 卷、《阴符经测义》（卷数不详）、《考正感应篇畅隐》3 卷、《语心证璞》1 卷、《向果微言》2 卷《述恉》1 卷、《最后微言》10 余卷、《栎社杂篇》（无卷数）、《半字集》2 卷、《王余集》1 卷、《考槃集》3 卷、《考槃集文录》12 卷、《昭昧詹言》20 卷、《跋南雷文定》1 卷、《陶诗附考》1 卷《解招魂》1 卷、《援鹑堂笔记刊误》1 卷补遗 1 卷、《刊误补义》2 卷（《汉学商兑刊误补义》1 卷、《书林扬觯刊误补义》1 卷），另辑有《金刚藏》10 种。同治年间，方宗诚编刊《仪卫轩全集》，收录其据方东树诗文重加编纂的《仪卫轩文集》12 卷《外集》1 卷、《仪卫轩诗集》5 卷、《大意尊闻》3 卷附录 1 卷，以及《未能录节录》、《进修谱节录》、《语心证璞节录》、《感应篇畅隐节录》等数种。光绪年间刊行的《方植之全集》，则收录了方东树所著《考槃集文录》12 卷、《半字集》2 卷、《考槃集》3 卷、《王余集》1 卷、《仪卫轩遗诗》2 卷、《书林扬觯》2 卷、《汉学商兑》3 卷、《陶诗附考》1 卷《解招魂》1 卷①、《跋南雷文定》1 卷、《山天衣闻》1 卷、《进修谱》1 卷、《未能录》2 卷、《大意尊闻》3 卷、《向果微言》2 卷《述恉》1 卷、《昭昧詹言》10 卷《续》8 卷《续录》2 卷等 10 余种。此外，尚有《刊误补义》钞本及《汉学商兑刊误补义》刻本存世。笔者从方东树现存著述中，选择最具代表性的 3 种，加以点校整理。

　　其一，《汉学商兑》。该书自道光十一年（1831）刊行之后②，方东树仍不断有所修订，在道光十八年（1838）撰成的《刊误补义》中，即包括《汉学商兑刊误补义》1 卷。后方东树从弟兼弟子方宗诚于同治年间参赞四川总督吴棠幕府，与方东树之孙方涛在校勘初刻本的基础上，增入《刊误补义》相关内容，并对原刻本一些诋毁过甚之处作了删削，重加刊刻，此即同治十年（1871）吴棠望三益斋成都刻本。自此而后，《汉学商兑》一版再版，刊刻者或据道光十一年原刊本，或依同治十年

---

　　① 后人将此两种合为一卷附入《昭昧詹言》后，成为《昭昧詹言》二十一卷本。
　　② 今人朱维铮认为道光十一年辛卯本系重刊本，初刻本应刊于道光六年丙戌（1826）（参见朱维铮：《导言》，见江藩、方东树著，徐洪兴编校《汉学师承记（外二种）》卷前，上海，中西书局，2012）。漆永祥认为朱说不确，道光十一年辛卯本即为初刊本（参见漆永祥：《方东树〈汉学商兑〉新论》，载《文史哲》，2013（2））。笔者认同漆永祥之观点。

重刻本。前者如光绪八年（1882）四明华雨楼重校本、十四年（1888）吴县朱记荣《槐庐丛书五编》本、十五年（1889）孙溪朱氏刻本，今《续修四库全书》本；后者如光绪十七年（1891）方宗诚校刻《方植之全集》本、二十年（1894）贺瑞麟辑《西京清麓丛书》续编本，其后的商务印书馆《万有文库》本（1937）等，由此而形成两个不同的系统。① 比较而言，道光十一年辛卯本刊刻最早，同治十年望三益斋本则内容更全。但方宗诚等人在增补《刊误补义》有关内容之时，亦对原书作了一些删削，在一定程度上改变了原书面貌。因此，本次点校整理，仍以道光十一年辛卯本为底本。

其二，《大意尊闻》。该书先后有同治五年（1866）方宗诚等人校刻本和光绪年间《方植之全集》本。其中同治五年刻本于卷三末尾附载《辨志一首赠甘生》一文，又附录一卷，为方宗诚所记方东树平日言行及教诲之语。此次整理，以同治五年刻本为底本，删附录一卷，《辨志一首赠甘生》一文因已见《考槃集文录》，故亦予删除。

其三，《考槃集文录》。方东树文集有两个版本，一为道光二十二年（1842）自定《考槃集文录》12 卷，收文 239 篇；一为方宗诚在此基础上选刻的《仪卫轩文集》12 卷，收文 103 篇。本次整理，以方东树自定，刻于光绪二十年（1894）的通行本《考槃集文录》为底本，从中遴选出 103 篇予以点校，并依据文章内容体裁重加编排。

唐鉴著述也比较多，据其自述及相关文献、书目记载，计有：《读易反身录》2 卷、《易牖》2 卷、《读易识》2 卷、《读礼小事记》2 卷、《四经拾遗》4 卷、《畿辅水利备览》14 卷、《平瑶纪略》2 卷、《学案小识》14 卷末 1 卷、《朱子年谱考异》（卷数不详）、《朱子学案》80 卷、《四砭斋省身日课》14 卷、《唐确慎公集》10 卷首末各 1 卷。今存《读易反身录》、《读礼小事记》、《四经拾遗》、《畿辅水利备览》、《学案小识》、《四砭斋省身日课》、《唐确慎公集》凡 7 种。笔者从中选择最能反映其思想主张及其经济事功的两种，加以点校整理。

其一，《学案小识》。该书有道光二十六年（1846）四砭斋初刻本，光绪元年（1875）和光绪十年（1884）重刻本，其后有中华书局《四部备要》（1920－1936）、商务印书馆《万有文库》和世界书局《四朝学

---

① 关于《汉学商兑》刊刻详情，参见漆永祥：《方东树〈汉学商兑〉新论》，载《文史哲》，2013（2）。又，朱维铮言"今见诸本，均与道光辛卯本同"（参见朱维铮：《导言》，见江藩、方东树著，徐洪兴编校《汉学师承记（外二种）》），似不确。

案》（1936）各本。本次整理，以道光二十六年四砭斋初刻本为底本，从中选择具有代表性的 42 位传主学案加以点校，并按原书传道、翼道、守道、经学、心宗各学案顺序编排。

其二，《唐确慎公集》。该书有光绪元年其婿贺瑗刻本，其后有中华书局《四部备要》本。此次整理，以光绪元年刻本为底本，从中选取 73 篇予以点校，并依据文章内容体裁重加编排。

遵循古籍整理的通则，文字凡有改正及增补之处，均用方括号表示，所有校改、增补以及需要特别说明之处，均出校记；避讳字径予回改，异体字、古今字在不影响文意的情况下改为通行规范字，通假字则保持原貌。

本书有关方东树《汉学商兑》、《考槃集文录》的点校整理，分别参考了徐洪兴和唐明贵、张淑红的成果①；有关唐鉴《学案小识》、《唐确慎公集》的点校整理，参考了李健美的成果。② 特此说明，并致谢意。

由于学识和时间的限制，本书的遴选和点校整理或有不当之处，恳请读者批评指正。

---

① 参见江藩、方东树著，徐洪兴编校：《汉学师承记（外二种）》；方东树撰，唐明贵、张淑红校点：《考槃集文录》，见《儒藏（精华编二七五）》，北京，北京大学出版社，2011。

② 参见唐鉴撰，李健美校点：《唐鉴集》，长沙，岳麓书社，2010。

方东树卷

汉学商兑

重 序

三代以上，无经之名，经始于周公、孔子。乐正崇四术，春秋教以《礼》、《乐》，冬夏教以《诗》、《书》。

及至春秋，旧法已亡，旧俗已熄，诈谋用而仁义之路塞。孔子惧，乃修明文、武、周公之道，以制义法而作《春秋》。《春秋》亦经也。孔子虽未尝以是教人，然其平日所雅言于人者，莫非《春秋》之义也。卫君待子为政，子曰："必也正名乎！"陈恒弑其君，请讨之。季氏伐颛臾，旅泰山，则使欲止之。至于哀公问政，子曰："文武之政，布在方策。"《论语》卒篇，载《尧曰》一章，柳宗元曰："是乃夫子所常常讽道之辞云尔。"子曰："道之以德，齐之以礼"；"能以礼让为国乎，何有？"又曰："小子何莫学夫《诗》？《诗》可以兴，可以观，可以群，可以怨。迩之事父，远之事君。"又曰："兴于《诗》，立于《礼》，成于《乐》。"又曰：假我数年，卒以学《易》，"可以无大过矣"。故庄周曰："《诗》以道志，《书》以道事，《礼》以道行，《乐》以道和，《易》以道阴阳，《春秋》以道名分。"六经之为道不同，而其以致用则一也，此周公、孔子之教也。

及秦兼天下，席狙诈之俗，肆暴虐之威，遂乃荡灭先王之典法，焚烧《诗》、《书》，于时不特经之用不兴，并其文字而殄灭之矣。汉兴，购求遗经。于是群经始稍稍复出，或得之屋壁，或得之淹中，或得之宿儒之口授，而固已残阙失次，断烂不全。赖其时一二老师大儒，辛勤补缀，修明而葺治之。于是《易》有四家，《书》与《诗》三家，《礼》、《春秋》两家，号为"十四博士"。则章句所由兴，家法所由异。汉儒之功，万世不可没矣。

自是而至东京、魏晋，以逮于南北朝，累代诸儒，递相衍说，辨益以详，义益以明，而其为说，亦益以多矣。及至唐人，乃为之定本、定注，作为《释文》，举八代数百年之纷纭，一朝而大定焉。天下学者，耳目心志，斩然一齐，兼综条贯，垂范百代，庶乎天下为公，而可谓之大当也。然其于周公、孔子之用，犹未有以明之也。

及至宋代，程、朱诸子出，始因其文字，以求圣人之心，而有以得于其精微之际，语之无疵，行之无弊，然后周公、孔子之真体大用，如拨云雾而睹日月。由今而论，汉儒、宋儒之功，并为先圣所攸赖，有精粗而无轩轾，盖时代使然也。

道隐于小成，辨生于末学，惑中于狂疾，诞起于妄庸。自南宋庆元以来，朱子既没之后，微言未绝。复有巨子数辈，蜂起于世，奋其私智，尚其边见，逞其驳杂，新慧小辨，各私异见，务反朱子。其所谓道非道，而所言之龊，不免于非。其于道，概乎未尝有闻焉者也。

逮于近世，为汉学者，其蔽益甚，其识益陋。其所挟，惟取汉儒破碎穿凿谬说，扬其波而汩其流，抵掌攘袂，明目张胆，惟以诋宋儒、攻朱子为急务。要之，不知学之有统，道之有归，聊相与逞志快意，以骛名而已。

吾尝譬之，经者，良苗也。汉儒者，农夫之勤菑畚者也，耕而耘之，以殖其禾稼；宋儒者，获而舂之，蒸而食之，以资其性命，养其躯体，益其精神也。非汉儒耕之，则宋儒不得食；宋儒不舂而食，则禾稼蔽亩，弃于无用，而群生无以资其性命。今之为汉学者，则取其遗秉殡穗而复殖之，因以笑舂食者之非，日夜不息，曰：吾将以助农夫之耕耘也。卒其所殖，不能用以置五升之饭，先生不得饱，弟子长饥。以此教人，导之为愚；以此自力，固不获益。毕世治经，无一言几于道，无一念及于用。以为经之事尽于此耳矣，经之意尽于此耳矣。其生也勤，其死也虚，其求在外，使人狂，使人昏，荡天下之心，而不得其所本。虽取大名如周公、孔子，何离于周公、孔子？其去经也远矣！

尝观庄周之陈道术，若世无孔子，天下将安所止？观汉唐儒者之治经，若无程朱，天下亦安所止？或曰：天下之治，方术多矣。百家往而不反，小大精粗，六通四辟，一曲之士，各有所明，虽不能无失，然大而典章制度，小而训诂名物，往往亦有补前儒所未及者。何子罪之深也？曰：昔者，周尝封建诸侯矣。诸侯而下为卿大夫，卿大夫而下为士，士之下为庶人。周固天下之共主也。及至末孙王赧，不幸贫弱负责，无以归之，逃之洛阳，南宫谡台。当是时，士庶人有十金之产者，因自豪，遂欲以问周京之鼎。是以罪之也。十金之产，非不有挟也，其罪在于问鼎。后世之学者，不幸不见天地之纯，古今之大，全赖程、朱出而明之。乃复以其谫闻驳辨，出死力以诋而毁訾之，是何异匹夫负十金之产而欲问周鼎者也。是恶知此天下诸侯所莫敢犯也哉！故余既明汉儒之有功若彼，而复辨诸妄者之失若此。后有作者，亦足以明余非乐为是诐诐也，其亦有所不得已焉者也。

汉学商兑序例

　　近世有为汉学考证者，著书以辟宋儒、攻朱子为本，首以言心言性言理为厉禁。海内名卿巨公、高才硕学数十家递相祖述，膏唇拭舌，造作飞条，竞欲咀嚼。究其所以为之罪者，不过三端：一则以其讲学标榜，门户分争，为害于家国。一则以其言心言性言理，堕于空虚心学禅宗，为歧于圣道。一则以其高谈性命，束书不观，空疏不学，为荒于经术。而其人所以为言之恉，亦有数等。若黄震、万斯同、顾亭林辈，自是目击时敝，意有所激，创为救病之论，而析义未精，言之失当。杨慎、焦竑、毛奇龄辈，则出于浅肆矜名，深妒《宋史》创立《道学传》，若加乎儒林之上，缘隙奋笔，忿设诐辞。若夫好学而愚，智不足以识真，如东吴惠氏、武进臧氏，则为暗于是非。自是以来，汉学大盛，新编林立，声气扇和，专与宋儒为水火。而其人类皆以鸿名博学，为士林所重，驰骋笔舌，弗穿百家，遂使数十年间承学之士耳目心思为之大障。

　　历观诸家之书，所以标宗旨，峻门户，上援通贤，下詟流俗，众口一舌，不出于训诂、小学、名物、制度。弃本贵末，违戾诋诬，于圣人躬行求仁，修齐治平之教，一切抹摋。名为治经，实足乱经；名为卫道，实则畔道。

　　昔孟子不得已而好辨，欲以息邪说，正人心。窃以孔子没后千五百余岁，经义学脉，至宋儒讲辨始得圣人之真。平心而论，程朱数子廓清之功，实为晚周以来一大治。今诸人边见慎倒，利本之颠，必欲寻汉人纷歧异说，复汩乱而晦蚀之，致使人失其是非之心，其有害于世教学术，百倍于禅与心学。又若李塨等，以讲学不同，乃至说经亦故与宋人相反。虽行谊可尚，而妒惑任情，亦所不解。

东树居恒感激，思有以弥缝其失。顾寡昧不学，孤踪违众，河滨之人，捧土以塞孟津，不自度其力之弗胜也，要心有难已。辄就知识所逮，掇拾辨论，以启其端，俟世有真儒出而大正焉。倘亦识小之在人，而为采获所不弃与。

道光丙戌四月　　桐城方东树

凡例 十则

一　此书仿朱子《杂学辨》例，摘录原文，各为辨正于下。

一　甘泉湛氏《杨子折衷》，低一格写慈湖语，顶格写自著驳语。此时俗误沿场屋低一格写题目式，概以低二格写题之谬，固是小失。今录诸家原文顶格写，自为辨说低一格写。

一　摘录原文仿蔡节《论语集说》例，全举一家者，则独书姓氏；参举一两家者，则各注某人某书于本语上下，皆顶格写。其采合众说，剪裁联络，润以己意为辨者，兼用马氏《绎史》例，叙明某人某书，皆低格写。其推极义类，旁见侧出，非为正文者，易蔡氏低一格写例，为低二格写。或不欲举其人，则采艾南英《明文待序》语，隐其姓名而详辨其说，一以"或谓"概之。

一　援引事类，或推衍余意，亦关正文，而辞冗不可属者，仿《古史》、《绎史》例，以类附注句下，使语不相离而文仍相属。

一　援引事类，有向沿谬误，学者罕知，仿《四库提要》例，为考辨附订于下。

一　阎若璩称，著书有后说足订前说者，不敢迁就前说，自注驳正。如自驳前用刘原父"十月之交，辛卯朔，日食"说。此只可施之长编大帙，或前书已行，如康成注《诗》、《礼》之类。余此书虽于脱稿后，继见之书，有足订前说者，随时修改，不复纷歧，自乱其例。

一　李涪《刊误》、《演繁露》于所引诸书，著明某篇某卷，令观者易于检校，陈厚耀等仿之。余萧客《古经解钩沉》，一一各注其所出之书，并仿《资暇集》、《龙龛手鉴》之例，兼著其书之卷第，以示有征。此虽足矫明人杜撰之弊，然亦近繁而炫博，古人无是体也。余此书援引事文，一字一语，必根柢典籍，不敢杜撰，凿空臆说。然止著明某人某书，至其篇卷，不复烦黩。至援引诸书，原书未见，第著所引之书，仿惠栋、王懋竑例，自注未见原书。

一　此书所辨，特论其纲领宗旨。宗旨既剖，则以读群书，是非白黑，一览易明，如伐树本，枝叶自枯。若诸家所著，无虑数百十种，条而辨之，亦非数十百卷不可了。力有未给，姑俟能者。倘有以杨龟山辨《三经义》见拟者，则吾不堪也。

一　此书本止一卷，首尾脉络相贯，以篇叶较多，分为三帙。首溯其畔道罔说之源；次辨其依附经义小学，似是而非者；次为总论，辨其诋诬唐宋儒先，而非事实者。推阐义理，必持平审正，不敢以目睫一孔边见，偏宕放激，取罪于世。但其为说，千歧万派，虽颇伤辞费，而非好为支离。盖亦若《论衡》所云，宅舍多，土地不得小；户口众，簿籍不得少。失实之词多，虚诬之语众，指实定宜，辨论之言，不得径约者也。

一　昔司马子长称："自托于无能之辞，网罗天下放失旧闻。""究天人之际，通古今之变，成一家之言。"顾子长所网罗者，放失之事迹也。兹之所网罗者，放失之义理也。夫义理著在人心，何得云有放失？然为杂说所汩，恒数百十年，而至道不明。《尚书》曰"道心惟微"，惟其微也，故易失而难见。《庄子》曰："至言不出则俗言胜也。"故子长之书，欲成一家之言；义理之书，第还天下之公言而已，无欲私为一己之能意也。

卷 上

　　毛奇龄《西河集》辨道学，其略曰：圣学不明久矣。圣以道为学，而学进于道，然不名"道学"。凡"道学"两字，六经皆分见之。即或并见，亦只称"学道"，而不称"道学"。惟道家者流，自《鬻子》、《老子》而下，凡书七十八部，合五百二十五卷①。按：今《四库》著录四十[四]部②，四百三十二卷。存目一百部，四百六十四卷。毛氏但据《隋志》。虽传布在世，而官不立学，只以其学私相授受，以阴行其教，谓之"道学"。是以道书有《道学传》，专载道学人，分居道观，名为"道士"。士者，学人之称。而《琅书经》曰：士者何，理也。自心顺理，惟道之从，是名"道学"，又谓之理学。逮至北宋，陈抟以华山道士，与种放、李溉辈，张大其学，竟搜道书《无极尊经》及张角"九宫"，倡太极、河洛诸教，作《道学纲宗》。按：太极之名，图书之数，先、后天方位，皆本《易大传》，固孔子之言也。传虽不言图，然图与传纵横曲直，无不相值，可谓至精，故朱子信之。即谓后人因传作图，要其旨不叛于圣人，则其理固不可废，非异端妖妄之比也。至九宫之法，见《乾凿度》，康成尝引之。萧子显《南齐书·高帝纪》，引太乙、九宫占，则非起于张角，亦不自希夷始搜得之。朱子依邵子，定十为《河图》，九为《洛书》，合于《易大传》。北周卢辩注《大戴记》，称明堂九室，法龟文，亦以《洛书》为九。自汉孔氏、向、歆、扬雄、班固，宋魏华父、朱子，发诸儒之论，或十或九，或分或合，纷纷不定。惟刘牧《易数钩隐图》三卷，在《道藏》中。要是《道藏》收牧之书，非汉儒以来说河洛者，皆从《道藏》中来也。吴澄、归有光及吾宗望溪，皆于《易》图有辨。然亦不过谓此邵子之学，非必羲、文先有是图，而孔子以《说卦》解之也。《四库提要》曰：宋俞琰作《易外别传》，

---

　　① 据《西河集》卷一二二《辨圣学非道学文》，"五百二十五卷"当为"三百二十五卷"。
　　② "四十部"，应为"四十四部"，据《四库全书总目》（中华书局影印本，1981）卷一四六统计数字改。

以邵子《先天图》阐明丹家之旨。考《先天图》，传自陈抟，自南宋以来无不尊信。林栗、袁枢虽尝据理直攻，犹未能抉其要。逮元延祐间，天台陈应润作《爻变义蕴》，始确指为《参同》炉火之说，为道家假借《易》理以为修炼之术。胡渭作《易图明辨》，力辨图书、五行、九宫、先天、太极，使学者知图书之说，虽言之成理，执之有故，乃修炼、术数二家旁分《易》学之支流，而非作《易》之根柢云云。黄宗炎作《图书辨惑》，毛氏作《图书原舛》，争《易》图尤力。至此直指为道家之术，希夷窃以倡其教。窃谓诸家之说虽坚，究竟孔子《大传》，曷为渺无指据，而凿空发语云尔哉？虽《易》道至广，后世九流杂家皆可附入，二氏之书，又往往假借附会，以自尊其教。而此诸图，实本于孔子，诸人之疑，不过以汉儒未尝言图，为不可信，遂并《大传》经文不顾。所谓"宁信汉儒，不信孔子"，则试诘以《大传》云云，毕竟何指乎？而周敦颐、邵雍、程颢兄弟师之，遂篡道教于儒书之间。按：马贵与曰：晁氏曰，朱震言程颐之学，出于周敦颐，敦颐得之穆修，亦本于陈抟。景迁云，胡武平、周茂叔同师鹤林寺僧寿涯。其后武平传于家，茂叔则授二程。按：伊川之学，出自濂溪，此先儒通论也。而晁、宋之说，以为濂溪本于希夷及一僧，则固老释之宗旨矣，此论未之前闻云云。树谓：异说之兴，自古而然。此咸邱蒙、万章之徒所疑而亟欲问，而孟子所为不得已而好辨与。至南宋朱熹，直丐史官洪迈，为陈抟作一名臣大传，而周、程诸子则又倡《道学总传》于《宋史》中，使道学变作儒学。凡南宋诸儒，皆以得附希夷道学为幸。如朱氏《寄陆子静书》云："熹衰病益深，幸叨祠禄，遂为希夷直下孙，良以自庆。"又《答吕子约书》云："熹再叨祠录，遂为希夷法，眷冒忝之多，不胜惭惧。"按：朱子《周易参同契考异》，跋末自署"空同道士邹䜣"。《四库提要》曰："盖以邹本邾国，其后去邑而为朱，故以寓姓。《礼记》郑氏注谓'䜣，当作熹'。又《集韵》'熹，虚其切'，'䜣'亦虚其切，故以寓名。殆以究心丹法，非儒者之本务，故托诸廋辞与。考《朱子语录》论《参同契》诸条，颇为详尽。《年谱》亦载，庆元三年，蔡元定将编管道州，与朱子会，宿寒泉精舍，夜论《参同契》。又《与蔡书》曰：《参同契》更无缝隙，亦无心思量，但望他日为刘安之鸡犬耳云云。盖遭逢世难，不得已而托诸神仙，殆与韩愈谪潮州时，与大颠同游之意相类。故黄端［瑞］① 节《附录》谓其师弟子有脱屣世外之意，深得其情。黄震《日钞》乃曰：'《参同契》者，上虞人魏伯阳作，其说出神仙，不足凭。近世蔡季通学博而不免于杂，尝留意此书。而晦庵与之游，因为校正，其书颇行于世，而求其义则绝无之'云云。其持论固正，然未喻有托而逃之意也"云云。树谓：此论甚的。毛氏所指朱子与陆、吕两书之云，其意亦犹是耳。盖惟圣人之体道广，又磨不磷，涅不淄，子路辈则不及知矣。黄震以鲁男滞见非柳

---

① "端"，应为"瑞"，据《四库全书总目》卷一四六《周易参同契考异》提要改。

下，高子之为诗也。后有知者，当参此微旨。昔朱子论张子房托意寓言，将与古之形解销化者，相期于八纮、九垓之外，使千载之下，闻其风者，想像太息，不知其心胸面目为何如人。余谓孔子欲居九夷，乘桴浮海，意亦如是。此岂黄震所及知哉！又按：《新序》，介子推曰：谒而得位，道士不居也。《前书·京房传》①所称道人，解者皆谓有道之士，有道之人，则道士古人不讳称。是道学本道家学，两汉始之，历代因之，至华山而张大之，而宋人则又死心塌地以依归之，其为非圣学，断断如也。

按：向来疑宋儒者，讥其堕禅。此独诬其篡道，虽焦竑、杨慎辈极力诋毁，皆未有若是之坚僻者。夫学道，乃士人之职业，"道学"乃后人所加之名号，随文各当，不可执著。古者治出于一，道在君师学校，而献亩所乐者亦是。晚周以来，道始歧分。如老子所称之"道"，亦是惟稍过而偏，遂失中耳。再变而为庄、列、杨、墨，其途益差。于是始有攻乎异端者，则所谓"道其所道，非吾所谓道也"。再变而以炉火、符箓、斋醮、章咒诬老子，于是不但道与儒分，而道与道亦分矣。《荀子》书称"道经"，杨倞注谓"有道之经"，即《虞书》也。《汉·艺文志》曰："道家者流，盖出于史官。历记存亡祸福古今之道，然后知秉要执本，清虚以自守，卑弱以自持，此君人南面之术也。合于尧之克让，《易》之谦谦，一谦而四益，此其所长也。及放者为之，则欲绝去礼学，兼弃仁义，曰独任清虚可以为治。"《隋·经籍志》曰："自黄帝而下，圣哲之士所言道者，传之其人，世无师说。汉时，曹参始荐盖公能言黄老，文帝宗之。自是相传，道学众矣。下士之为，不推其本，苟以异俗为高，迂诞谲怪而失其真"云云。如陶弘景《真诰》，朱子谓其皆窃佛家之至鄙至陋者为之。《四库提要》曰：后世神怪之迹，多附于道家，道家亦自矜其异。要其本始，则主于清静自持，而济以坚忍之力，以柔制刚，以退为进。故申、韩流为刑名，而《阴符》可通于用兵。其后长生之说与神仙合为一家，而服饵、导引、房中皆入之。鸿宝有书，烧炼入之。张鲁立教，符箓入之。北魏寇谦之又以斋醮、章咒入之。又曰：《汉志》道家、神仙，本截然两途。黄冠者以丹方、符箓炫其神怪，名为道家，实神仙家也。黄老之学，汉代并称，然言道德者称老子，言灵异者称黄帝。名为述说老子，实皆依托黄帝也。其恍惚诞妄，为儒者所不道，其书亦皆不足录。顾其书名，历代史志皆著于录云。宋张君房作《云笈七签》一百二十［二］卷②，类例指归，科条纲格，无不该备，道藏精华大略具此。又明道士白云霁作《道藏目录详注》四卷，其

---

① 《前书》，即《汉书》。
② "一百二十卷"，应为"一百二十二卷"，据《四库全书总目》卷一四六《云笈七签》提要改。

七部分三洞、四辅，为旧《道藏》目录，与《云笈七签》合。其七部子目分十二类，则所新续之目也。三洞者：一、洞真部，元始天尊所流演，是为大乘上法。二、洞玄部，太上老君所流演，是为中乘中法。三、洞神部，亦出太上老君，是为小乘初法。四辅者：一、太玄部，洞真之辅也。二、太平部，洞玄之辅也。三、太清部，洞神之辅也。四、正一部，三洞、四辅所会归也。每条各为解题，仿《崇文总目》、《直斋书目》例。但所列诸书，多有非为道家言者，一概收入，殊多牵强。然考道家之源委，此书实为总汇云。又元道士李道谦撰《甘水仙源录》十卷，以为老子言清静，佛言寂灭，神仙家言养生术，而张鲁以符箓祈祷为教，四者各别。至金源初，咸阳人王嚞弃家学道。正隆中，自称遇仙于甘河镇，饮以神水，遂自号"重阳子"。大定中，抵宁海州，马珏夫妇筑庵事之。立三教平等会，以《孝经》、《心经》、《老子》教人讽诵，而自名其教曰"全真"。由是四方之人，宗其道者，皆号"全真道士"云。都邛《三余赘笔》曰：今之道家，有南北二宗。其南宗者，谓自东华少阳君，得老聃之道以授汉钟离权，权授唐进士吕岩、辽进士刘操，操授宋张伯端，伯端授石泰，泰授薛道光，薛授白玉蟾，白授彭侣。其北宗者，谓吕岩授金王嚞，嚞授七弟子：其一邱处机，次谭处端，次刘处元，次王处一，次郝大通，次马珏及珏妻孙不二云云。其说甚详，然孰见其授受乎？厥后三教归一之说，浸淫而及于儒者。明代讲学家矜为秘密，实则嚞之绪余耳。又元陈采作《清微仙谱》称："道教启于元始，一再传至老君，分为四派：曰真元，曰太华，曰关令，曰正一。"大率荒诞，不足辨真伪也。又按《后书·襄楷传》[①]，言宫崇上《太平经》，注引《江表传》言：于吉烧香读道书，制作符水，以除灾疾。孙策言交州刺史张津，舍前圣典籍，废汉家法制，鼓琴焚香，读邪俗道书，云以助化，卒为蛮夷所杀。张鲁祖父陵，学道鸡鸣山，造作符书。熹平中，妖贼张修为太平道，张角为五斗米道，则道教妖妄，自汉代始之。至其所以为说，则若《隋志》所论《道经》云云者是也。

　　盖自汉儒分道为一家，而道之正名实体大用皆不见，惟独董子、韩子及宋程、朱，始本六经孔、孟之言而发明之，而圣学乃著。董子曰：道之大，原出于天。韩子《原道》首揭仁义。道犹路也，言天下古今所共由之路也。故曰：夫道若大路然，其原出于天而率于性，而行之必以中正。故程子谓：中者，天下之正道，而孟子亦谓之正路也。《洪范》曰："无偏无党，王道荡荡。无党无偏，王道平平。无反无侧，王道正直。"言道也，无有作好恶，而遵王之道路。言学道也，《诗》曰："周道如砥，其直如矢。君子所履，

---

① 《后书》，即《后汉书》。

小人所视。"砥、矢言道，履、视亦言学也。故曰："道也者，不可须臾离也。"周公立政曰："师以道得民。"又曰："论道经邦。"孔子曰："志于道。"子夏曰："君子学以致其道。"凡尧舜之道、文武之道、《大学》之道，何莫非圣学也。至于理者，许慎说为治玉之名，吾以此诂犹后起之义。要之，条理、义理、文理，皆本天道之自然，故曰"天理"。凡见于六经载籍者，古今无异论。戴震据《庄子》以牛之"腠理"为"天理"，以攻宋儒说理之谬，不知"腠理"、"政理"之确解，震不悟耳。龙溪李威曰："理"字见于三代典籍者，皆谓"条理"。《易》曰："君子黄中通理。"又曰："和顺于道德而理于义。"又曰："将以顺性命之理。"《诗》曰："我疆我理。"《周礼·考工记》曰："阳也者，积理而坚；阴也者，疏理而柔。"《中庸》曰："文理密察。"《孟子》谓："理也，义也。"又曰："始条理也，终条理也。"其义皆同，未有以为至精至完，无所不具，无所不周，为万事万物之祖者也。《论语》，孔门授受之书，不言及"理"。何独至于宋儒，乃把"理"字做个大布袋，精粗巨细，无不纳入其中。至于"天"，亦以为即"理"，"性"亦以为即"理"，却于物物求其理而穷之。凡说不来，则以为必有其"理"。凡见不及者，则以为断无是"理"，从此遂标一至美之名，曰"理学"，竟为古昔圣贤未开之门庭，不亦异哉！按：此说蔽昧无知，不识好恶，所谓詉痴符也。不审何所恶于斯名而诋之也。

夫以尧、舜、周、孔之圣学，号而读之曰"道"，循而求之曰"理"，此古今之通义。不悟以此，乃犯不韪。至其以后世分居道观之羽流、黄冠，而谓周、程、张、朱与之同类，非但诬而失是非之心，又将使来学视周、程、张、朱为异端，而断其非圣学。此其为害，岂在洪水猛兽下也。古之学者，在学校献亩。惟神仙、道士，皆栖神山泽，吐纳清虚。其生之所居，或曰"静室"，曰"精舍"，其死即或祠之。如《庄子》称"藐姑山"。燕昭王、汉武帝使人求蓬莱山。王子乔驻缑氏山，后人即立祠山下。浮邱公接王子晋上嵩高山。陵阳子入黄山采玉芝。鬼谷子居清溪山。山东有泉，泉侧有道士精舍。《十洲记》曰：沧浪海岛中有石室，九老仙都治处。承渊山有金台玉楼，流精之阙，琼华之室，西王母之所治。《淮南子》曰：倾宫旋室，在昆仑阊阖之中。《江表传》言：于吉初来吴会，立精舍。梁周子良作《冥通记》称：道士之居名治堂。观本楼观之名，若"东观"、"白虎"、"高昌"、"建城"之类，故曰高楼飞观，又曰连观飞榭。至于以观像设仙真，居道士，《元和郡县志》等说难信，汉以后乃渐盛耳。犹之"寺"，本官府之居，始于汉明帝之居摄摩腾、竺法兰于鸿胪寺，后世遂以寺为浮屠之居之常名矣。而元道士朱象先《终南山说经台碑记》、李道谦《终南山祖庭仙真内传》，称终南山楼观为尹喜故居，故其徒曰"祖庭"。是编载历代羽流居是观者，道谦所编皆金、元人，象先所纂，则自尹喜而下，周汉人也，象先自跋。《楼观先师传》，尹喜弟尹轨撰，至唐有尹文操者续纪。则观居道士，其来已远，要多虚诞，不足深诘。

希夷之为圣学与非，即不敢知。若周、程、张、朱所述，非圣学而何？河洛、先天、太极诸图，即以为希夷所传，非圣学；而周、程、张、朱所发明六经大义，古圣微言，不止在此。其书著为功令，风厉学官，用以取士，非私授阴行之比，何得一概诋之，而断其非圣学也。当日林栗劾朱子，称朱为"道学"。叶适上疏争之曰：小人残害忠良，率有指目。近创为"道学"之名，郑丙倡之，陈贾和之云云。则道学之名，非雒、闽诸贤所自号亦明矣。至于元修《宋史》，非周、程诸子所及逆知。毛氏谓周、程诸子倡《道学总传》于《宋史》中，非事实也。

昔宋周公谨有言曰：伊洛之学行于世，至乾道、淳熙间盛矣。其能发明先贤旨意，溯流祖源，论著讲解，卓然自为一家者，新安朱氏元晦，尤渊深精诣。盖其以至高之才，至博之学，而一切收敛，归诸义理。其上极于性命天人之妙，而下至于训诂名数之末，未尝举一而废一。盖孔孟之道，至伊雒而始得其传，而伊雒之学，至朱氏而始无余蕴。必若是，而后可言道学也已。外若广汉张敬夫、东莱吕伯恭，亦皆以其学传授。而陆子静、张子韶，往往流于异端。子韶参宗杲，子静参杲之弟子德光。程子所谓今之异端，因其高明者也。至于永嘉诸公，则以词章议论驰骋，固已不可同日语也。世又有一种浅陋之士，自视无堪以为进取之地，辄亦自附于道学之名，褒衣博带，危坐阔步，或抄节语录，以资高谈。如近人《反身录》、《儒门法语》亦是。或闭眉合眼，号为默识。而叩击其所学，则于古今无所闻知；考验其所行，则于义利无所分别。此圣门之大罪人，吾道之大不幸，而遂使小人得以借口为"伪学"之禁，而君子受玉石俱焚之祸者也。韩侂胄用事，遂逐赵忠定。凡不附己者，指为"道学"而尽逐之。已而知"道学"二字，非不美之名，于是更目为"伪学"。臣僚之荐举，进士之结保，皆有"如是伪学，甘服朝典"之辞。一时嗜利无耻之徒，虽尝自附于道学者，往往改易衣冠，强习歌鼓，欲以自别。甚者邓友龙辈，附会迎合，首启兵衅。而向之得罪于庆元初者，亦从而和之，可叹也已。

按：论道学之真伪得失，无如此说之详尽者。余故录之，以著其实，使知世所讥于"道学"者，自指此辈。而向来诬善之徒，直集矢于程、朱，是不可不辨也。

又朱子有《答周益公书》，其末一条辨学道之言云：以"道"为高远玄妙而不可学邪？则"道"之得名，正以人生日用当然之理，犹四海九州百千万人当行之路耳。非若老、佛之所谓"道"者，空虚寂灭，而无与于人也。以"道"为迂远疏阔而不必学邪？则"道"之在天下，君臣父子之间，起居动息之际，皆有一定之明法，不可顷刻而暂废。故子游诵夫子之言曰："君子学道则爱人，小人学道则易使"，而夫子是之。若谓虽尝学之，而不当自命，以取高标揭己之嫌邪？则为士而自言学道，犹为农而自言其服田，为贾而自言其通货，亦非所以为夸。若韩公至乃自谓己之道，乃夫子、孟轲、扬雄所传之道，则其言之不让，益甚矣。又可指为后生之语而疑之邪？又刘熻奏言：宋兴，六经微旨，孔孟遗言，发明于千载之后，以事父则孝，以事君则忠，而世之所谓"道学"也。庆元以来，权佞当国，恶人异己，指道为伪，屏其人，禁其书，学者无所依乡。义利不明，趋向污下，人欲横流，廉耻道丧。望其于既仕后，职业修，名节立，不可得也。追惟前日禁绝道学之事，不得不任其咎云云。

窃谓此事之在当日，犹为有激而然，势不两立。今学者幸生盛世，一道同风，何所恶于斯名？而称引无稽，诡理反正，疑乱学术，虽欲自绝，何伤日月也。或因毛氏此言，遂称《太平御览》引《道学传》，第六百六十卷《道士部》引《道学传》。有燕济、鲍靓、王嘉、严遵等二十三人。今《道藏·洞真部》传记中，无《道学传》。盖自被宋人以"道学"之名，而道学隐矣云云。此尤为谬陋。奈何轻吾"道"而惜彼"道"之隐转，若有憾辞邪？

世以道学、理学为诟病也众，也久矣。余故首为正其名，以究其所失之源焉。其余先儒之论，载见于马氏《通考》者卷二百十一《道家》，二百二十四《神仙家》。学者具见，不备述也。

万氏斯同撰《儒林宗派》，其恉以为：自《伊雒渊源录》出，《宋史》遂分《道学》、《儒林》为二传。非惟文章之士，不得列于儒，即自汉以来，传圣人之遗经者，亦不得列于儒。讲学者递相标榜，务自尊大，明以来谈道统者，扬己凌人，互相排轧，卒酿门户之祸。

按：朱子撰《伊雒渊源录》，本以考实前辈师友学行，不没其真，以为来者矜式。逮其后声气攀援依附，分立"道学"门户，此末流之敝，古今类然。只可因时救正，而不得恶莠乱苗，并追咎于教稼者也。至于元修《宋史》，本此书创立《道学传》，非朱子所逆睹。乃世遂援此以为罪朱子铁案，岂非周内与？昔韩侂胄初禁道学，后犹知"道学"之名非为不美。今学者生当日久定论之后，而犹以道学为诟病，虽生于妒惑，亦由智识卑陋，不自知其然而然也。

考上古圣人，不以儒名。周公设官分职，始别师儒之用，而师较优。《礼记·文王世子》："凡始立学者，必释奠于先圣先师。"礼家谓考之经传，未尝举其人以实之。郑氏康成，于先圣，言周公若孔子。于先师，以为若毛公、伏生、高堂生、制氏。于国故，言若唐、虞有夔龙、伯夷，周有周公，鲁有孔子。宋长乐刘氏，以舜、禹、汤、文为先圣，要皆臆度之辞。汉魏以还，或以周公为先圣，孔子为先师；或以孔子为先圣，颜回为先师。唐显庆以后，从房、乔等议，始定而不改。开元八年，以左邱明、子夏以下二十二人为先师，后升子夏，止二十一人。配食孔子。宗康成注说，以专门训诂，为尽得圣道之传。近汉学诸人专主此宗旨。马端临、明宋濂等，皆不谓然。弘治元年，程敏政考正祀典，欲黜荀况、王弼、马融、何休等八人，议未行。嘉靖九年，张璁更正典礼，采宋真宗诏旨，以孔子为至圣先师，而先圣、先师始合为一，其配位改称先贤、先儒。罢公伯寮、秦冉、颜何及荀况、戴圣、刘向、贾逵、马融、何休、王肃、王弼、杜预、吴澄从祀；林放、蘧瑗、卢植、郑众、郑玄、服虔、范宁各祀于其乡；进王通、欧阳修、胡瑗、陆九渊从祀。吾友沈君钦韩《义塾附祀先儒议》谓：璁萼改称孔子为至圣先师，不特历代典故未考，并《礼记》未能通晓。愚谓孔子以人臣为帝王师，称为先师，于义无害。加以至圣，于义尤备。愈于素王世家之虚诬无据矣。沈君主汉人，自名其所受经为先师，与唐贞观所褒二十二人，为符于《礼》先师之义。此亦仍顾亭林旧说。不知此只是经师改称先儒，亦无不可。张璁邪人，附会时主私意，非真能正典礼者。然此议自为可采，但不当罢及康成从祀耳。国朝雍正二年，复祀先贤蘧瑗、林放、秦冉、颜何，先儒郑康成、范宁，升周、程、张、邵为先贤。乾隆三年，复祀先儒吴澄。其余增祀先贤先儒，或有为顾亭林所欲斥者，兹不备载，亦不具论。然儒之名义无定。如孔子告子夏有君子、小人之殊，《荀子》书有贱儒、愁儒之讥。《后书·贾逵传》及注引《风俗通义》、何休《公羊解诂序》，及徐彦疏所引《繁露》等说，皆有美有恶。准以孔子高之论，及明高皇之谕，则儒必出于中正，而后可当乎儒之名义。孔子高论：儒必行包众美，兼六艺，动静不失夫中道。洪武十五年谕曰：中正之道，无逾于儒。上古圣人，不以儒名，而德行实儒。后世儒之名立，虽有儒名，或无其实。孔子生于周末，身儒道，行儒行，立儒教，率天下后世之人，皆欲其中正。卿等为师表，正当以孔子之道为教，使诸生咸趋于中正，则朝廷得人矣。如公孙弘、蔡义、韦贤、玄成、匡衡、张禹、孔光、马宫、翟方进、平当、当子晏、孟喜、京房、江公、戴圣、扬雄、马融、蔡邕、许慈、胡潜、来敏、孟光、谯周、王肃、杜预，虽有儒名，实同冒姓。今万氏只知以儒为贵而争之，既未考周公之制，又不辨儒有俗伪迂鄙等失，而概以为美号。且《史》、《汉》以来，历代皆有《儒林传》，并无贬黜。惟《宋》、《齐》无《儒林传》，而非以道学挤去之也。而谓自汉以来，传圣人之遗经者，不得列于儒，非事实也。其实康成《礼》注所指先师，及唐贞观所褒，正周公所以谓之儒者也。刘歆称先师皆出于建元之间者，正汉儒也。而明嘉靖所改称先贤，及宋五子，乃周公所以谓之师者也。司马、班、范所作《儒林传》，只载传经义诂之儒，而道德大贤不与焉。良史之制，其用意固有所受也。《宋史》本《伊雒渊源录》，创立《道学传》，正合周公之制。万氏不知而议之，过矣。

万氏此书，意在持平，而其实乃不平之甚。不如张烈。烈著《读史质疑》，谓《宋史》以外，不得滥立《道学传》。虽意在裁阳明，而语自有分寸。周汝登作《圣学宗传》，程子下分二支：一支朱子，下不系一人；一支陆子，下系阳明。沈佳作《明儒言行录》，收阳明于正集，而于其弟子皆从删汰。盖陆、王虽有病痛，若在孔门，亦邀狂狷之与，未可以末学之见，轻欲裁简。至黄宗羲作《明儒学案》，视周、沈二书为详密，然意有左右，阳主阴违，亦非正见。朱轼作《史传三编》，其旨以明以来，传名儒者，大抵宗宋而祧汉唐，而宋又断自濂洛以下。轼此书，上起田何、伏生、申公，不没其传经之功；中及董仲舒、韩愈，不没其明道之功；于宋则胡瑗、石介、刘敞、陈襄，并见甄录，不存门户。以迁就利禄，削扬雄、马融；以祖尚玄虚，削王弼、何晏；以假借经术，削匡衡、王安石，皆见平允。惟胡寅修怨于生母，王柏披猖恣肆，至删改圣经，咸与名儒之列，似为少滥。以上皆据《四库提要》，原书均未见。

华亭张恒，字北山，著《道传录》。始伏羲画卦，以及尧、舜、禹、汤、文、武、周公、孔、孟、七十子、孟子弟子，下逮汉、唐，然后继以濂、洛、关、闽诸儒，迄于元、明，人各录其遗训。朱彝尊称其采醇去疵，审同斥异。至其录周子，舍《太极图说》，录邵子，不信《皇极经世书》，尤见卓识。以为"有罪我者，不复辨也"云云。要之，皆为不知而作者也。夫舍《太极图说》何以见周子？舍《皇极经世》何以见邵子？刘念台作《人极图》，李二曲作《学髓图》，依样摹拟，固不免陋谬。此乃谓之疵异而斥去之，是岂得为知言乎！

历选诸家，精确笃信，断制二千余年学脉，颠扑不破，无若阮氏元之言者。《拟儒林传序》。惜乎阮氏之言若彼，而其志业表章，仍宗汉学一派。今节录其说曰："昔周公制礼，太宰九两系邦国，三曰师，四曰儒。复于司徒本俗，联以师、儒。师以德行教民，儒以六艺教民。分合同异，周初已然矣。数百年后，周礼在鲁，儒术为盛。孔子以王法作述，道与艺合，兼备师、儒。颜、曾所传，以道兼艺；游、夏之徒，以艺兼道。定、哀之间，儒术极醇，无少差谬者，此也。荀卿以降，乖违兴废，师、儒渐梦。司马、班、范，皆以《儒林》立传，叙述经师家法，授受秩然。虽于周礼师教，未尽克兼，然名儒大臣，匡时植教，皆与《儒林传》相出入。宋初名臣，皆敦道谊。濂、洛以后，遂启紫阳。阐发心性，分析道理，孔孟学行，明著天下。《宋史》以《道学》、《儒林》分二传，不知此即《周礼》师、儒之异，后人创分而暗合者也。终明之世，学案百出，而经训家法，寂然无闻。揆之《周礼》，有师无儒，空疏甚矣。然其间台阁风厉，持正扶危，学士名流，知能激发，虽多私议，或伤国体，然其正道，实拯世心。是故两汉名教，得儒经之功；宋明讲学，得师道之益。皆于周孔之道，得其分合，未可偏讥而互诮也。"

朱彝尊《道传录序》曰："宋元以来，言道学者，必宗朱子。朱子之学源于二程子。先程子言学者为周子。于是论者尊之，谓直接孟子，是为道统之正。毋论汉、唐诸儒，不得在其列也。即七十子亲受学于孔子者，亦不与焉。故凡著书言道统者，辄断自周子始。饮流或忘其源，知末而不揣其本，吾尝未慊于中也。且夫圣人之道，著在六经，是岂一师之所能囊括者与。世之治举业者，以四书为先务，视六经可缓，以言

《诗》，非朱子之传义，弗敢道也；以言《礼》，非朱子之家礼，弗敢行也；推是而言《尚书》、《春秋》，非朱子所授，则朱子所与也。道德之一，莫逾于此时矣。然杜其聪明，见者无仁智之殊，论者少异同之辨，习者莫有温故知新之义，不能无敝焉。科举行之久矣，言不合朱子，率鸣鼓百面攻之"云云。

按：彝尊，华闻之士，识见浅陋，学无根柢，岂能与知斯道之精微。夫周、程之学，岂但汉、唐诸儒所弗及，即七十子，实有不能皆逾焉者。以为直接孟子，此自定论。知道者，必不河汉于斯言也。盖七十子虽贤，亦自有优劣差等，不得以其亲受学于圣人，一例皆许为能传道也。当日颜、曾、子贡数子而外，性、道、一贯之闻，他贤不皆与。孟子于夷惠不由，于颜冉且姑舍是，非自谓能过之也。论道之止极，自有所在耳。仲尼祖述尧舜，宪章文武。孟子叙述道统，亦断自尧、舜，不及羲、农、黄帝，岂为饮流忘源，知末忘本乎？哀公问弟子好学，孔子独称颜子，且曰："不幸短命死矣，今也则亡。"岂曾、闵、子贡辈，皆不好学与？斯言也，若出自程、朱，则乳臭童子皆将斥之，不以为刻，即以为偏矣。圣学心传，微言奥旨，非可为流俗浅人道也。我圣祖仁皇帝，升朱子进配十哲，由彝尊之论，岂不为越逾七十子及汉唐诸儒乎！

至于六经非一师所囊括，此何待言。朱子谆谆教人读汉魏诸儒注疏，《文集》中凡数十见。即四子书《集注》，所采五十四家之言，何尝杜其聪明，断以一师。汉学诸人，其膏肓本志在于妒名，忌嫉朱子。既不平心察理，又不实考其迹，往往以凿空颠顶莫须有之说诬之。千歧万端，或远言之，或正言之，或旁见侧出，集矢攒矛，万口一舌。世俗无闻者众，未暇深考，谓为信然，从风而靡。是不知程、朱之道与孔子无二，欲学孔子而舍程、朱，犹欲升堂入室，而不屑履阶由户也。由彝尊之论，若悯学者，恐其为朱子所误，必欲变乱已定之是非，复自伥伥焉，纷纭于道路歧涂间，莫知所止泊，而后慊于其心。其论似公，其实乃出于私；似正，而其实乃邪。何以明之？盖朱子之教，何尝不是上探古圣，下考近代诸儒，而后折衷至正，以诏学者。而必欲排之、挤之，何也？吾尝譬之，程、朱之教，如人执烛，以照暗涂幽室。有人焉，妒其不出于己也，乃欲夺之烛而代之照。程、朱之烛不可得，而己乃扪石握土，冒烛之名，而实不堪为照，因相率以共行于暗涂幽室而已。如戴氏之学，谓由训诂、名物、考证通乎性道。则是亦知学以通乎性道为极至，但不肯循程、朱所以造之之方耳。

如彝尊此旨，著书立说者，毋虑数十百家，皆一时高名巨公。吾不知其人，果已能尽程、朱之道，而实见其不足法与？或实见其有异于圣学之传，而误于学者与？抑粗鄙轻浮，苟为异说，徒欲以博综为名高与？若夫俗士治举业之陋，此自习俗卑趋，详见第三卷。不得以此归咎朱子。天下失是非久矣。以六经、孔、孟、程、朱之言喻人，习焉不察，皆谓迂阔而莫之信，倡以诐辞邪说，莫不风行，锢结于胸中而不可解，非真穷其义理，深惟其害而然也。人情好异喜新，尚麤粗，而不暇研精也。《庄子》曰："至言不出，则俗言胜。"夫俗之显为鄙悖者，人知之，惟夫托于理道之正，似是而非，又横有高名，为世所尊，其说一出，最易疑误学者。吾故不得不辨。晚学小生，不肯细心穷理，妄引陆子诋斥程、朱，此虞道园之言。而明以来，奉阳明为宗主者，皆由于此。粗学之士，以记问为贵，谓道学以空疏谈性命，观袁清容之言可知。而近人以汉学考证为宗主者，皆由于此。历考诋程、朱者，不出此两大派。而近人之说，又夹杂宋明人心学、禅学，一概以诬之一种。论国事者，又以讲学、门户遗害人国坐之。于是程、朱遂为众恶所集也。

顾氏亭林论明嘉靖之议诸儒从祀，有曰："弃汉儒保残守缺之功，而奖末流论性谈天之学，语录之书日增月益，五经之义委之榛芜，自明人之议从祀始也。有王者作，必遵贞观之制乎！"

按：孔庭从祀，系人心学术之大防，垂教立制之眼目，万世所瞻法，非可以一时一人私意见为是非进黜。自唐以来，代有更正，终未能画一。明徐溥有言：诸儒从祀，非有功斯道不可。善矣。然窃以为尤当考其实行，以德行垂教，其功不更在传经之上乎？但在宋以前，义理未著，人未知训诂之非学，经与人分之不可。况秦火以后，汉儒实有保残守缺之功，魏晋诸儒，实有训诂名物之益。纵有遗行，当从宽假。是宋后之论，未可施于汉魏之人。唐贞观之祀，以代用其书，垂于国胄，祀之所以报其功。宜也，不可易也。以贞观之制及顾氏之论推之，汉、唐诸儒，固皆宜从祀。朱子《四书集注》五十四家，亦当从祀。而赵顺孙《纂疏》、胡炳文《四书通》所采诸家，皆宜附祀朱子祠堂。马端临、宋濂、程敏政、张九功、张璁诸人，论虽严正，或未察于此。惟在宋以后之儒，经程、朱讲辨，义理昭著，一道同风，则必经行合茂而后可。否则宁取其行，不得以著述偏重。盖后世著述易，而实践难也。后世著述名家，淹贯经典，而行己范家，遗行足愧者有矣。杨廷和等无识，执著述有无以泥胡安定、薛文清之从祀，非也。

顾氏目击明儒心学纵恣之失及语录空疏之病，又不厌于刘瓛、阳明、程敏政、张璁诸人之议，祖述康成，创为救敝之论，专重著述，以为当从贞观之制。谓荀况、扬雄、韩愈三人之书，虽有合于圣人，而无传注之功，不当从祀。则不知颜、闵诸贤，曾著何书？而世竟以虚车剿说，为有功圣道矣。后来汉学诸人，祖此偏宕之论，乘衅而起，变本加厉，遂乃蔽罪程、朱，痛斥义理，专重著述。奉康成、叔重为极至。与议从祀之恉，又一局矣。使亭林在今日见之，必悔其言之失也。

茅星来《近思录后序》曰："自《宋史》道学、儒林分传，而言程朱之学者，但求之身心性命之间，不复以通今学古为事。"

按：茅氏此序，后截语甚有分寸。而汉学家则专取此数言为宗旨，以定程、朱爱书铁案。不知空疏不学，乃末俗承流之敝，详见后卷总论。非程、朱之教之有失也。程子"玩物丧志"之语，乃鞭辟近里，为成学者言之，即孔子告子贡"君子不多"之旨，乃竟以此蒙世大诟。至于朱子，不废汉魏诸儒训诂名物，极推康成，谆谆见于《文集》，可考而知。俱详见第三卷。而于《论语》首篇第七章子夏论学，即著吴才老之说，其所虑远矣。又"我非生而知"章，著尹和靖说曰："生而可知者，义理耳。若夫礼乐名物，古今事变，亦必待学而后有以验其实也。"据此，则汉学人谓宋儒坐谈空妙，置名物不讲，并《集注》未始寓目，但随声吠影耳。

伏读《四库提要》，《近思录》下曰：朱子之学，大旨主于格物穷理，由博反约，根株六经，而参观百氏，原未暖暖姝姝守一先生之言。故其题辞曰：穷乡晚进，有志于学者，诚得此而玩心焉，亦足以得其门而入矣。然后求诸四君子之全书，以致其博而反约焉，庶乎有以尽得之。若惮烦劳，安简便，以为取足于此而止，则非纂集此书之意。然则四子之言，且不以此十四卷为限，亦岂教人株守是编，而一切圣经贤传束之高阁哉云云。据此，则凡汉学家所诬程、朱之语，如云"后之儒者，废训诂而谈名理，目记诵为俗生，诃多闻为丧志。持论甚高，实便于束书不观，游谈无根"。钱大昕论

《尔雅》。"道学起而儒林衰，性理兴而曲台绝。"孔广森《戴氏遗书序》。
"经术一坏于东、西晋之清谈，再坏于南、北宋之道学。""义疏诸
书，束置高阁，弃等弁髦，视如糟粕，盖率履则有余，考镜则不
足。"江藩《汉学师承记序》。数百十条，皆以荒经之罪坐之道学者，
举未考程、朱之教之大全也。

又袁桷《困学纪闻序》曰："先生出，知濂、洛之学，淑于吾
徒之功甚溥。然简便，日趋偷薄固陋，瞠目拱手，面墙背芒，滔滔
相承，恬不为耻。"按：袁清容去朱子未远，而其言已似有嫌于濂、
洛之学，致启空疏。可知流俗识趣卑陋，知德者鲜，一语之差，毫
厘千里，贻误学术，恒延至数十百年而莫挽。间尝推论，以为穷理
极高明，则偏而流于虚狂，此弊之所必至也。故宋、明人失之为
禅，为心学。救虚狂以道问学，政当导之以道中庸，尽精微，敦厚
崇礼，朱子当日所以力与金溪争之者，此也。袁氏之旨，仅以考证
博学为贵，与后来顾氏专重著述同失，以致流为今日之汉学考证，
横流波荡。世未有知其歧变之由者，故首为著之。

至于颜元、李塨、李颙等，知尊性崇礼矣，亦不能道中庸，尽
精微，则仍是问学之失。此方辨汉学，未暇及彼也。孙征君奇逢《岁
寒集》有云：门宗分裂，使人知反而求之事物之际，晦翁之功也。然晦翁没，
而天下之实病不可不泻，词章繁兴，使人知反而求之心性之中，阳明之功也。
然阳明没，而天下之虚病不可不补。按：此论殊影响不确。朱子平日论永嘉
学问，在事功上讲，用而无体。世遂诋朱子尊德行而薄事功，以空谈性命为
其罪。说既多诬，此又论其病实，而宜于用泻，益非情实，殆未知朱子者也。
至其所谓虚病宜补者，是也。但永嘉之事功，习斋、二曲等之躬行实践，汉
学家之考证名物，同欲用补者也，特方药均偏，或遂误致杀人耳。

"明人讲学，袭语录之糟粕，不以六经为根柢，束书不读。"黄宗羲
语。"终明之世，学案百出，而经训家法，寂然无闻。"阮元《拟进儒林传
序》。"儒林之名，徒为空疏藏拙之地。"钱大昕《惠征士论》。"自黄梨洲
起，而振其颓波，顾亭林继之，于是承学之士，知习古经义矣。"江藩
《汉学师承记》。

按：右此论议，皆确信不诬，但顾、黄诸君，虽崇尚实学，尚
未专标汉帜。江藩曰：顾亭林、黄太冲两家之学，皆深入宋儒之室，但以
汉学为不可废耳。多骑墙之见，依违之言，岂真知灼见者哉云云。意甚憾其
不专宗汉学，已为谬见，又称其深入宋儒之室，益为无见之谈。以余论黄、

顾二君，盖得汉学之精而宋学之粗者也。如江氏、惠氏，乃拾汉学之渣秽者也。后有真儒，必以余言为信。专标汉帜，则自惠氏始。惠氏虽标汉帜，尚未厉禁言理，厉禁言理则自戴氏始。自是宗旨祖述，邪诐大肆，遂举唐宋诸儒已定不易之案，至精不易之论，必欲一一尽翻之，以张其门户。江氏作《汉学师承记》，阮氏集《经解》，于诸家著述，凡不关小学，不纯用汉儒古训者，概不著录。

观江氏书中所记诸人之说，其徒奉为科令者。如云："南宋以后，讲学家空谈性命，不论训诂。教学者说经，专宗汉儒。"黄宗羲。又曰："说经则宗汉儒，不取宋、元诸家之说。"朱筠。又曰："宋人说经，好为新奇，弃古注如土苴。"褚寅亮。又曰："治经宗汉学，不喜宋儒性命之学。"汪中。又曰："于宋以后愚诬之学，拒之尤力。解经一本汉学，专主训诂，不杂以宋儒之说。"刘台拱。夫说经不衷诸义理，辨伪得真，以求圣人之意，徒以门户之私，与宋儒为难，非徒不为公论，抑岂能求真得是？君子一言以为智，一言以为不智，于宋儒何伤乎？然此犹不过欲以汉学考证，破宋儒空言穷理，谓病其空疏耳。其后臧氏、段氏、江氏等，于六朝南北传注经本音字异同，又力诋魏晋，蔽罪唐儒，极口诋訾陆、孔，是岂不可以已乎？又其甚者，乃操同室之戈，均一汉学也，乃曰："谬种流传，兆于西汉。"此惠氏栋说箕子明夷，主孟喜、赵宾，而害施雠、梁丘贺，因诋马融为俗儒，不当以爻辞为周公作也。又称许叔重《说文》未作，西汉诸儒，得古文不能读。此孙氏星衍说。甄综古今学问，一归于东汉郑、许二君，此汉学赤帜也。

伏读《四库提要》，有曰：汉代传经，专门授受，各有师承，非同臆说，专而不杂，故得精通。陈耀文《经典稽疑》。自郑玄淹贯六艺，参互考稽，旁及纬书，亦多采撷。言考证之学者自是始。宋代诸儒，惟朱子穷究典籍。其余研求经义者，大抵断之以理，不甚观书。故其时博学之徒，多从而探索旧文，网罗遗佚，举古义以补其阙云云。郑方坤《经稗》。此论固至平实。但风气所偏，遂欲扫灭宋儒，毒罪朱子，鼓怒浪于平流，振惊飚于静树，可已而不已。斯风一煽，将害及人心学术。兹之所辨，惟在于是。吾为此惧，非得已也。

间尝论之，以为经传则道传，汉儒之功不可废，乃经传而道仍未传，宋儒之功岂可诬邪？班固言："兼而存之，是在其中。"要非得通贤真儒，平心观理，去泰去甚，安能得其是之所在邪！

卷中之上

《黄氏日钞》说《尚书》"人心惟危，道心惟微"四语云："此本尧命舜之辞，舜申之以命禹，加'危微精一'于'允执厥中'之上，所以使之审择，而执其中耳。此训之之辞也，皆主于尧之'执中'一语而发，岂为心设哉？近世喜言心学，舍全章本旨，而独论人心、道心。甚者单撷'道心'二字，而直谓'即心是道'。盖陷于禅学而不自知，其去尧、舜、禹授受天下之本旨远矣。蔡九峰之作《书传》，虽亦以是明帝王之心，而心者，治国平天下之本，其说固理之正。其后进此《书传》于朝，乃因以'三圣传心'为说，世之学者，遂指此书十六字为传心之要，而禅学者借以为据依矣。"

按：此一大公案，其后顾亭林申之，遂为蔑心之祖。而汉学者，因据以为罪宋儒成谳矣。苟博观终始，穷极义理，则是非分明。黄氏截讲"执中"一语，固似得理，而虑后人以言心堕禅，谓蔡氏不当以"传心"为说，则粗疏不察，而失其本矣。

姑勿论三代圣王，所以治天下之心何如。即如二典所载历象、命官、平地、明刑、典礼、立教、奏庶、艰食诸大政，传之万世，孰非圣人之心之所寄哉？圣人之心，都俞吁咈，该于微危精一；微危精一，要于执中。使非先精其心，亦安知中之所在而执之？孔子者，时中者也。《中庸》者，子思之书也。孔子之时中，子思之作《中庸》，即传尧、舜、禹"执中"之一语也。其引夫子之说曰："择善固执"，即精一之旨也。朱子《中庸序》所以发挥此四言者，至矣尽矣。黄震粗疏浅谬，滑意妄说，可谓无知而轻于立论矣。孟子曰："权，然后知轻重；度，然后知长短。物皆然，心为甚。"古今神圣，一切智愚动作云为，皆心之用，三尺童子不可谩也。

今为学欲明圣人之道，而拔本塞源，力禁言心，不知果有当于尧、舜、禹之意否邪？唐虞之世，未有禅病。今以梁以后禅学，豫代古帝防之，动欲改避经文，抑何可笑。汉学之徒，益推而极之，遂坚斥此非圣人之言。以为荀子引"人心之危，道心之微"，称出《道经》，为伪古文所采，宋儒不知伪古文，遂妄尊而信之耳。或竟据《道经》二字直证，以为出于《道藏》。杨倞《荀子注》云：今《虞书》有此语，而云《道经》，盖有道之经也。按：《困学纪闻》言《新序》介子推曰：谒而得位，道士不居也，盖谓有道之士。《汉·京房传》"道人"亦谓有道之人。据此，则杨倞所言，亦容近是。盖周、汉人语，固有如此者。又《晋语》"西方之书有之曰"，王厚斋云：盖《周志》之类，皆此类也。又按：《四库提要·鹖冠子》下云：古人著书，往往偶用旧文。古人引证，亦往往偶随所见。如"谷神不死"四语，今见《老子》，而《列子》乃称为《黄帝书》。"克己复礼"一语，今见《论语》，而《左传》乃谓仲尼称志有之。"元者善之长也"八句，今在《文言》，《左传》乃以为穆姜语。司马迁引《鹖冠子》，惟称贾生，亦此类。未可以单文孤证，遽断其伪云云。而快朱子"传心"之说，见斥于其徒。按：《宋史》，黄震登宝祐四年第，本传不言其受学源流，世称震传朱子之学。考周密《癸辛杂识》，称饶双峰既诡为黄勉斋门人，而黄东发与双峰门人董敬庵、韩秋岩，会哭双峰，俱称先师。一时道学之怪，往往至此云云。则黄东发亦罗子远之俦耶。愚以为，此二语既为荀子所引，下文又曰"危微之几，惟明君子而后能知之"。则荀子视此二语亦不轻矣。荀子及程朱重之，黄震乃轻心掉之，诸新学小生乃诋而斥之，适足见其非明君子耳。

夫不审义理之实，而第执左证，弃心任目，此汉学膏肓锢疾。将己之父兄，偶至他族，亦不当认乎？谨按：《四库提要·灵枢经》下云："梅赜古文，杂采《逸书》，联缀成文，虽抵牾罅漏，赝托显然，而先王遗训，多赖其搜辑以有传，不可废也。"[①] 是则公允至平之论，而凡攻伪古文者，所宜取正也。

或谓《道经》所云，显与佛氏"明心"之说相近，黄氏所辟，其论甚当。夫所恶于禅学"即心是道"者，谓其专事明心，断知见，绝义理，用心如墙壁，以徼幸于一旦之洒然证悟。若夫圣人之教，兢业以持心，又精择明善，以要于"执中"，尚有何病？孔疏

---

① "联缀成文"，原文作"联成篇目"。参见《四库全书总目》卷一〇三，《灵枢经》提要。

"将欲明道，必先精心"，亦是在执中前补义也。王僧达诗云"精理亦道心"，善注引《尚书》曰"道心惟微"。盖单提危、微二语，虽有警惕提撕意，犹引而不发，至合下精一、执中，则所以区处，下手功夫至密，道理直盛得水住。而犹妄议之，可谓昧矣。

　　或又谓心一而已，安有"人心"、"道心"？此语尤昧。今试诘彼所谓"心一而已"者，果何等之一心也？若以为皆"道心"与，则断不可谓古今天下皆圣贤。若以为皆"人心"与，亦断不可谓天下古今皆邪慝。若以为不属道边，亦不属人边，粗则如告子之知觉运动，与禽兽同焉者。是精则正堕向禅学"即心是道"，及阳明"本心"、"良知"之说。然则所谓"心一而已"者，于此三者果何居也。宋范淳夫之女，读《孟子》"操存舍亡"语，因讥孟子不识心，曰："心岂有出入邪？"程子闻之曰："此女不识孟子，却识心。"刘安节问："心有亡，何也？"曰："否。此只是说心无形体，才主着事，便在此处。才过便不见，如出入无时，莫知其乡。亦要人理会，心岂有出入。亦以操存而言也。"此论至精，与《大学》正心传有所不在语吻合。

　　或又谓孟子曰："仁，人心也。"是人心不可指为欲心。此语更误。夫孟子此言，探其本，始言之。即"性善"之旨，所谓"道心"也。然固不可谓一切人之心，皆全于仁而无欲也。故又尝曰："失其本心"、"陷溺其心"。夫陷溺而失之者，即欲心、人心也。孔疏解"人心"，盖亦指众人之心，但未详耳。若谓人皆无欲心，则《记》所称"易慢之心"、"非僻之心"、"鄙诈之心"，果何心也？试令夫人自扪其心，果皆仁而无欲乎？使人心皆仁而无欲，古今圣人为学与教，又何忧乎有不仁也？惟夫人心本仁，而易堕于人欲之危，是以圣人既自精择，而守之以执其中，又推以为教于天下万世。千言万语，欲使同归于仁而已。然固不能人人皆自觉悟，以返于仁。则赖有此四言之教，相传不刊，以为迷途之宝炬慧灯。所以历代帝王，兢兢守之，不敢失坠，此所谓"传心"者也。尝试论之，以为禅家"即心是道"，与阳明"本心"、"良知"，大略亦皆是"道心"一边，但不能如圣人文理密察，备四德，有品节。所以差失作病痛，政为少精以执中耳。精以执中，则所为尽精微，巽以行权，而时中也。然则圣人之道所以异于禅学者，其歧违偏全之争，政在此处。程、朱所吃紧为人，讲切发明，分别疑似者，亦政在此处。初心之士，欲审善恶邪正，全在察人心、道心，危、微二端之几。懋修之儒，欲救误认道心堕禅之失，全在精一、执中之学。黄震乃畏病而不识病源，转欲去其药，浸假而并欲去其躯体。轻于立论，真妄庸也。

或又谓黄氏引《论语·尧曰》云云，证舜未尝言心，可谓精矣。此尤为谬论。必若前圣所未言，后圣不许增一辞，则后来安得有六经？前书所未及，后书所有不可信，则此《论语》之言，亦今文《尧典》所未有。古人引书，多易原文为训诂之辞，《孟子》、《史记》尤可见。世之俗士，执字句异同以疑古书，陋矣。愚尝反复究思之，无论伪古文足信与否，《荀子》所引足重与否，只此二语，即出于巷说里谚，亦当平心审谛，断然信其精粹无疵，不诡于道，足以质古圣而无疑，而无庸代为周防也。何基有言，治经当谨守精玩，不必多起疑论。有欲为后学言者，谨之又谨，可也。此足为黄氏、顾氏药石矣。

要之，黄氏、顾氏，犹目击时病，有救敝之意，言虽失当，心则可原。及妄者主之，则借以立门户，与程、朱为难。援黄震以为重，又自矜能辟伪古文，而已与黄、顾之意全别。何以明之？以今世并无心学、禅学之害，不待虑之也。《日知录》引《黄氏日钞》、唐仁卿诸说，以为辟陆王心学则可，以为六经、孔孟不言心学，则不可；以为六经、孔孟不若陆王之言则可，以为六经、孔孟不言"心"，则不可。真德秀作《心经》，集圣贤论心语三十余条。昔在晋宋之间，义学盛兴，所有诸经教，皆中国文士刺取庄老及吾儒精理，以润饰之。理本大同，六经之言，与佛学相近者数百千条。不究义理之实，及当处文义偏全何若，但以其辞之相近，即疑而欲去之，徒乱圣人经义，疑误来学。此黄震、顾亭林之用意太过，反致粗疏谬妄，而承学之士，因秕糠眯目矣。

顾氏曰："心不待传也。流行天地，贯彻古今，而无不同者，理也。理具于吾心，而验于事物。心者，所以统宗此理，而别白其是非。人之贤否，事之得失，天下之治乱，皆于此判。此圣人所以致察于危微精一之间，而相传以执中之道，使无一事之不合于理，而无有过不及之偏者也。禅学以理为障，而独指其心，曰：不立文字，独传心印。圣贤之学，自一心而达之家国之用，无非至理之流行，明白洞达，人人所同，历千载而无间者，何传之云？俗说浸淫，虽贤者或不能不袭用其语"云云。

按：程子以《中庸》为孔门传授心法。蔡氏"三圣传心"之说，盖亦禀之朱子。顾氏非之，故其推衍黄氏之意如此。不知心具众理，是不得不如此立说。其实心与理不可分为二件，舍心何以见理，传理即传心也。故曰"千古以上，千古以下，有圣人出，此心此理同也"。特以传理不可为名，且于辞义为不备，故以传心为辞。《公羊传》所谓"避不成文"是也。至于禅家单传心印，其病乃在鹘突。无文理密察，不分四德，无品节，但高明广大，而不知精以执中。与圣人所传，都俞吁咈，戒谨恐惧兢业，以择善执中之心，其界甚分明。不此之辨，而概禁不许言心，用意浮浅，议论鲁莽矣。至于释氏"理障"之说，其义甚精微。盖即《孟子》兼爱为我，及执无权之中，皆足以害正理者。陆子所谓溺于意见，《大学》正心传所谓有所则不得其正者也。知德者鲜，固未有知其切于身心体察者矣。哀哉！苟有一日，用其力于德、仁，方知其味也。顾氏粗浅，不曾细心穷理，固不足以知此，释氏能虑及此，可谓吃紧为己，周防密切。惜乎！其所以求之心者，但取光明本觉，而不知有四端品节，又坐不讲学穷理，所以差失，则亦仍是理障也。岂谓凡为学者，皆不当求心耶！

且如顾氏所云：心者，所以统宗此理，圣人所以致察于微危精一，相传以执中，使无不合于理。是顾氏已不能舍心以言理。又云：圣贤之学，自一心达之家国之用，无非至理，历千载而无间。是顾氏已自明言圣人以其心统具此理，以传于千载。何以云心不待传，不当言传心邪？借如顾氏意，不言传心，第言传理，不知此理托于何物以传邪？若以理贯彻古今而无不同，但随时随事随人取用，自无不足，无待于传，则是古圣贤经典文字皆可废。夫理具于心，无古今一也。今言理而不许言心，譬如言世人但取足于米，不必言禾，此不为童昏之见邪！顾氏于考证自优，于义理甚鲁莽灭裂。古人言卤莽灭裂，卤，土块大；莽，草根盛；灭裂，言耘苗者，灭去而分裂之。其解不明，余绎思其意，盖言耘苗者，本欲灭草，而反裂苗也。黄氏、顾氏，政是灭裂。说著此事，无不错者，而横有高名，为世所震，顾欢所谓精非粗人所信，良不诬矣。

大抵圣人之言，浑然坦平，因事立教，施之各当。辨生于末学，往往沾滞支离，动生荆棘。如明季心学纵恣，异说纷歧，诚为惑乱。顾氏忧而欲辟之，其意甚善，特自家学术粗，见道未真，立义既差，故其辞亦绞绕不分明。本欲除病，而不悟己所立说，其病更大。亦由其不肯虚心服膺程、朱故也。

考朱子作《记疑》一卷，中有《论传心》一条，实为宋、明之季诸人之讲所宗。今录于此，可以正黄氏、顾氏之辨，为不得其理也。曰："先圣、后圣，若合符节，非传圣人之道，传圣人之心也；非传圣人之心，传己之心也。己之心，无异圣人之心，广大无垠，万善皆备。欲传圣人之道，扩充此心而已。"朱子辨曰："此言务为高远，而实无用力之地。夫学圣人之道，乃能知圣人之心；知圣人之心，以治其心，而至于与圣人之心无以异焉。是乃所谓传心者也。岂曰不传其道而传心，不传其心而传己之心哉？且既曰己之心矣，则又何传之有？况不本于讲明存养之渐，而直以扩充为言，则亦将以何者为心之正而扩充之邪？"

按：此言传心非传圣人之道，固为大谬。黄氏、顾氏又以第传圣人之道，黄氏之中，顾氏之理，即道而异名者。而不当言心，益为鹘突。孟子论见知、闻知，又曰："先圣、后圣，其揆一也。"夫其所以知者，何也？非以其心知之邪！则后圣心之所知，即前圣心之所传。但圣贤之人不世出，饶如此详说，学人尚不能明，尚多差谬。而曰明白洞达，人人所同，谈何容易邪！且惟人人所同，故可以传，同言之也；惟不能人人皆同，故愈赖于传，独言之也。今曰人人所同，何传之云。是真如阳明所谓"满街都是圣人"。然乎？否乎？戴震禁言理，诋程朱不当别言有理具于心；黄震、顾亭林禁言心，以理流行于天地古今，特具于心，而不当以心为主。皆边见、邪见，非正知见也。

吾今一言以蔽之曰：圣人之教，从不禁人言心。所恶于言心而流于禅，堕于空寂，及高谈性命，纵恣放佚者。为舍人事，一也；废伦常，二也；不致知穷理，三也；不道中庸尽精微崇礼，四也。而圣人及程朱之教，所言人心、道心、正心者，即在此四事，尚有何病？黄氏、顾氏但见禅之为害，心学为害，而不能明其所以差谬之故，而乃概禁不许言心。遂举圣人之经，儒先之注，一概欲去之，殆于不知而作矣。尝谓黄东发、黄太冲、顾亭林，立身大节，学问根柢，不愧通儒。但皆不免以博溺心，不肯细心穷理，潜玩程朱，所以议论多有差失，其流皆足为学术大害。如东发、亭林之禁言心，梨洲教学者说经专宗汉儒是也。余故不得不辨。

顾氏《与友人论学书》，力辟言心言性。《日知录》又引唐仁卿之说，以为六经、孔孟不言心学。又引《论语》言心者三条，至于操存舍亡，则谓门人未之记，而独见于《孟子》，意盖亦疑而不信。惟于"从心不逾矩"，特引卫蒿之言，以为学者未可与立而语从心，为率天下之人，而祸仁义。其论自当。至《中庸章句》，引程子传授心法，以为借用释氏之言，不无可酌。则非也。顾氏只为王氏心学有失，发为救病之论，其意固善。然有激之谈，务与相反。遂诬古圣、六经、孔孟不言心，惩羹吹齑，矫枉过正，转成悖谬邪说，其祸圣道不小矣。

黄氏又驳《论语集注》"三省章"上蔡说曰："孔门未有专用心于内之说。用心于内，近世禅学之说耳。象山陆氏，因谓曾子之学是里面出来，其学不传；诸子是外面入去，今传于世者，皆外入之学，非孔子之真。遂于《论语》之外，自谓得不传之学。凡皆源于谢氏之说也。后有朱子，当于《集注》去此一条。"

按：此说粗疏谬妄，真乱道也。姑无论陆子之学，自出孟子，非缘谢氏。即谢氏此语，果有何病，而欲去之邪！矧"用心于内"四字，出《汉书·扬雄传》，子云之世，岂有禅病邪！夫以曾子之笃实立事，讨论变礼，虽好为异议者，必无嫌于其以禅误后学。况上蔡下文明曰，传之无弊，观于子思、孟子可知。则其语亦甚审谛矣。按：杨慈湖斥《大学》非圣言，而谓子思、孟子，同一病源。杨为象山传心高第，其言如此，政与上蔡相反。则象山之学，非因上蔡之误可知。若因一语之似，即妄疑圣人之经、儒先之注，则"顾諟天之明命"，有似于止观；仁远乎哉，欲仁斯至，有似于即心是道，立地顿悟。夫焉有所倚，有似于无住无著，衣锦尚絅，内省不疚，何在非用心于内，而六经有不胜其可删者矣。陆子曰：学有本，则六经皆我注脚。大抵有基方筑室，未闻无址忽成岑，明明"先立乎其大"之宗旨。黄氏不知，而蔽罪谢氏，考之未详，轻于立论，可谓妄矣。借使象山之学，真出谢氏，此语亦当明为学者辨之。曰上蔡"专用心于内"语，是守约不外驰之意，非如象山"从里面出来"云云，主张心学也。如此则象山之失亦见，而又有羽翼正学之功矣。学者悼流之失，只当清其源，不当诬其源。黄氏政坐不肯用心于内，故其议论之失如此。

大抵考证家用心尚麤粗，故不喜言心、言性、言理、言道，又会有禅学、心学之歧为其借口。此中是非杂糅，如油著面，本不易明。黄氏、顾氏以言心为堕禅，论虽灭裂，犹实有其害。近汉学家以致知穷理为堕禅，则直是乱道。不知禅之失，政在不求心穷理；而禅之妙，亦政在不许求心穷理。才一求心穷理，便非禅。故其说曰："汝他日纵得一把茅盖屋，止成得一个知解宗徒"；又曰："若论此事，才眨上眉毛，便错过了也"；又曰："不可以知知，不可以识识"；又曰："不涉思议"；又曰："心无所住"；又曰："外息诸缘，心如墙壁"；又曰："将心用心，却成大错，夹山三桨，汾州正闹"。皆切切严禁用心，以理为障，以断知见为宗，离想为宗，六祖五宗相传秘密皆如此。

今汉学家，咎程朱以言心言理堕禅，岂知程朱是深知禅之害，在不致知穷理，故以致知穷理破彼学，而正吾学之趋邪！惟圣人吾儒之学，无不用心，而禅家则专忌用心；惟圣人吾儒之学，无不穷理，而禅家则专忌穷理。其事正相反。汉学者，标训诂名物为宗，无以破程朱言理之正，则一借禅以诬之。不知程朱言人心、道心、精一、执中、致知、穷理，正是破禅。又不知己之禁不许言心、言理，乃是用罔，政与禅同病。而又或居身行己，湛溺忿欲，卑惑苟妄，且为禅之所呵弃，鄙薄不屑。不此之念，而反咎程朱救堕禅之病为堕禅，颠倒迷谬，悖者以不悖为悖。究之儒禅两边，皆不曾用功，徒取门面字样，纸上文句耳。食程朱辟禅绪论，反以噬之，混以诬之。世俗不学无闻者众，惊闻其说，不辨涯涘，因附和之，以为信然云尔。实黄氏、顾氏诸人灭裂之论，有以启之也。

今与天下学者，平心论之。程朱教人为学，以格物穷理，克己主敬，又精择以执其中，又不舍人事、废伦常，此果尚有何病？悖于圣人何处？而犹烦众人纷纷如蜩如螗邪！圣人之言，曰"明辨之"，曰"尽精微"，曰"精义"，皆教人穷理也。不穷理，则于其粗者，固黑白不辨。穷理而不尽精微、道中庸，则于近理而乱真者。疑似不明，豪厘之差，失之千里。既失前圣之意，因以自迷，又以贻误来学，摘埴索涂，何所取正乎！世徒病宋、明之季，心学横流，援儒入释之害。如黄东发、顾亭林、唐伯元，虽舜、禹、孔子之言，皆疑而欲去之。韩非言鳢似蛇，蚕似蠋，人见蛇则骇，见蠋则毛起，而渔者持鳢，妇人拾蚕。黄氏、顾氏谈道论学，其智乃不如渔者、妇人邪？诚得吾说而精之，此固是在其中矣。

按：《朱子语录》称，程门高第如谢、游、杨，下梢皆入禅学去。又称上蔡《观复斋记》中，所说道理全是禅意。黄氏、顾氏摭此，故于上蔡语皆致疑耳。谨按《四库提要·上蔡语录》引朱子《后序》称：初得括苍吴任写本一篇，皆曾天隐所记。最后得胡文定写本二篇，凡书四篇，以相参校。胡氏上篇五十五章，记文定公问答。下篇四十九章，与版本、吴氏本略同，然时有小异。辄因其旧，定著为上下二篇。独版本所增多，犹百余章，或失本旨，杂他书。其尤者五十余章，至诋程氏以助佛学，辄放而绝之。其余亦颇刊去，而得先生遗语三十余章，别为一篇。凡所定著书三篇。是朱子于此书，芟薙特严。后乾道戊子，重为编次，定为今本。又作《后记》，称胡宪于吕祖谦家得江民表《辨道录》，见所删五十余章，首尾次序，无一字之差。然后知果为江氏所著，非谢氏之书。则去取亦为精审。观《语录》称某二十年前得《上蔡语录》观之，初用朱笔画出合处，及再观则不同，乃用粉笔，三观则又用墨笔。数观之后，全与原看时不同。则精思熟读，研究至深，非漫然而定也。据此云云，则朱子作《集注》，尤毕生精力所萃。其取上蔡语，必经研审至精，所见断不致出黄震、顾亭林后也。谢氏之学，以切问近思为要，虽才高意广，言论闳肆，或不无过中之弊。然经朱子所取，必不以有病之言遗误来学。愚故详订之，廓清放绝，无使无知妄说者得以借口云。

戴氏震曰："以'理'为学，以'道'为统，以'心'为宗，探之茫茫，索之冥冥，不如反而求之六经。"

按：此论乍观之，颇似笃正，徐而详之，实谬悠邪说。昔程子受学于周茂叔，亦曰反而求之六经。则程朱固未尝舍六经而为学也。且所谓求于六经者，何也？非谓求其道，求其理，求其心邪？戴氏宗旨，力禁言理。而所以反求之六经者，仅在于形声、训诂、名物、制度之末。譬如良农舂谷，尽取精凿以去，贫子不知，方持糠核以傲之。何以异于是？朱子曰："近年以来，乃有假佛释之似，以乱孔孟之真者。其法首以读书穷理为大禁，尝欲注心于茫昧不可知之地，以侥幸一旦恍然独见，然后为得"云云。据此，则凡汉学家所持以谤程朱者，皆窃朱子之绪论，而反以诬之。初不寻其立言本旨，徒取影响近似，巧以施之，以欺末学无闻者耳。详见后朱子论禅学之害各条。

考戴氏尝言："吾自十七岁时，有志闻道，谓非求之六经、孔孟不得，非从事字义、名物、制度，无由通其语言文字"云云。若是，则与程朱固为一家之学矣。兹何又以之为讥邪？盖由其私心本志，憎忌程朱，坚欲与之立异，故力辟求理之学。大本一失，无往不差。然后知其所谓有志闻道，欲求之六经、孔孟者，特托为重言，以涂饰学人耳目，使人无疑其畔六经、孔孟耳。非其智真能测得有道可闻，六经、孔孟当求也。不然，理也，道也，心也，未有与六经分而为二者也。程朱所学、所宗之"道"，与"理"、与"心"，亦未闻别于六经之外而求之也。斯固天下万世学人所可共信者也。

朱子曰："圣贤说'性'、'命'，皆是就实事上说。言'尽性'，便是尽得三纲五常之道；言'养性'，便是养得此道，而不害至微之理、至著之事。'一以贯之'，非虚语也。"陆子曰："古人自得之，故有其实。言理则是实理，言事则是实事，德则实德，行则实行。"又曰："宇宙间自有实理，所贵乎学者为能明此理耳。此理苟明，则自有实行、实事。"又曰："千虚不博一实，吾生平学问无他，只是一实。"又曰："古人皆是明实理，做实事。"又曰："做得功夫实，则所说即实事，不说闲话，所指人病，即是实病。"又曰："吾自幼时，听人议论似好，而其实不如此者，心不肯安，必求其实而后已。"又曰："只就近易处，著著就实，无上虚见，无务高远，一是即皆是，一明即皆明。"袁絜斋燮。言："尝见象山读《康诰》，有所感悟，反己切责，若无所容。"据此，则是先儒虽近禅，而所以反求之六经者，其实如此，何尝茫茫冥冥也。茫茫冥冥，如风如影，政由己讨探不得其故而然耳。则其言不亦宜乎？

汉学家皆以高谈性命为便于空疏，无补经术，争为实事求是之学，衍为笃论，万口一舌，牢不可破。以愚论之，实事求是，莫如程朱。以其理信，而足可推行，不误于民之兴行。然则虽虚理，而乃实事矣。汉学诸人，言言有据，字字有考，只向纸上与古人争训诂形声，传注驳杂，援据群籍，证佐数百千条。反之身己心行，推之民人家国，了无益处，徒使人狂惑失守，不得所用。然则虽实事求是，而乃虚之至者也。

子罕言命与仁，性与天道不可闻。而《中庸》首言命与性、道，曰："道也者，不可须臾离也。"又曰："君子无终食之间违仁。"孟子遇人便道"性善"。夫言各有当而已。形上者，道；形下者，事。圣人不指性、道之名，而所言无非性、道。孔子教弟子以"孝弟"，孟子曰："尧舜之道，孝弟而已。"夫孝弟之道，通于神明，非性道而何？君子之道，孰先传焉？孰后倦焉？民可使由，不可使知。以迹求之，似圣人之教，有隐显耳。

欧阳永叔谓，圣人教人，性非所先。已误。顾亭林乃以性道为末流，而力辟之。可乎？吕东莱《近思录题词》，论首列阴阳性命之故，曰："后出晚进，于义理本原，虽未容骤语，苟茫然不识其梗概，则亦何所底止。列之篇端，特使知其名义，有所向往而已。余卷所载，讲学之方，日用躬行之实，自有科级。循是而进，自卑升高，自近及远，庶不失纂集之旨"云云。此可以破顾亭林之疑，而为朱子雪其谤矣。

江氏藩曰："濂洛关闽之学，不究礼、乐之源，独标性、命之旨。"

按：性、命之旨，即礼、乐之源。故孔子曰："言而履之，礼也；行而乐之，乐也。"自汉晋以来，惟独宋儒周、程诸子，能知其本源合一处。今反以此讥之，如以牧竖而议公卿家服食起居节宣失宜，亦太不知类矣。"礼只是序，乐只是和。"程子此言，已尽礼、乐之源。

焦循曰："宋儒言性言理，如风如影。"

按：此亦剿顾氏之说而失之者。顾本以之斥明儒，今妄移以斥宋儒也。程朱言性言理，皆从身心下功夫，以日用伦常为实际，何尝如风如影？是未尝详读其书，徒耳食浮游以诬之耳。考顾《与友人书》曰："百余年来之为学者，往往言心言性，而茫然不得其解也。"夫明曰"百余年来"，则非以讥宋儒可知。焦氏岂足以知宋儒言性之说哉？观其所作《性善解》，一则曰"食色"，再则曰"知觉"，此其所以不为风影者，特拾告子、佛氏之唾秽而已。

考汉学者之始，生于深忌《宋史》儒林、道学分传，因之痛疾朱子补《大学格致传》穷理之说。故谓孔孟书中不言"理"，言"理"是宋人捕风捉影之说。而度数、名物、训诂，皆是一贯上达之道，学者只讲小学，便尽孔子之道，并无所谓义理之学。一时硕学通儒，皆主此著书，海内风靡，乃至流于外国。如日本西条掌书记山井鼎及东都讲官物观所著《七经孟子考文补遗》，亦多好与朱子为难，所驳多在性、情、仁、理等说。

戴氏曰："程朱以'理'为如有物焉，得之于天而具于心，启天下后世人人凭在己之意见而执之曰'理'，以祸斯民。更淆之以无欲之说，于得理益远，于执其意见益坚，而祸斯民甚烈。""离人情而求诸心之所具，安得不以意见当之。"又曰：古圣人以体民之情，遂民之欲，为得理。今以己之意见不出于私为理，"是以意见杀人"。

按：程朱以己之意见不出于私，乃为合乎"天理"，其义至精、至正、至明。何谓"以意见杀人"？如戴氏所申，当体民之情，遂民之欲，则彼民之情，彼民之欲，非彼民之意见乎？夫以在我之意见，不出于私，合乎天理者，不可信；而信彼民之情、之欲，当一切体之、遂之，是为得理。罔气乱道，但取与程朱为难，而不顾此为大乱之道也。程朱所以有大功于圣道者，政以其认理最真，辨理最精，而惟恐学者误执意见以为理也。所以能绍孔孟之传，而有大功于世，政在此。今戴氏反即以其所精辨者，意见不出于私为"理"。而转诬之，于其所用功而全力欲讲去之者，人欲。而转谓不当去。诸家著书，纷然祖述，益推而衍之，以蔑理为宗。此所谓"谗说殄行，震惊朕师"者也。

又曰："古人之学，在通民之欲，体民之情，故学成而民赖以生。后儒冥心求理，其绳以理，酷如商、韩之用法。彼自以为'理'得，而天下受其害者众也。"又曰："圣人之道，使天下无不达之情，求遂其欲而天下治。后儒不知情之至于纤悉无憾是为理，而其所谓'理'者，同于酷吏之所谓法。酷吏以法杀人，后儒以'理'杀人，浸浸乎舍法而论'理'，死矣，更无可救矣。"

按：情之至于纤悉而无憾是为"理"，此是"理"之极至大通处。自古圣人之心在是，圣人之政即在是。尧、舜、禹、汤、文、武、周公之所已行，孔孟之所讲求而欲行之者，舍是无他事。程朱岂反不知？顾民之为道也，生欲既遂，邪欲又生。苟不为之品节政刑，以义理教之，则私妄炽，而骄奢淫泆，犯上作乱，争夺之祸起焉。圣人知其然，故养欲给求，以遂其生。又继之治教政刑，以节其性。司徒之命，修道之教，学校之设，所以明民者，惟义理之用为急。故曰："惟天生民有欲，无主乃乱；惟天生聪明时乂。"又曰："以义制事，以礼制心。"此所以能纤悉无憾也。今谓不当以义理为教，而第惟民之欲是从，是率天下而乱也。不知何代、何王，有此治法？殆庄老过中皇古之说，荒唐之言耳！如《庄子·在宥》之说如是。

然戴氏非能有老庄玄解，不过欲坚与程朱立异。故其说惟取庄周言，寻其腠理，而析之节者有间等语，解"理"字为"腠理"，以辟程朱"无欲"为"理"之说，则亦仍不出训诂小学伎俩。不知言各有当，执一以解经，此汉学所以不通之膏肓锢疾。又肆之以无忌惮之言，以汩乱圣人之经教，所谓生于其心，害于其事；作于其事，害于其政者也。且程朱所严辨理、欲，指人主及学人心术邪正言之，乃最吃紧本务。与民情同然好恶之欲迥别。今移此混彼，妄援立说，谓当通遂其欲，不当绳之以理，言理则为"以意见杀人"，此亘古未有之异端邪说！而天下方同然和之，以蔑理为宗，而欲以之易程朱之统也。或问彭鲁冈曰：阳明谓与愚夫愚妇同的，方是同德。当乎？曰：须必同夫与知与能，不然，愚夫愚妇之习心、习气，待教化处尚多，何可与同？

又曰：君子或出或处，可以不见用，用则必措天下于治安。宋以来儒者，以己之见硬坐为古圣贤立言之意，而语言文字实未之知。其于天下之事，以己之见强断行之，而事情原委隐曲实未能得，是以大道失而行事乖，而天下受其咎。不知者，且以躬行实践之儒归焉不疑。夫"躬行实践"，释氏之教亦尔。孟子辟杨墨，退之攘佛老，当其时，尊杨墨、佛老者或曰：是圣人也，是正道也。吾所尊而守者，躬行实践，救人心，赞治化，天下尊之，帝王尊之之人也。然则君子何以辟之哉？愚人睹其功而不睹其害，君子深知其害故也。

按：为论披猖至此，肆无忌惮，所谓兽死不择音者也。至乃谓程朱语言文字未之知，事理原委未能得，致大道失而行事乖，天下受其咎，与杨墨、佛老同罪。凡尊信程朱者，皆愚人，不睹其害。惟独汉学君子，深知而忧之，故力辟之，不容已如此。窃以程朱以前，上溯晚周，其道失行乖与否，天下受咎与否，固与程朱无与。若程朱以后，元明以来，何道之失，何行之乖，天下所受何咎，是为程朱所致？事迹昭然，生民共睹，历历求之，一字不雠，此真无实不祥之言也。

夫躬行君子，孔子所求，今并此黜之，谓不足贵，则天下尚安有白黑也！恣设诐邪至此，而方且自以用必措天下于治安。其徒尊之，谓之："集群儒之大成，浩气同盛乎孟子，精义上掩乎康成、程朱，修词俯视乎韩欧。性与天道，了然贯彻，故吐辞为经，用则施政利民，舍则垂世立教而无弊。"此段氏之言。又曰："其学有功于六经、孔孟甚大，使后之学者，无驰心于高妙，而明察于人伦庶物之间，必自戴氏始也。"此洪氏榜之言。又以能卫戴氏者，为卫道之儒。此江氏声之言。邪妄炽结，任意乱道。虽天下之大，无所不有，不应诞肆至此。

又曰：《大学》开卷说"虚灵不昧"，便涉异学；以具众理而应万事，非"心"字之诂。《论语》开卷说"可以明善而复其初"，出《庄子》，全非孟子扩充言学之意。《中庸》开卷说"性即理也"，如何说性即是理？

按："虚灵不昧"，状心之体，无过此四字之确；"具众理"、"应万事"，说心字之义，亦无如此之确。明善复初，诂"明明德"，亦无如此谛当。政使出于释典，用之亦无害，况所明在善，则非般若"无知"之旨，尚何虑其为病也？若夫"性即是理"此句与孟子"性善"同功。皆截断众流语，固非中贤小儒所及见，况妄庸乎？且戴氏极诋程朱，固奉康成为宗主矣。岂知程子此语，正用康成《乐记注》"理即性也"语，彼本不知性命为何说，又失检郑注，遂轻妄立论，漫肆诋呵。

余尝论，释氏认"心"为"性"，认"意"为"心"，固误。详见《朱子论》。然犹说"性"。若世俗学者，虽读儒书，然皆逞妄徇私，全从"心"与"意"上作用。盖懵然不知己之有"性"，又安知"性"为何物？其言"命"，亦只以死生、祸福、贫富、贵贱当之，是世俗之人不知己之有"性"、"命"者，众也，久矣。苟知己有四端、五常，则知己有"性"，知四端、五常之为"性"，则知"性"之本所从来为"命"矣。性、命之本，无有不善，使非出于"理"，何以能善？则性即是理，明矣。赵岐称《孟子外书》四篇，有《性善辨》，知此事在孟子当日，已自难与不知者言矣。

近钱氏大昕，称《荀子》书曰："人之性恶，其善者伪也。"又曰："不可学，不可事，而在天者谓之性；可学而能，可事而成之在人者，谓之伪，伪即为字。"以为世人不识字，致使荀子蒙千载恶声。

愚谓辨"伪"与"譌"即"为"之假借字，此为确论，不可易矣。然固无解于性恶之说也。钱氏得"伪"字训诂一端，詹詹自喜，遂不暇致详上文，而以为足为荀子白千载之冤，则未然也。荀子本意，谓人之性恶，其出于善者，由人事强为。亦略如告子杞柳桮棬，戕贼人以为仁义之旨。钱氏何能代为之解免也。新学小生，耳食浮游，执论孟子"性善"之说为妄，以为韩子"三品"之说本之孔子，而孟子可以哑口矣。岂知圣贤言各有当，孔孟之说，初不异乎？譬立马于前，数其百体，喻"三品"。而谓道马者喻孟子道性善。非马，可乎？明王廷相著《雅述》，谓人性有善有恶，儒者亦不计与孔子言性背驰与否，而曰孟子言性善，是弃仲尼而尊孟子矣。况孟子亦自有言不善之性者，何独以性善为名？按此真妄说。使孟子之言与孔子背驰，何以为孟子？近人颜元，谓孟子言"性善"，即孔子言"性相近，习相远"，语异而意同，此论得之。《中庸》曰："率性之谓道。"使性非本善，何可率也？何能率之而即为道邪？《困学纪闻》引《白虎通》云：《礼运》记曰，六情所以扶成五性，五性谓仁、义、礼、智、信。韩子《原性》与此合。性兼气质，此张子说。命兼气数，与子思、孟子所称专言其本者，言各有当。先儒既精论而详说之，其言备矣，何容复倡为异说。李习之"水火沙烟"之喻最善。

考戴氏生平著述之大，及诸人所推，在《孟子字义疏证》及《原善》。《孟子字义》，戴氏自谓"正人心"之书。余尝观之，轇轕乖违，毫无当处，《原善》亦然。如篇首云云，取《中庸》、《论》、《孟》之字，标举古义，以刊正宋儒，徒使学者茫然昏然，不得主脑下手处，大不如陈北溪《字义》。

臧氏琳曰："《大学》一篇，本无经传可分，阙处可补，诚意正学者最切要处，所以成始而成终者，不当退处于后。"

按：此说乃学者是非通蔽，一人鬼关也，诸人皆从此路差去。其谓"本无经传可分，阙处可补"，亦仍本前人之争古本者。惟说"诚意"不必本于"致知"，朱子退《诚意传》，使处于后，最为乱道。盖粗阅注疏，本胸中全未有知，不暇致详，较李塨说更鹘突。

塨以《大学》"格物"为《周礼》三物。孔子时，《大学》教法，所谓六德、六行、六艺者，规矩尚存，故"格物"之学人人所习，不必再言。惟以"明德"、"新民"标其目，以"诚意"指其入手而已。"格物"一传，可以不必补。按：塨此说谬妄非一。圣人立教，只教当时，不顾后世。及至后世，此事不兴，岂不缺此一义乎？若曰人人所习，不必再言，首章目中又胡为条举之？存其目而阙其事，即以书言，亦无此体例。孔子时，用人理财诸事，皆尚有规矩，胡为又言之？孔子时，三物尚存，故不言至。朱子时，三物已不兴，仍不必补传，是终废此一义也。一派谬说，全非理实。塨学于颜元，以躬行为主，此等妄说，盖又沿之王柏、毛奇龄诸人者也。又宋黎立武作《大学发微》，所说"诚意"亦略与此同。

夫《大学》之书，即不以为孔子之言、曾子之意，而经文见有之言，不可诬也。经固曰"在明明德"，则上一"明"字自不可忽，"格物致知"，正"明"之之实事始功。"诚意"非所以成始也，经文曰"欲诚其意者，先致其知"，"知至而后意诚"，次第分明，非朱子移使退处于后也。夫"致知"而后"诚意"，尚难言之，况原不曾"致知"而曰"诚意"，所诚定何等意也？当篇文义，不暇照管，脱节乱道，其失犹小，惟不本"致知"，直标"诚意"，使学术缘此歧误，其害甚大。以虞帝"惟精惟一"言之，"精"是致知穷理，"一"是诚意执中，则正心也。以孔子诚身之目言之，学、问、思、辨四者，属格物、致知、笃行，始是诚身。故康成注此曰："劝人学诚其身也。"学虽不专属致知，然节目大概如此。夫说经于圣学宗旨切要处，敢为乱道若此，何其轻妄，不自知量，无忌惮乃尔。

昔朱子以"诚意"章为学者人鬼关，在今日，则直当以"格物致知"章为学者人鬼关也。盖不穷理致知，则不知至善之所在。当止之处，固为凡民之不识，是非邪正者无论矣。于此而有质美，不待致知，而自诚其意者，苟非生知上圣，则不过为不践迹亦不入室之君子善人，如黄宪者而已。非明德之止于至善也，出乎此，则入于告子之不动心，禅家不思善、不思恶，心如墙壁之所为矣。然则致知、诚意，正儒、禅、愚善三家分界至紧要处。诸人诋宋儒言心、言理、言格致堕禅，捕风捉影，却于此处灭火去明，自开歧路。引放教误走，反咎朱子之执炬指路者为非，岂非罔邪！比因论汉学力攻穷理之说，因悟及此，私窃自幸天启其衷。后儒得吾说而明之，不论《大学》有阙无阙，只朱子此所补传，正儒、禅之分界，导愚、善于睿聪，愚善之人，只有宽裕温柔一德，而聪明睿智，发强刚毅，文理密察，皆不备。有功于圣教，日月不刊矣。盖自王柏以来，争古本者纷纷不一，实未有分明得利害关系有如此者。

濂溪由静而动，是论天地、阴阳、道之全体，确是如此。若学者"明明德"，则必以知行为之次第。由明而诚，事理确是如此。故必从格物致知入，而后知止之所在。孔子所以赞黄鸟也，盖格物致知，即是"明"之之实事实功。白沙从"静"中养出端倪，是先从定静入手，无头而同于禅矣。虽主静功夫，学者不可少，然古今学人，亦安能尽得宽闲岁月，如僧家之闭门瞑目静坐乎？故知以静养为入手，提唱标为宗旨，其不可也，明矣。至刘念台从"慎独"起，以省察为头，毕竟前面亦少格致，政与以"诚意"入手同旨，特改换名目耳。凡此，皆仍姚江之失。

尝试论之，凡人未曾致知者，人欲交滚，念念动乱，以恶为能，且不知己念中，何者为善，何为不善，何时有静，何时动起，安能遽望其慎独，动念而即能辨善恶之幾邪？故必如尧舜之敬敷五教，周乐正之崇四术，孔子之入孝、出弟、谨信、亲爱、学文，处贫富无求安饱，孟子义利、性善、王霸、辞受取与，《中庸》亦先提个命、性、道，都教人先知大分。从此学之，所谓知止也。既知止，然后加省察功夫，以诚其意。事理次第，确是如此。故凡陆、王明儒之学，皆只为自己及学者已成就向上者言，未为不可。而便以此立为宗旨，欲攻《大学》格致之说而去之，则为无知邪说矣。

格致是"明明德"始功，"诚意"乃讨实下落事也。李塨谓直以诚意指其入手，臧氏谓诚意正学者所以成始，皆大误。夫人未致知，则始学功夫有阙，纵诚得善意，而品节必不详，岂不同于禅？故《格致传》断不可攻，"诚意"断不可作入手。李二曲曰："明德与良知无分别，念虑微起，良知即知其善与不善。知善即实行其善，知恶即实去其恶，不昧所知，心方自慊。"愚谓此亦谈何容易！上根、上智如颜子，犹须用克治，其次则必大勇血战。故孔子告原宪曰："可以为难。"自古圣贤，所争在此。故朱子谓之"人鬼关"。然前面必须有"致知"一层，李氏移"诚意"合于"知"，以"良知"混当"致知"之"知"，所谓顿门也。陆王之旨如此。不知良知、明德，是指本体，与致知、知字不同。上圣之人，本诚而明者，或即用明德、良知为照，苏子由所云"本觉自明"也。若学者思诚明，明德则必先致知，所谓明之也，明而后诚也，致曲也。陆王只由自己天资高，不顾古今学者，不能人人皆为上智，如己之明决勇锐也，然且其后犹有病。如王氏再传，已为颜山农、何心隐、李贽可见。宿松朱书曰：由阳明之道，率天下之人，尽为王心斋、王龙溪、颜山农、罗近溪、赵大洲、何心隐、李卓吾之徒，弃礼法、任放诞，诈谖纵横，肆无忌惮，如饮狂泉，而不可救云云。

故孔孟之教，必从下学入手，朱子所以苦争之也。二曲《学髓图说》与蕺山《人极图》，皆沿姚江之谬。比因论"诚意"不可入手，"致知"之功不可缺，而二曲牵"知"与"诚意"作一事，益为谬说，故附订之于此。

总之，《大学》本经曰"在明明德"，自姚江以来，诸儒只提唱"明德"，将上一"明"字抹去，何其卤莽灭裂也！如李塨直以"明德"、"新民"对言，可谓不通。

至臧氏谓"本无经传可分，阙处可补"，亦未详读经文。按郑氏于后诸节，皆一一分注曰：此广明"诚意"之事，覆明前经"正心"、"修身"之事，重明前经"修身"、"齐家"之事，覆明前经"齐家"、"治国"之事，覆明上文"平天下先治其国"之事。① 是郑君亦已章章分应前经，非朱子始分为经传也。但郑氏既一一分应前经，不应"诚意"前独阙"格物致知"之事。而又以曾子曰，《淇澳》、《烈文》两诗，《康诰》、《太甲》、《帝典》三书，《汤盘》、《玄鸟》、《文王》之诗，夫子听讼之言，总谓是皆"诚意"之事，殊为混淆不确。此所以致诸儒有无传可补，"诚意"当为入手，及诸家改本之聚讼。则皆不如朱子所定，为理顺而文从也。争《大学》者，不出此数端。然未有明夫不"致知"则同于凡民，不"致知"而"诚意"，苟非生知上圣，则流于禅与愚善者。余此说，实为汉唐以来，朱子以后，众说总结一断案。而凡纷纷攻朱子之补《格致传》者，皆未细心穷理也。

汪中曰："《大学》与《坊记》、《表记》、《缁衣》伯仲，为七十子后学者所记，于孔氏为支流余裔。师师相传，不言出自曾子，视《曾子问》、《曾子立事》诸篇，非其伦也。宋世禅学盛行，士君子入之既深，遂以被诸孔子。是故求之经典，惟《大学》之'格物致知'可与傅合，

---

① 此处所引数语，皆为孔颖达《礼记正义》之疏文，方氏误系于郑玄之下。

而未畅其旨也。一以为误，一以为阙，举平日之所心得者，悉著之于书，以为本义固尔。然后欲俯则俯，欲仰则仰，而莫之违矣。习非胜是，一国皆狂。即有特识之士，发悟于心，止于更定其文，以与之相争，则亦不思之过也。诚知其为儒家之绪言，记礼者之通论，则无能置其口矣。"

按：以此辟《大学》，是拔本塞源，直倾巢穴之师也。较诸儒之争古本补传者，王柏季本，高攀龙、崔铣、葛寅亮改本，见毛奇龄《大学正文》。外如黎立武、董槐、叶梦鼎、车清臣、方正学、王阳明、李安溪，皆主古本者。更为猛矣。然亦祖述杨简、慈湖斥《大学》非圣人之言。毛奇龄、张文虤、戴震等之邪说，而益加谬妄耳。自来讥宋儒堕禅，未有直加诸程朱之身，及原本于"格物致知"者也。夏树芳首创邪论，援儒入墨，此更暌孤之极，极口不顾矣。

周秦古书，凡一篇述数事，则必先详其目，而后备言之。今定为经、传，以为二人之辞，而首末相应，如出一口，殆非所以解经也。意者不托之孔子，则其道不尊，而中引曾子，又不便于事。必如是，而后安耳。门人记孔子之言，必称"子曰"、"子言之"、"孔子曰"、"夫子之言曰"以显之。今《大学》不著何人之言，以为孔子，义无所著。

此盖亦祖述毛奇龄、戴震之意。毛著《大学证文》，主古本，力攻程朱。戴震自始入学，即疑此以问其师曰："子朱子何时人？"曰："南宋。"又问："曾子何时人？"曰："东周。"又问："周、宋相去几何时？"曰："几二千年。"曰："然则朱子何以知之？"按：朱子以前，实未有以《大学》为曾子作者。宋过源《浩斋语录》，已称《大学》为曾子作，已有《大学》定本、《中庸》定本。《四库提要》断其伪托，不可信。然考订圣贤之言，亦以其义理辞气得之，非必全借左证。且如张揖以《尔雅·释诂》为周公作，张亦出于后世，何以知其然，而诸儒笃信不疑。又如毛氏说《缁衣》为公孙尼子作，此出于刘瓛之言，又何独可信乎？至郑氏以《论语》为仲弓、游、夏所记，不如柳子厚、程子为笃信也。李善《文选》注引《论语谶》曰，子夏六十四人，共撰仲尼微言。

标《大学》以为纲，而驱天下从之，此宋以后门户之学，孔氏不然也。宋儒既借《大学》以行其说，虑其孤立无辅，则牵引《中庸》以配之。

惠氏栋亦曰：《祭统》与《中庸》合，若非出一手，则同时也。宋儒独取《中庸》。按：《汉志》有《中庸说》二卷，师古注"今《礼记》中有《中庸》一篇"。亦非本《礼经》，孔疏引郑《目录》云，此于《别录》作通论。《五礼通考》曰：《中庸》，汉儒无所附丽，编之《礼记》，实于五礼无所属，故刘向谓之通论云云。今惠氏以配《祭统》，与汪氏以《大学》配《坊记》、《表记》、《缁衣》同一陋见。然亦由其立意与程朱为难，遂不暇审是非。此正《大学》所谓"心所有忿懥，不得其正"；而《中庸》所谓"知德者鲜"，鲜能知味者也。又按《隋志》南齐戴仲若有《中庸传》二卷，梁武帝有《中庸讲疏》一卷，惟《大学》自唐以前无别行之本。然考宋仁宗书《大学》赐进士，范文正公以《大学》授张横渠，《书录解题》有司马温公《大学广义》一卷、《中庸广义》一卷。表章《大》、《中》，皆在二程以前，不如汪氏无稽之谈也。

然曾子受业于孔门，而子思则其孙也。今以次于《论语》以前，无乃僭乎？盖欲其说先入乎人心，使之合同而化，然后变易孔氏之义而莫之非。所以善用其术，而名分不能顾也。

按：朱子定著四书，首《大学》，次《论语》，次《孟子》，次《中庸》，乃以为学次第，为书之次第。譬如居室，以寝庙为尊，而不以立于堂户大门之外，岂为僭乎？

君子之道，孰先传焉？孰后倦焉？譬诸草木，区以别矣。人既有之，书亦宜然。且《论语》为门弟子所杂记，《大学》亦记述夫子及诸贤之言，何名分之嫌？夫子删《诗》，以《关雎》、《鹿鸣》、《文王》、《清庙》次于《公刘》、《后稷》、《太王》之前，不为僭乎？按《四库提要》云：朱子四书原本，首《大学》，次《论语》，次《孟子》，次《中庸》。书肆刊本，以《大学》、《中庸》篇页无多，并为一册，遂移《中庸》于《论语》前。明代科举命题，又以作者先后，移《中庸》于《孟子》前云云。今汪氏不知朱子原本次第，乃据坊本讥之，无知乱道，见鄙通识，可为笑柄矣。

且汪氏既斥《大学》，欲废《四子书》之名，而作《墨子表微序》，顾极尊墨子，真颠倒邪见也。按：其称墨子言，谓与曾子相表里。又称墨子与孔子位相埒，年相近，皆操术不同，皆务立言以求胜，固不足以胜之。墨子诬孔子，犹之孟子诬墨子，归于不相谋而已。按：孔子岂求胜者？又岂不足胜墨子者？古今群言，衷诸孔子，孟子与孔子为一家。今谓孔、墨但不相谋而已，道皆是也。此祖焦竑之谬论，其实焦竑又祖之韩退之者也。竑曰：赵学士孟静云，往读荀卿讥孟子，略法先王而不知其统，未尝不骇其言。及探道日久，心稍有知，回视孟子之禽兽杨、墨，窃谓过矣。夫墨子本于禹，杨子本于黄帝、老子，皆当世高贤，其学本以救世。孟子法孔子，孔子以前，有所不暇考，荀氏之言，或未为过云。愚谓杨、墨本于黄、禹，即或有然，但流弊既极，亦当革而救之。三代忠质文且然，何况杨、墨。若以其源出于古帝，即不当议，则是世家之仆，悖乱犯法，亦不当治。如此浅古，孟子乃不暇考邪？然其说亦本之韩退之。韩云儒、墨同是，墨子必用孔子，孔子必用墨子，不相用不足为孔、墨。按：宋叶大庆《考古质疑》内，引《孔丛子·诘墨篇》，证孔子不得有助白公之事，并晏子、景公亦无是问答，皆墨子凿空造谤。据此，则退之谓孔、墨必相用，真妄言也。韩、柳并世劲敌，而柳所辨古书诸篇，其义理往往出韩上，不独《论史官》、《天说》、《复雠议》等也。学者读书论古，当平心求其至是，不得以韩公名高，震而曲附之也。真西山曰：太史谈《论六家要旨》，列儒、墨于阴阳、名、法、道家之间，是谓儒特六家之一耳。而不知儒者之道，无所不该，五家之长，儒者皆兼有之。其短者，吾道之所弃也。《困学纪闻》云，孔、墨并称，始于战国之士，其流及于汉儒，虽韩退之亦不免云。余按：程书论杨、墨，凡六处见，惟卷第十八刘安节所记，问退之读墨篇论最详，可以定杨、墨之断案矣。

夫天下无二道，墨子是，则孔子非矣。墨子称三年之丧，败男女之交。此一语，已得罪名教，安得与孔子并也？至于"兼爱"之末流，乃至无父，幸孟子辟之，后世乃不兴行，何谓诬之？此等邪说，皆袭取前人谬论，共相簧鼓。后来扬州学派著书，皆祖此论。又纪氏昀论荀卿《非十二子》云，子思、孟子，后来论宜为圣贤耳。其在当时，固亦卿之曹偶。是犹朱、陆之相非，不足讶也。按：思、孟在前，其论已明，非如朱、陆并世之比。卿乃不识真圣贤，既不知言，尚明何道？使后世不有程朱，则子思、孟子之道不著，即孔子之道不著。今生斯道大明之日，必欲夷孔子、子思、孟子于杨、墨，力斥《大学》、《中庸》而毁程、朱，此不为欲自绝于日月者乎！

夫《大学》纵非孔子之言、曾子之意，但令学者守此为学，学必不误；本此为教，教必不歧。可以远绍唐虞三代司徒、庠序之教，包孕六经群圣之言而不悖焉，亦足矣。视世所传曾子，气象广狭，义理精密，何如也？乃贵彼贱此，斥为不如《立事》等篇，可谓有目乎？按：《汉志·曾子》十八篇，今世所传，视《汉志》亡其八篇矣，十篇见于《大戴礼》。何义门云，疑曾子之书已亡，后人采《大戴礼》伪为之。愚按：谢上蔡《论语说》论曾子曰：惜乎！其嘉言善行，不尽传于世也云云，则固不以世传《曾子》为可信也。

阮氏元曰："朱子中年讲理，晚年讲礼，诚有见于理必出于礼也。如殷尚白，周尚赤，礼也。使居周而有尚白者，以非礼折之，则人不能争；以非理折之，则不能无争矣。故理必附于礼以行，空言理，则可彼可此之邪说起矣。然则三《礼》注疏，学者何可不读？"

按：顾亭林在关中论学曰：诸君，关学之余也。横渠、蓝田之教，以礼为先。孔子教颜子博文约礼，而刘康公亦云，民受天地之中以生，所谓命也。是以有动作威仪之则以定命。然则君子为学，舍礼何由？又曰：某年过五十，始知不学礼无以立。然顾论主率履之礼，此主注疏、训诂、名物之礼。顾以孔门执礼、约礼，斥明儒心学纵恣之失，此以注疏、名物、制度，破宋儒格物穷理之学，宗旨各有在也。此论出之最后、最巧、最近实，几于最后转法华。新学小生，信之弥笃，惑之弥众，争之弥力，主之弥坚。以为此论出，而宋儒穷理之说可以摧败扫荡，万无可复置喙矣。不知礼是四端、五常之一，理则万事万物咸在。所谓礼者，理也，官于天也。礼者，天理之节文，天叙、天敕云云，皆是就礼一端言。其出于天理，非谓天理尽于礼之一德。而万事万物之理，举不必穷也。周子言"理"曰：礼者，是就四德分布者言，非以一礼尽四德之理也。盖分言之，则理属礼；合论之，仁、义、知、信皆是理。虽礼之取数至多，为义至广，宰制万物，役使群动，三千三百，无所不统。然自古圣人为教，必又区仁、义、知、信之名，设《易》、《书》、《诗》、《春秋》之教，而不知以一《礼经》统括之，何其纷纷不惮烦邪？将智不及与，抑固不可与？

考圣人为教，知行并进，博文约礼，次第分明，语有单举，理无偏废。故子思曰："夫子之教，必始于《诗》、《书》终于《礼》、《乐》。"荀子亦曰："其数则始乎诵经，原注谓《诗》、《书》。终于读礼。"乐正四术，雅言四教，皆然。自古在昔，固未有谓当废理而专于礼者也。且子夏曰"礼后"，则是礼者为迹，在外居后。理是礼之所以然，在内居先。而凡事凡物之所以然处皆有理，不尽属礼也。

今汉学家，厉禁穷理，第以礼为教。又所以称礼者，惟在后儒注疏、名物、制度之际，益失其本矣。使自古圣贤之言、经典之教，尽失其实，而顿易其局，岂非亘古未有之异端邪说乎？夫谓理附于礼而行，是也。谓但当读《礼》，不当穷理，非也。理斡是非，礼是节文，若不穷理，何以能隆礼，由礼而识礼之意也？夫言礼而理在，是就礼言理。言理不尽于礼，礼外尚有众理也。即如今人读书作文，学百艺以及天文、算数、兵谋、讼狱、河防、地利，一切庶务，谓曰须明其理，则人心皆喻。谓曰此皆是礼之意，则虽学士亦惶惑矣。故借之虚词，可以胜于一国；考实案形，不能谩于一人。穷理、明理之言，顺而易知，谓以礼赅一切，理逆而难知。孔子顺折公孙龙曰：不知君将从其易而是者乎？将从其难而非者乎？然而新学小生，必执是说以为至当不易者，学未知本，耳食新奇，承窍附和，逐臭趋名，而其中实莫之能省也。顾亭林引林文恪材之言曰：正德末，异说者起，以利诱后生，使从其学。士附讲学之门者，皆取荣名。于是一唱百和，如伐木者呼邪许徐，而叩之不过徼捷径于终南，而其中实莫之能省也。窃谓今日之汉学，其弊亦若是。

夫六经、孔孟多言"思"，《洪范》曰"睿"、曰"思"。曰"睿"，非谓以心通其理乎？凡天下事物，莫非实理，何云空言穷理也？理属知边，礼属行边。孔子曰"穷理尽性"，孟子曰"尽心知性"，言知其理也。唐、虞、伯夷所典，周公所制，孔门言"执"、言"复"、言"约"，谓行其礼也。上以是范围，下以是率履也。今欲申其蔑理之旨，举凡事物之理，悉举而纳之三《礼》注疏，是尚未及率履之礼。按：李颙、颜元、李塨等，有惩于明儒心学之失，务以躬行矫之，似也。而亦毁程朱，亦不穷理，则亦子莫之执中也。兹汉学者，仅欲以训诂、小学、名物、制度，易程朱之统，又下于二曲、习斋辈一等。其于圣人之教，不亦远乎？《商书》曰："以义制事，以礼制心。"今乃欲以三《礼》注疏制心，此岂仲虺之智所及邪！

或曰：夫人以《礼经》为教，其名甚正，其实甚美，宜无倍于圣人，何子论之深也！曰：是当考其本意，防其流弊。此之宗旨，盖欲绌宋学，兴汉学，破宋儒穷理之学，变《大学》之教为考证之学，非复唐、虞、周、孔以礼垂教经世之本，并非郑、贾抱守遗经之意。何也？郑、贾诸儒，不禁学者穷理，又未尝蓄私意，别标宗旨，欲以一手掩天下目也。故邪说假正，正亦邪也。若此说遂行，将使学者第从事训诂、名物，喧争忿讼，于一切之理，概置不讲，势必致人心日即于昏蔽。而推行之际，必缺略迂滞而多阻。既深罪空谈义理之非，又力援大儒《礼经》之重，于是人心尽移，若真觉义理之学谬迂可厌，真无实用矣。邪说害正，其端甚微，其流甚巨。圣人复起，不易吾言矣。

至其援朱子晚年修《礼经》诸说，此乃诬朱子中年言理，晚始悔而返之于礼者。与阳明《朱子晚年定论》，其事恰相反。而其用意之私，为说之巧，伎俩则适相同。善乎！朱泽沄有言曰："尊德性者，莫如朱子；道问学者，亦莫如朱子。"彼以尊道分涂，为早晚异同之论者，岂知朱子者哉！朱子《答项平父书》云："子思以来，教人之法，惟以尊德性、道问学两事，为用力之要。子静所说，专德性事。而某平日所论，问学上为多。所以为彼学者，多持守可观，而看义理不细。而某自觉于为己为人，多不得力。今当反身用力，去短取长，庶几不堕一边。"按：朱子自言如此明白，不待程篁墩之论矣。

夫朱子之学，以格物穷理为先，岂至中年而始从事，晚又弃而不言乎？且中年讲理，岂尽蹈空？而如所注各经，及集中诸考证文字，具有年岁，岂皆晚年之说乎？年谱具在，可考而知也。即其晚修《礼经》，岂至是绝不复言义理，而禁学者不得复言格物穷理乎？而朱子前没之四日，犹改《大学章句》，何以不闻悔而去《格致补传》也？亦可见其妄援立说，诬而非事实矣。朱子论学，见于《遗书》、《文集》、《语录》者至详，今概置不言，第举其一事与己意相近者，便辞巧说，疑误学者。此关学术是非得失之大，非若他处训诂名物，一事一词之失，无关轻重者比，吾故不得不辨。

又曰："圣贤之教，无非实践。学者亦实事求是，不当空言穷理。《大学集注》，'格'亦训'至'，'物'亦训'事'；惟云'穷至事物之理'，'至'外增'穷'字，'事'外增'理'字。加一转折，变为'穷理'二字，遂与实践迥别。"

按：此说乃汉学宗旨第一义。千条万端，皆从此路差去。何以言之？盖汉学诸人，举深忌痛疾致知、穷理，所以说来说去，无不归于错者，其本乱也。圣门论学，固知、行并进，然知毕竟在先，使非先知之，何以能行之不失也。理即事，而在所谓是者何邪？非理之所在邪？若不穷理，亦安知所求之是之所在？朱子固曰"在即物而穷理"，夫"即物穷理"，非即实事求是乎？于此而强欲别标宗旨，非所喻也。朱子称谢上蔡以求是论穷理，可知穷理正为求是。"穷理"本孔子之言，以之训"格物致知"最确，何谓增出？事是迹，理是事之所由分是非得失处。今曰止当求是，不当穷理，欲以标其蔑理宗旨门户，犹曰吾止饭食，不需禾米，无乃不惠乎？兒说持"白马非白［马］①"之说，服齐稷下之辨者。乘白马而度关，则顾白马之赋。虚言徒自谩耳。程朱教人穷理，皆先就自家身心及伦物日用之地求之，为说甚详，何尝以空言穷理？

自宋以来，说"格物"者多端，惟此最巧，非精审明辨，几莫能破其伪而夺其坚也。盖"至"有二义，一"亲至"，一"周至"。亲至如云"迪知"、"迪哲"，与谋面为对。程子讥王介甫"看相轮"之说是也，阮氏此说近似之。迪知、迪哲，是以知为主。阮氏宗旨以行为主。盖取力破朱子穷理，申汉学之厉禁，非复论知也。愚以彼言"致知"在实践，有合于古圣人迪知、迪哲之义，故谓之曰巧、曰近似。其实彼之为说，但截断"格物"二字，诂为"至事"，解为"实践"，并不顾本句为"致知"言，乃最拙、最不通也。"周至"如孟子"尽其心者"之"尽"字义，故康成亦曰"致知"，"致"字或为"至"，而朱子所谓"极处无不到"也。余尝作《杂说》，有"舟行望见庐山"云云，意盖如此。

然则何以明阮氏之说为非，而必从朱子为是也？曰"周至"能包"迪至"，"迪至"不能包"周至"。朱子义较密，一也。凡天下事物，固践之而知，其知弥真。然遂谓天下学者，概不当穷理，只以实践求是，则于圣贤之教，为有阙漏。以行为知，固谬，以行废知，益为邪说。此其宗旨不可为训，二也。《大学》条目，次第分明。若首于知前豫说行，则以后诚、正、修、齐诸行边事转没事，是其目虚设也。若"格物"所训为"至事"、为"实践"者，即在诚、正、修、齐、治、平，则匹夫萧然蓬户，安得有国与天下供其实践至事？否则，终身无由知治、平之理，而"知"终不得而致矣，余初说：若实践即在诚、正、修、齐、治、平，则诚、正以下，皆有实行，而"致知"之目，独无事乎？且使经文"在"字、"而后"字，俰侗无著。继恐其申辨，以为诚、正以下，即"致知"实事。以致知并于格物，以格物统贯诚、正、修、齐、治、平六条，如湛氏《格物通》之例。如此狡辨，又足以惑学者，终为不了，故改从后说。三也。然后知彼之为说，不过

① "白"，应为"马"。据《韩非子·外储说左上》："兒说，宋人善辩者也。持'白马非马'也，服齐稷下之辩者。"

取破朱子穷理，申汉学之厉禁耳。车清臣曰：格物"格"字，难以训"至"。当依《玉篇》，作比方思量之义。愚谓此亦未稳，尚不及康成"来"字之训，然后益知"穷至事物之理"语，确不可易也。

又曰："孔子之道，皆于行事见之，非徒以文学为教。故告曾子：'吾道一以贯之。'贯，行也，事也。犹言一是皆以行事为教。又告子贡，与告曾子义同。圣道一是贯行，非徒学而识之。若曰贤者因圣人一呼之下，即一旦豁然贯通，此似禅家冬寒见桶底脱大悟之旨，而非圣贤行事之道也。故以'行事'训'贯'，则圣贤之道归于儒；以'通贯'训'贯'，则圣贤之道近于禅。至其所行为何道，则即《中庸》所谓忠恕、庸德、庸言，言行相顾之道也。"

按：此等议论，看去似亦近正，然最害事，最足惑乱学者耳目。缘其本谋，在深疾程朱"穷理致知"、《大学补传》，千端万变，思欲破之，无以为辞，则一借堕禅为号。殊不思孔子时，未有禅学之害。后人因陆王之敝，往往豫代孔子防之，最为可笑。凡六经言涉心、性、道、理，一概硬改其说。此是从来未有，独黄震、顾亭林等始倡之。风气既开，变本加厉，乃造为一切邪说。凡孔子所教人以"行"之者，转以"知"当之。如执礼、约礼，今只以三《礼》注疏，名物、制度当之是也。孔子所教人以"知"之者，转皆以"行"言之。如格物、一贯诸说是也。不知吾道，壹是贯行，偏于尊德行，此邓定宇、李二曲、颜习斋、李刚主一派。而遗道问学，失圣人以中道教天下后世之旨。又厉禁求心穷理，率天下而从于罔，尤为祸道害教。

夫子告哀公，学问思辨，知居其四，行居其一。教颜子先博文，后约礼，而耳顺从心，又所自言。则谓言通贯则近于禅，毋乃非孔子之虑所及乎？且以曾子之笃行立事，而夫子方且又告之以道在行事，不殆于赘而失因人立教之妙乎？若恐子贡以空知为学，他日与颜子较，知二知十，又何以与之？夫子之门，教人以行，自弟子入孝出弟已然，何待至是始？独以告曾子、子贡，而他门弟子，皆若不得与闻焉者，此是何密旨？亦浅之乎其为教矣，未向学人说圣贤事，如村氓牧竖谈公卿家起居、节宣、服食，传闻脱节，开口便错，只是好笑。

戴氏言：自汉以来，不明故训、音声之原，以致古籍传写递讹，混淆莫辨。汉学诸人，皆祖是说。于是舍义理而专求之故训、声音，穿凿附会，执一不通，若此类也。六经之言，一字数训，在《尔雅》、《说文》中，不可枚举。故曰"诗无达诂"。今据《尔雅》、《广雅》，训"贯"为"习"、为"行"、为"事"，得矣。而贯实有通贯之义，《说文·毋部》曰：穿物而持之。"贯"字下曰"钱币之贯"。又《玉篇》，"毋，持穿也"。"贯，事也，条也，穿也，行也"。恶得主一废一？如《春秋传》而"矢贯予手及肘"，及"贯革"、"贯鱼"之类，不可以"行事"训，明矣。欲破宋儒之说，并诬圣人之道，其言曰："就圣贤之言而训之，或有误焉，圣贤之道亦误矣。"吾请即以其语还质之云尔。要之，此之本意，非解《论语》，乃是攻朱子《补传》"一旦豁然贯通"语。故远驾之《论语》，以隐其迹，不可为其所谩也。

夫汉学家，既深忌痛疾义理之学堕禅，申严厉禁，以行事易之，是自为一大宗旨门户矣。而夷考其人，居身制行，类皆未见德言之相顾也。是其视讲经本与躬行判而为二，固不必与其言相应。原无意于求真得是，但务立说，与宋儒争胜耳。窃尝谓：为学而能堕于禅，此虽为圣学之害，然大段已是上乘人物。若其余，则皆溺于货色，忿欲私曲邪佞者众也。如曰不然，请各扪心自反何如？

"一贯"之义，兼知、行而言，不单主一边。非真用功造极人，不能真知。即强说之，只是知解，不是心得。此事原与禅学次第相似，盖道术不同，而功候无异也。非但禅也，即一切百工技艺文学之事，莫不皆有此候，如斫轮承蜩可见。但圣贤所授受，又广大精微，非寻常所能喻耳。若以知解求之，莫如杜元凯"冰释理顺"四字及前人水沤之喻。而张荐明之论鼓音，亦可相发。要其事，则必俟实力躬践，久而功到，始知之。盖自以阅历参差，异同不齐之故。千山万水，今始会通，觌面相呈，只可自喻，难遽以语人。盖此自是得之候，非学之候，兼知行而言之也。故曾子亦难以语门人，而特告之以要约，使自求而得之。尝切譬之，忠恕是盐，一贯是咸，味及之而后知耳。了此，则知其解，非浅儒所及也。至焦氏循解作"吾道一以通之于人"，盖又泥"忠恕"字面，望文生义，又隔一重。

此训"一贯"似禅学顿宗，一旦豁然大悟，似也。不知此"一旦"之前，有多少功夫，非容易一蹴可几。故曰"真积力久也"。若不用功，固断无有此"一旦"。若果用功，真积力久，有此"一旦"之悟，虽禅亦不易几矣。今举世无一人能臻此境，而反疑曾子之臻此境者似禅。譬人有家居，寸步不曾出门，不辨东西南北，不知长安在何处，却疑昔人之亲至长安而言长安者，恐其误似亲至洛阳而言洛阳者，因群聚讧争。究之长安、洛阳两处，彼皆懵然，何以异于是？又昔人亦有讥《补传》者，谓此"一旦"究在何日，以朱子此语为鹘突无下落。不知此"一旦"，本不轻易得到。自曾子、子贡以后，二千余年，只程、朱、陆、王等数人，有此"一旦豁然贯通"之候耳。此境引而不发，固不靳人之到，亦不能必人人皆到。然苟用功，则随其精粗大小，亦无不有此"一旦"，不可谩也。今不悟己之凡鄙，又不曾用功，而亦将几幸有此"一旦"。及待之无期，则疑朱子为谩，是亦终于无知而已，徒为戏论诨语，不足与辨矣。

又"《论语》、《孟子》仁说曰：孔门所谓仁也者，以此一人与彼一人相人偶，而尽其敬礼、忠恕之谓也。凡仁，必于身所行者，验之而始见，亦必有二人，而仁乃见。若一人闭户斋居，瞑目静坐，虽有德、理在心，终不得指为圣门所谓之仁矣"。

又曰："总之，圣人之仁，必偶于人，而始可见。故孔子之仁，必待老少始见安怀。须知孔子"安怀"之志，平生未遂，将终不得为仁乎？且"安怀"为志，岂非在心？如心无所著，便可言仁，是老僧面壁，但有一片慈悲心，便可毕仁之事，有是道乎？"诚有是道，但浅人不知耳。又曰："自博爱谓仁立说以来，歧中歧矣。"

按：《礼记·中庸》篇："仁者，人也。"郑氏注："读如相人偶之人。"又《仪礼·公食大夫礼》，"宾入，三揖"。郑氏注云："每曲揖，及当碑揖，相人偶。"考此语不详所出，贾公彦亦不能疏。《朱子语录》及王厚斋《困学纪闻》及近世诸家，所说皆未分晓。阮氏从《说文》"人二"之义徐鼎臣说："仁者兼爱，故从二人。"及《曾子制言》"人非人不济"语，以为独则无偶，偶则相亲。人偶，犹言人我相亲爱之辞云云。愚谓以"人偶"论仁之用，则可；以"人偶"论仁之体，则不可。《春秋元命苞》，"仁者，情志好生爱人"。韩子言"博爱谓仁"，周子言"爱曰仁"，程子言"爱非仁"。韩子、周子言其用，程子言其全体。要之，圣门论仁，此两义必兼备，倚于一偏则不尽。故朱子谓：程门弟子不善问，拘守"爱非仁"之说。当时若有人善问，必道言爱是仁之情，仁是爱之性，曷尝判然离爱以言仁哉？愚谓程子曰"言仁离不得爱"，而便以爱为仁，则不可。"仁者必爱"，指爱为仁，则不可。此语甚明。朱子曰：仁者，"心之德，爱之理"。此六字，发明程子意最详尽。盖程子所谓"爱非仁"，以仁之发而名仁者也，即朱子所谓"爱之理"也。今专以"兼爱"及"人偶"身所行者论仁，不属心德，不过泛应世故，将流于告子之"知觉运动"，墨子之"兼爱"，而非圣人全量之仁也。且既以人我相亲爱解"人偶"，指人偶为仁，又讥韩子"博爱"之语为歧中歧，何也？

按经文"仁者，人也"，犹言人之所以为人也，与《孟子》"仁，人心也"，语势正同。孟子加一"心"字，则所以释夫此句者，既明矣。即朱子所谓"天地以生物为心"者也。而人物之生，又各得夫天地之心以为心者也。故语心之德，虽总摄贯通，无所不备。然一言以蔽之，则曰"仁"而已矣。《中庸》此句，盖亦曰"仁"者，人之所以为人也。有是仁，则为人；失是仁，则不可为人。故朱子以为指人身而言。然仁之为道，众善之本，百行之原，莫不在是。而其为人之用，莫大于"亲亲"。与下文"义"者，万事之"宜"，而其为"宜"之大，莫大于"尊贤"，语本相对。故杀无道，诛不肖，皆义之用，而不可以属尊贤。亦犹孔子论仁，有曰"静"、曰"寿"、曰"乐山"、曰"能守"，而不可牵属"亲亲"，言各有当而已。《中庸》语意，本甚明白。郑氏注"相人偶"，是解下"人"字，非解上"仁"字。若曰此泛言仁者，人之所以为人，犹今世俗所称"相人偶"云尔。郑意为"亲亲"作引，故曰"以人意相存问之言"，语本无病。汉学者获此三字异闻，喜心翻倒，不暇详思，遽以"相人偶"讲仁，是隔一层。又牵引杂说，以解"相人偶"者，属之讲仁，又隔一层。又以此处"亲亲"目为圣人一切论仁之全体，凡引数十百处，皆强以"人偶"解之，又隔一层。凡去仁三层，而强以为此即仁之的解，而咎程朱以"仁"属"心德"为谬。语不知偏正，理不知倒邪，而鲁莽著书，真所谓詅痴符也。告子以"义"为外，此更以"仁"为外，不益为异端邪说乎？

夫子称："回也，其心三月不违仁。"岂颜子三月之后，忽不与人偶邪？又如由、求、赤、令尹子文、陈文子，皆终其身，绝不爱人，绝不与人偶邪？而凡天下群分类聚，乡党比邻，相人偶，皆得称为仁人，而圣人又何难之，既不以自居，又不轻以许人邪？夷叔、西山，其意不求人偶，而"求仁得仁"，又何解也？仁只是人偶相亲爱意，则孔子曰："泛爱众而亲仁"，不几语复而不辞乎？他如"终食不违"、"静"、"寿"、"乐山"、"能守"、"志仁"、"当仁"，皆无"人偶"之意。而"巧言令色"鲜矣，"与人为偶"鲜矣，"爱人"益不可通矣。又如"杀身成仁"，岂必二人同杀，而后成其与人偶乎？既"杀身"，而后成其为"爱人"乎？

古人言各有当，汉学家每执一以解之。其意主于破宋儒之说，其辞务博辨广征，案往旧造说，欲以眢人而夺之，而遂不顾畔道离经矣。此等义理，睿思精辨尚恐有差，何况蔓引泛称，以驳杂浅妄之言，欲以易夫大儒之说哉！其言曰："孔子为百世师，孔子之言，著于《论语》为多。《论语》言五常之性详矣，惟论仁为尤详。若于圣门最详切之事，论之尚不得其传而失其旨，又何暇别取《论语》所无之字，标而论之邪？"今吾亦曰：圣人为百世师，其言皆切于学者，而惟论仁为尤切。若于此一字失其旨，则大本全差，又何暇论其他？愿与天下后世学者，平心审之，孰是孰非，必有能辨之者也。

又曰："颜子'克己'，'己'字即是'自己'之'己'，与下文'为仁由己'相同。若以'克己''己'字，解为私欲，则下文'为仁由己'之'己'，断不能再解为私，与上文辞气不相属矣。"

按：此全祖述毛奇龄《四书改错》。阮氏平日教学者，必先看《西河文集》，故其所撰，支离悖诞，亦皆与之相类。毛曰：马融以"约身"为"克己"，从来如此说。惟刘炫曰："克者，胜也。"此本扬子云"胜己之私"之谓"克"语。然"己"不是"私"，必从"己"下添"之私"二字，原是不安。至程氏直以"己"为"私"，称曰"己私"。致《集注》谓"身之私欲"，别以"己"上添"身"字，而专以"己"字属"私欲"。于是宋后字书，皆注"己"作"私"，引《论语》"克己复礼"为证，则诬甚矣。毋论字义无此，即以本文言，现有"为仁由己"，"己"字在下，而一作"身"解，一作"私"解，其可通乎？

按：子云在马氏前，同为汉人，马说可从，扬说何不可从？若谓一字不应二训，则"克伐怨欲"，与此处所言"克"字，何以一欲其不行，一欲其从事？宿松朱书云："毋意、毋必"，与"诚意""意"字不同。"动心忍性"、"性也有命"，与"恒性""性"字不同。见《与李颙辨阳明"有善有恶意之动"书》。可见古人言各有当，随举自明，何不可通？经典恒言，如此者甚众。顾野王固言：或字各而诂同，或文均而释异。必执一以通之，则不通矣。若此处"己"字不指"私欲"，则下文四目，何为皆举非礼言之？"己"不是"私"，不应从"己"下添"之私"字，则"己"亦不是"欲"。《虞书》曷为从"己"下添之"欲"字？不知"己"虽对人为文，而古人言"舍己"、"虚己"，大舜"舍己从人"、"虚己"，见《庄子》、《韩诗外传》。苟非指己私意见言之，而将谓能舍、能虚其形骸乎？若谓程朱不应直以"己"字为"私"，致宋后字书误训，则古人《说文解字》，后起之义甚多，即亦何害？况此固圣人本意，而西汉儒者之说哉！

且克己不是胜己私也。"克己复礼"，本是成语。《春秋》昭十二年，楚灵王闻《祈招》之诗，不能自克，以及于难。夫子闻之，叹曰："古也有志，克己复礼，仁也。楚灵王若能如是，岂其辱于乾溪？"夫子既引此语以论楚子，今又引以告颜子。按：胡致堂论此以为左氏见《论语》有此文，撰为此段之说。虽此间无解，而在《左传》则明有"不能自克"，作"克己"对解。克者，约也，抑也。己者，自也。何尝有"己身"、"私欲"重烦"战胜"之说？

姑不暇与絮论。试问所抑者何也？约者何也？夫子所叹楚灵王不能抑者、约者又何也？非谓其不能胜区区之私，自奋以改弦易辙乎？且此处明有"非礼勿视"四句作解，反谓之无解。《左传》"不能自克"，政是不能自胜私溺确义。反谓作"人"、"己"对解，鲁莽粗疏，语意晦昧已极。《吴志》张纮谏孙权曰：古有国有家者，其治多不馨香，非无贤佐，暗于治体也。由不胜其情，弗能用耳。宜抑情损欲，以己割恩①云云。此可与夫子叹楚灵王意相发。

后汉元和五年②，平望侯刘毅上书云："克己引愆，显扬仄陋。"谓能抑己以用人，即《北史》称冯元兴"卑身约己，人无恨者"。唐韩愈《与冯宿书》"故至此以来，克己自下'。直作'卑身''自下'解"。若

---

① "以己割恩"，原文作"以义割恩"，其他文字亦多所节略。参见《三国志·吴书》张纮本传。

② 据《后汉书》卷十《皇后纪·和熹邓皇后》载，刘毅上书在元初五年。阮元引毛奇龄《四书改错》，误为"元和五年"，参见《揅经室集·一集》卷八《论语论仁论》。

陈仲弓诲盗曰"观君貌不似恶人，宜深赵己反善"。别以"克"字作"赵"字，正以培赵损削，皆深自贬抑之义故云。则是约己自赵，不必战胜，况可诂"私"字也？

　　按：此所引证"克"字为贬抑，似也。要知后人引书，不暇深惟本义，姑取口耳相习语成辞。古今若此，不可枚举。且贬抑岂非即强自胜私情之解乎？若只作外貌卑身自下意，则是世间一胁肩足恭之乡原，皆得谓为仁人。而王莽前半身，仁不可胜用矣。存理遏欲，自尧舜以来，修己立教之先务大防，未有或破之者也。诸妄庸讧其邪说，析言破道，非止文义不通，小失而已也。

又曰："颜子请问其目，孔子答以'四勿'。'勿'即'克之'之谓也。视、听、言、动，专就己身而言，若克己，而能非礼勿视、听、言、动，断无不爱人，断无与人不相人偶者，人必与己并为仁矣。俚言之曰：若曰我先自己好，自然要人好；我要人好，人自与我同作好人也。孔子恐学者为仁，专待人而后并为之，此又与仁说"人二"为仁解自相矛盾。故收向内言。"

　　按：此说无论义理浅陋，亦不辞甚矣。汉学家撼郑氏"相人偶"一语，既以之训"仁"，又于此以训"克己"为"仁"，又误认此"仁"字为"爱人"之"仁"，一派妄说，粗谬已极。

凌廷堪曰："为仁由己，而由人乎哉？人、己对称，正是郑氏'相人偶'之说。"

　　按：此耳食剿袭，更不辞矣。借如所云人、己对称，"相人偶"为"仁"，则圣人此二句成何文理？举圣人极明白之言，而迂晦之使不可通。汉学家著书，睥睨程朱，其谬妄乃如此邪！

焦循曰："刘光伯嗜欲与礼义交战之言，意主楚灵王，因上文有'不能自克'语，望文生义耳，与《论语》何涉？邢叔明剿袭之，以释《论语》，遂开《集注》训'己'为'私欲'之论。与全部《论语》人、己对举之文，枘凿不入矣。"

　　按：此又分毛氏、阮氏之说为二段，放过《左传》，独攻《集注》。夫解经当详本篇上下文义，《左传》则有上文"不能自克"作解，《论语》则有下文"非礼勿动"四语正解。政使刘光伯、邢叔明、程子、朱子，皆望文生义，亦岂曰不确？且以存理遏欲为说，亦何害于学者为仁之旨乎？盖嗜欲必得恣情便意，乃古今恒人通趣，幽潜性命不断，所以自古圣人皆兢兢戒谨防之，乃是大段第一难事。始而致知、穷理，以辨其涂；既而省察、克治，以专其力。以理与欲不并立也，非至刚决者不能。夫子以颜子于理、欲大分，不待今始致知，故直告以下手力行功夫，所谓单刀直入。其后颜子即以之"不远复"、"不贰过"，政其实力克之之勇，为他贤所不及处。"不远复"，明也；"不贰过"，勇也。合知、勇以为仁，所以邻于圣。流俗妄庸，何足以知之。程子言："难胜莫如己私，能克之，岂非大勇乎？"释氏亦言"猛虎易伏，寸心难降"。

若孔子第为是卑身约己，没气力之说，亦谁不能承担，必待颜子而后能事斯语乎？且一日卑身约己，天下归仁，何以别色取行违者乎？此等说行，将圣贤切己为学，吃紧为人，垂教万世之精义，变为没气力，模棱鹘突，徒便于乡原庸俗佥壬所为。害义伤教，莫此为甚。马季长语本无病，但语意浑涵，不如诸人妄说。《困学纪闻》曰：古也有志，克己复礼，仁也。或谓克己复礼，古人所传，非出于仲尼。致堂曰：夫子以克己复礼为仁，非指克己复礼即仁也。盖左氏粗闻阙里绪言，每每引用，而辄有改易。胥臣曰：出门如宾，承事如祭，仁之则也。穆姜于随举文言，亦此类。

卷中之下

钱氏大昕曰:"研精汉儒传注及《说文》诸书,由声音、文字以求训诂,由训诂以求义理,实事求是,不主一家。"

按:此论甚正。但宗旨所偏重,则流为诐邪害事,如以后诸说是也。其故在深嫉义理,而伪云求之,实非圣人之真也。

又曰:"训诂者,义理之所从出。非别有义理出乎训诂之外也。"又曰:"训诂之外,别有义理,非吾儒之学也。戴氏曰:后世儒者,废训诂而谈义理,则试诘以求义理于古经外乎?若犹在古经中也,则凿空者得乎?经之至者,道也;所以明道者,词也;所以成词者,未有能外于小学文字者也。"

按:此是汉学一大宗旨,牢不可破之论矣。夫谓义理即存乎训诂,是也。然训诂多有不得真者,非义理何以审之?窃谓古今相传,里巷话言,官牍文书,亦孰不由训诂而能通其义者?岂况说经不可废也,此不待张皇。若夫古今先师相传,音有楚夏,文有脱误,出有先后,传本各有专祖。不明乎此,而强执异本异文,以训诂齐之,其可乎?又古人一字异训,言各有当,汉学家说经,不顾当处上下文义,第执一以通之,乖违悖戾,而曰义理本于训诂,其可信乎?言不问是非,人惟论时代,以为去圣未远,自有所受,不知汉儒所说,违误害理者甚众。如康成解《诗·草虫》"觏止"为"交媾",此可谓求义理于古经中乎?《史记》引《书》"在治忽"为"来始滑",伏生今文作"采政忽",此明为音、字相乱。今人犹曲为解之,此可谓明道者词乎?《尧典》"稽古",郑氏训为"同天",解者以《说文》"稽从禾",古兮切。禾木曲头,止不能上极于天而止，是上同之义。此等训诂，可谓成词者，未有能外于小学文字乎？

汉学诸人，释经解字，谓本之古义者，大率祖述汉儒之误，傅会左验，坚执穿凿，以为确不可易。如以"箕子"为"荄滋"，"枯杨"为"姑杨"，"蕃庶"为"蕃遮"，数百千条，迂晦难通。何义门云：但通其训诂，而不辨义理。汉儒之说诗，皆高子也。信乎朱子有言，解经一在以其左证之异同而证之，一在以其义理之是非而衷之。二者相须不可缺，庶几得之。今汉学者，全舍义理而求之左验，以专门训诂为尽得圣道之传，所以蔽也。阎若璩谓治经不必拘理，见自驳用刘原父"十月之交，辛卯朔，日食"说。此专为天文历算言之则可，非一切经文可不拘理，而专求之训诂也。周伯琦作《六书正讹》，主张小学，以帝治王猷，悉归之《六书》，以张其门户，最为可笑。与戴氏此说以训诂该义理，同一似是而非谬论。

夫《易》结绳以书契，原以为治百官，察万民，然岂谓专究偏旁训诂，遂足为理乎？譬之国家设官分职，以为治也，然不求得才良以居位治事，但执一卷通籍姓氏，稽考爵秩，以为此足为治，有是理乎？又古者字少，多假借古音，四声转用。又先师传本，各有不同；又加以兰台改字；又《说文》所训，本有乖失，文字实有脱缺。汉学者推崇叔重，局囿锢蔽，或以《说文》所无，即指为非字。凡此诸失，皆讲训诂小学者所据依，浮浅轻信，惟异是闻，务生新解，强牵旧记，专与宋儒为难，悉归之小学训诂者也。

戴氏又曰："自昔儒者，其结发从事，必先小学。小学者，六书之文是也。《周官》，保氏掌之，以教国子；司徒掌之，以教万民；而大行人所称谕书名，听声音，又属瞽史。分职专司，故其时儒者治经有法，不歧以异端。"

按：此是门面语，以吓俗人耳。考实案形，全属影响。夫保氏、司徒之教，六书仅属一端；行人、瞽史之司，乃是同文之治。大行人谕书名，郑君注："名，谓文字。"其注《论语》孔子曰"必也正名乎"？亦谓"正书字"，则非也。《经典释文》引《论语》，夫子有言"必也正名乎"？亦如康成解。窃谓《论语》"正名"，自作"名分"解，不谓"正书字"也。不可以《隋志·小学类》有《正名》曲说，附订于此。既非教法之全在是，又不为儒者治经之用。且不知是时有何经可治？名何等为儒者？将谓若后世之经生乎？陋妄无稽，最为可笑。按：周初无经之名。《太宰》九两，"儒以道得民"。康成以为诸侯保氏有六艺以教民者。六艺，礼、乐、射、御、书、数也。是当时既无经可治，而儒者又非治经之职也。至于孔氏之门，教弟子孝弟、谨信、爱众、亲仁，余力则以学文。今概删去，仅以六艺中六书一端，提倡宗旨，张皇门户，偏隘极矣。戴氏号汉学魁杰，诸人推之以为集大成者，而其论乃失实抵牾如此，则其余可知矣。

钱氏曰："昔唐虞典谟，首称稽古，姬公《尔雅》，训诂具备。孔子大圣，自谓好古，而深恶夫不知而作者，由是删定六经，归于雅言，文也，而道存焉。汉儒说经，遵守家法，训诂经传，不失先民之旨。"

按：此皆门面影响之谈。汉儒称《尚书》古文，读应《尔雅》故。故，即训诂也。雅，正也。尔，近也。言此诂近正也。古文近正，所以可贵。若孔子订六经，则理道治乱之大，非徒训诂文字已也。今汉学家牵就援引，以张其门户。谓训诂之学，直接唐、虞、周、孔正传，欲以黜程朱而代其统。以义理为下，训诂为上，失其本而成为异端邪说矣。且如所欲申之义，谓考小学之帝尧，好小学之孔子，不辞甚矣。所谓言乖典籍，词理失所者也。《说文》："诂，训故言也。从言，古声。《诗》曰古训，公户切。"惠氏曰：章怀引《说文》曰：诂，训古言也。音古度反。是读与故同。按《说文·攴部》故，"故，使为之也"。周伯琦曰：故，故旧也。人死曰故。从久，古声。古义通用。久借作果五切，训古，今语也。俗作故。从攴，非。《古部》："古，故也。从十口，识前言者也。"徐铉曰："十口所传，是前言也。"然康成既训古为天，可知古字之义，古人亦无达诂。不得概执古今字，以《尚书》稽古，孔子好古，为小学训诂矣。稽古之训，郑氏以为同天。义既伤迫，贾、马、王肃以为顺考古道。高贵乡公驳之，以为顺考古道非其至也。甚允。是皆不如以为史臣之词，为足了学者。附订之于此。

自晋代尚清谈，宋贤喜顿悟，此是金溪一派，岂可概斥宋贤。笑问学为支离，弃注疏为糟粕。"支离不解郑康成"，乃阳明语，非宋人。若朱子固极推康成，力尊注疏，详见末卷。今此牵混影射以诬之，所谓无实不详。一在不考实仔细，轻易立言；一在欺世人皆无闻。谈经之家，师心自用，乃以俚俗之言诠说经典。如欧阳永叔，解"吉士诱之"为"挑诱"，后儒遂有诋《召南》为淫奔，而欲删之者。

　　按：此诗，《序》以为恶无礼，《集传》改为女子以礼自守，原是一义。吕东莱曰：贞女恶无礼而拒之，则所以释夫《序》者已明矣。惟解"诱"字，从毛、郑，以诱为道，为欲吉士使媒人道成之。意少迂曲。此诗下有"感帨吠尨"，则以为贞女之拒挑诱，政为化行俗美之效，于义亦何害？惠氏曰：陈长发曰毛、郑皆以诱为道，《仪礼》有"诱射"之文，谓以礼道之。古字意本如此也。欧阳永叔解为"挑诱"，东莱驳之。严缉反从欧，何其悖哉！

　　至于以为淫诗而欲删之，此自王柏之妄。王柏所删，非止此一篇，岂得全归狱欧公？王柏定二《南》各十有一篇，两两相配，退《何彼秾［袯］①矣》、《甘棠》归之《王风》，削去《野有死麕》，黜郑、卫淫奔之诗，删《国风》三十三篇。谓《大学格致传》未亡，还"知止"章于"听讼"上。谓《中庸》古有二篇，"诚明"可为纲，不可为目，定《中庸》诚明各十有一章。《宋史》本传称其"卓识定见"。按：王柏受学于何基，基受学于黄勉斋，去朱子仅三传，而妄诞纰悖至此。史臣称其有识，可谓盲论矣。王厚斋云：陈少南不取《鲁颂》，然"思无邪"一语亦在所去乎？树谓退之有言，"曾经圣人手，议论安敢到"，王、陈诚妄人也。若以"挑诱"非可云"吉士"，则不知古人语缓，如文姜曰"岂弟"，宣姜曰"邦媛"，则"吉士"之称，亦若"梁上君子"之辞云尔。《说文·言部》誂字下，许氏曰："相呼诱也。"惠栋曰：《战国策》曰，楚人有两妻者，人誂其长者。《春秋后语》作"挑"，非。愚按：《汉书·司马迁传》"横挑强胡"，李奇曰："挑音誂。"是从言从手，偏旁虽异，而"挑诱"之为义，周、秦、汉人，实已有此训。且《氓》"送子涉淇"，郑《笺》云：民诱己，己乃送之淇上。此是面诱，无媒礼，故下云"子无良媒"。钱氏胡不规郑氏，而独诋欧公乎？如欧此说以为俚俗，而郑解《草虫》"亦既觏止"，为男女媾精之媾，则反以为当从。惠栋、陈启源分别诂训，力主以为确义。天下岂有作诗自言如此，况其为女子之言，大夫之妻乎？门户之私，罔气悖惑如此。按：康成注《易》"匪寇婚媾"，曰："媾，犹会也。"

　　又曰："《烝民》之诗，孔子叹为知道，而其述'仲山甫之德'，本于'古训是式'。古训者，训诂也。训诂之不忘，乃能全乎民秉之彝。"

　　按：《孟子》引孔子之言，明指"有物有则"四句。今乃移指

---

① "秾"，应为"袯"。据《诗经·召南·何彼袯矣》改。

"古训是式"句，以牵合之，舞文脱节，不顾本文上下如此。且是诗所称"古训"，政谓义理耳。如典谟、大训，丹书、敬胜，先民传恭之类，岂谓如经生所以训诂传注者哉？是时，六经未有，籀史同朝，秦汉小学未有萌芽，不知仲山甫所讲为何等训诂也。即使信尔，亦不过一保氏外史象胥之职，何足为中兴名臣引重，而以补衮属之哉？今文家为一名卿作碑状，于其德业大猷，悉举而归之能通训诂、小学，且人咸知其义狭而非体，况三代雅材贤哲之徒，立言垂训者乎？仲山甫之式古训，即康叔之衣德言，式，则也，法也，属行边说。岂如钱氏云尔哉！钱氏于时号称通儒，而罔气如此，固知汉学皆乱道。由其只顾力标宗旨，不顾是非，蔑义理，而不求于心也。

惠氏曰："《尔雅》《释训》、《释诂》，周公所作。故《诗》称《古训是式》。辨见上。汉世谓之训诂，训诂者，雅言也。周之古训，山甫式之。不辞之甚。若以诂训为小学，则童子固皆习之，岂独山甫？若依余言属行边说，作传恭敬胜法则德言解，则山甫之式古训，于小学全没交涉。子之雅言，门人记之。刘氏台拱之说本此。刘著《论语骈枝》，谓执礼为诏相礼事，孔子平日鲁语，惟诵诗、读书、诏相礼三者，必正言其音。所以重先王之训典，谨末学之流失云。阮氏主之，遂以《诗》之《雅》发策，欲援孔子，以尊其训诂小学，而不觉其陋也。则试诘以夫子平日读《易》，与门弟子语，及见当时诸侯大夫，音皆不正乎？愚初疑人心锢蔽，何以至此。后读《南史》，乃悟此必因史称崔灵恩、程祥、蒋显，皆北来人，音辞鄙拙。又曰：音革楚夏，学徒不至。而卢广、沈峻等，皆言论清雅。遂疑孔子山东人，亦必音辞鄙拙，故造为是说，以附合其小学训诂宗旨云尔。殊不悟古帝王圣贤，皆在中土，是时南音不通中夏，谓之"鴃舌"。且鲁，周公之国，不应便倍大行人声音之听。孔子大圣，声律身度，辞气有恒，不应如后世鄙人，忽学打官话者。且古今音异，未必如今，刘氏何缘知鲁语必不正乎？又《记》曰：秋学礼，执礼者诏之。石林解执礼，犹执射、执御。盖古者谓执礼书以治人者，皆谓之执，非如刘氏以鸣赞宣唱音声为说也。尔雅以观于古，故又谓之《尔雅》，俗儒不信《尔雅》，而仲山甫之古训，夫子之雅言，皆不存矣。"

按：惠氏此论，亦斥朱子。盖朱子谓《尔雅》是取传注以作，后人却以《尔雅》证传注。先儒谓《尔雅》"如切如磋"之文取《大学》，非《大学》取《尔雅》。如《山海经》、《淮南子》多是释《楚辞》，今注者以为《楚辞》本此二书者，皆陋也。如朱子言，是主张《尔雅》者皆倒也。要知山甫在前，《尔雅》在后。陈直斋曰：郭璞亦称兴于中古，隆于汉代。至陆氏《释文》，始谓《释诂》为周公所作，其说盖本于魏张揖所上《广雅表》。今俗所传三篇，或言仲尼所增，或言子夏所益，或言叔孙通所补。梁文所考，皆讲家所说，先师口传，疑莫能明也。《周礼·大宗伯》疏引郑氏云：《尔雅》者，孔子门人作，以释六艺之文。陆氏《释文》曰：《尔雅》之作，本释五经。又曰：《尔雅》者，所以训释五经，《释诂》一篇，盖周公作。《释言》以下，或言仲尼所增云云。邵氏晋涵谓，陆德明误会张揖之意。愚谓《尔雅》训诂，释《诗》、《书》为多，周公之世，不应自作而自释之，又不应豫释后来所有《诗》、《书》也。即如陆氏谓为周公所作，亦止《释诂》一篇。而此一篇，固在世间，何谓不信《尔雅》，使仲山甫之古训、夫子之雅言不存乎？如以仲山甫之古训即是《释诂》，则所以称山甫者，亦狭矣。仅诵《释诂》一篇，即可为补衮名臣，何其立论浅陋至此。且朱子云云，亦非不信《尔雅》。况前乎朱子，后乎朱子，并未尝废《尔雅》，何谓仲山甫之古训不存乎？至孔子之《诗》传于子夏，《书》仅传有《序》，而伪不可信。孔壁古文虽亡，然当时实不闻有夫子别为《诗》、《书》音训者。至于刘氏所解执礼为诏相礼，欲解雅言为音训，而执字实不便于说，故杜撰摈相云云。则夫子止有夹谷一会，却莱兵事甚陋，非夫子之美，前人驳之甚允。附订如此。及《论语》君召、使摈两事。师师相承，不闻圣人有自订仪注、音声之书。则所谓夫子之雅言，果何指乎？若谓即在《尔雅》释诂、释言、释训之中，则自汉以来至今，《尔雅》列在学官，人人诵习，何谓俗儒不信《尔雅》，致夫子之雅言不存乎？主张《诗》之古训，《论语》雅言为训诂，已为鄙陋，又诬谓不存，益无事实。汉学家立论矫诬，大率如此，新学小生无识，傅会坚执，并为一谈，牢不可破，弗思耳矣。惠氏为汉学之祖，影响浮游若此，固知汉学不足信也。

戴氏曰："今人读书，尚未识字，辄薄训诂之学。夫文字之未能通，妄谓通其语言；语言之未能通，妄谓通其心志。此惑之大者也。论者又谓有汉儒之经学，有宋儒之经学，一主训诂，一主义理。夫使义理可以舍经而求，将人人凿空得之，奚取于经乎？惟空任胸臆之无当于义理，然后求之古经，而古今县隔，遗文垂绝，然后求之训诂。训诂明则古经明，古经明，而我心同然之义理，乃因之以明。即如所论，是训诂为筌蹄明矣，而何以厉禁义理，皆不求之乎？古圣贤之义理非他，存乎典章制度者是也。从此路歧去，认奴为郎矣。所以谓之汉学，盖其门面宗旨如此，故为异端。昧者乃歧训诂、义理而二之，是训诂非以明义理，而训诂何为？义理不存乎典章制度，势必流入于异端曲说而不自知矣。"

按：戴氏此论最近信，主张最有力，所以标宗旨，峻门户，固壁垒，示信学者，谓据其胜理，而不可夺矣。若以实求之，皆谬说也。

古今学问，大抵二端，一小学，一大学。训诂、名物、制度，只是小学内事。《大学》直从"明"、"新"说起，《中庸》从"性"、"道"说起。此程子之教所主，为其已成就向上，非初学之比。如颜子问仁、问为邦，此时自不待与之言小学事矣。子夏固谓草木有区别，是也。汉学家昧于小学、大学之分，混小学于大学，以为不当歧而二之，非也。故白首著书，毕生尽力，止以名物、训诂、典章、制度小学之事，成名立身，用以当大人之学之究竟，绝不复求明新至善之止，痛斥义理性道之教，不知本末也。明道玩物丧志之戒，久为世口实，不知此止虑其志趣局止于是，即致远恐泥，君子不多之旨。古人言各有当，教亦多术，同归于是而已。故当日特又记"读史逐字看过"一条，以接引来学，可知非舍学问，空谈义理也。若谓舍经空谈义理，不事训诂以求经，则古今无有是事，岂况程子？汉学者不穷理析义，援引脱节，以济其私，既诬前贤，又自迷误，致从事差谬，又因以迷误来学。一言三失，所以为罪也。以上辨主张训诂，误以小学当大学。

若谓义理即在古经训诂，不当歧而为二。本训诂以求古经，古经明，而我心同然之义理以明。此确论也。然训诂不得义理之真，致误解古经，实多有之。若不以义理为之主，则彼所谓训诂者，安可恃以无差谬也。诸儒释经解字，纷纭百端。吾无论其他，即以郑氏、许氏言之，其乖违失真者已多矣，而况其下焉者乎？总而言之，主义理者，断无有舍经废训诂之事；主训诂者，实不能皆当于义理。何以明之？盖义理有时实有在语言文字之外者。故孟子曰："以意逆志，不以文害辞，辞害意也。"汉学家专泥训诂，如高子说《诗》，所以多不可通。如惠氏《古义》、臧氏《杂记》，及近时诸家新说。故宋儒义理，原未歧训诂为二而废之。有时废之者，乃政是求义理之真，而去其谬妄穿凿、迂曲不可信者耳。若其不可易者，古今师师相传，硕学之徒，莫之或徙，宋儒何以能废之也？如朱子《诗集传》，训诂多用毛、郑。汉学之人，主张门户，专执《说文》、《广雅》小学字书，穿凿坚僻，不顾文义之安，正坐斥义理之学不穷理故也。故义理原不出训诂之外，而必非汉学家所守之训诂，能尽得义理之真也。如曰不然，试平心而论，汉儒、宋儒说经，谁得古圣人语言心志多乎？以上辨义理本于训诂之不尽然。

若夫舍经废训诂，亦诚有之，但须区别。如陆子以六经为注脚，有似舍经者，朱子已深斥之。详见后卷。若程子摆落传注，所见实胜前儒，则其废之者，固甚当也。至于朱子，极尊训诂，详见后卷。而亦有时废之者，废其失真不得圣意，而致贻误来学者也。今深疾义理，欲伸汉学，恐不能胜，乃以疑似之迹，概诬宋儒为舍经废训诂，空任胸臆言理云云。此欲欺天下，使耳食无闻者，谓为信然，同以莫须有之罪归焉，欲以一手掩天下目也。以上辨程朱非舍经废训诂。

夫谓读书尚未识字，辄薄训诂。此自俗士妄人，其于学术大局，焉能为有亡轻重，固不足论。若古今异文，《说文》所引壁经古文，多不与马、郑相应，无论后世。古今既远，传写脱误，或由先师众说不一。如荀悦《申鉴》、朱国桢《涌幢小品》云云，则亦不足为病。《申鉴》云：文有磨灭，音有楚夏，出有先后。或学者先意有所措定，后世相仿，弥以滋伪。《涌幢小品》云：古人、古事、古字，散见杂出，各不相同。见其一，不见其二，哄然纠驳，未免为古人所笑。但论其大体无失，可也。如范升所云：以年数小差，掇为巨谬，遗脱纤微，指为大尤，则过矣。有一汉学之徒，痛诋欧《五代史·明宗纪》云：在位十年，于五代之君最为长世，以为不应自相抵牾至此。余曰：此"十"字，当是"八"字，传写偶讹。五代惟唐末帝十一年，余者多至六七年而已。欧公此语诚小失，然不以辞害意，可也。若夫颇通于训诂，而实不识字，详于制度，而实昧于义理，如戴圣、马融、扬雄，或不识"节义"字，及进退守身义理，又何说也？《困学纪闻》引李衡《识字说》云：孔光不识"进退"字，张禹不识"刚正"字，许敬宗不识"忠孝"字，柳宗元不识"节义"字。又刘念台《人谱·类记》称，方逊志先生谓门人曰：汝读书几年，尚不识个"是"字。盖忠、孝、信、义、进、退、取、予、廉、耻等字，不待读《苍》、《雅》、《说文》，而世无不明者。古今学人，或不识得，岂为不晓训诂之故与？以上辨不识字之人有分别。

至谓古圣贤义理，即存乎典章制度。则试诘以经典所载，曰钦、曰明、曰安、曰恭、曰让、曰慎、曰诚、曰忠、曰恕、曰仁、曰孝、曰义、曰信、曰慈、曰俭、曰惩忿窒欲、曰迁善改过、曰贱利重义、曰杀身成仁。反而言之，曰骄泰、曰奢肆、曰苟妄、曰自欺、曰逸诮、曰贪鄙。凡诸义理，皆关修齐治平之大实，不必存乎典章制度，岂皆为异端邪说与？而如戴氏《七经小记》、《学礼篇》中所记冠弁诸制，将谓即以尽天下之义理与？震为江永弟子，永之言曰：经籍包罗三才，制度名物特其间一支一节耳。斯为儒者持平之论，而震顾张皇若此，不亦谬乎？以上辨义理不必存乎典章制度。

阮氏曰："圣人之道，譬若宫墙，文字训诂，其门径也。门径苟误，跬步皆歧，安能升堂入室乎？学人求道太高，卑视章句，譬犹天际之翔，出于丰屋之上，高则高矣，户奥之间未实窥也。或者但求名物，不论圣道，又若终年寝馈于门庑之间，无复知有堂室矣。是故正衣尊视，恶难从易，但立宗旨，即居大名，此一蔽也。精校博考，经义确然，虽不逾闲，便于出入，此又一蔽也。"

按：此论乍观之亦甚信，正欲以调停汉、宋，为两边救敝之辞，而其意惜则甚浅，且亦仍偏重。夫文字训诂，只是小学事，入圣之阶，端由知行。古今学术歧异，如杨墨、佛老，皆非由文字训诂而致误也。而如汉儒许、郑诸君，及近人之讲文字训诂者，可谓门径不误矣，而升堂入室者谁乎？至卑视章句，其失不过空疏，与求名物而不论道粗浅者，亦不同伦。凡此皆所谓似是而非，最易惑乱粗学而识未真者，不可以不辨。

戴氏曰："自汉以来，不明故训音声之原，以致古籍传写递讹，混淆莫辨。"

按：此说颇诚有之，而亦不尽然。盖声本于形，故训本于音声。音声、故训，其原合一。自篆文改隶，字失其形，因失其声。失其形，则传写递讹，混淆莫辨，而音声、故训随之以失。江有诰曰：《说文》虽主训形，然古人声从形生，不遵《说文》点画，无由知得声之本。如"桼"从大声，而"隶"从桼。"蒈"从屯声，而"隶"从春。"卯"音卿，而借为寅卯之卯。"草"为染皂字，而借为草木之草。诸如此类，不可胜数。此顾、江、段、孔诸家，所以必研求古韵，以复三代之音，而正汉、唐以来诸儒之失，欲使群经音训得真。又创为同声、同部之说。江氏曰：古人同声之字，必是同部。取三代有韵之文，证之《说文》谐声，大抵吻合。自陆法言声与韵分，于是一"母"声也，而"母"字入"厚"，"悔"字入"贿"，"敏"字入"轸"，"海"字入"海"。一"者"声也，而"者"字入"马"，"痁"字入"模"，"渚"字入"语"。一"各"声也，而"各"字入"铎"，"路"字入"暮"，"客"字入"陌"。诸如此类，不可胜举。古韵晦冥，职由此故。此段氏《谐声表》所为能补顾、江二君之未逮也云云。树按：如萧，从肃得声。宵，从小得声。万不可通，段、孔所以复改顾氏部也。又创为《谐声表》，又创为《入声表》，韵学之事，益精益密。江氏曰：段氏之十七部《谐声表》，实从来讲古韵者所未及。但某于其部分，既有更改，平入分配，间有异同，更为《谐声表》一卷。韵学家谈及入声尤难，有明章氏，著《韵学集成》，分配全误。顾氏一正之，而得者半，失者半。江氏再正顾氏，而得者十之七，失者十之三。盖不专以三代之经传、许氏之谐声为据，而调停旧说，是以未能尽善。某更因立《入声表》一卷。又曰：国朝深明古韵者五人。戴氏未有专书，大旨见《声类表》。顾氏之书，经江、戴二家订正。江氏之书，又经段、孔订正。但段、孔之书，尚有误处，不得不为纠出云云。段氏曰：余与顾氏、孔氏，皆一于考古。江氏、戴氏，则专以审音。而晋三于二者尤深造，据《诗经》以分二十一部，大抵述顾氏、江氏及余之说为多。又曰：晋三专据《说文》之偏旁、谐声，及周、秦人平入同用之章为据，作《入声表》一卷，尤为精密。不惟陆氏分配之误辨明，即江、戴异平同入之说，亦可不必，其真知确见，有如此者。又曰：古韵分部，肇于郑庠，分二百六部为六类，其入声三。顾氏更析为十部，其入声四。江氏析为十三部，其入声八。此余师东原戴氏所谓古音之学，渐以加详者也。余读《毛诗》，有见于支、脂、之之当分为三，尤、侯、真、文之当分为二，因定为十七部，东原师善之。其作《入声表》，取余说之分支、脂、之者，析脂、祭为二，得十六部，其入声九。曲阜孔氏作《诗声类》，更析东、冬为二，并真、文为一，析屋、沃以分隶尤、侯，别出缉，合九韵为一，得十八部。戴氏所谓自汉以来不明者也。

愚按：古人无韵书，陆法言始分为二百六部，虽未若后人之审，而实为前此所未有。自吴才老始求古韵，而有所改配。郑庠则分为六部。由是，陈、顾、江、戴、段、孔诸家，递有订正，皆就陆氏之部而分焉。江氏有诰，称自周、沈四声定而古音失，法言《切韵》作而古音之部分失。顾氏以来，始知离析《唐韵》以求合古韵。韵学至今日，几于日丽中天云云。此说确矣。但古人无韵书，安得有部分。如谓后人之求声分部，较法言更精，则可；不得谓法言失古人之部分也。观顾、江、戴、段诸家之书，皆自立部，而强声以就我，不无武断。虽曰考之三代有韵之文多合，然已自不能画一。且六书之义，谐声只属一事。许氏二百四十部之文，固不仅谐声也。古人造字，必先有谐声之文，而后有从声之字。凡从某得声者，从文生字也。故谐声之说，只可施于音学审韵分部，而不可概论文字，而况可概以说经乎？

小学之事，其类有三：曰形，曰声，曰义。训诂经传，则主于义理。虽义理、训诂，有时不出形声之外，然经传既集字成辞，则文繁字广，亦义逐辞成，固不仅用谐声之文，从声之字，足成辞也。故谐声之说，只可专据《诗》、《易》及有韵之文，而不可概论一切经文，而况概以求全经之大义乎？六籍故训，自汉晋以来，已得八九。陆氏《释文》，每经注家之后，又特载为音诸家，是汉魏、六朝以来，诸儒之于音义，亦大略得之。若夫宏纲巨义，平心而论，宋儒所得实多。故凡以音韵、小学，纠说经之失，不过什一之于千百，而不可概诋汉唐以来儒者，而况宋儒所发微文奥旨、昭炳光明者乎？

段氏于《说文》之学，可谓集大成矣。而其言曰："经之所蕴深也，韵其一端耳。"斯为笃论矣。六籍遭秦火之后，出有后先，音有楚夏，师承不同，文字互异。又加以兰台漆书之改，乡壁虚造之谬，如许慎、荀悦所论云云，实不尽关训诂、音声不明之故。自叔重作《说文》，伯喈定石经，而文字形声，既已一正矣。

江氏有诰，论段氏《谐声表》曰：今人通音学已鲜，再作《说文》字体，愈令人难读，故不得不从隶。惟《谐声表》，既专就《说文》论文，则不得不遵《说文》点画。然则诸家之讲形声、音韵虽精，固不能出叔重之范围，而叔重非汉人乎？何以谓之自汉以来，不明故训音声之原也？汉儒说经，往往胶执故训而乖义理，不可胜举其失，不止不明音声。而汉学诸人，辄矜其音学一得，欲张其门户，言之愈精，愈不可夺。世俗学者茫昧，鲜明其说，则听其高谈震詟而不敢出声。若穷极本末，辨析由来，则知声韵一事，只属偏端单义，而非全经闳旨得失所系，尽在于此学也。但就音学而论，则近世诸家所得，实为先儒所未逮。故今撮录诸家要论于左，方俾学者略明其端绪，因是而求五家之书之全，固谈经者所不可阙之功也。

顾亭林《音学五书》叙记曰：声成文谓之音。夫有文斯有音，比音而为《诗》，《诗》成然后被之《乐》，此音出于天，而非人之所能为也。三代之时，其文皆本于六书，其人皆出于族党庠序，其性皆驯化于中和。而发之为音，无不协于正。然而《周礼·大行人》之职："九岁属瞽史，谕书名，听声音。"所以一道德而同风俗者，又不敢略也。是以《诗》三百五篇，上自《商颂》，下逮陈灵，以十五国之远，千数百年之久，而其音未尝有异。帝舜之歌，皋陶之赓，箕子之陈，文王、周公之系，无弗同者。故三百五篇，古人之音书也。魏晋以下，去古日远，辞赋日繁，而后名之曰韵。至宋周彦伦、梁沈约，而四声之谱作，然自秦汉之文，其音已渐戾于古。至东京益甚，而休文作谱，乃不能上据《雅》、《南》，旁摭《骚》子，以成不刊之典，而仅按班、张以上诸人之赋，曹、刘以下诸人之诗所用之音，撰为定本。于是今音行而古音亡，为音学之一变。下及唐时，以诗赋取士，其书一以陆法言《切韵》为准，虽有独用、同用之注，而其分部，未尝改也。至宋景祐之际，微有更定。理宗末年，平水刘渊，始并二百六韵为一百七韵。元黄公绍作《韵会》因之，以迄于今。按：二百六韵，金韩道昭改为一百六十，刘渊并为一百七，"蒹"、"槛"两韵始并为一也。元阴时夫又并"迥"于"拯"，为一百六韵，则今通行之韵也。于是宋韵行而唐韵亡，为音学之再变。世日远而传日讹，此道之亡，盖二千有余岁矣。炎武潜心有年，既得《广韵》之书，乃始发寤于中，而旁通其说，于是据唐人以正宋人之失，据古经以正沈氏、唐人之失。而三代以上之音部分秩，如至赜而不可乱，乃综古今音之变，而究考辨正，为《音学五书》。

钱氏大昕叙段氏《六书音均表》曰：三代以前无声韵之书。然三百篇具在，参以经、传、子、骚，引而伸之，古音可分也。文字终古不改，音声有时而变，五方言语，且不相通，况数千年之久乎？而昧者乃执隋唐之韵以读古经，有所不合，谓之叶韵，谬矣。按：此讥朱子用吴棫《韵补》之谬也。盖自沈约以来，古韵浸失。吴棫作《韵补》，始求古韵。朱子释《诗》注《骚》，尽从其说。吴氏古韵有二例：曰通，曰叶。通者，如东、冬、江相通，支、微、齐、皆、灰相通之类是也。叶，则音韵俱非，而切响以通之。不知古今音异，经、子所用皆本音，无所谓叶也。顾氏所以作《音论》，列古今音之变，而究其所以不同。考正三代以上之音，注《易本音》、《诗本音》。然考《四库提要·韵补》下称：棫作《毛诗补音》、《楚辞释音》、《韵补》，凡五种，今《毛诗补音》已亡，惟此书存。

自陈振孙谓朱子注《诗》用棫之说，朱彝尊作《经义考》，未究此书仅五卷，于《补音》十卷条下误注"存"字，世遂谓朱子所据即此书。盖棫音《诗》，音《楚词》，皆据其本文，推求古读，尚能互相比较，粗得大凡。故朱子有取焉。此书则泛取旁搜，无所持择，颠倒错乱，皆亘古未有之臆说。世儒不察，乃执此书以诬朱子。又曰棫书虽抵牾百端，而后来言古音者，皆从此而推益加密云云。明三山陈氏，始知考《毛诗》，屈、宋赋，以求古音。近顾氏、江氏，考之尤审。今段氏复因顾、江两家之说，证其违，补其未逮，定古音为十七部云云。按：宋郑庠，分《广韵》二百六部为六部，《韵略》合于汉魏、杜、韩所用，而于周、秦未合。顾氏考经、骚，分二百六部为十部，作《古音表》，较郑氏为密。江氏订其于三百篇所用，有未合者，分二百六部为十三部，作《古韵标准》，较顾氏益密，而于三百篇仍有未合。段氏分二百六部为十七部，作《六书音均表》。以上言古韵者之大凡，至于世所通行阴氏一百六韵之今韵，以沈、陆之书及唐宋功令为准，固为俗书。而邵子湘作《古今韵略》，以今韵本求古音，止标汉魏、杜、韩诗为准，犹之沈约、郑庠之失也。

戴氏《六书论序》[①] 曰：大致造字之始，无所冯依。宇宙间，事与形两大端而已。指其事之实，曰"指事"，一、二、上、下是也；象其形之大体，曰"象形"，日、月、水、火是也。文字既立，则声寄于字，而字有可调之声；意寄于字，而字有可通之意，是又文字两大端也。因而博衍之，取乎声曰"谐声"，声不谐而会合其意，曰"会意"。四者，书之体止此矣。由是之于用，数字共一用者，如初、哉、首、基之皆为始，卬、吾、台、予之皆为我，其义转相为注，曰"转注"。一字具数用者，依于义以引伸，依于声而旁寄，假此以施于彼，曰"假借"。所以用文字者，斯其两大端也。六者之次第，出于自然。

钱氏曰：大凡音有天地之元音，有古今之异音。天地元音者，双声、叠韵也。古今异音者，轻重、缓急、敛侈也。古敛今侈，亦有古侈今敛。元音皆始于喉，达于舌，经于齿，出于唇。古人皆重唇，后人转为轻唇，即神珙五音、九弄、反纽，亦无轻唇。天下之口相同也，古今之口亦相同也。轻重、缓急、敛侈，天下之口异，古今之口亦异也。即喉舌齿唇之分，而联之以双声，纬之以叠韵，而翻切之学兴焉。有双声、叠韵，后人因有反切，有反切则有韵书。有轻重、缓急、敛

---

① 以下所引戴震之言，出自《答江慎修先生论小学书》，见《戴震文集》卷三。方氏误系于《六书论序》之下。

佟，后人因有四声。有韵书、四声，于是古今之音有异读。以今韵求古音不得，于是有叶韵、协句。以叶、协为非，于是始求古音及本音。求古音、本音，必本元音，于是有等韵、字母。有等韵、字母，于是有华、梵之争。钱氏谓双声、叠韵等学，非梵学。即三十六母，亦华音，非梵音。特以其为唐末沙门所传，又袭彼字母之名，郑夹漈不加详考，遂误认为天竺之学。双声昉于魏晋以后，古人未知。其实《易》、《书》已肇其端，至三百篇而斯秘大启。至司马相如、扬子云作赋，益畅其旨。于是孙叔然制为反切，以双声、叠韵、纽弄而成音，遂大显于世。后人又以双声类之，而成字母之学。双声在前，字母在后，学者反谓七音之辨，始于西域，岂古圣贤之智，乃出梵僧下耶？四声始于周、沈，其实古人轻重缓急即四声。缓与轻者，平上也；重而急者，去与入也。汉代词赋家，好用双声叠韵太多，读者聱牙。周、沈矫其失，欲令一句之中相间耳。汉人翻切读若，已是古今轻重缓急不同，故有此通。再转而为切韵，再转而为四声，再转而为唐韵，再转而为宋韵。曰转音，曰协句，曰叶韵，求之不通者也。顾氏所以有本音之求，曰等韵，曰字母，求之于通者也。而守温、温公等，所以有图也。一字两音，平侧异读，出于转音，如观、冠、好、恶等。此魏晋经师，强生分别，千余年遵守不易。惟魏华父著论非之，以为未有四声、反切之前，安知不皆为平声。大抵后人讲六书之音，有从偏旁得声，有正音，有转音，有叶音。元音则不然，喉、舌、齿、唇，辨之甚细，所以有并部、分部也。由平声遂求入声，此又言古韵者之所以益精也。

江氏有诰《音学十书序例》曰：自周、沈四声定，而古音失，陆法言《切韵》作，而古音之部分失。宋吴才老首复古韵，特未免随文迁就，于古之正音，古之部分，盖茫乎未之知也。郑氏庠作《古音辨》，始分六部。虽分部至少，而仍有出韵。盖专就《唐韵》求其合，不能析《唐韵》求其分，宜无当也。明陈季立始知叶音即古本音，诚为笃论，然于古韵部分，亦未之知也。国朝昆山顾氏，始能析《唐韵》以求古韵，故得十部，然犹牵于汉以后音也。婺源江氏，始专就三百篇以求古韵，故得十三部，然犹惑于今人近似之音也。金坛段氏，始知古音之绝不同今音，故得十七部。古韵一事，至今日几于日丽中天矣。取而譬之，吴才老，古音之先导也。陈季立，得其门而入也。顾氏、江氏，则升堂矣。段氏则入室矣。

又曰：古有正韵，有合韵，有通韵。最近之部为通韵，隔一部为合韵。《诗经》用正韵者十之九，用通韵者百中之五六，用合韵者百中之一二。计三百五篇，除《周颂》不论，《风》、《雅》、《商》、《鲁颂》，共诗一千百十有二章，通韵六十见，合韵十余见，不得其韵者数句而已。知其合，乃愈知其分。即其合用之故，而因以知古部之次第，并可知《唐韵》误合之由。

又曰：古韵无四声。明陈氏已发其端，江氏申明其说者，不一而足。然《标准》仍分平、上、去、入四部，则自乱其例矣。想䔄斋于去、入不能配合，故听其各见耳。

又曰：古无四声，确不可易矣。然以今音读之，则聱牙而不协。吴氏有以少从多之例，施于叶韵，未免支离牵就，施于四声，自可谐于今，无背于古。如一章之中，平多上少，则改上以从平；上多平少，则改平以从上。去、入同此例。

又曰：顾氏谓古人一字，止有一音。四声互用，不在此例。嘉定钱氏，讥其固滞。然两汉魏晋，固有一字数音者，若三代之文，则无此也。至通韵、合韵，不得不迁就其音，故以叶别之，然亦不过百中一二而已。

又曰：吴氏《韵补》，顾氏《诗本音》，从本音转纽为多，亦间有不用本音者。如角字音禄，羹字音郎。以一隅之方音，改易本音，实为未妥。

又曰：陈氏《毛诗古音考》，率用直音。于无可音之字，多借相近者音之，䔄斋讥其谬误。

又曰：《诗集传》之误，顾氏辨之详矣。但《诗本音》之误，亦复不少。盖顾氏只知古有十部，而不知古有二十一部。按此亦勇于自信。故往往以不入韵为韵，又泥于《唐韵》次第，不明古部次第通用之理。按古部次第，究属强为。孔氏《诗声类》，虽有补正三家之处，乃臆为阴阳九声之说，穿凿武断，功过相参。

又曰：唐宋人不知古韵。杜、韩、苏诗歌杂文，能遵古体，而未达古音。吴才老虽云复古，无论其部分茫如，即所注之音亦多错误。良由七音未细，声纽未精。顾氏《诗本音》，胪列《唐韵》，使学者即《唐韵》以求古部分。然不注明音切，浅者视之，仍茫如也。

又曰：戴氏十六部次第，以"歌"为首，"谈"为终。段氏十七部次第，以"之"为首，"歌"为终。孔氏十八部次第，以"元"

为首，"缉"为终。以鄙见论之，当以"之"第一，"幽"第二，"宵"第三云云。

按：歙江氏之分部，仿小徐之作《说文序篇》，至有意义。又其独绝前人者，尤在《入声表》。学者求六家全书读之，音学之大旨，尽于是矣。

钱氏大昭曰："读书以通经为本，通经以识字为先。经学必资于小学，故郑司农深通六经，而先明训诂；小学必资于经学，故许祭酒专精六书，而并研经义。"

按：此等论议，只是门面吊场语，其实无谓。凡先儒解经，谁不用训诂，匪独康成也。凡治训诂、小学者，谁不本之经义，匪独叔重也。昔程子言贫子说金，只说坚，说硬，说黄色，道他不是不得，只是好笑。此类是也。

朱鉴《说文解字疏序》曰："经学不明，小学不讲也；小学不讲，则形声莫辨，训诂无据。《说文》者，小学之祖也。"

今世学者，奉此为宝训，海内治《说文》者，专门异派，纷然并作，无虑数十家。所以标宗旨，峻门户，示信学者，上援通儒，下震流俗，无过此学矣。

夫谓治经不可不先通小学，及《说文》之有功于小学，诚不易之论。顾吾独疑，小学之书盛于秦汉之际，传注先师亦在是时，故称汉儒于名物、训诂最得，则是时，无不明之小学，即无不明之经义。经义、小学既明矣，又待于后来之许叔重，何也？借谓西京诸儒皆不能明，则《说文》既作，魏晋以下六朝，南北诸儒所得，应无不精详，唐人悉取而订为义疏矣。而经义至今犹有未明者，何也？谓今学者须讲明小学，以求通经义，则是汉魏以来，诸儒于小学、经义，均尚未明也。汉儒于训诂既尚未明，则何以又谓之汉儒训诂、名物、制度，尽得圣道之传也？反复详究，进退无据。

夫训诂未明，当求之小学，是也。若大义未明，则实非小学所能尽。今汉学宗旨，必谓经义不外于小学，第当专治小学，不当空言义理。以此欲蓦过宋儒而蔑之，超接道统，故谓由考核以通乎性与天道，由训诂以接夫唐、虞、周、孔正传。此最异端邪说，然亦最浅陋，又多矛盾也。

汉魏诸儒，无不通小学。而其释经，犹多乖违者，非小学未深，政以大义未明故也。故自宋以来，及近世汉学家，皆各为书，以相驳异。但宋儒所异，异其义理，汉学家所异，异其训诂、形声。而汉学之徒，其旨则以汉儒纵有谬误，所说亦有本，宋儒所说大义、义理，皆为凿空，故深以为之罪。而思所以易宋儒之说者，舍小学、《说文》，又别无具，故其为说如是云云也。

考许君自序，缘秦初作隶书，而古文绝。汉初，犹试讽籀书，试八体。其后尉律不课，小学不修，莫达其说。宣、平以后，张敞、杜业、扬雄诸儒通其学，著《训纂篇》等书，始稍稍略复存之。及新莽居摄，甄丰颇改定古文。一乱。而壁书及张苍所献《左氏春秋传》及郡国所得山川古文，时人不识，共相非訾，诡更正文，乡壁虚造，变乱常行，不合孔氏古文，谬于篆、籀。再乱。故博采通人，考之贾逵，作《说文》，以理群类，解谬误，晓学者，达神恉。其书以秦篆为本，合以史籀、大篆及古文。古文者，《易》，孟氏；《书》，孔氏；《诗》，毛氏；《礼》，《周官》；《春秋》，左氏；《论语》、《孝经》，及山川奇字。据此云云，是许君作《说文》，政本之西京诸儒及经古文。书中所引是也。

今汉学考证家，谓西京诸儒，以未有《说文》，得壁经而不能读，致使经义不明，是倒乱也。其谬一。

许君本以经古文解说文字，非以文字训诂经义。今谓经义不明，由于不讲小学、形声、训诂，亦倒乱也。其谬二。

许君所训诂、形声，及引经古文诸儒之说，其已著者既明矣，其所未著，是许君原无此说。今谓经义不能明，当求之《说文》，虽推广旁求，亦间得通贯妙证，然固非全经大义，尽乎此学也。其谬三。

许君所引经文，多有一字殊见，如《易》既引"以往，吝"，又引"以往，遴"；《书》既引"旁述孱功"，又引"旁救偝功"、"方鸠偝功"；《诗》既引"褒袆"，又引"继袆"；《论语》既引"色孛如也"，又引"色艴如也"。此类甚多。当由经师各承一家之学，各以所见为定本，是以不合，而许君亦不能定之。今于许君所不能定，而欲求之《说文》以定之，益以惑矣。其谬四。

《说文》既作，复作《五经异义》，则许氏未尝以专用《说文》足证经矣。其谬五。

郑氏为注经之宗，然不本之《说文》，偶有所引，甚少。臧玉林云：郑于《周官·考工》引《说文》，证"戈胡勾倨"一条。陈寿祺云：郑君注《仪礼·既夕记》、《小戴礼·杂记》、《周礼·考工记》尝三称之。则于郑学之不能通者，不可求之《说文》矣。故郑注三《礼》，贾《疏》多不能通，贾非不见《说文》者也。其谬六。

《说文》于小学，诚精且博矣。然其间穿凿者甚多，有不异于后来王氏《字说》者。顾氏所摘数十条，按：史籀始变古文，著大篆十五篇，王莽时亡失。建武中，获九篇，章帝时，王育为作解说，所不通者，十有二三。王厚斋云：《说文》多引王育说。何义门曰：育之言大抵多不经。朱氏筠犹祖护之。因是，新学之士，于其解说乖违显然可笑者，亦必曲为诡附，殆于诞而愚也。其谬七。

《说文》所引异字，即今经文"读某"之字。洪容斋及近钱大昕氏尝录出，凡数百字。今经文皆不复见，不适于用，不与马、郑相应。是后人尚不能通其所异之字，又何由能以之定经义之说乎？其谬八。

许君本以"六书"之义解说文字，谓圣人不虚作，必有依据。所谓依据者，指六义也。凡以明圣人作此字之义，有一定依据也。若夫经义则不然，有一字作一义用，有一字作数义用。今执《说文》，以一字考经，所以致以文害词，以词害意，穿凿而不可通也。苏子瞻曰：字同义异，必欲一之，雕刻彩绘，以成其说。是以六经不胜异说，而学者疑焉。如孔子言闻，则为小人；诗人言闻，则为君子。"丧欲速贫，死欲速朽"，八字成文，犹不可一。曰言各有当而已，而况欲以一字一之邪？其谬九。

今以小学说经者，既多执一训以通之，如训"一贯"为"事"之类。又假借转注以通之，又以偏旁从某得声通之，又以古今音缓、音急之异通之，《通考》吴棫《韵补》下，引陈氏《书录解题》一条，称陆德明之说甚明。又推广郑氏三例通之，曰"读如"，比拟其音也；曰"读为"，就其音以易其字也；曰"当为"，定其字之误也。或谓"读为"为就其音以易其字，非。盖"读如"乃音同，"读为"乃义同。义同则不得为易字，如"仁"读为"相人偶"之人，"上帝甚蹈"，《传》曰动也，《笺》曰读曰悼。此皆义近，非易字。惟音义皆异，始为易字。此皆枝词谬说。又以古音同部通之，《广韵》二百六部，自郑庠始分为六部。其后顾氏、江氏，递有所分。段氏作《六书音均表》，又分江氏十三部为十七部。学者颇病其强古人以就我，不免武断。其同部之通，今举阮氏《释冢》一条，以见其例。其说曰：

象者，材也。此乃古音训相兼，是象音必与材音同部。材字之才与象字，皆在段氏古音第一部，由之、咍、止、海、志、代，转而为十五部之脂、微、齐、皆、灰，又转为十六部之支、佳、只、蟹、卦、麦、昔、锡。若读今音，通贯切，如刘琳之训断，则在十四部，与材字迥不同部，孔子何为以材字训之哉云云。树按：古才、财、裁字同用。象，断也；裁有决断之义，孔子以义释之，故曰"象者，才也"，非必音韵同也。今以后人分部，强释为同音，则上文"易者，象也"，易与象亦同部、同韵乎？又以隶变通之，又以师师相传旧解通之，如戴氏、王氏说"光被四表"。又以后人妄增删改致误通之。按：《李巡传》称：巡以为诸博士，试甲乙科，争第高下，至有行赂，定兰台漆书经字，以合其私文者。乃白帝与诸儒共刻五经文字于石，于是诏蔡邕等正其文字。自后五经一定，争者用息。然则五经文字，经蔡邕定后，固已无失。自唐人定本后，又有张参、唐元度等字书，则文字之误，不过什一之于千百，无容张皇也。按：《后书·儒林传》，熹平石经为三体书，与《隋志》不同。前儒所说不一，其实汉石经实一字也。附订之于此。颠倒减省，离析合并，展转百变，任意穿凿，支离缪辖，不顾义理之安，于是举凡古今滞难不可通之义，而无不可通之。就其合处所得，诚亦有功，但求之太凿，其傅会僻违，歧惑学者，失亦不少。其谬十。

顾氏亭林曰：六经之文，左、公、穀、毛苌、孔安国、郑众、马融，诸儒之说，未必尽合。况叔重生于东京之中世，所本者不过刘歆、贾逵、杜林、徐巡等十余人之说，而以为尽得古人之意，然与？否与？实不止此数人，《日知录》已补录，分注本条下矣。五经未遇蔡邕等正定之先，传写人人各异。今其书所收，率多异字。而以今经校，则《说文》为短。又一书之中有两引，而其文各异者，后之读者将何所从？且其书流传既久，岂无脱漏？即徐铉亦谓，篆书湮替日久，错乱遗脱，不可悉究。又《序韵谱》曰：今承诏定《说文》，更与诸儒精加研复，又得李舟所著《切韵》，殊有补益。其间有《说文》不载，而见于序例注义者，必为脱漏，并存编录。可知《说文》本有脱漏。今汉学诸人，坚谓此书所阙者，必古人所无，或见他书所有而疑之，或别指一字以当之。如《说文》无"笑"字，而《唐韵》引《说文》有之。《说文》无"由"字，后人以"粤"字当之。无"免"字，后人以"绖"字当之。无"刘"字，后人以"镏"字当之。按：水部有"浏"字，惠氏校曰：似后人乱之，此皆蔽也。楚金《系传疑义篇》著，刘、志、驿、希、免、由七字云：据偏旁有之，而诸部不见，盖相承脱误，非著书之时本无。又云：按《说文》有劉、浏等字，而无此字，疑脱漏。《尔雅》"刘，杀也"，《尚书》曰"重我民，无尽刘"，《左传》"虔刘我边垂"。当云从刀、金，卯声。或曰从刀，镏声。刀字屈曲，传写误作"田"耳。按：戼、戼形同，戼象开门，戼象闭门，又象西之形。刘字上当从戼，戼为秋门，故训杀。若戼，为二月天门，安得训杀？《王莽传》："刘之为字，卯金刀也。因禁正月刚卯金刀之利，皆不得行。"此莽不识字，而妄作也。亦可见此字非本无，叔重汉人，岂得蔑国姓而不著哉！改经文以就《说文》，支离回护。其谬十一。

又《说文》不但文字有脱漏，即许氏说解亦多脱。如《人部》，倕、偓、伋、佺，皆注人名、姓名。夫人姓、人名，岂可说六书哉？《一切经音义》引《说文》"伋，急行也"。段氏《说文注订》，于偓、佺下无驳证。伋字云：以此为解，亦非例也。古人名、字相应，孔伋，字子思，仲尼弟子燕伋，字子思。然则伋字非无义矣，人名二字，非许书之旧也云云。臧氏玉琳[林]① 引《玉篇·草部》"药"字，注引《说文》云：治疾病之草总名。今《说文》云治病草。又"芀"字，注引《说文》旧草不芰，新草又生，曰芀。今本云：芀，草也。凡如此类甚多。今专据世所传本《说文》，谓概以足证经义，恐不能备。其谬十二。

今之为《说文》学者，曰部分，徐氏《韵谱》，移叔重偏旁从《切韵》。鼎臣序之曰：秉笔操觚，要资简阅。而偏旁奥密，不可意知，寻求一字，往往终卷。力省功倍，思得其宜。舍弟锴，特善小学，因命取叔重所记，以《切韵》次之，声韵区分，开卷可观。此书止欲便于检讨，无恤其他。李氏《韵谱》，偏旁不改，但移其次。仁甫自序曰：叔重部叙旧次，世固未有能通其说者，楚金实始通之。某初作《五音谱》，不敢紊叔重部叙旧次，其偏旁皆按堵如故。后从虞仲房之言，每部又从四声改移之。按：自李氏书出，而徐氏《韵谱》微，世少见之。曰字体，朱氏筠曰：自顾野王杂以隶书，李阳冰改其笔迹，于是有本异文而今同一首者，有本同文而今异所从者，有本从某得声而今改而之他者，有全失其体而讹者，有因一字以讹数字者，有并二字以讹一字者。曰音均，徐铉曰：《说文》之时，未有反切，后人附益，互有异同。孙愐《唐韵》，行之已久，今并以孙愐音切为定徐锴《系传·通释》朱翱反切。然二徐所音，多不合汉人音读。故近日段氏作《六书音均表》，以十七部古音绳之，于其不合，辄删声字。而钮氏复作《段氏说文注订》，以驳之也。曰训诂，徐氏曰：许氏注解，词简意奥，不可周知。阳冰之后，诸儒笺述，有可取者，亦从附益。犹有未尽，则臣等粗为训释，以成一家之书。巽岩李氏亦曰：小学放绝久矣。欲崇起之，必以许氏为宗，而二徐兄弟，最

---

① "琳"，应为"林"。据《清史列传》等记载，臧琳，字玉林。

其亲近者。如阳冰、林罕、郭忠恕等，俱当收拾采掇，聚为一书，顾力有未及耳。按：近人段氏为《说文注》，盖本此恉。采他书以证许义，亦多可取。独恨求之太凿，所失亦多耳。曰增收，李氏曰：吕忱作《字林》五卷，以补叔重所遗阙。按唐人多误引《字林》以为《说文》。顾野王作《玉篇》，其文又增多于叔重。唐上元末处士孙强复修《玉篇》，愈增多其文。今行于俗间者，强所修本也。曰新附，按：世人多议新附，或谓此宋祖之意，非鼎臣之过。近钮氏著《新附考》专论之。愚谓苍颉初作字，能有几？自《史籀》以来，多为后起滋生之事矣。古今事变，不可究诘，必执古之所无，不当为今之所有，则诬而难行。新附之字，今皆施用，固不能斥之矣。新学小生，开口曰"后起字，非古"，此强作解事也。至于《说文》所有之字，为今世所不施用，即不宜用。学者识古文奇字，但当用以辨读古书则可，不当施于今时文书中也。张有书《魏国夫人碑》，魏字从山，以为挽可断，字不可改。近人江声，生平不肯作隶、楷，虽尺牍、家书、计帐，皆依《说文》，虽曰好古，性亦蔽矣。颜元孙曰：自改篆隶行，渐失其真，若总据《说文》，则下笔多碍，当去泰去甚，使轻重合宜。徐鼎臣《表》亦曰：高文大册，宜以篆、籀著之金石。至于常行简牍，则隶、草足矣。二公皆精小学，而持论如是。《四库提要·凡例》曰："黄谏之流，欲使天下笔札，皆改篆体。顾炎武之流，欲使天下言语，皆作古音。迂谬已极。"按：魏国夫人，林摅母也。附订之于此。曰徐氏兄弟异同得失，二徐各执所见，楚金有《系传》。鼎臣增新附及新修十九文，以俗字作篆体，又不知转声，即加刊落。段氏曰：此非专书，不能明也。愚按：徐氏兄弟之于《说文》，诚可谓许氏功臣。先民宋宣宪、李巽岩以来，莫不推服，实古今独步。李阳冰精通小学，自谓斯翁而后，直至小生。楚金作《系传·祛妄篇》斥之，使阳冰复生，亦当俯首。又拟孔子《序卦》，作《序篇》以明五百四十部之次。李仁甫言，许氏部序奥密，世未有知之者，实至徐氏而始能明之。愚谓《说文》实有脱字，则徐氏此序，不免穿凿。此自其小短，不得一概推之也。曰古本。段氏《汲古阁说文订序》曰：《说文解字》一书，自南宋而后有二本，一为徐氏铉奉敕校订许氏，始一终亥，原本也；一为李氏焘《五音韵谱》，仍许氏五百四十部之目，以《广韵》、《集韵》，始东终甲，次之每部中之字，又以始东终甲为之先后，胜于徐氏《篆韵谱》远矣。自李氏而前有二本，一即铉校定三十卷，一为南唐徐锴《系传》四十卷。自铉书出而锴书微，自李氏《韵谱》出而铉书又微。前明一代，多有刻李氏《韵谱》，而刻铉书者绝无。好古如顾亭林，乃云：《说文》原本次第不可见，今以四声列者，徐铉等所定也。误矣。明毛晋及子扆，得宋始一终亥小字本，以大字开雕，是亭林时，非无铉本也。毛氏所刊版，入祁门马氏在扬州者，近又归于苏州书贾钱氏。《系传》仅有传钞本，至难得。近杭州汪启淑雕版盛行，始一终亥本。王昶有宋刊本。元和周锡瓒有二本，一曰宋刻本，一曰明叶石君万影抄本。以上三本，皆小字，每叶二十行，小字夹行则四十行。一曰明赵灵均抄大字本，即汲古所仿刻之本。一曰宋刊大字《五音韵谱》。三小字本，不出一椠，故大略相似。赵钞本异处较多，稍逊于小字本。若宋刻《五音韵谱》本，则略同赵钞本，而尚胜于明刊者。周瓒又出汲古初印本，斧季亲署云：顺治癸巳汲古阁校改第五次本。卷中旁书朱字，复以蓝笔圈者，一一刓改。四次以前，微加校改；五次则所改特多，往往取诸小徐《系传》，亦间用他书。以上段氏所订诸本同异如此。余按：周亮工《书影》言：毛氏得宋大字本，周考证疏，传闻未审也。嘉庆间，孙星衍刊宋小字本，其序言：朱学士筠，视学安徽，刊旧本《说文》。按：其本亦同毛氏。又言：徐锴《韵谱》，仅有明刻旧本，又有满洲额勒布刻宋大字本，云新安鲍氏所藏本。然此刻不如孙氏远甚，一序尤陋。明刻李氏《韵谱》，世称万历本。又有一大字本，与万历本异。或言是明永乐本，未有确据，疑明人翻宋大字本耳。又按：汲古刊李氏《韵谱》，前仍铉校本许氏原序，非也。此本当刊李氏序于卷首。又按：徐锴《说文韵谱》，用李舟《切韵谱》，其四声，实为李氏《五音韵谱》所本。铉为锴篆名曰《说文韵谱》。明李显刻本，妄增篆字，曰《篆韵谱》。若然，岂李氏《五音韵谱》非篆文乎？此书流传甚少，李显刻，未知于万历时宫氏所刻李氏《五音谱》孰先孰后。顾亭林既未见始一终亥原本，又未见徐氏《韵谱》，而误以李氏本当徐氏本耳。而钱曾《读书敏求记》云：宋人梼昧，欲便于检阅，妄以一东二冬依韵分之，大失许氏本旨，其厄更甚于秦坑焚燎云云。是未见铉此书及序，并未见《文献通考》，而但以为出于李焘也。附订之于此。凡如此类，皆许氏之功臣，而非全为经义。独惠氏校《说文》，多以证明经义，而说者又以惠氏不过兼学，非专门深于《说文》者。然则为《说文》之学者，又不必为明经义也。其谬十三。

六经，孔子所手订，而子夏、子贡，又孔子所亲许为善说《诗》者。赵歧［岐］①称孟子通五经，尤长于《诗》、《书》。今观孔孟诸贤，所以引经文，发明大义，其说不过如彼。初不待穿凿训诂小学，然后为得也。其谬十四。

上古制字，以鸟迹为始。自黄帝三代，其文不改。孔壁古文是也。《史籀》大篆，与古文或异。况考《说文》，所重千一百六十三字，于籀文已寥寥。今欲以《说文》秦篆六书之义，推寻古文经义，固难通矣。其谬十五。

窃谓经义在今日，大义及训诂，两者略已备矣。盖不患不明，

---

① "歧"，应为"岐"。参见《十三经注疏·孟子注疏》。

第患不行耳。若其犹有疑滞，亦什一之于千百。或前儒所互考聚讼而未决，或破碎迂僻，非义之要。此等得之固佳，即未邃明，亦无损大体，无关闳旨。且取其明白无疑者，潜玩而服行之，于身心、家国之际，其用已宏矣。而何必别立宗旨，惊天动地，忽近而图远，务小而遗大。舍本讦末，断截小文，喋黩微辞，谓宋儒废训诂而谈义理，使二千余年经义沉沦，儒林不振云云。腾谤酿嘲，撅其闳美，岂非所谓小辨破言，小言破道乎？且既谓之小学，则固不得以比于大学矣。今诸人坚斥大学非圣门授受入德之要，痛诋穷理，主张训诂，而托之唐、虞、周、孔正传，止于小学。巧眩移目，新声悦耳，新学小生，胸未有知，承窍附和，遗误狂惑，其为学术人心之害，岂细故与！

《四库提要》论惠氏《九经古义》曰：古者漆书竹简，传写为艰，师弟相传，多由口授，往往同音异字，辗转多歧。又六体孳生，形声渐备，毫厘辨别，后世乃详。古人字数无多，多相假借，沿流承袭，遂开通用之门。谈经者不考其源，每以近代之形声，究古书之义旨。穿凿附会，多起于斯云云。按：以此义求之，近人说经，无过高邮王氏。《经义述闻》实足令郑、朱俯首，自汉、唐以来，未有其比也。然王氏所以援据众说，得真得正，确不可易者，不专恃《说文》一书也。

故谓说经者，不可不治《说文》，此同然之论也。揭《说文》以为帜，攘袂掉臂，以为之宗，则陋甚矣。李仁甫曰：学无小，而古则谓字书之学为小，何哉？亦志乎学当由此始尔。凡物虽微，必有理存，何况斯文。幼而讲习，磨砻浸灌之久，逮其长也，于穷理乎何有？不则躐等陵节，君子不贵也。今学者以利禄之路初不假此，遂一切弃捐不省。喜字书者，求其心画端方，已绝不可得，但肆笔趁姿媚耳。偏旁横竖，且昏不知，矧其文之理邪？先儒解经，固未始不用此，匪独王安石也。安石初是《说文》，覃思颇有所悟，故其解经，合处亦不为少。独恨求之太凿，所失更多。不幸骤贵，附和者益众，而凿愈甚。盖字有六义，而彼乃一之，虽欲不凿，得乎？云云。是则通人之论也已。

孙氏星衍曰："唐虞三代五经文字，毁于暴秦，而存于《说文》。《说文》不作，几于不知六义。六义不通，唐虞三代古文不可复识，五经不得其本解。《说文》未作以前，西汉诸儒，得壁中古文《书》不能读，谓之'逸十六篇'。《礼记》七十子之徒所作，其释孔悝鼎铭'兴旧耆欲'及'对扬以辟之勤大命'，或多不辞，此其证也。"

按：此等议论，乍看似甚渊雅，义据通深。故宿士新学，皆为所眩，信之以为极论。若以实考之，乃不根之谈也。许冲上表言：今五经之道，昭炳光明，而文字者，其本所由生云云。语意分明，盖谓经义本解已著，此特引证，用以说解文字耳。今谓《说文》未作，五经不得本解，殊为颠误。至壁经自是古文，许君所说，自是秦篆。《说文》所重籀古，仅千一百六十三字。徐锴曰：按萧子良云，籀书即大篆，新臣甄丰谓之奇字，史籀增古文为之，故与古文异也。则谓唐虞三代古文，存于《说文》者，虽颇有之，而世或不辨，疑莫能明也。

尝试考之，《说文》于籀古外，所引七经，曰皆古文者，谓孔壁字形本如此，别于山川奇字及籀、斯所改大、小篆也。籀改古文，与古文或同或异，度斯改籀文亦然，皆颇有省改，而非尽变其迹。如"系"字，籀文从爪、从丝；小篆既省爪为丿，又省双系为单系，是也。其形与古文虽颇有异同，而大体相类。徐锴曰：籀文字体繁复，与古文并行。故孔子时，经复行古文也。秦政严急，务趋约易，李斯颇删籀文，谓之小篆。《会稽山铭》及今之小篆是也。苟暴尤甚，篆复不足以给，故程邈作古隶以自赎，字画曲折，点缀易成，即今之隶文，但无八法而已。李斯小篆，随笔增减。所谓秦文，或字体或与小篆为异，其中亦多云此籀文、此古文也。谓之"科斗书"，盖时人不识，象其形而为之名。《史记·儒林传》、《汉书·艺文志》，即许氏《说文》，皆云古文，不云"科斗"。云科斗者，伪《孔序》及郑氏之言耳。《序》云：百篇之义，世莫得闻。鲁共王坏孔子宅，于壁中得古文《书》及《左传》、《论语》、《孝经》，皆科斗文字。又曰：科斗书废已久，时人无能知者。以所闻伏生之《书》，考论文义，定其可知者，以隶古定，以汗简写之，增多伏生二十五篇，其余错乱摩灭弗可知。悉上送官，藏之书府，以待能者云云。郑氏曰：《书》初出屋壁，皆周时象形文字，以形言之为科斗，指体即周之古文。徐锴《说文系传》曰：古者以鸟迹为始，即古文也。书有工拙，或引笔为画，头重而尾纤，取类赋名，谓之科斗。孔子壁书、滕公墓是也。又曰：许氏序前言，自秦兴隶书，古文从此绝矣。鲁共王所得，世间无之。郑、徐二说，皆释科斗名义及古文复出之迹，非谓世无识其音读者。卫恒《四体书势》序古文曰：自秦用篆书，焚烧先典，古文绝矣。汉武帝时，鲁共王坏孔子宅，得《尚书》、《春秋》、《论语》、《孝经》，时人已不复知有古文，谓之科斗书。汉世秘藏，稀得见之。据恒意，特时人不知此为古文，因名之为科斗书耳。阎若璩云：科斗书，汉时盛行，且著之功令。见《艺文志》萧何草律云云。按：《志》所叙六体，止曰古文，不云科斗。阎意盖指古文即是科斗，语虽小差，恉自不误。徐锴序五体正文，一曰古文，二曰科斗，亦谓即古文而稍异者耳，皆不云世无识读者。杜预曰：科斗书久废，推寻不能尽通。殆沿《孔序》之谬，而又惑于正始伪体而然与。按：卫恒曰：魏初传古文者，出于邯郸淳。正始中，立《三体石经》，转失淳法，因科斗之名，遂效其形云云。据此，则后世所传科斗书形，所以与《说文》不类者由此，而章怀太子又误以为蔡邕石经也。徐锴《说文系传》曰：古文，科斗，大、小篆，隶书，此五体皆正文也。而鸟虫书、刻符、殳书之类，随事立制，同于图画，非文字之常也。又《穆天子传》、《山海经》、诸子所有异字，本皆篆体相承，隶书乖纰舭谬，未始有极，《古文尚书》足以证矣。五体之外，汉魏以来，悬针倒薤，偃波垂露之类，皆字体之外，饰造者可述。而齐萧子良、王融、韦仲将、庾元威之徒，随意增益，妄施小巧。至于宋景之、史秋胡之妻，皆令撰书，厚诬前人，以成己学。是以王融作七国时书，皆成隶字，其为虚诞，不言可明。是以一百二十文体，臣所不敢言也云云。又如晋太康《汲冢古文》，齐文惠太子所得雍州科斗文，皆在许氏之后，不可以据难《说文》，不复论也。若考其实，不过古文之稍异者耳。如《说文》见存七经之字皆是，非必不能识读。《艺文志》称刘向校三家经文，字异者七百有余。《孝经》异者，四百余字。借使逸十六篇人不能读，则当日所称以隶古定者，果何谓也？《史记索隐》曰：以今文雠古篆、隶，推科斗以定五十余篇。语虽拙昧，知《逸篇》亦以隶定之也。《艺文志》刘向以中古文校三家经文，称古文读应尔雅，故解古今语而可知也。刘、班事言如此，古文非不能读明矣。而《礼记》、《春秋》、《论语》、《孝经》，皆为古文，叔重安得传其读，以说而解之哉？叔重序壁经古文及张苍所献郡国所得前代古文，明曰"皆自相似，虽叵复见远流，其详可得略说"，不云人不识读也。许《序》曰："今序篆文，合以古籀。"籀不得待言也。所谓古文有二，一为山川奇字。王莽时，六书所谓奇字者，此与籀文皆在所重千一百六十三字之中。一为孔子壁经。康成所谓周代之古文，王莽时，六书所谓"一曰古文，孔子壁中书"是也。凡今《说文》所存七经之字皆是，故曰皆古文也。其字形与小篆大体相似，但所从偏旁、点画、结作异耳，如无有作敔㝬善射之类。抑或竟与小篆不异，如《诗》为绚书作绘之类是也。顾亭林氏曰：孔安国《书序》所谓为隶古定，《正义》曰：就从隶定之，故曰隶古，言虽隶而犹古。是西京之世，所云古文者，不过隶书之近古者而已。而共王所得科斗文字，久已不传。唐玄宗所云六体奇文，盖正始之书法云。董彦远《古文集类序》云：孔安国以隶古易科斗，故汉人不识古字。开元又废汉隶，故唐人不识隶古。王厚斋驳之曰：今案《书序》，为隶古定，《正义》谓就古文体而从隶以定之，虽隶而犹古。盖从古则可爱，为隶则可识，非谓隶书为隶古也。按：如厚斋意，犹后人法帖释文耳。郑樵云：《古文尚书》，唐明皇更隶以今文。乡先辈姚姜坞先生曰：颖达作疏时，必已作楷书，不待开元始改。马贵与云：汉之所谓古文者，科斗文；今文者，隶书也。唐之所谓古文者，隶书；今文者，世所通用之俗字也。隶书秦汉间通行，至唐则久，变为俗书矣。何《尚书》犹存古文乎？盖安国《书》至隋唐间方显，往往人犹以僻书奥传视之，缮写传授者少，故所存者皆古物，尚是安国所定之隶书，未尝改以从俗字。犹今士大夫家，有奇异之书，世所罕见者，必是旧本，且多古字是也。马氏此说亦非。作序者自云：以竹简写之。此书梁、隋间蔡巢、费顾相承作疏，岂犹竹简乎？此犹汉人称《古文尚书》，以别夏侯、欧阳耳，不闻仍作科斗书也。又曰：如果当时有隶古定之书，藏之书府，汉世言小学者，何不一及之？但言孔氏古文而已。是古文非人所不见，而安国之隶古定，实无有也。陆氏《释文序》云：《尚书》之字，本为隶古，既是隶写古文，则不全为古字。今宋、齐旧本及徐、李等音所有古字，盖亦无几。穿凿之徒，务欲立异，依旁字部，改变经文，疑惑后生，不可承用。阮氏元曰：是所谓古文，不过如《周礼》、《汉书》，略有古体及假借、通用之字而已。晁氏《读书志》云：陆德明独存一二于《释文》，正与古字无几相合。若是连篇累牍，悉是奇字，陆氏岂得或释或不释哉？徐锴曰：王僧虔云，秦狱吏程邈，善大篆。得罪囚于云阳，乃增减大篆体，去其繁复。始皇善之，名其书曰隶书。班固云：谓施之于徒隶也。即今之隶书，而无点画俯仰之势，故曰古隶。杜陵、秋胡善古隶，是也。据以上诸说，所争隶古定，讫无定论。然余按徐锴曰：叔重所解，解其义也。点画多少，悉按程式。据此，则《说文》见存古文，所谓《书》孔氏者，必是壁书本来字体如此。知者叔重，断不以秦隶径称之为孔壁古文也。则董氏所云，汉人不识古字者，固不经。而亭林所谓近古者，亦影响也。不如阮氏说最优。

　　世人未细玩《说文》，既不辨所引七经古文与秦篆何别，又未详读许《序》，只知以所重古文为古文，而不辨所存七经古文为何形也。又惑于后世所传科斗伪体，与《说文》字形不类。又惑于伪序及杜预等称科斗书久废，时人无能知。故妄谓西京诸儒，得壁经不能读。又见世儒争孔氏《古文尚书》亡绝，晦显异同，茫如堕烟雾，求其说而不得，故妄意壁书之亡，由于不识科斗所致。夫许君明曰：王莽时有六书，其详可得略说，后经世人诡更变乱，乡壁虚造，不合孔氏古文，谬于史籀，乃博考通人，遵修旧文，作《说文解字》，所引七经皆古文也。其自序明白如此，是西汉古文未绝，无缘人不能知、不能读也。

故凡先儒称孔氏古文亡绝者，其事有二，学者茫昧，率多牵混。不知陆、孔所谓孔氏古文绝者，安国《古文尚书》也。许氏所谓孔氏古文绝者，小学字体也。谓秦初兴篆隶时事，其实汉兴，古文已复行矣。小学之事，西京为盛，无缘待许叔重而后识古文也。《汉书·艺文志》：萧何草律著法，太史试学童，能讽书九千字以上，乃得为史。又以六体试之，课最者以为尚书御史史书令史。又曰：汉兴，闾里书师合《苍颉》、《爰历》、《博学》三篇，为《苍颉篇》。武帝时，司马相如作《凡将篇》。元帝时，史游作《急就篇》。成帝时，李常作《元尚篇》。元始中，征天下通小学者以百数。扬雄作《训纂篇》，臣复继作十有三章。六艺群书，于兹略备矣。又《儒林传》：司马迁亦从安国问故，迁书载《尧典》、《禹贡》、《洪范》、《微子》、《金縢》诸篇，多古文家说。徐锴曰：按《汉书》李斯《苍颉篇》中多古字，俗师失其读。宣帝时，征齐人能正读者，张敞受之，传之外孙之子杜林，为作训也。又叔重《序》称杜业、爰礼、秦近能说文字。《后汉书·卢植传》称古文科斗，近于为宝［实］①，而抑之流俗，降在小学。中兴以来，通儒达士班固、贾逵、郑兴父子，并敦说之。则谓《说文》未作，西汉诸儒得古文《书》不能读，谓之"逸十六篇"，断断乎其不然也。

且谓之"逸十六篇"云者，其名与事与义各不同。《史记·儒林传》、《汉书·艺文志》、孔安国《书序》、陆氏《释文》，或云十余篇，或云十六篇，或云二十五篇。云得，云多，云增多，别于伏生今文二十九篇，而言其以逸为亡逸。安国既献后，遭巫蛊事，未列于学官，所上古文真本逸，其副本藏家，孔霸、孔煜、孔僖，世传古文。授都尉朝，实未逸。《逸书》之说多不一。《史记·儒林传》：安国以今文读之，因以起其家。《逸书》得十余篇。此自指壁中古文。故《楚元王传》刘歆同《逸礼》并称之，《论衡》同《逸易》并称之。马融《书序》所谓"逸十六篇"，康成注《书序》曰亡，曰逸，皆即谓此所增多十六篇，别于伏生今文所有二十九篇者而言。《艺文志》曰：以考二十九篇，得多十六篇。师古曰：见行二十九篇之外，更得十六篇。《疏》谓：十六篇即二十五篇，以《序》附近各冠篇首，故谓之二十四篇。郑注《书序》：《舜典》一，《汩作》二，《九共》九篇十一，《大禹谟》十二，《益稷》十三，《五子之歌》十四，《胤征》十五，《汤诰》十六，《咸有一德》十七，《典宝》十八，《伊训》十九，《肆命》二十，《原命》二十一，《武成》二十二，《旅獒》二十三，《囧命》二十四。《疏》又云：孔于伏生二十九篇内，无古文《泰誓》，除《序》，

---

① "宝"，应为"实"。据《后汉书》卷六四卢植本传改。

尚二十八篇，分出《舜典》、《益稷》、《盘庚》二篇，《康王之诰》，为三十三，增二十五篇，为五十八篇。郑则于伏生二十九篇内，分出《盘庚》二篇，《康王之诰》一篇，又《泰誓》三篇，为三十四，更增伪书二十四篇为五十八。又云：以此二十四篇，为十六卷，以《九共》九篇共卷，除八篇，故为十六篇，合于刘向《别录》、《艺文志》之数。又云：孔《书》古文，多十六篇，篇即卷也。即此伪《书》二十四篇。又云：遂有张霸之徒，伪作此二十四篇、十六卷，附以求合于孔氏之五十八篇、四十六卷之数。刘向、班固、刘歆、贾逵、马、郑之徒，皆不见真古文，而误以此为真古文之书。服虔、杜预，亦不之见，至王肃似窃见之。《正义序》曰：古文则两汉亦有所不行。安国注之，实遭巫蛊，遂寝而不用。历及魏、晋，方始稍兴。故马、郑诸儒，皆莫睹其学，所注经传，时或异同。晋皇甫谧，独得其书。《疏》又引《晋书》梁柳、郑冲、梅赜传授、奏上、施行之事。姚先生曰：考其年岁，安国先卒，实不及见巫蛊之起。班氏特序其未立学官之故，非必即献书之时也。又曰：冲远尊信伪《书》，既误以张霸之《书》为马、郑之古文，复以马、郑所传真古文为伪书。惟以十六篇，即十六卷，即郑所开二十四篇。此说可据。按：《疏》称刘向、班固、刘歆、马融、服虔、郑玄、杜预，皆不见古文。是以"逸"为"亡逸"之"逸"。故曰：古文有《仲虺之诰》、《太甲》、《说命》等见在，而郑注曰亡。其《汩作》等十三篇见亡，而注曰逸，是不见古文也。又称孔《传》增多二十五篇，与郑注曰逸者，篇目不同，据伪孔《书》也。姚先生曰：按"亡逸"二字，不知若为分别。亡者，疑其书已亡；逸者，疑其散逸零乱，不能为传注也。梁刘显对任昉，以为见其一二语，则云"逸"，并一二语亦不见，则云"亡"。近世毛奇龄云：当时注曰"逸"者，以不列于学官。阎若璩曰：康成注《书序》，曰"亡"，曰"逸"。逸者，孔壁《书》也。又曰：孔《书》原未有《大序》与《传》，马、郑《书序》所谓逸十六篇，绝无师说。及汉室中兴，卫宏著《训旨》于前，贾逵撰《同异》于后，马融作《传》，郑玄作《注》，孔氏一家之学粲然矣。不意郑氏而后，寖以微灭云云。是阎意以马、郑所注，为真古文，但后又亡耳。而《释文》云：马、郑所注，并伏生今文，非古文也。孔氏之本绝，是以马、郑、杜预之徒，皆谓之《逸书》。是陆意谓孔氏五十九篇皆绝也。《隋志》亦云：杜林、贾逵所传，马、郑所注，惟二十九篇，又杂以今文，非孔旧本。自余绝无师说。《疏》谓：庸生、贾、马所传孔学经文，止三十三篇。古经无五十八篇及传说，良由孔注散逸。今按郑注曰：逸除《汩作》等十三篇，其余篇目，马、郑所注，尚存释文。故凡汉儒所谓"逸"，皆非谓"亡逸"，以此十六篇出于屋壁，号之曰《逸书》云尔。亦非因不立于学官谓逸，未列学官，合四十六卷，不当仅十六篇也。但孔实未有传注，故马融谓"绝无师说"。唐陆氏、孔氏，误信伪《序》，谓孔有《传》而疑马、郑，故致纷纭百端。愚窃断以孔壁原本真亡，马、郑所传，盖安国家副本，至晋、唐乃寝息耳。又《序》称五十九篇外，其余错乱摩灭，弗可复知，悉上送官。故《疏》云：以待能整理读之者。其可知者，固云以竹简写之，非不能读也。孙氏误会《疏》语，谓十六篇亦不能读耳。《史记索隐》孔臧云：臧闻《尚书》二十八篇，取象二十八宿。何图乃有百篇邪？刘歆移书太常博士，欲建立《古文尚书》，云学士因陋就寡，以《尚书》为备。臣瓒曰：当时学者，谓《尚书》惟有二十八篇，不知本有百篇也。此与孔臧语同意。据歆既责短世俗，止知以二十八篇为备，而欲建立古文，可知古文十六篇见在。又云：藏于秘府，伏而未发，孝成皇帝，闵学残文阙，乃陈发秘藏，校理旧文。民间有胶东庸生，学与此同。《艺文志》著《尚书古经》四十六卷，称向以中古文校三家经文，又称古文读应尔雅。故《儒林传》言以中书校张霸百两，非是后黜。诸言古文《书》及古文，明白如此，不知后儒何犹纷纷妄称。刘、班不见古文，科斗久废，时人不识也。

今谓《说文》未作，西汉诸儒得古文《书》不能读谓之"逸"，真影响也。且贾逵传杜林《古文尚书》，撰《古文同异》，为之作训，而许君亲受古文于逵。谓逵所传，即安国古文乎？是安国读已得之，何谓十六篇不能读也。许君自序曰：《书》孔氏。谓杜林、贾逵所传，非孔氏古文乎？则《说文》本贾逵而作，贾且非是，许君安得是乎？至于《礼记》，经二戴删定，康成依卢植、马融本作注，后以古文校之，取其义长者、顺者，为郑氏学。则孔悝《鼎铭》，郑氏读已得之。借使误"兴蕾"为"兴旧"，其义亦难遽定。郑君于许君，同世而差后，其注经也，尝三引《说文》，又驳《五经异义》，则不用"蕾"以为说者，非不见古文也。借使古文《礼记》"兴旧"果作"兴蕾"，郑君于"旧"字下，何得不引《说文》以解之乎？此至明之征也。

考卫正叔《集说》，凡引一百四十家，自郑注孔疏而外，原书今无一存者。所载释鼎铭者，郑、孔而外，方氏、马氏、陈氏、应氏、陆氏数家，多唐宋以下人。若西汉诸儒误读之处，今无由知之，而曰此其证也，证安在乎？尝试博考之，惠氏栋校《礼记》有云：后人作《礼记》注，排抵先儒，不识句读，以"辟之勤大命"为句，不辞甚矣！此余得惠氏传校本见之，惠氏书刊行本及《古义》中皆无之。惠氏所讥，自宗郑读，郑读"对扬以辟之"为句。对，遂也；辟，明也。言遂扬君命以明先祖之德也。而短方氏、马氏，方解"辟"，盖辞逊之也。对扬吾君之休命，而不敢自当焉，故避之也。马解铭于太常，祭于大烝，鼎乃王之鼎。朱子曰：方、马二解，尽有好处。如以"辟之勤大命，

施于燕彝鼎"为句，极是。辟，乃君也。以君之命，铭彝鼎也。其意亦讥
朱子。今孙氏乃牵混以被之西汉诸儒，移形换响，以欺未学之人而
已。是并惠氏之言，尚未能解也。

惠氏曰："《通俗文》惜不传，盖因南宋俗儒，空谈道学，凡有用之
书，至南宋而皆亡矣。"

此惠氏校《毛诗·小雅·都人士》释文，引《通俗文》"长尾
为㲚"之语。按：李虔《通俗文》，不过小学之支流余裔，《通俗文》
不知谁制，颜《家训》、阮《七录》，及隋、唐二《志》，说各不定。即以为
有用亦可。至南宋诸儒所得，岂止于此？斥之为俗儒，则失是非之
心矣。《一切经音义》引《通俗文》如"两复为帊"、"疮瘢曰痕"、
"段具曰钻"、"出脬为尿"、"疏门曰橢"、"欲燥曰曤"、"树锋曰
杪"、"扪摸曰掮"、"县镇曰缒"、"培土曰坌"、"入口曰呫"、"侏儒
曰矬"、"咀啮曰嚼"、"沉取曰捞"、"去汁曰滗"、"物伤湿曰溦"、
"小儿戏谓之狡狯"，凡如此等，皆于经义为用甚鲜。苏子由有言：
小学之事，有《集韵》、《类篇》二书，大体已备，况《说文》、《玉
篇》、《干禄字书》、《九经字样》等现存，其他唐宋人所著小学书甚
众，政无用张皇也。

庄氏炘曰："古书亡于南宋，隋唐书目所有十不存一，当由空谈性
命之过。小学书，自《方言》、《说文》、《广雅》而外，仅存《玉篇》，
已为孙强所乱。后学钻仰，惟陆德明《经典释文》、李善《文选注》，最
称博赡，引书数十百种"云云。

此庄氏炘《一切经音义序》之言。按：此序前云：此书自唐以
来，传注、类书，皆未及引，通人硕儒，亦未及览。阅千余年，而
吾友任礼部大椿、孙明经星衍，始见此书。其言既已明矣。而此下
忽云亡于南宋，由空谈性命之故云云，随口驾诬，不顾理实，并不
顾自己前后言语脱节。此书之佳，在多引群籍，借存古书。然据阮
氏《揅经室外集·提要》称，虽著录《唐志》，实从释藏中刊印，
盖其罕传于世也久矣，非南宋始亡也。

按：《隋志》所有书目，尽于江都。王明卿《挥尘录》引唐杜宝
《大业幸江都记》云：炀帝聚书至三十七万卷，皆焚于江都，其目中所有，盖
无一帙传于后代。元行冲、毋煚所上《群书四录》、二百卷。《古今书

录》，四十卷。及天宝更造《四库书目》、《开元书目》，《崇文总目》云四十卷。其所著录，经禄山之乱，尺简不存。《志》言藏书莫盛于开元，其著录者，五万三千九百一十五卷。而唐之学者，自为书又二万八千四百六十九卷，分甲乙丙丁为四部。《玉海》言：兼不著录者言之，总七万九千二百二十一卷。或云八万九千六百卷。《旧·经籍志》① 凡四部书，两京各一本，共一十二万五千九百六十卷。《新志》② 云：有名而无书者，十盖五六，而俚言俗说，猥有存者，亦有幸不幸与。后元载及文宗时，郑覃奏求书，于是四库复完。昭宗时，秘书省奏原掌四部御书十二库，共七万余卷。黄巢之乱，荡然无遗。后唐庄宗同光中，募求献书，又访图书于蜀，得《九朝实录》及他杂书千余卷而已。五季时，右掖门三馆，止十余楹，书才数柜。《玉海》注云：先是，朱梁都汴，以今长庆门东北庐舍十数间，列为三馆。

建隆初，三馆书仅一万二千余卷。及平诸国，收图籍，江南、蜀最多。开宝中，参以旧书，为八万卷。太平兴国二年，始于乾元殿东，改建三馆。三年成，诏赐名崇文院。雍熙中，建秘阁书库，分内库书籍藏之。馆阁并称以此。昭文书库在东庑，集贤书库在南。史馆、秘阁皆在西庑。上谓侍臣，今三馆贮书，数虽不少，若观《开元书目》，即遗逸尚多。乃诏以《开元书目》比校，阙者搜访。自建隆至祥符，著录总三万六千二百八十卷。八年，馆阁火。九年，新作崇文院。景祐初，命张观、李淑、宋祁编校，上经、史八千四百二十五卷。明年，上子、集万二千三百六十六卷。复以书有谬滥不完，始命定其存废，因仿《开元四部录》为《崇文总目》。庆历初，书成，凡三万六百六十九卷。王尧臣上新修《崇文总目》，《通考》作六十四卷，《玉海》作六十卷，《中兴书目》、《国史志》作六十六卷。然或相重，亦有可取而误弃不录者。《长编》亦云：《总目》亦有可取而误弃不录者。熙宁、元丰以来，益事购求。政和七年，孙觌言：今累年所得，《总目》之外，几万余卷。别制美名，以更"崇文"之号，名曰《秘书总目》。宣和初，建局缮写，一置宣和殿，一置太清楼，咸平二年，诏三馆写四库书籍二本，一置龙图阁，一置太清楼。太清楼建于兴国四年。《东京记》云：祥符初，建龙阁。掘《史志》，咸平初已建。一置秘阁。又诏搜访阙书。至靖康之变，散失莫考。以上据《通考》、《玉

---

① 《旧·经籍志》，即《旧唐书·经籍志》。
② 《新志》，即《新唐书·艺文志》。

海》撮其文。

朱彝尊《明文渊阁书目跋》按：宋靖康二年，金人索秘书监文籍，节次解发，见丁特起《孤臣泣血录》。而洪容斋《随笔》亦云：宣和殿、太清楼、龙图阁书籍，靖康荡析之余，尽归于燕云云。绍兴初，再改定《崇文总目》，秘省续编四库阙书。绍兴十七年，郑樵按秘省所颁《阙书目录》，集为《求书阙记》七卷，《外记》六卷。淳熙四年，少监陈骙编撰书目。五年，上《中兴馆阁书目》七十卷，计现在书四万四千四百八十六卷。较《崇文》所载多一万三千八百十七卷。复参《三朝史志》，多八千二百九十卷。《两朝史志》，多三万五千九百九十二卷。令浙漕司摹板。嘉定三年，编次《中兴馆阁续书目》，得书七百五十二家，八百四十五部，凡一万四千九百四十三卷。十三年，以四库之外，书复充斥，诏张攀等续书目，又得一万四千九百四十三卷。而太常、太史、博士之藏，诸路刻板，未及献者，不与焉。

由前而观，隋唐书目所有，屡经兵燹，聚散不常，或为《崇文》所误弃，厥迹昭然。由后而言，南宋所得书，多于北宋数万卷。而云隋唐书目所有之古书亡于南宋，由俗儒空谈性命之故，凿空妄说矣。又按：大观中，秘书监何志同言：汉著《七略》，凡为书三万三千九百卷。隋所藏至三十七万卷。唐开元八万九千六百卷。庆历间《崇文总目》凡三万六百三十九卷。庆历去今未远也，按籍而求之，十才六七，号为全本者，不过二万余卷云云。晁说之曰：刘歆告扬雄云，三代之书，蕴藏于家，直不计耳，顾弗多邪。今有一《周易》而无《连山》、《归藏》，有一《春秋》而无千二百国宝书。及不修《春秋》，有卿、士大夫、诸侯礼，而天子之礼无一传者。以隋唐《经籍志》、吴氏《西斋书录》求之，今其存者，有几也？叶石林《过庭录》曰：承平时，三馆所藏，不满十万卷。公卿名藏书家，多止四万许卷，其间颇有不必观者。惟宋宣宪择之甚精，止二万余卷，而校雠详慎，皆胜诸家。吾旧所藏，与宋氏等，而宋氏好书，人不多见者，吾不能尽得也。王明卿《挥尘录》曰：承平时，士大夫俱有藏书之名，今皆散佚。靖康俶扰，中秘所藏，与士大夫家，悉为乌有。南渡后，惟叶少蕴，少年贵盛，平生好收书，逾十万卷，置之霅山弁山山居，建书楼以处之，极其华焕。丁卯年，其宅与书，荡为一燎。李泰发家，旧有万余卷，亦以是岁火。岂厄会自有时邪？又据周密《齐东野语》所论一条，可知古籍散亡，古今事势类然。汉学家毒忌宋儒，动以莫须有之罪归之，信口驾诬。世俗无闻者众，眩于高名之游言，异书之难见，承虚易惑，将谓信然。吾故为本之敦史传记，著其实迹以明之。

大抵驳杂之书，为大儒所不取，则有之。若有用之书，稍有识者，所不肯废。南宋诸儒，何能废之邪？徐锴《说文系传·祛妄篇》云：前代学者所讥文字，盖亦有矣。中兴书阙，不可得尽。锴仕五季，精于小学，号最博洽，其言如此。又嘉祐中，苏魏公编定《集贤书籍》，宋元宪谓曰：知君校中秘书，皆以文字订正。此正校雠之事也。又曰：文字之学，今世罕传，《说文》之外，复得何书？苏以徐锴《系传》为对，公曰：某少时观此，未以为奇。其后兄弟留心字学，当世所有之书，访求殆遍，其间论议，曾不得徐公之仿佛云云。宋公在嘉祐中，藏书最富，又精小学，其言如此。则谓小学有用书，亡于南宋，由空谈性命之过，不亦诬乎？又顾亭林氏谓：洪武平元，所收多南宋以来旧本，藏之秘府，垂三百年，无人得见。按：明自永乐间，取南京藏书送北京。又命礼书郑赐，四出购求，修《永乐大典》，共二万二千八百七十七卷，目录六十卷，锓版十三，抄本十七。正统时，杨士奇修《文渊阁书目》十四卷。我朝开四库馆，取四千九百四十六卷。经六十六种，史四十一，子一百三种，集一百七十五种。则南宋书留于明而未见者尚多，可得谓道学亡之乎？

戴氏曰："众家之书，亡于永嘉，师承不绝独郑氏。后儒不足知其贯穿群经以立言，又苦义疏繁芜，于是竞相凿空。朱子尝在朝与议父在孙为祖承重服，退居时，检得康成答赵商问。因谓王介甫新经出，士弃注疏不读，卒有礼文相视茫如"云云。

按：胡纮论宁宗为孝宗服，止应期。以光宗虽废，固尚在也。朱子心非之，而无以折。后见《郑志》答赵商问，乃有"诸侯父有废疾，不任国政，不任丧"之问。而郑答以"天子、诸侯服，皆斩"之文，方定"父在，为祖承重之服"。因叹"若无康成，此事终未有断决"云云。戴氏宗信郑学，此论信正无病，亦只依傍朱子，可知不能出朱子之教之范围。

又曰："后儒凿空之说，歧惑学者，其弊有二：一、缘词生训，一、守讹传谬。缘词生训，所释之义，非其本义；守讹传谬，所传之经，并非其本经。"

按：此论是也，而亦宜分别言之。何者？若去义理，专以训诂、小学说经，虽不凿空，却成穿凿。其缘词生训，守讹传谬，歧惑学者，更有甚焉。如诸汉学家所著书十百条中，不能一二得真得是，然无不各自矜为得本经本意，诚有如荀悦《申鉴》所论云云。必也以义理左验，两者相证，而折其衷，庶乎其不差耳。又诸汉学家，皆讥义理为凿空，亦是诐辞。须知孔子系《易传》，及子夏、子贡、孟子，《礼记》《大学》、《中庸》诸篇，及《孝经》等，凡引《诗》、《书》，皆不拘求训诂。即汉儒如费直、匡衡亦然，不独程子也。然而朱子训诂诸经，一字一句，无不根极典谟。不如汉学家泛引驳杂，反指朱子引用正信者为凿空也。

段氏若膺曰："义理、文章，未有不由考核而得者。《中庸》'君子之道，本诸身，征诸庶民，考诸三王而不谬，建诸天地而不悖，质诸鬼神而无疑，百世以俟圣人而不惑'。此非考核之极致乎？圣人心通义理，而必劳劳如是者，不如是，不足以尽天地、名物①之理也。后之儒者，画分义理、考证②、文章为三，区别不相通，其所为细已甚焉。"

按：此宗旨专重考证，硬坐《中庸》此节为考证之学，谬而陋甚。圣人所谓"考诸三王"云云者，政谓义理之相印，所谓若合符节。岂如汉学诸人，以考证文字、训诂当之乎？阎百诗据《吕氏春秋》子夏辨三豕渡河事，称为圣门考校之学，既陋而可笑。其后段氏本之以发论曰：校书何昉乎？昉于孔子、子夏。信驳杂之说，标之以为宗旨，并诬圣人，愈妄而愈陋矣！

夫义理、考证、文章，本是一事，合之则一贯，离之则偏蔽。二者区分，由于后世小贤小德不能兼备，事出无可如何。若究而论之，毕竟以义理为长。上声。考证、文章，皆为欲明义理也。汉学诸人，其蔽在立意蔑义理，所以千条万端，卒归于谬妄不通，贻害人心学术也。戴氏后犹知悔之。戴氏称，天下有义理之源，考核之源，

---

① "名物"，原文为"民物"，见段玉裁《戴东原集序》，载《戴震文集》卷首。

② "考证"，原文为"考核"。

文章之源。后曰义理即考核、文章之源，义理复何源哉？吾前言过矣云云。兹段氏复变本加厉，竟以考核为圣人之急务，方共蔑弃义理、文章，专事考核，所谓未能识别然否，而轻弄翰墨，妄生异端，以行其说，愚诬甚矣。

曾子曰："人之将死，其言也善。"戴氏临终曰：生平读书，绝不复记，到此方知义理之学可以养心。此与王弇洲临没服膺震川，同为回光返照。盖其天姿聪明本绝人，平日特为风力阴识所鼓，不能自克。临没之际，风力阴识之妄渐退，而孤明炯焉。乃焦氏循又从而为之辞，以霾蚀之作申戴，极辨此为非戴氏之言。且云：即如此，亦自为戴氏之义理，而非宋儒之义理也云云。夫古今天下，义理一而已矣，何得戴氏别有一种义理乎？此欲以美之，而不知反归以恶也。

又曰："由考核以通乎性与天道，既通乎性与天道矣，而考核益精，文章益盛，用则施政利民，舍则垂世立教而无弊。"

此段氏推尊戴氏之言，诞妄愚诬，绝不识世间有是非矣！无论戴氏盖棺之论，未及于此，即其所尊为导师，自贾、马、服、郑、扬雄、蔡邕、许慎、孙炎、郭璞、张揖、刘熙诸人，可谓真能考核名物、制度、训诂、小学矣，而皆未闻其克通乎性与天道也。非惟不能，亦并未闻其尝为如是之言。此犹可见古人淳质，但自为学，而不敢以之别标宗旨，罔道迷人，取讥达学也。

阎氏曰："秦汉大儒，专精雠校、训诂、声音。魏晋以来，颇改师法。《易》有王弼，《书》有伪孔，杜预之《春秋》，近有辑汉注《左氏》，以易杜注者，本此论。范宁之《穀梁》，《论语》何晏解，《尔雅》郭璞注，皆昧于声音、训诂，疏于校雠者也。疏于校雠，则多讹文脱字，而失圣人之本经；昧于音声、训诂，则不识古人语言文字，而失圣人之真意。若是，则学者之大患也。隋唐以来，如刘焯、刘炫、陆德明、孔颖达等，皆好尚后儒，不知古学。于是为《义疏》，为《释文》，皆不能全用汉人章句，而经学有不明矣。宋儒出，而以心得为贵，汉唐之说，视之蔑如。宋元以来，言北海则为俗学，言新安则为圣学，习尚久矣。"

此阎氏若璩序臧氏琳书语。专主汉儒雠校、文字、训诂、声音，而短魏、晋以来师说，言殊乖谬。厥后段氏等诸人，议论宗旨一本于此。或言臧氏书，多为其孙镛［庸］① 所羼乱，此阎氏序，亦其伪托。按：臧氏自言，治经必以汉注、唐疏为主，是并未尝诋薄陆、孔。又特著陆、孔传，称其大节，谓较之北海郑公、范阳卢公无愧，学者尤宜师法。不特《释文》、《正义》二书，为千古模范。后世有徇利贪荣，苟免无耻，亦自命为经生，斯孔、陆之罪人也。又称：六经传注，当与六经正文，共垂不朽，即伪孔、杜预、王弼，皆不能废其言。平允信正，不与阎氏所说同见，则此序为臧镛［庸］伪托，或有然也。段氏、江氏等，不能识真，以为琳书阎说，因共附会之。

范蔚宗有言：千载不作，渊源谁澄？则以汉儒章句，为即圣人之本经、本义，在汉儒已自有不肯信者，如荀悦所论是也。而阎氏乃从千载下，经累代诸儒讲辨，经学大明之后，方复欲主张追而复之，岂非乖谬不通，至妄之邪说乎？

汉儒虽专精，然岂必皆是？当时五经，已各异义。魏晋以下，虽疏昧，然岂必皆无足取？传注具存，可复以稽。阎氏乃欲全用汉人章句，讥二刘、陆、孔好尚后儒，不知古学。而独推臧氏深明两汉之学，此不过好生议论。假令唐贤当日，或如今阎氏诸人之见，专搜辑汉注，于魏晋以下，概从摈斥，则今日诸人，又不知若何嗟惜王辅嗣、杜元凯矣！夫谓北海为俗学，此诚妄人。然实未闻宋元间，有名儒却訾郑学为俗者，语既多诬。至因是发愤专主汉儒，尽斥魏晋以来，则亦悍然不顾，用罔不通。岂若朱子极推康成，又力尊魏晋诸儒注疏，兼收并取，惟是之从之为允当乎？

考臧氏之书，大率采取异本，讹文脱字，凡数百十条，皆迂僻固滞，虽有左据，而义皆短拙。而阎氏推之，以为一字一句，靡不精确；钱氏推之，以为实事求是，别白精审；段氏推之，以为精心孤诣，所到冰释，发疑正读，必中肯綮；江氏声推之，以为学识迈轶唐初诸儒之上。任意标榜，阿好乱道，虽取人贵宽，而事关千古学术，岂可以义理腠腊，自贻暗陋之讥乎？

考汉学诸公，大抵不识文义，故于义理多失。盖古人义理，往往即于语气见之，此文章妙旨最精之说，陋儒不解也。如臧氏说《孟子》"夫子之设科也"，"子"为"予"字之误。不知此句若作孟子自道，则不特文势弛缓不属，令人索然，且似孟子自承认门人为窃。大儒取友，乃收召无赖小人，污辱门墙，害义甚矣。汉儒之

① "镛"，应为"庸"。据《清史列传》等记载，臧庸，本名镛堂，字在东。

说，所以有不可从者，此类是也。按：赵氏注称，孟子曰"夫我设教授之科"云云，又《章指》云"虽独窃屡，非己所绝"，是殆直作孟子自认也。《论》、《孟》未经朱子订正以前，如李翱《笔解》，东坡讲"先进于礼、乐"，韩愈论宰我、子贡、有若智足以知圣之污等，多不可从。要当以义理长者为定耳。《四库提要·论语正义》下有云：唐以前，经师授受，各守专门，虽经文亦不能画一，无论注文。然则臧氏所谓"有攸不惟臣，而齐后善歌"，"子曰：义以为质，博学于文"等，皆不可据。又据唐石经，谓《诗》"萧萧马鸣"，当为"肃肃"，因引《毛传》为证。无论《开成石经》最劣，不足信据。而杜子美在前已用"萧萧"，非石刻作"肃"，后人妄改加"草"也。即谓木版在大历之世，而子美读已如此，可知非后人刊改也。按：《六部韵》以萧、肴、豪、尤为一部，顾氏《古音表》以萧、宵、肴、豪、幽为一部，孔氏《诗声类》以幽、尤、萧为一部，段氏《音均表》以尤、幽为一部，而以萧、茅等字隶之，皆以萧就幽、尤。《离骚》、《九歌》，萧读若脩，以韵忧。然音可通，而义不可通也。《说文·草部》："萧，艾蒿也，从肃得声。"《聿部》肃字训"持事振敬"，《诗·烝民》"肃肃王命"，《小闵》"或肃或艾"，《书·洪范》恭作肃训皆同。

《毛传》言"不讙譁"，正形容得是时出师气象，及诗人措语之妙。言但耳闻马鸣，目见旆旌，肃然不闻人声，故以"不讙譁"双释二句。若"肃"专属马，则此传止当在马鸣一句，下"旆旌"是无知物，非有血气，岂亦可以"不讙譁"诂之乎？要之，此诗连下文皆有肃意，政不必独于马用本义。故朱子移《毛传》"不讙譁"于"徒御不惊"之下，而于下节"有闻无声"，亦以"至肃"解之也。刘勰云：诗人感物，联类不穷。流连万象之际，沉吟视听之区。写气图貌，随物宛转，属采附声，与心徘徊。故"灼灼"状桃花之鲜，"依依"尽杨柳之态，"杲杲"为日出之容，"瀌瀌"拟雨雪之状，"喈喈"逐黄鸟之声，"喓喓"学草虫之韵。由勰此论，则"肃肃"状马声甚拙，不及"萧萧"字远甚，非但失义，并失情景之妙。臧氏谓"萧凉"、"萧条"，则入近人辞气，不知"风雨潇潇"亦非近人诗也。"潇"，《说文》"水名"。若诗人以状风雨声，则亦萧凉意。

又如段氏说《左传》"人尽夫也"，当为"天"字之误。不知此句紧对上文"父与夫"句作答，又以见其母为机速，妇人一时相绐，仓卒情事，不暇顾理口角如绘之妙。若作"天"字，则是其母正告以三纲之义，分义至重，安得"人尽"云云，而方教之以背其天乎？

又陈见桃据《尔雅》切、磋、琢、磨四者，各为治器之名，非有浅深。朱子释为磋精于切，磨密于琢，殆强经以就己说云云。按：《毛传》虽本《尔雅》作四事解，然《尔雅》本以释《诗》，训诂之体，未暇释意。武公作诗，子贡赋诗，不据《尔雅》。况《毛传》云"道其学而成也，听其规谏以自修，如玉之琢磨也"，亦本《大学传》作二义，不析切与琢、磋与磨。分言者，古人无此行文法，故贵以意逆志也。朱子释之，至明而确，事理昭然，正合子贡之意。陈氏不谙文义，又不知说经与训诂体例不同，又昧于事物之理而妄讥之，谬矣！

陈又言："我将两右"，皆训为助，朱《传》解"右"为尊，此好新之过，天与牛羊叙尊卑，真属戏论。按：解经好新，朱子所斥，汉学所尚，今反以诬之。训"右"为尊，本康成《礼记》注，非朱子新解。况所以解"右"字与旧说不同，朱子已自详论其所以改之之故矣。陈氏皆未知，而妄以著书，以为可以驳朱子，真不知量也。至谓以天与牛羊叙尊卑为戏论，此轻薄无知之语。昔高贵乡公问博士，乾为天，复为金、为玉、为老马，与细物并邪？语意同此，皆不通之论。夫天与牛羊何嫌？况属词比事，本非均敌，将亦以此讥孔子为戏论，不知尊天乎？

又于"既右飨之"，《集传》云文王降而在此之右。不知"此"字何指？文义难通。按：《说文》"此，止也。从止，从匕。匕，相比次也"。徐锴《系传》曰："匕，近也，近在此也。"古人文法，多用以指上文，如《易·系辞》，爻也者，效此者也云云。《老子》曰：吾何以知众父之然哉？以此。若用以指现在，则如《左氏传》韩宣子曰：起在此。贾谊曰：今令此道顺，则又以指下文。则《集传》所云，亦谓降在此堂，何不通之有？

新学说经，所讥于唐宋诸儒，谓经字日讹，经义不合者，数百十条，大抵断截小文，喋喋微辞，皆若此类。虽非闳旨所关，而疑似乱真，姑举此数条以见例，学者推类以尽其余，可也。至其显失，则不待辨。

段氏叙臧氏《经义杂记》论文字、形声曰："魏晋间，师法尚在。南北朝说音义家虽多，而罕识要领。至唐，颜籀作《定本》，陆氏作《经典释文》，贾氏作《义疏》，皆自以为六艺所折衷。究之，《定本》不可遽信，《释文》、《正义》，其去取甲乙，时或倒置。经字之日讹，而经义何能毕合也？"又江氏声序臧氏书论五经传注曰："唐初陆、孔，专守一家，又偏好晚近，《易》不用费、孟、荀、虞，而用王弼；《书》不用郑氏，而用《伪孔》；《左氏春秋》则舍贾、服，而用杜预。汉学之未坠者，惟《诗》、《礼》、《公羊》而已。《穀梁》退糜氏，而用范氏解，犹可也。《论语》用何晏，而孔、包、周、马、郑之注仅存；《尔雅》用郭璞，而刘、樊、孙、李之注尽亡。尤可惜者，卢侍中《礼记注》，足与康成媲美，竟湮没无传。陆氏《释文》，虽颇采诸家异同之字，而不能别白是非，且或是非颠倒，遗误后人。宋元以降，邻下无讥矣。承斯后者，欲正经文，刊讹字，复训诂，俾各还其朔，岂不难哉？"江藩《汉学师承记序》曰："唐太宗命诸儒萃章句，为注疏，惜乎孔冲远之徒，妄出己见，去取失当。《易》用辅嗣而废康成，《书》去马、郑而信伪孔，《穀梁》退糜氏而进范宁，《论语》专主平叔，弃珠玉而收瓦砾。宋承唐弊，而邪说诡言，乱经非圣，殆有甚焉！至元明以来，此道尽晦，长夜悠悠，视天梦梦。"近吴中沈君钦韩《初学堂集》亦言：孔颖达者，卖国之诣子，枵然无得于汉学，蜣螂之智，奉伪孔与杜预，而甘心焉。排击郑、服，不遗余力，于是服氏之学始歇终亡。又曰：孔冲远奉敕撰定《五经正义》，以昏耄之年，任删述之任。观其尚江左之浮谈，弃河朔之朴学，《书》、《易》则屏郑家，《春秋》复废服议。又论杜预起纨袴之家，习篡弑之俗，无王肃之才学，而慕其凿空，乃绝智决防，以肆其猖狂无藉之说。刘炫之规，不足仆其短。又曰：杜预以罔利之徒，懵不知礼文，蹶然为之解，俨然行于世，害人心，灭天理，为左氏之巨蠹云云。殆所谓习俗移人乎！

　　按：凡如此说，皆推衍阎氏之意，訾贬多诬，非止失平。窃谓唐初诸儒，奉敕作定本，作义疏，势不能纷沓百家，并然众说，不定一尊以为主体。若其去取，盖亦有意，非徒师心自用也。一者，其时传本，久轶不存。如费直以《大传》说《易》，原无章句。《汉书·儒林传》言"无章句"。《艺文志》言"民间有贾、马二家之说"。《释文》言"有《章句》四卷，残缺"。永嘉之后，施氏、梁邱之《易》，大、小夏侯、欧阳之《书》，齐辕固之《诗》，皆亡。《释文》曰：《公》、《穀》二传，近代无讲者。恐其学遂绝，故为立音，以示将来。然则非由唐贤偏好晚近而废之也。一者，当时弃短取长，原出衡鉴之公。如《诗》、《礼》、《公羊》，并用汉注。至卢植《礼记》，康成依以作注，是已经郑氏裁取。当日三《礼》，并用郑氏，至今儒者以为允，则固不能又用卢注。唐初，卢、郑并存，后乃亡轶，非唐贤废之也。贾、服《左》注，《隋志》言其浸微，孔冲远称其罕存。杜注之长，陆澄、王俭已共推崇，崔灵恩、虞僧诞、姚文安互相申难，则又非唐贤始尊之也。或云服注为杜所攘，亦恐诬而非实。若使杜用服义，是服、杜固一家，卫冀隆及崔、姚诸人，据何异同而申难乎？以此推之，则其不用者，非本无全书，必义短也。

颜、陆、孔、贾，学尚笃实，未必尽识见寡昧，不如今臧氏、段氏、江氏诸人也。其余师说存者，多见本经注疏中。如何晏《论语解》，并存包、张、周、马、郑八家之说。《诗》、《礼》、三《传》义疏，多存诸家之说，不得尽诬唐贤偏好晚近，而废汉儒章句矣。大抵论说经学，只当论其大体。唐人定注、定本，大体已得矣。至诸家传本之异同，及传注之得失，纵其小失，不足以掩闳旨。今阎氏等讥定本，讥义疏，讥《释文》，以为去取失当，是非颠倒，遗误后人，经字日讹，经义不合。按：《释文序》云：五经字体，乖替者多，如某某云云。直是字讹，不乱余读。又云：音堪并用，义可并行。或有多音，众家别读，苟有所取，靡不毕书，各题姓氏，以相甄录。又曰：余既撰音，须定纰缪，若两本俱用，二理兼通，今并出之，以明同异。其泾渭相乱，朱紫可分，亦悉书之，随加刊正。复有他经别本，词反义乖，而反存之者，示博异闻耳。则陆氏之于经字，亦可谓不苟矣。近归安邵保初曰：六朝经义，散佚略尽，惟《经典释文》巍然独存。前此作音，惟陆氏兼释经义；前此止音经，惟陆氏兼音注。体例独别于诸家，而能集诸家之成，故为不刊之典。其中《周易音义》尤为精博，虽以王弼为主，而兼采子夏、京房、孟喜、马融、郑玄、刘表、荀爽、虞翻、陆绩、王肃、董遇、姚信、王廙、干宝、蜀才、黄颖，旁及张璠。集解十数家，视李鼎祚尤简而赅。窥其微意，似嫌王注空虚，故博征古训，以弥缝之。余马融《书》，韩婴《诗》，亦存其概。音训之详，无愈于此。非徐爱、沈重、戚衮、王元规辈可及。则吾见诸家所著书具在，其说乖违若彼，于经字、经义，果毕合乎？不颠倒失当，遗误后人乎？士生后世，古籍日湮，网罗放失，兼而存之，斯文未陵，各有承业，迹其勤志，诚足嘉尚。而乃翻腾异说，横暴先儒，是亦不可以已乎！

阮氏曰："自东晋、刘宋，至隋兼北朝，其间经史诸家，皆是极精、极博、极勤敏之时。南北朝人，学力之专、之锐、之深，非后人所能窥企。中唐以后，人蔑视六朝，按：此盖暗指韩公也。然韩公是论文论道。不知唐初诸经正义及敕修诸史，无不本于南北朝。人或攘、或掩，实存而名亡。后人于南北朝之书，多不能解，即如陆法言等之音韵分部，幸为中唐以后人所不解，故未经攘乱。原注云：韵学自国朝顾、江、戴、段诸君，始明古法，穷极精力，皆在陆法言范围之中。其余如三刘、熊、徐之于经疏，庾蔚之、崔灵恩之于礼服，吕忱、李登之于小学，徐广、臧荣绪、姚察等之于史传，皆非唐人所能及。唐初人犹读南北朝之书，天宝以后，知其学者鲜矣。

按：此论至公，远出前阎氏、段氏诸人之上，可谓儒林谠议矣。然考其徒，有宗主是说而推衍之者，其义又失，如诂经精舍所有诸人之说，今附辨订之。其说曰：魏道武以经术为先，北学始基。是时，南学未起。又曰：北学自魏太和以后，刘芳、李彪诸人始至。大儒徐遵明出，遂开后齐、周、隋之派。按：徐遵明见康成《论语序》云：书以八寸，策误作六十，宗因曲为之说。则亦不得谓北学皆可信。史称魏、齐雅诰奥义，宋及齐、梁所不能尚。又曰：晋自渡江以后，至宋元嘉，何尚之始创南学之目，迄梁天监遂盛。又曰：南人之学，绍两晋风也；北人之学，述两汉传也。又曰：隋氏于《易》、《书》、《春秋》，徇南人之浮夸，捐北人之精实云云。按：六朝南北诸儒经学授受源流，详见《北史·儒林传序》，及陆德明《经典释文序例·注解传述人》略备。今之议者，大略谓以六朝与唐人较，则六朝胜。以唐人所为义疏、定本、释文、诸史，皆本之六朝也。此自确论。《困学纪闻》：雍熙中，校九经，史馆有宋臧荣绪、梁岑之敬所校《左传》。杜镐引贞观敕，以经籍讹舛，由五代之乱，学士多南迁，中国经术浸微。今并以六朝旧本为证。以六朝南北较，则北又胜南。以北人能宗用郑氏《易》、《书》，服氏《左传》也。此则专主汉学，祖阎氏之说也。其以为之罪者，则谓当时重南而轻北，当时南人讥北人有"父康成，兄子慎"、"敢道孔圣误，耻言郑服非"之语。愚谓此论非误，今之汉学皆尔。传南而遗北，致使唐人作《易》、《书》、《左传》疏，不用服、郑注。又明西亭王孙作《授经图》，朱氏彝尊作《经义考》本之，作师承一类，不及六朝人授受本末，实为有阙。故后来诸人，乘隙立论，以为经学当宗六朝，于六朝又当宗北学也。其宗旨如此。

愚谓南、北学之得失，孙盛、褚裒、支公、李延寿诸人，已有衷论。若求之以实，则贾、服《春秋》解诂、解谊，当时与杜并存。而崔、姚诸儒，已有驳难。郑氏《易》、《书》，实于经旨正解

为短，唐人所定，未便为非。诸人之论，耳食剿说，以张门户。于
诸经经文实未尝读，诸儒注疏实未尝详玩，不过客气好事，矫异矜
名而已。非惟不能入宋儒之室，亦断未能若唐贤之笃实也。《新唐
书》于《啖助传赞》，推论赵、陆、啖、施穿凿之弊，因曰：此可
见新说无益，不知而作者之妄也。后之人惟当发明旧义，或先儒有
偶阙者补正之，然已非天授之才不能，而往往喜逞私见，则愚而可
悯者也云云。此诚笃论已。

王氏曰：谶纬之作，其来已久。孔子既叙六经，别立谶纬，以遗来
世。纬与经实相表里，不为大儒所弃。汉儒以纬书为孔子所作。何焯曰：纬
书中固亦有孔子之绪言在焉云云。此或然耳。全尊信之，则谬妄矣。汉时，诏东
平王苍，正五经章句，皆命从纬。光武以谶兴，故好之。此时主之偏见，岂
圣人之正道乎？陈振孙已讥其甘与莽述同智。朱氏彝尊谓：终东汉之世，以
通"七纬"者为内学，通"五经"为外学。谬妄如此，其时儒者学识可知。
唐儒撰群经正义，亦知遵信谶纬。陈氏曰：隋唐以来，其学寖微。考《唐志》
犹存九部，及孔氏正义，或时援引。先儒盖尝欲删除之，以绝伪妄矣。按孔冲远固
言纬文鄙伪，不可全信。盖自汉以来，博古之士多喜习之，即有不能深信
者，亦未敢斥为异端。按：孔安国、毛公，皆不信。桓谭、张衡，尤深嫉之。
范蔚宗云：桓谭以不善谶流亡，郑兴以逊辞仅免。贾逵能附会文字，最差贵显。世
主以此论学，悲矣哉！《隋志》称：魏晋之世，王肃、王弼、杜预，皆不信之。宋
大明、梁天监、隋高祖，皆切禁之。炀帝即位，乃发使搜天下书籍，与谶纬相涉者
皆焚之，为吏所纠者至死。自是，无复其学，秘府之内，亦多散亡。今录其见存者
于六经之下，以备其说。自欧阳修有《论九经请删正义中谶纬劄子》，而魏
了翁作《九经正义》尽削去之。自后学者，同声附和，而谶书遂致散
佚，良可叹惜也。按：康成用谶取讥。先儒王厚斋讥《宋书·符瑞志》，谓沈约
无识。陈氏、晁氏皆云：使其尚存，犹学者所不道，况其残阙不完，于伪之中又伪
者乎！朱氏《蓥纬》姑存之，以备凡目，可也。王氏此一叹惜，殆于赞邪害正之甚
者矣。而朱子注《论语》，伏羲龙马负图；注《楚词》，昆仑者地之中
也，地下有八柱云云。是亦不尽弃其学。此引朱子所谓重言，欲假以间执人
口。不知义理则当遵正轨，考证则不废旁稽。古书流传，典故间有可信，不妨引
征。与立意宗之，其旨自别。而欧阳氏、魏氏，欲皆去之，所谓因噎废食
也。不知纬与经原无大异，经所不取，政当以纬补之。朱氏《蓥纬》一
篇，至精博，但不推本经义证明其说，恐仍未能息群喙也。今故复申
辨，以祛浅见之惑。

此王氏昶《跋韩敕孔庙礼器碑》，所引纬书百数十条，以为足证经传。辨则辨矣，博则博矣，然余即其所引按之，皆驳杂之说，无一语一事足明圣道政教之用，足资人事身心之益。岂若经文，字字典常，修己治人之方，宰世经物之具，信如寒暑，昭如日星，循之则吉，悖之则凶者乎？汉学不信危微传心之要，格物穷理之学，克己求仁之方，而主训诂、小学，主考证，或舍经文，专争传注，主其同己，非其异己者。惟凭智以徇私，不因心以会道，欲由此路引入，以济其变乱常行之术。最怪陋者，则如此表章谶纬，极矣！

钱大昕氏曰："通儒顾亭林、阎百诗、陈见桃、惠天牧诸先生出，始笃志古学，研覃经训，由文字、声音、训诂而得义理之真，臧氏亦其一也。"

按：此亦钱氏叙臧氏琳书语。其述汉学师承不爽，惟"得义理之真"一语，恐五百生堕野狐身耳。

江藩曰："三惠之学兴于吴，江永、戴震继起于歙，从此汉学昌明，千载沉霾一朝复旦。"

汪中曰："诸儒崛起，接二千余年沉沦之绪，通儒如顾、阎、梅、胡、惠、戴，皆继往开来，至戴氏集其大成。"

按：自始皇元年，至今二千一百余年。上溯周敬王壬戌，孔子卒，二百三十三年。此云接二千余年沉沦之绪，是直继孔子之统，又不数秦、汉、魏、晋、六朝南北诸儒矣。是殆因伊川《明道墓志》：先生生乎千四百年之后，得不传之绪于遗经云云；及朱子称：程子因子思《中庸》，得孔孟不传之绪；罗璧《识遗》称：夫子之道，至晦翁集大成，诸家经解，自晦翁断定，然后一出于正等语而妒之，故为此语以敌之，而不顾其言之莫覃，人之弗堪也。

以上略举诸说，以见汉学家宗旨议论，千端万变，务破义理之学，桃宋儒之统而已。

卷　下

于《易》，则有胡渭《易图明辨》，惠士奇《易说》，惠栋《周易述》、《易汉学》、《易例》、《周易本义辨证》，洪榜《易述赞》，张惠言《虞氏义》、《虞氏消息》。惠氏士奇曰：汉儒言《易》，如孟喜以卦气，京房以通变，荀爽以升降，郑康成以爻辰，虞翻以纳甲，其说不同，而指归则一，皆不可废。今所传之《易》，出自费氏。费氏本古文，王弼尽改为俗书，又创为虚象之说，而古《易》亡矣。易者，象也。圣人观象而系辞，君子观象而玩辞，六十四卦皆实象，安得虚哉！

江氏藩曰：永嘉以来，郑玄、王弼二注列于国学。至南齐，用郑义。隋、唐专主王弼，而汉、晋诸儒之注皆亡。惟唐李氏《集解》，博采诸儒之说，如孟喜、京房、马融、郑玄、荀爽、刘表、宋衷、虞翻、陆绩，略存一二。于是，卦气、六日七分、游魂归魂、飞伏、爻辰、交互、消息、升降、纳甲之变，半见等例，借此可以推寻。无如王、韩清谈，程、朱理学，锢结人心，或诋为穿凿，斥为邪说，先儒古义弃如土梗。夫汉儒之说，以商瞿为祖，商瞿之说，孔子之言。可谓之穿凿邪说哉！自王、韩之书行，二千余年，无人发明汉时师说。东吴惠氏，起而导其源，疏其流，于是三圣之《易》汉学家主张管辂传，皆以爻辞为文王作，无周公《易》，故止称"三圣"。昌明于世。国初老儒，如黄宗羲《易学象数》，虽辟陈抟、康节之学，而以纳甲、动爻为伪象，又称王辅嗣注简当无浮义。黄宗炎《周易象辞》、《图书辨惑》，亦力辟宋人。然不专宗汉学，非笃信之士也。

按：许叔重《说文解字》，所引壁经古文，率多异字。顾亭林氏谓：以今经校，则《说文》为短。《说文》引《易》孟氏，古文也。西京时，刘向校书，以中古文较施、孟、梁邱之《易经》，或有脱字，惟费氏经与古文同。云有脱字，不云异，其所为古文也。郑氏实传费《易》，辅嗣之注用康成本。则虽改为俗书，其经义固不异。如惠氏栋《九经古义》，所甄录古文，大抵字异，而义无异者也。至于《易》本实象，实象之说，本之朱子。非虚象，较《略例》所论，固最得理。然辅嗣之斥互体、卦变、五行，伪说滋蔓，非无见也。孔冲远奉诏作疏，独用王注，廓清千古，诚有功于四圣。长孙辅畿等无识，其作《隋志》，慨叹郑学，不过仍王俭、陆澄之余论而已。赵紫芝诗曰："辅嗣《易》兴无汉学"，意深惜之。而郑樵遂谓：王、韩之学，浮于桀、纣。郑又本之范宁，宁谓王弼、何晏，罪深于桀、纣。似皆偏而失当。不如朱子，本义理说《易》而求实象，亦不废之变，为得《易》之本义。但不用汉儒爻辰、纳甲、飞伏诸邪说耳。

如惠氏、江氏之言，则门户习气之私太甚。姑勿与深论是非之精微，只尽祛魏晋以来儒说，而独宗汉《易》，惠氏《易汉学》，《孟易》一卷、《虞氏》一卷、《郑氏》一卷、《京氏》二卷、《荀氏》一卷。《周易述》以荀、虞为主，参以郑氏、宋咸、干宝诸家。此非天下之至蔽者，断不若是之诐。学《易》而专主张游魂归魂、飞伏、爻辰、交互、升降、消息、纳甲等说，此非天下之至邪者，断不若是之离。谓汉人所说，皆伏羲、文王、孔子三圣人之本义，此非天下之至愚者，断不若是之诬。夫以京、孟之邪说，荀、虞《易》即孟《易》。驾之商瞿，因复驾之孔子，诞诬甚矣！孔子《十翼》具在，有一语及于纳甲、飞伏、爻辰等说哉？汉儒之《易》，谓兼存一说则可，谓三圣之本义在此则不可。且孔子学《易》寡过，而孟喜背师，京房杀身，岂《易》之用哉！

言《易》而与程朱异旨者，尚有数派。如力辟图象，则毛奇龄、黄宗炎、胡渭；宗虞氏，则胡渭、黄宗炎、惠栋、赵继序、张惠言；崇郑学，则沈起元、魏荔彤、王宏、钱澄之、惠栋；论变通，则连斗山、毛奇龄；说升降，则刁包、乔莱。而毛奇龄《仲氏易》、《推易始末》、《春秋占筮书》、《易小帖》四书，以变易、交易、反易、对易、移易论《易》。凡此，皆汉学之支流杂派也。

于《书》，则有阎若璩《古文疏证》，胡渭《禹贡锥指》，惠栋《古文尚书考》，宋鉴《尚书考辨》，王鸣盛《尚书后案》，江声《尚书集注音疏》、《经师系表》。江藩曰：自孔氏《正义》，取伪孔《书》，而马、郑之注皆亡。国朝阎、惠出，而伪古文寖微，马、郑之学复显于世矣。如胡渭《洪范正论》，虽知伪古文，而辟汉学五行、灾异之说，是不知夏侯始昌《洪范五行传》亦出于伏生，非真能信汉学者也。

按：伪孔《古文书》至阎、惠诸家书出，举世皆知，已有定论。晋郑冲所得，五传以授梅赜，乃奏上，列于学官。梁、隋间，诸儒为作义疏。唐孔氏本之作《正义》，唐代大行。今所传是也。然如若"药弗瞑眩"，则谓因于《孟子》；"人心惟危"二句，则据《荀子》，以为出于道经，是亦强为周内，以全抹摋之耳。至于马、郑之注，存于他书者，王氏所辑《后案》具有成书。以愚观之，岂必能得二帝三王之意乎？第以为存古书可也。

于《诗》，则有惠周惕《诗说》，戴震《毛郑诗考》，程［陈］①启源《毛诗稽古编》，顾栋高《毛诗类释》，范家相《三诗拾遗》，钱坫《诗音表》。江氏曰：王肃、王基、孙毓、陈统，互相申难，皆本毛、郑。自汉及五代，未有不本毛公而别为之说者。有之，自欧阳修《诗本义》始，于经义毫无裨益，专务新奇，首开妄乱之端。于是，攻《小序》、《大序》者，不一其人，《毛传》、《郑笺》，弃如粪土。至程大昌之《诗论》，王柏之《诗疑》，变本加厉，直斥之为异端邪说可也。

按：王柏删《诗》，罪无可逭，斥之为异端邪说，是也。近人攻朱子者，或罪柏为妄，谓朱子实启之，或挟柏为功，用证朱门之人且不遵朱子，以为口实，皆非正论。所谓项庄舞剑，志在沛公者也。愚谓朱子自是，王柏自非。史臣赞之无识，许谦疑之是也，陈师道信之非也。至于《小序》，自欧公、朱子后，争者甚众，而马端临辨之尤力。余别有辨。若夫毛、郑异同，昔人虽有专书，平心而论，《毛传》得是者多，但语意浑涵，人多误会耳。《郑笺》时有抵牾，不如毛义为长。盖康成初通《韩诗》，又注《礼》时未见《毛传》，后作《毛传笺》，却多用《礼》说，所以有不合。后人各主一家，互相申难，诚不得已。而近世学者，或妄谓郑皆同毛，诋孔疏为不得理。此祖郑之陋习，诬妄而不顾其安者也，不足与

① "程"，应为"陈"。据《清史列传》等记载，陈启源，字长发，著有《毛诗稽古编》等书。

辨矣。

于三礼，则有沈彤《周官禄田考》，惠栋《禘祫说》，江永《周礼疑义举要》，戴震《考工记图》，任大椿《弁服释例》，钱坫《车制考》，张尔岐［岐］①《仪礼郑注句读》，沈彤《仪礼小疏》，江永《仪礼释宫谱增注》，褚寅亮《仪礼管见》，金曰追《仪礼正讹》，张惠言《仪礼图》，凌廷堪《礼经释例》，黄宗羲《深衣考》，惠栋《明堂大道录》，江永《礼记训义择言》、《深衣考误》，任大椿《深衣释例》。三礼总义则有：惠士奇《礼说》，江永《礼经纲目》，金榜《礼笺》。

江氏曰："自晋及唐，三礼皆用郑注。至宋儒潜心理学，不暇深究名物制度，所以于《礼经》无可置喙，然必欲攻击汉儒，仅于《周礼》中指摘其好引谶纬而已。南宋以后，始改窜经文，补亡之说兴矣。《士礼》十七篇，文词古奥，宋儒畏其难读，别无异说。至敖继公始疑《丧服传》非子夏所作，而注文隐攻郑氏。于是，郝敬之臆断，奇龄之'吾说'起矣。延祐科举之制，《易》、《诗》、《书》、《春秋》，皆以宋儒新说与注疏相参，惟《礼记》则专用注疏。至陈澔乃为《集说》，不从郑注，于是谈《礼》者皆趋浅显，不问古义矣。国朝如万斯大、蔡德晋、盛百二，虽深于《礼经》，然或取古注，或参妄说，谓朱子。吾无取焉。方苞辈更不足道矣。"

按：诸儒之于《礼经》，诚为盛业。然朱子于《仪礼》用功甚深，而于《叙录》绝不齿及，或参其说，即无取，可谓公是乎？

阮氏元曰："贾疏《周》、《仪》二礼，发明郑学，最为精核。惟自六朝至今，说二经者甚多，其精义及制度、术算、文字、训诂，多有出于贾氏之外者，皆可采择。至康成亦间失经旨，而三郑亦或有异同，撰疏者若守'疏不破注'古法，难决从违"云云。

按：此阮氏之说，可谓卓然不易伟论矣。盖三《礼》专主制度名物，此自汉学胜场，况又能不拘注疏旧法，兼收博取，实事求是。论学皆能若此，固万世之眼目矣。但任此者，不易得其人耳。

---

① "歧"，应为"岐"。据《清史列传》等记载，张尔岐，字稷若，著有《仪礼郑注句读》等书。

于《春秋》，则有顾炎武《左传杜解补正》，马骕《左传事纬》及《附录》，陈厚耀《春秋长历》、《世族谱》，惠栋《左传补注》，沈彤《左传小疏》，江永《春秋地理考实》。三传总义，则有惠士奇《春秋说》。江氏曰：宋以后贵文章，治《左氏》、《公》、《穀》，竟为绝学。阮君伯元云："孔君广森，深于《公羊》之学。"然未见其书。

按：《左传》与《毛诗》，在汉代兴之最晚，而传之独盛。哀、平之季，迄于东汉，争《左氏》者，若刘歆、郑兴父子、尹咸、陈元、范升、贾逵、郑玄，详矣。六朝及唐，亦惟治《左氏》者较盛，故陆德明谓"二传"。近代无讲者，则非自宋人始。汉学家非不知之，特欺世无闻，而驾以诬宋人为之罪耳。且贵文章，亦不自宋以后。而《公》、《穀》亦未尝非文家所贵，此则非汉学者所及知耳。其为之注者，服氏鲜存，惟杜为甲，孔冲远已自云尔。则世人罪唐人作疏，弃服用杜者，亦诬也。详见中卷。至何休《公羊解诂》，悖理伤教甚众，康成《发墨守》于前，刘原父《权衡》于后，以及苏、吕、晁、黄之书，既明且允。今或有祖述何休为专学者，则客气好事，豪举而已。大抵争《春秋》者有二：一则争《传》以卫经，一则争注以卫《传》。究之，啖、赵、陆、胡，与夫贾、服之注，有微有显，听世兴行。近人攻杜预，惜靡信，辑贾、服，纷纷著述，志亦勤矣。迄不知于游、夏所莫赞者，果能通其恉乎？似不如大义数十，炳于日星之论，为有裨于治教王纲耳。

于"四书"，则有阎若璩《四书释地》，江永《乡党图考》，戴震《孟子字义疏证》，刘台拱《四书骈枝》[①]，毛奇龄《四书改错》、《大学证文》，钱坫《论语后录》。

按：如《四书释地》、《乡党图考》，诚为朱子功臣。故凡为学，但平心求是，补正前贤，是前贤之所攸赖，而望于来世之有其人也。若用心浮浅，又挟以门户私见，叫嚣呵斥，惟以能诋訾前哲，为争名自矜之计，则无论其言未是，即是亦不成气象矣。朱子《四书集注》，惟重发明义理，以训诂、名物，注疏已详，不复为解。故曰："邢昺《论语疏》，集汉魏诸儒之说，其于章句、训诂、名物之际，详矣。学者读是书，其文义、名物之详，当求之注疏，有不

---

① 《四书骈技》，当为《论语骈技》，据《刘端临先生遗书》。

可略者。"又曰:"汉魏诸儒,正音读,通训诂,考制度,释名物,其功博矣。学者苟不先涉其流,则亦何以用力如此。"按:臧氏玉林曰:治经必以汉注唐疏为主。曰:此其本原也。本原未见,而遽授以后儒之传注,非特理奥有不能骤领,亦惧为其所隘也。诸人推此以为臧氏宗旨,矜为独出,不知皆朱子绪言也。且臧氏惧为所隘,遂逃而去之,终身不复求之理奥,此所以蔽也。又曰:"本之注疏以通其训诂,参之《释文》以正其音读,然后会之诸老先生之说,以发其精微。"按:汉学家惟删此一层,遂差失离畔而去。据此,可知朱子非废训诂、名物不讲,如汉学诸人所訾谤也。

　　大抵争"四书"者,于《大学》欲复古本,去《格致补传》。此自宋代以来,纷纭甚众,不始于今日。于《论》、《孟》,欲删《集注》。此创于黄震,后顾氏和之。或訾《集注》未当,别自改为注说;此自毛奇龄、戴震以来,学者多轻为之。窃谓自唐人定注疏,《论语》所取包、张、周八家之说。后如唐、宋诸家,所有解义,皆经朱子订取,几于"曾经圣人手,议论安敢到"者。盖朱子于他经,固皆极精微,而于四书,尤其平生全力所萃。故既为《集注》,又为《或问》,以发其所以裁取之意,几经审谛,而后定著。后人甫得一粗解,便矜为独出,不知是其所再三研虑,而简别不肯用者也。孟瓶庵言:今人未毁齿,便读朱注,后来略见别解,却痛诋程朱。此言诚足为大戒。又云:毛西河攻击程朱,不遗余力,其所最以为得手者,以程子言"性中只有仁义礼知,曷尝有孝弟来",以为初入学时,便不喜此语。考朱子《答范伯崇书》一条,当日已明辨之。毛氏不知,以为独出之见,可以诋诃程子,其亦愚而不知量也已。因忆《惜抱轩笔记》有一条,说孟子必有事焉,以为程子及程门诸贤说此,皆从心体上说,朱子他处亦多取之,至《孟子集注》乃云,必以集义为事,似是误也云云。树按:朱子有《答何叔京书》一条,政辨此义,且程子亦有此说,数处甚详,惜抱偶未见耳,乃益信学者不可轻议《集注》。顾亭林疑"仁者安仁"《集注》引上蔡说不当,欲去之。不知上蔡语虽似少溢,固为安字解,若亭林所引《太甲》颜子,非安仁之事也。又刘台拱《论语骈枝》解"文莫犹人",引《说文》、《方言》、《广雅》,以"文莫"为勉强,似也。而以躬行君子为由仁义行,则非是。凡如此类,不可更仆,姑举一二,学者详之可也。或屏《集注》,禁子弟不许读;某氏。或斥不应立有"四书"之名;汪中。按:朱子卒于庆元六年庚申三月。越十二年,嘉定辛未,刘爚为国子司业,奏乞开伪学之禁,刊"四书"于太学。理宗淳祐十一年,真德秀乞进读朱熹《大学》、《中庸》章句,《论语》、《孟子》集注,此四书之始也。《四库提要》曰:《论语》、《孟子》,旧各为帙,《大学》、《中庸》,旧《礼记》之二篇。其编为四书,自宋淳熙朱子始。其悬为令甲，则自元延祐复科举始。古来无是名也。然朱子书行五百载矣，赵岐、何晏以下，古籍存者寥寥。梁武帝《义疏》以下，散佚并尽。元明以来，为"四书"者甚众，《明史·艺文志》别立"四书"一门，盖循其实焉。朱彝尊《经义考》于"四书"之前，仍立《论语》、《孟子》二类。黄虞稷《千顷堂书目》，凡说《大学》、《中庸》，皆附于《礼》，示不去饩羊之义。按：此即汪氏之所以借手。或于《中庸》别改章段；李光地。按：安溪平生，事事学朱子，如依样葫芦然者。而其所著书，则皆暗与朱子立异。如《论》、《孟》则有《劄记》，《大》、《中》则有《章段》，《易》有《观象》，《诗》有《诗所》。以及《参同》、《阴符》、《楚辞》，皆有注。《榕村劄记》则拟《语类》，《文集》拟《大全集》。或争今《集注》非定本，而妄引祝氏本欲易之。

于小学，则有邵晋涵《尔雅正义》，王念孙《广雅疏证》，戴震《方言疏证》，江声《释名疏证》、《补遗》、《续释名》，任大椿《小学钩沉》、《字林考逸》，桂馥《说文解字义证》，吴玉搢《别雅》，段若膺《说文注》。订①于音韵，则有顾亭林《音论》、《古音表》、《唐韵正》、《韵补正》，江永《古韵标准》、《四声切韵表》、《音学辨微》，戴震《声韵考》、《声类表》，孔广森《诗声类》，洪榜《四声均和表》。

按：小学、音韵，是汉学诸公绝业，所谓此自是其胜场，安可与争锋者。平心而论，实为唐宋以来所未有。然而阮氏谓：顾、江、戴、段诸公韵学，皆不能出陆法言之范围也。

于经义总，则有顾炎武《九经误字》，惠栋《九经古义》，江永《群经补义》，臧琳《经义杂记》，余萧客《古经解钩沉》，刘台拱《经传小记》，王引之《经义述闻》，武亿《经读考异义证》。

以上皆据江藩《国朝经师经义著［目］②录》，所谓"专门汉学者"也。其实诸家所著，每经不下数十种，有刊行而不为江氏所采者，有刊行而江氏未见者，有刊行在江氏著录之后者，有仅传其目而竟未成书者。如钱大昭《可庐著述》，仅刊书名及序例，而实无成书。新名林立，卷帙盈千，充轫艺林。要其中实有超绝冠代，江河万古，自不可废。究之，主张宗旨既偏，则邪说谬言，实亦不少。苟

---

① 此"订"字，疑为衍文。

② "著"，当为"目"，江藩所著为《国朝经师经义目录》。

或择之不精，则疑误来学，眼目匪细，固不敢轻以相假，而弗慎取而明辨之也。

由是以及于文章，则以六朝骈俪有韵者为正宗，而斥韩、欧为伪体。

汉学家论文，每曰土苴韩、欧，俯视韩、欧。又曰骫矣韩、欧。夫以韩、欧之文而谓之骫，真无目而唾天矣。及观其自为，及所推崇诸家，类如屠酤计帐。扬州汪氏谓：文之衰，自昌黎始。其后扬州学派皆主此论，力诋八家之文为伪体。阮氏著《文笔考》，以有韵者为文，其悟亦如此。江藩尝谓余曰：吾文无他过人，只是不带一毫八家气息。又凌廷堪集中，亦诋退之文非正宗，于是遂有訾《平淮西碑》，书法不合史法者。明艾千子曰：弘治之世，邪说兴劝，天下无读唐以后书。骄心盛气，不复考韩、欧立言之旨，相率取马、班之书，摘其字句，因仍附和。太仓、历下两生，持北地之说，而又过之云云。王遵岩《与弟道原书》云：学六经、《史》、《汉》，最得旨趣根领者，莫如韩、欧、曾、苏诸名家。今观诸贤，尚有薄唐宋人之心，故其文如此。又云：方洲尝述交游中语，总是学人，与其学欧、曾，不如学迁、固。不知学迁、固，莫如欧、曾诸公。今人何尝学迁、固，只是每篇抄得三五句《史》、《汉》，其余文字，皆举子对策与写柬寒温之套。如是而谓之学马、班，亦可笑也。孟瓶庵云：当时尚摹拟秦、汉，故薄唐、宋。近之学者，又不知秦、汉、唐、宋为何物，而随声附和，亦以宋人为不足学。呜呼！其亦可悲也已。愚按：论学而薄程、朱，宗孔子；论文而薄八家，宗《史》、《汉》。此皆客气，强不知以为知者也。麻衣道者《正易心法》云：学者当于羲、皇心地上驰骋，不当于周、孔脚下盘旋。近世钱氏谓：陆清献公曰，公自从文公入，某自从尼父入耳。皆一类妄谈也。

举凡前人所有成说定论，尽翻窠臼，荡然一改，悉还汉、唐旧规，桃宋而去之，使永远万世，有宋不得为代，程、朱不得为人，然后为快足于心。大抵以复古为名，而宇内学者，耳目心思为之一变。不根持论，任意讥弹，颠倒是非，欺诬往哲。当涂者，树名以为招；承流者，怀利以相接；先进者，既往而不返；后起者，复习俗而追之。整兵骇鼓，壁垒旌旗，屯营满野。云梯、火牛、厌胜、五禁之术；公输、墨翟、田单、郦生之俦，纵横捭阖，苏、张游说之辨百出。新学小生，本无是非之心，亦无恩仇之报，但随俗波靡，矜名走利，相与哆口眹目，曳梃攘臂而从之。扬风纵燎，欲以佐斗为鏖战而决胜，灭此朝食，廓清独霸。而程、朱之门，独寂然不闻出一应兵。夫习非胜是，偏听成惑，若守文持论，败绩失据，吾恐此道遂倾矣。

盖尝惧之，故为反复究论，以为汉学之人，有六蔽焉。

其一，力破"理"字，首以穷理为厉禁，此最悖道害教。

其二，考之不实，谓程朱空言穷理，启后学空疏之陋。不知朱子教人，固未尝废注疏，而如周、程诸子，所发明圣意经旨，迥非汉儒所及，固不得以是傲之也。至于俗士荒经，古今通弊，不得概以蔽罪程朱，如世治狱，并案办理也。

杨慎曰：宋儒以李斯之祸，被之荀卿，此言过矣。弟子为恶，而罪及师，有是理乎？愚谓今汉学家，以世人不读注疏之过，被之程朱，与杨慎之论，又恰相反。余尝断是狱，以为师之于弟，传道者也。庾斯端人，取友必端。荀卿谓子思、孟子乱天下，以子张、子夏为贱儒，以人性本恶，放言高论，足启焚坑之祸。则以李斯之罪罪之，不为无因。若夫程朱，言论道德，初无偏倍。今以王柏之疑经，归狱朱子，是则亦可以今汉学者之妄，蔽罪康成乎？至于世士不读注疏，则起于宋熙宁科举之变法，王氏新经之学，朱子云：王介甫新经义出，士弃注疏不读，猝有礼文之变，相视茫如云云。元延祐取士之制，明永乐之修《大全》。钱氏大昕曰：自宋以经义取士，守一先生之说，敷衍傅会，并为一谈。而空疏不学者，皆得名为经师。至明季而极矣。相沿既久，争趋简易，非程朱之过也。

其三，则由于忌程朱理学之名及《宋史·道学》之传。

其四，则畏程朱检身，动绳以理法，不若汉儒不修小节，不矜细行，得以宽便其私。故曰：宋儒"以理杀人"，如商、韩之用法，"浸浸乎舍法而论理，死矣，更无可救矣"。所谓不欲明镜之见疵也。

其五，则奈何不下腹中数卷书，及其新慧小辨，不知是为驳杂细碎，迂晦不安，乃大儒所弃余，而不屑有之者也。沈冰壶称，王充《论衡》，借诸子以证经之误，识在董仲舒上。可谓盲论。至朱彝尊《经义考》，《毖纬》一门，多取孙毂《微书》。纬书本荒诞，固不足辨矣。若今汉学家说经，穿凿僻妄，义理浅狭。如惠氏《古义》，臧氏《杂记》，最为无取。

其六，则见世科举俗士，空疏者众，贪于难能可贵之名，欲以加少为多，临深为高也。既与程朱异趣，而为说不辨，用意不猛，则其门户不峻，面目不著。自占地步不牢，求之于古，汉儒之魁，首惟郑氏；小学之导师，惟许叔重；而诸经号难治者，惟三《礼》名物、制度。故诸人负之，以招于世。究其本志，特出于私妄好事，豪举矜名，原未尝为明经起见，并未尝反求之身，推之人事，实欲人己均获治经之益，国家获通经之用也。

吾此论出，必为汉学者所切齿，然吾非敢尔也。姑令彼平情自反，为学而首禁穷理，妄矜博辨，别标宗旨，果于孔子之教有当否乎？夫为学而首禁穷理，则吾心无节，观物弗察，其所训释经文传注，惟任于目，不顾其安。闻见杂博，傅会僻违，辨说譬喻，齐给便利，虽有左验，而实乖义理。辨而无用，无关宏旨。段善本讥康昆仑琵琶曰：本领何杂，兼带邪声。汉学说经，实亦如是。新学小生，学未知本，秕糠眯目，天地易位，祈向一差，新奇是尚，客气虚憍，强作解事，务出于众人之所不知以为博。歧外生歧，未有底极，本不足，则以碎逃之，说不足，则以气陵之。嚾嚾恟愗，诐遁给夺，不知其所非。势将使程朱既明之道，复入于晦盲否塞，岂非横流之祸与！

窃以汉儒训诂名物以传经，抱残守阙，厥功至大，然初未尝自以接周、孔真传。为是言者，今汉学家之言也。吾尝推求其故，盖因朱子尝言，秦汉以来，儒者惟知章句训诂之为事，而不知潜心反己，复求圣人之意，以明性命道德之归。程夫子兄弟出，始因子思《中庸》，得孔孟不传之绪云云。朱子此论，夺之于汉儒久兴之后。今汉学家欲复九世之仇，故亦欲夺之于宋儒既盛之年，以六者之蔽，而加之以复仇之志，此其七识。二字用佛典。胎意如此，至风气波荡，习俗移人，或有著书攻辨宋儒，反而求之，不得本心之所由者有之矣。盖新学之士，未知是非之真，徒以矜名走势，苟妄附和，机关用之既熟，耳目濡染，不觉自入其流。黄蕴生有言：辨有口者，倡之于前；愚无知者，和之于后。其敢于犯天下之不祥者，非好名也，即好利也。愚谓天下自有公是公非，宋儒义理，实不能不用训诂、考证。而汉学训诂、考证，实不足尽得圣人之义理。而汉学家务欲破灭义理，本既不足，议论又乖，用愈多，马愈良，离楚愈远。如此而著书，名非不美也，学非不博也。究之圣人，不享其意，即己亦不获治经之益，徒增故纸中一重公案耳。明薛蕙曰：训诂之书，大抵未尝知道，持其区区之见，以推测古圣人之蕴，所谓臆说也。若于圣人之微言，无所发明，虽整正小小文义，亦非儒者所贵也。矧其下者，离真失正，不惟无补于万一，徒增圣经之疵颣耳。蕙在明代，其时未有今日之汉学，而其言已如此。

考汉学家所执为宋儒之罪者，有三：

一曰以其空言穷理，恐堕狂禅。

不知古今能辨儒、禅之分，毫厘利害之介者，莫如程、朱，岂虑守捉者反为盗贼邪？亦过计矣。按其说曰：心性之学，贾、马、服、郑所不详，自王弼、何晏、柳子厚之徒，逮于宋熙宁以后，此弊日深。如使贾、马、服、郑生于是时，亦不可以默而已也云云。此洪氏榜说。

夫以汉儒未有禅之世，而信其不流于禅。譬如执童子之未知妃色，未见可欲者，而信其与柳下同操也。程、朱之言心、言理，严辨乎禅，坐怀不乱者也。贾、马、服、郑，当未有禅之世，又不知有心性之学，而不流于禅，童子之未知妃色者也。且今人利欲薰心，矜名走势，而切切焉忧禅之为心害，亦过计矣。事障未除而深忧理障，又代忧夫他人之事障未除，而恐其堕于理障；又代忧夫必不中夫理障，而恐其流为他人之理障者，岂不为禅人所笑倒乎？孔子曰："夫我则不暇。"譬如荡姬淫女，而忧共姜之失节，致败坏风俗，而切切然苦争之，岂不可笑？且如龟山近乎禅，陆、王全乎禅，而其德业功名成就如彼，岂今汉学诸人所能梦见？故使天下学者，果人人皆能如禅家之刻苦治心，斩情断妄，其胜于俗儒之密对根尘，坚生情执，日夜汩没，终身交滚于贪、嗔、痴、淫、杀、盗、妄言、绮语、恶口、两舌、颠倒、梦想、恐怖、窒碍、烦恼、忧惑，老死不悟者已多矣。故学人必于上项诸过，俱已净尽，又实兼有龟山、陆、王之道德学问，然后乃可精辨禅学之失，与陆、王之学之失，所以害于道，差谬乎圣人，利害得失，实在何处。吾以佛学致广大、极高明、尊德性、敦厚、尽精微，但前不道问学，后不道中庸。否则，自家事障未除，如唐太宗之责萧瑀，身俗口道，不将为彼堕禅者呵弃，而不屑与辨，而又安能辟之哉？明薛蕙主张佛、老，谓之"真圣人"。其说本柳子厚，立论过差，诚为得罪吾道。然其所云，不肯同佛、老于后世之儒，其言未为无见。故禅之为害，并非庸流所能中其病，亦非小儒所能辟其非。此事政难言之也。孟瓶庵言：余观《杨龟山先生集》为人志墓之文，多称其晚通佛学。则知大勋德、大道学，皆不免旁通佛理，然其人皆有根柢本领。若明世士大夫，不过剽窃绪余，于此道实无所见也。余此段议论，及西原、瓶庵之说，皆似奖禅，恐遗误学术。学者要必两边究其实，方能辨其故，所望后贤，以意逆志也。

汉学诸人之罪程、朱，以言心，言理堕禅，不过窃取门面题目以成狱，诬之而已，非真有见禅之为害也。如以宋明以来，心学堕禅之害，为皆程、朱言心、言性、言理启之，而以为之狱案，则不知六经、孔子，已言心、言性、言理矣。无论程、朱以前，自六朝及唐，禅学之兴，与程、朱无涉。即程子同时，最深于禅者，莫如苏子瞻，而子瞻固讥程子言性、言理者也。朱子同时，最近于禅者，莫如陆子敬，而子敬固与朱子异顿渐之学者也。程、朱之后，最近禅者，莫如王文成，而文成诗曰："影响尚疑朱仲晦。"则诸子堕禅，谓因程、朱而误者，非事实也。陆、王之学，其旨皆出于孟子，而以为程、朱误之，事既多诬。东坡最喜禅，如《思无邪斋铭》，凡思皆邪也。与子由本觉自明之旨，皆以为秘密宗门矣。温公专言心，温公作《潜虚》，专讲心学。又曰：光近得一诀，只管念个"中"字。以迹论之，岂不是抱话头。又叶少蕴《避暑录话》云：熙宁以前，洛中士大夫未有谈禅者。偶富郑公问法于华严，知其得于圆照大本。时本方住苏州瑞光寺，声振东南，公乃遣使作颂寄之，执礼甚恭，如弟子。于是翻然慕之者，人人皆喜言名理。惟司马温公、范蜀公以为不然。既久，二公亦自偶入其说，而温公尤多，蜀公遂以为讥。温公曰：吾岂谓天下无禅乎？但吾儒所闻，有不必舍我而从其书尔。此亦几所谓实与而文不与者，观其与韩持国往来论《中庸》数书可见矣。末因蜀公论空相，遂以诗戏之曰："不须天女散，已解动禅心。"蜀公不纳，乃复以诗戏之曰："贱子悟已久，景仁今日迷。"又云："到岸何须筏，挥锄不用金。浮云任来往，明月在天心。"此道极致，岂大聪明而有差别。观此，谓温公不通禅可乎？而向来不闻有人议其流害，而独罪程、朱，抑又不平。若以程子之言，有似于禅者，则朱子尝作《记疑》一卷，已辨其失程子之意。若以程门诸贤之流于禅者，为程子之罪，而如龟山之出其所陈时政，绝无一毫禅病误人家国。高宗不行其言，高宗而行其言，则是岂不足以救弊？

夫禅之所以为害，在遗人事，悖伦常，程、朱有之乎？微独程、朱，即龟山、陆、王有之乎？然而程、朱所以严辨乎禅者，为其所依托心性，弥近理而大乱真也。乃黄震等并举其"真"、"理"无差者，而欲去之，则又为谬妄矣。

夫不考其实，而第以其言及于心、及于理，即指为禅，是必举六经之言性、言心、言理等句而尽删之。俾天下之人，皆作比干剖其心而去之，然后乃免于禅，非止惩羹吹齑，并将因噎废食也。昔蜀汉时，天旱禁酒，酿者有刑，吏于人家索得酿具，论者欲与作酒者同罚。简雍与先主游观，见男女行道，雍曰："彼人欲行淫，何以不缚？"先主曰："卿何以知之？"雍曰："彼有其具，与酿酒者同。"李茂贞居岐，以地狭赋薄，下令榷油，因禁城门无内松薪，以松可为炬也。有优者诮之曰："臣请更禁月明。"又禅家语录有曰：譬如脚上忽患恶疮，但当疗疮，不当憎脚。如黄震、顾亭林，汉学家之议，是何异欲缚行道而禁月明，兼憎脚邪？

且所疑于禅者，又非禅之理也。使真解禅者，如张无垢、苏子瞻辈见之，应且为笑也。何者？是不知告子之不求于心，乃政为禅之三昧。而求心者，非禅也。盖唐、宋以来，学者所以堕禅，皆专用心向里，就身心上做工夫，直要明心见性。此实出于达摩剿除知解义学，直指悟理，谓之顿门。黄氏、顾氏不知，转向义学搜捉赃犯，又不睹圣人之全，遂于疑似之际，而欲辟圣人之言，其害更甚于禅。何也？禁天下不许求心、求理，势必使人人失其是非之心，即于惶惑茫昧，而无复观理之权衡矣。近世汉学家，又全不用心于内，全不向身心上做工夫，耳食门面语，惟务与宋儒立异为仇，颠倒迷妄，信口乱道，其害又甚于黄氏、顾氏。何也？但恃数卷驳杂断烂汉儒之言，黄吻少年，皆议宿学，势必流于狂诞无忌惮。要之，实黄氏、顾氏作之俑也。自朱子廓清以后七百年，不幸又生此大乱，可惧之甚也。

夫诸人以程、朱言心、言理堕禅，为害于学术、治术。试考南宋以来，其治乱政事得失之由，何者是禅学遗之大害？又何者是因程、朱言心、言理而致？一一无实，而虚构横诬，"莫须有"三字，何以信天下后世！流俗无闻，不学者众，耳食浮游，附和不察，并为一谈，牢不可破，此孟子所为好辨也。

彭鲁冈曰：勿论禅与不禅，只有益于身心，有益于天下、国家者，便是正学。只有害于身心，有害于天下、国家者，便是邪说。此语亦粗而有病，学者详之。夫孔子修《春秋》，为乱臣贼子也；孟子辟杨、墨，为充塞仁义也；韩子辟佛，为其去人伦、无君父也；程、朱辟禅，为其弥近理、大乱真、淆圣学也。汉学辟程、朱，则窃其说，而即以蔑之，其罪名狱辞所定，案牍左证所牵，皆在疑似矫诬，安得皋陶使听直乎！

且吾决知汉学之人，必无深虑沉识，真能分明睹见禅之害，正为斯道至切大患处也。何以明之？以其人制行，皆溺于利欲常度，黩货滥色，逐势矜名，私狭忿忮，讲经与躬行心得，判而为二，无一人一事可比禅德尊宿。则知其志虑，必不能闲邪卫道，忧在万世。且其学识，亦必不能精思密察，过于程、朱也。况今天下，并无禅病心学之失，非明季之比，而六经、孔、孟、程、朱之言，亦必无此流弊，皆不烦代虑之也。

其一，则以宋人废注疏，使学者空言穷理，启后学荒经蔑古空疏之陋。则又非实。

考朱子教人为学，谆谆于汉、魏诸儒正音读，通训诂，考制度，释名物，以为当求之注疏不可略。又曰：秦汉以来，圣学不传，儒者惟知训诂章句之为事，而不知复求圣人之意，以明夫性命道德之归。然或徒诵其言以为高，而不知深求其意，遂致脱略章句，陵藉训诂，坐谈空妙，而其为患，反有甚于前日之陋者。又曰：自秦汉以来，儒者不知反己潜心，而以记览诵说为事，是以有道君子深以为忧。然亦未尝遂以束书不观，坐谈空妙，为可侥幸于有闻也。可见杨慎等之论，皆窃朱子之言，而即用以反噬之。又曰：或遗弃事物，脱略章句，而相与驰于虚旷杳渺之中。又曰：其有志于为己者，又直以为可以取足于心，而无事外求也。此方真是禅。是以堕于佛老空虚之邪见，而义理之正，法度之详，有不察也。此指陆子。又曰：近看《中庸》古注，极有好处。如说篇首一句，便以五行、五常言之，后来杂佛而言之者，岂能如此壳实？因此方知摆落传注，须是二程先生方始开得此口。若后学未到此地位，便承虚接响，容易呵叱，恐属僭越。气象不好，不可不戒耳。又识驳胡纮"父在不当承重"说后云：今之学者，于古人之遗文，不为之详究。以空言而议朝章，以清谈而干王政，是尚不足窥汉儒之垒，而何以升孔子之堂哉！又引《说文》解《易·恒卦》。又于"大有用享"，以为"亨"、"享"字，《易》中多互用。因言文字、音韵，是经中浅事，故先儒得其大者，多不留意。然此等处不理会，却费无限辞说，牵补卒不得其意，亦甚害事。可知今人主张郑学、小学以为门户，皆窃朱子之绪论而反詈之。据以上诸说，朱子教人读书，平实如此，何尝如今汉学家所詈云尔哉！

其一，则曰以其讲学标榜，门户分争，为害于家国。

夫自古亡国，以用小人。近世议论，专以亡国之祸，归之君子。或谓之曰党，曰道学，曰讲学之家，曰讲学门户。若以比于佞人、宦寺，尤当戒者，而不闻一人议曰：某代之亡，以用小人之过也。可谓失其本矣。或云：洛、蜀党分而北宋亡，道学派盛而南宋亡。试平心核之，徽、钦之亡，外以海东青，内以花石纲，于洛、蜀党何干？赵汝愚、韩侂胄之分党，而启党禁也，固也，南宋之亡，果以道学盛之故乎？夫不咎蔡京、童贯，而咎洛、蜀党；不咎韩侂胄，而咎道学派；不咎严、魏，而咎东林。此果为理实之言乎？

至南宫靖一作《小学史断》，又以宋之南渡，为道学之功，宋之不能恢复，由伪学之禁。此又不然。惟元仁宗曰："儒者所以可贵，以能维持三纲五常之道也。"此言至平实。若夫真儒济世，其人既不多遇，有其人而又不用，则亦无益。孔子并不能救鲁之弱，孟子并不能挽战国之乱，不用也。今既不可以鲁之弱，战国之乱，为孔、孟之罪；亦断不可谓鲁之延，战国不速亡，为孔、孟之功。凡此，皆小人诬正，及僻儒虚矫，非事实也。

世又谓程、朱见道之明，不应为党。此亦不然。夫讲道刑仁，气类朋来，自然之理。五臣不同气，而与共、骧为类乎？孔子不与颜、曾同气，而与阳货、季孙为类乎？诸人之论，全不平心论事，惟滕纸上之口，似是而非，以钳制人口，动以亡国之祸加之，使不得脱。此帝舜所谓"谗说殄行"也。夫不核邪正是非，祸乱政教所由之实，而概以亡国之罪，加之正人君子，果经世之言乎？

世论东林，则同类之中，贤奸先混。伊雒则攀援声气，末流依附。虽创始诸人，未必逆料及此，而推原祸本，则一二君子不得辞其咎。又以明之亡，亡于门户，门户始于朋党，朋党始于讲学，讲学始于东林，东林始于杨时。又论明冯从吾之争讲学，以为士大夫甲科通籍，于圣贤大义，不患不明，顾须实践何如耳，不在乎聚而讲也。宿松朱书，亦言阳明之失，失在讲学，诚有如胡端敏之言者。又曰：古未有在位而讲学者，凡讲学于居官之日，皆所不取。说者以中原陆沉，实清谈之祸，虽为过甚，揆其流弊，不得谓非有由也。

以上诸论，诚为有见，亦颇皆实事，无可置辨。然愚心终不安，其实盖不然也。间尝反复推究，以为尧、舜之世，亦有共、骧，岂得为四岳、五臣之咎？孔氏之门，弟子三千，声气攀援甚矣，岂可执为圣人之咎？则论东林、伊雒之说，非言之信也。自古圣帝明王，因时立政，曰：以救敝而已，揖让征诛，忠质文之尚，末流且滋弊端，则因东林始于杨时，而欲集矢于程子，非言之信也。伊古以来，不能使仕宦者皆明于躬行实践，皆贤哲有学之士，则谓士大夫甲科通籍，皆明于圣贤大义，无容讲学，非言之信也。尧、舜都俞吁咈，其戒臣邻也，曰："余违汝弼，汝无面从。"皋、禹之谟，喜、起之歌，伊、傅、周、召之训。汉、唐以来，名臣硕辅，所进忠于时主者，刑赏举措，公私黜陟，政治得失，地方利病，民生休戚，无非讲学。而谓在位者不当讲学，非言之信也。阳明之学，是邪，在位何不可讲？非邪，在下又可讲乎？不论所讲之是否，第执阳明为不当在位讲学，非言之信也。

且夫所为讲学者何先乎？非尤当讲明进退出处语默之义乎？经故曰：邦有道，危言危行；邦无道，危行言逊。又曰：邦有道，其言足以兴；邦无道，其默足以容。既明且哲，以保其身。又曰：为下不倍。又曰：恶讦以为直。又曰：人而不仁，疾之已甚，乱也。又曰：不在其位，不谋其政。明之君子，于此皆犯之，安在其能讲学也。冒讲学之名，而不精求圣人利用安身之道，徒使人诟病圣人之学不当讲，是诬之也。昔程子以《易》之《艮》示郭忠孝曰：《艮》，止也。学道之要，无出于此。忠孝因榜其室曰"兼山"，立身行道，皆自止始。《易》之爻象有六：曰时，曰位，曰德，苟违其义，皆垂凶、悔、吝之戒。凡此，皆切近之学。明之君子，舍此不讲，而攻人之恶。今之君子，第见其害，不究其实，惩羹吹齑，因噎废食，因执论以为士大夫不当讲学。二者交病而皆失，至死不相服，窃以为皆误也。

夫尧、舜、禹之传天下也，曰："人心惟危，道心惟微，惟精惟一，允执厥中"，讲学也。舜好问，而好察迩言，执其两端，用其中于民，讲学也。契为司徒，敬敷五教，夔典乐，教胄子直宽刚简九德之行，讲学也。《周官》三六德行之教，乐正、司成论说，讲学也。《易》曰："明辨皙"，"议德行"，讲学也。孔门弟子问仁、问政、问君子、问崇德修慝辨惑，讲学也。孟子曰："博学而详说之"，讲学也。未达者之用，在讲正心，诚意，修身，齐家，惩忿窒欲，迁善改过，进退出处，辞受取与，语默谦晦，不邀名，不愿外，居易俟命，素位之学。既达者之用，在讲治平之理，兴仁兴让，偾事定国之机，藏怒喻人之道，理财用人，好恶公私。义利得失之戒。七情、五性之毗于偏也，如油著面。利害存亡之幾，决于毫厘千里。自一身而至邦国，自一物而至万类，何在非学？何在不当讲？故曰：学之不讲，是吾忧也。孰谓不当讲学邪？今夫治河者，导之使顺轨，则行乎其途而不为害。若强壅之，以逆其性，未有不溃决泛滥者也。故曰：防民之口，甚于防川。故禁学者不当讲学，毋论非理道之正，而其势亦必不能终遏。

于是执子莫之中者，谓学者当有躬行之实，不当有讲学之名。斯论一出，天下推以为名言笃论矣。以愚论之，亦非信言也。孔子论诚身之目曰：博学、审问、慎思、明辨，然后继之以笃行。夫学不讲，则道不明；道不明，安必躬行之皆出于是邪！故曰：道之不行也，我知之矣，知者过之，愚者不及也。道之不明也，我知之矣，贤者过之，不肖者不及也。人莫不饮食也，鲜能知味也。然则，谓躬行者不当讲学，非言之信也。

或又谓：讲学宜也，只当自讲，不当召聚徒党以为之名，驯至声气攀援之弊。似也，而亦未尽事理之实。夫传道得吾徒，有讲则必有听受之者。天之生斯民也，使先知觉后知，使先觉觉后觉。圣人作而万物睹，师道立则善人多。古人耻独为君子，儒者守先王之道，以待后学，安得如生公说法，聚石为徒乎？《易》曰："君子以朋友讲习。"《临》、《观》之义，或与或求。《论语》开宗明义第一章曰："学而时习"，"有朋自远方来"。又曰："以文会友，以友辅仁。"又曰："诲人不倦。"又曰：狂简不知所裁。皆讲之于人也。世之君子，读书论世，断国计，著书立言，以折衷古今大义，乃并"学而"一章亦未读，吁！可怪已。

且夫所为讲学者，非将欲试之于用乎？使第一人闭户私居，面壁对陈编而切究，固可以自淑矣。假如疑无与析，奥有未通，或致歧误，流害人心世道、国计民生，岂不悔辨之不早辨乎？借使皆彻矣，无疑矣，不误矣，一旦用之，亦必上告吾君，中语同僚，下诏百姓。告之、语之、诏之，不能皆喻，必须讲辨，则仍是讲学也。故学纵可一人独讲，断不能一人独行。故谓讲学不当同人者，此无意于公天下、用天下之言，其意思局量，亦甚迫隘矣。若又以伊尹、傅说、太公之初为说，则又非伦。王佐之人不世出，安得恒置数百年天下？万众不学，万事不理，以待之遥遥不世出之王佐乎？

则以讲学只当杜门自讲，不当同人者，非言之信也。

然则，如之何而可？曰：在上者，司成学政、校官，官为之讲学。在下者，师儒为之讲学。如唐、虞司徒、典乐之法，《周官》德行、道艺之教，孔、孟六经之言，苏湖、白鹿之规。讲之愈明、愈甚，国家皆受其福。孟子曰："王之好乐甚，则齐其庶几乎。"然则亦患不讲学耳，岂谓不当讲学邪？若明人之讲，处己太高，凌厉激讦，于疾之已甚，斯疏斯辱，未信为谤，不可则止等戒均昧。出位干政，树帜以讲学为号，收召好名之徒，以为声气，不思《艮》止之训。是慝也而弗修，是惑也而弗辨，是忿也而弗惩，若是者，政坐不讲学也。夫讲学者，鼓盛气以强人从己，未有不激人之怒者，况施之敌以上及人主也。然则，非讲学之足为害，而讲之歧其方，误其用，徇外为人，以滋之害，而贻世口实也。

大抵论事者，第论其大体得失之数，而不深究其致敝之实，往往情与事不相中。晋、楚带剑，各执其粗疏之见，似是而非，驯至溃败决裂，大缪不然，而终不肯降其心，析义未精，未尝巽入事理而权之也。故曰"巽以行权"，如明人之讲学是也。其所以为讲者非也。世之君子，睹其害而不察其所以然，动诋之曰："讲学家。"因谓士大夫不当讲学，亦非也。纷纷异论，边见谬说，惟第论大体得失之数，而弗详究其实也。推之而昔人青苗、保甲、手实、雇役诸大端，亦若是则已矣。凡此，政学之所宜讲也，孰谓不当讲学耶？按：《后书·申屠蟠传》称：先是，京师游士，汝南范滂等，非讦朝政，自公卿以下皆折节下之。太学生争慕其风，以为文学将兴，处士复用。蟠独叹曰："昔战国之世，处士横议，列国之王，至为拥彗先驱，卒有坑儒烧书之祸，今之谓矣。"故汉、明党祸，其罪在于非讦朝政，造作虚誉，此政坐不讲明哲保身之学耳。若但如《儒林传序》，樊准、徐防等疏，郑玄等传，所述立学讲授本末，京师建立太学，访求名儒，征诣公车，以充礼官。公卿各举明经，立五经博士，分门专业，各以家法教授。士之愿学者，造太学受业，兼通者为高第，擢为讲郎。太常差次总领，通经术者，皆得察举。或宦学既成，以老而退，安车驷马，告归乡里，各以其学，开门授徒，四方来游，从者不拒。至太学教法，宜采汉、晋、宋、元诸儒，如左雄、黄琼、胡广、朱子、许衡、不忽木，论学校成法故事，斟酌画一，使天下晓然于一道同风之恉。经学、小学外，律算、庶政，分立科师，职业分明。斯国不异学，士皆通经足用，自无明人门户纷歧之弊，及科举空疏之陋矣。

又考异说之兴，其始由一种知贤之过，不能反己潜心，尽精微之蕴，以约之至道之正。而又或鼓之以客气浮情，遂如水火之不相为谋。此在思、孟、程、朱之世已然，如杨、墨、告子、苏、陆之徒是也。如东坡以伊川为奸，岂非过论？叶绍翁诋道学为市，近世熊赐履《闲道录》詈陆、王为异类，萧企昭詈阳明为贼，皆过言也。其后如黄震、王柏等，则信之不及，疑所不当疑，不探本实，为说粗疏。迄于杨慎、郝敬、李塨、毛奇龄等，器识益浮浅，偏见颠倒，极口诋毁，徒欲自绝。惟顾亭林以忠信之质，济之以博辨之学，又以有激于时，而务立说以矫敝，论近理实，而人始尊信之。虽不专主汉学，而抑扬太过，竟成祸胎。迨阎、惠继起，堕本勤末，置迩效赊。而汉学考证，遂于义理之外，巍然别为一宗主。如田氏之齐，成师之晋，国统盗移矣。盖人情好异喜新，矜奇爱博，而阎、惠起而恩之，以豆区釜钟之施，使人心悦从，而渐移其畔宋即汉之心。后来戴氏等，日益寝炽，其聪明博辨，既足以自恣，而声华气焰，又足以耸动一世。于是遂欲移程、朱，而代其统矣。一时，如吴中、徽歙、金坛、扬州数十余家，益相煽和，则皆其衍法之导师，传法之沙弥也。曲而辨之，其涂则异；总而断之，其失则同。何者同？昧其本而竞谈其末也。吾尝论附宋学者，或有愁儒；攻程、朱者，必无君子，心术邪也。

昔者孔子、孟子，原因人心多蔽，义理不著，邪说诐行，充塞仁义，惧为世道之忧，故修订六经，相与讲明切究，以续夫唐、虞司徒之教，禹、汤、文、武、周公之法。凡以为明德也，明民也。明德明，而后知修齐治平相因之序而不可易；亦明德明，而后知大中至正之所在而不可偏。其物则君臣、父子、夫妇、昆弟、朋友之际，其事则日用动作、进退取舍、是非邪正之分。所谓"率性之谓道"，率此也；"修道之谓教"，修此也。六经之为教于天下万世，如是而已。

今汉学家首以言理为厉禁，是率天下而从于昏也。拔本塞源，邪说横议，较之杨、墨、佛、老而更陋，拟之洪水猛兽而更凶。何者？洪水猛兽害野人，此害专及学士大夫。学士大夫学术昧，则生心发事害政，而野人无噍类矣。荀子曰：饰邪说，文奸言，以澡乱天下，使天下混然不知是非治乱之所存，不足以合文通治，然而其持之有故，其言之成理，足以欺惑愚众。汉范升曰：孔子曰，博学，约之，弗畔矣。夫学而不约，必畔道矣。又郑、贾之徒，讥

《公羊》以为言乖典籍，词理失所，是为俗儒。何平叔曰：善道有统，故殊涂同归，异端不同归也。苏子瞻曰：学失本源，邪说并驰，大言滔天，诡论蒇性，不谓自便，曰固其理。朱子曰：书愈多而理愈昧，读书愈勤而心愈肆。元杜瑛曰：先王之道不明，异端邪说害之也。明黄太冲曰：读书多而不求于心，则又为伪儒矣。彭鲁冈曰：同一读书，为夸多而读者，人心也；为明善而读者，道心也。近人陆世仪曰：世有大儒，必不别立宗旨。皆若为斯人而发者也。

禅家语录有云：修行之人，有一分工夫，便有一分胜心；有十分工夫，便有十分胜心。既有胜心，则有我相。我相、胜心，作大障碍。愚谓此昔人所谓饮药加病，学而名母者也。陆子静曰：凡人溺于势利者可回，溺于意见者难回。孔、颜所以贵无我克己，不远复也。古今学术之歧，惟争于此。《淮南子》曰：乘舟而迷者，见斗极则悟。夫欲求斗极，舍孔氏之义理何止？欲求孔氏之义理，舍程朱之讲辨何阶？

今汉学诸公，口言诵法孔氏，而痛斥义理，羞谈程朱，全以胜心、我相说经，欺诬后生，荡灭本义，不过欲反程朱而已。程朱生前不幸，蒙伪学之禁。百年论定，如日中天。学者恭逢盛世右文，尊儒上学，一道同风，列圣传心，后先一揆，功令所垂，薄海祇奉。而汉学之徒，以其谀闻驳杂之辨，支离缪悠之论，倡为邪说，倾败正道，簧鼓士心，疑误来学，言辨而逆，饰非而好，潜移显夺，日渐月化。数十年来，此风遍蒸海内，如狂飚荡洪河，不复可望其澄鉴。在上者，其势位既足以轩轾一世，风会所尚，一时高才敏疾之士，又群趋附之。平居谈论，若不畔程朱，即非学。言有偶及之者，辄羞恶若将浼焉，若不共戴天之仇。义必如是，而后为丈夫者。周栎园言：王百谷之子王留，以诗文门户分别，推远其父，若百谷生前负大辱于世，而不屑为其子者。诗文门户即不同调，亦何至自昧于人伦如是。今之攻程朱者，大率皆王留也。又明叶文忠向高《三贤祠记》云：新学繁兴，异端蜂起，有能弹射紫阳者，则世共以为高。举凡所谓儒枭惑众，狙学拟圣，悉萃于一时。较章惇、邢恕、范致虚、陈公辅、胡纮、施康年、汪洙、沈继祖、林栗诸人，气力更大焉。

《诗》曰："雨雪瀌瀌，见晛聿消。莫肯下遗，式居娄骄。"又曰："雨雪浮浮，见晛曰流。如蛮如髦，我是用忧。"乾隆初，谢济世诋朱子《大学》、《中庸》章句，且谓明代尊崇朱子之书，以同乡同姓之故，因奏请废朱子《章句》，而用其自注《学》、《庸》颁行天下。六年九月二十五日奉上谕：朕闻谢济世将伊所注经书，刊刻传播，多系自逞臆见，肆诋程朱，甚属狂妄。从来读书学道之人，贵乎躬行实践，不在语言文字之间辨别异同。况古人著述既多，岂无一二可以指摘之处？以后人而议论前人，无论所见未必即当；即云当矣，试问于己之身心何有益哉？我圣祖将朱子升配"十哲"之列，最为尊崇，天下士子，莫不奉为准绳。而谢济世辈，倡为异说，互相标榜。恐无知之人，为其所惑，殊非一道同风之义，且足为人心学术之害。朕从不以语言文字罪人，但此事甚有关系，亦不可置之不问也。尔等可寄信与湖广总督孙嘉淦，将谢济世所注经书中，有显与程朱抵牾，或标榜他人之书，令其查明具奏，即行销毁，毋得存留。钦此。煌煌圣训，诚天下学者所当服膺恭绎，罔敢违失者也。明永乐二年，鄱阳人朱季友诣阙，献所著书，诋毁程朱。上怒，遣行人押赴饶州，会启府县官杖之，焚其书焉。姚荣国广孝作《道余录》，专诋程朱，其友张洪为收焚其书。见《日知录》。昔冯文敏琦，万历时为《会试录序》，中云：高皇帝神圣，兼综条贯，至风厉学官，齐一统类。萃万代之耳目，而悬之一鹄，独禀紫阳之训诂。夫宋儒训诂，岂必千虑无一失？然而王制也。今之为新说者，岂必千虑无一得？然而非王制也。先王所是著为令，士安得倡异说于王制外乎？

考汉学诸人，于天文、术算、训诂、小学、考证、舆地、名物、制度，诚有足补前贤、裨后学者。但坐不能逊志，又无识，不知有本，欲以扫灭义理，放言横议，惑世诬民，诚非细故。譬如人有嫱、施之淑姿，又被服都丽，而恣行凶德，飘忽背尊，章弃丈夫，引群不逞少年，放荡邪淫，则是岂可惜其色，俾任其伤风败俗，以乱大化也哉？

又考凡汉学家所有议论，如重训诂，斥虚空，堕禅学，皆窃朱子之绪论。而即用以反罪之，增饰邪说，失真而改其面目，又一局矣。孔冲远所谓：蠹生于木，而还食其木，非其理也。

又考凡汉学家所有诸谬说，实亦皆本之宋儒。如谓学者不当言性理；欧阳永叔、苏子瞻等。《大学》非孔氏之书；杨简等。《大学》古本当从，《中庸》分章，删《风诗》；王柏。欲删《四书集注》，不肯言用心于内，诋《尚书》人心、道心为堕禅；黄震。格物非穷理；司马温公。《诗小序》当从。马端临。诸如此类，皆汉学家祖之，以为门户者。既借朱子正论以反噬，又借诸谬论以毒正，曾不区别，统而目之为宋儒，而概以詈之。阴用其言而罪其人，此郑人杀邓析而用其《竹刑》之比也。今余欲申宋学，使不为明辨，亦总而目之为宋儒而概以护之，是爱苗而不去其莠，贵粟而不见其秕，晋楚带剑，臧穀同亡，何以著义理之真也。

又考汉学诸人，所擅为绝学以招于世者，如训诂、小学、天文、算术、名物、制度、舆地、考史，实皆《大学》始教"格物穷理"条目中之事。阴行其实而力攻其说，如人亟资于布帛菽粟而忌言衣食之名，因痛斥之。岂惟用罔，抑亦不惠矣。窃宋儒之说，即痛詈宋儒，窃《大学》之教，即力排《大学》，此不为昧其真心乎？

且汉学所擅为门户者，皆古人小学始基粗迹，固不可废。要之，尧、舜、周、孔之教之大全，修己治人之要道，不在是。而乃訾蔑大本，懑置不道，矜其末迹，增饰邪说，以为天下之学莫大乎是。举世附和，以为古今圣人惟孔子，孔子之道在六经，六经之旨在训诂、名物、制度，学者第从事名物、训诂，自足通乎性与天道，是为唐、虞、周、孔正传。宋儒废训诂而空言义理，启天下以空疏谈道，使汉儒传注不明于世。故以为之大罪，而必欲火其书，绝其人，犁庭扫落，以与天下易其门户宗旨，使无为学术、经术之大害。盖汉学之主意宗旨如是。

窃以训诂、名物、制度，实为学者所不可阙之学，然宋儒实未尝废之。但义理、考证，必两边用功始得。若为宋学者，不读汉、魏诸儒传注，则无以考其得失，即无以知宋儒所以或用其说或易其说之是。而汉学诸人，又全护汉儒之失，以为皆得，则亦用罔而悍然不顾而已。

又按：汉学诸人，坚称义理存乎训诂、典章、制度，而如《考工》车制，江氏有考，戴氏有图，阮氏、金氏、程氏、钱氏皆言车制，同时著述，言人人殊，讫不知谁为定论。他如蔡氏赋役，沈氏禄田，任氏、江氏、盛氏、张氏宫室，黄氏、江氏、任氏、戴氏衣服冕弁，各自专门，亦互相驳斥，不知谁为真知定见。庄子所谓"有待而定"者邪？窃以此等，明之固佳，即未能明，亦无关于身心、性命、国计、民生、学术之大。物有本末，是何足以臧也？以荀子"法后王"之语推之，则冕服、车制、禄田、赋役等，虽古圣之制，亦尘饭木㮣耳。何者？三统之建，忠质之尚，井田、礼乐诸大端，三代圣人，已不沿袭，又何论后世而欲追古制乎！

昔元齐履谦，于学博洽精通，自六经、诸史、天文、地理、礼乐、律历，下至阴阳、五行、医药、卜筮，无不淹贯，而尤以穷理为务，精研洙泗、伊洛之书，多所著述。又刘因初为经学，究训诂、音释之说，辄叹曰："圣人精义，殆不止此。"及得周、程、张、邵、朱子之书读之，一见能发其微，曰："我固谓当有是也。"及穷其学之所至，而曰："邵，至大也；周，至精也；程，至正也；朱子，极其大，尽其精，而贯之以正也。"又王恂精算术，裕宗问焉，恂曰："算数，六艺之一。定国家，安民人，乃大事也。"每侍左右，必陈三纲五常之道，及历代治忽之所以然。裕宗问心之所守，恂曰："许衡言，人心如印版，版本不差，虽摹千万纸皆不差；若版本差，则所摹无不差"云云。又不忽木上《立学疏》，极其科条之详，仍以义理为主。其教必本于人伦，明于物理，为之讲解经传，授以修齐治平之道云云。又王鹗言："学者当以穷理为先。"又赵复赠元好问，以博溺心，末丧本为戒。考元一代学术规模，皆本于许衡、姚燧，故其议论渊源如此。然则汉学家谓元明以来，此道益昧，有明三百年，长夜悠悠，视天梦梦，为可悲者，岂不诬邪？

夫以人心之鲜知道也，鲜尚德也，几不识仁义忠信为何物，皆以苍猾狠胜为用，饰智惊愚，诈私逞妄，日偷日薄，天理不胜私欲。所赖宋儒发明六经、孔孟义理之教，以弥缝之，激厉之，自闾门党巷，以达乎朝廷州里，敦崇正学，一道同风，有以维世道于不敝，存人心于几希，所以贵有儒术也。金世宗曰：朕所以合绎五经者，欲令女真人知仁义道德所在耳。汉学者矜其谩闻，邪说横议，利本之颠，共寻斧斤焉。痛斥穷理，力辟克己反心之学，版本之差，孰大如是。考其律身行己，修整者固多，败行者亦不乏。忿欲任情，逾闲荡检，惟以有著述为藏身之固，天下亦遂以此恕之。贪黩卑污者有之，淫纵邪行者有之，惧忿忮克者有之，举无妨于经学通儒之名。六经之用，安赖是乎？古人所以致论于目睫也。即如朱彝尊之作《风怀诗》，得罪名教，固见摈于洙泗，而举世眩其文学博雅，无一士敢插齿牙。如有詈竹垞者，则众必以为悖诞伧父；而凡有能诋程朱者，则众共引为大雅豪杰、有识之士、真学问种子矣。岂非颠邪！

余既为此说，友人多以见规。其言有曰：尊著《书林扬觯》，有《伤物》一门，则此言竹垞云云，似宜酌改。或又曰：竹垞作《风怀诗》，乃其少年不谨之事，中晚年乃著《经义考》。君子于人，固当许其改过，如周处之辈，何尝遂绝于昔贤邪云云。此诚为长者之论，忠诲勤笃，敬当佩绎者矣。但审思其义，又别有利害。

盖论竹垞者，譬荡姬佚女，以色艺冠一时，而不可以礼法绳之者也。分别论之，自当为文苑之雄。若余所切论，正为其作《经义考》也。何者？使后世学者，皆假涂托宿于经义，而制行不检，皆以竹垞为口实。以为竹垞且尔，吾何疚焉？则是圣人六经，特为淫荡轻儇之护身符也。诸公宽论一竹垞，而害万世人心学术；吾严论一竹垞，而立万世经学义理之坊。所虑似别耳。

《经义考》本《授经图》西亭王孙所著。而作，与《崇文总目》，晁、陈《志》、《录》，钱遵王《敏求记》等，皆述授受之源流，究缮刻之同异，考存轶之虚实，介于鉴赏考订之间，见闻既博，辨论亦精，诚为书林之宝，向来书目所未及。然于经旨义理，全没交涉，只以资于考证版本，毫无益于身心道义。是已为买椟还珠，如王文成所讥尊经阁书，如婪人丐夫之库藏薄者也。况又躬行邪行，揭此以为之大名，以藏其身，而倡其恶于天下后世，使援以为口实邪！

考竹垞作《风怀诗》，为康熙乙酉，时年四十一岁。五十八岁辑《经义考》。八十一岁刊《曝书亭集》，不去《风怀诗》，则不得以少年为辞，又非周孝侯英雄粗猛之过可比。夫伤物者，谓揭人隐过，人所不知，由我而发，可已不已。若竹垞之事，其所自述，已暴于世，海内共知。余为经义立坊，因以为戒，非伤物比也。按：陈廷敬《墓志》称，曹寅为君刊《曝书亭集》，未卒业而君殁。世称君子昆田请削《风怀诗》，而君不允。非也。昆田以康熙四十八年先卒。附订之于此。

率天下之人，力破义理是非之公，舞文尚辨，哗诬胁众，驯至横流奔放，人皆失其本心。学术之差，为人心世道之忧，所关至巨，非细故也。《诗》曰："其何能淑？载胥及溺"，汉学有焉；"谁能执热，逝不以濯"，宋学有焉。圣人复起，不易吾言矣。

汉学商兑题辞

　　研究大著，宏博渊通，沉精明辨，息群言之喙，区大道之途。书成一家，义综百氏，洵斯文之木铎，为正学之明镜。小师破道者，既以启聩发聋；株守陈言者，亦足发挥旁达。盖周秦以下有数之书，不仅救目前之失而已。篇中辨汉学之诬犹易见，至辨黄、顾诸君之失，程朱、陆王，儒、禅两家，几微毫厘之差，字字如犀分水，使人昭然发蒙。孟子所谓圣人复起不易吾言者也。此书有功圣道，其力量岂不越昌黎而上耶！姚莹识。

　　吾始读植之书，有曰："今之言汉学者，诋毁程朱，欲使有宋不得为代，程朱不得为人。"甚讶其言之过。后见黄文旸所著《通史发凡》，以汉及曹魏、西晋、后魏、北周、隋、唐、辽、金、元十代系以正统。于北宋书汴州盗赵匡胤，与汴州盗朱温、广州盗刘隐，并附于《辽纪》之后。于南宋书降将赵构，与降将刘豫、张邦昌并附于《金纪》之后。由其恶程朱而并及其代，其肆妄如此，然后信植之之言非虚构也。当喜新尚异之时，而诸家之书盛行于世，及今不辨，恐他日习非胜是，为后学之害不浅。然则植之此书，所以正人心，维世道，非止一时之书，而天下万世之书也。惜天下之宝者当共宝之。朱雅识。

　　贯穿群籍，兼综百氏，康成也。理足辞明，折衷平允，质之前圣而无疑，俟之百世而不惑，朱子也。植之此书，实兼是二者。然则姚、朱之言非溢美也。阳湖陆继辂。

　　不遍读群书，不足知其援据该洽；不精深穷理，不足知其折衷允当；不能包括古今义理是非，不足以周知此书之蕴。历选前哲之著，其间议论醇驳偏全之数，曾不得植之之仿佛，真吾道干城也！元和沈钦韩。

读大著，私心畅然，知负荷世教自有人也。曩时读书，甚不喜康成，然于朱子亦时时腹诽。读先生书，敬当力改其失，其为赐岂有量哉！窃谓汉宋纷纭，亦事势相激而然。得先生昌言之，拔本塞源，廓清翳障，程朱复明，此亦功不在禹下者也。非博学深思，安能得此明辨哉！武进李兆洛。

孟冬奉教，深慰二十余年倾向，欣幸何既。阁下学问文章，闳博冲粹，当求之古大贤中，岂特足为蠢愚师哉！此编博学慎思明辨，实为南宋以来未有之书，真朱子功臣也。宝山毛岳生。

陶云汀宫保曰：所论汉宋之学，得失利害，粹然豁然，多与鄙见相符。晰而不枝，核而能当，具见根柢渊通，自是一时无两。

大意尊闻

大意尊闻述怡

　　此篇之述，幸以耆艾年先而得经纬本末，皆日用操心虑患所宜知，无歧迷翳蔽、奢阔不切及一孔边见、虚诬失实之谈，故笔之于书，以贻吾孙。读此深体诚信而力践之，以之观书行己，制心处事，其于是非得失，大致差不远矣。

　　凡此编所述，皆实从中病后呻吟疚悔，内省自讼，因明辨而集之，触类而通之，以为不远之复，回生验方，非剿说陈言，亦非凭虚杜撰想出者，所谓三折肱而后知医也。阅此不可滑意滑目，一看便谓已了，须是咀味潜玩，反身切思，方能浃心，真有得力处也。庚戌六月十五日，仪卫老人识。

卷　一

　　世间不乏聪明子弟，只以父兄之教不先，不闻君子之大道，先圣之德言，"靡圣管管，不实于亶"。及其长也，逞其私智习性，悉以佐其机械变诈长恶习非之用，日失忠信，遂至陷溺其心，而由恶终。吾见亦多矣，良可痛惜，故述此篇以当小学之义疏，与张杨园《近古录》训子语同为家范焉。天下之宝当与天下共惜之，人才者，天下之宝也，非徒私望一家之弟子也。

　　幼儿嬉戏，好伐蛰惊栖杀孩虫，了无恻隐不忍之念，过虽小，而即不仁之所见端。幼儿争食强夺，陵竞不让，或有蹉跌损败，止顾免己，推过于人，无分责之义，或遇小小劳事，辄巧避推诿不行，凡此皆不义之所见端。幼儿骄惯使性，啼哭怒骂，违逆尊长，此即无礼之所见端。幼儿好诞语诈欺，应对不实，谲诈多变，此即不信之所见端。凡此者，皆今之父母所夸以为聪敏可爱者也，而不知其为恶习也。幼儿读书不熟，写字不端，置器不牢，作事不慎，有始无终，长必虚浮无成。凡此皆孟子四端之反见，虽其发初若甚微，而其害于成德也甚大，故曰习与性成。由此类推，一切须早为喻教，以古人嘉言懿行，依类告戒之。如种树然，必培其根；如树谷然，必除其莠。一家之所系，即世道之所关，人才之所以日衰也，岂不由忽此始基也哉？

　　古人有小学，童子之年，皆已习其仪节。今小学久废，朱子所补者若不实实践履服行，则亦无异纸上空言。夫视景不如察形，故张横渠关中之学以礼为主。今愿塾师教人，必先使自幼习礼仪，如揖拜、进退、应对之节，实实令之习行，用以柔其心性，不徒诵读而已。陆桴亭云："威仪整肃，最易使人起敬。"《易》曰："威如之吉，易而无备也。"凡物之贵重华美者，莫不有蕴藉。人而无蕴藉，则单露浅率，一望毕见，其陋可处乎？俗晋人曰"龌龊相"，《汉书·司马相如传》云"委琐握龊"，《注》谓"急促局隘貌"，故人之曲谨无大略者曰龌龊。

凡教学者，先将小学、四书与讲，略识门径，兴起善意，使知既生为人，当思所以异于禽兽者安在，又幸托为士人，当思所以异于凡民者安在。欲知人之所以异于禽兽，在能知五常之性，能别五伦之理；欲知士之所以异于凡民，在实能践是性、尽是理而已。《诗》曰："是究是图，亶其然乎？"

既为士人，只有读书立品，进德修业，勉强行道，坚守道义一条路，别无第二骑墙两行歧路。但体行道义徒正，又不如择中，才少偏，则有害。

人欲成学向上，立身扬名，无不先从立志始，有耻则立志。《孟子》曰："耻之于人大矣。不耻不若人，何若人有。"朱子曰："凡人他过犹可，惟有志不立，直是无法。"愚谓志不立由于无耻，无耻者甘为人下。佛氏曰惭者羞人，愧者羞天。若无惭愧，不名为人，是谓畜生。

《离骚》曰："瞻前而顾后兮，相观民之计极。夫孰非义而可用兮，孰非善而可服。"又《抽思》曰："善不由外来兮，名不可以虚作。孰无私而有报兮，孰不实而有获。"潘岳曰："畴真可掩，孰伪可久。"皆如晨钟棒喝，冷水浇背，提撕警觉，无如世人读之，未有能信其诚然而怵于心者也。

凡欲成人，无不从戒谨恐惧、战兢惕厉始。人不知畏惧，不知思患豫防则心粗，纵不放肆为恶，亦是悠忽过日，百事无成，何由自立自济。故曰操心危虑，患深故达。

大约人之不才，只由心粗，心粗由于不肯苦心三思，不肯苦心三思由于不立志，不立志由于无耻，甘为人下。无耻不立志，又不知恐惧防患，则心无所用而粗。心粗，虽日习是事，与不习同，心不能入此事，终无进益，毕世无成。

大约子弟之不才，多由于富贵世禄之家骄淫矜侉服美于人，心不则德义，身不服忠信，口不道古昔。其风一扇，众士耳濡目染，一行百效，廉隅全毁，遂积成风俗而不可挽，上之人又不修道以教之，江河日下，则劫运成矣。

万物皆是诚，不诚无物。故人第一戒虚浮，虚浮者，万无成就。圣人教弟子，先以谨信，谨者行之有恒，信者言之有实。人小时无恒心，好诳语，长大必不成材。若小时一言一事笃实，不自欺，不欺父兄师长，日后必成德器。此亦在父兄师长教之，若小时听其生事逃学，随口诳语，初不过避责，习与性成，长大必不能改，人皆以诈谖恶之，则一步不能行矣。虽其父兄不敢信，况外人乎？没要紧小事尚不信，况大利害切于成败者乎？彼一身不能立，况可恃以忠主谋国乎？

圣贤之人，担荷万古名教学术。其次豪杰，担荷一世之安危治乱。其次才能智达之士，担荷一官一职。其次担荷一乡一方，其次担荷一家，其次担荷一身及其妻子。乃有才德双乏，并其身及妻子不能保以相济者，斯真不肖下愚，世何赖有此人，家何赖有此子弟也。然苟能用耻，翻然立志，虽圣贤可为，谁能限量。故曰吾力不能举一羽，今曰举百钧，则为有力之乌获矣。

大概人生富贵关于天命，非人所能强。若苦心力学，自奋立志成人，勤勤勉勉，四民嗣世，各执其业，认真学习，受人之事，认真尽心，才足应人之用。行事为人所孚，必不致有终困之凶。《论衡》言"力胜贫，慎胜祸"，子弟终身守此二语，失之者鲜矣。

大约人不为邪行败德，能孝谨忠信，则天必不绝，百工技艺能执一业，则人不能弃。《鹖冠子》曰："中流失船，一壶千金。"《左传》哀九年："宋取郑，使有能者无死。"赫连勃勃伐魏，将屠城，令曰："有一艺者免死。"惟有富贵失势子弟及虚浮无业之士，游手好闲，一事无能，惟纵欲妄想，求不可必得，犯义犯刑，无不为之。德既为天所厌，材又为人所弃，黠而无赖者必入于穿窬盗贼矣，懦而无能者将流于乞丐厮役矣。其有借父祖余势，怙惜体面，势绌举赢，势不久支，终亦潦倒困死而已。追寻其故，只由性行虚浮，不肯立志，克勤克俭，苦心执一业以自立也。昔人云："积财千万，不如薄技在身。"凉州歌曰："游子常苦贫，力子天所富。"然此亦存乎贤父兄之早喻教。尝见今之世家，其子弟不力于为学而即志于援例为官，其幸而为官者贤良甚鲜，其不幸而不得官者率成败类，岂非贻谋之失道与？

《孟子》曰："君子行法以俟命而已。"又曰："创业垂统，为可继也。若夫成功，则天也，强为善而已。"盖君子修身遵道行义，本以尽吾所以为人之理，若求福报富贵则非也。且如世之贵显人，其贤者自可敬慕，若其污浊不肖，卑鄙阘茸，方为世之僇人，君子所憎鄙不屑道者，而欲以修道之报求吾子孙但如彼而已，可愿之乎？古人诂福为备，备者，百顺之名，非徒以富贵之云当之也。故人之望子孙，第望其贤才，克明道义，能尽君子之道，内省不疚，不怍于人，不愧于天，戮辱不能及，悔吝之俱免，此荣启期，所谓至乐也。后人依吾行之，常皆如此，是即创垂大功大德，岂必以获富贵利达为修善之报也。《诗》曰："厌厌良人，秩秩德音。"厌厌，安静也。秩秩，有常也。可谓善状君子者也。

为人在有名德行谊才美，不仅爵位。每见有高官显爵而阘茸无能，行谊不称于士口，政理不感于民心，须臾与草木同腐，孔子所以噫斗筲也。陆放翁跋《范山家诫》曰："吾所谓兴者，天地鬼神与之，乡人慕之，学者尊之，是谓兴。不然，虽门列戟，床堆笏，德弗称焉，何兴之有？"

每见古今祖父辛勤积累，身未获报，子孙蒙休，勃兴贵达，乃全不念我之显贵由于父祖积累，愈思报答，更加培植，以期无愧天地，无愧圣贤，永保其世，益大其基。乃才入仕途，骄奢淫佚，宫室妻妾，服食舆马，恣情任性。或刻薄寡恩，不顾亲旧，或肆虐贪婪，剥下殃民，罔念君国，专行残贼，取怨天人，不转瞬而恶终，遂至灭绝。吾见亦多矣。天道福善祸淫，毫末不爽，观古鉴今，无不由人事之惠逆为之。故人苟幸而显达，当愈思本源之报，志存君国，以尽职守之当然，念切祖宗，倍感庇荫之所自，战兢恐惧，思患戒满，当百倍于平人。如是，则其宗必益昌大而免倾覆之虞矣。以周瑜之功名，士燮、房、杜之贤，皆不保其世。故人贵自立，不关门荫，而在门荫者更危，可不惧耶！

张东海《诫子诗》曰："父兄劳于官，子弟逸于家。一逸已过分，况乃事奢华。轩轩傲闾里，仆仆趋县衙。不知祸所系，方谓势可夸。势亦有时歇，祸来或无涯。何如慎德业，庶几永无差。"

大约人之为人，必思前承先圣，后开来学，上承先祖，下翼子孙。天地之心，圣贤之教，只有此一条正路，学者学此而已。

圣贤最重富贵，天亦最重之，以其得位有权，利泽足以及物，非为一人之身厚其尊荣也。若在位而专恣一己之欲恶，不思忠君报国，济世安人，又或阘茸无能，旷官尸位，则天下之恶亦无如富贵之人居最。然后贤人君子不得志，而在下者始薄富贵不愿。此特惩羹吹齑，非正见也。

以一乡一邑验之，前此则世家世德犹及百年，数世而后衰，近则多及身而已不保者，其达也出人意外，其亡也已在有识者之意中，岂不由德太薄而致然耶？前此子弟无不驯谨率教，近则无不桀傲放僻，肆无忌惮，实由老成之失表率，父兄之教不先，故致此，其可惧也。

世之贵人，惟自己本末不立，故亦不知教子，姑息骄纵，不崇义方，不令讲习根本身心之学，不亲正人，不择交友，不敬师长，惟延庸师，以科举为绝业，以进取为先务，往古来今行坊言表绝不问津。而所延之师往往谄其主人，媚其弟子，或代作文字，夸誉欺蒙，甚者至无所不至，使其弟子日沦于邪僻，长其凶德。吾见亦多矣。未几而钻营关节得科第矣，未几而捐纳职衔登仕版矣，及此子得志，所以行身服官教子者又复如是，以此相禅如流水。又有一等父师，已未窥见天地方圆，但耳食浮慕，冒为有知，其教子弟不以根本立身为先，而教之以名士派，四书五经未尝全读，大义未明，而津津以著述相夸，或剿袭考证杂博，此其长傲习伪，害更百倍于科举。科举不过陋，此则有害于风教习俗也。人才之衰，学术之坏，岂不由父师卑陋虚浮，无真识所致也哉？

人第供当时驱役而不能为法于后世，耻也；钻故纸，著书作文，冀传后世而不足膺世之用，亦耻也。必也才当世用，卓乎实能济世，不幸不用，而修身立言足为天下后世法，古之君子，未有不如此厉志力学而能成德者也。

庸臣误国，其罪与奸臣等而更不如。莽、操、懿、师之志于篡逆，人皆知恶之，然可杀而无可鄙笑处。惟一种专于固位邀宠，黩货营私，护短避谤，旷职尸位，不顾君国大计、民生利害，惟事姑息，弥缝粉饰，苟且诈欺，但图目前，罔恤后灾，充其类即秦桧、贾似道之所为者未必不为之，而方且自以为贤，居之不疑，忚忚多汰，以口给乘人斗捷，忽遭扰攘，则惶遽无措，此又向所谓奸臣者之罪人也。

吾尝论世乏忠信，人习为欺，而在当位居职，其情愈甚，原其所由，皆由怀私不忠耳。利害之地，达命引疢，怀古人之风者不多有，于是不得不相率而出于欺矣。为欲邀功也则欺，为欲脱罪也则欺，为欲竞利也则欺，为欲避害也则欺。在庶务则以庶务欺，在兵间则以兵事欺，机关用之既熟，自虐毒民人，陷害忠良，极而指鹿为马、弥天祸国之不恤，皆起于私而不忠耳。岳武穆读秦桧和议，曰："君臣大义根于天性，大臣而忍面欺其君耶！"武穆此言，真是根源性体上流出，迥非寻常口耳之谈也。黄洽曰："居家不欺亲，仕不欺君，仰不欺天，俯不欺人，幽暗不欺鬼神，何用求福报哉！"吾谓人之用欺，其根源生于利害之私。君子似铜不变塞全在生死利害得失之地，故谓持操。不然，何以别于庸流。果能服行道义，无疢于志如此，即不幸而失官得祸，杀身亡家终不悔，然后谓之君子。《易》曰："过涉灭顶，凶，无咎。"

皇华使臣恐无以副君之意，每怀靡及，诹谋度询，善道自补，以尽其职。程子曰："咨访，使臣之大务。"愚谓岂独使臣宜然哉！

小人之种类最多，而大概有三。一种刚恶，饶有才干，心术狼戾，强梁霸气，专事损人利己。一种阴恶，专工谗贼，面慈心毒，机械变诈，奸狡鬼蜮，愚昧者陷其术，以及祸败而犹不知。一种阴柔无识，唯阿附势，阉然行媚，惟讲圆通，不知是非义理，惟以势利为主，占风转舵，取容自利而已。此便辟善柔便佞，所以宜远也。君子择交，须察其人素行本末邪正，出于正矣，又观其心术之真伪，再观其坚持执守之不变，斯贤乎？大概人之爱好行义出于沽名钓誉要体面者，皆非真也，必不能久而不变，其败露亦易知，既知，便当慎以接之。

交道难言，古人最重，不轻许与，当以王丹为法。凡讲接纳，广声气，古今无不败者，当切戒之，如陈遵原涉之徒是也。若夫居位立朝，益不可崇党。宋李文靖沆曰：笼络之术，仆病未能也。王导之兰奢老沤狐媚耳，世之贵人而负才智者或奉为秘术。此特骄傲很愎不学无术之反面而加巧焉者耳，岂有君子而出此哉？

人含七情以生，莫不有好恶，然非讲学穷理，血战克己，未易施之得正而当。内而妻子，小而一物，苟非穷理尽性，无不有蔽，才有蔽则偏，偏之为害，得失安危之机系焉。故圣人谆复提撕以诏人诚，见其所系至近至切，至易发至难察，又至难克也。必也才一起念，便须回心观理，辄自反曰：此恐是偏见否，私意否，抑所见闻不真否，抑有隐情别故否。好恶施之于人，而所以累吾仁吾德致败速祸者至巨，可不兢兢乎！

既慎欲恶，当禀持操。欲恶施之于人，持操坚之于己。持操由定力，定力由定识，定识由读书讲学，多识前言往行，以古为则，而以死奉之。古今世界，邪人多正人少，独正不能胜众邪，众邪不能容独正，始也咻之，继且忌之，继且恶之，继且怒之，至于怒则争欲杀之矣。如此而能独立不惧，百折不回，圣人所谓不忧不惑，不惧不闷，非知、仁、勇，达天知命，其孰能之？若夫知及而仁不能守，靡不有初，鲜克有终，一遭折挫而变其操，转疑己之是者为非矣，如马融、柳宗元、元稹者，不可屈指也。此屈子所以托而卜居颂橘也哉！

欲恶、持操二者，皆由读书而后有根苗。人不读书，则古今是非邪正善恶得失之理皆不见，何由兴起其上达之志乎？而读书又在于立志。盖人之立身扬名，希贤希圣，非父师朋友所能督责之也，惟自己立志学好耳。知者利仁勇进自修，望古思齐，不能自已已。然非读书以启其知，知而信，信而笃好之者不能也。

为学当以圣贤之心为心，为人子孙当以父祖之心为心，二者皆自能读书始。故尝谓人家子弟不可断读书根，断读书根则其祖宗志事血脉已绝，纵由他涂富贵，与绝世者无异。惟能读书，而后能兴起其志气，志气起，然后知念其祖而兴继序之思。如此虽贫贱，而其祖必享之，天必佑之，人必敬之。否则褒赠隆祀，其人全不与祖宗之气相接，其祖若贤而有知，能勿恫乎？而读书又有内外本末二涂。志于本、志于内者，其读书惟求明理诚身，事事反向己身上寻取，此正也。志于末、志于外者，专以为邀名取富贵之具。取富贵者，得之则旋弃之，其失则为庸鄙，邀名者则其祸甚烈也。读书愈博，其气益高，其妄益甚，不深惟义理之真，俱资以长傲，灭德灾身，惑世诬民，坏乱圣贤成说，流毒莫埋。《诗》、《书》何罪？害天下者，读书之人之心术也。故曰女为君子儒，读书知志于本矣。又宜择要知言，如读史书及名贤文集，见有嘉言谨论、经国远猷至计，固当录而熟计之，以为法则。若夫文士之言，有近似而实不然者，又须辨之，勿沿讹踵谬，致施于其政而害于其事也。

圣贤之人，惟忧道之不明不行，忧天下不遵正道，不被其泽，其次忧己不明道，己身不修，未有以一身之穷通得失，动其乐天知命之定宇者也。若妄思妄求，逐境为之欣戚，乍冰乍火，喜怒失类，不暇安其性命之情，此小人鄙夫之恒态，究之何益定命，徒伤雅德，故持操最难，有定识而后有定力也。

《易》曰："天之所助者顺也，人之所助者信也，履信思顺，自天祐之。"《袁术传》论大致受大福者，归于信顺乎？夫事不以顺，虽疆力广谋，不能得也。谋不可得之事，日失忠信，变诈妄生，况复以苟肆行之，将安所容哉？

吾年六十然后知孔、孟、颜、曾为可学，或恶余言为夸而妄揭己也，要之，非夸也，更非妄也。吾学孔子，惟取好学不知老之将至、下学上达、言顾行行顾言、慥慥自勉等语；吾学颜子，惟取四勿之目以克己复礼、不迁怒不贰过不远复、无伐善施劳、若无若虚、犯而不校等语；吾学曾子，惟取慎独诚意、毋自欺、正心修身、战战兢兢如临深渊如履薄冰、十目所视十手所指、得正而毙等语；吾学孟子，惟取扩四端、严义利、知言集义养气等语。皆切近思也，非夸也妄也。

吾自检点，终是轻，所谓动侠也。气轻、言轻、貌轻、下笔轻，轻由于浮，气浮由用心浮，用心浮由好名一念，其根未拔也。自今当用力折节净改之。《老子》曰："致虚极，守静笃，不极不笃，故动之徐生而不及制也。"高顺谏吕布曰："将军举动不肯详思，忽有失得，辄言误误事，岂可数乎？"

孟子论盆成括，千古之准，不可不详思其理。如范史所称，谢甄英才有余而不入道，后以不拘细行败。黄允有绝人之才，足成伟器，然守道不笃，终以此失。史叔宾有盛名，郭林宗论其墙高基下。晋文经恃其才智，炫耀上京，不旋踵而败。自古堕名丧节，亡身赤族，祸国殃民，无不出于有绝人之才智者。一定之局，迹如蓍蔡。古人戒子弟不许看《世说新语》，以其聪明皆轻薄侮人，犯君子之大戒，非厚重忠信保身之道，其取尤招祸丧德，得罪鬼神。故凡子弟之初患不成材，既幸负美质而不善其用，不如无才，其用力自克自治，小心谨慎，求保恶终，反百倍于庸人也。经明其义，史验其迹，守身大戒，救败良方，无不毕具，可不悚乎？

君子小人，邪正、善恶、理欲、敬肆、贞淫、雅俗、是非、公私、浅深、清浊、昏明、圣狂、真妄，无不事事相反。而君子这边常少常居不足，是以正人常危，不容于众。君子学以致其道，辛苦讲辨，危厉万端，只为要保正善这一边而恒难之。故君子常危，危者，欲使之平，故常操心虑患。《震》以恐致福，《乾》以惕无咎。"温温恭人，如集于木"。箕子惕其危，文王晦其明，曾子懔渊冰，皆惕乎此也。

死病无药医，惟"虚浮"二字尽之。自孩童入学，及于居位理物经世，中此病者无有一成，无有不败。多读史传，多阅历，世情自见。

世有穷困以死，一无所遗，而其子孙成立兴起者，亦有厚遗多财，而其子孙不旋踵而饿殍沦绝者。此二者固由其子孙有贤不肖，亦似有运数主之。人必欲保其子孙皆贤而无失，岂能如志，亦见其不知道耳。要之，不可不强为善以贻之，不可不以义理教之。

有阴德者，子孙必封，如邴吉、邓禹之事可验。夷考古今，历历不爽。然亦指天道福报之常，若善人当其行义时，先有望封之心，则鄙倍甚矣。况数有差互，又未必然也，岂不沮其为善之志乎？故曰："正其谊不谋其利，明其道不计其功。"君子但作感边事，圣人重无心之感。

偶阅《严植之传》，彼学问如彼，志节德行如彼，而死不能成丧，则天道有时而爽，然不可以是而易吾心也。使严植之、万宝常不力学，不厉志，不修道，又岂竟得大葬荣终乎？

为学以勤为主，居身以约为主，居家以俭为主、以礼为主，涉世接物以谦退和让为主，处事以义以敬为主。总之，以刚健、中正、沉儿、渊默、笃实、忠恕为主。事君以不欺为主，当官以慎事安民为主。

谦固美德，六爻皆吉。然近世相尚以此弥谦弥伪，遂为义理之大害，奸佞之先符，失圣人之本义矣。夫有美而不居乃为谦，若身本无实美，何得冒谦之名。但实辞君子一切善美而不居，阉然媚世为乡原耳，而欿然不自满假之，诚未尝一动于中也。不如狂狷，犹见志气发越，行己有耻也。

吾读《世说新语》，虽有名理，然皆以胜压为心，肆无忌惮，此与乡原相反而其恶过之，皆不可与入尧舜之道。其甚者倾危险诈凶德而饰以文慧，真是败类，宜深以为鉴。

曾子三道出辞气斯远鄙倍，颜子四勿非礼勿言。君子谨言安雅，凡适众处会之际，一切鄙秽、市井、闺阃、僭贼、不经、无稽、诞妄、轻传、失实、误世之言，与夫伤时触忌、忤物犯怒、伤忠厚之言力戒出口，非惟安德，抑且免羞辱咎祸。

曾子曰动容貌斯远暴慢，颜子四勿非礼勿动。凡坐立之际，须如尸如齐，倾欹摇足，坐起不恒，皆轻薄相，非惟见薄正士，亦非贵相。试看有德贵人，无不风度端凝严重，望之俨然若贵人。而倾侧摇动轻佻者，必是邪人，否则必杀身失位，殃咎恶终，历历不爽。故九容之礼须自童幼讲之，戏容戏色，倾听噫应；喧哄嘶嚷，行同市井，皆君子所耻，正士所贱，张子《东铭》不可不亟省也。

小人终不可与作缘，然出门之交，动与相接，孔子曰："吾非斯人之徒与而谁与。"一概绝之，势必不能，且亦无此理。惟知其为小人，但当敬而远之，不但不可明斥与较，并一毫不可见于言色，尤切不可亲比及告以心言，托以要务，但当以蛇虎视之，则自生危殆心、畏惕心。若己有权，原不妨驾驭驱役。然历览古今，近小人者无有不败，《易》曰："开国承家，小人勿用。"自古圣人，兢兢乎惧此。

凡人于所卑微及素所狎习，或尝有大德于彼，而吾之力又能制其命，则每忽之，以为此吾所卵而翼之者，奚虞焉。而人之无良，肘腋之近，意外之患，往往即生于此，人每受其反噬而不可救，最为至危。黄石公书曰：人莫踬于山而踬于垤。子西之于白公，叔孙之于竖牛，楚成之于商臣，鲁桓之于文姜，春申君之于李园，彭宠之于苍头子密，宋文帝之于元凶劭及始兴王濬，唐三宗之于宦官，昭宗之于优伶，不可胜数。《易》曰"履霜坚冰",辨之不可不早辨也。故人不可不知《易》,不可不知《春秋》。盖吾不必有怨于彼,事患之乘生于利害之际,则彼遂不顾而动于恶焉,如李严之于孔明、施琅之于姚启圣是也。若春申君之于李园,则自有邪心以比,匪宜其死耳。故人当知道以自愆,又当知人以处物,平日察于其人之善恶仁否,而早有防微杜渐之道。若寻常不察,但悦其柔顺而不知其恶德,一旦势去事急,安能恃邪?亦非是尽使舟中为敌国,而横开疑衅,以召祸端,要不可不懔知此义。历观受祸之人,非疏忽为大,即昏庸溺暗之人。须知此辈平日必有端倪征验,但己不之察,故不觉耳。圣人之德,宽裕温柔以为容,齐庄中正以为临,而又必文理密察以为别。孔子系《易》,于此再三,谆谆曰"知幾其神",曰"慎密不出"。吾生平忽于其所微,而因受大横逆数事,可不慎哉!

小人心既险而性多媚,彼初求合于我,蝇营狗苟,事事言言必中我之隐,由人性喜顺己意,则以为可信而与之亲比矣。既与之亲比,则必授以情,告以心言,托以要务,相因而渐成,久之,则密契不可解,蔽炀无复明,虽至亲之规、正士之谏不能移,至亲正士日疏,则祸成而不可救矣。此在有位居权者中此祸尤易尤多,一部廿二史,所记不可胜数也。

小人凶德,其居世全是一段进气,好事风生,君子常存退气,多甘冷淡。以此决之,十得七八,而选懦庸愚无才及矫情者不与焉。

小人虽是进气,然遇义所当为者则退阻不前。君子常存退气,然见义则勇往,故曰仁者必有勇。

小人之始合于人也,非以大言夸之,则以诛言毗之,其继尝吾以情非顺以媚之,必刁难以坚之,征验以信之。君子用人虽不逆诈,然不可不知此等情伪。要之,君子小人亦易辨,用八观之法察之于平日无事之时,大段必得也。凡中小人之祸,必由己心中先自有私妄故也。若自己真能正心诚意,力绝好名好胜、徇好恶、任偏私、积疑忌、存成见、贪功利、纵嗜欲、畔援歆羡一切私妄邪念,彼小人亦何隙之可乘哉?君子重袭,小人无由入,故克己之学为明明德之先功,吾镜果明,彼魑魅且不敢现形,况能骋其伎俩乎?

中小人之祸者,大约喜其媚顺于己,悦其小忠小信而乐用以自亲附,或素所私昵邪色及琐琐姻娅,如董贤、杨国忠之类,千古一律。尝谓王莽非能篡汉,亡汉者,元、成、哀、平、元后也。此虽以国事明之,而家之害亦同然。

道义终古不变，意气有时消歇。凡人待我恩旧隆宠契密，苟非道义相与，终不可恃。涉世者宜加意悚惕恐惧以处此。《老子》曰"受宠若惊"，惊字最状得有道之士学识出。盖彼人原未尝缮性立诚，崇德辨惑，其与人厚薄冷暖，不过任一时欲恶高兴耳。要知其厌故喜新、好佞悦谄、逆诈信谗、恶直丑正之性且不能自主，而安可恃以为常德乎？况我之所以答彼者，又未必常勤谨而无疏虞之失。事故日新，情机万变，利害攻取相乘，隙开事会，小人起而忌疾谗间于其间，彼其父子夫妇不能保，我乃恃平日恩旧求以相谅相容，其可必乎？亦见其黯而不智矣。鲍明远《白头吟》，句句当思其义。总之，人苟不怀畔援歆羡愿外慕势之心，进以礼，退以义，坚守一正，自然无失。古今天下好贤尚义之君子恒少，而何可黯昧妄倚庸鄙之人无常易歇之客气以托吾躯命邪？史论袁绍外宽雅有局度，喜怒不形于色，而内多忌害，许子将论陶恭祖外慕声名内非真正。凡此皆不可不详思其言，深察其人，《庄子·人间世》全说此一段事理，朱子《诗传》说"良士瞿瞿"，可绎思也。

意气在人者固不可恃，圣人所谓知进而不知退，知存而不知亡，知得而不知丧，有怀终凶者也。若在己既尝受人之恩宠，而怀私贰心，不思衔报，始也见利而亲，继也望败而避，此又忘恩背义为中山狼，古今天下之大戮，志节君子所羞称，昔人譬之饥鹰饿犬，亦何面目立于天壤哉？此二说理势不两立，然则君子何以善其道哉？惟有慎始而已。古人最重受人之恩，当宠之来，必详思审虑，如其君子出于道义，自不妨受之，然犹必量己所以处之何如。若出于势位非人，则君子不荫恶木。古人不肯轻受人一饭，不特如王浩、任永、李业、鲍信之避隗嚣、王莽，抵死以逃之也。盖不慎始，不顾持操而比匪焉，后去之则为负义，若执义忠之，如扬雄之莽大夫，杜钦、谷永、马融、蔡邕、荀彧之怀梁、借董、党曹，亦终为高世君子所耻，至如贾充、褚渊者，不足论矣。范蔚宗论荀彧曰"迹疑心壹"，虽若平允，然终莫能解于迹之疑。君子心迹双清之为贵。

《书》曰：无依势作威，无耻过作非，无启宠纳侮。余生平固无倚势之事，时时见过内讼，亦未有耻过作非，惟启宠纳侮常犯之。即如屡以所著书赠人，既不能择人而暗投，反启彼以盲瞽讥评。原所以行之之本心非出于德，有心即动于诡随好名之隐。须知此根最是鄙陋浅中，不可质君子。在大《易》曰未光，在释氏曰有漏，东坡尝以戒子由矣。试观古人传付，何等慎重，而奈何轻辀以亵至道如是哉！失人失言当决之可与不可与之实，如刘捷卿则又有所偏也。

小人气类臭味多同易合，其于卑鄙恶劣、犯善悖理千条万端日与相习交滚，全无觉其非者。即偶有微明觑见一二，亦必相与讳之，掩饰盖覆，证多慰同，相包容以为无妨。而其所最憎恶忌疾，至于仇怨嗛恨而欲甘心者，惟在正人君子。其于正人君子之一言一动，见辄以为非，眼中不能容，心中不能忍，久乃毒之如仇。猘犬憎兰，物忌孤芳，盗憎主人，妒道真畏，明镜见疵，古今之局皆然。

君子小人，势不并立。而小人常多常胜，故君子常危常孤。于此而能有以自立，乃见道力之坚，故曰独立不惧。而世风之否泰，朝廷之朋党，遂由是分矣。圣人所以兢兢于此，著之于《易》，只道此一事，而《离骚》尤反覆申明焉。后世之论，每言君子小人不宜太分明，才分明则祸起而不可救。此诚有然。然尧舜之世无此议论见解，凡谓君子小人不可太分明者，以本不立，权不壹。本不立，则不足以辨其实，折其心，杜其口。权不壹，恐不胜而往，欲行吾赏罚如去蛇虎反遭毒噬，所以孚号犹厉耳。如窦武、何进、王允、唐五王之事，不可不思其致败之由。《易》曰明于忧患与故，若君明臣良，众贤在位，去四凶，举皋陶，而不仁者远，岂有以姑息为治者哉？《泰》二包荒，能用冯河，则小人亦包承矣。若大人包承，则成否矣。朱子论宋元祐之事一段可取证。

知止与戒满不同。知止谓处一身之势位，财贿服用苟稍得完便当止足，如卫公子荆是也，若必过求不已，则天祸人灾相因而至。满者指现已席丰履盛，而心侈志溢，骄淫矜侉，则亦倾败立至，是皆天道自然不爽者也。满由于器小，学问亦然。天下事境无穷，义理无穷，吾万分未处一，而得少自足，封己自大，夜郎、河伯，见诮大方，终生无进益之日。由此而累之，多一分学问，长一分骄满，学问愈博，则骄妄愈甚，如饮药加病，以致毒积肺肠，终死不悟。滔滔者比比也，岂不由未奉教于君子，不闻古贤哲高致雅量，不知至理向上，尚有许多境地也哉！器小易盈，君子所耻。凡此若己之天分本无，当济以学问，力自开张，使之广博宏大。盖人能学问，则天不能限。譬如贫子，得百金则志得意满，素封者然乎哉？

万物莫不以有用于人为贵，中流失船，一壶千金，有用也。世言榕树无用，夫榕树诚无用，犹足荫喝人供目睹。若人之无用，则生为人所弃，死而人无惜者，可慨也。虽然，有用矣，又必当时之所需，时不吾需，则亦为昼烛而已，徒见憎嫌，天下未有无益于人而人厚与之者也。

《易》曰："莫之与，则伤之者至矣。"有用矣，及涉世，又必察避就之机，视所遭时，藏器以待。《易》曰："鼎有实，慎所之也。"

作人不可忽一人，无小大，无敢慢，在彼无恶，在此无斁。此非乡原媚世之行也，不可一息忘敬畏耳。

君子知众之不可盖也，故下之。孔子曰"虑以下人"，老子贵处下守雌，守黑守辱，又曰"强梁者不得其死"，扬子曰行贤而去自贤之行，安往而不爱哉？凡人莫不好处前，故君子避之。但老子有见于屈，无见于伸，则足以沮名教刚毅之气，于五性中缺义，三德中缺勇，故君子病之。此处析义宜精，圣人已言之至详至熟矣。外不乖张得罪于朋友，内不污屈自欺其本心，寡过修慝，其庶矣乎。

天下万德，离不了知、仁、勇；天下万事，离不了才、学、识。而识最居先，徒恃才无有不败，惟识乃可以济才之用，而识生于学问。

天下万物万事，莫非实理所结，验之天地、日月、山川、五行、百产，一一可见，故曰不诚无物。惟有士人德行、学问、文章，仕宦者之政治、功名，专尚虚伪，以欺谩于人。究之何益，非当时即行败露，亦转瞬归于乌有。古今天下所不能磨灭者，惟数十辈真实无妄者寥寥相望，历久弥新耳。

人之精神愈厉愈出，不用则颓惰昏废，日即偷惰。程子言"人不学则老而衰"，观程子少羸弱，老而愈强记，资愈进可见。然此惟致之以正，集义养气，则至大至刚，非礼勿履则大壮。若厉精神于无益之学问，是竭促使衰也。士有读书而致病赢以死者，此与徇欲伤生一致，所谓臧谷之亡羊也。故君子贵闻圣贤至教，乃异俗士。

古人论兵，以不退为胜，学问亦然。美成在久，不息不已，至于博厚高明，物莫与京矣。

人之聪明如井泉之原，时濬导之，则涓涓日出不穷，积成江河。若昏惰偷逸不用心，则日益愚冥，如水不濬而淤塞之，非涸废则污秽臭恶而已。

聪明不可恃，且当慎戒其用。恶人为恶，邪人行邪，古今败亡灾身灭家者，莫非聪明异量之人所致，故聪明不可恃，德慧乃可恃耳。圣贤解聪明曰："视远惟明，听德惟聪。"固异乎僻邪者之用其聪明也。

圣人言："利用安身，以崇德也。"若日用乏绝而身不安，亦何暇言崇德。然此所谓利用安身者，非全指财贿服食日用之需，盖尤在人情事物之理、仁智礼义之用也。故又曰"人无远虑，必有近忧"。人之居处容膝有限，若忽不践之地，则跬步不可行。利用安身者，非贪营无厌，但不可不思人理之当然耳。陶公曰："人生贵有道，衣食固其端。孰是都不营，而以求自安。"许鲁斋亦谓"儒者以治生为急"。此是实理，不能自谩也。至若富贵之人，备物丰裕而身不得安者，则又以忽于人情事物之理，仁智礼义之用，正由不崇德也。处有余之地，而舟中尽为敌国，衽席亦有戈矛，祸伏于几微而傥然夌汰以尸之，此皆忽不践之地，而不思利用安身之教者也。

吾言人当思患豫防，尽利用安身之理，固圣人意也。然稍动于私而过焉，则又恒致奇祸。何言之？盖人情多妄，好师心凿智，未窥道义之全，安性命之正，体经权之宜，核理势之实，往往私妄炽结，妄测数命，人情无端起去就趋避之见。庄子曰：贼莫大于德有心，而心有睫，及其有睫而内视，内视而败矣。古今即于祸败者，多起于才智之士，或贪财势，或贪功名，或迫患害，不安义命，轻举妄动。彼其初念亦曰如是乃可利用安身耳，而悔辱祸败即生于此一念，不可救矣。屈子所称"夫惟捷径，故以窘步"。桓阶曰"夫举事而不本于义，未有不败者也"。陶公曰"行行失故路，任道或能通"。故凡人无论处微在势，必坚存安常处顺之心，守死善道之正。道义当，虽困穷以死不悔，而思苟得，虽致命灭身不悔。而图苟免，圣人所谓利用安身者，兼常变义理而言之，岂谓萌妄念思免正命之理邪？

朱子言："世界本空空洞洞，人心本平平贴贴。天理之自然，本无神怪，神怪之生，由人欲私心，做弄机巧，而后鬼神出来应之，是自招也。"善哉言乎！夫妖由人兴，人心无邪，妖不自作。自古掇祸兴妖，必自智巧之所为。造物最忌者巧，如猿见巧于吴王，卒死于相者之手。若顺乎义命之正，虽杀身不为妖，乃成仁也。夫人情本多妄多私，又好凿智，而又托于圣人利用安身之理，世所以猖披如骜而莫之止，卒以掇祸，可哀也。故特为反覆著之。列子曰："心将迷者，先识是非。"吾始不解，今乃喻之。反观古人，多有践妖梦而致祸败者，皆起于不知正道而徇私妄。又妄人多妄想，则亦感妄梦。《传》曰："国将亡，听于神。"屈子曰："固人命兮有当，孰离合兮可为。"孔僖谢崔骃曰："学不为人，仕不择官，吉凶由人，而由卜乎？"可谓知道矣。

天命因乎人事，人事有凭，天远难知，固是正理。然吴范与吕岱论刘备，则又似天命与人事不必符。要之，非也。先主人事所处之形也，非以所行之失而致也，此中消息，非知道者不能决。若夫道失行乖，则天命亦断无与之者。猘韦论卫灵公与吴范同，猘韦言天而遗人，吴范言人事而不原其本，非达命之识也。

古犹今也，人情事势一理不相远，苟深通古之情伪利害曲直，以之治今，无不有中。但僻儒不通，泥执古迹古事而不能参以时势，移步换形，则又必败，即不败，亦成无用。此如赵括徒读父书而不能合变，必善通变，乃中机会。或反而用之，如鲁男子之学柳下，或类而悟之，如弓冶箕裘。非夫微妙玄通之士，固未能也。其成迹皆在经史，古今人所以贵读书也。

家犹国也，人情事势，皆同一理，但有广狭耳。苟居家居乡，洞见人情物理，而事事应之以道，处之得宜，则以之处国无不效。故《大学》贵絜矩，吾执一尺之矩，而用之天下无穷。

己犹人也，一切情好不殊，苟推以及人，恕可终身，忠以不违于道。能尽其性，则能尽人之性，能尽人之性，则能尽物之性，岂有他哉？善推其所为而已。

结纳声气，乃轻侠慕外虚浮之士，断非道人德士所为，自古无不败者，原涉可见，陈遵幸免耳。若诸葛、庞公、司马、德、操，不知同时有郑康成、王仲宣，亦不损其名德，然此犹以术业志尚不同之故。若夫许子将之于陈，仲弓、仇香之于郭林宗、符融，可谓克安同异有持操，令人发深省。

《大学》三纲领，曰明明德，曰新民，曰止至善，入德三纲领，曰知、仁、勇，进学三纲领，曰崇德、修慝、辨惑，其余四勿、三道、一言、行恕等，皆圣门切问近思之集验良方也，不知命三言尤为切要。为政亦有之，如恭、宽、信、敏、惠，尊五美、屏四恶，无欲速、无见小利，近说远来等，皆要道也。

姚姬传先生论李斯之罪在于趋时，余谓古今之士败于此者众矣。《诗》称文王，诞登道岸，在于无畔援歆羡。孔子赞《易》，曰"遁世无闷，确乎其不可拔"。《中庸》言"强"，曰"不变塞"，又曰"不愿外，不援上"。屈子颂橘，曰"深固难徙，廓其无求"。解者曰"凡与世迁移，皆有求也"。班氏论律，曰"铜为物之至精，不为燥湿寒暑变其节，不为风雨暴露改其形，介然有常，有似于君子之行"。歧路染丝，古志节之士，以死守之。若马季常、元稹之败于一挫而变节者多矣。屈子曰："虽体解吾犹未变兮，岂余心之可惩。"吾友许玉峰曰："儒者有转移风俗之具，不因风俗而转移。"必如是，乃可谓特立。

屈子称"信姱练要，学者须知此义"，庄子论"多歧亡羊"，曹子建曰"泛泊嗷嗷"。历观古今未有多好多端，不精坚专一而克有成者。贤人君子必在中心简练，以合道要，修道作人，学诗文，执艺业，同此一道。《诗》曰："淇则有岸，隰则有畔。"《传》曰："农夫之耕，无越畔焉。"而庄子所称"用志不纷，乃凝于神"，如斫轮承蜩，至切也。

凡居乡居官，值时事有大举措，既众论佥同，当审处其宜。若众论皆既合宜，固无容苟违，以犯不韪。然自古贤智有识之人恒少，事之失当不得理者恒多。众论方同，显斥其非，不但忠言逆耳，驳议致憎，且人性好胜，相激之下，将必置本事不顾而先争颜面客气矣，于本事必益偾。然则虽彼众败之，不啻我激之使速败矣。此明道论新法之意，非大德大用，固莫能善之也。故欲建明一议，使此事得益有济，必须和逊谦晦深沉退密，以避矜能居功之迹。箕子曰"一国不知而我独知之，我其危哉"，况矜其功伐其能哉！此处惟遵道义之正，方无病，宜恐惧戒满密以自克。

至言不出则俗言胜，余观魏晋人所称名理名言，其不合于道者众矣。谢安问谢玄："子弟何与人事而必其佳？"玄对："譬芝兰玉树，欲其生于庭阶耳。"夫人之生，皆欲其成材，子弟之少，必赖先生师长之教而成。成则为美善顺事，不成自不为美，此天地之心。人心之同，何独吾一家子弟为然。但亲疏有序，必自其亲者始耳。不审谢安何所疑而问，况又曰"无与人事"，虽若达趣，不为悖缪乎？谢玄之对全是私欲所发，于天地之心、先觉之义、成物之智、少怀之仁一切义理不见，天下后世之人心一惟私欲是匿，皆若此言矣。反之，则于他人又秦越肥瘠，不仁甚矣。魏晋人清言类此者不可胜述，姑举此以发学者之思。

世俗有言，伪君子不如真小人，真小人犹在阳分易识别，伪君子乱德。此似鞭辟近里沉痛之谈，然实不成议论。夫伪君子犹知有所顾忌，若真小人，则决裂范围世界坏而横矣。要当曰"当为真君子"，岂可曰"当为真小人"乎？又如言小德出入可也，此亦误世。君子律己宁过严，犹足以维持世教，若自恕自宽，则不矜细行，终累大德。针芒泄气，蚁穴溃堤，大恶大败由此而不可收拾矣。

今人论人，主于宽好附和、纰缪诬邪之说，占风转舵，偎风躲箭，不肯直断其是非，不过欲自居忠厚为和同，不犯俗忤世，只取巧耳，而不知祸世之害至大也。如许敬宗、李勣之对立武后，要当衷之理道，中正以求至是，岂可党邪而失是非之实乎？吾宁以正守之，虽取祸无悔，如高允之对翟黑子可也。《易》曰："过涉灭顶，凶，无咎。"

古称门子堕地如神，如隗嚣之子及嵇绍，皆不待教。待教而成者，已为凡子，教而不成，真鸡狗耳。门子立志自策，父母不以是罪子，朋友不以是责子，而要必有吾心所欲尽者，此岂待教也。

大道尽于一诚，自修己接物，经事学文，立德、立功、立言，总之一诚贯之，则自然盛著不坏。《庄子》曰："真者，精诚之至也。不精不诚，不能动人。"

人性多浮，相习于虚妄苟且，无一人知有真。实其于理道之言，暂视乍见，莫不强所未知自以为已知，其实于此事之理，实终未能知，圣人所以发"人皆曰予知"及"莫不饮食，鲜能知味"之叹也。夫圣人之言，皆易知易行，若能知而行之，便是大贤。要之，先必于现在此一条之理潜心深思，真知快慊，则明有所开而说于其言，啧齰识味，私幸有得力处，乐之好之，自不能已。但要发肯心先真知得一条，以下如水润物，自然渐渍去，不待敦勉。

民生在勤，晏安鸩毒。圣贤之人、志节之士，无不朝乾夕惕，战兢恐惧，在危则操心虑患，处盛则持盈保泰，忧盛危明，思患豫防，庶免悔吝灾祸，孔子所以叹鸥鹇为知道也。《蟋蟀》诗曰："良士瞿瞿。"盖时时如此长虑却顾，则可以不至于危亡也。惟夫昏庸醹𦝫之下才，纵心骋志，荒耽好乐，悠悠过日，忽乎不知其亡之已至而不可救矣。人命有限，天地无穷，事无了期，惟于人事所当尽者，一息尚存，则当尽一息之人理，此大禹所以惜分阴也。

每见阶前花树，少失栽培，随即萎败，可以例于子弟。

世人扰扰，烦恼败悔百出，莫不由于逐妄。君子安道，惟道无妄。《老子》曰：治人事天莫若啬。《庄子》曰：欲当则缘于不得已。自今有所欲为，非万不得已，则固以止啬，庶几得当而不致逐妄，人悔吝也。郑伯有门上之莑，见者生感，想其生前之汰，非梦幻乎？秦阿房、宋艮岳，何如尧舜土阶茅茨，适得其常乎？至于金谷园、平泉庄、绿野庄、何氏山林，何如晏平仲为得圣贤气象。即谢灵运《山居图》、王维《辋川图》、李龙眠《山庄图》，虽风流千古，而今安在？皆说智劳心之作，非德人道士所为。此宫室一节，推之服饰、饮食、妻妾、声乐之奉，不皆有然乎？《孟子》曰："我得志弗为也。"

君子上达，食无求饱，居无求安，素位而行，不愿乎其外，一身人理所当尽及，所以安人安百姓者，日不暇给，何暇罗欲乎？夫人欲无盈足时，逞其淫放之心，何所不至？禅家有头陀行一百八事，可借以为法矣。

卷 二

古人于书于射，下及稼圃，皆曰学。学之云者，必究其理，致其精，以成国能。今举世言学而国能不见，未尽时习而说之功也。《中庸》曰："曲能有诚，诚则形，形则著。"不诚，则里面闹不虚静，虽学，何能有成！

天下万事万理，皆惧不识好恶真是真非。

天下国家壹是皆以修身为本，修身在损，损外必自内，克制妄念，则操之甚约。妄之易发，莫甚于言，管幼安曰"潜龙以不见成德"，言非其时，皆招祸之道也。

人固不可冒昧轻举妄动，浅虑数悔，当务沉机毅密、战兢恐惧、冰渊畏慎，以保无悔败。然过慎而不衷之以义理，则入于葸而无勇，选懦惕怯，如妇孺无气犹豫不能决断，何以肩任身世，施行有为。

凡谦退亲爱，于人必须衷义中礼，过则失。己恭近于礼，远耻辱也。启宠纳侮，何以远辱？且凡事过于要好，其本心何居，岂非私妄沽名，纳交要誉，德有心之鄙念为之邪？苟闻君子之义，则此皆可耻辱行，不可质圣贤也，须警惕提撕。

恶固不为善，亦不得妄主。刘恺、邓彪让封，独受美名，陷弟不义，史家讥之。若又以恶名委人，居心险薄，若郑缓之为儒。何谓阴德？阴德者，为善而绝其名与迹焉。君子立心，非独善其身，君子为善，宜衷于道义。

人固不可自暴弃悠忽颓惰不立志，然亦须度德量力才分势分如何。若知小谋大，力小任重，犹使蚕蛇负山、商蚷驰河，必不胜矣。然此就任事论，非谓学问德行也。南容三复白圭，学者试将此意一入思，则其气必顿沉顿敛，心必顿下顿小，意思深长，警畏後生，而可与入德矣。

凡小人无不反覆者，凡反覆无非小人者。君子有常德，终始如一。然不慎始，安可善终？故曰信近于义，言可复也。其事在不敢轻言轻行。

君子但作感边事，固无事不要之于善。然或但以微善感之，而求天人之笃应，譬如操豚蹄而祝污邪篝篓，其亦不自耻也已。《尸子》曰食所以肥人也。一饭而问人，奚若何益乎？

《诗》曰"不求，何用不臧"，杜公曰"有求当百虑"。凡有求于天已失性道，有求于人又失操履，况复以不善感之，或以微眇小善感之，而欲求之有得也，可乎？此其智尚不如黠小人之挚诣者，君子小人两边皆不取。

凡欲行一善行，须壹揆之于大中至正之理，不可稍设计校，私心要誉，纳交徇私，昵望后报，如此虽为善，不得名为善，只是恶也。道如当行，众皆不为，我独为之；道不当行，众人皆曰当为，我独不为。此中须以圣贤道义之大中至正为轨，须有定识定力，所谓特立独行，确乎不拔也。祝开美疏救刘念台，既归，乃从学。念台谓曰："前日之举，意气乎？声名乎？"祝为怃然。可谓善教矣。

圣人论"达"，曰："察言观色，虑以下人。"盖达者以行孚于人为义，故不能不从人之情伪起见，苟不察言与色以见情机，而误以感焉，非遭忌怨，即取轻贱，尚安所孚而望其信之也。既能见人之情伪，而无造次冒触之失矣，又或以刚激讦直上人，亦必激怒招怨，而人又不孚，故圣人论达，必慎斯二者。但循此为之，世之庸滥小人、凶狡大奸皆优知之，何以别于彼而为君子，故圣人必先之以"质直好义"。朱子解"质直"为忠信，解"好义"为行事合宜，而统释之曰皆不求人知之事。此虽以感人，而非诡随求合，阿世取容，干势走利，可知也。子弟涉世，三复于此。若夫大善，则尤视其居心。若独为善而委恶名于人，此鬼神所怒。《庄子》曰："造物者之报人，不报之以人，而报之以其天。"天，谓其居心也。

闻道克己之君子，千万中不得一人，而何得便责之于一切众夫。明乎此，而可以知臣仆之性情，并可以得驭臣仆之道术。今不察此，而概责其无能，即稍有能而可使者，又概怒其人不忠不信，诈伪欺罔。嗟乎！才与德兼备谓之贤，谓之君子。今自审己，万分未有一焉，而轻以此求全责备于众夫奴仆，此亦搴薜荔于水中，采芙蓉于木末而已，徒相激相怒，以致意外之祸败，而何益于淑身淑世之用哉？吾人于使令之人以及居官驭下，当审之于此，以求其方焉可也。

涉世应物，亢固召灾，若足恭启宠德有心，尤为邪佞，纳侮承羞，取轻辱贱恶。学者于此一节，须如履冰临渊，自省克之，方保无疚悔。虽然，吾此所说，亦非为求免于世也，但欲坚持道义，无失正耳。荣悴祸福，有命数存，君子反经安义，顺受其正而已。

君子暗修，不求人知，并不求鬼神知。但须慎宜，不可徒自信其心而失口失色失足于人，承羞纳侮，取轻辱贱恶厌斁。若是，则于道为未尽，可耻可辱。须作一件大事，下死功夫，提撕求免。

不论处常处变，在我者总宜尽之以理以义，既处置之后，其应之吉凶祸福，壹听之天命而不与焉可也，切不可为福尸先为祸攘首。

行贤而去，自贤之行，斯人与之。行善而绝其名与迹，无自市望报之萌，斯天与之。推仁审伪，本乎其情。以此自考，以此察人，斯贞邪辨矣。

人有五常之道，然后有是身，不然，与土木、禽兽、虫豸等，与已死枯骸同，但行尸而已。家有五伦之道，然后有是家，不然，积怨毒，戈矛相伺，与蛇穴虎巢同处，危哉岌岌，苟保终日而不可必，安望其和乐昌炽也。《诗》曰"自求多福"，又曰"无竞维人"，兴丧祸福，惟人自召自处而已。有则改之，无则加勉。

近世第一大恶，子、妇之于父母、舅姑，言语行事辄行欺瞒，不将以诚，不告以实。其始由于隐情避责，图便己私，自幼习惯，不知其非。及其娶妇，不贤者居多，日用琐屑，小嫌小怨，毒诽垒积，利害愈大，则所欺瞒愈甚，怨诽愈深。若以隐瞒为正理要道，曾不自反，己或原有不是，乃惟怨父母之不应检察，久乃视父母如仇敌异类，不可与语，闻声见影，满腹憎嫌，家庭门内，常如欲溃之河堤，强者戴面反唇，公肆忤逆，懦者含冤负曲，阳事浮沉，亲爱之谊全无，敬顺之风罔识，充其很心，直欲离而畔之，然后快于心，但隐而未即发耳。李延平论舜瞽瞍之事，以为舜之所以底豫者，尽事亲之道，不见父母之不是而已。罗仲素曰："只为天下无不是的父母。"陈了翁闻而善之，曰："彼子弑其父者，常始于见父母之不是而已。"余因思宋文帝之于元凶劭及始兴王濬，未见有不是处，全谢山谓文帝以服中生劭，果尔诚为可惜，然商臣、杨广未必皆服中生，存之以戒人子之不孝者可也。只由劭、濬自行倍逆，而遂动于恶。然后知人子习非，惑于妇女之言而怼于父母，发则至于弑逆，固为覆载所不容，不发而阴怀怨诽，亦为天地鬼神所侧目，昔圣昔贤之罪人。清夜扪心，为人若此，为子若此，尚有地自容乎？其人犹望克昌乎？

凡小人及妇女，总是要以人从欲，总见他人不是。此二病为万恶之根，不可救药。

子弟之不肖，成于自幼失教不学，不奉教于君子，不辨义理是非，不知居身行事有可有不可之分。若其不孝，则多由于溺妇言。大约天下妇女之贤者，千百中不得一二。不明大义，惟见小怀私，好强好胜，不和不睦，多忮多怨，家庭细故，多寡得失，利害嫌疑，忌妒恚恨，日积日深而谗间兴焉。男子怀刚肠识道理者少，则未有不顺信之者矣。故尝以为欲天下多贤才，先在修女教，而后有贤妇，有贤妇而后有贤母，而天下福祥矣。故教女尤急于教男。

纪慎斋云：兄弟不和，多由妇人起。兄弟本是一气，妇女以异姓合在一处，若非大有贤德，必然嫌疑易生，全在男子心中大有把柄。古人云：不听妇人言。但此事极难，闺房密语，影响牵合，或因缘姒娌，小错为之张大，或装借自己容忍，满口含冤，或假露己拙，或诋评他巧，使男子不觉堕其术中，牢不可解。所以妇人之言，不但不是处不可听，便说得十分到是处，也不可听。又云：妇人假使质性不良，终属天地柔气所生，只要男子识道理，成得个主宰，必能表率他。男子果真孝顺，妇人毕竟不敢忤逆；男子果真俭勤，妇人毕竟不能奢逸；男子果真正直明大义，妇人毕竟不敢以偏私煽惑。

天下祸之至险至深而不及防不可为者，莫如妇女，亡家丧邦，莫不由之。《诗》首《关雎》，《易》著《家人》，圣人之诫，深切著明。近世女教不修，在家无父母之教，既嫁而其夫又多庸愚懦惰不足刑，于自其生初至于为人妇而不知有妇道，为人母不知有母道，惟纵任习心，蔽锢莫解，不明大义，不崇德让，怀私见小，忮害懵[瞀]①妒，阴很悍毒，如火欲然，欺陵夫主，慢蔑翁姑，强压姒娌，而方自以为能，自以为当然，自以为得计。而不知其乖戾之气、阴懵[瞀]之志，已自感召不祥，鬼神侧目，既不为身福，又殃及其子女，吾见亦多矣。故人家不幸而遭此妇，则其家之不昌也决矣。其所生之女习此恶行，嫁至夫家，又复如此。故妇女之不贤，非止败及一家，实天下人才根株蔓延之祸也，令人思之生怵惕战惧心。

---

① "懵"，疑为"瞀"之误，据上下文意改。

天地大义，男子宜强，女子宜弱。近世大患，男弱女强。每见男子受制于不贤悍妇，有惛懦而甘奉之者，亦有不堪其虐，顾碍颜面，恐贻外人耻辱，委曲含忍之者。而此妇习非成惯，凶威日长，陵暴犯礼，积成天怒神怨，倾家覆宗绝嗣而莫之救，往往有殒其夫之命，而此妇犹偭然得意，绝若无事者，文姜是也。邻里亲族亦莫敢有言，令人发指。寻求其故，只由女教不修，七出之律又不行，而女族兄弟家长往往又多不肖，不崇德义，恃强无礼，不但不加教诫禁饬，且多怙恶助虐，动辄有抄劫人命狱讼之累。是以为其翁姑丈夫者，多畏缩忍受，含冤而不可如何也。齐桓诛哀姜，最合王道王法之正，而说《春秋》者，或犹议其非，则亦此辈之意识也。吾以为宜申严七出之条，兼宜特定科文，专治怙虐图诈之罪，庶有以夺悍妇之胆，止浇陵之习，而恶俗可以稍革，家门和顺，即天下福祥矣。呜呼！礼教不修而议刑，诚非治要，然法立而知畏忌，不愈于陵夷而酿世道之大忧，顾虚名而受实败耶？

女妇之不贤，总由父母、夫男不德无礼酿纵之故。若父母有严教，男子有刚德，修身刑家，一出以正，彼妇女欲逞其志，何处可容之也。无所容则无所恃，而不敢纵矣。其或有悍恶轻生之事，两家断之，以其素行，死而勿论，则彼亦必不肯死矣。世间原亦有遭值不良之夫及翁姑，非礼枉虐以致死者，然女之素行贤德，必有明征事实，邻里亲族平日所知，众目众口必不能掩，自不得援此枉断。总之，有清议公道而风俗自厚。

昔人言其人与天地侔者，其人必不祥，又曰道高一尺，魔高一丈。吾始甚非之，以为无理，中岁以后，遭困特甚，然后乃悟此言有故。盖举世皆同流合污，意同气合，一人独踽踽凉凉，则为众所不与，莫之与则伤之者至矣，理所必然，事所必至，不祥不亦宜乎？无足怪也。苟信道笃，自知明，事事遵道，尽理比义，如此而犹有意外横逆，可以理遣，可以归之于命，而无容动心，虽魔高一丈，何畏焉？守死善道，何不祥之有？孔子曰："道二，仁与不仁而已。"仁义何常之有，蹈之则为君子，吾审仁矣，何所疑乎？岂有因不仁之多而中立骑墙，为君子小人两全之谋耶？

大抵世人喻利而不喻义，纵其小体之欲而弃其大体，全是私便一己，无克己利人公心，纯以我相胜心矜慢于人，不思孝，不念祖宗，不思敬畏天命及圣人之言，损人利己，圣己愚人。读书志不在圣贤，为官心不存君国，自在位者至于凡民，证多慰同，冥然不知其为非，口读《诗》、《书》，谈说是非，而曾无一念回光返照己身，夜气闷存，人形徒具，而方晏然自得，以为无过。吁！可叹也。今诚能将上所指一一悔改，不远而复，痛自鞭辟，一分不尽不得谓之人。愿天下道学自修者，以此立为课程，从事焉可也。无取侈谈道义，泛滥儒言，而于己分毫无愧悔之萌也。

《中庸》曰："能尽其性，则能尽人之性，能尽人之性，则能尽物之性，能尽物之性，则可与天地参矣。"窃谓今人未有一人能尽己之性者，安望其尽人尽物？其才智不足以为周身之防，其天良不能推恩于其父母昆弟骨肉伦类，安望其他乎？

夫人所以有大患者，为吾有身，及吾无身，吾有何患？夫身且可无，何有于身外之物？所不与身俱亡者，惟道义耳，不可失也。若行犯不韪，是为大僇，子孙不忘，死何能塞？此与"过涉灭顶，凶，无咎"不同，彼不可咎此患至掇也。大抵世俗凡民，于义多止，于恶不止。老、庄、佛于恶固止，于善亦欲止，故以退啬为主。则总不如依乎中庸，为止于至善，无适无莫义之与比。

打人莫打膝，道人莫道实。余性直口快，不能曲折，好直言，又窃好穷理，所道人之失偏中其深隐处，以此故尤取怨招恶于人，屡悔不能改。思之大惧，非但有人祸，亦恐太无含蓄，失之浅薄伤厚，殊非德福之相。郭林宗雅善人伦，然不为危言核论，阮嗣宗至慎，终日言，口不臧否，是皆我师也。凡与人言，当度于事与人可不可之分，乃为慎密，不出克懔枢机荣辱之戒耳。

不思义虑患而轻举妄动，未有不以之丧身亡家者也。古云思患豫防，无为祸首，极勤谨可以敌祸，祸不好不能为祸，皆言人理，如是则宜可免祸。朱子曰"思量到人所思量不到处，防备到人所防备不到处"，皆言思虑防患也。如此而犹有不幸，乃可归之天命数定。若夫祸来神昧，虽颇有之，而不可借口，恐只是未思未谨，或且好之耳。

圣人之心与法，皆欲补天地之缺憾而竟不能者，非圣人之用心诞与立法之不善也，奉行者不能遵之，遵之而又不能无离合，毫厘之差，千里之谬。不得圣人之心意而诬圣人之心与法有误，此老庄之边见也。

有学圣人之心而无圣人之器与才，则不能有圣人之功效，非迂即妄而已。然究竟是学之失其道，不能明圣人之心。

每见贫苦无生活之人，辄为恻然不忍，无以保安之，则思己之所受享已为过分。然又思彼之所以至此者亦有分别，若懒惰淫奢博戏不安分之恶子、下流不学好自作孽者，则又不足悯矣。

细审天地间五行百物，凡虚浮者皆不能成材结实。而古今天下不肖不成材器之子，罔非由于虚浮，所谓死病无药医也。

生人至德要道，莫如小心二字。《诗》咏文王圣德曰"小心翼翼"，孙思邈曰"心欲小"，诸葛武侯自言平生惟是谨慎。历观生人悔吝灾祸之来，莫不由不小心之故。须是刻志书绅，念兹在兹，《易》曰"敬慎不败"。

《易》曰"眇能视，跛能履"，《传》曰"愚而好自用，贱而好自专"，即此"能"字之解，甚言其不能而不自知，而自以为能也。历观古今，童惛而自趋凶地，莫不由于自谓己能。盖自马谡、张温、吕壹、暨艳辈所不能免，而下愚不肖者无论矣。推其所以致此者，皆为不思患、不小心，而又不虚衷，徒以矜亢愎傲蹈于死祸，非关命数。故曰凡人有三死，而不可谓之命。

酒能醉人，以其能昏昧乱神明也。岂独酒哉？凡天下万事，过溺则皆能乱神明以致醉也。非独邪恶不正之事，即著意为善而过，亦乱神致醉。吾尝屡犯之，然后知圣人惟以遵义为衡，平平贴贴，大中至正，方无病。义者，事之宜，郄正所谓慎宜。

子弟有数大忌：一曰捣虚，无而为有，虚而为盈，约而为泰，强作聪明，以虚夸才能，不度德量力，作智力不及之事，营不可必得之求。凡此皆大败之根株，必不能善其终，所谓"眇能视，跛能履，履虎尾，咥人凶"也。一曰舍己耘人，终日碌碌，到头于己无分豪之益，虚生浪死，无有结果。一曰窃人之能以为己能。此名掠美，最为无良，天人交恶者也。一曰不安本分，出位妄行，强横枭霸，肆无忌惮，衅勇始祸倡乱，不顾其后。此所谓刚恶乱民，必及于诛戮之罪者也，较捣虚其祸更大。

凡人既壮，出身入世，无论隐见，皆如乘舟浮海，风涛危险，莫测安危，来岸渐远渐忘，前岸莫必，大水茫茫，若不时时省想，千方百计，念兹在兹，急思即安于平地，则必不保。乃古今之人，多有拥楫酣歌，流连作乐，绝不思反，其势不至覆溺不止。大《易》屡象涉川，又曰"先庚三日，后庚三日"，《震》以恐致福，《乾》以惕无咎，故君子思患豫防，莫急于学《易》。

凡人须足为人所赖，赖，恃也，犹谚言靠得住也。圣贤之人，立德、立功、立言，万世永赖矣。大人在一时，则为一时所赖，在天下则为天下所赖，其次在一邦一邑、一乡一官、一职一事皆然。杜公赠严武云"公来雪山重，公去雪山轻"，足赖之谓也。乃至一家一身亦然，为人父，为人师，为人兄，为人夫，为人子，为人弟，为人友，为人主，为人仆，莫不各有当尽之分。能尽其分则足赖，不能则为无赖，无赖者，世俗詈人之辱名也。乃士大夫衣冠长老，俨然在人上者，多躬蹈之而曾不自知，曾不自愧，弗思耳矣。凡人无论自为一事及受人之事，既为之，则必使密致坚固，无有后败，克尽此事之理而后为尽心，《诗》曰："王事靡盬。"盬，不坚固也。每见古今凡庸低下之人有所作，百事苟且卤莽，不肯尽心使坚固完好，所谓无赖也。既不思尽职，又浅虑不顾后祸，惟任虚憍矜能，耻下问，訑訑之声音颜色拒人，则人孰肯告以善哉？

凡人无论居乡居官，尤须足为善人所赖。子皮死，子产曰："吾已无为。"为，善矣。善人少而势类孤，苟无所赖以为主，则动辄获咎，不能立足矣。然非立心忠正，名德素孚于众，则己且为人所推，又何能保他善人也。乃今世之人，但在世俗耳目前做个，无大破绽而已，一味偎风躲箭，占风转舵，观其立心，听其论说，绝无忠主庇民，担荷世道之热心。此即是无赖，所谓世故深而天机浅，如乡原老恤而已。

凡为一事，须作此事毕仍有余力余情，非但足征其才与德，亦见厚福。若已做至八九分，忽乘以疏怠偷慢不谨，或轻心易之，自欺欺人，则必有后败。谚曰："为浮屠必合其尖。"《孟子》曰："掘井九轫，而不及泉，犹为弃井。"五谷不熟，不如荑稗，此诚与不诚、得道与失道分界，其人之无德可知，亦必无收成结果而恶终也。

凡为人任事不肯尽心而成为无赖者，多根于私心，以为吾此所为，但得谩蓦目前，便可了事，至于后日败坏，系他人之务。噫！此一点私心之萌，不顾人之大害，最为无良不忠。乃自士大夫居位供职，下至百工技艺，莫不皆然。夫古之金壬奸邪，恐事竣则己失权位，往往养痈留患，以自固其权宠，如左良玉类是也，而士大夫何为效之也。

夫欲经世，必识时务之要，窥其时之失与其君之资而补救之，是为救时之才，贾生、诸葛是也。又有所陈，虽亦切要适其君，亦有可行之资，而其时有未可，而惟锐志于功名，不顾其害，则行之必不能善其终，如晁错、周威、王介甫、张魏公是也。至于不顾其事理之不可，惟顺其君之意旨，委曲阿世趋时，明知世之将乱而不以易己目前之富贵，李斯督责，许敬宗、李勣赞立武后，秦桧和议是也。千古小人，长君逢君其术皆同，其祸国祸身亦同，晏子所以辨和同也。

大约经猷要著，在救时之弊，而又必量其君之资能行与否与其时之可行与否，否则宁隐而不出可也。出而龃龉，非特功不能成，己必及祸。

忠臣之盛，在匡君之不逮，格君之非，不可则止，是谓大人。若随时俯仰，惟苟富贵，无所救补，是为庸臣误国。若阿世趋时，长君逢君，不顾世之将乱而惟欲保己之富贵，是为奸臣。又有一种，第执理道之常，而不晓时之所急所宜，不量其君之资能行与否，是为迂疏黯士。仕宦者当常以之发心内惕者也。

信义者，人心之所归向，而当扰攘之际，怀远服畔，尤赖于此，使君子叹其德，小人服其义，斯为尽道之当然，非徒假以集事也。吾尝论汉高之诛丁公，合于《春秋》讨叛臣之义。景帝封徐卢，光武封子密，失刑赏矣。其后段珪、张让之矫权欺逼，未必非子密之事为之导。然而两军对敌，有率先归附者，虽汤武受之矣。此其利害所系，得失是非不能两全，何以处之？予曰：是不难，亦仍卜之人心而已。有杀之而民悦者，如汉高之诛丁公，窦建德诛王轨之奴，何真诛王成之奴是也。有杀之而民不悦者，如吕岱之诛士徽，胡梅林之杀徐海，陈卧子之杀许都是也。既许之以不死，而又杀之，何以为信？若遇此等，须详审坚定，不可失信义苟自免咎。

林大中不肯通书于韩侂胄，曰："福不可求而得，祸岂可惧而免邪？"此可谓卓然有定识风力者。然圣人知几达用，避碍通理，微服过宋，实有慎惧可免祸之理。但惧而循理，惧而增修德行，非畏而从邪。学者博观于前事，期不失己，亦不贾祸可也。巽以行权，其在斯乎？

作事须有气，固也。然非慎而遵道比义，则必失之孟浪，以遗后悔，世之触刑辟者，皆气矜之隆也。故曰见义不为无勇，又曰强梁者不得其死，又曰很无求胜忿思难。惟义所当为，虽灭身丧家不为非。若夫庸人，非惰慢畏缩，因循无力，即轻举冒昧，妄动数悔。夫悔事不可数尝，此由轻躁浮动，不能沉几，则是暴其气也。

昔人言凡人能处忧患，盖在平日所养。余谓岂惟忧患，处忿懥尤难。颜子乐人所不堪，圣人贤之，犯而不校，曾子思之。猝然临之而不惊，无故加之而不怒，其素定故也。

君子以仁存心，以礼存心，以学吃亏存心，循理遵道，乐天知命，与世无争，全凭内心天理，原自宽然。但万事万物万变，粲然两间，接于日用，至纤至悉，匪同释氏但求之虚空已也。大而典礼政官、朝章掌故、前言往行、征献考文、舆地山川、人物氏族、风俗物产，细而日用所需、服食之节、百货之情、出门交际、见宾居官、使民莅众，皆必一一周知其故。古者九能为大夫，孔子多能鄙事，子产号博物子，太叔周知四国之为，古今无愚呆之圣贤，盖必通知世务，方能应世。若空执一理，百事不晓，以此应务，无一能当，亦何足比数于人也。矧末俗多故，动辄尤悔。今属吾孙，立身为学，固以修德制行，内全天理为要，而于世间一切事理，必须讲明通贯以待用，不可作不晓事之弃才也。大约立身应世致用，有本有末，必如明道程子，乃为得之。天下无道外之物，即无性外之事，此皆吾性分中所应有之事也。《大学》始教格物之功即此。但须知有本末先后之次而不可遍物，以丧志劳心，致失其大者、远者耳。

朱子告陈安卿曰：吾友僻在远方，无师友讲明，不接四方贤士，不知远方事情，又不知古今人事之变，只知尊德行，而无道问学许多功夫，出门动步便有碍。事变日新而无穷，安知他日之事非吾辈之责乎？学不足以应变，不合义理，只成杜撰。今须游学四方，事事去理会，自古无不晓事的圣贤，无不通变的圣贤，无关门独坐的圣贤，若只就一事一义上欲窥见万事，如何能理会。按唐人诗曰"莫向乡村老杀人"。

人之成材成学工夫，最忌杂而忙，故致一事无成。《荀子》曰："目不两视而明，耳不两听而聪。螣蛇无足而飞，梧鼠五技而穷。蟹二螯八跪而非蛇穴不能容身者，用心躁也。"《庄子》曰："用志不纷，乃凝于神。"昔人言同能不如独胜。宗杲曰：他人十八般武艺件件皆能，而无一艺能精。老僧只用寸铁杀人。赵子昂言昔人得名帖数行，学之终身，便自名家。此皆古人甘苦之言也。

姚崇为宰相，今事不知问齐缓，古事不知问高仲舒，亦何害其为名臣贤相。君子执要，能用人之长即己之长，一个臣无他技，但能有容而已。

格物须用学，学而思，思而悟，不学则无从著思，不思无由起悟，学与思，所以求悟也，悟思而得道也。孔子曰："不思则罔。"管子曰："思之思之又重思之，思之而不通，鬼神将通之，非鬼神之力也，精气之极也。"朱子曰："思多在夜间，若读之非极熟，则夜间亦何由起思。"愚谓圣人恐人废思，故正唐棣之诗至于何思何虑，乃是化境，非学者此时事也。

吾论作诗文有题内题外，作人亦如此，佛家权实是也。无实际本行，何以为有德，无权应时措之宜，何以为有道。其实德与道，一贯之学也。小人全乎权，则入于诈谖大奸，僻儒全乎实，必成为迂阔谬腐不晓事，有体无用，窒碍不通，寸步不可行。全乎实，世犹谓之君子，但不能入世，不足为人取法。若全乎权，则未有不流于肆妄恶邪之小人者。

陶公云："行行千万端，谁知非与是。三季多此事，达士似不尔。"《吕览》曰："达士者，达知死生之分。"余谓此举其大者耳。其实达知治乱、是非、荣辱、雅俗、利害之真趣，皆达士也。能达则能广大自胜，心广则体胖，德充之符也。

大约人若肯立志学好，不必奇书博学，只就家户所有四书、小学亲切讲明，用以修身、齐家、崇德、修慝、辨惑，无不有立。再能通贯经史大意，以之修己成物，治平之理具而内圣外王体用备矣。

世人但期子弟为官，不知子弟才入仕途，即万罪万恶之根株萌芽，与之并长，多以之覆宗，可惧之甚。然则官遂不可为乎？非也。君子入仕之初与童蒙养正之初同一关头，古人志节器识已早讲明于始学之日，入仕之后又有许多修为节目，故上之可裨益于君国，下之亦不至辱其身家。今人只学一篇应试之文以博科第，其于显名大德、经世理物之道，茫乎莫之问津，且相戒以为不急之务而不讲，以为他日自能办之，而无待于学也。及其居官经事，则惟自逞其偏私习性，予知自是，好人所恶，恶人所好，而生民始病，王事靡不盬矣。其污下者，则又惟纵志遂欲之图，卒之丧身覆宗，不顾不悔，又何知其他耶！

须多看史传及名人文集传状志铭、书疏论说所载前贤议论行事，凡是非得失、兴丧成败之大，以兴起吾之志气而生其劝惩之念。见前人行事，反己近思，思齐内省，以自升济于高明远大，图三不朽，毋汩没于庸众以自安也。要在立志，吐弃凡近，盱衡今古，开拓心胸，以古人为必可师，以流俗为深可鄙，而行之又必在暗然尚䌹，切戒标揭名声，自表暴以求人知。此非但可耻，亦必事事浮虚徇外，而实行实德，一毫于己无分矣。是故子弟先患不学，不成材，无所知，能幸而就学，稍有所成就，又患蓄之未厚，藏之不深。此际所关至切，大约有三患：一则浅露矜肆，为夜郎、河伯，遗笑大方；一则轻儇佻薄，矜骄满傲，取忌忤物，多致杀身之祸；一则得少自封，终于不闻至道。古之哲人切切以为大诫，经明其义，史胪其迹，不可不深长思也。

公侯将相，时至则为之。吾但学以成其才，藏器以待，为之于我不加，不为于我无损，以此自律，即以此观物，则何有于歆羡叹怨之情也。

君子之道，暗然而日章，“衣锦尚䌹”，有若亡，实若虚，若顾雍、魏舒，何等雅量高致，故学者知以表暴标著为深耻而中心恶之，则德器深厚，进于道矣。如不信，试以小人的然而日亡者反而观之，则愧悔生矣。昔陈了翁不识明道作责沈文以自咎，此贤者自厚之意。若夫贤者之自处，则又以隐德用晦为贵。尝观《元祐党籍碑》，伊川名列于秦、黄百余人之后，可见伊川当日不自暴著以招世骛名。子列子居郑国四十年，无人识者。近汤潜庵请养，居睢阳，有同年为方伯者，见郡守，询公近状，郡守对不闻有此人，方伯益嗟叹。学者参之。

列子称牛缺之为儒，梁富人虞氏之养客，以明人之遇祸，不在贤愚，非人所能知，往往出于意外，有命数存焉。余谓牛缺以至德之要，语非其人，虞氏不应为怯，乐极哀来，必至之符，非不幸也。且如严延年之死，早决于其母，不待丞义上书也。周亚夫营葬，何必买甲，此不得以许负之相借口。周伯仁轻儇放意，有取死之道。王导之嗛，感应之正也。夫君子素位中行，福来则惧，祸至则惕，非知幾其神之，圣人未能。善之程鱼门言，夫必理先悖而后数应之，至言也。

扬州郑超宗影园有黄牡丹一株，郑以黄金为卮，集名士赋诗，钱牧翁阅卷，取黎遂球为状元，号黄牡丹状元。其后高杰躏扬州，超宗与高有旧，单骑入营责之，冀以全扬也。扬人疑其通贼，歼焉。余尝论此事，以为凡德不胜瑞，则瑞即为妖。南蒯占黄裳而终败，王莽尚黄，一时盗贼如马勉、陈景等皆以黄为号。黄者，正色，非寻常凡民所可当其瑞。明天启时，诏狱中产黄芝，六叶，其后杨、左之狱，死者适符其数。郑埜阳作《黄芝歌》以当野哭，其后亦中奇祸。记之以告儒者，居身宜安常守分，勿得好奇语怪，妄贪天瑞，以淫心而忘戒，则弗畏入畏，及于败而不可追也。杨、左、埜阳虽皆正人，然岂可谓其死为吉祥善事也哉？此虽非诸贤侈黄得祸，而瑞出无端，则不为瑞，孔子所以泣麟也。

奇对偶言，谓无与为偶者，即少二寡双之义。须知圣贤豪杰皆奇男子，而非怪也。世俗误看奇字作怪，反安于庸众凡鄙，失之甚矣。要当振奋以自拔起，与古之奇男子为侣。

圣人思患豫防，智者无败事，只是日用细微百务，事事防备到人所防备不到处，思量到人所思量不到处，庶无后悔。若卤莽粗心浮气，事事潦草苟且，不慎重子细，所谓将军举事数悔，事败而后悔，噬脐何及矣。古之任重道远、成务济艰者，无不意思深长，沉几慎密。成败虽有定数，而智略人事自不可忽，人所以配三才也。使皆委之于天命，而人事为无据矣。

吾生也贱，于人人所能鄙事，曾无一能，固由性惛愚不达物理，亦由太疏略粗心，浮躁不留心。行矣而不著，习矣而不察，不思天下无道外之物，日用细微莫不有当然之理，《大学》始教格物穷理，即谓是也。古人一物不知为耻，衣服在躬而不知其名为罔，推之日用饮食一切，一事一物之理有缺，即于吾性分中智之德有亏，是岂可忽？子夏言虽小道必有可观，但勿泥而忘其大者、远者耳，岂谓以无所知为可恕也。近尝于庭中种一树，屡种不得生，遂后悟为佣役所误，苟且毕事，宜其不生也。因思近日人家子弟，多无成不才，居官从政者，一切虚浮苟且，王事靡盬，皆若余之种树也已。谓是其力果绌与？为不用心焉耳。夫置器不慎，尚忧损败，况于教子弟经国事耶！李伯纪有言，平居无事，小廉曲谨，似可无过，忽有扰扰，则相与错愕，无所措手足。以余所见，今之从政者，盖莫不若是，而方自以为贤，池池之声音颜色，乘人斗捷，以口给御人，惟恣睢以骄傲，无长虑以忧职。《传》曰"凡事豫则立"，若平日都不讲习，而何以应猝也。

君子不可小知而可大受，吕端大事不糊涂，人固各有天分器量之偏，不能齐一。为学苟能务其大者、远者，于修齐治平皆获切用，至于偏长曲艺、笾豆、钱谷、奴耕、婢织，不能亦无歉愧。吴起与田文论功，文不及者三，朱买臣难公孙宏十策，宏不得一。终之田文相魏，公孙宰汉，诚知宰相自有体也。陈平不对钱谷，可谓得其要矣。《列子》曰："天地无全功，圣人无全能，万物无全用。"但不可小事无能，大事亦无能，则为弃才，如王叡、乐祥矣。

知人则哲，帝尧且难听言信行，孔子于宰予改是睹微知著，察之于性情心术之微。要之，于岁寒改凋之后，如郭林宗、许子将辈，人伦之妙，岂非贤哉？斯固其体性之明，亦有至明不易之理焉，但人不察耳。圣人曰："视其所以，观其所由，察其所安，人焉廋哉？"略举数事，为无许、郭之明而轻相士者鉴焉。一、谨愿不可尽信也。有余天锡者，为史弥远家教读，性谨愿，弥远爱之，其后为弥远弑济王。夫弑逆大恶，谨愿美行，乃以小善成名而昧其大恶，何取焉？要之，如天锡者，岂真谨愿，特奴颜婢膝为媚顺于势位耳。使遇郭、许，必早有以得其人矣。一、意气不可尽恃也。黄梨洲言徐汝佩名珊。为阳明弟子，南都发策议新学，汝佩不对而出，其后以侵粮自缢死。人为之语曰："君子学道则害人，小人学道则缢死也。"此特虚憍客气耳，非真意气也。一、投分不可深恃也。许子将论陶谦曰："陶恭祖外慕声名，内非真正，待我虽厚，势必终薄。"乃去。其后谦果捕诸寓士。又如贾文和之去段煨，皆可谓见微达气者也。古今宝燕石好似龙为濡需者不可胜举，姑以此隅反可也，非徒欲知人必先在审己，己非可虚而审也。其必穷理达道正行尽性知命，而后庶乎凡行有不得皆反求诸身，风雷速改，不远复，无匿疚，而尤人亦无取，久留于心而空抱悔愧，无益也。

君子重袭，小人不能入，凡悔吝咎辱之来，固小人好侮弄君子之通趣，然必由我无关闭，轻浅躁，率自开罅隙。既系不自慎以取之，不得尤人，《东铭》宜详玩之。

索索无真气，昏昏有俗心。岂惟论诗文，即道德学问、著述行身皆有之，所谓乡原也。

黄鹄一举而识山川之形势，再举而睹天地之方圆。道德文章、政事问学，所造浅深之量，皆有此境。夫人亦孰不见天者，而所见甚相悬。其坐井观者勿论矣，即自诩高明，亦止目力穷于三十里之积气，而未窥圆体之全象也。至于地之方，亦仅闻之雏诵副墨氏而已，未始有目验者。古之知言者，其陈义理真见方圆，亦有如羲和、章亥其人者矣。要在六经，不假外索，尚其尽心焉。

冠与履宽一分，窄一分，大一分，小一分，施之体皆不适，何独至于行身应物、治人处事、政理文章，而不思自然恰好，时措之宜乎？规矩，方圆之至；圣人，人伦之至。礼，时为大，顺次之，体次之，宜次之，称次之。晋王敦有一老兵，尝逮事诸葛武侯。敦问武侯为人，对曰："不知其他，但见自诸葛公后，其所以处事皆未有若诸葛公之妥帖者。"嗟乎！此老兵不知道，而其言则至道所存也。天下至理，无不自然恰好者也，稍过不及即为病。

天下尽有一般道理甚正大，但说得行不得，便非真正。倘徇门面好看，顾虚名而受实败，则必不可遂，故曰疑事勿成。胡致堂论杜牧罪言以为未尽理实，矧其不及焉者乎？大人经世，必灼究时务利害之宜，未有虚采陈籍，误信古人，轻以设施，如房琯、王介甫之遗祸于当年，为戒于万世也。

君子之所以道学自修，非为一己欲成其德与名而已，将以成人而经世理物也。君子之欲成人经世而理物也，非出位愿外徇奢志也，以先觉自任正本分事也。天地之心、圣君贤相之治无他事，欲使天下相安而已。横渠《西铭》说得最亲切。孔子曰"修己以安人"、"修己以安百姓"，无穷尽，无了期也。

礼乐兵刑、河漕水利、钱谷关市，诸大经大法，皆安民之实用也。道德义理，所以用此之权衡也。圣人只从广大心中流出一以贯之，后世偏才僻儒分而不能合，则交相蔽，讲用者多遗体，讲体者又不能达用，致使世议儒术迂疏，此道术所以日衰，治政所以日敝也。

后世政治职掌分曹，千条万端，圣人只统之以富教二纲。有志经世致用者，依此以施于政，则操之有要，而不疲厌苦杂矣。足食足兵民信，亦纲要也。深知其意，于从政乎何有。

圣人治天下，尧舜三代、汉唐盛王之所已行，孔孟之所有志而不得行，而谆谆垂诫者，不过安民而已。君子幼学壮行，展经猷，著才德，建功名，不过曰致君忠主，安国家利民人而已。必不得已而急所先，宁后国与君而先安民。盖民安而后国安，国安则君自安，一定之理。若夫徒知利国而不利民，不顾民之水火疾痛，而曰吾固以利国奉君也，譬掘根焦土而求种获，必不得矣，卒之民亡而国遂受其大败。《孟子》曰："民为贵，社稷次之，君为轻。"此利害次第之实理也。谋国者，其先定此识以为主本，安民之本在于本富，本富在于理财，理财在于得贤用人，得贤用人在于能知人能官人，而知人官人，帝尧犹病且难之。今须先讲知人之道，大约观其行己有耻，存心宽仁，为世道起见，处事顾大局大义者，君子也。行己贪鄙，存心只为一己，自私自利，不顾大局大义，无世道人心之志者，小人也。小人之使为国家蓄害并至，自古圣人津津戒之，一部《易经》，陈其消长进退之机，至危至惕，可不念之哉！然莫谓人之易知也。世有论笃之伪君子，惟在人前做个无大破绽之人，则往往为其所欺。又有大奸，专事弥缝，如王莽，则又为其所欺。又有乡原，外貌似忠信无过，而大节不立，缓急不可恃，则又为其所欺。而知人之本，又在自家明德修己克治之严。余尝作诗曰："君看明镜成，光精宿百炼。"若自己本有所偏好偏恶，则小人即以此投之，堕其术而不悟，不但国事受其害，即己亦受其败矣。经明其义，史著其事，殷鉴不远也。朱子尝推《易》理以观人，谓凡阳之类必明，明则易知，凡阴之类必暗，暗则难测。故其人光明正大者，必君子也，若澳涩诡秘，必小人也。余平生最畏恶阴分人，深中厚貌，固默不语，时时偷眼窥人颜意。余每见之芒刺，乃信阳明为君子也。观人诗文亦然，言为心声，不可掩也。

既知其小人，却又不可露明以显斥之，使无所容，激成大乱。《易》曰："扬于王庭，孚号有厉。"古人以此败者多矣，前史所载，皆前车之鉴也。要在自己明道穷理，克己自修，不受其欺。所以处之者，又必使小人皆化为君子为我用。此乃是圣人大作用，断毋独为君子，激成小人之祸。自古小人多，君子少，小人常胜，君子常受祸。《易》曰明于忧患与故，读史时须一一详察其故，考其成败，若遇当斩断时，则决于拔其根株，毋为妇人之仁，自贻噬脐之祸，如王允、唐五王也。处大事当以隽不疑为师，毋荧庸人之论。

为政在安民，又在知大体，不可烦数。老子喻以烹小鲜，曹参毋扰狱市，山谷云慎勿惊鱼使水浑，此皆是大智谱也。

救荒宜早，豫在得人，赵清献、富文忠、祁忠惠已事，余载在《感应篇畅隐》。

人心中自有明镜、筹算、权衡、量斛、尺度，一一自备贮心中，此自古圣贤英豪所留以赠我者也，故事物至前，一无所逃遁。所谓明镜、筹算、权衡、量斛、尺度者何也，曰：理也。其义在四书五经，其事在廿四史，凡先哲之格言，具于载籍者皆是也。如此取用，方为能读书致用，否则，纵博雅著书能文，不过鄙俗小儒而已。而自古及今多蔽于此，由志量卑狭惛蔽，惟知自私一己，而不明理、不知学、不知道也。虽读破万卷，著书成名，于我何有哉？于古圣贤何学哉？于天地民物何益哉？其不可耻乎？

非仁不能克己，非义不能制事，非勇不能乘时，非智不能审幾，非幾不能成务，非深密不能沉幾。要之，宽裕温柔，齐庄中正，发强刚毅，文理密察，少一不得，全之乃为尽其性。

积重之弊，非改弦更张之，则不能转败为功。然而庸人既不能见，粗中浅士见而露之，亦必不能有功，且或泄密，害成矣。是惟沉几独见妙虑，断而行之，久而需之，乃能有成功。严延年之变颍川之俗，姚启圣之破台人之结是也。鲁肃荐陆逊曰意思深长。

大约有用之才皆有守气不动心，所谓猝然临之而不惊，无故加之而不怒，澄之不清，挠之不浊，富贵不能淫，贫贱不能移，威武不能屈，如此始可谓大丈夫。

大道甚广，泛数之不能终其物，为举其要，曰仁、义、礼、智、信而已。日用小大之事，依此五者推类而行之，不可缺一端，不可偏一边，所谓率性也，须臾不可离也，离则失。道其类，则曰恻隐，曰羞恶，曰辞让，曰是非，曰诚笃，曰宽裕温柔，曰发强刚毅，曰恭敬齐庄，曰文理密察，曰诚信不欺。其造之之方，曰博学之，审问之，慎思之，明辨之，笃行之，曰知、仁、勇，曰尊德性而道问学，致广大而尽精微，极高明而道中庸，温故而知新，敦厚以崇礼。总之，知行而已。其切而实下功夫也，曰崇德、修慝、辨惑，曰义以为质，礼以行之，质直好义，察言观色，虑以下人，曰动容貌，远暴慢，正颜色，近信出辞气远鄙倍，曰信近义则言可复，恭近礼，远耻辱，因不失其亲乃可宗，曰恭则不侮，宽则得众，信则人任焉，敏则有功，惠则足以使人，公则说，曰无欲速，无见小利，曰不失足于人，不失色于人，不失口于人，曰宏以任重，毅以道远，曰战战兢兢，如临深渊，如履薄冰，曰惩忿，曰窒欲，曰慎独，曰诚意，曰敬以直内，义以方外，曰忠，曰恕，曰约，曰慎密，曰居处恭，执事敬，与人忠，曰非礼勿视、听、言、动，曰克己复礼，曰不远复，不贰过，不迁怒，无伐善，无施劳，有若无，实若虚，犯而不校，曰无虚假，无间断，曰不息不已，自戒慎不睹恐惧不闻，及于位天地，育万物，皆所谓道也。得道者多助，失道者寡助。多助之至天下顺之，寡助之至亲戚畔之。存亡成败，兴丧荣辱，其几至危、至切、至明、至著，第观之耳目所接乡党邦国并世之人，历历不爽。又远览经史传记、古人已行成迹，究其终始，生其儆畏，斯为知道之君子，庶可免于悔败乎！

举事不合于义理已为失道，若又不出于拙直而文之以巧，则心术益险陂，直为小人之尤者矣。以此自省，即以此观物，修慝、辨惑，莫切于此。

天下至阴之类最毒，虺蝎是也。小人之性象之，彼心地阴惨私隘，如蛇蝎之处壁穴，不睹天阳光明之景，惟欲肆其螫以足其性，故非德之所能化，教之所能喻。然天下惟至阳可以破至阴，吾赫吾阳德，则彼毕竟不敢肆其形。若彼既以阴很憯志成毒，而我复以阴很憯志应之，还相为螫，则已与为类矣，而何以胜之，只益其败耳。惟有修己以敬，自处无疵，而与人则专崇宽大仁厚，阳德和气，薰蒸变化，如东风解冻，使彼自销匿，此圣人经德正行也。如彼不可变，则我免于尤而效之之罪，亦可无疚于志。处恶人只有此一道，故古今君子之心恒苦，而亦最得便宜自然，恃有此道也。

凡祸患之来，皆由自掇。小人之以贪污忿欲得之者无论矣，若君子亦不免者，大抵以言取之，所谓惟口兴戎，悖出悖入也。以名取之，所谓匹夫怀璧，慢藏诲盗也。甚则以行谊取之，所谓民之多辟，无自立辟，违俗忤众，盗憎主人，民恶其上，恶直丑正，物忌孤芳，猘犬憎兰，畏明镜见疵，相形见曲，积羞变怒也。总之，暗然尚䌹，无畔援歆羡，以约失之者，鲜矣。故曰俭德辟难，其惟慎与恕乎！此正理也。

佛家清净，无许多冤亲葛藤，拖泥带水，然灭绝伦理，终非正道。圣人含宏光大，品物咸亨，于人无所不容，亦未见有撄之者，此中庸至善之道也。今惟以广大自胜、尽分尽职以进于圣人之道，此学问之实际，毋徒笔舌滚滚，而心身龌龊，依然庸夫也。

孙高阳曰：“当大事，须置身天宇之外，俯视所营，乃能洞晰情势。”程子亦曰：“坐堂上，然后能理堂下。”李凤冈曰：“人必出世，而后能经世。”所谓出世，指此心言耳。“公孙硕肤，赤舄几几。”圣人遭变，不失其常度如此，何有著敝絮行荆棘中也。

卷 三

姜西溟与子侄论读书云："读书不须务多，务多易忘。但严立课程，勿使作辍，则日累月积，所蓄自富，可使不致遗忘。"欧阳公言《孝经》、《论语》、《孟子》、《易》、《书》、《诗》、《礼记》、《周礼》、《春秋左传》，准以中人之资，日读三百字，不过四年半可毕，减半亦止九年可毕。东方朔上书自夸敏给，以成算计之，一日才诵二百零三言耳，不过中人稍下之课。可见古人读书不苟。大抵读一书，必思得此一书之用，至于终身守之不失。如此虽欲多不得也。

阎咏记郑耕老劝学，亦据欧阳公所数九经字曰：《孝经》、一千九百三字。《论语》、万二千七百字。《孟子》、三万四千六百八十五字。《易》、二万四千二百七字。《尚书》、二万五千七百字。《毛诗》、三万九千一百二十四字。《礼记》、九万九千二十字。《周礼》、四万九千八百六字。《春秋左传》、十九万六千八百四十五字。大小九经合四十八万四千九十五字。郑又补数《仪礼》、《公》、《穀》共十四万二千三百十六字。并载其父潜邱先生之言曰：以《禹贡》行水，以《洪范》察变，以《春秋》断狱，或以之出使，以甫刑校律令条法，以《三百篇》当谏书，以《礼》为服制，以兴太平。此则两汉制也，始可谓之真经术云云。余谓阎氏此说虽皆本古人成说，然甚陋。如此则一经止作一小事用，何其视经太狭也。且经者，圣人心法治法所寄，汉人所得所用几何，而可以为学者率与？若近时汉学诸公所学所著，专于训诂破碎，妄敝精神于无用，又并阎氏此意亦无之矣。

经不能遍通也，汉儒多是专门，各有师承，谓之家法。自明以来十三经之名以立，兼且后世印刻本易购，家弦户诵，而经反亡矣。童年丱角，动矜能倍诵五经，究之，问以训诂大意，则并未能通一经。初时犹有专经功令，近亦罢之。窃以塾师之教当且详授一经，使训诂义理无不周洽该贯，终身守之，可以用之不穷，以读他经，亦易通贯。

读书不须多，只要精熟，读必二三百遍，字字句句须要分明。又每日须连前授通读成诵，不可一字放过。史书每日须阅一卷半卷，疑难处要问。

夫指引者，师之功也，规戒者，友之责也，决意而行则在己。

九经之外宜读者，择缓急，视其用者先之。朱子论《孔丛子》，因曰天下多少是伪书，开眼看得透，自无多书可读。此所谓伪，与韩公所云能辨古书之真伪者同。然窃谓天下多少古书为世所崇重，及观其言，则多谬妄，是非失衡，义理乖舛，于身心治平之用全无。此虽真古书亦犹之伪耳。元吴海论书得失一篇可与朱子之言相发，子弟宜先取熟复之。

大约读《小学》而实之以四子五经，则大意已明，天地方圆亦可见矣。次则教之读史，看《近思录》、程朱语录，益得讲贯之实。至于诸史志及通典、通考制度之书，必不可阙，虽非先务之急，亦不可缓。

陆桴亭曰："地利只是险阻二字，山为险，水为阻。秦以一面东制诸侯，山为之也，长江天堑以限南北，水为之也。"又曰："人欲知地利，须是熟看《通鉴》，将古今来许多战争攻守去处一一按图细阅，天下大形势所载亦不过数项，如秦蜀为首，中原为脊，东南为尾。又如守秦蜀者必以潼关、剑阁、夔门为险，守东南者必以长江上游荆襄为险。此等古人俱说过做过，只要用心体会，其或因事远游，经过山川险易，则又留心审视，默以证吾平日书册中之所得，久之贯通，胸中自有成局。其他小利害处则须到彼，或按图籍，或问土人，当自知之。"余按《方舆纪要》即是如此。桴亭时此书未出，未之见耳。予尝取顾氏之书，专录其论险要用兵之处，为《屠龙子》二卷。储大文存研堂论地理详于沿革，顾氏详于险易，有用之书也。若欲学文，则经史外以《国策》、《史记》、《汉书》、屈子、《庄子》、韩文为最要，必须通贯。昔唐李卫公诫不得蓄《文选》，以其不根义实。要之，学文者亦不可少，但当择之耳。

《管子》言古者四民不杂处，朝夕从事，不见异物而迁。此最成务成材。要著百工居肆以成其事，则耳目心思不杂而忙，乃能致精。

子弟固于书无不当观，然须知择。学未知本而泛滥于百家，如入五都之市，眩目夺精，逐无涯而不知反，亦何益身心致用也。故读书虽第一善美之事，而不能知言择要，则终身障蔽如迷，非徒枉抛心力，抑且为害。如王厚斋论王庭秀《摩纳集》，古书误人若此者十居七八，若不能辨真伪而尽信之，其害有甚于鸩酒毒脯。元吴海言之最切。

东坡教子弟读史书，取喻贾胡入海，先计定此次所取何物，此一法也。譬如入五都之市，心中若无区分，安能一时全用许多物事。

朱子论读书曰："循序渐进，熟读精思，思了又读，读了又思。只有此法，更无别法。"又曰："人之思多在夜中，苟不熟读，则夜亦无从思起。"汉董遇教学者云："读书百遍，其意自见。"皆至言也。

朱子曰："人只将圣人书玩味读诵，少间意思自从正文中迸出，不待安排，不待杜撰，如此方为善读书。"

又曰："莫说见得了便休，而今看一千遍见得，又看一万遍见得，又别须是无这册子时，许多节目次第都历历在自家心目方好。"

又曰："欧公只是作文字，尚知于三处思量，谓马上、厕上、枕上三处思。今人对著册子便思量，册子不在，心便不在，不济事。"

吕东莱说是究是图，即程子讥王介甫隔壁看相轮之意。古人言谈虎色变，亦即其意。佛家言印悟与知解宗，徒天地悬隔，读书穷理必深晓此义，方有真得真下落。杜公云读书难字过。此虽指一端，可见古人为学皆逐字读过，一字不放过，既了其文辞，又周其旨义，故读一书则受一书之益，得一书之用，自修身、蓄德、处事、接物、治平之理，皆取之于此，而用之不穷，故曰经术。今人卤莽麤粗，名为读书，并不能记，遗忘脱节，问其训诂不知也，问其大意不知也，甚则金银伏猎，别字曹如，惟剿袭滥恶之文，以博取巍科贵显，古今不知，体用全瞢，证多慰同，骄心盛气，而世遂不可为矣。其不可耻乎？而不知耻也。

古今陈籍汗牛充栋，从何处下手，故当请教名师益友，示我周行。然此师友猝不易遇，苟不得其人，则为所误，引入歧途迷径，致误前程。吾为此惧，故略示以大概节目，虽未敢信，而较之不知而作者，则有间矣。近见有先辈刻一书院课读书目，具言载籍至众，别裁非易，爰取目前切近之书各列数种，以开学者识力，正其趋向。其言善矣。及观其书目所取，悉汉学僻伪之书，非体非用，不急不切，徒卖弄杂驳，一望如黄茅白苇，甚伧陋邪妄，且多挂漏，所谓无德者眩，有德者厌，后人学未知本知要，骤而读之，如入大海，未有不反迷其本性，吾所谓引人入歧途迷径者，谓此种也。

张杨园先生《示子维恭书》后所分十二纲：曰祖宗传贻"积善"二

字；曰子孙固守农士家风；曰立身四要：爱、敬、勤、俭；曰居家四要：亲亲、尊贤、敦本、尚实；曰正伦理；曰笃恩谊；曰远邪慝；曰重世业；曰承式微之运，当如祁寒之木，坚凝葆固，以候春阳之回，处荣盛之后，当如既华之树，益加栽培，无令本实先拨；曰平世以谨礼义、畏法度为难，乱世以保子姓、敦礼俗为难，若恭敬、撙节、退让，则无治乱一也；曰恂恂笃行是贤子孙，佻薄憸巧、侮慢虚夸是不肖子孙；曰要以守身为大、继述为大。此十二纲最切日用，凡为人子者，皆当奉为准绳也。

陆桴亭读书法将所读之书分为三节，自五岁至十五岁十年诵读为一节，自十五至二十五岁十年讲贯为一节，自二十五至三十五岁十年涉猎为一节。其法似善，但拘泥而不通。夫人质有敏钝，年有修短，何可限制？矧涉猎之功至无穷尽，绳以年分，束以书目，非通识所宜尔也。今约自七岁至十五主诵读，兼讲贯，自十六至二十五主讲贯，兼及涉猎。虽涉猎无穷期，要为体为用之主者，则专毕于三十以前，以立其本可也。

致用之学，史尤切用。如太史公八书、《汉书》诸志、隋唐二书所辑五代史志及马竹村《通考》备之矣。然此等皆不过迹耳，其用不在此。若泥之，未有不致败者。多一分学问，多一分我相，古方不可医今病，执我见以自矜能者必败。大儒之学，惟痛反此病。

子贡赞孔子曰学不厌智也。盖学之先，须赖智以启其衷，导其涂，非信古固不能好，而非智则不能信。知而信之，以发悟其初心，而后始好，好之斯乐，乐则生而不能已矣。

修德之要，曰崇德、修慝、辨惑、博学、笃志、切问、近思。要之以毋不敬，惕之以不远复，圣门教学之大指尽矣。其余一部《论语》，皆集验方也，一部《孟子》，皆六经之传笺疏解发明大义也，《大》、《中》则如规矩权衡也。《大学》以修身为本，修身之实当日救过之不暇，视己常如负沉痼之疾而不忘寻医焉，战战兢兢，以至启手足方免。君子有终身之忧谓是已。

古名臣上书多条列事件，但须切中时弊，方为有用之书。邱琼山《大学衍义补》诚亦资治之书，然不敢载宦寺，遗讥通识，不中时弊。近人有辑朱子文集为《经济文衡》，不可不阅。至于贺中丞《皇朝经世文编》最美备矣，然若不先稽古，则阙本无权衡审择，其弊亦不细也。

读书之法，须沉潜绅绎其文字上下前后之蕴，少间义理自在行间迸出，所谓温故知新也。若卤莽一看，便下己意，论断是非，或妄疵短之，则恐昧其立言之指，曲折包蕴之精。以此看浅陋驳杂之书且不可，况可以窥圣贤之精蕴邪？

读一书，便当受此一书之益，收此一书之用，然非知言善取不能也。朱子曰："南、北《史》除温公所取外，皆是小说。"愚谓《孔子世家》除朱子所取外，皆不根诬妄之鄙谈。史迁之才，惟能传项、吕、四公子为宜，其智盖不足以道圣人也。

古人著一书，必使无一理之不具，非是卖弄，由有本源，容光必照，自然如此。譬如水焉，津源虽未盛大，然必可以注江放海，毋为绝潢断港也。又譬如食焉，必使可以适口充肠，资养慧命，不为卤莽，必为菽粟。若乃如食蚯醢，既不可口，终日食不得饱，即使饱饫，亦必撑肠挂腹，为病伤生，又况如鸩酒毒脯者耶！

陆桴亭曰："韩文公言：生乎吾前，其闻道也固先乎吾，吾从而师之；生乎吾后，其闻道也亦先乎吾，吾从而师之。师之所在，以道不以齿。伊川游大学，吕希哲与为邻，斋首以师礼事焉。董萝石长于阳明，不惜北面。"余按汤文正为监司后，始受业于孙夏峰，尹元孚为江南学使，始受业于方望溪，是皆可风也。

愚公移山，曰：子孙无穷而山不加增，何苦而不平？补陀大士遇磨铁为针者，曰：汝岂愚耶，尺铁可磨为针乎？其人曰：今生不成，后生亦磨成之。大士大悟。东坡曰：徐徐而为之，十年之后，何事不立？但恐此意不坚，行之不力耳。

读史得益较易于读经，盖经所陈义理精蕴深隐，人或难窥，史可骤触而动于心也。舜以好问察迩言为大知，《大雅》询于刍荛，《皇华》五善以补不及，人皆读之而不悟。及引唐太宗之纳谏，诸葛恪之愎谏，则如聆新闻矣。忠信重禄所以劝士，《清人》之诗讥郑文公之弃高克，《北门》诗之悯贫窭，《东山》、《驷牡》之劳归，士人皆读之而不悟，及观孙权之恤吕岱，有感激欲涕，思报愈奋者矣。凡此可以类推。然读史久，又易令人心粗，故又当先之以经，则酝酿深厚而不见其涯涘。

治国以理财用人为大纲先务之急，冢宰制国用，司马辨论官材，治家之道理亦同。然若不能经理，量入为出，势绌举赢，生计困乏，救死不赡，奚暇进德修业？陶公、许鲁斋、张杨园津津皆以为言，岂悖义猥鄙哉？陆梭山治家，以一人督家政，后世士大夫堕名堕行，皆由家以累之也。治家二字经，曰勤曰俭。每思天生一人，莫不各予以至足之生理，所以不足至于困死者，皆由不勤不俭，人事之悖也至于大坏，计无复之，以至于死绝，则天人皆不相管，此一定之理，古今同然。所贵有道，须未至于是，尽思患预防而早为区处，圣人无厄地，用此道也。如子舆、子祀、黔娄皆似未尽圣人中正之道，恐非天之正命，以此怼人怨人固悖矣，即以此归之命而安之，亦恐似诬天。孔子所以叹周公《鸱鸮》之诗为知道也。

人之大患败名失身，多由不能守经而好语行权，不求仁而好言智，予智予圣，驱而纳诸罟攫陷阱而不知。故君子似铜，强立不反，然后乃可入世。托于行权而致败节丧守为小人遗臭，则宁守经以死，平、勃所以不如王陵也。古今人以此失身而不得为完人者多矣，如马融、蔡邕、狄仁杰、柳宗元皆可惜，当以此自懔于平时。

今时讲学者，才看一两家语录，主以一己之聪明意见，傅合先儒几处大头脑议论，居之不疑。夷考其内之所存，行之所习，只益坚其私僻很戾之用，圣己愚人之心而已。推原其根由，志在邀名，原未真决志于克己去私心以求几实德也。君子之学道也，以改过去私、诚意毋自欺为切务，如春风解冻，涣然冰释，怡然理顺，日去其故以即其新也，委其不美之质以从于道也，瞿瞿然日救过之不暇也，闻恶则惧，聆刺讥之语若伤我也，戒谨恐惧于不睹不闻之地也，汲汲然望道而未之见也，皇皇然计日程功而忧患其无实善可纪也，乐闻己过也，见善则惊也，欣欣然得一善乐而生之而不能已也，见义必为也，仁心恻怛也，不知老之将至也，惕惕自勉，日可见之行毙而后已也。若夫其规模节目与夫经世理物之用，则又必急讲求而无遗也。今且先著五达道之大意，以立其本。

幼学壮行，所行者何？致君泽民而已。致君者，格君心之非，必使君无失道，泽民者，必使民安其生。以此为二纲，凡时地事所宜，古人所言所行悉记其善者，实心实力行之，不惑不惧。但须学识知虑精明，不可泥古戾今，尤在勿巧伪沽名，避一身之苦。

为政之本，在于修身以德，勿玩视民瘼。何谓德？曰恭、宽、信、敏、惠，无欲速，无见小利，尊五美，屏四恶，以不忍人之心，行不忍人之政，养民惠，使民义，足食足兵，民信之矣，刑期无刑，杀以止杀，凡此皆切要之言。

道之以政，齐之以刑，固不如德、礼。然又须知水懦火烈，法立知恩，古之以浊滥惛恢，文恬武嬉，无纪纲以底灭亡者，失政刑也。

古圣人之所志与其所设施政治无他，只欲安民安人而已。万物得所，则天下之事毕，人之职尽矣。故禹、稷常存饥溺之心，孔子常抱安怀之志，皆不论穷达，以为己事而恕以推之，欲立立人，欲达达人，尽其性以至尽人之性，尽人之性以至尽物之性，尽物之性以至于天地位，万物育。圣人之道如大路然，坦平易直，荡荡平平，故当克己去私，奉此以为准。

圣人之道皆易行，只要你自肯。至于情理之外之人与事，在尽仁尽知以处之，亦无事。

忿傲者，狱之所由生也；拒谏者，虑之所由塞也；慢易者，礼之所以失也；惰怠者，事之所以不成也。

以《大学》好恶、公私为为政之本，以理财用人及《中庸》、九经为纲，以富、教为二纲，先富后教。

民不畏死，奈何以死畏之？此中之所以潜移默运者，在得其心，不在刑政之迹。得其心，不必刑驱而势自足以禁之，不得其心，虽刑无益也。风行草偃，焉用杀也，圣人计之熟矣。至于刑乱国，用重典，则又杀以止杀之意也，必审克之。

行事适机宜，风采可畏敬，古之名臣率用此以收永誉，所谓令闻令望，在此无斁，在彼无恶，君子未有不如此而早有誉于天下者。

夫孝者，善继人之志，善述人之事。尝谓为人子孙，能以父祖之心为心，方为一气。否则，纵极富贵辉赫，封赠显耀，而志事不存，其气已断，判若两姓之所为，父祖而贤者岂享之乎？若能继志述事，以父祖之心为心，虽居贫守贱，而父祖之心欣戚相通，是谓能孝。若不幸父祖而不贤者，则必思改行率德干蛊以洗濯之，此其为孝迹。若改革而意更深于象贤。

《孟子》曰："圣人，人伦之至也。"语甚新，可知舍伦类之近别无道可为，有是伦即有是道理，故曰有物有则。不然，何用圣人？

女德无极，妇怨无终，孔子亦以为难养，近之不孙，远之则怨，自古败国亡家，多由妇女。近世女教不修，妇女不闻礼义柔顺勤俭之教，悍恶凶泼，纵心任意，此皆由男子不贤，不能以礼义先治其身以率教之故。始则纵令其不良恣逞恶，继则为其所制，畏而不敢与校，酿成浇风，败行恶俗，亡家灾身，殃及子女，而古先孝谨家法忠厚之泽遂斩。世风沦溺，人才日衰，实由此成其祸胎。世人不急讲之于此，而惟欲徼倖富贵，不知人事若此，天岂佑之？且如此逆恶之类，纵极富贵，不过益助其骄奢淫逸，终亦必亡而已，速败耳矣，何足为荣乎？

　　鲁人之颂其君曰："令妻寿母"。吾尝以为，妇人之德，必先能为人之令妻，而后能为人之贤母。寿也者，又其德之所孚而致焉者也。历观古之名贤，多由母教而成，故有贤母而后有贤子，人才所关系于世运者不细。

　　兄弟以亲爱为主，纵有不善，惟当忍受，终不得怨尤以替其亲爱。必以大舜为法，多看古人友于盛德事，惟孝友于兄弟，施于有政，此修齐治平一贯之本也。

　　交道难言，古人最慎不轻许如王丹可法。若其始不慎，苟合比匪，后日弃绝之则伤义，终始之则累于德。友者，友其德也。丽泽以取益，惟直谅多闻为益，损友宜远。

　　朋友有责善之道，然君子教人以善，当思其能改，攻人之恶，当思其能受，不可则止，毋自辱焉。

　　君子之交淡如水，久而敬之。小人之交甘如醴，及名利之际，相倾相轧，凶终隙末矣。自古如此，可以鉴矣。

　　古人云：宁使人讶其不来，勿使人厌其不去。又云：一与之交，死生不改。当面规过，退毋后言。患难相救助，义理相规劝。此皆交道所当法也。

考槃集文录

辨道论

佛不可辟乎？辟佛者，辟其足害乎世也。佛可辟乎？害乎世者，其人未可定也。世之辟佛者，夷佛于杨、墨矣。孟子之罪杨、墨也，为其无父无君也，由无父无君而驯至弑父弑君，故曰辨之不可不早辨也。则以罪杨、墨者罪佛，亦将如是云尔。

春秋之事，可考而知矣。其时杨、墨犹未有也，而乱臣贼子已接迹于鲁史之书矣，故孔子惧而作《春秋》也。商臣、赵盾、崔杼之祸，固非由杨、墨而致也。汉之事，可考而知矣。传言明帝时佛法始入中国，而王莽已生乎其前矣。其后若董卓，若曹操，可谓无父无君之尤者矣，而莽与卓与操固不习乎佛之教也。今郡县小者不下数十万人，此数十万人贞邪不一，而极其行恶至于无父无君、弑父弑君，盖不多有焉。今谓不多有之无父无君之人之必在于学乎杨、墨与佛之人，而习儒者无不出于忠孝也，虽好为异者，亦莫敢主其说。

汉高之甘心烹父以取天下也，以为为民，则固已倒矣；以为为富贵，则狗彘之不若也。其后若杨广，若刘守光，若李彦珣，或手刃其父，或亲集矢其母，皆汉高之实启之，佛固不忍为此矣。儒者不以风俗人心之坏罪汉高，而以蔽于佛，是谓真蔑其君父者为可原，而以其迹之疑于是者为必诛，此不知类之患也。

乡有富人，积财货万亿，阡陌庐舍，不可籍纪。俄而富人死，其子弗能遍稽也。其奴之黠奸者，日相与荡覆之。其子弗知其奴之所为也，则以为其邻实盗之，而亦无以明其盗之实也，但以其迹也而疑之，因苦讼之。外盗之实不可定，而其奴之盗日益甚。士不明乎道，而以辟佛为名者，皆富人之子之类也。君子者，理之平也。富人之奴荡覆其主之财而无罪，而以刑书诛邻人，非圣人之法也。

天下之物，有其极至者，则必有其次至者以与之为对，月之与日是也。彼佛者，亦圣人之月也，莫得而加也，亦莫得而去也。佛本西国王子，捐其位势而弗贪，去其富贵而弗处，苦身积行，林栖木处，数十年以求至道。有大人之诚而不以立名，与天合而未始有物，鬼神无以与其能，帝王莫敢并其位。使圣人见之，亦且礼之，况未至于圣者乎？且佛之为行甚苦，其为教甚严，椎拍辊断冷汰于物，故曰非生人之行，而至死人之理，非夫豪杰刚忍道德之士，莫能由也。今人颉滑，颠冥慑势，荣利好色，虽佛招之，固莫从之，而奚待于辟？

山之东有国焉曰齐，山之西有国焉曰晋，江之南有国焉曰楚，关之中有国焉曰秦。其余济清河浊，裂采限封，各固疆圉。其水土不齐，其言语不齐，其风俗好尚政教不齐。自王者视之，皆以共理乎吾民而已。列国者，务相争相寇，日寻于难，势不能服，而兵争不已。及至于秦，恶其争也，悉罢其封建而郡县之，然后天下统于一。老、庄、杨、墨、佛者，秦、楚、齐、晋也。言语风俗之不齐，则道术之各异也。自其一而言之，皆大道所分著。而儒者，特为罢封建之秦。然封建虽废，天下虽一，而列国风俗言语不齐如故也。天能覆而不能载也，地能载而不能覆也。耳目鼻口各有所明，不能相通，必欲比而同之，其势固有所不可也。既天下皆知有王，则列国之俗各有所习，皆有所宜，固无庸革也。既学者皆知有圣，则百家之说各有所明，时有所用，固无庸废也。

曰：孟子曰："能言距杨、墨者，圣人之徒也。"然则孟子非与？曰：孟子之时，世衰道微，邪说横作，充塞仁义。杨、墨之道不熄，孔子之道不著。譬齐、楚、秦、晋强，而侵弱乎周也。诸侯强，天子弱，其势足使天下不知有王。故曰：吾为此惧，闲先圣之道，岂好辨哉，不得已也。由周而来，至于唐，千有余岁，圣人之道不明。唐承魏、晋、梁、隋之敝，自天子公卿，皆不本儒术。士大夫之贤智者，惟佛老之崇。韩子怀孟子之惧而作《原道》，盖犹之孟子之意也。及至五代，王道不行，君臣父子之纲几绝。宋兴，佛学方炽，圣教未明。殴［欧］[1]阳子忧其及于后世也，故作《本论》以辟其教，盖亦犹韩子之意也。故在战国之世，不可无孟子，在程朱之前，不可无韩子、殴［欧］阳子。今生程朱之后，而犹执韩子、殴［欧］阳子之言以辟佛老，必为达者笑矣。故君子立言，为足以救乎时而已，苟其时之敝不在是，则

---

[1] "殴"，应为"欧"，此径改。

君子不言。故同一言也，失其所以言之心，则言虽是而不足传矣。故凡韩子、欧阳子之所为辟乎佛者，辟其法也。吾今所为辟乎佛者，辟其言也。其法不足以害乎时，其言足以害乎时也，则置其法而辟其言。其言亦不足以害乎时，而为其言者阳为儒，阴为佛，足以惑乎儒，害乎儒，其势又将使程朱之道乱而不复明也，则置其佛之言，而辟其立乎儒以攻乎儒之言。

以孔子为归，以六经为宗，以德为本，以理为主，以道为门，旁开圣则，蠡迪检押，广而不肆，周而不泰，学问之道有在于是者，程朱以之。以孔子为归，以六经为宗，以德为本，以理为主，以道为门，以精为心，以约为纪，广而肆，周而泰，学问之道有在于是者，陆王以之。以六经为宗，以章句为本，以训诂为主，以博辨为门，以同异为攻，不概于道，不协于理，不顾其所安，鹜名干泽，若飘风之还而不悦，亦辟乎佛，亦攻乎陆王，而尤异端寇仇乎程朱，今时之敝，盖有在于是者，名曰考证汉学。其为说以文害辞，以辞害意，弃心而任目，刬敝精神而无益于世用。其言盈天下，其离经畔道过于杨、墨、佛、老，然而吾姑置而不辨者，非为其不足以陷溺乎人心也，以为其说粗，其失易晓而不足辨也。使其人稍有所悟而反乎己，则必翻然厌之矣。翻然厌之，则必于陆王是归矣。何则？人心之荡而无止，好为异以矜己，迪知于道者寡，则苟以自多而已。方其为汉学考证也，固以天下之方术为无以加此矣。及其反己而知厌之也，必务锐入于内。陆王者，其说高而可悦，其言造之之方捷而易获，人情好高而就易，又其道托于圣人，其为理精妙而可喜。托于圣人，则以为无诡于正，精妙可喜，则师心而入之也无穷。如此则见以为天下之方术真无以易此矣。故曰：人心溺于势利者可回，而溺于意见者不可回也。吾为辨乎陆王之异，以伺其归，如弋者之张罗于路歧也，会鸟之倦而还者，必入之矣。

曰：天下之是非亦无定矣，陆王既以其道建于天下，而吾方从而是非之，其谓吾之是非为足以定乎彼之说邪？虽定其说矣，庸讵有毫末增损于道乎哉？然而不得已而辨之者。君子之立言，为救乎敝而已。扬雄有言：吾於荀卿，见同门而异户也。彼其非之，固莫同也，此其宗之，奚以异乎？孔子曰：天下同归而殊涂，百虑而一致。所从入之涂不齐，则不谋。故小人在利若水，君子在势若水。水也者，其源异，其委一也。陆王、程朱同学乎圣，同明乎道，同欲有以立极於天下，然而不同者，则所从入有顿与渐之分也。

何谓顿、渐？佛氏言化法四教，有顿、渐，犹箕子所云高明也、沈潜也。程朱者取于渐，陆王者取于顿。顿与渐互相非而不相入，而不知其原于三德也。人之生，得全于阴阳之性者，圣人耳。惟圣生知似顿，而不可以顿名也。其次不毗于阳，则毗于阴。其性如火日之光而无不照也，而稍速则毗於阳者也，是顿也。其性如金水之光而无不照也，而稍迟则毗於阴者也，是渐也。则皆次如生知者也。传曰："自诚明谓之性，自明诚谓之教。"以其学而言，曰性，曰教，以其候而言，曰顿，曰渐。回其顿乎？参其渐乎？然而孔子立教，顿非所以也。孔子立教，必以渐焉。《论语》曰："吾十有五而志于学，三十而立，四十而不惑，五十而知天命，六十而耳顺，七十而从心所欲不逾矩。"《中庸》曰："君子之道，譬如行远，必自迩，譬如登高，必自卑。"其列诚之目五，曰：博学之，审问之，慎思之，明辨之，笃行之。颜子之照，邻于生知矣，而夫子教之，必曰博文，必曰约礼。及颜子既见卓尔，而追思得之之功，叹以为循循然善诱人。则夫子立教，不惟顿之以，而惟渐之以，亦明矣。并曾子而闻一贯者，惟子贡。而子贡之言夫子曰："性与天道，不可得而闻也。"故以实则颜渊、子贡贤于陆王，以迹则陆王贤于颜渊、子贡。且夫由颜渊、子贡而至陆氏，是千年而后生也。由陆氏而至王氏，是数百年而后见也。古今学者不绝于中，则渐之所磨以就者多也。渐者，上不至颜渊、子贡，而不至欲从而末由，下不至下愚，亦可攀援而几及。是故程朱之道为接于孔孟之统者，惟其渐之足循而万世无弊也。

且夫顿之所得者，心悟也。悟心之妙，上智之所难明。今为众人法，而以上智之所难明，则中人不得与焉矣。为其德之弗明也，而教之以明德。今以德之不明而绝于明之望也，则其于教亦反矣。故圣人之教如天，陆王之教亦如天。圣人之教如天云者，苍苍然，东面、西面、南面、北面，立于地而无不见也。陆王之教如天云者，天不可阶而升，则将永为凡民焉，以没世耳矣。虽然，成陆王之过者，孟子也。子贡之称夫子曰："夫子之不可及者，犹天之不可阶而升也。"公孙丑之称孟子曰："道则高矣，美矣，宜若登天然，何不使彼为可几及而日孳孳也。"公孙丑之言则适得孔子之意，而孟子引而不发。余故曰成陆王之过者，孟子也。孟子学乎孔子而正其统，陆王学乎孟子而流于佛。夫孟子于孔子不可谓有二道也，而其流已如此，则百家所从分之异路，往而不返，何怪其然也。耳目之官不思而蔽于物，物交物，则引之而已矣。心之官则思，思则得之，不思则不得也。此天之所与我者。"先立乎其大者，则其小者不能夺也。"此孟子之言也。而陆氏之学执之以为之术。"人之所不学而能者，其良能也，所不虑而知者，其良知也。孩提之童，无不知爱其亲也，及其长也，无不知敬其兄也。亲亲，仁也；敬长，义也。无他，达之天下也。"亦孟子之言也。而王氏之学执之以为之术。陆氏、王氏学乎孟子，则可不谓有大扬搉乎？奚遽入于佛？入于佛者，非允蹈之也，说不免焉。

夫有官而后有职，有职而后有事。事举而职修，则立之说也，为思言之也。今其言曰："墟墓生哀，宗庙钦敬。"是奚待于思乎？而先立之又非也。直指心体，先立乎此，然后下学，若是则知行之序已倒也。《易》曰："知至至之，可与幾也。知终终之，可与存义也。"程子以知至为致知之事，知之在先故可与幾。知终为力行之事，守之在后，故可与存义。此学之终始也。知食之足以已饥，而后农夫耕稼以继之，知衣之足以御寒，而后红女织纴以继之。陆氏基址之说是也，惜所以为之基址者，非也。先行而后学，以补其知，故曰其序已倒也。且先明乎善而后能实其善，《中庸》之恉也。明乎心而无不明，而无事下学者，佛氏之教也。若夫明乎心而犹有未明，犹待于下学，此陆氏之创言，本于佛氏带果修因之说，非《中庸》之恉也。

《书》曰："人心惟危，道心惟微。"人心、道心并举为辞者，尧舜之言也。程子之言曰："人心即人欲，道心即天理。"朱子之言曰："道心常为主，而人心听命焉。"二子之言，一家之说耳。今王氏于程子则是之，于朱子则非之，是乎所是，吾既知其是矣；非乎所非，吾亦知其非也。呜呼！是所谓未成乎心而有是非，将欲是其所非，而非其所是也。道心即天理，人心即人欲，道心、人心，不容并立。故道心常为主，而人心自听命焉。今其言曰："人心之得其正者为道心，道心之失其正者为人心。安有天理既为主，而人欲复从而听命？"呜呼！是欲明人心、道心之非二，以就其转识为知之指，直所言之迂晦，有不可解耳。儒者之于心也，见为二而主于一。见为二，故有听命之说。佛氏之于心亦主于一，而见为一，见为一，故有迷悟之言。王氏之于佛，则可谓同与。盖佛之教，端末虽异于儒，至其论心之要，退群妄，著一真，精妙微审，非圣人弗能辨也。然则儒何以不由之？固不可也。且夫王氏之学既以全乎佛，而又必混于儒。全乎佛，而凡说之羽翼乎佛者，吾不复辟焉。混于儒，而凡说之冒乎儒害乎儒者，吾方且论之。

人之情有七：曰喜，曰怒，曰哀，曰惧，曰爱，曰恶，曰欲。七者，一有不节，则失其中。失其中，而人心肆焉矣。故曰有所亡，有所甚，直情而行之也。圣人者，动而处乎中，贤人者，求而合其中。故曰虽有上圣，不能无人心，惟退而听命焉，斯发而中节耳。且夫动而处中者，不数数也。古者谓之天而不人，今欲以此为学者率，使天下法，则是性无三品也。夫不考性之有三品者，亦孟子之过也。何以明其然也？孟子曰："人皆可以为尧舜。"人皆可以为尧舜云者，是瓦石亦有佛性之说也。以实言之，孔孟及佛及陆王，其等不同，其皆得乎性之上也同。惟圣人知人性之不能皆上，亦不皆下，故不敢为高论，而恒举其中焉者以为教，此所以为中庸也。孟子、陆王则不然。以己之资，谓人亦必尔，虽曰诱之以使其至，而不顾导之以成其狂。故观于孟氏之门，检押斧械蔑如也，攀龙附凤，巽以扬之益寡矣。陆氏方河决而天踔，其御心犹役奴隶也。然"扇讼发明止于心之精神"一语，可谓率矣。及至王氏，一传而离，再传而放，不亦宜乎？故自孟子、陆王至今，远或千年，近者数百年，而不闻复有孟子及陆王者，则孟子及陆王固自由天授焉。夫以千年数百年而止有一孟子、陆王，则是孟子及陆王固不能人人皆尔。而孟子及陆王必谓人皆可以为己者，其意甚仁，而其实固莫得也，则皆过高而失中焉之过也。

陆氏、王氏其取于孟子也同，其流而入于佛也亦同，而王氏之失弥甚。惟其人心、道心之辨执之者坚也，吾为辨其异，指其失而其是亦出焉，无任来者謷乎以智鏊为雷同也。夫谓心惟一心，非有二心，佛氏之指不可谓非妙契也。斯而析之，古今之明，吾未见议之所止也。吾尝致思焉，而略能语其故矣。夫所谓一心者，与生俱生，人皆有之，然固失之。六合之里，四方之内，往古来今，放而不知求者，几千年矣。尧舜也，孔孟也，程朱也，是迪明者也。若告子，若老庄，若佛及陆王，亦克尸而享之，因号而读之。是故尊言之曰道心，实言之曰明德，要言之曰仁，质言之曰本心，径言之曰生之谓性，悟言之曰本来面目，邂逅于墟庙而谓之基址，省识于亲长而谓之良知，则皆此物也，则皆常亲觏而有之也。顾孟子以上，所觏者有四端之物也，告子及佛所觏无一物者也。故一以为义外，一以为一丝不挂也，是以其说不可由也。孟子所觏，告子及佛终身不觏，告子及佛所觏，数千年觏之者未数数也。陆王者，有以及于告子及佛所觏矣，而又望见圣人而未审，故犹影响未底于真也。

虽然，又有辨。孟子言本心云者，指道心而言之也。其言放而不知求，则人心也。人心乍出乍入，实止一心也。宋有女子，读《孟子》"出入无时，莫知其乡"，曰："是孟子也，殆未知夫心者邪，夫心则乌有所出入邪？"程子闻之，曰："是女子也，虽未知孟子邪，其殆庶几能知夫心者也。"夫心固不可谓有出入也。女子者，习于佛之学，直指夫道心，而因蔑其人心，故谓心无出入也。程子之意，则谓出入也者，以操舍而言之也，心固无出入也。心之在人，名实昭然。然自佛释氏以来至于今，儒者辨说百端，卒未有识其为何物焉者，昧昧然，罔罔然，盖数千年弗著弗察焉也。故或以体言，或以用言，或以合性与知觉而有其名。其言心之名象，精至于此而止矣，而卒莫能著其实相为何物焉者。是故达摩欲安之而无可安，神光欲觅之而不可得，阿难七处征之而莫能定，皆同此昧昧罔罔焉耳。吾尝深体之。夫所谓心无出入者，谓肉团心也。彼析其义而未得，又以肉团心无出入，其言近痴，非精妙不能动人，因诬以被之神明之心。而谓其无出入，欲使人求之，以为至道之所在。庄子之若有真宰而不得其朕也，苏子瞻之凡思皆邪也，子由之本觉自明也，文信国、高景逸之放大光明也，皆同此昧昧罔罔也。是故女子及王氏所见，无以异此。而世之小儒，方将掀其唇而吹其焰，是乌足与语真知之契乎？

是故心之为号，一言者，实体也，而尧舜二言之，何也？曰：儒与佛所言心，皆谓神明也。神明有出入，则有人心、道心之分。而佛氏直指道心，因诬谓无人心，遂诬谓无出入，甚而并心亦诬之谓无，而相与苦守一空，而尊谓之曰真如。呜呼！此求圣人从容中道而不得，因歧而迷惑之，至如此可怜哉！其莫有觉而已其迷者也。尧舜孔子以道心、人心出入言之，其为解至确，而其为方甚密，惟不敢忽乎人心也。有人心而后有克治，有克治而后有问学，有问学而后有德行。勤而后获，及其获之也，贞固不摇，历试而不可渝。若夫所谓一心者，转乎迷悟而为之名也。转乎迷悟而为之名，转者一，其不转者又一也。顿悟者，迪乎悟而为之名也。迪乎悟而为之名，悟者顿，其不悟者，顿不顿终莫可必也。然则所谓顿者未尝顿，所谓一者未尝一也。

虽然，此其大介也。若夫彼学行业名实之所立，又非小儒粗学所能历其藩，了其义也。吾尝学其道而略能语其故矣。盖彼所谓顿悟云者，其辞若易，而其践之甚难。其理若平无奇，其造之之端崎岖窈窕，危险万方，而卒莫易证。其象若近，其即之甚远。其于儒也，用异而体同，事异而致功同，端末异而矼乎无妄同。世之学者，弗能究也。惊其高而莫知其所为高，悦其易而卒莫能证其易，徒相与造为揣度近似之词而影响之谈。或毗之谓吾能知之，或呵之谓吾能辟之，以是欲附于圣人之徒而以羽翼乎大道也，而其说愈歧矣。

夫惟不能无人心，故曰危，惟不能常道心，故曰执。今曰道心之外，不可增一人心也，又曰天理在吾心，本完全而无待于存也。呜呼！谈亦何容易邪！未尝反躬，故其言诬，未尝用力，故其言僭而不可信。颜渊问仁，子曰克己复礼。及请其目，则告之以非礼勿视听言动。今曰学者但明理，理纯则自无欲。呜呼！为此言者，是求胜於尧舜孔子也。不辨乎此，则天下之真是何所定哉！自记云：此仍即《原道》《本论》之旨，但韩、欧所辟，特佛之粗，其失人人皆知，在今日无容更言。吾所辟，为佛学精微，宋明以来学者之蔽在此。虽非今日切害，然吾以今时汉学粗末之转步必入于此，故豫为防。其两引《孟子》，固以陆王公案所在，亦本程子言"孟子才高，学之恐无把柄"意挥发之。如此首尾一线贯穿，但行文太播弄，恐不为人所察，聊复自言之。

天道论上

自开辟以来，宇内一切成毁之数，灵蠢知愚贵贱事为推迁之迹，孰主之，必曰天主之矣。噫！是何异齐东鄙野人之谈，不经至于此也。夫宇内一切，亦但人之所为耳，彼天其何权之有。且人生而能食，即教之言，既长，从师而学焉。行能伎艺，日积月累，以至于成人，受室而又生子焉。子既生而不免于水火，则以为父母之罪。可知成毁之数，一一皆人之为，独至于通塞夭寿则归之天，以其明明可知者托之人，而以冥冥不可知者属之天，政以天无所知可借以遁吾说而诬之云尔，岂真天主之哉！且天尝生水矣，而泛滥中国，地失其性，民失其居，微禹，其孰平之。又尝生山矣，而草木彭茂，禽兽狂榛，微益，其孰焚之。非特此也，播种以为食，蚕桑以为衣，范金合土以利用，自城郭、宫室、仓廪、府库以至兵戎、礼乐，凡卫生之经，养生之具，无不待于人，而天无能焉。故曰造化之机人执之，谓天主之者，不经之谈也。天之用，其贯于物而湛于民之心志者，莫神于草木之华实及雷雨之奋盈矣。不知物性自有常，皆理之固然耳，非有司於天而后然也。今鸟兽之孳尾不以为天之功，至草木华实独曰造化，何其不知类也。又况气机感召，人固有操其休咎之征乎哉！

抑吾尝见夫世之人矣，其淫辟回邪、才力机械者，其生世也，靡不遂意焉，此非天佑此人而福之也，其人所自为者有以自取之耳矣。其洁身服义、蹈道秉仁者，其生世也，靡不酷隘焉，此非天恶此人而祸之也，其人所自为者有以自取之耳矣。意者天非不欲有所夺有所予也，不能有所为而无如之何耳。世之昧者，乃好言天，疾痛惨怛，劳辱困顿，必仰而呼之，则吾未见天之偶一应之也。又其甚者，自有天以来，凡缠度之高卑，玑衡之运转，星辰之赢缩，日月之薄蚀，人以其术占之，天无所遁其铢黍。至人之所为，千端万变，天固不及周知而尽识之也。且夫国之所以废兴存亡者天也，而圣人悉举而归之于人，曰："一人偾事，一言定国，尧舜率天下以仁而民从之，桀纣率天下以暴而民从之。"其论卫灵公之不丧，以为仲叔圉、祝鲇、王孙贾三臣之功，则圣人之不恃天亦可知矣。传曰："天道远，人道迩。"又曰："国家将兴听于人，将亡听于神。"武王之数纣也，曰"谓己有天命"，此言天难谌而不可恃也。夫圣人之智，其必有以知之矣。

天道论中

天不能以其权有所为于下，于是求得王者而畀之，故孔子作《春秋》，王必称天。有所为，不敢曰我为之，必曰天工；有所赏，不敢曰我赏之，必曰天命；有所罚，不敢曰我罚之，必曰天讨。于是天向所欲有所为而无如何者，一旦大伸其所欲，既暇适无事，则惟日以其荡荡者运转于上，而己不劳焉。噫！天亦黠甚矣哉！王者既受天之命，日夜焦思，不宁旰食，已乃憬然悟曰："吾独奈何为天之所绐而不知法其所为也。"乃亦求得宰相而畀之，于是王者向所劳形瘁力而无如何者，一旦大获其所欲，既暇适无事，则惟日以其穆穆者端拱于上，而己不劳焉。噫！王者亦智甚矣哉！夫王者以一人统天下，其事博，其务繁，于是而苦且劳焉宜也。彼宰相之所任益分而轻矣，而亦必求贤以自助，何也？不知德大者，其所统亦大，统大而称其量，斯举矣；德卑者，其所统亦狭，统狭而不称其量，斯盈矣。《传》曰："五岳视三公，四渎视诸侯。"此其分也。然则广狭虽殊，而必皆得人以分其任则一也。由是布衣韦带之士，亦皆有天之权在其身，而不可忽视。臂为身之所使，而臂又必使夫指焉，岂得谓指非役身之劳者乎？何以异于是？居室者，枨扉、几案、床榻、帘幕、桮盂必备，一物不备则缺而不完，数物不备则室陋而不可居矣。轻士而谓为无与于天之权者，是陋室之风而不睹富者之备物也。是宰相之智也。故宰相得，而王者之事毕矣。当尧舜之时，天下未平，以不得舜为忧。舜既受尧之天下，又以不得禹、皋陶为忧。自是汤之于伊尹，高宗之于傅说，桓公之于管仲，皆求得而即以其权畀之。彼三圣二贤者，非求忠于天之事而为此也，彼诚虑权无所寄，则生人无以凭依而走呼，万类失理，则世将至于欲有所为而无如何也。吁！其亦危甚矣。天下尝有言曰："为君必法尧，为臣必法舜。"已而其事不必然而亦治焉，则世必以为瞽言矣。又尝言曰："执其权则治，失其权则乱。"已而其权失而果乱焉，则世必以为谅言矣。是故尧舜之圣与后世之中主同，治惟在不失其权而已。失其权，则虽欲法后王且不可，何况尧舜哉！

天道论下

或曰：子屡言天之权，敢问何指也？曰：其事在《洪范》，谓三纲九法、兵食刑赏之类也。然则何以不及礼乐？曰：治天下之本在于安民，安民之道，以实不以虚，以疏不以密。以彝伦安之，以兵食安之，以刑赏安之，而犹虑其血气强梗以思乱也，又为之礼乐以柔之，其意则可谓密与。然而一日无彝伦及兵食刑赏，而固已至于乱，焚弃三代之服器，其于民生之治曾无丧于毫末。故彝伦、兵食、刑赏无古今，而礼乐有古今者，知其非经常之道而不可久也。且夫天下之治，得其序则安，乐其实则顺，故礼乐即行于彝伦、兵食、刑赏之中，而不可别于彝伦、兵食、刑赏之外，失其本而使民疑之。人之情，一饮之间而至于百拜，此岂复有真意存其间哉？真意不存，浸入于伪而愿作矣。是礼乐本欲以化民，而适以生其诈伪，岂非密之为害邪？故尝以为礼乐者，但取其顺时以涂饰其民，虽叔孙与周公同圣可也，而非天之权之所先也。彝伦及兵食、刑赏则不然。由夏、商以溯黄、神，同此天也，同此民也，则即同此彝伦，同此兵食、刑赏也。由黄、神而历之亿千万年之后，同此天也，同此民也，则即同此彝伦，同此兵食、刑赏也。故民之所赖以生，即天之权所托以重。

春秋之世，不幸而失之。当是之时，乱臣贼子弑逆弑寻，抢攘横决，是非僭差，诸侯搂伐，兵革日兴。故《春秋》书侵六十，书伐二百，灾异一百二十有二，其他反常而败道者不可遍举，岂非天之权无所与托以至此与？夫天尝失其权矣，幸得三圣二贤者有以赎之，乃今又以失见告焉。孔子生于其世而不得位，目睹其权之失而伤之，以为吾取之而疑于僭，不取则生民之害未有已也，吾姑拾取其义焉而笔之于书以付当时王者，当时王者不顾则留以付后之王者，展转相付，终必有王者起而受之，而后天之权有所属。故曰："《春秋》，王者之事也。"汤曰："一人有罪，无以万方，万方有罪，罪在朕躬。"伊尹曰："一民不被其泽，若己推而纳之沟中。"故天之权一失，则人必争取之。尧舜固取之矣，汤武取之以兵，孔子取之以书，及至战国，孟子取之以辨。取之以书、取之以辨者，不得实行其权也，而其大义则懔然不啻亲握之。圣人之心与圣人之治，舍彝伦及兵食、刑赏，则何以安民哉？自记云：此系少作。染心老庄，浅陋边见，以礼乐为后，见非有识，久而自伤。姚姬传先生曰：酷似明允。

原　天

苍苍者，其色也，运转者，其体也。天也而非天也，必有主宰乎是者，而后为真天。夫天即主宰，而又谁主宰乎天者，必于此求之，而真见之。肉团，其质也，知觉，其灵也。心也而非心也，必有主宰乎是者，而后为真心。夫心即主宰，而又谁主宰乎心者，必于此求之，而真见之。真见天之主宰，然后知畏而奉之，外物不可必安排而已。真见心之主宰，然后能制而用之，时其方动而固执以诚之。

庄周疑天曰："孰主宰是？孰推行是？"殆犹未识夫天也。刘念台不识心求之不得，妄为之说，曰"意为心之主宰"，可谓诬谬失实者也。斯二者，学问之极致，圣道之精微。传其人，不待告，非其人，虽告之弗明也。《诗》曰："昊天曰明，及尔出王。昊天曰旦，及尔游衍。"非夫制而用之，亦恶能畏而奉之也乎？自记云："安排"出庄子，安于自然而听其推排也。谢康乐诗亦如此用。明道言"才有安排，便非自然"。则如后世作布置义，出于有心也。吾此用庄子本解。

原　性三首

甚矣性之难明也。在昔圣贤大儒为说固当矣，而小儒恂愁堕於一偏，自开歧见，弗思耳矣。张子气质之说，即人心、道心同实而异名者也。然而学者或是之，或非之，所谓以盆盎之水求一山之形，形不可得，则智由此惑也。旨哉朱子之言也，曰："人莫不有是形，故虽上智不能无人心，亦莫不有是性，故虽下愚不能无道心。二者杂而不知择，则其本然者不可见，而其达于用也或不能无差。故必使道心常为一身之主，而人心始退而听命焉。"窃谓道心者，性之善也，人心者，性之欲也。欲之本于性也，气质之性为之也。或执韩子三品之条出于孔子，疑与孟子性善之旨不合。不知孔孟所道，同一家之言也。何以明之？孔子言"率性之谓道"，此善性也，其曰"相近"，则有三品之分矣。使非有气质之殊，而何以有上智下愚之别。此孔子言性有气质之证也。孟子道性善，此性之本也，其曰动心忍性，则不善之性也。此孟子言性有气质之证也。孟子曰："口之于味也，耳之于声也，目之于色也，鼻之于臭也，四肢之于安逸也，性也。"君子不谓性也，而佛释氏杂举胎身作用知觉为性，是不知作用有善不善，知觉有同不同，而概指为性，亦见其粗而莫知辨也。此所以为浅陋与！

二五之流形也，人与物各赋焉。顾物恒得其浊而偏者，人恒得其秀而全者。故物不可移而人可移，虽品类万殊，杂糅不齐，而人与物之大较固如此。独至下愚之人，虽有教之无类，终徇己而不返，盖已沦于犬马之与人殊。故圣人既断以为不可移，而弟归其罪于习，而不以诬本然之性之善。不然，上智与下愚远矣，而何以曰相近邪？若夫孟子之所谓忍性也，忍其不善之性，则固欲反其本善之性明矣。此汤武所以亦得为圣人也。孰谓人性本恶，若无初之可复邪？

丹可磨而不可夺朱，金可熔而不可夺坚，此可以识物性矣。以万斛之舟，置水上而浮，寸铁片石，投水即沉，此可以识五行之各一其性矣。虽然，此五行之性之质，而非其用也。五行之性之用，如木之发生也，金之割断也，火之通明也，水之润下也，土之博厚，贯乎四者而不可离也。虽然，此五行之性所自成而非其赋于物者也。赋于物，则有知觉运动矣。然而犬之性不同于牛之性，牛之性不同于马之性，此可以知其赋于物而恒偏也。惟人则不然。其知觉也独灵，其运动也独便利而巧作，故统而谓之曰善。其所以善者，何也？则以其得于五者焉全，故能合以为用也。故得木之发生而以为仁之性，于是有恻隐慈爱之善；得金之割断而以为义之性，于是有裁成羞恶之善；得火之光辉而以为礼之性，于是有威仪动作之善；得水之净鉴而以为智之性，于是有是非分别之善；得土之敦厚而以为信之性，于是有诚笃不欺之善。然而又有为恶而不齐者，何也？则阴阳之毗、过不及之差、物欲之杂引诱而迁也。是故不及乎仁则伤刻薄，而过则为姑息妇人；不及乎义则为柔懦，而过则为刚暴；不及乎礼则为鄙野，而过则为足恭；不及乎智则为愚暗，而过则为贼害；不及乎信则为诈谖，而过则为果，为硁硁。此所以同赋乎性而有善有不善也。而于善不善之端，又各有刚柔二失，若溯其本，则大略相近，故皆可学以止于善也。此性善之原委也。

原　理二首

天下万事万物皆有其自然，是谓之理。而自然者出于天，故谓之天理。自人不胜其欲妄而以己私入之，而后乃违反其顺正，逆其自然。故圣人以理与欲对举为言，而欲人之克去己私，以复于天理之顺正也，谓之"克己复礼"。《乐记》曰："物之感人无穷，而人之好恶无节，则是物至而人化物也。人化物也者，灭天理而穷人欲者也。"又曰："不能反躬，天理灭矣。"此自古在昔先民相传之明训，非宋儒创造之私说。故庄子言庖丁解牛，而曰"依乎天理"。韩非曰："理，物之文也，长短方圆、粗靡坚脆之分也。"许叔重《说文解字》以理为治玉之名。窃以此三说者，义悉从同，皆谓自然条分缕析之谓。盖理之正训也。

近世诞妄之徒，深恶宋儒理学之名、性理之说，本不识理，又不识古人文法及其语妙，乃反据此三说，力诋宋儒以理欲、性理言理之非，颠倒迷妄，所谓悖者以不悖为悖。请仍即此而分解之。夫事理本于自然，牛之膝理亦出于自然，庖丁自谓己之奏刀以解牛也，亦依其自然，故曰"依乎天理"，此自其语妙也。而戴氏震反以理本牛之膝理，不当主事义为言，是颠倒也。郑氏《乐记》注曰"理即性也"，此语甚粹。而惠氏栋不知其出于郑氏，乃据韩非说，谓理为物之文，方圆长短、粗靡坚脆之分，宋儒不当作性理解。亦见其无知而妄谈矣。

且夫理有顺义，自然之谓也。故人之应务处事，必避碍以通理，而后谓之循理。此理在事物，恒杂糅嫌疑，而人心又多迷妄惑乱，故常失其自然而不克明，故必聚学、问、思、辨以讲之，谓之穷理。穷理之学，出于孔子《易大传》，此理学所以切于人伦日用而不可缓，而何为深恶痛诋之与？

庖丁解牛，虽曰"奏刀騞然"，而又必曰"每至于族，吾见其难为，怵然为戒，视为止，行为迟"。《易》言圣人尽性之事，而曰"旁行而不流"。《雄雉》诗人委心任运，而必曰"深则厉"。圣人达命，不忧不惧，而孔子微服过宋，子路问行军，子曰："暴虎冯河，死而无悔者，不与。必也临事而惧，好谋而成。"凡此数义，皆所为避碍以通理也。佛学之徒，尝有遇毒蟒、猛虎而不避，推车直进，碾断师足，其师亦不肯避让。既悍然不顾，又从而为之辞，曰毒无实性，不触不发，既进不退，既伸不缩等义。如是之云，虽似有名理，而君子可欺不可罔，亦见其害于理也。异端之学，所以不可以为世法。要之，亦为二乘魔外邪见，大乘正觉无是也。自记云：近世妄庸巨子，既无所知，又无忌惮，著书痛诋言理，毋虑都数十百家，实皆恶其害己也，肆其狂吠，托为公论，以自为蔑理之地。余既略条之于《汉学商兑》中，兹复摘一二则于此，俾学者知余非刻论也。龙溪李威，字畏吾，乾隆戊戌进士，历官广东廉州府知府，著《岭云轩琐记》四十一卷，其中不无心得可取之言，但大旨宗李卓吾，力诋宋儒，尤斥理学，其言曰："有宋儒者，斤斤然守一理字、敬字，以道学相标榜，惟朱子后来颇自悔，故为不可及。"按此言诬矣。朱子之书，始终可考，若朱子悔言理字、敬字，何以为朱子？乃以此推朱子为不可及，妄矣。又曰："孟子言仁、义、礼、智四端，明明属于心，不出于性，而诸儒主伊川之言，以四者为性中之理。伊川平生执个理字，到此无处安排，便把来纳在性上。彼所谓理者，彻上彻下都使得著，何独以性为理乎？不从孟子而从伊川，谓之有见，吾不能知。"又曰："理字见于三代典籍者，皆谓条理，未有以为至精至完无所不具无所不周，为万事万物之祖者也。孔门授受，不言及理，何独至宋儒乃把理字做个大布袋，精粗钜细无不纳入其中。至于天亦以为即理，性亦以为即理，却于物物求其理，凡说不来者则以为必有其理，凡见不及者则以为断无此理。从此遂标一至美之名曰理学，竟为古昔未开之门庭，不亦异哉！"又曰："伊川曰：大抵人有身，便有自私之理，宜其与道难一。夫既自私矣，安得理在？此可见其于一理字到处摆不来，口角时时流露也。"

愚谓此条乍看似足令伊川哑口，其实乃诐辞也。夫自私固无理在，然非理孰别自私？自私非理，非理以理而显，如南针失位，终以子午而定。伊川语虽似有小疵，而义实广大胜足，勿以言害辞，辞害意可也。永嘉见六祖言次，六祖曰："汝甚得无生之意。"永曰："无生岂有意邪？"六祖语与伊川此语，气正相似。且如郑氏曰"性即理也"，而《乐记》有曰"性之欲也"，岂可曰理之欲邪？古人文字多如此，妄人轻薄，不足与庄论也。

原　神

草木之华实也为神，其零落也为鬼，原始反终，得其情状，一气而已，一物而已。是鬼神之可知者如此也。顾可知者非能自主，有不可知者主之也。可知者不能主，而世之为趋避以祷于鬼神者，亦见其蔽而惑也。彼鬼神者，特听命效能于天而已，亦恶能加毫末之损益于人乎哉？是故祷于鬼神，不如祷于吾之心、吾之身。吾之心、吾之身苟尽其道，而福来应之；吾之心、吾之身苟不能尽其道，而祸来应之。其报应倍捷于鬼神。虽然，其应也，似吾主之，其有不应也，非吾之所能主之也。夫其不能主也，由其有不可知也。儒者乃谓祸福之幾可恃人事以自主也，其蔽与祷鬼神也等。周内史叔兴论石陨鹢飞，以为是阴阳之事，非吉凶所由生。而恶知吉凶所生，亦阴阳之事邪？是殆犹未达夫鬼神者也。自记云：《中庸》言鬼神之德，极其盛而推之，以本于诚，乃正言其性情功效之费者耳。吾本程子、张子之意而原其主，乃即微与诚而指其隐者耳。鬼神非有二也，大旨亦本孟子、屈子。孟子曰："莫之致而致者，天也，莫之为而为者，命也。"屈子曰："固人命兮有当，非离合之可为。"又云：以管辂对王基之言证之叔兴之言吻合，杜预、刘炫所推论，虽似有理而失实矣。吾之意又非元凯、光伯之意。窃以《易大传》"精气为物，游魂为变"二句是一串说，物只言其有形而可见者，变是言其所以然。无形而不可见者，乃游魂之神也，神不测。

原　静二首

　　《记》曰："人生而静，天之性也；感于物而动，性之欲也。"是知人性本静，凡动皆欲，感欲即动。是欲也，虽感于物，亦出于性。如仁之失为贪，义之过为果是也。故周子定之以中正而主静也。苟非静而无欲，则不能无失于动，不能无失于动，则不能无失于性。要之，以无欲则性常静而不乱，此颜子、仲弓之所有事也。佛氏犹窃其似，而陈白沙乃锢其身，以为闭目守寂之学，譬视迹以索履，其於求足也远矣。

　　钟鼓不击而自鸣则为妖，击已罢而鸣不息亦为妖。寸莛撞之，微风撼之，而大鸣亦为妖。寂然不动，感而遂通，而不过其则者，圣人之所以慎于物交也。"憧憧往来，朋从尔思"，将钟鼓不为妖，而吾心实妖乎！自记云：《乐记》所言，概凡众人而言之也。朱子显周子之蕴，曰："静而无欲，为君子之修道者言之也。"吾引《乐记》，本其大同而言之也。孔门求仁之说，学者习熟，几同嚼蜡。天启吾衷，幸而悟得，可于言下会也。又《大学》经曰"定而后能静"，朱子《章句》曰"静谓心不妄动"，故复为后说以显妄字之形。

原　动

　　学者习论养气，但谓养其浩然刚大之体，以塞乎天地，而不知其始必养之，使不轻动妄动，如庄子木鸡、老子婴儿之喻。此其功守之在内，而制之必先严其外，故孟子发蹶趋动心之义也。吾尝欲禁止纷飞之心，而适值嗽上气，或有疾痛，当是时，极力定之不能得，矧其为奋怒猛厉之动气邪！然后知孟子体验精微，故其言密切如是。盖不能制乎外，而使其气轻动妄动，则牵率内心亦随之而动，内志既动，则血脉张兴，外瞆中愦，无以制吾人心，使退听道心之命，其失必多矣。嗟乎！治心之学，圣贤皆急为先务，小贤小儒莫知问津，亦见其学之疏而不知要矣。程子《定性书》曰"动亦定"，此治心之微言也与！

原 义

仁包四德，为元善之长，故孔子多言仁。然又必曰"君子义以为上"，"义以为质"，"无适无莫，义之与比"，盖义者，宜也。宜，时中也。时中非权莫执，故中权而后时措之，宜也。苟行不得宜，则仁亦为病。如云姑息之仁，兼爱之仁，又如仁主爱，爱成贪，皆失义为之害也。仁包四德，失义则仁之量亏而未尽。《传》曰"精义入神，以致用也"，又曰"同德度义"，故孟子多言义。以是知老子言失仁而后义，佛氏尚仁而去义，其蔽之深，而所以为异端也。

吾性多仁而少义，见于言行，恒疏虑而轻，无所折衷，自以得其天机，可以略彼凡迹，而不知是未可以经事而理物也。圣人精义之学，文理密察，足以有别。行乎仁而过中，即失乎仁中之义矣。学圣人之道，徒正不如中，中矣而无权，则犹失之于时，故曰"巽以行权"。巽入于理，而精以择之也。尧舜曰精，孔颜曰择，洙泗之统，所以绍夫二帝也。彼世智粗疏，未尝讲学，概曰众善奉行，是乌知必择夫中庸而得者，乃可曰善哉！

原　直

人性最初之发，莫不出于直。直者，公也。及转念为曲，曲则入于私，故曰"人之生也直"。乾之德，其动也直。虞廷九德，以直为首。然又曰"质直而好义"，苟不协于义，则行之疢、害之大，亦莫如直为甚，如讦则召恶、蔽则伤绞是也。顾直不可见，附气而见，气亦不可见，验于好恶公私之际而已。其人之好恶壹出于公而无私也，发于言论行事，不可屈挠，不为偏徇，不为私溺，是直也，故曰不直则道不见。古民之疾愚，犹不及之，今人罔其性，以工为曲，务巧伪以夸毗阿容，孔子恶之，谓之幸免，为其失生人之理也。《传》曰"好而知其恶，恶而知其美"者，天下一人而已。故曰："惟仁者能好人，能恶人。"仁者何也？直也。直，公也。尝论卫灵公、季氏之待孔子，以迹观之，可谓曰厚，然而孔子之论二人不少恕，岂负义孤恩而不顾，犯不韪邪？武三思曰："我不知天下何者为好人，但与我好者即为好人。"由今论之，武三思是邪？孔子非邪？夫好恶是非衷于圣人，至矣。今人言行不务学孔子，至于好恶是非，怀私恩，匿公义，雷同附和，甘自比于武三思，而求胜于孔子，亦见其学之不讲，义之弗析，识之陋而泪于世俗庸鄙之私情也。虽然，孔子恶称人之恶，又曰"毋攻人之恶"，孟子曰："言人之不善，当如后患何。"自经史传记所陈古之哲人以臧否为大戒者，不啻苦口也。

吾性直，又好持义理之是非，虽异于诬僭不信，而道人多中其实，则弥以此触心兵而召怨，作《原直》以表质，尤必以好义者自劼毖于学也。孔子权之于可与言不可与言，以智济其直，而孟子专以直养浩然之气。吾人学修，亦衷之孔孟而已。

原 我

子绝四：无意，无必，无固，无我。意，私意，妄想也。必则渐执著而重矣，固则弥坚，总之成于有我之私。圣人不待克而自无，学者必用力而后庶几。朱子曰："意、必常在事先，固、我常在事后。至于我又生意。物欲牵引，循环不穷。"至哉言乎！可谓推见至隐矣。屈子称渔父之言，谓圣人不凝滞于物，而与世推移。似矣而未尽也，何也？圣人但不必固于有我之私耳。至于义之在我者，则守之不易，故曰："无适无莫，义之与比。"

尝论老佛与圣人皆无我，迹同而实不同。夫所谓我者，谓己私也，住著也，有所也，非义非道也。而佛氏务为解脱，无智无得，一切空之，虽其黠者知有不可，特为转调，谓不堕烦空，曰来曰念，自矜大乘。而祈向一差，又入断灭，何也？盖于《中庸》去修道之教，则于礼乐刑政一切品节俱废。若是，则岂能辅世长民，长治久安邪？至于老氏，乃近阴贼，知雄守雌，欲取姑与，名曰无我，其实有我之至者。惟圣人以权执中，达变通理，壹主精义，而又或为小知之言蔽晦之，谓其与世推移，不凝滞于物也。析义不精，使乡原流俗之辈借圣人以行其圆通自便之计，无论诬圣，何以服狂狷者之心哉！

原 恶

辛丑五月二十二日，晨起，坐庭除，课仆人除阶前草。初发一蚁穴，须臾又发一穴，当时神昧，竟弗之止。翌午独坐，追悟而悔之，恨无及，愈思愈恻然不忍，掐肤顿足，如鸩毒崩心，无以自解。念平日立心，期寡过尽性，敬人爱物，敦戒毁伤害虐，用著说以教弟子。今身亲其事，而神识惛堕，弗省弗瘳，成此大絃，不可忏赎。寻常嗟惜，终日悠悠空度，无一善足录，乃交臂之顷，不但失一大善，且反造一大恶，寻常蝥夫所犹不忍，而我何以不幸而至此极也。再四推惟本心，乃知此由杀机所发。何则？盖除草，杀机也。当时志在除草，猛利之心，乘于一偏，一往而不可遏，故虽见蚁而恻隐之心未动，生机未转也。此可见人心之机，其危如此，可畏之甚也，故阴符忌之。古来暴君酷吏，穷怒所及，而徇于惛志者，皆其心之一往而不回也。仇香专任德化而不惑，可谓有正知而能裕其源者也。夫一念之动，为善为恶，其心知识用，每乘之过量而不自觉。白起、辛灵、韦虚皆由同此机，只争一念耳。继今当益思培养此心，使怵惕恻隐善端弗隐，充之尽人性以尽物性，肫肫本仁亲爱慈以立其根，植其本，要时物无失，乃见权智术妙，毋徒事后嗟咨也。又昔人言人事之穷，天地鬼神所不能易，惟人能易之。如此蚁穴之全毁，神佛所无如何，而吾一手口之所能为。夫以一手口而能为神佛所不能为而竟不为，岂不甚可惜哉！因书以讼吾过，且以警余年缮性之功，日用酬酢，慎所发机也。自记云：此机一往，迷误弗觉，以陷于恶者。又念往昔尝有三事误陷于刻薄不仁，事过旋悔之，而末由追改。今思其所以致之者，由其执义大过，此虽出于正，而亦成大恶，佛氏所谓法执理障也。况又有任其习性，未尝知义循礼，兴善而成为恶，以负于亲长骨肉，而痛不可赎者。然后知弟子蒙养之初，其喻教讲学，不可不早预也。书之以诏来者，毋似余之蹈于恶而不可追悔也。

原　真

六经无真字，真字名义始见于《庄子》，其后佛经遂用为密谛玄旨，曰真如，曰自用一真一切真。至矣哉！虽后起而无以易之矣。夫人之为行，顺理为觉，顺事为迷，故《诗》曰"有觉德行"，此儒、佛两家之极致微言，亦儒、佛两家所同修共证之实义也。儒之言曰：道二，仁与不仁。佛之言曰：心二，曰真曰妄。真者难见，妄者易迷，二者恒糅，如油著面。所以《书》贵精一，《记》贵别嫌疑，斯而析之，非天下之至精，弗能拣粗显微密察鉴觉也。是故孔子于微、箕、比干皆称其仁，而于由、求、赐、令尹子文、陈文子皆不许之。《孟子》曰："圣人之行不同也，或远或近，或去或不去，归洁其身而已。"其论夷、惠曰："三子者不同道，其趋一也。"于曾子、子思、禹、稷、颜子则曰："易地则皆然。"岂非求真哉？岂非求真哉！孔、颜皆无命，而所垂修己治人淑世之理，则万古不易。佛不能灭定业，偿债遇难，乃至老、病、死、苦一同于众生，而所说降心离妄之理，则万古不易。无他，真理所在，故能先天而不违，后天而奉天时也。僻儒小生，执无权之中，凭虚妄之见，滞有著空，恶足与语至道哉！《庄子》曰："万世之后，而一遇大圣，知其解者，是旦暮遇之也。"是故吾之为行，众人以为如是而乃合于道，而其中有弗真焉，虽为人之君子，或为天之小人矣；吾之为行，众人以为如是大不合于道，而其中有真焉，虽为人之小人，而实为天之君子也。故曰："君子之所为，众人固不识也。"虽然，是真与否，非必若世俗小人欺世作伪诈谖之为也。闻道百，自以为莫己若，析义不精，仁未熟，知未尽，毫厘未合，而以边见颠倒为正知，故遂认贼为子，而不觉入差别。然则是真者，非特众人不及知，即以己智内证，实亦所未了。圣人语言文字具在，古今智贤莫不以是求之，而卒不易得一识真者焉，悲夫！

治河书

治河之道，拘牵陈策，惟信于书，不审今时利害，固知寡当，若夫久亲职役，颇习事形，本非神灵，难称远识。凡此皆不足语于治河之智者也。兹事体大，贱不及议，强欲通其趣要，聊复妄言之。

窃观《禹贡》一书，但挈纲维，不载施功之法。非没而不书，以为其事不足记也。然而至仁所流，开厥睿虑，究极古今，全揽大势，先定其规模，断而行之，上继禹功，下除民疾，固所望于世之大人者也。今列举古昔之形，而断以今河之难易。古之大河行于平原以北，周定王时南徙，于时虽失禹河故道，大势未改，则犹然载之高地也。建元之际，河决馆陶，溢于千乘。自永平以来，迄于唐宋，千乘之道常为经流。于是治河者所争有二：一曰入海之道，一曰决河之塞。河性无常，忽徙而南，忽徙而北，不定入海之道，则下流居民无所定处。故引河北去及故道不可复二说，每相乖违，而未合适从也。今夫河惟上流溃决，而后下流益淤，亦惟下流先淤，而后上流溃决。入海之道不直不畅，则溃决之害，虽日月告可也，此一定之势也。在事者不悟，惟专堤防，此所谓察于近而不察于远者也。譬人肠胃痞疾，医者或越而上之使吐，或利而下之使泻，为治不同，同于去疾而已。贾让、王横、王景及宋李垂、孙民先、陈祐甫之徒，则利而下之之说，欧阳永叔谓故道必不可复，则知治疾者，又有可以越而上之之术者也。二者不同，同于入海。

吾以为必有能辨其宜上宜下者，断而行之，而后功可立。是在医国者之察脉瞻伤，揽全势以图之，期于无遗民之疾，无失河之性，俾大河行于天地，自然相安若无事者，开太平之基，奠万世之利，斯得之矣。若夫狃于一方，惮于艰巨，牵于时事，不顾其后，苟且补苴，岁糜帑金，大农支绌，上数爽其忧，下数被其殃，国家视大河隐然如一敌国，岂非当时为谋者之失哉？至于河决而塞之，《诗》《书》虽无明文，吾意盘庚、祖乙以来，当已如是，苟宜于时，此不可易者也。自是而后，河有变迁，地有利害，自汉及唐，莫如东郡白马为最。故古者之议，于此为多。宋天熙［禧］①、金大定，河益徙而南，古今之变，论者比之气数之不可挽矣。是故由澶、滑而澶、郓，由澶、郓而曹、单，由曹、单而徐、邳，由徐、邳而淮、海，其为地不同，而受害则同，受害同，则所以堤堰障塞施功之法大抵皆同。此固事之所不能无，功之所不可缺者，而实皆《禹贡》之所不载也。

若夫今日之河，校善于古者三，不如古者二。非其治之之方不如，其势则然也。古者治河，上流决，则多穿渠以杀水势，水势杀而下流弱。今亦建用滚水等坝，而下流挟淮并力入海，不患其弱，以水治水，一善也。古河入海之道，南北迁徙不常，今则二百年经流无改，二善也。古者不专河漕，而亦借为运，今则河运分为两途，三善也。乃其不如，则亦即于三善之中生其二患，而不得不为意外之虑者也。夫以一洪湖全受淮水，复以一高堰全束洪湖，此其势已岌岌，而况加之以黄流之倒灌哉！洪湖溢而南，高堰决而南，淮、黄合涨而南，高、宝、兴、盐千里之地，将为巨浸矣。按水平高堰，地势出宝应一丈八尺有奇，出高邮二丈二尺有奇，高、宝河堤又出兴、泰民田一丈有奇。然明初高、宝河身虽高，而湖面则卑，故王恕请修造湖塘，引塘水济运。今则湖面高于河身，昔日之运河患湖之涸，今日之运河患湖之涨。由此观之，氾社等湖昔卑而今高，实由昔深而今浅，岂非自洪湖以下，渐受黄流之淤淀故哉！湖高而运河之堤不得不高，下流城郭居民如在釜底，然犹可诿曰地宽而势散。请试言其急者，则莫如淮阳、清河，此一郡一县城矣。北河既乘建瓴之势，南河亦露啮决之形，虽曰新城、钵池、山柳、蒲湾一带堤岸完固可恃，而王公堤、磨盘庄之已事，能无戒乎？故曰不如而可虑者，此其一也。至於里河为东南漕粟咽喉，而横当二渎要害之地，此又其虑之匪细者也。大抵昔日之河分而易治，今日之河合而难治，论者谓治河无一劳永逸之功，无喜新说，无惑道听，此其言皆是也。然使不合天下之全势而计之，使无遗国计民生之虑，河公之仁其可常恃而无忧其变乎？吾意必有任其已溺已饥之责者，而非儒生所可议也。自记云：治河之事，本非所知，往时尝妄拟三文，亦纸上强道耳。异之以为义当，而所言未

---

① "天熙"，即"天禧"，宋真宗年号（1017—1021 年）。"熙"，通"禧"。

能详备，因亦为二文，即《七经纪闻》中所附论河湖文也。余故复取旧稿三篇，附于异之文后，以备一说。道光己亥三月。

江南省疆域略

　　江南省于天文兼得斗、牵牛、须女、房、心、奎、娄分野，于《禹贡》为扬州，兼徐州、豫州之域，于春秋战国为吴、越、宋、楚之地，于秦汉郡国为会稽、丹阳、鄣、九江、庐江、淮南、沛七郡，泗水、六安、广陵三国，又兼颍川、琅邪、东海之境。南据大江，北沮淮河，东滨海，西接豫楚。汉分江以南属会稽，扬州刺史统之，江以北为淮南，兖州刺史统之。三国淮南属魏，上自安庆，下至广陵，其后广陵亦属吴。而江南属吴。晋亦置扬州，元帝渡江，扬州为王畿，领江东浙江，而徐州仅得半焉。宋孝武分浙江东为东扬州，于今为浙江。而侨置南徐、南豫、江州等郡，齐、梁因之。隋一天下，废郡为州，置司隶刺史分部巡察，为江州、濠州、歙州、宣州、蒋州、庐州、吴州、常州、润州、楚州、扬州、徐州。唐置淮南道、江南道，既又分江南为东西二道，末年海、泗二州为杨行密所据。至五代，而淮南、江东西为南唐。宋置淮南、江南路经略安抚使。元设江淮等处行中书省，以丞相中书令主之，又置淮南、江南肃政廉访使。明为京畿重地，不设三司，而受成于六部。宣德时，始专命巡抚。景泰时，始定以都御史专抚应天等府，而以淮、扬、庐、凤四府，徐、滁、和三司属总漕，兼管巡抚。弘光时，设凤抚。

　　国朝顺治二年，改南京为江南省，设立经略招抚内院大学士。四年，改经略招抚为总督辖江南、江西、河南三省。六年，改总督辖江南、江西二省。康熙二年，改辖江南一省。二十一年，复改辖江南、江西二省，设立安徽、江苏巡抚，于是始变历代江南北分统者为上下江分统焉。

其界，东则海州、通州、太仓、松江滨海，西则颍州与河南新蔡界、亳州与河南鹿邑界、六安之英山与湖北麻城界，北则海州之赣榆与山东郯城界、徐州之沛县与山东滕县界，南则徽州府。徽州在万山之中，左界浙江湖州府，右界江西乐平、浮梁。西南之安庆当上游，陆界湖北黄梅，水界江西湖口。东南之苏州，南界浙江之嘉兴。此其四至之所届也。

大江自江西湖口入安庆界，至芜湖县，东南流者，经太平府当涂县牛渚、采石至高淳。按：《水经注》以此为中江，本由溧阳、宜兴、震泽入海。自扬、吴作五堰，明代以江水泛，淹没苏、常田禾，国税无出，因钦降版筑作广东坝。自是而中江不复通苏州矣。东北流者，经博望山、三山、烈山，自和州入江浦六合界为黄天荡，至镇江、金山、泰州、通州、海门入海，此《禹贡》所称北江也。淮水自南阳府入颍州界，挟颍水、汝水经寿春、临淮至泗州、盱眙入洪泽湖，会黄河于淮安。黄河自归德府虞城、夏邑入徐州府砀山等县界，经邳州、宿迁、桃源至清河会淮水，由淮安东出云梯关入海。

其山脉皆发于岷山，岷山夹江两岸而行，北短而南长。凡山脉之来，皆不自本省始，故必远溯其来脉乃明。其北一枝为华为嵩为熊耳，及湖北、河南诸山，自信阳、蕲黄入江南六安界为潜岳。南一枝经潜山、桐城、舒城、庐江，迄于巢县、无为。北一枝自六安分水岭循庐州、凤阳、滁州、来安，此江北之山脉也。其岷山南一枝为湖南衡山，去为黔、粤五岭，别一枝为仙霞岭，在江西广信府分水之西发，去为浙江之会稽、吴之天目、建康之钟山。江浙之山自南来，故水皆北流。又一枝自仙霞岭常玉山发，去为徽州、太平、广德、池州、宁国，自西南趋东北，此江南之山脉也。

江南恃长江之险以限南北，而长淮实长江之蔽。其所以守淮之重镇有八：曰盱眙，曰淮安，曰扬州，曰镇江，此淮南东路之险要；曰寿春，曰凤阳，曰和州，曰采石，此淮南西路之险要，此皆所以蔽长江者也。若夫江防之要，曰安庆，曰濡须，曰采石，曰和州，曰江浦，曰滁州，曰六合，曰瓜仪，曰镇江，此皆战守所必争之地也。至于海防，则上海、海门、狼山、金山皆为重地。明时倭据太仓，官兵列于海口，贼溃围出，转掠苏州，又尝寇掠通州、泰州，自崇明薄苏州。总而论之，自安庆而下为江防要地，苏、松、泰、通为海防要地，一在西北，一在东南。徐、邳、淮、泗为河淮所经，颍、亳、寿春当中原南来之冲，英、霍、潜、桐为豫楚南来之冲，前人称瓜仪为北面门户，广德、建平为南面门户，此特指建康而言，非全省之大局也。

夷考古昔风俗所由，安庆及江南之徽、宁、池、太、广德等处，地理辽旷，崇山大江，盗贼渊薮，昔人号为难治。孙吴时，山越为患由来已久。明时，以徽隶金衢道，安隶九江道。于时矿贼流劫徽、池而浙兵不救，安徽江卒作乱而守道罔闻。太平军民呼噪入府，仅以和解。巡抚张嘉允奏称安有地方四千里，而无一宪司铃辖之，请于池州设兵备，而罢二道之遥制者。又，嘉靖时，南京操江喻时奏请于芜湖添设参将。议者谓狼山、金山各有副总，沿海一带有参将、把总，则藩篱有守矣，淮阳、嘉、湖各有兵备，复有兵备驻扎广德，则门户有守矣，此足以御外至之贼。安庆、仪真又有操江、巡江，则堂奥有守矣，此足以御内发之盗，芜湖不必添设参将云。今则此数郡民情驯服，其愿者多经商贸易，而士之诵诗书以仕于朝，文行卓然，为时望者不胜述焉。惟颍、亳、寿春一带，其地广野四达，民俗剽悍刚武，不事农商，尚气轻死，报仇杀人，颇有古燕赵之俗。庐州则民惰，而地不尽利，鄙朴俭陋，轻去其乡。凤阳地瘠而民易告饥，故他郡之佣顾作使男妇，二郡之人为多。淮、徐数被水患，民多流亡。扬州则高邮、宝应同於淮、徐，而郡治为盐荚所聚，其俗侈富，古今称美。苏州民俗淫奢，略同于扬，惟赋税繁重甲于天下，而人文亦为之冠。信乎大邦之地非徒财富，韦左司之论不虚也。此江南民俗之大略也。

化民正俗对

客谂安处生曰：今俗有嗜鸦片烟者，兴起不二三十年，而蔓延天下皆遍，是其为民生之害，吾子固默识于胸久矣。圣君贤相深厪于怀，名卿良有司多方厉禁，不能除之，且日有甚焉。近闻之道路，中朝有建议将尽取若辈而诛之，是固其罪所应得矣。然得毋犹有未尽之义乎？于子之意云何？

安处生喟然而对曰：何为其然也！夫治国者，刑有所必逮，法有所必穷，事有所必碍，道有所必通。夫制刑之本，将以禁慝邪、惩犯义也。今人有触罪者，舍之而不刑则法废，将必全伸吾法焉，则不可胜诛，于是乎事碍。碍而思其通，非求之于道焉不可。道不虚行，仍存乎事与法而已。

且夫事有不容于尧舜之世者，后王之世容之者或有矣。事有不容于后王之世者，有则必断而诛之，而后天下可治。非后王之治详于尧舜也，为后民所触之罪，非生于治古，方起于后今，至无理，非人情，习染至易而交遍，其犯若甚轻，而其究将使一世同归于大敝。是故盗贼暴乱大奸不绝于世，而以名都剧郡方州下邑之民数通计之，则为之者之数恒不敌不为者千亿之一。此非独秉彝好德然也，亦犹其名足耻，而其法甚严，有所惮而不敢犯也。惟夫淫酗博塞嗜欲之邪，闾里相习，又率皆倡之于衣冠士大夫长老之人。彼自孩童至于皓首，濡耳染目，靡然耽溺于其事，以同己者多而自证，以习非者众而相安，因恬而不知怪，固以为是不足耻也。且其法又非若盗贼之重也，仅而有犯焉，亦百人之一而已，百日之一而已。虽犯，而其罪又可巧而避，诡而脱，于是乎胥天下趋之而不返，申明约法，家喻户说而莫之从。卒其废时失事，丧身亡家，伤风蠹俗，使民怠于作苦，士荒于学修，官旷厥职，工贾耗其赀，奴仆懈于使令，举凡所为生人之经，勤生不匮，明作有功之常道皆废。故曰至无理，非人情，直较之盗贼暴乱之祸百倍而犹过之。夫以百倍于盗贼暴乱之罪，虽断而诛之，岂得谓非宜？然而有不能者，为其多衣冠士大夫之人，而又闾里交遍而不可胜诛故也。然则将遂任而纵之乎？非也。夫为法以禁奸者，必塞其源。其源不塞而徒止其流，虽多方以遏之，亦多涂以决之，流至而溢溃焉而已，其曷益乎？

今官司所为一切法禁，于鸦片之条，不为不严矣。如趸船之有逐也，津关之有讥也，屯贩之有执也，议者又欲增重其榷税以折困之。然皆以施于贩卖者耳，而未详及于食之者也，是以法虽密而无分寸之效。嘉庆初虽设有枷杖明条，而卒未闻有一人一犯被刑焉者。夫鸦片之害，食者其源，贩者其流也，盖倒施之势也。今诚严治食者，则贩者不戢而自息矣。而治之又非空文所能禁也。且夫治盗贼之害者自下，治嗜欲淫僻之害者必自上贵者始，贵者不治，则其源终不塞。而贵者势又不能遽加以刑诛也，而其势又足以斁法也。是以先王之教，治贵恒严于治贱。管子曰："凡令之行也，必待近者之胜也而令乃行。故禁不胜于亲贵，罚不行于便辟，法禁不诛于严重，而求令之必行，不可得也。"夫鸦片之害，胥贵贱而皆然矣。然欲治之，则必自贵者始。何则？贵仕之人邻于知贤，不当与愚民无知者同犯也，故备责之也。

吾有道于此，不遽刑诛也，而使之惮而惩焉，甚于刑诛，久之，刻著明深，不能拔以逃，则悔而从之矣。然则道之存乎事与法者，可得而陈矣。故欲令鸦片之害永绝，则莫若严治食者，欲严治食者，则莫若先治士大夫在上之人，欲治士大夫在上之人，则莫若愧厉之一法。今诚下一令曰：凡食鸦片者，官褫职，永不叙复；幕宾立辞去，仍申令大小官中不得复相延聘；士子食者，终其身不许应文武试；兵役、奴仆食者，立绌退，仍申令永不得复应顾役；凡民食者，抵罪，仍罚出赎锾，而犹虑无以苦其身以动其心也，从容隐混无以异于良民也，则为之象刑墨黥，殊其衣冠，以辱别之。乃著令曰：凡食烟者，一切嘉会吉礼宾祭之地不得与，其亲故悉绝其属，不许相往还，比于倡优盗贼，不齿士类。如此，亦足以摧其冥顽积重之势矣。盖俗流失世败坏，非大为之防，斯犯之者莫止。然要当许以自新。自犯之日过十二年无犯，准亲邻结保，复为平人，除其衣冠之刑及令。十二岁在天星为一周，亦足以为更始之期矣。且罪者世不相及，如祖父兄有犯，不以累其昆弟子孙焉。如此既不多残人命，亦不毁其室家，而风俗可以移，浇浮可以止，孰与夫尽杀而犹未必能止者乎？《老子》曰："民不畏死，奈何以死畏之。"观于盗贼而知之矣。盗贼之刑，自古未尝废，而盗贼之人，古今相续如流水而未尝绝。故夫专用杀者，未可以善治也。古之善论治者曰："太上变化之，其次愧厉之，其次整齐之。"今行愧厉之法，为整齐之用，而卒归于太上之变化，尧舜之治不过如此，岂非所谓"有耻且格"者乎？

且专杀又有所不行也。今告食烟者曰："尔有犯，吾且杀尔。"彼固不能遽信而从之也，其心以为是何能遽杀我也，且又何能尽杀吾曹也。惟曰："尔有犯，吾不待时而行法，法行而遂无以自容于乡里。"久必悔而从之矣。又告有司曰："汝见有食烟者，尽执拘以杀。"有司厌于申详审覆之多事也，固不愿为之矣。且杀一人而多漏网，心既有所不安，遍诛而血流漂井，以蹈于狭隘酷烈之所为，心愈有所不安，则相与隐避矣。惟告之曰："尔见有食烟者，即明以象刑施之。"刑既施，而纵使归其闾里，而官之事毕矣。则有司何顾而不行法与？

客曰：子之言良有然矣。然此令行，必将条定法例，吏急而一之，诬扳告讦，奸邪并生，黠有力者隐屏而脱罪，愿民陷而丽于法，又贵人势要所影庇，欲投鼠而忌器则不得发，禁奸不得其术，所伤必大，虑不足止害，而转滋扰乱也。

曰：吾为欲尽杀者求其轻故耳。若夫古今立法以明民者，孰有安坐无为而不烦吏事者乎？且圣明在御，大臣体国，百职司守度奉法，凡天地之内，含生戴发之伦，莫敢相逾越，固将意谕色授而六服震动，言传涣号而万里奔走，何有贵势敢梗大法而致投鼠之嫌乎？故诚能大决藩篱，破颜面，无徇纵，执此之令坚如金石，行此之法信如寒暑，而又撤去见知故纵监临部主告讦一切之法不用，惟在贤大夫良有司悉其聪明，致其忠爱，忧深思远，虑害持难，为生民立命，以上纡圣主宏济苍生之至愿，则此令虽繁，校尽拘而杀之，不亦轻平而犹易行乎？最可异者，有谓宜弛其禁，益令内地种熬，以分夷人之利，以餍食之者之欲。无论古今无此治体，且又安能止其害乎？是抱薪救火，纾兄之臂而谓之姑徐徐云者之喻也。亦见其愚而罔甚矣。

昔人论刑者曰：劓、刖、椓、黥，蚩尤之刑也，而唐虞遵之。收孥、赤族，亡秦之法也，而汉魏以来遵之。及至隋唐，始制五刑，曰笞、杖、徒、流、死，此即有虞鞭、扑、流、宅也。圣人复起，不可更易。吾以为今律遵用隋唐，无异唐虞，既有然矣，独象刑未复耳。象刑者，本谓象天道而作刑。而《尚书大传》曰："唐虞象刑，上刑赭衣，中刑杂屦，下刑墨幪，以居州里，而民耻之，而反于礼。"《管子》曰："訾、尧之世，其狱一蹄胕，一蹄屦而当弛。"汉文帝诏："有虞氏之时，画衣冠异章服以为戮，而民弗犯。"荀子虽谓治古不止象刑，而固以墨黥、菲屦、赭衣与肉刑并言之。今诚采《尚书大传》，制为象刑专条，以处夫情重罪轻之狱，以愧厉为整齐变化之用，以绍复有虞之治，所谓教成而爱深。善乎董生有言曰："习俗薄恶，民人抵罪，虽欲治之，无可奈何。法出而奸生，令下而诈起，乃以汤止沸，沸愈甚而无益。譬之琴瑟不调，甚者必解而更张之，乃可鼓也。为政而不行，甚者必变而更化之，乃可理也。苟欲善治而不能胜残去杀者，失之当更化而不能更化也，更化则可善治，而灾害日去，福禄日来矣。"今诚行伏生、董生之言，先行谊而黜愧辱，使人自爱而重犯法，以风化天下，如此而不格者，未之有也。今士之应考校者，为之亲邻结保，以明夫无刑犯之愆，非下贱之族，则以食鸦片之条入于此科，不足以辱之乎？若夫弟治其末，止其流，则为法已具矣，亦不可遍废也。

劝戒食鸦片文

凡人生而有知，即莫不知贵其生。尺寸之肤有伤，则啼而泣矣。危涂幽夜，怖而相戒，虽诱，且怵之不敢赴，诚惧死也。及长，而凡事物之稍不利吾身者切避之，不得则忧，或祠而祷焉。自少至老，无贤愚贵贱，日夜之所营，心思智虑之所毕瘁，日趋利避害焉而已，趋吉避凶焉而已。或遭危疾则忧，有告之以将死则戚，人之情莫不然。而食鸦片者独异于是，知其死而趋之，安其危而甘之。如飞蛾之赴火，知死而趋之，则之死而人不怜。安危而甘之，则当天下下流众恶交指之的，而无人之气，无人气之死而人不怜，是虫豸犬豕之类也，非人类也。何言之？虫豸无知，不知以恶死为不祥而虑防之，犬豕不知有是非荣辱之名，任人之呵叱贱恶，而曾无羞恶之萌。是故人而若此，则即斥之为虫豸犬豕也。彼虽欲不受，而固无解其名与实之称情也。抑尤有甚焉者。虫豸犬豕不为世道风俗之害，不以廑君相在上之忧。今食鸦片者，则不但已也。尝试详论之。

夫食鸦片之人，其始不过起于一二浮薄不检之徒，相恣以为娱乐耳。初食不觉，久之，食必应时，谓之上引。引至，则手足痿弱，口眼喎斜，涕洟不收，与中风邪痰厥相类。当此之际，一切人理尽废，虽侮之、辱之、詈之、抶之，不能起而抗也，此其初害于生也。一也。又久之，则中渐枯，气渐渐，藏府积虫数百千条，以啮之于内，面焦齿黑肌瘦，色如烟煤，肩高于颐，项缩脰伸，其形状可憎如鬼，人亦即以鬼呼之，如是厌厌以逮于死也，自促其算者也。二也。又食鸦片之人，必须肥酰甘果之类以养之，引之重者，每日一二钱至五六钱不等，计烟一钱，亦需银一钱，财力有限，虽富者不能填此漏卮，况贫者乎？然而食烟之人，宁任饔飧之阙，而此费不能少。故致父母之养不顾，妻啼儿号不恤，亲族嗟吁，鬼神侧目，虽暂未死而生理早绝。三也。且食烟之人多在宵夜，呼朋啸侣，焚膏爇烛，达旦不寐。逮日之朝，人方兴而彼方卧，恒至午漏不起。官旷厥职，士荒其学，工废其业，商贾耗其赀，兵役堕其职事，奴仆懒于使令，废时失事，伤财亡身破家，干法犯禁，伤风蠹俗，以贻世之大患。四也。此四大害，人非不见也，非不知也，然而相趋相骛，以甘死于是也。如水之流东，沛然日下而莫之止。始犹避人，有所讳而不承也，今则公然正以供客矣。始犹不过仆隶下贱之人，今则遍于衣冠矣。始犹不过齐民之下流男子也，今则僧道、妇女皆吸食之矣。始犹不过闽粤南纪近海洋之地，今则东西北三方边塞口外通行矣。种种之害，日深日钜，日甚日众，其势骎骎乎将尽化天下为虫豸犬豕也。天下尽化为虫豸犬豕，则三纲沦，九法斁，五事废，人理绝，万害兴，自生民以来，其祸之柔且烈，未有若此者也。

圣君贤相焦思于上，贤大夫良有司厉禁于下，而莫之能止。念及此，虽尽法致辟于此人，其谁曰不宜？而其害又不止此也。彼外夷之以此愚毒中国也，非独岁糜中国金钱数十百万而已也，其势将使中国人类日就澌灭也，此天地之大变也，自生民以来，其祸之柔且烈，未有若此者也。我中土之人，以聪明粹淑灵智之性，甘受外夷之愚弄毒蛊，以死殉之而弗醒弗悟，较之虫豸犬豕之本无明性者，更不若也。且闻水陆隘口，市贩者千百成群，刀械备具，皆亡命凶徒，趋利走险所为。而不肖兵役又因以为利，借查拿之名，扰害行李。夫物之情，此有所求，而后彼有所兴，使我不食之，彼恶所售之？念及此，虽尽法致辟于食之之人，犹不足蔽其辜罪也。

近中朝有建议将尽拘若辈而杀之，此固其理所必然，势所必至也。何则？凡害之在于一事一人一方者犹小，其遍延于天下则祸烈矣。夫祸之大至遍延天下，则于圣主之治岂能舍之而不问与？且夫民有忤于天，爽于物，违于道，逆于法，戾于义，其情至无以自别于虫豸犬豕，则天人交贱之。天人既贱之，则天人亦交弃之。故积祸至重，则一任其禽狝草薙而莫之悯恻，斯劫运所由成也。故食鸦片之人不禁，则将尽死于烟，禁之则将死于法。与其死于烟而劫运成，人类灭，毋宁死于法而犹可及止也。《书》所谓"辟以止辟"也。

虽然，天人有悔祸之心，圣人懔不教之虐。鄙人不在其位，不谋其政，非其事而言之，是为罪矣。顾念同类，胞与不殊，私居深忧，愍其将抵大法也，故作一文，痛切陈谕，庶彼忠告，普愿食烟之人，共绎思之。夫福生有基，祸生有胎，转移之幾，在於一己，罔念克念，圣狂攸分。试取吾言一一反而问于心，应杀乎，不应杀乎？应改乎，不应改乎？且士子者，已尝读书矣，知义矣，则请自议其行，是遵何道也。官与幕宾，已尝临民矣，谳狱辞矣，则请自判其罪，当准何律也。若夫工商以下诸色目人，则亦视乎衣冠在上者之转移之而已。

病榻罪言

昔明孙高阳有言："当大事须置身天宇之外，俯视所营，乃能洞晰情势，使敌在我目中。今身为军事所围，惴惴焉惧敌人之入我室，发我屋，曾暇及藩篱之外乎？枝斫肤剥，曰护其根本，树其能久乎？"窃谓高阳之言可谓蓍龟矣。夫人必出世而后能经世，不易之理也。故程子亦曰："坐堂上而后能理堂下，若与并立于堂下，则是非淆矣。"夫所谓出世者，非谓其离群逃人，如僧徒之出家也，亦谓其心不系于一己之智名勇功，不怵于一时一事之利害难易，如舜禹之不有天下，伊尹之弗视千驷，所谓出世矣。历观古贤豪之克成大功者，必有独见之智，沉深之幾，致果之毅，故鲁子敬称陆逊曰"意思深长"。夫曰"深长"，政浅短之对言，此四字亦常谈虚文，而古今成败尽决于是而不爽也。今英夷之猖獗而若不可制，至矣。窃谓中外议者，皆未有能见其致害之由及要领之全形者也。偶因病榻，聊为客谈之。

谨按：英咭唎一国，县三岛于咭因、黄祁、荷兰、佛郎西四国之间，地产生银、哆罗呢、羽毛缎、哔叽、玻璃等物，在欧罗巴之西，为荷兰属国。《明史》曰丁机宜，《职方外纪》曰谙厄地，《海国闻见录》曰英机宜。以舆图核之，即英咭唎，盖对音翻译，无一定之字也。其国富强，与荷兰构兵，遂为敌国。不知何时据占北亚末利加之地，称加那大，英咭唎称欧罗巴之国为本国。

雍正十二年始来粤地贸易，联属之地十数国，皆称港脚，来舶甚多。按：利玛窦所进《万国图》，分天下为五大州：一曰亚细亚，二曰欧罗巴，三曰利未亚，四曰亚末利加，五曰墨瓦蜡泥加。艾儒略、南怀仁之徒咸祖述之。中国居亚细亚之中，若东之朝鲜、日本、流球，西之小西洋、小吕宋、如德亚，南之暹罗，北之俄罗斯、红孩儿、廓尔喀、痕都斯坦诸国，皆亚细亚也。欧罗巴为大西洋，若今之佛郎西、荷兰、意大里亚、瑛咭唎本国，皆欧罗巴也。利未亚在欧罗巴之西南，南极出地三十五度，北极出地亦三十五度，若今之大英吉利、咪唎喹等国，皆利未亚也。乾隆五十八年，遣使进贡，是时际国家重熙累洽之盛，高宗纯皇帝躬至圣之德，临御日久，天锡纯嘏，万寿八旬，自唐虞以来，书契所载未之见。薄海徕臣，占风受吏，皇心喜于远夷之效顺，受而畜之，隆以恩宠，稠叠优渥。此天地覆载之无私，而奸夷志满意隘，不思答报，反潜滋其骄慢。乾隆五十七年，英吉利遣使，请由天津进口入贡。署总督巡抚郭世勋奏：外夷各国进贡，俱由例准进口省分先将副表贡单呈明督抚，奏奉允准之日，由本省委员伴送使臣，赍带贡物赴京。英吉利国历来在广东通商，今欲赴天津进口，该国王又无副表贡单，臣等未敢冒昧遽行，具奏。奉上谕：准其所请，以遂其航海向化之诚，即在天津进口。五十八年入贡，叠奉有敕谕。其方物有天文、地理、音乐、大表等凡二十九种，特赐国王如意等器物凡数十种，赏正副使、副使之子、代笔官、总兵官、听事官、管船官等品物各有差。又于如意洲赏正副使、副使之子、总兵官品物各有差。八月十三日万寿圣节，使臣行庆贺礼于含青斋，赏正副使、副使之子品物各有差。副使之子绘画呈览，赏大荷包二及通事、总兵官等九员各有差。二十四日，又于清音阁赏正使御笔书画册页、玉杯等品物有差，副使、副使之子、通事、总兵等官九员品物有差。二十九日，于太和门颁给敕书，赐该国王品物数十余种，又随敕书赐国王品物数十余种，正副使、副使之子，总兵官、副总兵官二员，通事、管兵等官四员，代笔、医生等官九员，贡使从人九名，贡船留存管船官五名，留存贡船兵役水手共六百十五名，品物各有差。使臣呈请于直隶、天津、浙江、宁波等处贸易，并赏给附近珠山小海岛一处及附近广东省城地方一处居住。奉旨以该贡使越例干渎，断不可行，颁给该国王敕谕一道，逐条指驳，令使臣由粤回国。郭世勋覆奏：英吉利贸易广东，历年既久，目睹西洋夷商居住澳门，未免心生歆羡。同一夷人，而英吉利国人投住澳门，必向西洋人出租赁屋，形势俨成主客。是以吁请赏给附近地方，以为收存货物之所，与西洋人澳门相埒。溯查西洋人自利玛窦继佛郎机住澳，已二百余年，既住者不必驱之使去，暂寄者岂可使其常留云云。今内外议者皆以英夷之祸起于黄鸿胪之奏禁鸦片，邓、林二制府之收缴趸船，吾以为皆非也。夫邓、林二公，特不达大计，无远猷硕画耳，而祸本所起，不在是也。韩退之有言："引绳而绝之，其绝必有处。"观者见其然，从而尤之，其亦不达于理矣。缴烟之举，病夫尝力论，以为要约强行之，必有后患也。

以予详观英夷之祸，不在近年之禁烟缴烟也，盖由于不肖洋商之污辱自蛊，各前督之姑息养痈，内地奸民之贪利卖国，其蓄谋长乱久矣。及积重不返，而商与官皆受其敝而不可救，而方执禁烟缴烟之迹论其致祸，失之速矣。夫以外夷奸宄，而纵之游衍省会重地数十年，所以恣其供给者，又悉餍足其欲，寖久而不知，奸心得毋积乎？又况屡肆凶狡，抗拒大吏，公带兵众炮火侵犯内地，轰圮炮台，乃惟贪其货税小利，姑息不敢惩治，此纵无汉奸，亦且足致祸败，况人情趋利不回，积久尽移乎？此不可谓非前此在事诸公之过也。道光十一年，歙县叶锺进，号蓉塘，客粤中，著有《寄味山房杂说》，记英夷滋患之事。其言曰：往时夷船到口，该大班等恭请红牌来至省馆，诘朝穿大服佩刀到洋行拜候。商人之稍有名望者，必辞以事不见，俟其再来，然后一答拜，迎送如礼，一切惟洋商之言是遵。迩年船益多，消茶叶益多，洋商即其厚润，于是该班将到，洋商不俟其来，托言照应，过关即出远迎，又复常至夷馆问候，更不闻有大班至洋行者。十三年秋，夷船到，二班摄司大班事，益无忌惮，竟带夷妇至十三行居住，出入必乘肩舆，翻不许洋商乘轿入馆种种，故为干犯。其肩舆系东裕行司事谢治安所送，访知将治安拿究，瘐死于狱。洋商于奉谕饬查时，为具禀该大班患病，需人乳为引，故带夷妇以来，以此延抗，而其时又不仅该大班携带夷妇已也。病夫更闻粤人言，凡洋商所以媚夷人，娼妓、顽童无不购以奉之。洋商愈贱，夷人愈骄，皆商人导之使狂悖云。叶君云：各商互相倾轧，傥有说夷人短者，大班必知，遇事挑斥，故虽贤有品者，问以事，亦谬为不知。而于天朝之用人行政及大宪之一举一动，夷人反无不知者。又按：英夷于嘉庆元年、十年入贡，皆由广东，尚无事。十三年，以保护西洋人为名，带兵七百名进入澳门，据占东望洋、娘妈阁、伽思兰三处炮台，总督吴熊光、孙玉庭不能禁。十四年，总督百龄面奉上谕，命将英吉利兵船何以擅入澳门，明白具奏。据称嗌叮喇兵头嗒啷哂来阻隔生理，不及禀明国王，即带兵来澳保护。后奉大皇帝谕旨，不准住澳，即行退回云云。向来各国夷船来广贸易，皆各备资本，自行货买。唯英吉利国设有公班衙，发船来广贸易，名曰公司船，设立大班、二班、三班等，在粤管理贸易事务。该国来粤夷商水手及所属港脚等国来粤，均由人班管束。是以事有专责，历久相安。道光十年，该大班忽称本国公班牙期满散局，嗣后无公司船来粤，将来本国差官来粤，管事亦系大臣云云。虽经督抚诘问，坚不言明。寻其奸意，盖欲以大班与中国督抚抗衡，故托言贵官也。叶锺进又说：十二年，李鸿宾以英夷动率水手数十人或百余人，擅至省城，干犯禁令，饬洋商传谕。十三年，因携带夷妇，奉谕查问，遂架大炮于夷馆，两旁设兵守卫。居民无不愤悒，即他国夷人亦谓天朝怀柔过甚。嗣通事蔡刚往谕，刚有胆识，能言，厉声辨诘，始有畏意，撤去兵炮，而夷妇仍不肯遽回云云。十四年，总督卢坤奏，英咭唎公司散班，前督臣李鸿宾饬商传谕大班，寄信回国，仍酌派晓事人来粤总理贸易。六月内，有英咭唎兵船载送夷目啤唠啤一名,携带女眷幼孩共五口,寄居澳门,兵船查有番梢一百九十名,停泊外洋。饬洋商伍敦元查询。讵该夷目不肯接见,洋商旋赴城外呈递总督书信,封面系平行款式,且写大英国等字样。随饬广州协韩肇庆传谕违例等情。该夷目不遵传谕,声言伊系夷官监督,非大班可比,以后一切应与各衙门文移往来,不能照前由洋商传谕,伊亦不能具禀,只用文书交官。且擅出告示,令各散不必以断绝贸易为虑。有心抗衡,不遵法度。洋商伍敦元因该夷执强,请即停止该国买卖。卢坤不欲因啤唠啤一人之过,概行封舱,使之向隅。因与抚臣祁𡎴商度,以为英夷素性凶狡,所恃船坚炮利,内洋水浅,礁石林立,该夷施放炮火亦不能得力,该夷目身入中华,距本国数万里,已有主客之势,如其跳梁,我兵以逸待劳,其无能为,显而易见。又奏称粤海关近年征收夷船商税,英吉利一国约计五六万两,国用为重,不得不通盘筹画。旋以该夷吁请开舱,蒙混具奏。后于八月初五日,英咭唎兵船二只乘风潮闯进海口,越过虎门、镇远、砂角、横档各炮台,驶入内河蛇头湾停泊。初九日,驶入内河离省六十里之黄埔河面停泊。啤唠啤居住省外夷馆,卢坤等派调水陆兵弁防堵近省各隘,犹言英夷不敢妄思跳梁,已可概见,但防备不可不严耳。八月十六日,伍敦元转据散商咖啤昭称,啤唠啤因初入内地,不知例禁云云。卢坤奏言:皇上抚驭外夷,不为已甚。啤唠啤虽妄诞,尚无不法形迹,且该国散商数千人俱以啤唠啤为非,无一附和,未便玉石不分。十九日,将啤唠啤押逐出口,该兵船亦于是日开行,至二十二日始出虎门。叶锺进云:有久住十三行之英夷,知汉字,能汉语,每遇班中人来,多方播弄。如道光七八年,于夷馆前立大马头,置围墙栅栏。其地为对河居民往来渡口,具禀上控。总督李鸿宾偏徇夷人,准其设立。迨奉廷寄,巡抚朱桂桢亲莅折毁。该夷又将来船碇泊零丁洋面,不入口开舱,以八事入禀要挟,又纠各国夷人随声附和。惟咪唎喹不从,回称如我等有船至汝英国贸易,必遵汝英国法度。今来天朝,图觅利耳,如无利,即恐请汝,亦不肯来,何烦喋喋多言。维时各船主争噪,大班嘟喽顿庸懦无能,听二、三、四班,许供给各国船食用。自七八月相持至次年正月,大班见事不了,潜赴便船逃去。适洋商以所定茶叶一年不交,一年费用无出,至澳解说,始于是月十四五日入口开舱。此十三年事也。

今欲拯之,非深谋远计,洞悉要领,需之岁月,改弦更张,不可为力。何则?据今事势,由众人之见,不过战与和之两端,两端之外,无他策也。不思粤之香港,浙之宁波,闽之厦门,三省要害地失不能复,而与之和,此辱岂可忍乎?况彼气方骄,断不受约,即使我宽大不校,忍辱暂为羁縻之计,亦恐终为所绐,不逾时而仍肆其虐,可屈指计日待也。古之和敌者,必我有以制其死命,从而活之,不欲尽杀,故能绝其乱萌。否则无不受反覆之祸者。前史所载,不可指述,不特唐张延赏、马燧之于吐蕃,南宋秦桧、贾似道之于金人,明杨鹤、熊文灿之于李自成也。彼奸人失势,乞抚以缓诛,尚不可信,况我方挫衄,彼方强盛,肯俯而就和乎？盖和夷非徒和也，彼必挟兵重索厚币而后去。夫以数十万赏兵士，钱银仍在内地，以数百万和英夷，钱银遂归外国。赏兵士，则内民悦，外夷惧，而可致功，和英夷，则夷愈骄，奸不息，而坐自敝。昔人譬之以肉饲虎，肉尽终必食人。今财用既绌，兵威日蹙，徒乞和以示弱，而终莫保，是和之一议，断无益于救败，不待智者而决也。然则将听其侵陵而不顾乎？又无是理也。则必将曰：不和则战耳，势未有可中立者也。然而将不习兵，兵不为用，又无以制其炮火之利，纵勉强一掷，亦百战百败，徒伤士卒，损国威耳。是无算而浪战，亦非策也。

然则将奈何？病夫曰：是惟得贤督将，谲转汉奸，多方误之，诱之上岸，用伏用疑，秘计莫测，四面蹙之，以避其炮火一面之猛烈。英夷所恃炮火，利远不利近。若登岸入城，可以步战巷战，计我民之数十倍于彼，果能有勇有谋，但制梃用箭，以短破长，足以歼之。惟当出示劝谕，百姓勿惧勿避勿迁，自相召聚团练义勇士，自相救护，安堵以待，其能杀贼者有重赏。家自为守，人自为兵，各自严防，察辨汉奸，不恃官兵，亦永不隶官兵，此切务也。

又须练亲军以备救应，广求奇士以任腹心。历观古之决大计成大功者，莫不先定其规模，而后从事。如秦之毕六国，只用“远交近攻”四字，遂以蚕食诸侯。又如诸葛之策三分、王朴之平边，皆先定大计于胸中。其他如淮阴之策楚、汉，荀文若、郭奉孝、荀公达、贾文和之策袁、曹，皆有定见在胸。史称赵广汉为颍川太守，豪杰大姓相与为婚姻，吏俗朋党，广汉患之。厉使其中可用者受记，出有案问，既得罪名，行法罚之。广汉故漏泄其语，令相怨咨。又教吏为缿筩，及得投书，削其主名，而托以为豪杰大姓子弟所言。其后强宗大族家家结为仇雠，奸党散落，风俗大改。吏民相告讦，广汉得以为耳目，盗贼以故不敢发，发又辄得。壹切治理，威名流传。曹公与马超、韩遂战于渭南，超、遂相结，公问计于贾诩。诩曰离之而已。曹公以为解，遂施离间，超、遂更相猜疑，军以大败。呜呼！此所谓起沉锢之病，回既散之心，非夫沉幾独见，致果毅之力，恶能办之？

详观英夷虽狡，非有黏没喝、金兀术之强勇也，非有内地险扼巢穴之可凭也，非有羽翼支党，流民饥附，动可呼吸，万众相随应也。三万里入中国肆乱，其势甚危，犯兵家大忌，而中国以全力揞拒，莫可如何，徒以炮火之利耳。而炮火之用，全赖汉奸为之导引，然则今日制胜之策，惟有收服汉奸之一策耳。叶锺进云：咪唎嘡夷詈英咭唎为山狗性，人若畏让，彼必追来，人若反身相向，彼即曳尾而去。又其人目不能远视，故不能挽强命中，脚又无力，上岸至陆地则不能行。制梃专折其足，则皆毙矣。亦无他伎勇，所恃炮火，炮子有至三五十斤者。嘉庆十一二年间，有大班喇咈者，探知我属国安南之东京时有内讧，乘隙可取。遂亲往嗌唎甲，勾结掌兵头人，驾大船十号，直趋安南海口。该头人先令其副驾七船以入。安南闻有寇，豫饬商船渔艇先期尽匿，故入港数百里无阻，直至东京下碇，不见一人。是夜，忽有小船无数围垵[拢]①，上装干柴火药，急发大炮轰击，火益炽，七船之人尽烂。有善泅者，由水回报，兵头不敢再入，乃顺抵粤洋。喇咈又与汉奸说合，欲占澳门。该兵头竟趋澳门，占住炮台。西洋澳夷谨守大炮台，发禀告急。时总督自广西来，发兵驱逐，夷兵虽去，船仍不去，此十三年秋冬间事也。至十四年，喇咈乃令各商给与金钱带归，以恤死难。喇咈被本国革退，以四班嗌哗哦为大班。盖当议欲夺澳门时，惟嗌哗哦不肯署名故也。嗌哗哦后，有大班吐呻唻者，欲占我大屿山为居止，寄信回国，求奇异物，自粤趋天津口。天津盐宪入告，奉准入都。该夷等在天津行燕礼，不肯拜跪，及入贡，又不肯行拜跪礼，奉敕谕将贡物领回，由粤归国，仍免其货税一万六百两。旋经蒋攸铦奏称，访得南洋诸夷，惟英咭唎最强，而非富饶，惟借贸易为资生之计。其货物除中国亦无处消售，是其不能不仰给中国之贸易至明。乞仍准该国货船在广东贸易云云。由前安南之事可见，若无内奸，虽炮火，无独胜之道。故欲灭英夷，惟有火攻，欲得行志，惟转汉奸以披其心腹，计无以易此者也。由后蒋督之言，知英夷不能不仰给中国，然则何为养腹心之疾，纵容姑息，太阿倒持，授以柄而长其凶矜也。又道光十二年，英咭唎夷船驶至山东洋面，并刊刻《通商事略说》二纸，大意以广东贸易不公，希冀另图在他省贸易。可见该夷蓄心造谋，狡焉思逞，非一日也。往年在粤，闻有汉奸言，官府何必烦心，但许我抢夺英夷货物，尽给与我不问，我自能烧其船，歼其魁。惜乎在事诸公恐酿夷衅，不敢行。今日或可反用之，以收急效，而悔已迟也。

古之收人心者，亦仗文字至诚之力。如唐德宗兴元诏书，悔过引咎，骄将悍卒，无不感泣。今亦当凯切劝谕汉奸，食毛践土二百年，祖宗丘墓皆在中国，何苦助三万里外之夷鬼？况英夷所获中国财帛，汝能抢回，皆为汝有，不愈于助逆，而终不得为三万里外之民乎？是亦一大策也。英夷之强，不在炮火，全在汉奸。炮火易制易避，汉奸遍在内地，根株蔓延，诛不胜诛。然汉奸有不得不附英夷之势，一固在利其资，一则内地无容身，知露迹必死，故以英夷为渊丛，此势不得不然也。今欲收汉奸，非广费金钱不可。而此时财力既绌，亦不易给，且给之无穷，豀壑难盈，非力所能赡，即非计之得。当事诸公皆诿而不敢

---

① "垵"，应为"拢"，据上下文改。

行，亦势之必然。惟准其抢夺英夷之财，则我无费而彼得所欲，所谓令下于流水之原，亦理所必然也。但非凯切信喻，明示赦宥不诛，则彼虽抢掠英夷而无所归，不能安宅安居，心仍不敢决。我既不容，英夷又不容，彼不特无取财之处，且无逃死之处，虽至愚不肯为，况奸人乎？夫奸民之本心本计，自初至今日，不过贪财思得金钱耳，岂真爱英夷哉？岂真于国家官府及富饶郡邑居民有仇恨乎？故徒以食毛践土等言，彼纵心动而感泣，亦终不敢叛英夷，以露其身与迹也。势也。故今大计，惟在肆赦汉奸，待以不死，使之反抢掠英夷，而于能杀夷目，烧夷船者，又有重赏高爵，则如反风之卷云矣，亦势所必然也。不然，是彼利汉奸，而我又严驱之，以为彼用，愈固结不解，祸愈深矣。汉奸与英夷一日不离，则内地一日不安。惟赦汉奸，使反为我用，汉奸既回，尚何炮火之足虑乎？彼将并其炮而掠取之，如拾薪矣。

尤当以军法申严战守文武兵士退避之罪，方能倡勇敢而鼓士气，使知有所畏而不敢犯。宋李纲言退避之策，可一不可再，退一步则失一步，退一尺则失一尺。往自南都归德。退至维扬，则河北、大名。河东、山西。关陕失矣。自维扬退至江浙，则京东西汴京。失矣。万一敌骑南牧，将复退避，不知何所适而可乎？今日之事，若以炮火退避，万一凶夷直进内犯，亦谁不曰炮火之当避乎？古人有言，以姑息为安，则终不得安，此前此粤中之失也。以避让为得计，则将至无可避，此今日江南之失也。但此事必须详悉敷奏，明奉特旨允行，使远近灼知皇上爱民不杀之仁，故有此赦令，俾天下之民义愤激发，感动挥涕，人思杀贼，而后乃能大动汉奸之心，有以坚其信而转其局。管子曰：政之所兴，在顺民心。所谓下令于流水之原也。如此则英夷之心腹披，胆落气夺，而四支之僵仆可立待矣。是为以文克奸民，以武克英夷，所谓折冲于尊俎，而制胜于千里也，是贤于千万师而犹不能保其必胜也。古之君子，功不必自己成，谋不必自己出，期于分国之忧，除民之患耳。要在去计私避害之心，不系一己之智名勇功，将之以忠荩恻怛之仁心，计虑周密，意思深长，如此而不济者，未之有也。虽使留侯、武侯、贾谊复生，为此时计，恐无以易此。

若不赦汉奸，但和英夷，英夷虽退，而汉奸无所归，必聚为乱，为乱而惧诛，必仍借英夷为助以相抗。此祸在目前，亦一定相因之势也。盖汉奸益众，英夷势不能养无数之人，给无穷之求。汉奸无所容身，而欲不屡，则为乱必炽，其难收拾更百倍于今日也。且英夷和而据我险要，听伊管辖，卧榻之前公屯豺虎，此岂能安乎？故此之赦令，必剀切恺诚，坚明约束，使天下耳目心志一新，如日月昭回，顿见精采。赏必二三万金，官必以副将、总兵之贵，然后乃能鼓舞人心，转移积重难掉之势。若文诰虚繁，失辞松劲，使本意变计。暗而不章，郁而不发，则人心不动。龌龊委琐，吝惜金爵，不能破格行度外之事，则恩不感物，人无所贪。凡此三端，有一于此，则行之无效，如不行也。且非深谋沉幾，行之亦恐混浊，而奸人反得弄欺之也。

南宋时，金人犯城，蔡懋禁不得，辄施一矢，有敢伤金人一人者，抵罪。将士积愤。及李纲令人杀敌者厚赏，无不奋跃。其后金人暂退，中丞许翰曰："金人此去，当令一大创，乃可保久安，否则将来再举，必有不救之患。"病夫目验自英夷造祸以来，前此在事诸公，未有一人切齿深怨，誓欲杀逆夷者，但一味爱惜曲护，惟恐伤之。堂上召兵，户内延敌，托名宽仁怀柔，实则畏其强不敢触忤，苟且避事，畏而奉之，以免目前，而不顾后祸之大也。有海防而不能守，有兵而弗能用，管子所谓以其地与人者也。今日事势，非激发忠愤，处心积虑，密计深思，谋下毒手，务殄绝其类，使一人一舟不返，如安南之事，彼方有所畏惧。若小小惩挫，便思收功，姑且息肩，竟或仍与议和，则后祸不了，所谓包火以衣，闭目掩雀，乃不可言矣。

奸民中，亦必有翘异奇伟之士，为彼所倚任，须访明而诱诘之。如唐李愬之降丁士良、吴秀琳，近姚启圣之降刘国轩，方有用，方可歆以尊爵，若庸凡散人，虽得千万无益也。不降，则谲间使杀之。不但此也，又当禁断在粤各国贸易，除澳夷。使知英夷犯顺，亦足有害于彼之贸易，令其自相愤怨，与我同仇，所谓以敌攻敌，此亦古人之谱著，而今日之切务也。粤中分润，海关陋规，自文武大小衙门以及军役闲散人等尽遍。一议封关，必恫吓阻抑万端，断而行之，非得张敞、赵广汉之流不能。按诸国咪唎喹最强，彼此构衅时，常劫夺其货物。英夷每带兵船护货，皆以防备咪唎喹为辞。见于文书官牍。

且夫英夷之所以得汉奸之用也，亦费数十年之机谋，侜张诱惑，其费金钱亦不知凡几，故能锢结其心志，使为之死而不可解。则今日欲解散之而反为我用也，亦岂杯水钩金豚蹄旦夕所可得邪？故窃以为非若赵广汉之解颍川朋党，姚少保启圣之挽台人之心，必不能成功。姚少保之平台也，先密陈奏，言贼之所以猋突而无前者，盖闽人为之用也。闽人自成功以来，积为所胁，故其余孽之来，靡然从之，闽人绌而台人张矣。今必有以壮闽人之势，当先有以固闽人之心，而后贼可退。又必出奇计，使台人反为我用，而后贼可亡。是固非争衡于一胜一负之间者也。圣祖是之，降玺书褒劳，尽委以军事，且谓廷臣曰："闽督今得人，贼且平矣。"公乃大布方略，分道出兵以缀之，而轻兵抄其饷道。乃大开修来馆于漳州，不爱官爵赏赀财玩好，凡言自郑氏来者，皆延致之，供帐恣其所求，漳、泉之人争相喧述，公掀髯笑曰："昔人捐金施闲，虽信陵君之亲而才，廉颇、李牧之武，亚父、龙且、锺离昧、周殷之骨鲠，可坐而尽也，况竖子游魂乎？"又汉桓谭言于光武曰："古人有言曰：天下皆知取之为取，而不知与之为取也。陛下诚能轻爵重赏，与士共之，则何招而不至，何说而不释，何向而不开，何征而不克？如此，则亡者复存，失者复得矣。"又汉高帝闻陈豨将皆贾人子，曰："吾知所以与之矣。"乃以多金购豨将，豨将皆降。今日之汉奸，亦无赖亡命贾人耳，故诱之易为计也。又汉景帝谓袁盎曰："吴王即山铸钱，煮海为盐，诱天下豪杰，白头举事，计不万全，岂发乎？"盎曰："吴有铜盐，利则有之，安得豪杰而诱之？吴所诱，皆无赖子弟、亡命奸人，故相率以反耳。"其后吴明告诸侯曰："寡人金钱在天下者，往往而有，非必取于吴，诸王日夜用之不能尽。能斩捕大将者，赐金五千斤，封万户，其下以次差受爵金"云云。今亦当明示军民人等，有能烧夷人大船者，赏若干，爵某官；能杀夷目者，赏若干，爵某官；杀散夷者，计首级赏若干，授某职。虽宋夏竦、明杨嗣昌皆尝以悬赏格招敌人之侮，然今官出朝廷，赏待有功，则不致虚滥受欺，可无虑也。壬寅五月。

　　谋国之道，不恃敌之不攻，惟恃我之不败。今日之事，及逆夷暂退，急须认真增修武备，倡勇敢，鼓士气，储蓄聚，习弓矢，镇静以安百姓，勿摇民心，祇遵庙算密行，不可泄宣秘计。朝廷诚威诚断，诸将诚勇诚谋，必可转败为功。古人有言：明其为贼，敌乃可服。逆夷无道，至此已极，而或犹从宽议，谓彼不过希图贸易，无大罪恶，是疑百姓兵士之心，使之不奋怒杀贼也。夫仁不以勇，义不以力，况奉天戈以诛不逮，何嫌何疑，而不致力哉！位卑言高，重干死罪。八月又记。

考槃集文录自序

　　昔吾亡友管异之评吾文曰："无不尽之意，无不达之辞，国朝名家无此境界。"吾则何敢自谓能然，然所以类是者，亦有故。盖昔人论文章不关世教，虽工无益。故吾为文，务尽其事之理，而足乎人之心。窃希慕乎曾南丰、朱子论事说理之作，顾不善学之，遂流为滑易好尽，发言平直，措意儒缓，行气柔慢，而失其国能，於古人雄奇高浑、洁健深妙、波澜意度全无。得失自明，固知不足以登于作者之录。平生雅不欲存判，欲焚弃久矣。而友人毛生甫、姚石甫力谓吾不可弃之。及是，戴生钧衡强为钞录，乃收罗散佚，辑为兹编。既成，视之，殊用内怍。姑以陈义辨物尚无失实误世之谬，留之私示子孙，使知吾之志好如此为可耳。

　　道光壬寅十月十日，方东树题。

老子章义序

　　老子之书，不可谓非深于道者，特其用意之过，感衰世浇讹之俗，发辞偏激，遂若显悖乎圣人。然究其指，不过曰无为而无不为，常使民无知无欲，以相安于挥朴无事而已。太史迁以"虚无因应"该之，可谓得其要领矣。自魏晋清谈，寄心高远，而制行全与相戾，岂知老子者哉？余尝言古今绝学，大小虽不同科，而不传之妙，与人俱亡。庄周之道，得佛氏扩之，其传浸广。老子之学，一传而为杨朱，已失其旨。千载以来，惟子房得其用，而其后无闻焉。然是犹谓嗣其道者之鲜，乃若善说其书者，亦不可概见矣。陆氏《释文》所引凡二十八家，今皆不存，存者独一谬安之《河上公章句》耳。唐宋以来，说者乃渐众。然如苏子由注不逮王辅嗣远甚，而东坡顾称为奇特，何哉？朱子自言能得其义而不欲为之，则以其说之流有害于事，故靳之耳。夫老子之言固易知也，但解之者支离牵率，是以其义晦。今吾作解，合儒、佛之理而通之，其本义则窃取之朱子，其分章则以吾所私见者断之。老子曰："吾言甚易知，甚易行。天下莫能知，莫能行。"凡求道者，但于近而易知处求之，则得所为高远，若于高远求之，则有迂其难而却阻者矣。老子岂欺我哉？嘉庆己未四月。

栎社杂篇自序

周秦以来，诸子各以英资茂实，猎道裂术，散以为文，咸自久于世。校其畛域广狭，胜劣非一，然莫不本于壹而出之。后世之士，专欲工文章而不务本，道术敝甄，致役乎文，游心窜句，纷纭于百氏之场，于是其人与其言始离而为二。既以离为二，则象而累之，虽欲不参于三，以至于杂焉，不可得已。噫！吾观后世文士，著书愈勤，收名愈急，其能巍然不入于杂焉者，何其少也。平日无道术之积，及其为之也，又不求其至。信乎肤浅者无所明其理，塞涩者无所昌其辞，如虞道园所讥。然则是亦安能有原泉放海，随地涌注，超然造极，而皆归有本，如古人之资深自得者乎？今余自集其文，不敢自欺，而命之曰"杂"，取别于古之以壹出之者，且毋俾后有作者见而笑余，谓同处于杂而恶以议人为也。嘉庆四年三月。自记云：此己未年作，时余年二十八岁，于后为学始壹正其趋向，虽未敢言能立本，而其于杂焉者，亦庶免矣。虽然，又有病。夫文章之道，最忌正言直说，董子之文病于儒，故作者弗贵。吾生平为文好庄语，此所以言之虽精而不入妙。识此以讼吾短。

待定录自序

天下皆言学，而学之本事益亡。本事者何？修己治人之方是已。舍是以为学，非圣贤之学矣。古者修己之学，学处贫贱而已，学处患难而已，学处富贵而已，学处死生而已。伊川谓富贵则不须学，窃以此记言者误也，非程子之言也。夫富贵之人，处势高，行意便，所及利害益广，苟为不学，则以其势恣睢，非惟害及人心风俗、民生国是，终亦必将取为身殃。君子无须臾离道，恶有富贵则不须学之言邪？至于治人，亦惟富贵有权势者，其用为切。矧由此而推，以处大事、当大任、决大疑、成大功、立大名，不惑不惧，其本皆在于是。故穷之所学，即达之所用，非有二也。

余少贫贱，而困穷益甚，既无所因极，乃壹以学自广。顾为仁不熟，未能默识一贯，当其耳目暂交，天光偶发，惝恍有象，须臾亡通，不可追忆。故每于旅枕不寐之余，舟车波尘之际，忽有所悟，随即札记之。或绌思故书，欣然有会，则直记其词，以当书绅。勤苦既久，集义自生，所得积至百余卷。其岁月先后，早晚昏旦，一一蝇注其下，用以自考验。初命曰"定命书"，后见刘宋顾凯之先有是名，乃改命曰"撄宁子"。撄宁云者，撄之而后宁也。今复改名曰"待定录"。呜呼！余之困厄既无可告人，若其所获于世所不争者，姑录而存之，以待后之君子论定焉，庶几其非僭乎！若夫庄子所称世有真人而后有真知，夫真知又有待而定者，则非余之所知也已。道光四年秋八月，东树自序。

未能录序

闽县孟瓶庵先生以《损》、《益》二卦归之《复》卦，作《求复录》，曰惩忿、窒欲、迁善、改过，凡四篇，用意密切，至矣善矣，然不逮蕺山先生《人谱》六言为有始有卒。余参剂于刘、孟二书，自鞭其所后，为十言以自程：曰谨独，曰卫生，曰修内，曰慎动，曰敬事，曰烛幾，曰尽伦，曰执义，曰安命，曰积德。夫为学之方，固各视其资性造诣，各有入手得力之处，不为陈往迹以徇观听也。术家言吾岁行在卯，不利。幸残生未泯，欲自刻厉，求免恶终。每自念吾今日死，明日而吾尚存也，曷为明日死，今日而吾先亡乎？凡不修之人，形虽未绝，而生理早泯，虽生，而死已久矣。管子曰："壮者无怠，老者无偷。"子曰："朝闻道，夕死可矣。"又曰："假我数年，卒以学《易》，可以无大过。"欲之未能，勉之而已，勉之何如，愊愊而已。如饮水，如耳鸣，虽鬼神不及知，亦自与鬼神同其吉凶。庚寅五月十六日，仪卫主人自序郡署东偏文昌楼下。以上十义，昔贤名理名言，至精且详，不可胜举。今日惟在自家切身检点实践而已，不作言铨也。同日又记。

进修谱序

进修者，本《易》"君子进德修业，欲及时也"语。君子之学，进德以事天，修业以事人，舍是无所致其力。德者本体，卷而藏诸密者也。业者致用，放之而弥六合者也。德业并进，如释氏教乘双修，汉学修教而不修乘，宋学之误而偏者，修乘而不修教。而如程朱诸大儒，则必教乘双修。但德之精粗纯杂，业之广狭偏全，随人所占，前载所记，可考而知也。天之所以与我者备矣哉！君子精其心而德隆，大其心而业广，小人及偏材弗能也。谱者，百工技艺皆待规矩绳墨、法式模范以成其事，独至为人，自孩提至老，绝不一讲，任情放意，各以私智荡性虚憍、客慧忿欲、偏惑苟妄行之，父兄莫之非，交游莫之议，而无不予圣自狂焉，天下所以少成德全才者坐此。即少有一二质美志学者，不得其门，又昧于所从事，误用聪明，功夫本末次序不知，卒蹈边见偏见，至死不悟，可哀可悯，吾谱之所以作也。谱在四子、六经、诸史，然泛而求之，莫得其要也。蕺山、二曲《人极》、《人髓》二图，摹拟套习，又偏而多误。惟丘文庄《朱子学的》庶乎近之，但单举朱子一家之言，不如《小学》、《近思录》完备。要之，皆人谱也。皆谱，吾曷为复作之？此吾所私具也。义理，天下之公，曷为有私？吾所谓私者，如人皆冠履，视之则同，然而吾所自具者，合吾首适吾足，必不同于人之所有也。其谱之类凡八：穷理一，密察二，实三，巽宜四，节五，止六，借所七，恒八。辛卯五月，方东树撰。

时政策自序

《时政策》三首，其七事，盖其尤切者，其余犹有取士、删省条例二者，欲补作之，以拟主父偃九事八为律耳。然非常之事，必待非常之人，苟不度时之足用吾言，而漫以沽其术，则未有不取戮辱者也。《易》曰："鼎有实，慎所之也。"老子曰："不为福祸始。"盖邀天下之奇功，必招天下之奇祸，如孔孟之栖栖奔走，知其不可而为之者。盖以天命悠远不可知，吾但诚恳恻怛以事之，如大舜之底豫耳。此意诸葛武侯识之。下此若贾谊，犹出于忠爱。如范升之于王邑，则欲以售其才，如王通之于隋文，则苟以沽其名。若主父，则与苏、张等，但以求富贵耳。苟不度时揣势，则富贵未可求，而死于暴人之前也久矣，此献璞刖足之明鉴也。乙亥六月十五日，方东树漫笔。

王氏族谱序

　　吾尝考古今氏族，一亡于秦汉，再乱于五代。晋、宋、隋、唐最重谱牒，设专官掌之，而矜门户，崇郡望，依托苗裔，谬妄难稽，谱限勋格，启世讧争。故自唐以来，海内名家世谱虽详，孝子顺孙盖有远求其受氏之本原而不可得者矣。世称贵族，莫如王、谢。顾谢氏自汉魏以上无显者，始盛于晋、宋之际。惟独王氏，自周、秦、汉至今，将相名贤、大儒硕学，无代无之，而其族姓亦最繁。他族虽远，宗无不同。王氏定著三房：曰琅琊，曰太原，曰京兆。然考之史传，实有二十余望，故王基、王沈相为婚而不嫌。琅琊王氏，自称出于王子晋，为世所讥，则其盛衰崇普、支派同异之难稽，有自来矣。

　　徽之有王氏也，不详其何望，当元末有名巽者，避张士诚之乱，由婺源清华镇迁桐，生二子：曰宗二，曰宗五，始占籍桐城，洪武三年也。是为桐城王氏之祖。自是仕宦蕃衍，遂为盛族。然终明之世三百年未有谱。我朝康熙壬子，几世孙某始创为之，乾隆癸巳，曰某者又重修之，阅今六十年矣。人愈众，才隽愈起，今某某等复事修辑，而请序于余。余惟眉山苏氏自唐武后神龙时迁眉，至宋仁宗至和间，几四百年而谱未立，是以老泉为族谱，自高祖以上即不能知。今王氏虽于明代无谱，而自康熙壬子以来，所纪上世已详，盖已愈于苏氏之仅能纪其高祖者矣。矧今某等又欲续修之，则其所纪益详。自今以后，不至远而愈湮，固孝子慈孙之事，而可为世法者也。自记云：氏姓乱于五代，谓南北朝之五代，王荆公亦主此言。而顾氏《日知录》又以为唐末之五代。二说并存，学者疑之。余此所指，晋、宋、齐、梁、陈，南北朝之五代也。

重刻白鹿洞书院学规序

　　书院之设，肇自唐开元中，与古石室精舍相似而不同。始东宫丽正殿藏经籍，置修书院。已而大明宫外创集贤书院，学士通籍出入，盖用以广购求、事校雠也。逮宋嵩阳、庐阜、岳麓、睢阳各立书院，以居生徒，赐之经传，以相教学，而白鹿洞经朱子设教其地，其精神所萃，千古犹留。登其堂而思其教，诚问学之津梁，入圣之阶梯也。明弘治间，郭晋始辑《白鹿洞志》，简略未备。国朝康熙初，廖文英重修，后毁于火。星子县知县毛德琦重为修补，广搜遗事，自宋以逮我朝，兴复沿革、藏书祀典、学田艺文及先正格言，靡不毕备，凡为书一十九卷。披阅之下，慨然想见朱子当日所以集群儒之大成，使斯道昭明，如日中天。其遗文教泽，一字一言，皆如布帛菽粟，后之人日游其天而不能尽察也。每思穷居约处，无补于世，必欲兴起人心风俗，莫如崇讲朱子之学为切。会廉州太守何公谋取此志弟六卷至弟八卷所集历来主洞诸先哲学规，别刊为一集，广布各书院，使奉为绳墨，于以崇正学、儆斯人、成善俗，而复于古道也。刊成，征余言为序。余喜与有同志，遂书以识其大恉云。

徐荔庵诗集序

　　吾尝论古今学问之途，至于文辞，末矣。于文辞之中而独称为诗人，又其末之中一端而已。然而诗以言志，古之立言以蕲不朽者，必以德为之本，故曰有德者必有言。自汉魏以来，至于今日，其闻贤人君子、高才硕士、英敏异量之徒，或以悯时病俗，或以抒情见素。百世而下，使人读之，得以考其身世，睹其性情，如接其衣冠笑语、声音面目。其高者，至并其时之风俗治理、贞淫盛衰，罔不载之以见，如孔文举、曹子建、王仲宣、刘越石、陶渊明、杜子美、韩退之诸贤，犹可因以想见。诗之本用如此，故古今重之。文中子续经固妄矣，要诗足以觇其世与其人。后代作者，岂遽绝于风骚邪？邵子谓"删后无诗"，亦过矣。顾世之学者，不惟其本原，或拘以格律，厘以人代，断断以优孟衣冠言诗。于是有言矣而不必有德，始失其本而示人以陋。数百年来衰敝相习，篇藉［籍］① 虽富，率夸浮流宕，不能与圣人言诗者合，王者之迹未熄，而诗固已亡矣。虽有河汾君子出于时，亦将何所采拾乎？夫《三百篇》为诗之祖，而风不同于雅，雅不同于颂，《小雅》之材不同于《大雅》，而"无邪"之旨，兴、观、群、怨之教无不同焉者，岂不以言诗自有其本在邪？亦曷尝置一人一诗于前，用一律以仿佛抚肖之哉？

合肥徐子荔庵，尝举孝廉方正特科，是其行谊既重于乡里，见于明时，固将揭其所修于身者为法于当年，流声于后世，使人考其德行之成，卓然非寻常之所能及。乃犹不废辞章之末事，而勤勤于吟咏诗篇，欲托以自名，岂欲以立德之余绪而兼夫立言者与？夫立言，非德无以为之本，徐子之贤，其必有以既其实矣。始吾识徐子于陈秋麓司马座，徐子为言与吾亡友刘孟涂善，因恨交余之晚。明年，余主庐阳书院，距徐子家不里许，因得数相见。又明年，余主亳州柳湖书院，而徐子先在州刺史署中。夫徐子与余交虽晚，而其踪迹之聚密，有为亲故之所不及，岂非相与有夙因与？然则徐子命余序其诗，其曷可辞？故为本其素行与诗教之大旨以为言。

---

① "藉"，应为"籍"，据上下文改。

朱字绿先生文集序

《杜溪文集》十卷，附《白柴文》一卷，故编修宿松朱字绿先生及其子曙撰。道光辛卯，树主松滋书院，其族孙麟悯先生无适裔，将代为梓行，而属余序之。其言曰：先生集旧有刊本，既未盛行于世。乾隆时开四库馆，禁书令甚严，其家不知而毁其板，惟钞本仅存于今。又多摩灭错乱，至不可读。树幼即知先生名，而未见其文。既发读卒业，则叹曰：此岂仅一方之文献而已。盖国朝名家著书若此者，实不多见，是固将追古之作者如李翱、苏洵、曾巩辈，并垂不朽于天壤。惜乎世无传本，知之者少，而可不亟亟焉表而出之哉！盖先生受知于仁庙，尝预武英殿修书之选，一时交游之士如万季野、梅定九、阎百诗、何屺瞻等，并国初硕学耆儒，先生与之驰骋议论，并驾角立。而其文又皆经事析理之言，高峻曲畅，气韵温厚，得法雄深，无一语为时人所能措。如《与李二曲辨学书》、《记阙里志后》，理明词确，有裨人心世教。《记徐司马三征事》，金中丞、吕沃洲等传，表潜阐幽，足补史传之不备。其他杂文，记言书事，皆关掌故，无虚词泛语。而考其言之所至，其所得于内者，行又足以充之，孚于乡党，信于友朋，足以重天下而传后世无愧也。世之文士，汲汲著书以邀名，而行无可称，中无所积，剽袭标榜，凭借声气，炫襮于一时，卒归湮灭。而如先生之操修明洁，高文博辨，虽其一时未显，而其光气灵怪终不可遏抑，在在如有鬼神呵护，待其人而后发。故虽其子孙之式微，而承学后进不敢谢其责，而必为之发扬暴露，以著见于天下后世也。盖有天焉，非偶然也。先生与吾乡宋潜虚、方望溪先生交最契，其卒也，望溪为之表其墓，而此集前潜虚尝为之序。树惟书无重序，又自念末学鄙浅，岂足以重先生之文，使学者尊而信之。谨订其脱谬，更易其卷弟，言其大略，以质世之君子。先生平日所最措意者，有《游历记》数十卷。今集中有其序而未见其书，惜哉！道光辛卯九月桐城后学方东树序。

吴康甫砖录序

凡人之学，虽一物之微，苟好之，精且专，斯莫不有传焉。非强而致之也，以为是亦道之散而所寄，故能分识小之用，历世而不可废。夫论学而至文字，六艺之一端耳。于文字之中而及于金石，于金石而逮于砖文，又其一端耳。然而论者以为金石文中，国邑大夫之名，年代日月之纪，偏旁篆籀之迹，有可补经传所未备，《说文》所未及，考镜得失所亦不遗，岂徒摩挲古物，寄兴玩好而已，则砖文或亦分其一节邪？顾唐以前，金石之学未广。自北宋以来，列收藏者至三十余家，而其人非有闳博大雅之才，贯通经史，则往往不暇以好。好之矣，而或贫贱屏处，力不足以致之，则又不足以聚，即偶蓄一二器，而亦不足以称富。呜呼！盖其难矣。吾邑学问文章颇为四方所宗，而金石学独阙焉弗讲，将恐泥小道而忘致远与，何好之者绝少？前辈之流风竟未有开而先之邪？

吴君康甫，年少而才秀，性嗜金石，自其在乡塾时，即喜模拓篆刻。及仕浙中，既多与贤士大夫接，又多得地土所出，故其好之也愈笃，其求之也益勤。其说以为，凡汉晋钟铭、印文、铜器、碑碣、瓦当之属，一一取证之以砖文，可补诸体于万一。于是辑为是录，叙列精当，颇具条理，较昔诸家录文而未为成书者特为详备，皆可观，亦可喜。昔欧阳《集古录》千卷，而赵氏书多且倍之，薛尚功《钟鼎款识》四百九十三器，今仪征阮相国益之为五百六十器以胜之。创始者难，继起者易，亦其事理之所必然矣。夫古物之在天壤，有日减无日增，矧砖之质贱，不为人所贵重而易湮毁者邪？得是录以永之，千万年不朽，则此书之传，亦与之为不朽，安在致远泥小，不且为吾邑开作始之功与？康甫寄书索余文为序，故为本其实事以言之。

周书武成年月考序

吾尝论学莫大于说经，亦莫难于说经。说经者，必以义理为主，而辅之以考证，稍偏焉，皆失之。而考证家于天文历算，又必专门，始通其说，固非大儒，罕能兼善。近世学者，务蔑义理，而专求之考据，谈义理者，又率空疏不学。二者交病而不相能，此太史公所以叹《春秋》历谱之不一也。

吾友马君，尝病先儒说《周书·武成》年月不合，因深著刘歆《三统历》之疏不可信，以致误诸儒，而因以误经文也。乃为《周书年月考》一卷，据程［陈］氏厚耀《春秋长术［历］》① 以断己卯之无闰月，而《武成》日月皆合。又据《金縢》、《史记》以定武王之卒年，而周公摄政、成王在位之年皆明。其言曰：必得其年，而后能定其月日。以经证经，事核而词信。盖合儒、历二家之言，信乎诚足为治国文者要览矣。吾初疑历家之术，止可推明闰、朔、章、蔀、月、日，而不可考古，为历之年月所当于古帝王事迹，史文有阙误，即不能详，故史迁《三代世表》不纪共和以上年月，以为本于孔子之意。马君曰："君所言概论夏商以前，吾书弟为周一代言之，而实有经史及儒、历诸书可考，不当以史迁为不可易之说。"余览其书信然，乃悔向所见之不宏也。自记云：其详具于所与书中，可参观之。

---

① "程厚耀"，应为"陈厚耀"；"《春秋长术》"，应为"《春秋长历》"。据《清史列传》卷六八、李元度《国朝先正事略》卷三三、江藩《国朝汉学师承记》卷七等记载改。

汪氏学行录序

　　昔孔少傅文通君子鱼，搜辑宣圣而下，子思、子上、子帛、子顺之言行，著书以存其先世之德。至太常子臧，辑而为《孔丛子》，盖言有善而丛聚之也。江都汪容甫先生，负海内盛名，士林之稍有识学者，莫不宗仰之，以为通儒矣。而其上又有快士先生者，以工书善籀篆被当世重名，与王文简诸名贤相友善。其上又有余姚令君，以循吏起家，载在邑乘，殁而配食于社，如某某先生者。呜呼！汪氏之明德远矣。吾友孟慈户部，言论风采，以名教自任，文章学行，以圣学为归。惧先德之弗彰，乃聚而为《汪氏学行录》。树受而读之，窃以孔悝之铭鼎、陆机之诵芬、谢灵运之述德，皆不若《孔丛》之为笃信广博，足以为法于后世。孟慈，其子鱼、子臧之亚与？桐城方东树。

姚石甫文集序

　　文章如面，万有不同。而苟求古人深妙之心，则虽千载之远，如出一手。不得其心，往往好强同其面，同其面而深妙之心亡矣。优人之肖人歌泣悲愉，足移观者之耳目，有识见之，必不以为真古人也。夫文亦若是焉则已矣。本之以经济，以求其大；本之以义理，以求其醇。表章纪事然后重，陶铸性情然后真。不如是，则浮，则庞，则轻，则泛。然使不得古人深妙之心，则言经济而冗，陈道义而迂，表章纪事芜累而失轻重，抒写情抱鄙俚而乏雅驯。唐宋而后，陈政事之文，果足与两汉齐肩与？而何论周秦？宋元以后，阐道义之文，果足与孟、荀、杨[扬]①、韩并美与？而何论六经？班、范以来，纪事之文不绝，而翦裁弃取，识大小轻重体要者几人？惟独性情之制，自《三百篇》、《骚经》而降，作者差多，是知文章之事，别有渊源授受。韩子曰："不登其堂，不哜其胾。"固非妄庸高名所可劫而有之矣。

夫文章之体，如人之体，体不备，不可为人，胼拇、枝指、隆背、垤胸，亦不可为妍体。今人于筋骸肌肤之间，偶触风邪，则痹痪不仁，以为其气与脉病也。至于为文，则昧焉。一事之书，惟恐阅者之不明，刺刺然不啻自作疏解，及义理应有，思不能周，转多欠阙。人之才，迫窘诘屈为不足，恣肆变化为有余。譬江河之汇众流，其汇愈多者，其波澜益大。而才豪气猛易于语言者，又患其冗费，繁而不能杀。是故有文矣，而或无章，或知有章矣，而又无文。降而不文不章而后稍知集字者，始封己自雄，作之者得少自足，阅之者以赝为真，客气虚憍，苟相夸奉，家自以为迁、固，人自以为向、雄，而古人深妙之心愈亡而不可见。是故览其篇什，平冈曼陀、无奇境异势者非文；诵其言辞，指前相袭、率意漫书、无创语造句者非文；征其议论，糟粕常谈、掇拾筐箧、骇新炫博、无元解真理者非文。饾饤奇古以夸俗，不可以为华，巷说乃谚而易通，不可以为质。诏之以主理而腐，告之以求法而拘，导之以尚气，猖狂妄行，而无节制。文章之道，欲其静而不躁，重而不轻，要而不泛，畏而不肆，节而不荡，审而后言，言不失本原。若是者，斯其于为文也当矣。

见今时无工文者，并无知文者。道思不深不能工文，经义不明不能工文，质性不仁不能工文。故古之工于文者，必有仁义之质。如不得已而后言，而后其言传。而其致力之始，又必深求古人，沉潜反覆玩诵研说之久，然后古人之精神面目与我相觌，而我之精神面目亦自以见于天下后世。以此衡之，唐宋以来，韩、欧、苏、曾、王而外，作者如林，

---

① "杨"，应为"扬"，即汉代扬雄。方东树《考槃集文录》卷五《书法言后》谓"夫孟、荀、扬、韩虽并称"，其文义与此同。

曾不多觏其匹。独明归熙甫氏出，始有以得夫古人深妙之心，而以续夫数百年不传之秘，日久论定，无异喙矣。若夫知文与知道同，必以觉言觉，以知言知，而后言之浅深高下，无非是也。如以水洗水，湿性同而其流自合。今之论道论文者则不然。以未觉言觉，以未知言知，影响揣似，剿说雷同，以己凡浅测彼高深，如以泥洗水，质味所入，清流亦浊。在黄帝之告歧伯是已，其言曰："诵而未能解，解而未能别，别而未能明，明而未能彰。"嗟呼！彼未知为知者，闻圣人之言，不亦废然自失与！

今石甫之于文，其有以得夫古人之心哉，抑犹未邪？不得其心，往往好强同其面，而石甫之文，其于古人之面不一一求肖，而余之知石甫者，又未能同其湿性之水，则言之虽工，恐未有当也。石甫平居，以贾谊、王文成自比，其学体用兼备，不为空谈，故其文皆自抒心得，不假依傍。余观其义理之创获，如浮云过而觇星辰也；其义论之豪宕，若快马逸而脱衔羁也；其辨证之浩博，如眺冥海而睹澜翻也。至其铺陈治术，晓畅民俗，洞极人情得失，如衡之陈、鉴之设，幽室昏夜而悬烛照也。而其明秀英挺之气，又能使其心胸面目、声音笑貌、精神意气、家世交游毕见于简端，使人读其文，如立石甫于前而与之俯仰抵掌也。则石甫之文，即未得古人之心，已自足传石甫矣。而抑知不得古人之心，则其文必不能若是也哉！石甫固以阳明自待，而其出宰之县，适即为阳明所开，其民俗根株犷悍难治，又与阳明当日所征八排峒獠无异。石甫之治此地，禽狝兽薙，剔抉爬梳，化诱若雨露，震詟若风雷，申严之法，诰诫之文，朗畅剀切，恢阔明白，又无不与阳明气象相似。吾不知天特留此盘根错节，以待利器乎？抑故遣石甫居此，行其学，显其才，以与阳明相辉映，俾天下后世知其志之不虚乎？

曩石甫尝为书达诸公，极论治剧之理。及石甫治平和，一一行之于其言。嗟呼！石甫之学，既见于治矣，石甫之治与文，既见于当世，而又将揭之以示后世矣。然而人之读其文者，或誉之，或轻之，未之奇也。吾尝闻其言，其轻之者，固未必为疵，乃其誉之者，亦不得为当，要之皆未足为知石甫者。夫治有明效，当世且不能知其所由，况能即其文而推以知其气象之何似乎？知不知，亦何足损益？余独耻读人之文，而不能识其心胸面目之真，使作者之心不著于天下，亦古今斯道文章所同憾也。故亟为著之，使读石甫之文者，有以考其迹焉。嘉庆己卯十月序于广东通志局。自记云：不免流荡夸浮嚣张之气，有同跃冶之金。久不欲存，因姚集已行，不能掩矣，姑识之，以明伪体当裁。

节孝总旌录序

　　古者司徒掌教，在唐虞止有五品，在周官益以三物。知、仁、圣、义、忠、和，谓之六德，孝、友、睦、姻、任、恤，谓之六行。至其教国子也，则又有师氏至、敏、孝、德、友、顺等行。而所以考其德行道艺，以兴贤者、能者，则专以统于乡大夫。由是族师则书其孝、友、睦、姻、有学，闾胥则书其敬、敏、任、恤。自内及外，则有小行人以五物登其书，以周知天下之故。先王之教详矣，而皆不及妇人，然后知其教之尊而有等。圣人重大昏，以承天地，以顺阴阳，以重似续，以妨廉耻，以明妇顺。《易》首《乾》、《坤》，《诗》始《关雎》，《少仪》、《内则》间及女事，先王之端风化至矣，而不闻旌表贞节，然后又以知其教之顺而有伦。先王之教，尊男而卑女，抑阴以伸阳，以为是固率于其夫者也。故以为之纲，而比于君父，著三从之义，申七出之条。其出之之道，非止一行也，仅于一行，而其可出者仍有六则，固不得以其一行而赅其众行也。《燕燕》、《柏舟》之诗，共姜、季姬诸人偶一见于经，非以著其治乱之由，即以愍其人之不幸，而固未尝以是不祥者悬为至教，以风示天下也。刘向作《列女传》，采古贤妃淑媛所以致兴亡者，以垂鉴诫，风切世主，其所列者，曰贤、曰孝、曰节、曰烈、曰慈、曰才，固不专重一节也。厥后史家踵之而作，其义率本乎是。自后世专重一节，于是女子之庸行遂与男子之畸行并重于天下。盖三代以上，女妇之贤圣者众矣，而无传焉者，当其常，则务自尽而无为名焉耳。故曰中世之所敦，已为上世之所薄，而遭变而见称者，非其人之愿也。及至秦人，始严著为禁，而亦未有以旌之也。故女在室及妇人居常而寡，有舅姑在者，皆无殉夫之道。而后世并旌之，虽未合义，而愍志行，哀茕独，善善从长，固君子所过而许之矣，忠厚之道也。

虽然，古者之节重于男子而略于妇人，后世之节谨于妇人而缓于男子。人之大伦五，以吾所闻见，惟妇死其夫及女子未婚而守贞者为多，友之能信者差少焉，弟之能悌者差少焉，臣之能忠者差少焉，子之能孝者绝无而仅有。曩余尝佐修《粤志》矣，见同局所纂列女至三万余人。道光八年，大中丞江宁邓公创修《安徽通志》，举江苏、阳武两县例，题请总旌节孝。于是吾邑除自明以来前已旌者不计外，又得三千余人。以是类之，凡他州县，虽其数未审实，大略亦不减于是。夫以一邑之偏隅，妇女贞节孝烈至数千人之多，而环顾通都大郡，数十百年之久，举孝子者不得一二焉，其他义行如《周礼》所当书者不得一二焉。呜呼！岂不愧与？

方其举节孝也，揆之人人之心，亦岂不尽以若所为者是难能可贵之美行也与？而曾不一思吾之节安在也，吾之孝安在也，吾之难能而可贵者安在也？以彼节妇非难能可贵故多邪，则无以服节妇之心，又与本志不相应。以为己不必有奇行而自有可贵者在邪，则其所谓可贵者，何绝不闻也。往者吾友梅伯言跋《复社姓氏录》，嫌其太多，吾以为不然。此通天下而计之也，若以郡邑分计之，则亦仅矣。夫以通天下之善士不过二千二百余人，而以一邑节妇之数至且过之，不足为多乎哉！而忠臣、孝子、悌弟、义夫、信友，十百年不得一二焉，不足为少乎哉！噫！其亦反躬内省，惕然而一思之也哉！毛生甫曰：闳整醇博，似曾子固。

明季殉节附记序

马君公实著《明季殉节附记》若干卷，命其友方东树为之序。马君是书，于诸贤杀身成仁之义，国家殊恩褒善之宏及己所以欲搜补之意，既自具论其事，作为序例详矣。思欲赓续大义，而识庳学陋，弗克当其职而措其辞。久之，乃似有以得其本末之实，爰始敢为之说，窃附于君子尚论之义焉。

曰：吾读《明纪》至熹宗，叹其政刑之僭，奄寺媚嫉伤善之徒，接迹居位。虽以庄烈愍皇帝之恭勤思治，终亦蔽于贤奸之不分，故致忠良凋尽，国无与立。独其下礼教信义之俗，愈挫愈明。在位者既以身殉国，一时士君子及闾阎之义民，号呼感愤，捐躯舍命，卒不忍渝其守，欺其志，以殉节义者，无地无之。以余所见稗乘野录，及各私家文集所记，为正史所不载者，不可胜纪。盖比于东汉之末季，实犹过之无不及。宋文丞相之死柴市也，自铭其衣带云："孔曰成仁，孟曰取义。读圣贤书，所学何事。"呜呼！诸君子其于读孔孟书而克以成仁取义也，固信不虚矣。论逆阉之奸艾，党祸之株连，继之以奸臣之蓟剔，不应有此也。然卒得之斫丧酷烈之余，而其多且若是，非必士气新，民风厚也，盖亦有所由致焉。

当春秋时，乱臣贼子滋起矣，孔子惧，作《春秋》，述先王之道，明仁义之统，鲁、卫之君不能用，退而以其说教于洙泗，化其道者七十余人而已。陵夷至战国，俗益陷溺。孟子、荀卿尝亟明之，而其说卒不著。汉兴，一二大儒始稍稍明之，而政教不纯，豪杰之士少，不能特拔于流俗。东汉光武首崇儒经，明、章以来，相继表扬，立政造事，致法就功。大臣陈谏於君，悉引经术为断。教明于上，习成于下，故致一代风俗之美，独隆千古。自是以来千有余年，经训虽存，世主或莫知其可用，学者复蔽于传注，无复有能明先王之教以陶世者。宋儒出，乃实始讲明切究，扬榷而发挥之，然后孔、孟仁义之道大明于世。虽妇人、孺子、瞽疾之夫，行可不逮，而君臣父子之大伦，仁孝忠训之大节，莫不概乎有以湛于其心。虞道园曰：先正许文正公实始表程朱之学，以佐至元之治。故有元一代，风教学术端平醇正，无奇邪暴行。明高皇即位，首延礼儒臣宋景濂、方希直等，以率师表，优厚诸生，亲幸太学，与诸生会食。继世未几，靖难兵起，而忠臣义士殉国捐生，义动海内，魏晋以来未之有也。孔孟之道明，仁义之教洽也。向非程朱诸儒讲说之详，有以启沃其心，使之素知节义之为重，何由得此。乾隆间，黔人谢济世上书，称明人之尊朱子，以私同姓故，因请以其所撰经说易朱子传注。诞妄之人，事不足论。唐人尊老子，则真为同姓也，而其治若彼，则即谓明人以私同姓故尊朱子，而收效若是，亦足矣，又何歉乎哉？三代以降，更姓易号者不一矣，而政教休明，克称一代之宏规者，曰汉、曰唐、曰宋、曰明。顾汉人尚黄老，唐人崇道教，惟独东汉及宋明人克明儒术，此所以迈绝古今而足为万世法者在此。世之鄙儒乃犹痛诋道学，力攻程朱，甚且以明之亡归咎于讲程朱之学，是恶知天下古今得失之大数乎？

韩子曰："人之将死，其脏腑必有先受其病者。引绳而绝之，其绝必有处。观者见其然，从而尤之，其亦不达于理矣。"自古实多亡国，而明之亡独致节义之美如是，吾故为推其所由致，以归于孔孟仁义之教，程朱讲辨之功，其谁曰不然？往者吾宗望溪先生言，华亭王司农之承修《明史》也，于吴会人士虽行谊无甚异者多列传，而他省远方灼灼在人耳目者反阙焉。又曰秀水朱竹垞得《复社姓氏录》，以其后事征之，死于布褐而无闻者十之三。是则地处僻远而史不及书，名位卑微而史又不及书，如余向所称见于野录稗乘及私家文集者，不知何限，而犹恐未尽。然则马君之勤勤焉旁搜博稽，思欲以微显阐幽也，亦恶可已哉！毛生甫曰：浑雄精密，于刘子政、曾子固为近。

马氏诗钞序

余读史尝由宋元逆稽魏晋以上，独怪吾邑无达者。唐曹松、宋李公麟，传皆以为舒产。维明初姚氏、方氏始大。中叶以后，乃遂有吴氏、张氏、马氏、左氏数十族同盛递兴，勃焉浚发，而且先后克以忠节、名臣、孝子、儒林、循吏光史传者，不可胜述。又若祖宗以文学起家，妙能为词章，而子孙世宿其业，至今四五百年，继继绳绳，渊源家法，而益大其绪。于是吾邑人文遂为江北之冠，而他名都望县恒莫能并。盖山川灵淑之气发见有时，而人事因之如此，不独禄位烜赫、科名震耀、著闻搢绅而已也。

曩在康熙初，潘蜀藻辑《龙眠风雅》。李芥须、何存斋辑《龙眠古文》，率一姓各数人，一人各数篇。为什虽繁，而甄采多阙，盖一邑之编，非一家之集也。近方氏子孙始有辑方氏诗者，乃合一族之作者而全萃之，人至百余，诗至数千，可谓富矣。余又尝为刘氏序《澄响堂五世诗》，为吴氏序《芸晖馆四世诗》，然皆弟私其祖祢，未及旁宗。今吾友马君公实辑马氏诗，成七十卷，作者六七十人，合选诗四千余篇，乃遂与方氏埒矣。嗟呼！吾邑名家凡数十族，其子若孙使皆能为方氏、马氏之所为，安在潘、何二书不能备者？不可终备，无如其文之显晦，子孙之绝续，有不能齐也，惜哉！昔曾子固言汉、唐、宋以来，能三代以文章特见于世者，代不过数人，而吾邑方、马二氏乃宏延若是。由二家例之，他族特未成书耳，而其数谅未必多让。是其功名显濯，既媲于陈、桓、吕、窦、顾、陆、王、谢诸茂宗，而风流文采又足跻鄞丰氏、袁氏而过焉，使子固见之，其叹美宜何如也。

或曰：桐城人文固极盛，然独望溪方氏、畊南刘氏及惜抱姚先生为能接古作者大家之统，海内称引况谕，相与推服，特尊其氏，而并称曰方、刘、姚。盖日久论定，无异喙矣。方、刘、姚既出，则其余诞章乖离，皆可置之不足道。吾以为非也。夫观天文者，睹日月之明而不能蔑恒星；察地理者，仰泰、华之高而不能铲庐、霍。且方、刘、姚自纂作者之录，而为人子孙各显其先祖之美，其义固并行而不偏废。余故因马君之《诗钞》为著一邑源流之大旨，俾来者有所考，而又以明天下事理无方，而不容以一道隘之也。

许氏说文解字双声叠韵谱序

古小学之事，形、声、义三者兼并，而声为易。人之生也，有先得于声而后始辨其形与义者，亦有同得于声、义而竟莫识其形者，故曰声为易也。故两汉以上，无专求音之书，盖其时去古未远，文字亦少，皆有以得其正声本音，大抵假借譬况，弟曰"读若"而已明矣。世降而音殊，所以读是音者，有按之心与目而了然，接诸口而茫然者。则所以求是音也，不能不为书，以专著其事矣。是故古人诂经解字，弟使人因声以见义，后人立部定韵，又当知有因义以求声。是故魏世始有反语，齐、梁始有双声叠韵，唐人始为切韵之书，双声叠韵为之体，反切以为之用，其于求音至精也。故必双声之同，而后韵之部同。不明乎双声之同，而强切以立为部，此古今韵书所以多歧也。双声叠韵者，天地之元音也，古人由之而不及言，后人言之而时有戾。盖古者人少而气正，教一而风同，故其音不相远，本天者多也。后世人繁而气乱，气乱而音庞，学者虽立法以求之，而不知反古以合天，故多眩惑也。故声韵之学，求之于古则愈合，求之于后则愈梦。是故自其不变者言之，虽唐虞至今无异也，自其变者言之，则数家之说，百里之遥，而有不可同者矣。是故欲通古义，必先明古音，而欲明古音，非仍于古书求之，则卒莫能得。

　　许氏《说文解字》，主于形以解义之书也。其于求声，不过曰某从某声，读若某声而已，此固两汉小学书之通例也。近金坛段氏作注，始于许氏所解说间注曰某于文为双声，某于文为叠韵，某于文为双声兼叠韵。然后知许氏于双声叠韵虽不名而言之，而固已号而读之，虽不以之反切以求声，而实可因以得声之原。且其所读皆古音，其谐声莫不取于其所同部，学者寻其类例，观其会通，于以识音均之原，严而不可越，则文字之音读正，而义亦无不昭。而凡假借、转注交相用之故，亦无不毕贯。率由其读，可以证古经音，可以证魏晋以来之讹音，与夫周、沈、陆词诸人审音分部之不当，举古今轻清重浊、弇侈缓急之所以殊者，悉迎刃以解矣。呜呼！可谓不苟作而至精微者也。独是许氏书行千余年，而曾无一人精读而发其秘，经段氏揭而明之，遂成稀有奇特，邈前世而未闻。论者谓音韵小学为唐韵所蔽昧，沉霾千载，直至国朝诸儒，始复大著，岂不信哉！顾段氏虽言之，而不为双声叠韵专明其用，其义犹晦而弗彰。又其所言，犹不无漏遗误读之处。高邮王观察曰："双声叠韵之字，义即存乎声，求诸声则得，求诸字则惑且凿。"故作二十一部韵以明之。此皆知主于求声以明义，特不知即古书专以双声叠韵明之之尤为易明也。盖不明双声，则不能定所切之音，而不求之古书，则不知所切声韵之或有抵牾，故有双声非声、叠韵非韵者矣。甚矣，学问之道，非一人之智所能毕其全功者也。

尚书南阳公，名世应期，维周作辅，文罗武络，兼综条贯，而学海津逮，陶分不舍。七志之外，余事及于声韵，神解天授，匪人所希。其于近世诸家之书，靡不弗穿周洽，结解冰释，参伍出入，纤毫必臻。当其诣微独获，有非成说所能囿。昨以政暇，成《诗双声叠韵谱》，不著一语，昭显核密，远益毛、朱，近埤顾、孔，既冠古今而独出矣。兹复取许氏书，引申段注，为《说文解字双声叠韵》，所以发明许旨，补正段说，见于所自序者，章画志墨，如列宿之错置。贱子恂愁，向于此学未尝识途，徒以相依之久，时时窃闻绪论，而性分有限，竟莫能通。弟以一孔之见测之。窃以刘熙撰《释名》，因声以求义，孙炎注《尔雅》，即义以求声，以今方之，均若未逮此书之明著也。二书辅行，可使前之言双声叠韵者愧悔而不知近求，后之言双声叠韵者愉快而逸于捷获。绝学之明，关乎运数，岂偶然哉，岂偶然哉！道光己亥冬十一月，桐城方东树谨序。

粤海关志叙例

《周官》冢宰掌建六典，六曰事典，以富邦国，以任百官。九职任万民，六曰商贾，阜通货贿。九赋敛财贿，七曰关市之赋。小宰均节财用，以八成经官府，曰听取予以书契，听卖买以质剂，听出入以要会。九府掌受货贿币赋，皆慎其出入之用。司徒设十官治市，以教商各掌其卖侯之事。司门正货贿，举其犯禁之财物。司关掌国货之节，司货贿之出入，掌其治禁。司马九法，曰施贡分职，制畿封国，设仪辨等，诘禁均守，比小事大，掌固分其财用，受法以通守政。职方氏掌夷蛮闽貉之人民与其财用，制九服之贡，各以其所有。怀方氏掌来远方之民，致方贡，致远物，而送迎之。合方氏掌达天下之道路，通其财利。训方氏掌道四方之政事，与其上下之志，诵四方之传道。形方氏掌制地域，使小国事大国，大国比小国。匡人掌达法则，使无敢反侧，以听王命。撢人掌诵王志，以巡天下之邦国而语之。秋官大小行人、司仪、行夫、环人、象胥、掌客、掌讶、掌交诸职，大抵于九经皆属怀柔之政。故终其词曰："以谕九税之利，九礼之亲，九牧之维，九禁之难，九戎之威。"观周之设官，所以制财用、绥邦国者，何其若是之繁重周详也。

自汉初与南粤通关市，自是以后，肇开九郡，舟车辐凑矣，而海舶犹未通也。据《班志》，有译长与应募者俱入海市，所至国皆禀食为耦，蛮夷贾船转送致之，亦利交易。是中国商贾入海往市，而夷舶未来也。海舶通市，起于隋唐之际，而盛于宋、元、明。宋初，置市舶司，以知州兼使。元置市舶提举司，衡其职守，不过与茶、盐、坑冶大使同伦。明亦置三市舶司，而以中官主政。洪惟我朝，驭外控内，法制严明。粤海设关以来，或兼辖以大吏，或监督以亲臣，皆简自钦命，崇其体统。口岸讥察，责诸舟师，给照引水，董诸澳丞，抚绥按驭，筹略大计，主之督臣。与周之六官大小维系、相与流通之意，同条共贯。盖圣主立法，体大思精，后先一揆，有迥非前代之所及者。

今当纂辑《关志》之始，窃仰窥创制之精，发明斯义，用以等百王而垂范焉。

宋潜说友撰《临安志》，载诏令于首，然冠以前朝，非尊王之义。惟郑居中等《政和五礼新仪》，首列御笔指挥，最为足法。今用其例，恭载列圣谟训为诸蕃通贡通市专由粤省而戒饬者，用昭国家绥南怀远、设官制用之大法，兼示一书之限断焉。

国家一统之盛，超迈前古。诸蕃外国效顺纳款，虽在万里，视道如咫。然会同有馆，职贡有图，非一隅之志所宜侈载。惟其贡道所经，例由粤东者，于其国土、氏姓、封号、来贡岁月及昔由粤省而后改由闽省者，悉撮大略，以著粤关职帜。至其事例，详载《大清会典》，不复备录。其来贡之国，壹以国朝为限断。若事在前朝及历代者，各具史志，别为"前载"一门。

贡与市相因，既嘉其君之向风，亦给其民之求欲。内地无须外洋之货税，外洋必资内地之物用，许之通市，所以俯顺夷情，包容爱育，覆帱之无私也。故凡通市之国名，来市之年载，交市之事例，互市之货物，以及夷船之制度、数额，皆胪于此篇。至蕃夷住澳，虽事始前明，而现行无改，与历代市舶不同，且为关市之根本，故不以入前事而载于此篇之首。

《周礼》设司市十官，官因市而设，有市则必有，所以治之也。兼领专设之改差，文武职司之分任，品秩仪制之殊等，及大小总口设员、委员之添裁，胥吏、书役之数额，悉载此篇。其迁除去任之岁月，入《职官表》。

官以治其政令，然非商不能成其交易。十三行名号缘始，与夫事例条件，以及商人报效、恩赏、品衔，悉载此篇。至通事之名色，于《周官》即象胥之职，于汉名译长，译传言语，为蕃汉交易不可少之用。然究非官司，故不以入"设官"篇而附于此。

有市即有货物，有货物斯有榷估。榷估低昂无凭，立之科则，俾有一定之制，斯上下不惑。宋初立法至轻，其后屡以抽解太重，致形陈奏。元世祖时，凡邻海诸郡与蕃国互易舶货者，以十分取一，粗者十五分取一。明洪武诏海舶市易皆免征。永乐时，西洋刺泥国等来朝，附载诸货，与民互市，有司请征税，不听。其后立法，率至十抽其二。万历季年，中官李凤增粤税二十万，粤商苦累，求免不得。我朝损益酌中，凡则例之所开载，历有增除。溯自乾隆五十一年清理关务，条奏事宜以后，逐年复有改易。今以现奉嘉庆年新修《会典》及户部则例、关册为准。

既设税额，则有课额，课额有正有羡。道光十四年，前总督卢公坤奏，比较近年粤海关征银，岁多至一百六十余万两有奇，而商民晏如，外夷欢欣感悦，为振古所未有。此皆由列圣深仁厚泽，涵濡培养，招携怀来所致。虽于国帑大数无增毫末，而财阜货通均安无患，固理人制用大经也。参价搭解，每岁发运解京事例，悉附此。

《周官》理财诸职，皆谨其要会出入，不独职岁、职内、司会、司书也。前科则课额，皆以经其入也。若夫禄俸工食、存留支给之数，内除澳门同知、香山县丞及武职营弁归布政司奏销。皆定有均节之式，事关奏报勾稽，不可不当。至若捐助军需工程，灾荒善举，一切在经费之外者，虽用数之仿，亦不可不纪其实，存备稽考。

《会典》及《户部则例》于关市一类，皆载有禁令，诚以利之所在，弊窦朋兴，不可不申严法制。然如走私漏税、官侵吏蚀等弊，要皆各关通例，非粤海专条。粤海所严禁，如夹带华人与违禁货物出洋，及贩卖鸦片、拖欠夷帐、兵船驶入内港，皆外海洋禁之大者，以其关于外蕃，比事耷辑，一以归于市舶。其在内，民夷杂居，良奸混处，或澳夷滋事，或汉奸勾引，阴唆煽惑，恣为不法，在在皆须防范。是故出入有讥，去来有定，种种明文，悬为令甲。不特俾夷商海贾懔遵天朝法度，恪谨毋违，亦以戢内地商民，使知划一刑章，森严难犯。虽其职事掌之疆吏、地方有司，而实为本关专责，固当特著为一门矣。

有一官司，则有一建置，其时其地，不可不详识也。凡廨署务所，建自设关之初，省城大关、澳门总口及各岸小口、前山寨文武官廨、十三行夷馆、炮台、神庙等，凡因关市而建置者，总为一篇，以别于地方及营伍之制。

粤关所辖之地，各郡县皆有把截隘口，不独省城大关及海舶所来，与夫前山、濠镜、黄浦、虎跳门等地，苟迷其方向，则沟瞀莫辨。各为一图，俾开卷而千里如在几席焉。

凡志书，皆分史体。史有纪、志、表、传，地志有图、表、志、传。今为榷志，有表有图，无所为传。而历任官司在位名数、先后之次，虽在档册，而稽核为繁，惟著之为表，斯一览易显。

著书固宜知有限断，而不得其事迹之本末，则得失何据而稽。而事迹本末，有在于前朝者，不得不溯其由来。今立"前载"一门，为凡有涉于贡市之本末者则载之，然亦无取繁称寡要，阑入冗长也。

志乘之书为纪人物，故有列传。而其传多即采之列代正史、政书，非地乘之比，于法不得立传。苟事绩有可纪，论议有可采，亦略采其事，入于此篇。至于诸蕃住澳垂三百年，长子孙，恭教命，其风俗物产、语言文字，诚亦不可不纪，然究于榷政无关，且印氏《澳门纪略》既著为专书，此志不屡载。此"杂录"一门，为实关系榷政，而无门可附者入焉。

右敘目通计为篇凡十有四：曰训典，曰职贡，曰市舶，曰设官，曰行商，曰税则，曰课额，曰经费，曰禁令，曰建置，曰地图，曰官表，曰前载，曰杂录。其同在一门而事类较繁，别为上下，都凡为卷几十有几，其卷目具于左。

重编张杨园先生年谱序

近代真儒，惟陆清献公及张杨园先生为得洛闽正传。自陈、湛不主敬，高、顾不识性，山阴不主致知，故所趋无不差。而清献与先生，实为迷途之明烛矣。先生尝师山阴，故不敢诵言其失。然其为学之明辨审谛，所以补救弥缝之者亦至矣。先生实开清献之先，清献尤服膺先生之粹。顾清献宦成而功显，名德加于海内。先生行谊著述，前辈论说虽备而终不著，则以其迹既隐，而其书又不克盛行于世，学者罕见故也。

去年秋，苏厚子惇元自浙归，携其《全集》来示，且盛言当从祀孔子庙庭，并钞辑诸序文杂传，将以补《年谱》之阙疑。东树受读卒业，信悦服玩，如冻饿者之获饔飧布帛也。因论儒者学圣人之道，徒正固不及中，中或不能纯粹以精，而纯粹以精必在于明辨晰，先生可谓深诣而全体之矣。前辈称为朱子后一人，非虚语也。于是间谒学使嘉兴沈鼎甫侍郎，启告以宜奏请从祀，并为刊布遗书。极蒙嘉诺，且授以新刻陈古民所订《年谱》。归而细读之，惜其尚未尽善，爰属厚子重为编次。厚子固好学而尤笃嗜清献及先生书者。今以其所编示，实较陈氏为得其要领。昔刘伯绳撰《山阴年谱》，先生谓其学问源流、立身本末已备，文集之外，可以单行。吾于兹谱亦云然。夫先生学足于己，行修于身，岂在名之显晦以为损益。惟其辨道闲邪，继往圣，开来学，则甚有赖于其言之存。既赖其言，而可不知其人，论其世乎？此年谱之作，所以不容已也。且自朱子而后，学术之差启于阳明，而先生闲邪之功其最切者，莫如辨阳明之失。惜所评《传习录》不见，然就其总评及集中所论，皆坚确明著，已足订阳明之歧误矣。若求其全书读之，其说应在罗整庵、陈清澜、张武承之上。因序《年谱》，略谕其大概于此。道光丁酉十月，桐城后学方东树谨序。

望溪先生年谱序

自太史迁创史法，易《春秋》编年为本纪、世家、列传，皆综一人之本末始终，而备著其行迹，异其等分而不异其事义，遂为后世史法相沿不可易之体。及宋以来，又有私家年谱之作。年谱者，补国史、家乘所不备而益加详焉。吾以为此仍沿迁史十表年月之法，而易其形者也。

桐城名县起于唐。自唐以前，人物罕登于史传者。逮乎明代而后，桐城人文辈出，若忠臣孝子、理学名臣，后先接迹，昭垂乎史传，昭耀乎耳目，遂为各直省名都望县所罕能并。统观前后硕德名贤数十族，而于文学尤推方氏。方氏在明则有密之先生，在我朝则有望溪先生。密之博综淹贯，靡所不通，擅声一代。然以语文章经学之广大精微，经世立事之宏纲钜用，实皆不逮望溪。即以古文一道论之，能得古作者义法气脉，韩、欧相传之统绪，在明推归太仆熙甫，昔人号称绝学。惟望溪克承继之，实能探得其微文大义不传之秘，以尊成大业。望溪而后，则有刘学博海峰、姚刑部惜抱，学者宗之，以比扬、马、韩、欧，并称曰方、刘、姚，翕然无异论。夫三先生皆各以其才学识自成一家，自有千古，盖非特一邑之士而天下之士，亦非特天下之士而实百世之师。以愚究论其实，若从其多分言之，则望溪之学、海峰之才、惜抱之识，尤各臻其独胜焉。然若置其品题，就其经学义理以及所敷奏设施之实，絜之刘、姚，则偏全大小，衰然不俟。即同时若安溪、临川诸公，比肩同志，所谓如骖之靳，然亦皆似不及之。先生书在海内，名在国史，后有知人论世者出，自有衷论，当知非乡曲后生阿私溢美，如郑梁之序南雷、南雷之序山阴也。

苏厚子惇元沉精敏毅，学行深醇，平日尤笃嗜先生之书，以为如先生者，不独超文苑，炳儒林，而其淑身经世之略用，实有古大儒名卿之风。国史虽有专传，而行谊问学之详未能悉备，乃采合诸家传记文字及其家乘而考订之，为之《年谱》，俾天下后世备见先生所蕴之全。识大识小，信乎为斯文不可少之作。书成，来乞余序。余浅劣不学，不但无以窥知先生之万一，亦并不能究测厚子之蓄积，何能序此？固辞不获，则据其所粗知者，而道其实如此。道光丁未八月，宗后学东树谨序。

刘悌堂诗集序

　　楚地尽江淮间，自蕲黄以东迤北讫寿春，其山脉起伏，蟠郁千余里，舒旷雄远，自古以来多产贤豪英杰异士。若老、庄之道德，屈、宋之词宗，搜奇抉怪，轶乎诗书，不独智略武毅之俦也。而桐城于地势尤当其秀毓，山川之灵独多，人文最盛，故常为列郡冠。是故自明及我朝之兴至今日，五百年间，成学治古文者综千百计而未有止极。为之者众，则讲之益精，造之愈深，则传之愈远。于尤之中又等其尤者，于是则有望溪方氏、海峰刘氏、惜抱姚氏三先生出，日久论定，海内翕然宗之，特著其氏而配称之，曰"方刘姚"，以比于古之"班扬韩欧"云。方、刘、姚之为儒，其所发明，足以衷老、庄之失，其文所取法，足以包屈、宋之奇，盖非特一邑之士而天下之士，亦非特天下之士而百世之士也。虽其人气象不侔，学问造诣不侔，文章体态不侔，要其足通古作者之津而得其真，无不若出于一师之所传。呜呼！岂妄称哉，岂妄称哉！非有真人，孰能真知而笃信之。居今之世，欲志乎古，非由三先生之说，不能得其门。而三先生之学之或有显晦，则以得多传人与否为其候。观所以致兴起及所以就微谢，亦斯文绝续之幾也，何必后世？方氏没近百年，刘氏稍后之，姚氏又后之。及考方、姚之名，四方皆知，其门人传业虽多，然除一二高弟亲炙真知外，皆徒附其声而不克继其序。刘氏名弗耀于远，而其说盛行一时。及门暨近日乡里后进，私淑者数十辈，往往守其微言绪论以道学，肖其波澜意度以为文及诗者，不可胜纪。将由高美者难几，近己而易能与？抑成功大者，道固广与？要有好学深思者，必能知其同造于极，同为难至，而非可以浅尝铄化也，有断然者也。至其教之所行，广狭迟速虽殊，期以得真为本，未可以一时之形迹定也。

吾友刘君悌堂，海峰族裔也，质性端悫，践履甚至。其诗文宗述，本乎家学。夫躬践履则言有物，述家学则造必深，宜非寻常文士所可及也已。曩者悌堂在京师，嘉兴沈侍郎鼎甫以余名语悌堂，属其来内交，故悌堂以其诗令余为序。余于是本山川、表人物、正学脉、综名实、究终始以为之言，俾读悌堂诗者，知桐城文学之统绪，得考镜其得失焉。

潜桐左氏分谱序

吾尝论《世本》亡，而天下之氏族遂湮，其事盖当秦汉之际。秦汉之际，王者兴于草泽，将相起于屠沽，皆不能纪其先。《汉书》载公卿名人，独司马迁、扬雄、冯奉世三传而已。及魏晋之世，重门户，辨族地，以九品官人，而其诬附多不可信，兼以种姓杂族，而中原之氏族益乱。及至唐人，最重谱牒，而诸家世谱，官为修掌，并私家撰述，其书凡数十种。而帝王之族且不可信，此所以有玄元皇帝之祀也。其他新族旧族，如河北崔、卢，江东王、谢，其可记者，亦皆不能远溯神灵之裔，惟以郡望相高而已。历考古今通贤之论，无不以氏族为病。至宋欧阳公、苏明允作私谱，始定以始迁之祖明白可信者以为祖，而后信以传信，乃即于人心之安。此虽似隘而近陋，然不犹逾于诬附之愚者乎？

桐城在江北号为望县，然自宋以前，故无人物，稽之史传，寥寥如也。及明以来，乃有世家大族数十百氏蕃衍迭兴，而就中尤以方、左两族为之冠，则以断事、忠毅两公忠节，照耀远近故也。顾断事官卑名微，而其子孙特最盛。忠毅则功在社稷，名在敦史，儿童走卒，皆能道杨、左事。顾观其私家谱牒，亦无以大远乎欧、苏而别有可法者。今方且勿详之，左氏先隶籍泾县，始唐有难当公保障江南，封戴国公，庙食于泾，其弟难定公随之。难定弟五子瑚公始迁安庆，又十一世们五公复迁潜。又二十六世为传公，生卒逸，其葬实在潜。传公子代一公奉其母迁桐城，是为迁桐之祖。此据其十一世侍御公及忠毅公子国栋叙如此，当明崇祯甲戌岁也。自是入我朝，子孙益繁，仕宦科甲益起，而谱久未修。今某等议续修之，此固尊祖、敬宗、收族之常举，无庸侈谈。独潜山一族，自传公以上，上溯们五公十余世，多不能详，势不能强合。今众议潜、桐两族各分序其始迁可信之祖以为信，不必强联为一云。夫不可知则阙，岂非义理之正而人心之公，斯亦足为凡修谱而疑不能明者之良法也已。故本其族人共议之说，即书之以为序。自记云：质确明白而已，无文章也，然自可存以为信言。

培根支谱序

　　吾宗之望在河南，然自唐宋以来，族姓蕃衍遍天下，始无不迁自黟歙，始祖黟侯所受封邑也。惟源远而未益分，故有同出黟歙而不同所迁之祖者，遂别族焉。宗兄四川冕宁县知县璋，以其所辑《支谱》请余为之序，其言曰："吾族凡九大房，自七世祖廷献公以下称中一房，中一房逮十四世太史公以下凡三房，而我继善公实为太史第二房，是为璋之本支。昔在明万历间，明善公始创修宗谱。国朝乾隆间，恪敏公重修之。迄今相距又数十年，欲再重修，而族重丁繁，稽考不易，猝未能集事。是以嘉庆间，我叔祖冶青公仅纂辑支谱，而十五世、十六世以下已有不能详载者。璋今姑就本支见闻所易周者，辑为兹谱，以备异时大修之采辑，名曰'培根'者，先祖读书斋名也。子为我序其所由，毋俾人疑余如私所出而忘其大宗焉者。"三辞不获，乃为综其事实，扬榷而言之。

　　曰：古今名德有大小，其闻传于世亦有大小，闻传之大小，恒视所托以传者之言之大小焉。是故载德与功与世为无极者莫如史，其次则碑碣、志墓、记事之文见于一代作者之传集，其次则统志、通志及郡邑之志，又其次乃为谱牒。是故有谱牒所载而志乘弗及者，志乘载之矣，而名家碑志记事之文无闻焉，碑志记事之文烂如，而史传仍弗及焉。于是其人虽为一时所崇，而显晦大小遂亦由此而为差别。若夫谱牒所载，志乘亦载之，志乘所载，名家碑碣记事之文亦载之，名家碑碣记事之文载之，而史笔亦载之，又况渊源著述，绝学代嬗，发扬振动，虽微史笔，亦自足以垂千载而不朽。若兹谱所辑，自断事以来，忠节孝烈，炳如星日，若明善，若中丞，若太史、继善，理学名贤，海内所共知，岂同于无善而虚美之诬言也哉！吾尝观《南史》，其列传王、谢、庾、胡诸族，虽曰国史，不啻诸族之私乘焉。及读世所传诸贤别集、总集，有不待读《南史》而千载之下莫不习其人者，然后知韩子所称不待史笔而传者之为笃论也。树族自明初由徽迁桐，今十余世矣，迄无贵显者，既与君不同祖，而盛衰又悬绝，故因序君之谱，而为本其郡望之源流，以识吾宗分合之由，有余慨焉。道光己丑仲冬月，宗愚弟东树谨序。

书法言后

退之论文，屡称扬子而不及董子，盖文以奇为贵，而董子病于儒。余闻之刘先生说如此。然窃以为退之所好扬子文，亦谓其赋及他杂文耳。若《法言》、《太玄》，理浅而词艰，节短而气促，非文之工者也，退之所好不在此。夫立言者，皆欲其不弃矣，而不能为不可弃者，理不当而词不文也。文其词而无当于理者有之矣，未有当于理而其词不文者也。扬子徒知为不可弃而不务培其本，毕生用力造字句已耳。或曰：扬子成《太玄》，桓谭以为后世复有子云者，必能好之。及宋司马温公果笃嗜其书，意者其奥而世鲜知邪？余曰：不然。夫孟、荀、扬、韩虽并称，然孟氏之道班于圣人，今读其书，充然沛然，高下曲折，涵天地而无极，指事而无不尽焉，曷尝待于入黄泉出青天，若扬子之所为邪？夫以扬氏书与孟氏相比，差等殊绝，若河潦之不可同观如彼。而司马氏犹非孟子而尊扬子，其修《通鉴》多取《法言》为断，是尚得为知言乎哉！自记云：东坡不喜《法言》，海峰谓韩公好《太玄》、《法言》，故其文字句奇。二说皆是，学者宜互参之。

书阮籍传后

《晋史·阮籍传》称"籍终日言，口不臧否人物"。世之为容默以适己事者，用意过当，致人心靡然不起，无复闻是非直道之公，而壹皆托于籍。余悲夫其说之足以害俗而又非事实也。

夫圣人不为毁誉，谓无故虚加之耳，非昧其是非之实，而绝于言说也。古者《国风》之作，出于里巷匹夫之言，三代之世皆陈之，以观民心好恶，如《将仲子》诸诗可见。当是时，其上之政教虽非，而赖其下清议足畏，故一时风俗礼义相维系于人心者，久而不泯。及其亡也，孔子惧，作《春秋》，向使皆不臧否，则是经不得有六，而圣人亦惟致密于乱贼者之怒不可撄，而尚敢著书以自表其褒贬之出于己哉！观籍为白眼以斥俗士，盖臧否之尤者，故卒以见疾于锺会。异哉！籍之臧否形诸目而弟不形诸口耳，而世何以托之也。诗人之美仲山甫也，曰"既明且哲，以保其身"，而特为实举其行，曰"柔亦不茹，刚亦不吐。不侮鳏寡，不畏强御"。今之君子，则务随时抑扬，隐情惜己，苟以混俗取宠而已。鸣呼！是皆析义不精，而特剽窃其近似，以遁于乡原、老氏之学，而不顾害于人心风俗也，其又何称美与！

书望溪先生集后

作室者卜里闬，量基址，程材用，庀工役，区堂庑房奥墙厕，一一营之意中，而后翼然有室之观。后人虽有丹垩之巧为密丽，至于不失黍铢，终不如虑始者精神开阖于空虚杳冥之际，而与造物相往来也。凡事类然矣。

树读先生文，叹其说理之精，持论之笃，沉然黯然，纸上如有不可夺之状。而特怪其文重滞不起，观之无飞动嫖姚跌宕之势，诵之无铿锵鼓舞抗坠之声，即而求之，无玄黄采色创造奇词奥句，又好承用旧语，其于退之论文之说，未全当焉。而笃于论文者，谓自明归太仆后，惟先生为得唐宋大家之传，维树亦心谓然也。盖退之因文见道，其所谓道，由于自得，道不必粹精，而文之雄奇疏古，浑直恣肆，反得自见其精神。先生则袭于程朱道学已明之后，力求充其知而务周防焉不敢肆，故议论愈密而措语矜慎，文气转拘束不能闳放也。先后诸公，学既不能如先生之深，而又懵于所谓义法者，故其为文，不能如先生之洁而知所镕裁，以合化于古人也。而公遂翛然于二百年文家之上，而莫敢与抗矣。乡使先生生于程朱之前，而已能闻道若此，则其施于文也，讵止是已哉！

书钱辛楣养新录后

钱大昕氏以南宋之亡归狱于郑清之之主收复，致挑边衅，其言曰：南宋之速亡，由于道学诸儒耻言和议，理、度两朝尊崇其学，庙堂之上所习闻者，迂阔之谈而不知理势云云。愚谓钱氏此论，殆孟子所谓无实不详者与？凡君子论事，须平心虚公，揆度义理，考详事实，然后其言信，其论笃，传之天下后世，乃不致误国杀人也。

近世汉学考证家因恶朱子，遂深疾宋儒道学。其著说文字，率以边见偏见、颠倒邪见与争胜负。道理不足以胜之，则壹借国事虚构影响，以莫须有信口驾诬，如奸胥法吏舞文伤善，不论本案有无虚实，窜名其间以坐之耳。其论宋事，一言不及韩侂胄、史嵩之、贾似道，而惟弊罪道学。论明事，一言不及严嵩、魏忠贤，而惟归狱东林，由其毒正邪心心版所印也。不知南宋立国，政恨其无志于恢复，不专任道学耳。使真有志于恢复如越勾践、燕昭王，举任贤才如魏文侯、魏孝武，将收复可必，何致速亡？盖收复，正论也。正论，国之元气，治乱安危之所由，不可谓之迂阔。真德秀《请绝金岁币疏》及朝辞所陈五事，与胡铨《谏和议疏》争辉简册，皆万世金鉴，而又可少之哉！文忠此奏在宁宗嘉定七年，王柟函韩侂胄、苏师旦之首至金乞和。韩侂胄诚有罪矣，而函首乞和，亦太亡义而伤国体矣。文忠此奏振起人心，不可谓之迂阔。其言曰："宗社之耻不可忘，国家之于女真，万世必报之仇。高宗、孝宗值其方强，不得已以太王自处，而以勾践望后人。今天亡敌人，近在朝夕。诚能以待敌之礼而遇天下之豪杰，以遗敌之费而厉天下之甲兵，人心奋张，士气自倍，何惮于彼而犹事之哉！且所重于绝金者，畏召怨而启衅也。然能不召怨于女真，而不能不启衅于新敌。权其利害，孰重孰轻？"按文忠意以蒙古方强，力能亡金，若我和金，不召怨矣。既和金，必与金共攻蒙古，是启衅于新敌也。又曰："用忠贤，修政事，屈群策，收众心者，自立之本。训兵戎，择将帅，缮城池，饬戍守者，自立之具。陛下以自立为规模，则国势日张，人心日奋，虽强敌骤兴，不能为我患。"虽当时谏用兵者如丘崇华、岳娄机诸人之论，亦只谓宜申警军实，为自立之计，观衅俟时，委任得宜而后动，不可轻举耳。盖启衅致兵而无以待之，是速亡之道。智者所见皆同，而非谓当忍耻忘仇，弃中原苟安而不当言收复，言收复为道学迂阔也。矧当日收复之议，前出于韩侂胄之欲立盖世功名，后出于赵范、赵葵之狃于收复淮阳，欲乘时抚定中原，收复三京，并非出于道学。但收复三京之议，其时史嵩之、杜杲、乔行简、邱岳皆言出师之害，惟青山力主之，以致洛师挠败。钱氏据此一段，又据当时在廷诸人之议，而真文忠又惓惓于复仇者，又为青山所引用之人，故因而弊其狱于道学，以为必真、魏所为矣。不如此役只当责青山、范、葵等无备轻发，如当时廷议所论云尔，岳曰："方兴之敌，新盟而退，气盛锋锐，宁捐所得以与人邪？我师若往，彼必突至，非惟进退失据，开衅致兵必自此始。且千里长驱，以争空城，得之当勤馈饷，后必悔之。"范不听。史嵩之亦言荆襄方尔饥馑，未可兴师。杜杲复陈守境之利，出师之害。乔行简疏曰"八陵有可朝之路，中原有可复之机，以大有为之资，当大有为之会，事之有成，固可坐策。臣不忧出师之无功，而忧事力之不可继。夫规恢进取，必须选将练兵，丰财足食。而今将乏卒寡，财匮食竭，臣恐北方未可图，而南方先骚动矣。愿坚持圣意"云云。而不可谓主收复为道学迂阔也。

　　且洛师虽败，而南宋所以亡之故，祸胎病根实不由此，此端平元年之事。既败之后，郑清之力辞解政，不许。帝下诏罪己，乃召用真德秀、魏了翁。德秀言："天之所助者顺，人之所助者信。陛下傥能进德以迓续天命，中原终为吾有。若徒以力求而不反求其本，天意难测，臣实畏之。"了翁入对，言事凯［剀］[①]切，反覆利害之端，至漏下四十刻乃退。据史言如此。二公所陈，岂可谓之道学迂阔而惟主收复也乎？又按所谓事与前异者，盖谓蒙古乃新敌，非如金人有宿仇深怨，久为所弱等情事。疆场之役，一彼一此，何常之有。但益修战守之备，固可转败为

------

　　①　"凯"，应为"剀"，据上下文改。

功也。又帝问恢复于孟珙，珙曰："愿陛下宽民力，蓄人材，以俟机会。"又问和议，珙曰："臣介胄之士，当言战，不会言和。"帝命吴泳草诏罪己，泳访于王万。万曰："兵固失矣，言之甚恐亦不可。今边民生意如发，宜以振厉奋发，兴感人心。"据当日在廷诸臣议论如此，未有以此役为速亡之祸本也。亦并不由于用道学之故。开禧末宝庆初，史弥远欲收召道学以为名，既而以论济王事忌之，讽台谏尽劾去之，至谓真德秀为真小人，魏了翁为伪君子。绍定末端平初，弥远死，洛师败。郑清之再召用真、魏诸贤，而是年真文忠卒，又明年而了翁去。故理、度两朝名为崇尚道学，而实未能尽其用。不特昧其忠信硕画之非迂阔，而且以亡国大罪加之，岂非无实不详之言与？但疑青山、葵、范皆尚非至庸劣之人，而赵葵出兵只给五日之粮，徐敏子至洛，明日即乏军食，至采蒿和面为饼食之。夫欲收复百年之地，而出师伊始支绌乃尔，全无备豫，虽婴儿之计，亦不至急促轻脱如是。及元师南下，馈粮不继，所复州郡皆空城，无兵食可因，遂以溃败，一皆如邱、岳所策。

钱氏以大局责道学，固诬而失实，而究无解于此败之失。及为反覆考之，而后知青山、葵、范当日所以出于此者，有可为伤心者也。绍定五年，蒙古约共伐金，许事成以河南之地来归。此秦人以商于六百里谲楚使绝齐之故智也。史嵩之不悟，遂许之共以亡金。此虽不见事势，而于义无失。盖与金为世仇，得借手以复之为快。其时赵范不喜，引宣和约金攻辽受欺之事为说，此见事势矣，而于复仇之义为阙。盖不与蒙古，必助女真，而女真世仇，岂可助之？真文忠所谓"不召怨于女真，而不能不启衅于新敌，惟当亟图自立之策，不可姑为苟安之计。若夫积安边之金缯，饰行人之玉帛，女真尚存则用之于女真，强敌更生则用之于强敌，此苟安之计也。陛下以苟安为志向，则国势日削，人心日偷，虽弱敌幸亡，不能无外患。盖安危存亡，皆所自取，若当事变方兴之始而示人以可侮之形，是堂上召兵，户内延敌也"。此谓不和金亦不和元，但贵自强，非史、赵二人所及矣。及端平元年，金果亡，而后宋之君臣喜可知也。是时又值史弥远卒，帝始亲政，故改元端平，以志喜也。于是青山正为相，慷慨以天下为任，欲及元人许归河南之约，收复三京，此真千载一时之机会，喜不及待，故不暇积食蓄兵而急往受之耳。事出有因，不惟非迂阔，亦非全出冒昧，而讵知奸臣误国，不同心合力，事会蹉跌，不战而败邪？详观此役，由史嵩之不致馈粮，以致诸军饥乏，潦草仓猝，自溃引还，并非敌人强盛，力战不支，弓亡弦绝，伤夷挫衄如黏没喝时事也。使是时粮饟充给，诸将秉承定算，坚忍不退，申前日之约，且以三京本吾故地大义折之，盟信要之，元新得金，中原事势未集，未必不退听。如仍恃强不听，则用赵奢、阏与之说，力战致死，以勇为胜，师直为壮，必可胜之。如此而又不胜，则亦曲在蒙古，非我无端生衅，则用乐毅、田单之谋，因我民之怒，退而修备蓄力，激起人心，志在必于收复，则中原可终为我有也。是故青山、范、葵此举原非孟浪，所恨太脆弱轻脱，如婴儿之戏，出乎常理当然之外。千载而下，览其事者，可为太息愤懑者也。而钱氏顾指此为道学迂阔，不识理势，主收复以速亡，可谓蔽昧无知，全非事实，吠影而已。

逮后淳祐十年，史嵩之去位，青山再相，收召众贤，用余玠帅蜀，一意出师，兴元之役虽无功，而未有大败。乃十一年而青山卒，又二年为宝祐元年，余玠死。玠良将，蜀之长城。帝信谗以毙之，而蜀遂不为宋有。青山卒之岁，淳祐十一年。蒙古宪宗蒙哥始立，而以其弟忽必烈总制汉南，开府金莲川。淳祐十二年，元主以关中、河南之地尽封忽必烈。又六年为开庆元年，是年九月，忽必烈渡江围鄂，贾似道乞和，忽必烈闻元主卒，引还。明年，景定元年二月，忽必烈自立，是为元世祖，建元中统元年。统观自端平元年甲午，青山、范、葵收复三京，及是开庆元年己未蒙古渡江，二十六年间事迹如此，谓之谋国不臧可也，谓由道学误之，非事实也。

绍定、端平以还，女真既灭，蒙古方强，灭国四十，亡金以及于宋，事势骎骎不可得已。燕丹不劫秦，秦亦必亡燕，宋虽日乞和，蒙古亦必灭宋。当此之时，惟有用贤可以自立，乃宋以史、贾辈当之。夫陈贾、郑丙、韩侂胄之攻道学，已出虚诬。今前渡江日，开边衅，蠹国命，实出于贾似道。乃钱氏不以责似道，而弊狱于青山，以致其毒螫道学之诞说邪心，甘自附于贾、丙、侂胄，其用意如鬼蜮含沙，最为可恶。

若以和议为可恃，则前此秦桧杀岳王，史弥远函侂胄之首矣，而究何能弭女真之寇哉！若以主收复为挑兵衅，则端平以后，未有收复之谋也。若以道学诚足以亡人之国与，则元世祖未即位之先，开府于金莲川时，首召姚枢。枢陈修身、力学、尊贤、亲亲、畏天、爱民八事，皆道学之大经，世祖嘉纳，动必召问。又召用廉希宪，希宪以孟子性善、义利、仁暴为对，世祖善之，目为廉孟子。及即位，首召窦默、许衡，问以治道。默首以纲常为对，且曰失此则无以自立。又言帝王之道在诚意正心，心既正，则朝廷远近莫不一于正。元主敬礼之。及元主立太子，太子问王恂心之所守。恂曰：尝闻许衡言人心如印板然，印板不差，虽摹千万本皆不差，若板本差，则所摹无不差者。太子善之。史称许衡陈政，大约以《大学》修身为本，其为祭酒，教弟子尊师敬业，下至童子，亦知三纲五常为生人之道。虞道园曰：先正许文正公实表章程朱之学，以佐至元之治，人心风俗之所系，不可诬也。考史者称蒙古始兴，而得大儒为之辅佐如此，岂偶然哉！夫姚、窦、王、许所陈，皆道学迂阔之言，而元用之以兴，何独宋用之而速亡哉？钱氏之论，殆如淳于髡以鲁之削归罪于公仪子、子柳、子思焉耳。

道学之病，诚患其迂阔儒缓，失之弱耳。若不主和而主收复，乃其发强有为，不肯苟安忘仇，此臣子之大义，乃反以之为罪邪？统观古今创守之主，有以一成一旅而光复中兴者矣，未有以大朝立国当忍耻忘仇。以主收复为道学迂阔，不知理势也。古无不亡之国，然宁为亡国，不为降国，盖天下原有亡胜于存，死胜于生者，或由才略不足以济，或由天命已去，不可如何，如楚项羽之亡，田横之不屈，皆强而亡国，非由道学迂阔以速之也。由钱氏之论，率万世臣子不为越勾践、燕昭王，弟作秦桧、汤思退，而后免于道学之迂阔也已。种师道谓李邦彦曰："某在西土，不知京城坚高如此，备御如此，不知何事便议和，公不习武事，岂不闻往古有战守乎？"又曰："公等国之大臣，腰下金带自不能守，欲以与金人，若金人要公首级，当复何如？"明日，金使人礼稍绌，上顾师道曰："彼畏卿故也。"当强敌压境，朝廷拱默，李纲、师道犹能抗方张之气，阻城下之盟。而钱氏乃以南宋立国，不应主收复，为道学迂阔，不知理势，以速其亡，况本无其事也。然则其所作《廿一 [二]① 史考异》亦何用也，不过搜觅细碎，眩博以邀名而已，于资治致用无当也。张南轩《孟子说》解"交邻国有道"章，以修德、行政、养兵、训民卒、珍寇仇为言，词气激发。胡文定《春秋传》于夫椒之事、朱子《诗传》于《王风·扬之水》亦然。以此例之，钱氏之于学，殆未尝奉教于君子也。

援鹑堂笔记书后

古人校定书籍，综览义旨，轨式前则，有大体，有细意。大体炳诸

---

① "一"，应为"二"，据钱大昕著述《廿二史考异》改。

所裁，细意随时而发。一出通贤之手，即为凡例。故曰自扬雄、刘向方称斯职。历览古今，若马、郑、贾、服，逮于陆元朗、孔冲远等之于经，应孟如、徐远于、颜师古、胡身之等之于史，类皆以英敏之资、勤锐之志，识明心专，反覆讨论，鉴别精审，意词方雅，采获分散，贯穿齐一，周其藩篱，窥乎区盖，脉络次弟，曲得其悄。故每编校一书，所费日力，即与自著一书等，是以独步迈俗，无愧雄、向。准此而论，求之近人，惟惠氏定宇、何氏屺瞻、卢氏抱经、钱氏竹汀四家，识精鉴密，差足与于斯流。顾三家书皆整雅，惟独何氏之书，体例乖俗，殊乏裁制，前人以纸尾讥之，良为不虚。间取而衡之，似远逊后来钱、卢二家条理渊密，枝叶扶苏，精神焕发也。推寻其故，盖由钱、卢手自订著，何氏出后人齌次，不得其措注之宜故也。盖传其所仅传，而其不传者，与人俱亡矣。是知书非自订而托之后人，多成增谤，少成减谤，鲜不失其悄者。先生平日校勘群籍，本以纠缪正误，拾遗补阙为旨趣，使编其书者纳于谬误阙陋之途，遗诮通识，比于诬谤，能无惧乎？编审既毕，特发斯义，以谂来者。笑古人之未工，忘己事之已阙，不敏之愧，重为口实已。

潜丘劄记书后

吾尝论达巷党人称孔子之大，特惊以为博学，向使孔子而为一书，考证三代典物文字，其必过于蔡邕、刘熙、应邵［劭］①，不待言矣。而圣人于夏、殷之礼，亟曰能言，而卒不抗己，以为之文献。平日教人，惟日用下学、躬行切己之是务，虽博弟子以文，要不出乎《诗》、《书》、六艺。岂不以民彝物则，万世经常不易，循之则心身安，事理

---

① "邵"，应为"劭"，参见《后汉书》卷四八应劭本传。

得，而治化兴，昧之则心肆身灾，学术歧而政俗败。古之立学校，将以传先王之业，流化于天下，必使学者明于古今通达道理。凡其所为学问而考辨之者，亦学乎此而已，亦辨乎此而已。后世学异而言多，言多而妄多，学者不顾其本，惟务逞私扬己，惊愚卖名，相与掇拾细碎，为无益非要失实误世之言。其说经考史，论议所及，罔是非之真，而以害于人心义理者不少矣。则皆所谓无德者眩，有德者厌，名为考信，而实欲行其私说，支离畔援，非愚则诬者也。是故观其书不见根源本领，使人读之，心志驰骛愁惑，荡焉而无所止，可以资口耳，而无益于身用。虽由是更广为千百卷，犹莫能尽。宇内无此，书不见少，学者不读此，无损于学。虽窃大名，亦徒荣华于一朝，而末由施用而不朽。为学若此，亦足伤也。

或曰：若吾子言，是考证不足以为学，则孔孟所称博学详说者谓何，且不几率天下而陋乎？曰：固也。吾以学者忘孔孟也。若犹念孔孟也，将必志乎其所本者以为先而后可也。若舍置其本，而专务乎此，而曾不要之以约礼反说，此吾所以病之也。近世言考证之宗，首推深宁王氏、亭林顾氏、太原阎氏。吾观王、顾二家之书，体用不同，而皆足资于学者而莫能废。非独其言核实而无诬妄之失，亦其著书旨趣犹有本领根源故也。阎氏则不逮矣，然亦颇博物条畅，多所发明。读其言，如循近涧观清泉，白石游鳞，一一目可数，指可掬，其用功涂辙居然可寻见，异于池竭而自中不出者也。特其体例不免伧陋，气象矜忿迫隘，惵惵然类小丈夫之所发，故不逮王、顾两家渊懿渟蓄，托意深厚，类例有伦，此固存乎其人之识与养焉已。虽其书出后人纂辑，非其所手订，而词气大体之得失，固不可掩也。

书惜抱先生墓志后

先生之葬也，其家仅埋石志生卒姓氏而已。树慨先生名在海内，而当时名卿学士无铭词，于事义为阙，屡欲表其墓，辄以愚陋不足以尽知先生之所至，嫌于僭而自止。道光十三年来常州，见先生从孙莹所作行状，及先生门人新城陈用光、宜兴吴德旋、宝山毛岳生并武进李君兆洛各所为志传文，其于先生志业行事，扬榷发明，灿然无遗。于是始喟然叹曰："乃今而后，可掇笔矣。"而莹及毛君固谓树：子终必为一文，以卒子之志。树曰：然。昔虞道园有言：子程子殁，叔子为行状，张子殁，吕与叔为行状，表伯子之墓者文潞公，表张子之墓者吕阁下也。是皆大臣，一言以定国是，非常人之词。而吕公曰不敢让，知知则不敢让也，知有所未尽，安得不让乎？朱子作延平行状，而延平之墓铭无闻，黄直卿、李方子作朱子行状，而朱子墓铭未见，岂非门人之言足以尽其师之道而无待于他人乎？窃援斯义，乃敢举愚意所欲言者，系而书于后。

曰：古今学术之传，有众著于天下人之公论者，有独具于一二人之私识者。私识之中，又有其深且切者，则各以其所见言之，以继夫不传之绪而已。夫唐以前，无专为古文之学者，宋以前，无专揭古文为号者。盖文无古今，随事以适，当时之用而已。然其至者，乃并载道与德以出之，三代秦汉之书可见也。顾其始也，判精粗于事与道，其末也，乃区美恶于体与词。又其降也，乃辨是非于义与法。噫！论文而及于体与词、义与法，抑末矣。而后世至且执为绝业专家，旷百年而不一觏其人焉，岂非以其义法之是非、词体之美恶，即为事与道显晦之所寄，而不可昧而杂、冒而托邪？文章者，道之器，体与词者，文章之质。范其质，使肥瘠修短合度，欲有妍而无媸也，则存乎义与法。自明临海朱右伯贤定选唐宋韩、柳、欧、曾、苏、王六家文，其后茅氏坤析苏氏而三之，号曰八家。五百年来，海内学者奉为准绳，无敢异论，往往以奇才异资，穷毕生之功，极精敏勤苦，踊跃万方，冀得继于其后，而卒莫能与之并，盖其难也。

近世论者谓八家后，于明推归太仆震川，于国朝推方侍郎望溪、刘学博海峰，以及先生而三焉。夫以唐、宋到今数百年之远，其间以古文名者何止数十百人，而区区独举八家，已为隘矣，而于八家后，又独举桐城三人焉，非惟取世讥笑恶怒，抑真似邻于陋且妄者。然而有可信而不惑者，则所谓众著于天下人之公论也。侍郎之文，静重博厚，极天下之物赜而无不持载，泰山岩岩，鲁邦所瞻，拟诸形容，象地之德焉，是深于学者也。学博之文，日丽春敷，风云变态，言尽矣而观者犹若浩浩然不可穷，拟诸形容，象太空之无际焉，是优于才者也。先生之文，纤余卓荦，樽节隐括，托于笔墨者，净洁而精微，譬如道人德士，接对之久，使人自深。是皆能各以其面目自见于天下后世，于以追配乎古作者而无忝也。学博论文主品藻，侍郎论文主义法，要之不知品藻，则其讲于义法也悫，不解义法，则其貌夫品藻也滑耀而浮。先生后出，尤以识胜。知有以取其长，济其偏，止其敝，此所以配为三家，如鼎足之不可废一。凡若此者，皆学者所共见，所谓天下之公言也。

虽然，天下之学，其名既著，固久而愈耀，远而不磨，要其甘苦微妙之心，则与其人俱亡焉，此斫轮者所以亟悟夫齐桓也。今东南学者，多好言古文，而盛推桐城三家，于三家之中，又喜称姚氏，有非姚氏之说莫之从。呜呼！可谓盛矣。而吾独以为人知姚氏之文之美，犹未有能得其微妙深苦之心也。不得其心，则其于知也终未尽。夫学者欲学古人之文，必先在精诵，沈潜反覆讽玩之深且久，暗通其气于运思置词、迎拒措注之会，然后其自为之以成其词也，自然严而法，达而臧。不则心与古不相习，则往往高下短长龃龉而不合，此虽致功，浅末之务，非为文之本。然古人所以名当世而垂为后世法，其毕生得力深苦微妙而不能以语人者，实在于此。今为文者多，而精诵者少，以轻心掉之，以外铄速化期之，无惑乎其不逮古人也。诸君志传，所以论先生之文者至矣，树特以其私识者浅言之，俾学者时省观焉，以助开其所入云。自记云：先生为先曾大父门人，先子及树从游最久，讲授无异师弟，而生前实未正师生之称，恐后人疑之，附识之于此。毛生甫曰：中有微言，自足不朽。

管异之墓志书后

君与吾性皆少可多否，而君差能借人以言，故稍取时誉。吾尝与君剧论此理，以为好人而知其恶，恶人而知其美，天下一人而已。古之君子隐恶扬善，奖成庶类，求益于人焉耳，非为蔽于己也。使己之义理未明，而妄以行谊许人，己之文章未成，而妄以是得许人，是以古圣人义理之公，古作者精微能事，弟为吾馈遗悦人之具，而足使天下失是非之真，是谓无忌惮。幸而为宰相，论道经邦，官人任使，综核名实，主持风教，以一天下之视听，而或乃驽骥同秣，石玉杂糅，毁瓦画墁，与良工大匠均称而无所劝惩，曰仁乎，其智不备也，是谓混沌。夫以无忌惮之心而躬混沌之行，其事之所效，又足以令天下失是非之真，此岂非妄也哉？谓己之誉不过循斯须之人情，天下是非之真原不存乎吾言，则自待既太薄，谓己之誉果不谬于圣贤之义理、作者之精微，则其视义理精微亦太诬。昔孔子不敢为毁誉，不得已而有誉，必有所试。今人自视己德，果己如圣人之明乎，抑犹未也，则妄誉之误世，比于一手掩天下目，可乎哉？吾往与君言如此，今铭君，如有不信，恐君空中将与吾辨，故不敢也。海内论古文之学者，以为其传在桐城，谓吾宗望溪宗伯、刘耕南先生、姚姬传先生也。姬传先生所传弟子数人，皆颇以能文称，然皆不逮君独至之论。后世其信，今未可家谕户说也。

切问斋文钞书后

《切问斋文钞》三十卷，云间陆中丞朗甫纂。其恉以立言贵乎有用，故辑近代诸贤之作，建类相比，以备经世之略，大约宪法吕东莱，其用意固盛美矣。厥后贺方伯耦耕为《经世文编》，则搜采益富，体例益备，要陆氏实为之嚆矢云。树尝合二编所辑而读之，窃见诸贤之作，其陈义经物，论议可取者固多矣，而浅俗之词、谬惑之见亦不少，杂然登之，漫无别白，非所以示学者之准法也。且陆氏之论文又非矣，其言曰"是编不重在文"，其说当矣。而又曰"以文言道俗情，固高下之所共赏"，又曰"道在立言，不必求之于字句"，又曰"文之至者，皆无意于为文，无意为文而法从文立，往往与先秦两汉唐宋大家模范相同"。嗟乎！谈亦何容易邪！循陆氏之言而证以卷中之文，将使义理日以歧迷，如汤潜庵推阳明功业而并护其学术，不知功业在一时，学术在万世。学术误则心术因之，心术坏则世道因之。阳明率天下以狂而訾朱子为洪水猛兽，其罪大矣。当日宸濠之事，即无阳明，一良将足以办之。孰轻孰重？以潜庵之贤、犹党同倒见，况于真无识而托忠厚之名者哉！按阳明之功诚奇伟，观其临事能尽得《屯》卦道理，可谓贤矣。然当但服其功，不得因此谓其学术非误也。文体日以卑伪，而安得谓克同于先秦两汉邪？

夫文字之兴，肇始《易》绳，迹其本用，原以治百官，察万民，岂有空言无因而为一文者乎？特三代以上无有文名，执简记事者，皆圣贤之徒，歌谟明者，皆性命之旨。文与道俱言为民，则洎孔氏之门始。以文为教，四科之选，聿有专能。自是以来，文章之家，杰然自为一宗而不可没，固为其能载道以适于用也。凌夷至于秦汉，道德潜然绝矣，而去古未远，文章犹盛。往与姬传先生言，西汉文字皆官文书，而何其高古雄肆若彼！魏晋以降，道丧文敝，日益卑陋。至唐，韩子始出而复于古，号为起八代之衰。八代者，东汉、魏、晋、宋、齐、梁、陈、隋也。故退之论文，自六经、左史、庄、屈、相如、子云数人而外，其他罕称焉。于是重古文者，以文为上，非祖述六经、左史、庄、屈、相如、子云者，不得登于作者之录。重用者，以致用为急，但随时取给，不必以文字为工。二者分立，交相持世。浅识之士，眩瞀惶惑，莫知所宗。苟事调停，终未得理。间尝折衷斯义，以为必重古文而后谓之文乎，则自东汉以来至于今，又将以至于万世而无穷，天下所用以治百官、察万民者，一日不可无，而安能待之遥遥不世出之作者乎？谓随时取给之文，但使有用即与作者无异，则自东汉至于今，工为致用之文不知几千百人，而何以都不传于后，而独此寥寥数作者光景常新，久而不敝，而为人所循诵法传乎？可知文章之道，别有能事，而不得以不知而作者强预之也。

陆氏又谓有用之文如布帛菽粟，华文无实者如珠玉锦绣，虽贵而非切需。吾又以为不然。使世之人皆惟是取给于布帛菽粟而已，则是禹可以恶衣承祭，而不必致孝乎鬼神，而山龙华虫之饰与夫珍错玉食之供，凡三代圣王典礼之盛，皆可废也。且夫菽粟入口，隔宿而化为朽腐矣，吾人三年不制衣，则垢敝鹑结矣。是故今日之菽粟，非昨日之菽粟也，已敝之布帛，非改为之布帛也，此随时取给之文所以不传于后世也。若夫作者之文则不然。其道足以济天下之用，其词足以媲坟典之弘，茹古含今，牢笼百氏，与六经并著，与日月常昭，而曷尝有无实之言，不试而云者乎？今不悟俗学凡浅，不能为是，而徒指夫狷子浮华无用之文，以为口实，是尚不足以杜少知之口，而何以服作者之心乎？孟子曰："取食、色之重者，与礼之轻者相比，奚翅食与色重也。"吾观集中诸贤之制，其意格境象、字句词气，多与古人不类，且有甚猥俗不识禁忌者，而便谓足以跻于先秦、两汉、唐宋大家，其信然乎？俗言易胜，缪种易传，播之来学，将使斯文丧坠，在兹永绝，亦文章之厄会也。况彼所谓菽粟者，或糅以秕稗矣，或糅以杂毒矣，彼所谓布帛者，或易以刻楮矣，或易以木叶矣。善乎虞道园有言曰："循流俗者，不知去陈腐，强自高者，惟旁窃于异端。"如朱彝尊《与谭子羽书》、凌廷堪《复礼》、黄中坚《佛氏论》等文皆是。凡若此者，辨之不审，非杀人则以误人，以此为用，非良用也。

然则如之何而可？曰：在《易》之《家人》曰"言有物"，《艮》曰"言有序"。夫有物则有用，有序则有法。有用尚矣，而法不可背，必有以矫而正之，讲明切究，遵乎轨迹，以会其精神，使夫古人音响之节，律法之严，学者有所望而取则焉，岂可以随俗恒言，任意驱役楮墨乎？作者之徒，宜谨之于此。韩子曰："记事者必提其要，纂言者必钩其玄。"非要非玄而冗长并录，是《书》不止百篇，《诗》不止三百，非惟汗牛充屋不能尽载，且适以罔道迷人。故曰：白黑分矣，而务去之，乃徐有得也。纂辑之家，宜谨之于此。若都不能，则但取经事，不与论文可也，三通是已。毛生甫曰：于义理文章皆有关系，可谓立言不朽者矣。

左忠毅公家书手卷跋尾

吾邑之所以重于天下者，以多乡贤故，而乡贤之尤著者，无如方断事、左忠毅二公。断事忠贯日月，惜官位卑小，无甚事业，惟其潜德独昌大其后裔，遂为一邑冠。若忠毅则事关社稷，身系安危，杨、左之名，赫然在人口耳，至今童姬皆能道之，虽古称龙逄、比干，何以加焉。是其遗迹所留，虽片纸只字，子孙守之，重为墨宝，后世见之，诧为眼福，人心之公理固然也。

吾友马君公实藏有公在狱中所寄家书，淋漓泪血，令人感动，实为世珍。道光甲辰春，公之族裔某复示余以此二书，则定陵升遐之日，光庙御极之初，公受命巡视屯田时所寄二亲之言也。某言得于公裔孙某家故纸堆中，其前后表里为一，无知伧子涂污殆遍，遂携归，翦裁装池为此卷，故书末语皆不完。树既正容庄诵讫，则见公之所以告其亲之言，即所以告其君之心，拳拳国是，一意无间，百世下犹可想见其瘝瘝如结之致。《诗》曰："我心匪席，不可卷也。我心匪石，不可转也。"是岂矜心作意、取办于一时、慷慨以成名者所可同日语哉！然玩其词意，公是时盖犹愿为良臣而未决为忠臣，而恶知其后来之局遂鱼烂不可拾邪？马君云往年邑侯赵明府尝于公裔孙处得十三书，亦皆被涂污者，今检对钞本，则此二书俨然在焉。前书于"临时再差人"下缺百有十七字，后书"岁底也"下缺五十二字。然则赵明府辑录时尚完好也。呜呼！佛经言凡所有相，皆是虚妄，生灭异住，刹那不常。统观明事暨公始末，俯仰皆为陈迹，讵不信夫！矧此一纸之书，安保其不终化为飞烟，而又可常抱玩也哉！虽然，贱而不可不任者物也，匿而不可不为者事也。若据现在以徇斯须于世界，则如上所陈，亦尚非骈拇淫僻之行也，而又何议焉。

合刻归震川圈识史记例意刘海峰论文偶记跋

右归震川《圈识史记例意》、刘海峰《论文偶记》各一篇，学者所受微言奥论、文章真传在是也。或曰：自昔作者，弟以其文传而已，未有举其所以治文之方而著之为言者，若此则几于陋与？余曰：然。凡后人之所言，皆前人所不言，非不能言之也，以为吾不言而使人以意逆之，则其思之深，得之固，而其味长，言之愈悉，使人习口耳而不察，道听涂说，不得其所以言之意，反以亵吾至教。古之达者，盖深有见于其得失如是，故不惟不暇，亦不敢，非弟为其名迹近陋，避而不为也。然则二先生之虑不及此与，是其言当从弃置而不足采与？是又不然。凡后人之所言，多前人所未尝言。孔子之系《易》，由伏羲观之，则陋矣。汉唐以来儒者说经所发明，由先圣贤观之，皆可曰陋。然而至于今而传注不废，以为不如是不足以有明也。为其冥冥群即于昧也，孰若以吾所觉觉之也，是得圣人成物之智者也。传言者当论其言之当否，不当屑屑泥名迹怙一曲，若郑缓之为儒也。百家众说，愚诬谬种之传盈天下，而顾欲屏其妙要者而挥之，亦过矣。是二说也，学者两择之而取衷焉可也。二篇旧皆刻本，今张子小石欲取合锓之以广留传。余故著所闻大意，并附韩理堂跋语，为治古学贵文章者得有考焉。

书归震川史记圈点评例后

古人著书为文，精神识议固在于语言文字，而其所以成文义用，或在于语言文字之外，则又有识精者为之圈点、抹识、批评，此所谓筌蹄也。能解于意表而得古人已亡不传之心，所以可贵也。近世有肤学颛固僻士，自诩名流，矜其大雅，谓圈点、抹识、批评沿于时文伧气，丑而非之，凡刻书，以不加圈点、评识为大雅。无眼愚人，不得正见，不能甄别，闻此高论，奉为仙都宝诰，于是有讥真西山、茅顺甫、艾千子为陋者矣，有讥何义门为批尾家学者矣。试思圈点、抹识、批评，亦顾其是非得真与否耳，岂可并其真解意表、能得古人已亡不传之妙者而去之哉！牝牡骊黄，诚迹论矣。其外所以为天马者安在？非得九方歅其人者，孰能辨之？姚姬传先生之类纂古文辞也，原本有圈识评抹，后来亡友吴佑之重镌板本，误信人言而尽去之，吾苦争之而不得，可惜也。今此本刊传，大雅则诚大雅矣，试令后来学人读之，能一一识其文中之秘妙哉！此关学问文章一大义，吾故不得不明以著之。宋程时叔撰《春秋本义》三十卷，凡采一百七十六家之言，前有问答、通论、纲领及点抹例一卷，中有所谓红黄青黑、侧截点抹之别，成容若刊入《通志堂经解》，徐东海因其中有阙叶，不敢擅增句读圈点，何义门谓圈点有亡皆宜照依元本，而东海必欲一例，竟全未刻句读点抹，何甚惜之。夫圈点评抹，古人所无，宋明以来始有之，去之以为大雅，明以前所无，国朝诸公始为此论。吾以为宇宙亦日新之物也，后起之义为古人所无，而必不可蔑弃者亦多矣，荀卿所以法后王也。后人识卑学浅，不能追古人，而又去其阶梯，是绝之也。自记云：其义可存，文则略仿南丰《魏郑公传书后》。

马一斋先生遗书跋 二首

有正言繁称，而人不悟且厌之者，旁见侧出，无意立言，自然流出，见者如获异闻，深解意趣，而因以明道者。古之善言者，盖尝有若是之人也、之言也，非薪取于人而以求售其言也。孟子曰："观水有术，必观其澜。日月有明，容光必照焉。"有本焉如是耳。见世之著书者，剽窃苟且，速以岁月而邀名者皆是，渊潜静深，于大本积而厚发者不数遘。卒其速成邀名者，终速朽而无名，而不数遘者，人转以其希有而贵之如法物焉。于是浩帙重编，有不若微文细意者矣。

竟陵胡承诺著《绎志》六十一篇，辑粹儒门精言，而佹侗纷沓，心尚蠡蛡，如库藏簿大官庖以夸婪人饿夫，又如以饴密粗粖喂婴儿，未饱者不得饱，既饱者虑或损肠胃。嗟乎！《绎志》其一耳，如《绎志》类者不可胜数也。

乡先辈马一斋先生，暗然笃志君子也，平日不以经学理学树帜志为朽人，其遗文亦寥寥无多。然尝读之，入其中而耳目洞然一明焉，心志畅然一适焉，如行平冈曼陀而时见瑶草琪花也，如望长空白云而忽见霞绮也，如循近涧清泉，白石游鳞一一可数而可掬也。不专谈道而道见，则叹曰：此殆其有本者。不然，何世之以经学理学著书专家者，求其心得创获一二似此而不得也。往者见安溪官献瑶《石溪集》、吴江顾汝敬《研渔庄集》，与先生是集盖相若云。世有知者，或不以余言为妄也。同里后学方东树谨书。

《翾翾斋笔记》二卷，一斋先生所著也。曩树尝为先生作遗文跋尾，称先生不以讲学立名树帜，时未见此记也。兹先生曾孙树华始以此见示，敬读数过，则叹其醇正审谛，言言心出，非口耳陈言者比。于此见先生检心之切，向道之真，洵足为圣学津梁矣。至其悯时病俗，亦时欲以其言效针石之用于世，然后知先生但不以讲学立名树帜，非不讲学者也。抑知非有此讲辨之根柢，而乌能茂彼文字之敷荣乎？因悔前言阙漏不实，爰书此以讼吾过。道光丁酉四月，后学方东树谨识。

书嘉定黄氏日知录集释后

黄氏称得潘检讨删饰原本，又得阎、杨、沈、钱四家校本，以为先生讨论既夥，不能无少渗漏，四家引申辨证，亦得失互见，然实为是书羽翼也。东树按：余姚陈梓古民《书〈日知录〉原本后》曰"稼堂先生当时急于问世，任意点窜"云云。窃谓二家之言不必可信。观先生《自叙》及《与人书》，皆称三十余卷，今黄氏所刊，仍三十二卷，则此自系先生临终绝笔自定本。稼堂弟曰得手稿校勘而已，未必敢有所删饰点窜也。黄氏又称后得原写本以校潘刻，得者大半，此言尤非是。果尔，则必是取作者所弃，以废铜充铸，政先生所罪者也。要之，《日知录》无用释，后人或有所引申纠正，各存其所私著可也，政不必沾沾自喜，附此书以掊击诘难为自重地也。伏读《四库提要》，于阎若璩、沈俨、赵执信一一致讥，独谓此书或迂而难行，或愎而过锐，则顾氏应亦俯首于地下。以树所见诸家之说，惟歙程吏部鱼门论亦最得平，而是集所录九十余家说，独未见采取，何耶？

先集后述

先人诗集六卷，道光丁酉夏六月刊于岭南，其赀则光方伯律原所佽助也。雕造既竣，其不肖子东树谨述先人之言曰：

盖昔人有称鹤立鸡群者，世几习闻其语，而莫喻其兴物之妙也。如鹤也，则虽折足塌翼病颈，一望而知其鹤也，即三尺童子不能谩之。如鸡也，则虽为之金距赤帻，而其德情才性终不能改其为鸡也。夫为人与为诗文，亦若是焉则已矣。吾友恒病余阅人文字少可多否，嗟呼！余岂得已哉。盖通城大邑或不见一鹤，而连村比屋莫不畜鸡，吾安能面欺以连村比屋之恒畜，而以当夫珍禽之刮目哉？且夫鹤之贵于鸡也，在胎与卵之时而已异，非修饰毛羽，习其音鸣态度而可强似之也。古之诗人如太白、子美、退之、子瞻四公，含茹古今，侔造化，塞天地，如龙象蹴踏，如蛟螭蟠挐，当之者莫不战掉眩慄，色变心死。降而若半山、山谷，沉思高格，呈露面目，奥衍纵横，虽不及四公之焯赫，而正声劲气，邈焉旷世。云鹤戾天，匪鸡所群，不其然乎？

律原最嗜先人之诗，尝谓其体导源于韩，其创意清而惬，其造语坚而从，其隶事敏而给，有后山之沉炼而去其拙钝，有诚斋之警健而去其粗厉，使读者如游芳林玩琪花，有爱赏而无厌憎，殆半山、山谷之亚也。且谓斯集也，后有精鉴如晁、陈者必著录，斯诗也，后有为总集如殷璠、元结、高仲武者必贵选，故亟促余刊行之也。先人之言尝如彼，光君之言又如此，今不肖衰暮，旦夕且死，因编次遗稿，妄合取以名集，将并光君之论奉以质于地下，庶尚亦愉色而颔之与？夫鹤鸣则必有子和，惜乎不肖之弗克和之也。伤哉！不肖子东树谨述。

与罗月川太守书太守后复姓程，官至巡抚

月日，方东树顿首再拜，谨献书月川先生太守阁下。顷在通志局，屡得拜见，荷蒙德盛礼殷，不以凡庸见简。今当远去廉州，继见无期，又恐阁下一旦迁擢他去，是所怀终不伸于左右。是用忘其冒昧，辄以书自通，惟阁下鉴其进言之意，不以造次为罪，幸甚幸甚。

树闻日月递嬗，人与世相阅，不能无古今。若夫道德文章之懿，人心风俗之同，政化治理之实，性情学术之公，三皇以前则吾不知矣，若唐虞以来，则以为与今无异。是以孔子、孟子生春秋战国之际，而其所守所陈，必本仁义，称尧舜。非若是迁也，诚以由其道，则古犹今，否则虽生圣人之世，而一切苟且，甘自菲薄，若江海之日就污下。于是相与造作妄论，以为古道必不可复，证多慰同，并为一谈，牢不可破，亦何赖乎？且夫古今者，名邪？实邪？如以为名也，则古今之义非有升降也，如实也，则今之所指为古，亦古之今也，而今之所谓今，又将为来者之古也。天地未尝改移，而俯仰之顷，人各以其目睫之智，分今古于其间。然则古今名实非有定在也，贵人知所自立耳。世言文章政事稍稍近古者，必称两汉，自汉而下，非无文章也，非无政事也，而不能政平讼理使庶民回心向化者，理教不兴，奸宄不禁，吏无以儒术考文章，经世务，而道德齐礼有未充也。积之无其本，施之无其效，而曰今不如古，将谓民有异心，而孔子、孟子所陈，徒设虚论以为欺罔乎哉？

古者自天子以至庶人，莫不由于学，语其要，曰修己治人而已。是故体之为道德，发之为文章，施之为政事，故通于世务，以文章润饰治道，然后谓之儒。故朝廷所以举贤良文学者，将欲有所表而以次用之也。汉宣帝每拜刺史守相，辄亲见问，察其贤否，曰："与我共此民者，其惟良二千石乎？"又曰："太守，吏民之本也。"是故汉世良吏于兹为

盛，宰邦邑者竞能其官。或务仁爱教化，学比齐鲁；或务成就安全，奸人自屏；或识事聪明，纠剔奸伏，号称神明；或平正居身，仁信笃诚，感物行化；或简烦除苛，禁察非法；或制立科令，劝人生业。若召信臣、杜诗称为父母，任延、锡光变革边俗，第五伦、孟尝、宋均清行出俗，能干绝群，王堂、陈宠委任贤良，职事自理，鲁恭、吴祐〔祐〕①、边凤、延笃、刘宽兴利除敝，使人不欺。政迹茂异，令名显闻，斯皆理行弟一，一时之良能已。自汉以来，世不乏吏才，而或不本于儒术。及乎儒术盛矣，而施之事用又往往不酬。于是俗吏僻儒华文之士，违用背憎，各矜其能而不相为用。南州风俗脆薄，自非修士，鲜识学义，濒海阻麓，外寇内伏，飘忽聚散，奸宄易兴。又市通蕃货，地多珍宝，财产易聚，掌握之内，价盈千金，富则淫，穷则盗，先利轻死，果窒愚悍。而官斯土者，又往往以黩货营私损其风施，非得大儒骨鲠、魁垒、耆艾措理通古今者，洁廉自将，设立制防，则亦何由整齐而变化之。

伏惟阁下秉清修之节，蹈《羔羊》之义，本好恶之正，得宽猛之宜，怀贾谊、倪宽之经术，兼尹翁归、赵广汉之廉能，所至之处，兴立学校，革易俗敝，观纳风谣，求民病利，约己奉公，居官如家，其有冤嫌久讼，历守所不能断、法理所难平者，莫不曲尽情诈，厌塞群疑，移风改政，猾恶自禁。所居民善，所去见思。朱邑不以答辱加物，袁安未尝鞫人臧罪，严君嗤黄霸之术，密人笑卓茂之政。凡如此比，以阁下方之，诚无所多让。非怀德义志古之风，其孰能若斯乎？树奔走四方二十年矣，所见今之从政者，实心实力如阁下，未之见也，未之闻也。尝以为于今之世不复见古人，乃今于阁下遇之。及得阁下之文，伏而诵之，然后叹为治之本，其所由盖在是也。阁下之文，指事陈理，义蕴闳达，一一皆可施之实用，而其质壳之气，醇笃之论，实足以蹈迹两汉。往与师论两汉之所为文，皆官文书也，而高古醇朴如彼，良由直道所见，言言有物，譬如言食之饱，言衣之暖，天下万世皆可取信，非如后世文士驰骋淫费，钓采华名，但依仿格调，矜夸辨博，为浮靡无实之谈也。以阁下之治，证之阁下之文，以阁下之文，考阁下之政，信乎言足以志而行足以化，则以为阁下之文与其政，断断乎其近两汉也，非贡谀也，非溢美也。

树无状，亦尝志乎古矣。顾道不加修，文不彰身，行能暗僿，穷居约处，无由自表见。独其素所蓄积发悟于古者，不能竟默。不揣固陋，

---

① "祐"，应为"祐"，据《后汉书》卷六四吴祐本传改。

辄思以其所欲论次设施者著书。见世之所为学者，违背理本，偏僻破碎，务攻宋儒，以张门户之私。方且忧其破道，思立说以救其敝，自比于孟子息邪说，正人心。好尚不侔，孤踪违众，则欲以此求合于时，亦自知其颠仆而终不振矣。然惟古人身在困辱，为举世所不知，都无余限，独以不获见知于大贤为戚。以树自度，诚不以饥寒困穷撄其心，以隘其生，俾得从容以毕其业，志趣所就，他日或当有功于先圣来学，亦阁下志古之怀所乐与者也。昔人或思士而无从，或历说而不悟，或日进前而不遇，或遥闻声而相思，智之于贤，岂可尽归之于命哉？辄布区区，惟赦其狂愚而谅察焉。不宣。树再拜。

复罗月川太守书

月日，方东树再拜，谨复书月川先生太守阁下。十一月二十六日廉州役还，蒙报书千百言，谦冲之盛，诱掖之勤，为赐甚大。反覆观诵，且感且惧。东树前读阁下《岭南集》，至《咒贪泉》诗及"没愿化龙"之语，伏而叹曰：嗟乎！此即伊尹一介不取，思天下之民有不被尧舜之泽，若己推而纳之沟中之意也。律己之严，仁民之志，悉于是乎见之矣。故窃自以为能独见阁下之心，而私幸其于今之世复见古人也。兹诵来教，益信大雅之怀，识宏论笃，谢华尊素，足以信后世质古人而无疑矣。

今之太守循格例，谨衔辔，动有牵制，诚不若汉世官尊权重，得以自行其意。然而为政之本在一心，不在位之高卑也。孟子曰："今有仁心仁闻，而民不被其泽，不可法于后世者，不行先王之道也。"孟子之时，王泽寝微，列邦诸侯，兵戈抢攘，政教酷隘。一二名卿因时救敝，权宜谲霸，苟简杂施，故孟子思以先王之政易之，其时然也。夫古今异治，民俗异宜，执古之法以御今之民，不可也，故荀子曰"法后王"也。国家法令昭明，列圣权衡斟酌，百王所以范围不过者，至详且悉，其于先王之法，无以异也。然而民或犹有不被其泽者，非法之不善，从政者将之以法，而不将之以心也。苟且簿书，奉行故事，巧相牵避于功罪之途，是免而无耻者，在官固然，而民何责邪？来书云前后所莅，士民望奢情愬，如赤子之依慈母，竟不忍负，必为揣量肥瘠，勤勤恳恳，以备求安全之术。阁下自度之，其所以致之，岂尝有出于今法之外而为之，不过将之以仁心仁闻之诚，而其泽已不可胜既矣。故使今之从政者皆能若是，则令且优于天下，何况太守阁下其无疑于所行也。虽然，位高者及远，位卑者及薄，德大者禄大，望隆者位隆。今天子新即位，汲汲理化，登崇俊良，诏中外大臣明慎保举。阁下清介之风，宏济之抱，久孚于上，下则推先忧后乐之志而广施之，将举斯世之民莫不被尧舜之泽者，安在恺弟之爱，止及于一方，为龙之愿，必待之身后邪？

东树前书论两汉官文书之美，盖偏举所贵者言之，非谓阁下之文尽官文书也，亦非谓两汉官文书外便无文也。且就官文书言之，如《春秋》一经，荆公斥为断烂朝报，此真官文书也，而大义炳如，圣笔谨严如彼。推而上之，二典三谟，周诰殷盘，凡圣帝明王贤臣硕辅所用明治化陈政事，孰非官文书邪？其在《易》曰："上古结绳而治，后世圣人易之以书契，百官以治，万民以察。"则文字之用，其原亦可知矣。韩退之、柳子厚论文，必原本六经，如庄周所称"《诗》以道志，《书》以道事，《礼》以道行，《乐》以道和，《易》以道阴阳，《春秋》以道名分"，大小精粗，其用无乎不贯。至圣不作，道德不一，于是中贤小儒始歧其用而不能相通。要之，文不能经世者，皆无用之言，大雅君子所弗为也。诸葛武侯千古一人，而陈承祚所上《忠武集》，《出师表》外，皆手教也。阁下之文，所以经事适用者，皆足与古人媲美矣。此即少不合于八家，固无惭于作者，而况八家集中，亦官文书为尤美哉！

又，东树前论古人文章皆由自道所见，得阁下引贾谊书证之，益可信。盖昔贤平日读书考道，胸中蓄理至多，及临事临文，举而书之，若泉之达，火之然，江河之决，沛然无所不注，所以义愈明，思愈密，而其文层见叠出而不可穷。使待题之至而后索之，乌有此妙哉？虽然，文章之道，得之非难而为之难，为之非难而知其所以为为难。东树虽尝学之，顾其所为甚陋，在岭南所为者尤粗豪放纵，时乱以浅俗常语，无复古人韵格。独其议论，或偶有可采。不意大君子欲成人之美，乐善过取，比拟崔、蔡，承饰之下，惶愧无地。

夫道德、文章、政事三者，阁下次其分合之由，如临白日以观掌文，信无所遁矣。至于考证之学，盖自汉代以还，通儒宿学，读书审慎，是正脱误，辨审异同，诂解音声，钩钏章句，其大者毛音、郑简与道相扶，其次者名物典章于政为辅。历世既远，著述转纷，通才硕彦，接踵而出，使来学者变学究破伧陋以炳于经籍之府，其用亦可谓宏矣。东树乃独敢非议之，何也？来教称引宋代郑、魏诸贤，以相敦勉，虽其鄙劣，敢不承命。顾窃有未尽之意，敢终为大雅陈之，以质愚蒙焉。

国朝考据之学超越前古，其著书专门名家者，自诸经外，历算、天文、音韵、小学、舆地、考史，抉摘精微，折衷明当。如昆山、四明、太原、宣城、秀水、德清，根抵学问，醇正典雅，言论风采，深厚和平，复矣，尚矣，虽汉唐名儒不过于斯矣。及乎惠氏、戴氏之学出，以汉儒为门户，诋宋儒为空疏，一时在上位者，若朱笥河先生及文正公昆弟、纪尚书、邵学士、钱宫詹、王光禄及兰泉侍郎、卢抱经学士十数辈承之而起，于是风气又一变矣。此诸公者，类皆天姿茂异，卓越常侪，强识博辨，万卷在口，能使有学者瞀厥耳，无闻者荡厥心，驰骋笔舌，论议涛涌。然而末流易杂，变本加厉，弊亦生焉。海内英俊，倾其风，艳其舌，怀其利，相与掇拾破碎，搜觅群书，苟获一字新义，即诧为贾人得宝，违背理本，弃心任目，不顾文义之安，但出于汉者主之，出于宋者非之，托为辅经，实足乱经。始不过主张门户，既肆焉无忌，则专以攻宋儒为功，主名诋骂，视同雠敌，几于恶闻其声而比之于罪人。此其风实自惠氏、戴氏开之，而扬州为尤甚。及其又次者，行义不必检，文理不必通，身心性命未之闻，经济、文章不之讲，流宕风气，入主出奴，但以一部《说文》，即侈然自命绝业。朱子有言，书愈多而理愈昧，读书愈勤而心愈肆，浮名愈盛而行义德业愈无以逮乎古人。不知孔子所以教人为学者，果若是己乎？此风在今日遍蒸海内，如狂飙荡洪河，不复可望其澄鉴，势将使程朱既明之道复入于晦盲否塞，而人心风俗日即于狂荡，其害真有过于杨墨佛老者。

夫读圣贤书而不通于心，不有于身，犹不免为书肆，而况析言破道乎？昔孔子辞多能博学，而诏及门文吾犹人。孟子曰："博学而详说之，将以反说约也。"学不反约，而以有涯之知逐于无涯之场，此韩子所谓黄金掷虚牝者也。其间岂不有才，所患在于亡本。且夫今之学者皆能讥明儒空疏矣，窃谓明儒德业之盛，匪特今人逊之，求之汉、唐、宋外不多其比，惟不泥小道也。及乎季年，升庵、澹园始以淹博立名，然而杨氏、焦氏之所就，已大不如前人矣。尝取二家之书观之，其精正可信者，才十之三四耳，其余驳杂失实之论，不可胜举也。夫取人贵宽，求人贵恕，至论学术，是非得失攸关，则必有确乎不可夺者。至于文章亦然。昔北地、弇洲主持坛坫，海内承风，而归熙甫斥之为妄庸巨子，独宴然寂处安亭江上，为举世不为之学。弇洲临没，乃始悔之，为作赞曰："千载有公，继韩、欧阳。余岂异趋，久而自伤。"嗟呼！如弇洲之高才伟识，进学改过，世有几人哉！不远之复，在圣门独称颜子耳。陆子静云："凡人溺于势利者可回，溺于意见者难回。"然则其识益陋者，其所执必益坚。若今之汉学诸公，其终迷矣，不悟矣，无从望其能开矣。又若艾东乡，当李、何、王、李极盛之时，独主孤军，力追绝绪。由今观之，东乡之言，字字抉迁、固之心，言言启韩、欧之钥，迄今二百余年，学者犹未能尽晓。而凌廷堪、汪中之徒，直诋韩退之、欧阳永叔文非正宗，视同土苴。甚矣，文章学术伪者易售，真者难逢，此孟子所以好辨而庄生所以齐物也。

东树不揣固陋，尝窃病之，思欲立说以辨其妄，而材卑学落，地贱言轻，思得一二大人君子在上位者为人望所属，庶几如阁下所论，足以震荡海内，开阖风气。名之所在，利亦随之。所有偏宕卓荦之士，冀其见收，悉转移而归之正学，则彼俗人莫不靡然向风，悔过自责，犹之利禄使然也，不犹愈于风狂无本之学乎？乃求之当涂居盛位者，或以刑政簿书为急，而无暇文教也。幸而有之，则又专主于向之所谓汉学者。伏睹阁下所至之处，以兴起人心教化为志，私心仪则久矣。昨者献书，固以倾其景行之诚，亦将幸而得所托焉。特未信而言，人以为妄，故其词含茹蓄缩而未敢遽伸，岂以文章自媒鬻求知哉？

又阁下言东林清议之害，祸延家国。窃寻此论，百余年来，搢绅大夫皆同此云云矣。东树尝反复究之，窃独以为不然。孔子曰："天下有道，则庶人不议。"惟夫刑赏失平，而后清议出焉。当明之季，神、熹失柄，乾纲解纽，国是日非。诸君子在位言位，意存匡弼，当是时，无所谓东林之党也。寻东林之祸，始于救淮抚李三才，而成于忤魏忠贤。故凡争辛亥京察者、卫国本者、发韩敬科场弊者、请行勘熊廷弼者、抗论张差挺击者、争红丸、移宫者，概指目为东林，借魏阉毒焰一网尽之，故孙党、赵党、邹党、熊党之目，犹之《点将录》之意。然则疾君子指为东林党而恶害之者，特阉党之所为耳，吾徒何为而助之攻乎？当日以邹元标之讲学为邪党，而逆党至以真儒拟忠贤，其是非果安在乎？

东林诸贤诵法程朱，其所讲论建白，行义风节，于今可见。一时台阁寺省诸公，宏才硕学，孤忠大节，经略展施，接武而出，天下望之，朝廷赖之，何莫非东林气类乎？特风气太盛，间亦有一二不肖依附其间，而正人君子固已多矣。寻徐兆魁之言，其讹如彼，详倪元璐之辨，其实如此。日久论定，不当复循众人之谈，随俗附和，蒙以恶声而不置白黑也。

论者谓任议之过，患在于太畸竞，意气笔锋，必欲强人从我，求胜于理而不审势之轻重，好伸其言而不顾事之损益，以致殿上之彼己日争，阃外之从违遥制，如万元吉之所论者，诚有然矣。然当时之为此以致误国败事者，岂皆出东林之清议乎？抑在廷噂沓之言官乎？且夫朝政有失，大臣不言而后小臣言之，当局不言而后局外言之。大臣不言而复讳败遂非，则小臣愈言之而愈攻之；当局不言而复党邪挠是，则局外愈言之而愈攻之。呜呼！"发言盈廷，谁敢执其咎？如匪行迈谋，是用不得于道。"乃自古叹之矣。人主无执两用中之明，当国者无朴诚通达，敢违众议独行，而徒责小臣以言高之罪，咎局外以出位之谋，是皆无虚衷罪己之诚，务委过于人，惮自责而不强力于求治者也。

详观明致亡之由，盖非一道。譬人之身，病已深而不起，或投之攻剂，或投之补剂，而病人之情，医人之情，旁人之情，淆争不已，而固已僵毙矣。今不究病之从来，医之得失，而弟责旁人之论，以为是实倾人之命也，何以异于是？是故明之亡在神、熹，至怀宗立，而国势已不可为矣。清议之误国在怀宗图治之日，而东林之歼灭在忠贤肆虐之年。论者以明亡之故蔽罪东林，可谓不察其本末矣。若夫当魏阉弄权之日，社稷将覆，为人臣子，立于其朝而食其禄，乌能默尔而息乎？卒其奋不顾身，起而搏之，身歼家灭，海内痛心，而欲与后来之阻孙傅廷［传庭］①之守关中、撒吴三桂随枢辅迎贼者同罪，岂不冤哉！是故谓此三事为清议误国则可，谓杨涟之击魏忠贤、高攀龙之劾崔呈秀为清议误国则不可；谓救李三才、护熊廷弼，争京察、国本、科场、挺击、移宫及最后劾杨维垣、房寰为清议则可，为误国则不可。且自顾允臣既锢之后，朝廷日以建言防人，以越职抵罪，当是时，可谓能禁清议矣，而其效竟安在？

---

① "孙傅廷"，应为"孙传庭"，据《明史》卷二六二孙传庭本传改。

大禹圣人，悬鞀建铎，卫武悔过，蒙诵师箴。国人谤王，召公比之防川，乡校不毁，子产于以补过。孔子删《诗》，不废《板》、《荡》。诸葛武侯之教下也，曰"愿诸君勤攻吾短"。《小雅》废而政教衰，清议亡而风俗败。历观古之仁圣贤人所言若彼，清议何负于人国哉！故清议之戒，为士人不能理性，裁抑宕跌，慎所与，节所偏，悍直标榜以掇祸，如汉甘陵之谣及公族进阶、魏齐卿所为耳，不谓有国有家者当禁人言也。是故清议党人之名，惟汉哀、平、桓、灵，明神、熹之世有之，皆以用宦寺憸人而致。彼弘恭、石显之奏萧望之、刘更生朋党，欲专权擅势，果是邪？张成教子杀人，河南尹案之为非邪？侯览家人残暴百姓，太守部督邮不当劾之邪？而汉之党祸，萧望之、周堪、刘向、李膺、张俭为之首矣。盖此辈稔奸大恶，忌君子之发其覆，绳其罪，故起而反噬之。君子亦有君子之气类，一人见枉，必有营护而援救之者。彼奸人者，念只诛一人不足以锄其类，故被之以党人之名，而后可以尽翦之也。苟人主明于用贤，宰相公恕无私，则朋党无自而成，又乌用布告天下，使同忿疾邪？

且所务于清议之党者，在天下之鄙俗耳。若乃大臣自为党，甚至人主亦有自党其权奸者，则又何说？夫不能絜矩而好恶徇于一己之偏，如《大学》传所引《节南山》之诗，兴丧之几，殷鉴不爽，不此之察，而专禁在下之清议，岂正本之论乎？宋张峻言："国家之祸，莫大于朋党。今一宰相用，凡其所与者不择贤否而尽用之，一宰相去，凡其所与者不择贤否而尽逐之，宜朋党之寖成也。"胡安定亦言："谓某为某党而必欲尽逐去之者，皆非人主之意，乃后来相代之大臣也。"尝观宋高宗一纪之间十四命相，明怀宗十七年间五十命相，由此言之，朋党安得不成？又况人主自党其权奸者邪？宋高宗初即位，诏求直言，虽诋讦勿罪。其后进士梁勋上书论秦桧，帝大怒，曰："讲和断自朕志，秦桧但赞朕而已。近者无知之辈，鼓唱浮言，以惑众听。"诏送梁勋远州编管。夫当时言不可和者，张焘、张阐、胡寅、胡铨等议，得失炳然。高宗黜李纲、赵鼎，专用秦桧，杀岳侯而主和。或以两宫之故，而屈己事仇，犹之可也。然终高宗之世，土地、金帛、子女尽而兵革不息，其效如彼。秦桧既死，而犹身为护之，以罪言者，此非自为朋党邪？孝宗初立，诏士庶陈得失。淳熙二年，又诏近世士大夫好唱清议，恐相师成风，激成东汉党锢之祸。夫不察东汉之所以倾亡者，在远君子亲小人，而徒区区以党人为患，亦异于蜀先主诸葛武侯之见矣。

夫论党人者，不曰造言诽讪朝廷，即曰伪学乱疑风俗，甚则谓其人合谋树党，图危社稷，故人主怒之疾之尤甚。由今观之，二汉及明党人所争，果讪谤邪？恭、显、牢、修之言，果信不妄邪？当蔡京、秦桧当国日，天下无敢道程子之学，史弥远当国日，天下无敢道朱子之学。伪学之禁，可谓严矣。由今观之，程子、朱子正邪？范致虚、陈公辅、胡纮、施康年、汪洸、沈继祖、林栗诸人正邪？至于陈东、欧阳彻之请诛童贯、高俅，罢汪黄而留李纲也，张观等七十二人之请斩汤思退也，汪安仁等二百人之请朝重华宫也，杨宏等之请留赵汝愚也，德祐中诸生之数陈宜中也，明东林之击魏忠贤也，果图危社稷邪？彼诸奸者不危社稷，而清议欲去之者反危耶？唐何蕃等二百人留阳城，柳宗元遗蕃书，称引无稽之言，谓曾参徒七十，致祸负刍。卒其抗朱泚之难，六馆之士无污贼者。尊朝廷，重国家，壮士气，可谓清流矣。彼宗元当此，恐不能也。惟独复社诸人《南都防乱揭》为犯圣人已甚之戒，然其时元气已丧，偏隅宴安，诸生所斥，独一阮大铖耳。阁部拥兵权，无中挠，天将废之，谁能兴之？则明之亡，始终于清议无与。

必若杜止清议，当如李纲所论，先变革士风，士风厚则清议自止。若梅陶月旦之论，亦非懿士所许也。故如何平叔、王夷甫、殷深源以风流相尚，窃盗虚声，无济实用。此乃所谓清议亡国耳，东林非其比也。人主不察，见谓清议亡国，亦以为云然耳。究其为议者何人，误国者何事，不能别而白之，则又恐为彼奸人者所中，为怨隙者得相陷害。州郡又或承望风旨，滥及无辜。则是非清议之能亡人国，借清议亡国之名以怵人主，而剥丧元善为足亡国耳，此非细故也。先王之政，罪人不孥，何有于党？苟不破流俗相沿之论，解散清议亡国之疑，使君心宅于宽，而刑政得其实，岂所谓休否之常经乎？

今生重熙累洽之后，圣明在上，政教隆，风俗厚，士无由有诡激诐邪之行，故可相与讲明而为此议耳。若在朋党已兴之日，则此论即疑乱之罪所归矣。缘来教谆谆勤诲，辄敢披陈一切，伏惟赦其狂愚而有以裁教之。幸甚幸甚！

附献所为文五首，执事余闲赐之观览，亦可见鄙志所执已审，而非率其褊隘，忤俗犯怒，蒙轮以当一队者也。重违台教，无所逃罪，统祈亮察。不宣。自记云：此文粗麤浮浅，剽而不留，不复成章，姑以论议有可采存之。

上阮芸台宫保书

　　月日，方东树顿首再拜，谨上书芸台宫保阁下。昔韩退之自多其文，以为能赞王公之能，而道大君子之德。伏惟阁下道佐苍生，功横海望，岁路未强，学优而仕，归墟不舍，仕优复学，凡所措布，皆裕经纶，凡所撰著，皆关圣业。三十年间，中外咸孚，万口一舌，使退之复生，且将穷于言句，又岂晚进小生所能扬榷其大全者哉？然惟阁下早负天下之望，宜为百世之师，齐肩马、郑，抗席孔、贾，固以卓然有大功于六经而无愧色，信真儒之表见不虚矣。

　　窃独以学术显晦，递相升降，犹之三代之运，忠质循环。上溯嬴、刘，面稽昭代，其间二千余岁之隆污消息，可得而言矣。有明中叶，以空疏狂禅谈学，文业虽盛，而淹贯者稀。其后升庵、澹园诸公以博综立名，而粗缪踳驳，亦浅甚矣。夫精非粗人所信，博非精人所能，二者分涂，由来自昔，固不可比而同之矣。国家景运昌明，通儒辈出，自群经诸史外，天文、历算、舆地、小学，靡不该综载籍，钩索微沉，既博且精，超越前古，至矣，盛矣，蔑以加矣。然窃以为物太过，则其失亦犹之不及焉。《传》曰："火中则寒暑退。"今日之汉学，亦稍过中矣。私心以为，于今之时，必得一非常之大儒，以正其极，扶其倾，庶乎有以挽大过之运于未敝之先，使不致倾而过其极，俾来者有以考其功焉。以此求之，当今之世，能正八柱而扫秕糠者，舍阁下其谁与归？

　　不揣梼昧，尝著有《汉学商兑》三卷，引其端见大意，蓄之笥中，未敢示人。非惟迹近竞名，惧以忤世犯患，抑实以事关学术，乡里鄙生，见闻不出街衖，未睹于天下是非之全，疑而不敢自信故也。继思世有大儒，而怀疑不谒，亦见其自外于君子，即聋从昧，颛固而终于愚惑矣。用是辄敢写录，冒昧献之左右。虽知芜陋浅谬，然意在质疑，事同请业，非布鼓雷门之比，不复引以自嫌。伏惟经纶余暇，俯赐披阅，明正是非，俾解愚惑，用循奉以遵厥涂。幸甚幸甚！干冒威尊，不任屏营之至。树再拜。

答人论文书

夫文家品藻及所以为文之方，昔人论之已详，吾无以益子也。无已，则请举一浅说，为古人所不必言而实切中夫今人之要害者，曰精读而出之勿易而已。

世之为文者，不乏高才博学，率未能反复精诵，以求喻夫古人之甘苦曲折。甘苦曲折之未喻，无惑乎其以轻心掉之，而出之恒易也。若夫有知文之失在易而出，力以矫之，又往往词艰而意短。词艰意短者，气必弱，骨必轻，精神气脉音响必不王。是则其词虽不易，而其出言之本领未深，犹之失于易而已。古之能精读者不若是。是故扬子云教桓谭作赋，必先读千赋。明归太仆尝于公车上取曾子固《书魏郑公传后》文读之五十余遍，左右厌倦，而公犹津津余味未已。嗟乎！此所以继韩、欧阳而独立三百年无人与埒，岂偶然哉！唐刘希仁与韩、欧阳齐名，退之文中亦尝推之，今读其集，亦尚不失风轨。然而世未有称其文，甚或不识其名字。彼为文而不务其至，而徒自踊跃于一世者，视此可以惧矣。子姑归而精诵三年，然后知世之为文者，皆出之易也。

与友人论师书

来教称自退之作《师说》，后来学人多有续为之说者，虽意旨各殊，而皆得一义，于以辅世翼教，至为弘益，不可废也。愚旧蓄一疑，久未敢发，敢因明论所及而私布之。

近世士夫援上慕势而无阶，则壹以师密比之。夫师也者，随道义所在而为之名者也，恶可以私妄势利媚说自菲薄为也。韩公曰时无孔子，不当在弟子之列。孔子没，门人以有若似夫子，欲以事夫子者事有若，曾子不可。陈相说许行而从学其道，孟子责其倍师。若慕势而以空名劫其号，非但无义，抑实可鄙甚矣。何北山为朱子再传，而未尝受人之北面，亦不敢轻师于人。古者君师不分，故曰"天降下民，作之君，作之师"。周公以九两系邦国，三曰师，以贤得名，四曰儒，以道得民，则皆人师也。司徒本俗联师儒，师以德行教民，儒以六艺教民，则师为人师，儒为经师。至《文王世子》"释奠于先圣先师"，则先圣，人师；先师，经师也。皆所谓传道授业解惑者也。若夫近世科举时文之师，与巫医、艺术、百工之师相等。又有形名、钱谷、幕学之师，分儒者之一节而专门，虽不知本，亦供世用。则皆有授业解惑之实，固当称师。惟夫乡、会主试房考及外吏保举属官，乃公忠循职，举贤援能，以人事君之义而冒师生之名，殊不应礼，甚无谓。夫受爵公朝，拜恩私门，为国用人，而己收其恩，师与门生，两犯不韪。

昔韩文公出陆宣公之门，终身未尝称师。陆文安为吕东莱所取士，鹅湖之会，东莱视文安如前辈，不敢与之论辨，文安对东莱则称执事，对他人则称伯恭，亦未尝以为师也。舒文靖公不师其座主，亦不门生其所举士。明霍文敏公韬亦不师其座主，丘琼山亦尝论此，以为不应称师。近陈说岩相国荐陆清献，及见，不用师生称，说岩大激服，且云：昔年冯益都荐魏环极，己曾荐王阮亭、汪钝翁，皆未尝用师生礼。呜呼！可谓以礼自处而又能以礼处人者也。

世禄之家，往往多门生故吏。苟如张安世、谢瞻、羊祜、柳批、王曾、王旦之所戒，则政当避之，而又可侈为荣名乎？且士子幸由师儒起家，舍大司成不师而独亲此，尤为失其类也。甚者有慢其伯叔，慢其幼所受业贫寒之师，而独隆其房师、座师、保举之师者矣。薄其昆弟，薄其昆弟之子，而推恩此师之子弟者矣。又甚则即此师也，苟失势衰落，度不复振，则其待之亦寖薄。自有此师，而世多失其本心，又况沦夷以至斯极也。昔三代圣王必有师，而四岳荐舜，不闻有门生天子之号。若白乐天将相门生，乃鄙言耳。独范文正公之认晏元宪［献］①，自是盛

---

① "宪"，应为"献"。晏元献，即北宋著名文学家晏殊，谥元献，因称晏元献。据《宋史》卷三晏殊本传改。

德，不在此例，惟足下裁之。自记云：《潜丘劄记》曰：明之士夫积习，师弟重于父子，门户又重于师弟。得罪于父母者有之矣，得罪于座主者未之有也云云。

答友人书

　　来教称引某君之言，蒙心窃独未安，略为吾子陈之。夫子厚所称太史之洁，乃指其行文笔力斩绝处，此最文家精深之诣，既非寻常之所领解。若宋儒固未尝有讥迁史不洁者，即有言语，亦不过谓所记事迹不必尽可信耳，而如桐叶封弟，子厚已辨之矣。今乃凭虚构诬，而曰使以宋人眼孔观《史记》，必谓其不洁。若自附于能知迁文之洁者，而又不顾欧、苏、曾、王眼孔之非劣固宋人也。

　　近世风气，但道著一宋字，心中先自有不喜意，必欲抑之排之以著其短失，而后快于心。乃至宋人并无其事与言，亦必虚构之，以为必当如是云尔，以见宋人之迂固不通，殆若一无所知如此也。及考其所以抑之排之之说，率皆昧妄颠倒影响无实之谈。考其所以抑之排之之心，皆因憎恶道学诸儒而发。树为是常切悲恨。

　　凡文章义理，以及吾人言语行事为得为失，莫不有本。孟子曰："盍亦反其本矣。"庄子亦曰："请循其本。"其本一差，则所向莫不差。此古今天下是非所以纷纭，物论难齐，而至道隐而不见，盖非一人一朝之故矣。至惜翁撰古文词，取海峰息争，政以海峰不能持论，而集中此文，题较正大，且取其意格，足与苏氏相比，故入之耳。究而论之，则海峰此文，其本未充，其理未足也。何以明之？夫古今学人讲说辨论，勤苦万方，求至于圣人而已，而卒莫能至。今乃令天下万世之人，皆置是非不必辨，皆若已至于圣人，弟为是恢然有余而无不包，有是理乎？是盖暗本东坡《孟子子思论》而益挥发之耳。若有辨之者，则正犯其所讥，则是以此箝制天下人之口，相率为罔为模棱，而壹托于圣人恢然有余而无不包。乌知孔子之言语行事及所以教人者，并无是乎？

夫物之不齐，物之情也。孔门四科，才性之殊异，无如之何也。他日孔子曰"小子不知所以裁之"，孟子曰"孔子岂不欲中道哉"，非因人有性质造诣不齐，而谓至道之止极者，因可不必求详，亦不必教之使皆企乎中庸也。则何以曰有教无类，而又曰审问慎思明辨之哉？辨之不明，安知是非之真而奉以为吾道之正乎？由海峰之论，则圣人者，人人皆优为之，弟隐情结舌，听其纷纭，而吾弟以恢然包之而无事矣。无论学之不讲，道之未明，日即于昏罔无知而无所取正，且将使谁包谁乎？抑彼此互相包而皆足于道乎？且既学圣人，而置是非不必辨，是使圣人下夷于诸子百家而莫之贵，而又何必自欺其心，徒奉虚名，崇虚教，曰圣人圣人云尔哉！是皆昔之乡原所以讥狂狷，及近世学者攻朱子之余唾，而海峰方饰为高论，亦浅之乎其为言矣。惜翁取之，偶未审也。毛生甫曰：言有关系，持论确而不颇。

答姚石甫书

石甫执事足下：九月十七日，故里人来，携足下闰四月自漳州所惠书。久不见，见手书，喜甚。及展诵，益征深爱过于所怀，伸纸阖开，不能自已。仆孤穷于世，匪独无见收之人，乃至无一人可共语，胸中蓄言千万，默默不得吐。今春来岭外，本欲依节帅为俯仰计，顾鸮不变其音，虽徙越，犹之在楚也。当涂向好，惟在鸿名茂实之英耳。如仆稚骏，又素誉不立，则其僵仆危困，为时所忽，不亦宜乎？缘足下来书相触发，感念生平，不觉倾困倒廪，语无诠次，意不主一，要当握手一谈，惟足下亮之察之。

树闻人有恒言曰："士伸于知己，屈于不知己。"又曰："志与天地侔者，其人不祥。"此两言者，世以为名言矣。以愚论之，是乃所谓诐辞，非知道者之言也。庄周曰"至言不出则俗言胜"，亦乌能尽人而明之哉？道不远人，与天地侔，要不外于至诚之实，尽其性以尽人之性，如是而已，非有加奇于平常日用之外也。君子既知道，则妖寿不贰。修身以俟公卿将相，时至则为之，否则老死牖下，转于沟壑，皆天命也，亦何祥不祥之有？跅弛之士，为奇论以骇世，而不悟其言之可笑也。至谓"士伸于知己，屈于不知己"，此言亦甚小。夫曰己曰知，亦视己可知之实与知我者之智之大小，此其知皆以我与人为量者也。若孔子下学上达，知我其天，由今观之，当日颜、曾数子而外，世岂有知孔子者哉？而圣人无入而不自得，故曰遁世无闷，不见知而不悔。必有孔孟之道而后可语于人不知，必有伊尹、颜子之乐而后可语于无闷。庄子记子舆之死，歌而托之于命，则犹若有愠焉。潜龙之德，惟圣者能之。

　　仆少骏拙，于人事多所不通，惟笃信好古人，以为道可以学而至，圣可勉而希。纵其心志，与俗背驰，犯笑侮，蒙齿舌，异人同情，少年气盛，不以屑意，以为古之人乎类若此矣。吾苟于彼者若，则必于此者远矣，益奋不顾。忆自十一岁学为文，时先子承海峰先生暨惜翁倡古文词之学，仆耳而熟之，虽不能尽识，然亦与于此流矣。其后十八九时，读孟子书，怃然悟吾学之更有其大者、切者，遂屏文章不为。性喜庄、老及程、朱、陆、王诸贤书，读之若其言皆如吾心之所发者。以观近时人文字，辄见其蹢驳谬戾，为不当意。既嗜好不侔，弃俗自尚，故久困不能自伸。家贫，无以供菽水、给衣食之奉，奔走求所以为养。二十余年颠沛失荡，所至辄穷，忧患疾病，日与死迫。羁旅异地，每遇良辰会节，瞻望家园，凶祥莫卜，中夜推枕起叹，戚然不知涕之流落也。昨于丙子岁先子弃养，时祖母年九十，呻吟旦夕，妻病痹笃，废不能起立者已六七年。家本空乏，逋累千金，岁月追呼无虚日，三世遗棺，浮攒未葬者八。仆本支又甚单，内寡兄弟，外无期功之亲，饥寒无所控，缓急无所告，阖门数口，皆待仆以几幸存活，既不可留以居，则决舍之以出，身才出门，回顾老弱，存亡孑绝，不能相顾。丁丑，旅困江宁，自春徂秋，日求于人以度时日，诚有如韩子所云，当时行之不觉，事过思之，如痛定之人思当痛之时，不知何以能受之也。是冬漂泊扬州，由扬州复返金陵，适遭祖母丧。闻讣之日，踯躅悲号，欲归不得。赁居只树僧舍，除夕，典衾付寺僧充赁值，而不能具薪米。当是之时，如舟行日暮遇风，颠顿于洪涛钜浪之中，篙橹俱折，舟人束手，相向呼号，而莫知所止泊。仆受气本弱，自生时先慈已惧其不育矣。十二岁先慈见背，余病瘒，至不胜丧，其后频咯血怔忡。受室后，余妻之母恒患余寡其女。三十外，始稍稍壮健。今复洊遘大忧，继缠哀酷，患气中伤，天和内损，发秃齿落，万念灰灭，魂魄丧失，精神遐漂，聪明堕落，如八九十许人。彼不知我者，或能加侮辱，蓄缩忍受，不复自明。摧折久，故气愈下，然往往亦于天转亲焉。

凤有幽忧之疾，苦不能寐，于是因以其时而锐思夫道。每念吾今日死明日而吾尚存也，曷为明日死今日而吾先亡乎？先时为学，亦颇泛滥老释杂家，或为之撰述。近反求之吾身，所见似日益明，有所获辄劄记之，名曰《待定录》。岁月既多，积至七十余卷。其心岂遂以为不得志于今，犹望见于后世哉，亦曰富诚不可求，从吾所好焉耳。此间多上才，独仆以薄劣居同下。客人既不知仆，仆亦不欲求人知。声尘寂寞，望实交寠。乞食馐豆之余，寄命苇苕之上，列羹薰心，进退枕险，意兴沮败，生意全无。嗟呼石甫，吾其已矣！足下料之，其果不祥邪？抑果绌于不知己也邪？昔敬通自慨，欲修道德于幽明之路，以终身名为后世法，仆亦犹庶几昔人之风乎？

曩在幼楷座上，偶与客泛言及原始返终，客摇首曰："此至微妙，不容易言。"余时心知此客之未能了此也，遂不复谈。夫所谓原始反终者，亦言忠信行笃敬已耳。故夫子曰："未知生，焉知死。"程子曰："生之事，即死之事。"张子曰："存，吾顺事；殁，吾宁也。"曾子曰："吾得正而毙焉，斯已矣。"庄子曰："善吾生，乃所以善吾死。"若然者，皆至近至切之实务，引而为高妙，则失之。此意二千余年间小儒不识，固非此客所及也。且夫人世所争，不过爱恶、攻取、是非、名实、利害、毁誉之间耳。吾能忍辱，不入好恶诸相，而人可以莫疑矣。天之所制，不过死亡、贫贱之命耳。吾甘穷，穷而饿，饿而且死，死而裸葬，上以纵施乌鸢，而下以饱蝼蚁，而天可以无罚矣。吾患道德之不修，忧辱死亡悬于天命，岂宜以动其心哉！

粤中，石甫曩所旧游，其人士风气既知之矣，无俟仆言。独怪潮、惠为退之、子瞻所过化，而其文章渊源曾无有毫发近似，惟独瑰琦磊落之士见于史乘者为不少。岂钟于山川之性者材易成，而得于讲授学问者未有师承邪？知石甫秋间度台，台虽海外，然久被圣化，已与内地等。石甫所以治之者，为猛，为惠，为愧厉，为整齐，必有定见。然愚意则欲石甫以管子"四维"先之，使知尊亲也。东坡所谓欲为箕子留此意于遐荒者，石甫其可不念之哉！道远不常得通书，故言之不觉其冗。海外新政，尚冀垂示一一，以慰遐听。余不宣。再拜。自记云：芜浅粗露，跃冶可憎。

答叶溥求论古文书_{叶君，粤之嘉应人}

东树白叶君足下：辱书言文章旨要，并示所为记序杂文，意甚勤，词甚挚。然窃怪足下相知未素，不察其蔽，且固勇信而过施之，为失所问耳。仆本无所知，往在江南，一二同学业为古文，以仆喜议论，妄以此事见推。要之，仆所谓望其涂辙而未能由之者。昔曹子桓讥刘季绪才不逮作者，而好掎摭利病，而子建乃独喜人定正其文。足下以子建自处，而命仆为季绪，此仆所以发书屏气，愧汗交下也。夫以足下所有如是，而进不自足，谦谦下问，虽仆庸虚，其敢复顾时人讥笑，畏忌衔忍，不一吐所怀以答高义、塞厚望邪？请诵其所闻，惟足下详择其衷焉可也。

仆闻人之为学，每视乎一时之所趋，风气波荡，群然相和，为之既众，往往工者亦出。独至古文，恒由贤知命世之英为之于举世不为之日，蒙谤讪，甘寂寞，负遗俗之累，与世龃龉不顾，然后乃以雄峙特立于千载之表，故其业独尊而遇之甚稀。自唐、宋逮明，若韩、柳，若欧、曾、苏、王，若归熙甫，其人类数百年始一登于箓。呜呼！盖其难矣。

抑又尝论，欲为文而弟于文求之，则其文必不能卓然独绝，足以取贵于后世。周秦及汉，名贤辈出，平日立身各有经济德业，未尝专学为文，而其文无不工者，本领盛而词自充也。故文之所以不朽天壤万世者，非言之难，而有本之难。若夫所以为之之方，可一朝讲而毕也。然而群喙鸣动，蓄心各异，是其所非，非其所是，颠倒妒惑，昧没不返，后学之士，欲求闻古人之真，举一世空无人焉。夫古之人以其本而发之为文，轨迹不侔，家自为则，其人已亡，不能复起自言其心。俗士浅学，各蔽其愚，人各云云，吾亦云云，则乌知吾言之独是邪？人言之且非邪？就令吾言是矣，而古人已死，其孰从而定之。且人之言曰，为文宜何若何去何取，吾弗过而问焉；吾之言曰，为文宜何若何去何取，人亦弗过而问焉。退之有言，究不知直似古人，又何得于今人也。而要有不易之论，不可已之情者，吾取不诡古人，不迷来学，自足吾心而已。故凡吾所论文，每与时人相反，以为文章之道，必师古人而不可袭乎古人，必识古人之所以难，然后可以成吾之是。善因善创，知正知奇。博学之以别其异，研说之以会其同。方其专思壹虑也，崇之无与为对，信之无与为惑，务之无与为先，扫群议，遗毁誉，强植不可回也，贪欲不可已也。及乎议论既工，比兴既得，格律音响既肖，而犹若吾文未足追配古作者而无愧也。于是委蛇放舍，绵绵不勤，舒迟黯会，时忽冥遇。久之，乃益得乎古人之精神，而有以周知其变态。

是故文章之难，非得之难，为之实难。道德以为体，圣贤以为宗，经史以为质，兵刑政理以为用。人事之阴阳、善恶、穷通、常变、悲愉、歌泣、凌杂、深赜以为之施，天地、风云、日星、河岳、草木、禽兽、虫鱼、花石之高旷夷险、清明黯露、奇丽诡谲，一切可喜可骇之状以为之情。及其营之于口而书之于纸也，创意造言，导气扶理，雄深骏远，瑰奇宏杰，蟠空直达，无一字不自己出，而后吾之心胸面目、声音笑貌，若与古人偕出没隐见于前，而又惧其似也而力避之，恶其露也而力覆之，嫌其费也而力损之。质而不俚，疏而不放，密而不僿，阴阳蔽亏，天机阖开，端倪万变，不可方物。盖自孟、韩、左、马、庄、《骚》、贾谊、扬雄、韩、欧以来，别有能事，而非艰深险怪、秃削浅俗与夫饾饤剿袭所可袭而取之者也。

夫文亦弟期各适一世之用而已，而必刿心刲肺，断断焉以师乎古人，若此者何也？以为不如是，则不足以为文也。此固无二道也。尝观于江河之水矣，谓今之水非昔之水邪，则今之水所以异于昔者安在？谓今之水犹昔之水邪，则昔之水已前逝，今之水方续流也。古之人不探饮乎今之水，今之人不扳酌乎古之水。古水今水是二非一，人皆知之，古水今水是一非二，则慧者难辨矣。蚩蚩者日饮乎今之水，有人曰吾必饮乎古之水而不饮今之水，则人必笑之矣。蚩蚩者日饮乎今之水，有人曰若所饮今之水实仍即古之水，则人猝然未有不罔于心而中夫惑疾者也。夫有孟、韩、庄、《骚》而复有迁、固、向、雄，有迁、固、向、雄而复有韩、柳，有韩、柳而复有欧、苏、曾、王，此古今之水相续流者也，顺而同之也。而由欧、曾、苏、王逆推之以至孟、韩，道术不同，出处不同，论议本末不同，所纪职官、名物、时事、情状不同，乃至取用词字、句格、文质不同，而卒其所以为文之方无弗同焉者，此今水仍古水之说也，逆而同之也。古今之水不同，同者湿性，古今之文不同，同者气脉也。虽然，使为文者古人已云云矣，吾今复取古人所云而云之，则古人为一文，已足万世之用，而复何待于吾言乎？

夫文犹己也，生民以来，四海之众，而中以有己，立己于此，将使天下确然信知有是人也，则必不俟假他人之衣冠笑貌以为之亦明矣。奈何世之为文者，徒剽袭乎陈言，渔猎乎他人而以为之己也？征是以核之，将见子不复识其父，弟不可辨其兄，群相怪惑，无能求审此人面目之真，而己安在哉？是故为文之难，非合之难，而离之实难。虽然，合可言也，离不可言也。故凡论文者，苟可以言其致力之处，惟在先求其合，苟真知所以为合，则以语于离，不难知矣。若于古人艰穷怪变之境不知其难至，而以为与己不甚相远也，则其人又不足以语于合之说者也。

真力不至，则精识不生。蛟龙之攫拏，虎狼蝮虺之毒螫，迩之可以杀人，而慢易与之。家鸡野鹜之畜，无足爱贵，而威凤宝之。史言大秦国有骇鸡犀，置犀于地，鸡见之却走。而人之过之者，蹴踏践履，童孺丈夫千百而无稍异也。岂人之智不若鸡与？彼其性不相习，则其天弗能通也。世之俗士，名为读书，彼其于古作者之制，实未尝相习，故其天弗能通亦若是也已。粤无雪，土人见微霜，目之为雪，此固不可以口舌喻也。是故文章之难，非真信之难，真知之实难。大荒之东有山焉，名曰大言，谓之大人之堂，其去中国不知其几万里也。欲造之者，必道君子之国。然而或行数十里焉，或行数百里焉，或行数千里焉。行数百里者视数十里者为近之，数千里者则弥近之矣，而要其为未得至也则相若。昔程子以说相轮之喻斥介甫，吾谓今之谈学问者，皆介甫之说相轮也。百工技艺之人同治一事，其知之精者往往独胜，又况以未知为知也邪！虽然，文章之道，固贵于知矣，而知又视其智之浅深大小偏全之量。同闻异受，天地悬隔。孔门弟子日侍乎圣人，而游、夏之知不同冉、闵，冉、闵之知不同颜、曾。譬如水焉，瓮盎盘盂以及潢潦沟浍、河淮江海同为受水之器，广狭不可同日而语，要各满其量者，亦各随其器也。庄子曰"世有真人而后有真知"，夫真知又有所待而定邪？

往者姚姬传先生纂辑古文词，八家后于明录归熙甫，于国朝录望溪、海峰，以为古文传统在是也。而外人谤议不许，以为党同乡。先生晚年嫌起争端，悔欲去之。树进曰：此只当论其统之真不真，不当问其党不党也。使二先生所传非真邪，虽党焉不能信后世，如真也，今虽不党，后人其能桃诸。要之，后有韩退之、欧阳永叔者出，则必能辨其是非矣。此编之纂，将以存斯文于不绝，绍先哲之坠绪，以待后之学者，何可不自今定之也而疑之乎？孟子论道统，舍伯夷、伊尹而愿学孔子，管、晏岂足顾哉！古之善言文者，必喻之江海，善观江海者，必观其澜。熙甫、望溪、海峰三先生之得与于江海者，其澜同也，学者亦必涉其澜而可哉！

缘足下意笃词恳，聊相与略陈其概，其以此膺时人之诟骂，所不敢辞。不宣。

复姚君书

姚君足下，辱教推仆以文学事，情词过盛，既愧且惧，不敢当。然短浅之衷，所以有类于是者，盖亦有由。感相爱之深，辄复为知己一剖露之，伏惟亮察。

仆受性迂疏，材能薄下，特为时人所忽，栖身贱素，名姓不出于乡里。二十年来，饥寒困迫，颠沛失荡，无以自存，其遇可谓穷矣。然生平情涂气岸，不敢苟且浮虚，剽取名声以忝先哲。流遁之志，决绝之行，固窦益疾，久困而不知变。每念古之君子坎轲疲曳，分甘沟壑，一无所挟以自张，独其素所蓄积发于文章者，为不能遽泯。故窃不自揣，尝好以其所欲论次设施者著书，自天德、地业、人理，凡数十万言，名曰《待定录》，藏之篋笥，无人可与共语。

客或嘲之曰："古今之治，方术备矣。其存于载籍者，学士大夫尚惮明之，又奚以之亟亟溢名为也？"曰：禽鸟栖于深林，不以人不闻而闷其音；柴胡、桔梗生于沮泽，不以人不求而化其性。君子之人，判天地之美，析万物之理，观古人之全，各为其所欲为，以自为方，虽世不取，犹胜为无益于天下也。故曰原其无用，亦所以为用也。人之生寿不齐，上者八九十年、六七十年，中者五六十年，下者谓之不禄，要亦不减三四十年。此数十年间，弛张趣舍，颠坠不反，火驰不顾，分流异适，瞬息便尽。要其刻情缮性，依倚道艺，以成名立方，必无敢忽不践之地，慭置远术也。是故吾修之于身而为人所取法莫如德，吾饬之于官而为民所安赖者莫如功。若夫兴起人之善气，遏抑人之淫心，陶缙绅，藻天地，载德与功以风动天下，传之无穷，则莫如文。故古之立言者，与功、德并传不朽。

夫文之关于世道人心如此其重，而世为文之家如牛毛，求其卓然足配古作者而无愧，旷代不一觏，则又何也？亡其才之未美，学之未优与？将设心之初，徒思捷成速化，蕲胜于人，以骛一时之名与？夫情志既动，篇词为贵，焕乎之用，抽心呈貌，不可掩也。故迪于周全之道者，其文粹以精，取诸偏至之端者，其文峭以秀。其余仰高希骧，风流可知。故古之人恒由其文以鉴别其人，卒如其言不爽。乃若今世之为文者，可知矣。掇拾筐箧，驰骋淫费，夸示末学，欺其耳目，坐自尊大。甚者不肖用谀誉荣内，取悦公卿，以邀一切之利。海内稷稷，如列邦小侯，地丑德齐，莫能相尚，而且曰起古人与把臂抗行，吾见有绝裾而逸去耳，不则殻之矣。若人也，其招于世也殆若槿者也。槿耀荣于朝旦，荫不移而已销落也。

故文章之敞存乎学术，学术之陋系乎人心。今欲振之，莫若先鼓其立志。盖人之才无知愚勇怯，惟志之所在，则莫不有立焉。圣人以为之的，六经以为之弓，左、马、庄、《骚》、韩、欧以为之彀，激而发之存乎志。夫志也者，所适于文之矢也与？虽然，有患，则志在为利与志在为道，疑而不可决也。视其所营，为利为道可辨也，观其所存，为道以为利，莫可辨也。夫利之与道，其不及远矣。然而同处也，同荣也，同得也，孰令之而为，孰禁之而不为？欲恶去就，桥起而不足以定之，于是圣人乃以空名行愧厉之术，以济其所穷。今语人曰：尔为学在于骛一时之名，邀一切之利，则罚将及焉。其人不应也。又语之曰：尔为学在于骛一时之名，邀一切之利，是古人所羞。然后其人怵然而动于心，赧然而面发赤焉。有名有实，以致其实，循名责实，以定其名。故君子不立志，君子而有立志，必将修胸中之诚而求配乎古人之位。嗟乎！论文而本于是，然后其文足以鼓荡天下，配德与功，昭乎与日月侔新，悠乎与山川齐寿，岂犹病其荣华销落也哉！

往吾宗望溪有言，文章虽小术，然失其传者七百有余年矣。由今观之，非夫贤知命世之英，曷足与此！周秦诸子猎道术而勤之，道虽不该，而其文瑰玮諔诡，连犿而不可穷。自汉以来，逮于唐宋诸大家，殊状共体，同声异貌，莫不充实而耀，深宏而肆，彼其于道，概乎皆尝有分焉者也。刘歆、柳子厚植节虽污，要之根柢深厚，博大稠美，能自久于天地，才士也夫！夫尊古而卑今，学者之流也，亦非仆之所敢出也。区区之怀，有在于是者，聊为言之，足下其亦有取焉否也。惧不当盛意，望必有以裁教之，幸甚。不宣。

答友人书

今世之士，无论所学有见与否，而皆好自尊大，蕲胜于人，作气势，立畦町，不待接其言论，而其意气固已不可降抑矣。有触其机，浅者瞋目忿争，深者恚恨入骨，于是率相与贡谀阿美，不置白黑，以互相推誉，谓之解人。客有以诗卷视余，余为称曹子建好人定正其文，客以为讥己，则大恚憾，至今未已。夫其求胜于今人如此，则必不能及于古人亦明矣。然尝推论其事，亦自有本。夫人性皆有所蔽，鲜能确尽理实。彼惟有所不知，而后与吾见异，则安能于一日之间遽夺其所异，而与以我之同哉？是非本无常，虽孔、老易观，亦各有不能定者，又况吾人奋其私智而欲人之己从也邪？弟就其无定之中，而各以近相通，斯亦可矣。

夫文章小技，然必有入理之功，经世之用。开拓其心胸，遗弃乎浅俗，出入乎经子，游观于事物，深究乎古今文家之变，而后以其雄直之气，瑰杰之词，以求中乎法律，逼肖乎古人，而不袭其貌。呜呼！是亦难矣。若乃恃古人往矣，不复能言矣，于是家自以为迁、固，人自以为向、雄，漫相矜附，以赝为真，其稍有知者，又往往得少自足，己既不疑，评者又失，此苏子瞻所以有扪烛叩槃之喻也。唐宋以来，号能文者无虑数十百家，日久论定，其卓然不可易者八家而已。有明一代，独推震川一人。此非后人之敢有所靳许也，毋亦古人自与相亲，因把臂以同行耳。

仆非能知此者，辱足下虚己咨询，故贡其所闻，惟采择之，幸甚。

与姚石甫书

近为一书，辨刘念台先生之学，极知瞽妄，然亦自有说。

夫自明以来，争阳明之学者，纷纷聚讼，至今未已。平心论之，阳明之功不足多，而阳明之所以措注从容，不动声色，以成是功名若无事者，则虽留侯、武侯、邺侯，莫之能过，可谓体用兼备，几于识心无寸土者矣。阳明以朱子学于事物支离困苦，难成而不得其本，故提出良知，以为道之本原在吾心而不在外物，以是果得受用，果成大功。而又以之降服当时许多豪杰，使皆北面相保，既明效大验，则益居之不疑。学者亦即以是信之不敢议。殊不思直提向上，此非上智不能，如阳明者，固间气仅见千百年不数遭者。夫以间气仅见千百年不数遭之贤，而必以此为天下率，谓学者由其教皆可以一蹴而几之，揆之人情，夫岂能必此不导人为猖狂妄行，流为惑世诬民不可得也。故由阳明之教，不待其徒有败阙而后识其非，即以理悬测之，亦知其断断必至于彼矣。然则其以良知混致知，及"天泉证道"四语之谬，非徒语言之失而已也。故凡学者之不肯阳明，非谓其人其才其功名可议，正谓其学术教法恐流为误世焉耳。欧阳南野与唐仁卿书，乃极举阳明行事之不可及以推之，此信其一人，而不究其教法之将误于人人也。且南野既以此尊阳明，谓不可及，则生是使独矣。然使由阳明之教而复皆如阳明，则阳明不贵，若不复能如阳明，而但成其猖狂，即南野将亦必知其不可矣。

夫以颜子之上资，而夫子犹必循循诱以博文约礼，而不虑失于支离，何独病于朱子也。朱子之教本于孔子，虽似支离困苦难成，然由其说，则中、下皆可循，上智亦不能越，万世无弊，其亦可矣。若虑学者苦其难成，俾趋于捷径，则尧、舜、周、孔不敢作是念而为设之教法也。舜命契为司徒，敷五教，曰在宽。宽者，谓裕以待之，使优柔渐渍，以渐而入，不闻有捷法，如所云不习不虑，不假外求，为善学善教也。虽然，弟即良知为教，学者体之，犹有所入得力处。此虽失孟子本旨，如罗整庵所辨，然使反本循本，自证其心，犹之可也。今山阴窃其意而讳其名，移以归之"慎独"，其形似是，及考其所以为说，绞绕蔽昧，使人不得反其意，殆所谓款言者与？款言者，其失与诐淫等，大不如提唱良知，警切易晓，犹有益于学者也。

或谓：当日诸人悦服阳明若彼，今之学者犹必为之左祖，意者阳明真既圣矣。子将毋浅昧不足知乎？曰：昔徐无鬼以相狗悦魏武侯，特謦欬于流人焉耳。当日诸人去人滋久，故闻足音而喜耳，然而已多有看朱成碧、井饮相捽者矣。若夫今人，则并未有真知，不过浮情客气，畏难好奇，艳其功名，乐其简易，以为一蹴而可以建功名，则可以为圣人，则何为而不从之？夫由阳明之教既为如来禅，语上而遗下，又为祖师禅，全以作用机变笼罩，孰谓孔氏之门而有是哉？所以前人诸有知学明理忧世者，咸虑其有生心害事之失而力辨之，不敢以之易程朱之教者在是也。是故以欧阳永叔《正统论》推之，则阳明者既不能居天下之正，又不能合天下于一，而胡能漂程烬朱，而息众说定众志也？不然，树岂不知王、刘高名悬日月，而敢轻为蚍蜉之撼以自绝哉？自记云：二祖时，有道恒法师令其徒破祖，其徒至，辄欣依不去。恒后遇之涂，谓曰："我用尔许力开汝眼，今反尔邪。"徒曰："我眼本正，因师故邪。"余观《传习录》，见徐爱初间所见甚正，而被阳明强辨遂邪，惜乎不及道恒此徒能悟受正法也。

与魏默深书

毗陵话别后，不奉教言，倏忽十余年矣。只以沟瞀无知，不敢扳援当世英豪杰士，引分槁枯，蟠泥曳尾，道固然也。兹八月日，于叶某处得示大著《海国图志》两函。耳此书名已久，迟而未见，急拭昏眸，悉心展读，甫尽卷首四条，不禁五体投地，拍案倾倒，以为此真良才济时切用要著，坐而言可起而行，非迂儒影响耳食空谈也。方今圣人达聪求治，思贤若渴，惜乎无有以此献纳彤廷，俾得匡时效用九事八为律也。连日继晷，一字不遗，一息未闲，于五日内始毕业。乃废然掩卷而叹，曰：昔水伯之夸秋河也，及观于海，然后旋其面目，望洋向若，谓乃今始睹子之难穷也。窃谓得百骈衍，不如得一魏默深。虽此书亦多本之正史诸志及诸家载笔，故事多征实，语无凿空。至其萃编大旨，别具炉锤，体裁明整，断制主意，要归有用。近人矜言三大奇书，若此实足当其一也。所谓此自是其胜场，安可与争锋？石甫《康猷纪行》比之，特园林一角屏山耳。

东树行年八十，平生无他技能，惟亦强好著书。然前此所刊，亦未有奇者。惟暮年潜心性命，勇自精进，欲希踪卫武公。十年以来，著书十六种，几百余万言，亦知大声不入里耳，不敢一字轻以示人。偶于一二至好，微露颖末，乃竟以此犯不韪，交口呵斥，目为名教罪人。心知其不然，然迹孤势单，嗫不敢申辨一语，要待百世后传之其人耳。今妄以六种远求教正，伏乞平心审是，作皋陶之听直也。窃以圣人至道，不出明体达用内圣外王，放之弥六合，卷之退藏于密。如足下之学，直可建立事功，以经纶世用，而如树所存真体精微，似亦未可轻蔑。今年庚戌，自元旦至七月，续又成书八卷。则自以益造真实，足以发明《易大传》及《中庸》、《孟子》尽心邃旨，欲及余生刊而存之，惜乎贫未能举也。《易》曰："惟君子惟能通天下之志。"是以觊缕肆言，无任汗悚。不宣。

复戴存庄书

顷奉手翰，展读未半，使仆惶悚无地，骇汗震栗。在足下虚衷乐善，嘉与借饰，不啻口出，鄙人内顾自量，则不能不惊疑而至于失度也。来教谦尊之称，尤不敢承。昔张杨园不敢为人师，况仆之下于杨园百倍而未有级者邪？柳子厚亦云为他人师且不敢，况敢为吾子师乎。惟韩退之自负起衰八代，抗颜为师。彼诚自审，故不自让。然而李翱、张籍终兄之而不师，亦可见古人自处有不苟然者也。

仆少愚暗孱懦，徒以过庭之际，窃习先子及先友谈艺久，遂浅尝浮慕，望先辈门墙而意之，其实未有深知，亦未尝用功也。二十以外，奔走谋养，蹙蹙四方，于今五十年，忧生救死之不暇，奚暇言学？生平自讼，所负于亲戚骨肉之隐罔极莫偿，所负于圣贤道德往哲学问之指，豪毛而万未有一焉。中夜扪心思疚，痛自伤悼，无一足比于人。当其发心，诚至恨不欲生。所赖无他嗜好，性拙钝，不喜逢迎，故不为俗累所牵，得以其闲时奋私智，以窥钻古人于一二。今老矣，其于前修已行之道，略似望见涂辙，而聪明堕落，精气销陨，不复能自策厉前进。当此之时，惟有自惕之不足，又可僩然自肆而为人之师，遂非长傲，以自益其虚憍浮动之客气邪？足下代仆思之，可乎？否乎？

足下之学，已见大意，诗文波澜意度，已得古人妙处，所当用功以实其所见耳。学之无穷，其进境亦与之无穷，此非他人之所能益，况如仆者，又不足以益子邪！仆之文粗而矿气未除，其于古人精醇境地实未能臻，又于六经根柢未有所得，故不自信，决意焚而不存。其他著亦皆剽窃浅陋，惟空言析理之说，或有可取，亦在学者之择之，未敢自是也。总之，仆之自问，只见其歉，未见其赢，但有自悼，无敢自喜，惟足下谅之。

《感应篇畅隐》，凡稍有识者，固皆知轻之以为陋，所见诚然。然仆所稍自慊以为无倍于大雅，而迥异于长编重轶，托门户于经史考证，驳杂纰陋，疑学术而诬圣教者，转在此书。如有肯为传布者，拟以刻版归之，仆本不著名，又岂私其物？但须付托得人，毋置之腕脱之地为可惜耳。草草布达，不尽言意，惟珍重。不宣。

金陵城图记

古之图经，有图有经，《职方》所谓以周知天下土地之图也。《隋志》所载，世无传本。晋裴秀尝著六体，理趣精奥，知之者鲜。世俗志乘之书，因仍弇陋，率为方图，截然一幅，摹写山川，猥标八景。若加辨正，名地参差，了不尽其形势，有识嗤鄙，不其然哉！此金陵图，斜长阔狭，皆因山为之，类猪龙形，有首有角，有目有脊，有尾有足，按以分率准望，方邪迂直，铢黍不差，其得裴氏之遗意者与！

按建康作邦，基于张纮之论都，侈于谢安之造晋。泊隋氏平江南，六朝之迹殄绝无遗。有唐一代，仅传韩滉石头之戍耳。厥后杨吴、徐氏，更造江山，宫井御街，重开生面。潘美之暴，闾市荡然，小民至以竹屋为居。明祖集庆定鼎，式廓丕基，内为十三门，外为十八门，连冈带郭，截淮包山，形势之壮，甲于曩古。而聚宝等门城雉，则仍南唐之旧，惟于西北迤逦辟扩，倍极崇侈。国家抚有区宇，始改明故宫城为驻防城，此图内载将军等署，知为改建满城时绘呈本。嘉庆十五年，树与修《江宁府志》，客有持此图见示者，因倩友人摹一本以供览玩，每一展对，犹想见明祖造天之雄略，国家绥定之鸿模也。自记云：此图藏之二十余年，顷张之壁间，为一常来客窃去。故物系心，尝为作一诗以记其事。

新建廉州湖廉社学记

国家崇奖文治，一道同风。既立学宫，复诏各直省郡县建设书院，而乡遂远郊，又为之立社学。社学者，即古小学，亦曰少学，成汤以训蒙士，文王以教小子，而《周官》所谓家塾党庠者也。以其距郡县远，故各立于当社，俾一乡之子弟往学焉。其有秀异者，则升于学，谓之书社。自三代以来，越汉、唐、宋、元、明，历代因之。

粤东社学，视他省尤异焉。世宗皇帝时，诏粤东郡县咸立社学，岁发帑金二十四两，延师教课经书，兼训官音。于时南海社学至一百二十，番禺七十余，其他州邑少不下数十。逮乾隆中，以粤音丕变，当事者始议裁汰帑项，而社学渐废。嘉庆十九年，亳州何公某来守廉州。越明年六月，合浦诸生彭汉光等二十有七人合词来请，曰："郡城东北二十里内有大廉、六湖两峒，庐井万家，子弟之愿学者无从得师焉。请于两峒之交地名红岭建立社学，以惠我子弟。"公闻之，喜甚，亟为请于院司。既得报，而乡人之能好义者，诸生之与职事者，咸各以其赀来助。遂以某年月日经始，某月日落成，凡为门几座，堂几间，号舍几区，庖湢毕备。合之用钱若干数，除先已拨置电白寮纲地租入若干，续又分拨罗召田入官地，及大溢大王埠潮荒田，今易吴云腾买受己产大塘田陂头塘土地面等处共若干数，以充入之。

道光元年，公始将砻石纪其创造本末，而乞余为之记。因进诸生而告之，曰：昔韩退之在潮，牒修乡校，以郡人赵德有学行，请为衙推官，勾当学事，至今潮人以配食昌黎之庙。今太守之贤，不异韩公，尔诸人如有意为赵德乎，则愿有以相诏也。夫学莫大于立身，立身之道在行己有耻而已。古人何人也，立身扬名，可为法于天下后世，而我犹未免为乡人也，是则可耻之大者也，而其本必于读书。盖书传所记，自天地民物之理，修齐平均之道，与夫圣贤之言行，古今之得失，下而至于食货之源流，兵刑之法制，莫不毕载其间。贤豪名士观其本末，必能有以激发吾之志气，开拓吾之心胸，广益吾之聪明闻见。逮行成名立，凡所为功名事业之本，皆在于是矣。自正学不明，世之为士者不知学之有本，于是士无不读书，而其所以求于书者，不越乎记诵文词之末，以钓声名、干禄利而已，是以志趣日以卑陋。朱子有言，书愈多而理愈昧，读书愈勤而心愈肆，浮名愈盛而行谊德业愈无以逮乎古人。夫读圣贤之书而不通于心，不有于身，犹不免为书肆，况所读者之又非圣贤书乎？

廉僻处海隅，其民之能为士者常少，幸而有之，其文学记诵之博，英敏秀杰之资，或无以先于他郡。唐宋以来，虽以名世大儒接踵来居，又未闻有能抠衣请业，而得其学之传者，故其人物不多显于天下。虽然，士特患不立志耳。苟能广读书以开发其志气，交相激劝以成其德业，将举张文献之名德，崔清献、余襄公之经济，丘文庄之文章政事，陈白沙、湛甘泉之理学，海忠介之风节，哀而有之，俾百世下闻其风者，顽廉懦立，亦分内事耳。孟子不云乎，今曰举乌获之任，是亦为乌获而已。若循俗卑下，无高远之识，日用之暗暗汶汶，证多慰同，蔽于时流浅薄之名，习为浮华无益之务，几席虽设，图史虽存，师不知所以教，弟不知所以学，其何以人材鹊起，风俗美盛，英伟奇特，于以追古人，高当世，而以面目视向所举诸贤乎？夫贤豪不择地而生，语曰"十步之内，必有香草"，况庐井万家之地，而谓无士，是诬吾人也。

今社学初立，故为采朱子之言，陈其大要，以语诸生，使无忘今日立学本意，诸生勉旃，其无负太守之望可也。至职事诸人，于法例得书姓名及先后拨置田租弓步租入之数，悉列碑阴。主廉州海门书院，桐城方东树记。

新建珠场社学记

事有相因而起者，必其有慕乎名怀乎利而为之，然而有出于义者，则此心之公，此理之同，同而之于善者也。太守何公既议兴湖廉社学，越六旬，郡城东南七十里珠场乡诸生李遇春等十有八人亦来请，曰："盖闻道之在天壤，如泉之在地，泉不择地而出，教亦不择地而施。吾州在中国西南，万里炎天，涨海之外，其士之能为学者尝不逮他郡。今幸贤太守来莅此邦，敷文育德，修饰学校，以惠我廉人。湖廉之士既闻风而兴起矣，而珠场独无，吾一乡之士戚焉。愿因太守以请，亦得立学，以比湖廉。"公闻之，益喜，曰：语云"一人善射，众夫抉拾"，此之谓夫！因复为之请于上官，而得报焉。其乡人之能好义者，诸生之与职事者，亦各以其赀来助。遂以嘉庆二十一年四月，在于土名铁丝垌地方兴造，七月落成，凡为门几座，堂几间，斋房几区，共用钱若干数。除先已拨置田寮山纲地租入若干以充膏火，而诸生冯抡模等复呈请拨社学后官山一片种植松树，续又拨入罗召田入官地，及大溢大王埠潮荒田，今易吴云腾私产大塘田陂头塘土地面等处田若干亩，岁入租银若干，以充入之。

道光元年，太守始属桐城方东树为文以记，将刻于堂除，以视永久。树因语太守曰：天下事良法美意，诚可贵矣，然往往有其事虽若出于义，而其实则非者。今诸人之争立学也，其有志于修身考道经史文章之实用乎？抑苟慕乎名，怀乎利，徒役志于会文甲乙之虚美，租入薪膏之弋获乎？今之书院，其敝可得而言矣。月课季考，不出时文，一暴十寒，虚应故事。就试者赝袭倩代，潦草苟率，敷衍滥恶，相沿不耻。校阅者朱墨杂糅，佹侗胡卢，苟相诶说，脩膳取盈，膏车而去矣。师若弟，泛泛若浮江之木，适相值而不相求。嗟乎！是相率以求名而不成为名，相率以求利而不成为利。苟讲明学问，约己立志，行为士法，文为世贵，当世推重，后世流传，岂慕于会文甲乙，儿童角逐，无足轻重之小名乎？行成言立，仕则道济一世，显扬先祖，荣及里闾，即使时命不偶，亦足俎豆千秋，岂怀于区区租入薪膏铢两之小利乎？夫心胸不开，则聪明必隘，率郡县百千群士而相蔽于积习鄙陋之俗，父师不察其谬，子弟不知其非，此何由造就人材而成全器，岂不与设立学社良法美意大相刺谬乎？太守曰：是皆有然矣。子其即以此意言之，遍告湖廉、珠场两社之士。

费公祠记

盖闻名贤之迹，世所乐称，过其地者，往往流连慨慕，想见其为人，况官斯土生斯土而湛于其心志耳目者哉！

粤东廉州府东百二十里有山曰大廉，高百余丈，绵亘数十里，盖一郡之镇也。考之于志，则以汉合浦太守费公得名，而郡又以兹山得名。道光元年，太守何公行部至此，喟然而叹曰："古言循名责实。实之不存，名于何有？费公治合浦既以廉著，兹山又以费公得名，而费公曾无胙胤，是数典忘祖，何以昭示后人？"爰与士绅等议建祠屋三间，祀费公于兹山之上，俾官斯土者师其亮节，生斯土者沐其仁风，盛德至善，终不可諼也。太守又曰："兹山五径险隘，登其峰，周向而眺，连冈地逦，俱在目前。北与粤西博白地相毗连，尤为宵小贩私出没径由之薮。兹祠既建，不特兵役巡缉瞭望往来有停泊之所，而湖、廉两峒居民由此遂免村尨之警，盖所谓一举而两善备焉者也。"

太守属余为记，爰本太守之言，书以遗彼士绅，俾后人无忘费公者，并无忘何公也。费公名贻，光武帝时人，见范书《谯玄传》。太守名某，安徽亳州人。①

重建东坡书院记

钦州，秦象郡地。汉元鼎开九郡，则不知是时州属交阯与？合浦与？唐章怀太子于《马援传》注引《广州记》言援立铜柱事，今钦州分茅岭为援立铜柱故迹，然后断知此当属交阯。或曰：汉分茅岭不在今处。江左以后，屡经离析，梁置江州，隋开皇始改曰钦州，至炀帝大业初复改为宁越郡，则又别于交阯郡而二之。顾其为地，当中国西南，万里瘴海，炎天之外，而万山之中，土瘠民贫，逼接外裔，历代以来，义取羁縻。任延、锡光守交阯，始为立媒官，设学校。唐宋之世，例为迁

谪之所，虽名世大儒接踵来居，未闻有抠衣请业而得其学问之传者。故其名称豪杰，记诵词翰之功，科目仕宦之名，常无以先于他郡。

我国家文教涵濡，海隅荒徼，罔不湛被，人文辈起，迈於古昔，如冯子敏昌，其尤者也。嘉庆二十四年，金坛朱君来刺此州。是年值仁宗睿皇帝六旬万寿，而此州向无庆祝之所，惟就龙神庙绵蕝行礼。君念臣子职无大小，皆以奉扬大化，宣示国恩，此州壤接外夷，边徼之民，无以肃其观瞻，生其敬恭，非特臣子心有不安，抑亦非绥靖边郡之体。州治东向有东坡书院，创自雍正初，岁久倾圮，爰与同官及士绅共议，即其基址，于中敬谨建造万寿宫，而于其左侧建复东坡书院。于某月日经始，某月日落成。其万寿宫，为正殿三间，东西朝房二间，宫门一座，东华、西华门二座。于是远方臣民，俨然如奉天颜于咫尺矣。其书院为后堂三间，中祀东坡像，旁为山长寝室庖湢等所，前为讲堂三间，头门一座。又于门外修复宋陶弼所建天涯亭一座，亭前立平南古渡坊。朱君曰：是役也，皆诸士绅自以赀输，亲身督理，故用费甚省，而蒇功甚速云。夫以边徼万里之远，穷山极贫之地，其士民一闻公义，而趋事如此，可谓能忠信而好行其仁者矣。然非刺史忠诚孚信，奉宣德意，亦不能必其信从如此也。是乃向之任延、锡光所愿闻者也。朱君来请记，余嘉其事，遂不复辞，而为道其懿实以谂来喆。桐城方东树记。

桐城新建魁星阁记

进士科始于隋大业，盛於唐贞观、永徽之际。搢绅虽位极人臣，不由此进者，终不为美，此唐王定保之言也。自是以来，历五代、宋、辽、金、元、明以迄于今，国家所以收英才之用，士人所以梯靖献之身，齐耳目，湛心志，若上帝之所两用福极以赏罚乎人者，有必出是而莫易于是，帝亦默喻其志而设为神焉，以阴司其柄，则世所祀文昌魁星是也。辨之者曰：文昌非梓潼，张恶子亦非张仲。盖列星之在于天者而魁为羹斗，徐锴所谓"斗首为魁而柄为标"也。器名而星象之，汉人转诂为首者为魁，宋人又转诂解举之试而冠其曹者为魁，复以文昌在斗魁之前，因祀魁星于文昌之宫。而朱衣神，则又因欧阳文忠而附会之，其事皆不可信。嗟呼！为是说者，自以为能持理论，兼得考据矣，而余抑以为不然。今夫匹夫千万人心志之所结，天地且弗能违，而况儒士读书谈道，聪明灵智，彼其心志之所奔，积之数百千年而益固，而谓不足以动天心乎？且夫后世之所有，半上古之所无，未可以曲士之见阂之也。董仲舒论露、雷、风、雨，不过二五之气凝释合散所为，而后世则实有神以主之。汉平帝时，天地六宗以下，小神凡千七百所，岂必尽上古所有邪？人心之神与天地之神昭明胪响，微分钜合，充塞于无间，而人所与接，又以事人之礼事之，为之像设，为之庙庭，为之牲牢酒醴，为之爵位名号。天子至尊，百神是主，又俨然致敕词命，以崇其典礼，使非实有神焉以尸之，将谓是皆虚诬以谲世乎哉？《传》曰："天视自我民视，天听自我民听。"文昌魁星之司科名，亦若是焉则已矣。

吾邑科目，昉唐曹梦徵及宋李伯时兄弟，至明而大盛，及今殆且千百人。夫科目全乎人，而神之枋驭则主乎天，则虽欲不谓蒙神之庥，不可得矣。顾文昌有祀，而魁星无专祠，于礼不备。形家者言孔子庙东南隅，当邑之巽方，主文明之象，其形气于建魁星阁为宜。于是邑士某某等合几十几人，共醵金为屋三楹。上为阁以妥神，阶前为池，名曰化龙。又为梯以升阁，名曰云梯。凡皆以为登进之颂云尔。先是，此地为江氏住宅，其基则蒋氏之世业也。当众议既定，江翁遂捐其宅，而蒋氏亦捐其地。又求大木以为梁，众难其材，某乡唐氏闻而亦捐焉。阁既成，神像未立，诸生某梦有神背立于破庙中者，以像求之，果得之于东郊龙神庙之庑下。奇伟瑰雄，称其神号，实异常设，于是遂新而祀之。呜呼！是皆非偶然矣。是役也，共费金钱若干及捐赀首事人等姓氏，例悉列书碑阴。以某月日经始，某月日落成，合词来命东树为之记，并系以诗曰：

文昌六星，北斗魁前。既司天禄，亦象物先。昭明耿耀，流精上垣。昉唐禋宋，载祀逾千。祝号斯易，人其代天。校德降福，如衡施权。载彼桐国，龙舒之间。衡岳天柱，西来蜿蜒。川原翕翼，峰势回旋。笃生哲彦，峻我邦贤。忠参龙比，孝武参骞。赞槐开府，乌柱貂蝉。下逮枝官，不计员铨。文儒德士，肩比踵联。世臣乔木，四方于

喧。凡兹人杰，实荷神甄。何以报之，兀此修椽。式新丹腏，爰庀几
筵。峩峩冠服，升降孔虔。歌以侑觞，神听弥妍。与邦咸休，祥习
万年。

新建桐乡书院记

天下万事万物，莫非道所发散宣著，世人习矣不察，行矣不著，故
恒隐而不显。子思子知道之用费而忧其隐也，故揭知、仁、勇示人以入
道之门，而谓之达德。渊哉粹乎！言欲入道者不可离知、仁、勇，凡事
类然也，故曰达也。虽然，知、仁、勇道所分见，特道中之一事，若道
则无乎不包，是以昔之哲人尊之以先于天地，亲之以切于身心。学者舍
是为学则非学，教者舍是为教则非教。而世之妄人，犹以学道相诟病，
岂不哀哉！吾于新建桐乡书院，而以为可即之以求明夫道焉。

桐城在汉属庐江郡，兼得舒、龙舒、枞阳三县地，至唐始有今县
名。其谓之桐者，《春秋》定二年"桐叛楚"，杜预曰"庐江舒县西南有
桐乡"。古桐国，昔汉朱邑尝为桐乡啬夫，遗言葬此，杜预时未有县名，
故举桐乡为言。考汉制，宽乡仅得百里，狭者数十里不等。顾历代省并
沿革不常，舒即今舒城县，而桐乡地形不能截然定其址之所在，今特以
杜预所指舒县西南及朱邑墓约略证之，即华离析绝大约不出乎此境。则
谓此所建书院地即汉桐乡，校其名实，其非妄有穿凿安处傅会也，可无
疑也。虽然，自汉立乡以来即有此地，至于今二千余年矣。宋元以前，
此地之为陌阡，为亭堠，为荒汪野水，号狐兔而舞鼯狌，吾不知何如。
若近代以来，固久为市廛阛阓之所聚，烟火千家，舆马纷阗，鸡犬相
闻，丘陵草木之缛，望之畅然，亦可谓旧国旧都矣。然往来行人过此，
见见闻闻，曾未有凭轼盱衡，感今吊古，谓尝有斯文之聚于此也。颜延
之云："在昔辍期运，经始阔圣贤。"此固事之所不奈何，无足怪者。今

一旦欻然构讲堂，崇闳闳，峻阶阤，大屋涂墍，墙隅深邃，胄子偊偊，若舞风雩，良法美意，焕然作新。譬如以十仞之堂悬众间，卓乎文翁之肆矣。山川气象如故，而耳目为之一变，何其兴之易也。

余闻之，是乡人多好义，又幸皆给足，集议初成，各以其家财来助。盖其擎之者众，故其成之也速，为之者悦，故其举之也不劳。若使朱赣条其风俗，安见今不如古，不足与汉桐乡比盛哉？夫以千载难明之迹而克证以明之，非知无由也，以千载未有之事新而举之无难，非勇无由也。至一乡之人咸能轻财向义，富而好仁，又彰彰若是，此一举也，知、仁、勇三德备矣，故窃愿有诏焉。夫今之所以建此书院者，岂非为劝学与？学之大，岂非欲求以明道与？道隐而难明，非知、仁、勇无以开入门之涂。今即此书院之建，而固以确效乎知、仁、勇之实如是，则由此以推于学而求以明夫道也不难矣。凡来学于此者，其以吾说切而反之于心，所谓即事以穷理者，当必憬然有所启悟，而无蔽于舍近求远之失也。孰与夫他书院之教，徒以词章记诵而溷夫学问思辨之正大也哉！若夫经始年月、首事姓名、工役财费、庖湢房序之制，例得书于碑阴。道光壬寅冬十月，邑士方东树记。

重修谷林寺续置田产碑记

古今谈佛者，惟颠顶以一空字该之，古今罪佛者，亦惟颠顶以一空字蔽之。王介甫曰："浮屠之法与世人殊，洗涤万事以求空虚。"伊川程子曰："佛氏谈空，譬如人闭目不见鼻而鼻自在。"以余论之，是皆未尝深究佛法，而慢随世俗习传恒言以诬之也。夫佛法不专扫荡，尤重建立。盖二乘断灭，惟私於己，菩萨忘身，利人济物。故曰无为，而又曰无不为也。故辟支罗汉不得与菩萨并位，又况三果小乘以下哉！夫佛所谓空，特谓无我耳，岂灭一切世法哉？故经曰"如来者即诸法如义"，又曰"如来说一切法皆是佛法",又曰"我所作功德而无我所"。故世儒不察,而以扫荡灭为佛法,是不知三身之有化应,四智之有成所作,岂大乘之教哉?佛说《般若经》,屡呼诸菩萨、摩诃萨而付属之。摩诃萨释名勇心,此人能作大事,不退不悔不惊不怖不畏,故能荷担如来无上大法,成就不可量,不可称,无有边,不可思议功德,故曰诸佛皆具二严。历观古德,阿育王后惟天台智者大师建立最广,传称其建大道场四十八所,造像八十万尊,具四悉檀,生四种益,功未有高焉者也。此虽世法,实龙象也。

桐城县北吕亭驿右旧有清泉寺,相传三国吴鲁肃读书处,邑志不详建刹所始,但云历传唐宋至明永乐间,僧了美重建,崇祯时毁于兵。国朝顺治三年,僧元白重修,元白退,院寺渐荒落。邑绅公请灵远应公住持,灵远有高行。康熙四十六年,圣祖仁皇帝南巡,书扁额,遂更今名。济宗在明初法运中微,至万历间,三峰、汉月、道藏剖石壁宏礼,具德门席最盛,而具德徒侣尤众,所谓五千衲子下扬州也。吾未见《续传镫》、《续略》等书,未知了美、元白、灵远何人法嗣,于济宗世次弟几,抑或旁出,要之世近,当可信不诬也。初,灵远既住寺,因将前各姓所施田种并在寺山场悉行封禁,归寺执业。其后住持僧有将山场截卖数处,田种典出若干者。道光十年,今晴岚朗公接事,撙节积累,除重修寺宇,将所典卖山场田种陆续备价赎回,又代偿还前住持借贷一千数百余千文,并添置田亩若干,均系力自经画,未尝借助檀施。现拟禀请省宪,遵昔示禁,永远不许典卖,以保道场,因来乞余文为记。

余惟晴岚所为,虽未及智颛之广且多,然就本寺言之,亦可谓有功德而合于佛法建立之义矣。又惟文字者,所以载道之器,古人所为立言与功、德同称不朽。故余平生为文不敢作空言,必建立一义,使有补于世,以为纵文字卑弱,而其义足不敝于天壤,亦足与其事其人并垂久远。故兹所发明建立之义,既表佛法真正,又以著晴岚之功德焉。昔归熙甫作《保圣寺记》,亦云文字为天地间至重也,寺无废而不兴,而文章之传绝少。今按自建安二十二年鲁肃殁至今千六百四十有八年,此地兴废、寺之创建不可考,即自明永乐以来,住持寺僧亦寥落不详,岂非无文字以纪之之故?吾文患不传,幸而有传,则是晴岚岂可不知所重乎哉!至其山场田种弓亩之数,例揭碑阴。道光二十有六年冬十月,邑士方东树撰。

赠谭丽亭序

道光癸未，方子居韶，不自意而蒙毁焉。念毁者古之君子所不免，默默闭门若不闻。有谭子者，独来谂余，年耆而貌癯，听其言，忠信抗直人也。告余曰：某本江宁上元籍，八世祖祁乙字伯卿，故东林党人也，官南京刑部侍郎，忤魏阉落职。怀宗立，起为岭南按察副使，因家于韶，故余今为韶州人。余既异谭子之为人，及闻此言，益以叹贤者之子孙固殊于常人也。既而谭子读余文，谓余有文也，闻余言，谓余有道也。时时过从，因抵掌愤发其胸中所蕴蓄，余益以知谭子之贤矣。又久之，余毁益甚，至合一国上下之人群恶而几欲杀之者。谭子殊不怪。余谓之曰：子胡然邪？曩余读《庄子》，慕庚桑、南伯子綦之为人，恒有味乎其言，以考吾平日所至，虽未俎豆见贺如二子，然亦时蒙谓贤焉。今众人之猖狂也如是，意者吾之于道益邪？方窃以自释，而子反为吾嗛乎哉？虽然，吾闻谭子盖亦久蒙毁者，今又不避讥诮，而偊然昵就于举国共非之人，则谭子之于毁固已安之，而犹为是不怪者，以尝余之意邪？谭子甚贫而廉，无子，有老母，不能具旨甘，而率其弟之子祺日以读书学古人为事，怡然若以饿死为可乐者。且固命祺从余游。谭子审之，吾与子既以贫与毁终矣，又欲以遗于祺邪？

送毛生甫序

尽天下之人，数百年以来，其称文也，是非齐一，翕然无异论者，于唐则韩愈、柳宗元氏，于宋则欧阳修、曾巩、王安石、苏洵氏父子。此八人者之在当日，其自视子焉，旷若无俦匹，矫首以视四方，虚无人焉。韩氏论文，恒举左丘明、司马迁、相如、扬雄数人，而外此弗之及，而人亦不以其言为靳。然犹以为当时或出于意气所托，奋其私见。及至今日，其去数人之世亦以远矣，而世有知文者，矫首以视四方，于彼数人之外，求其俦匹，仍虚无人焉。于是然后乃知斯文之有属，非苟然也。

　　道光十三年，客吾友姚君石甫武进官廨。武进有文家曰张君皋闻，已前死，不及见。识宝山毛君生甫、宜兴吴君仲伦、吴江吴君山子。三子之文不同，要之与皋闻相上下。于是心窃怪而疑之，私谓文章虽小道，然求其作者命世，恒数百年不多人。今吾少在邑，则友孟涂、石甫，长游江宁，则交异之、伯言，后又得元和沈君小宛、阳湖陆君祁孙，今又一朝而得生甫三子。既生同时，又并在大江以南，何其于古所得之难者，而今独聚之易且多如是？俄而曰：是曷足怪？韩、柳固并世矣，然且相爱重如彼。若欧、曾、苏、王师弟朋友，或近在一方，或萃聚一门，其仕又皆同朝，其文章既震耀当世，流传且千载。考其平日相谓推称之词，至今按之一一不虚，此必非虚诬标榜所得劫而有也明矣，何独至吾徒而疑之？惜乎异之先死，惟吾数人者独存，而吾又衰羸，方累于家室老病，不复可望成学。生甫有高识雄才，而齿又方壮，其文效法班固，重厚精密，故于其别，道此以张之。自记云：略似韩公笔意。沈、陆、二吴、生甫年皆少于余，今皆早丧，而余以衰老独久存于世，复省斯文，为之慨然。而五人之文，又皆无收拾，未知其果能著显而不湮没否，益可悲矣。壬寅五月。

送张亨父序

　　吾友姚石甫为言，建宁张亨父，今之奇才也，武威潘石生吏部尝为作《闽海奇人歌》，余固已向往之矣。辛卯二月，亨父过桐城，一见倾倒，因出其《娄光室稿》见示，读未终卷，则惕然惊叹，信石甫取友不虚。尝谓唐以后诗人，以李、杜、韩、苏为四祖，作者以是为胚胎，誉者以是为饷遗，究之得骨得髓，恒数十百年不遇一真，此昔人所以致慨于大雅之不作也。亨父七言古诗，如秋空霜鹄，振翮独迈，精神发动，万里无阻。五言沉壮苍郁，气盈势远，造意发想，自我元宰。赏者咸谓其七言逼太白、东坡，五言逼少陵。要之，论诗政不必如此拘拘，以形格相求，如人睡梦初起，苍黄不辨，乱道妄指，适足为醒者笑耳。九方甄之相千里马，岂以毛色牝牡为辨识哉？亨父于古今作者皆少相推许，而独心折白羊山人。余未见山人作，而亨父推服之如此，则山人可以想见。余以卑贱无闻于当世，盛名之士多不相接，独有异之、伯言、生甫、石甫数子。今又得吾亨父，可知十步之内，必有香草。惜乎余之恶质，不克往儳焉，而无差池其臭味也。吁！其可愧也与。于其行，道其情好之实以为别。

辨志一首赠甘生

甘生生同里，少长于徐州，随其舅氏宦故也。余老而归，始识之。其人年虽弱而秉性忠信，行身正直，有可以希贤入圣之资。念遨游四方数十年，阅人多矣，见未有如生者。顾其人独有所短，则以幼未尝学问，读书不广，文采时名弗耀，以是若稍绌于其侪。一日来请益，余告之曰：子胡然也？夫古今学脉道统，以孔氏为斗极，固天下之通义而无异议矣。《鲁论》记孔子之教弟子，首重孝弟、谨信、亲爱，而以学文为余力余事。子夏论人，苟能尽贤亲君友之道，虽未学必谓之学。甘受和，白受采，记有明文。士先器识而后文艺，不待裴行俭能言之也。余尝旷观今昔，窃叹名教伤心之故，多出于士类，未尝不推其所由。则缘为士者，每挟其文章学问以自矜，内以骄其父兄，外以傲其同类，于是因以自肆，因以自饰，因以自恕，因以自藏其身而欺其心。是故其人多一分学问，即多一分过愆。何则？学未辨志，而多取古人之智以自益，若洪河之汇浊流，虽澄之而不可清，故昔人譬之饮药以加病。朱子曰：书愈多而理愈昧，读书愈勤而心愈肆，浮名愈盛而行谊德业愈无以逮乎古人。则非学之能误人，徒学文而不尚行，务末而遗本故也。

今子年方壮强，即用力学问，犹未为晚，但须决所从事耳。试取《论》、《孟》、《大》、《中》、五经、小学、《近思录》，及周、张、程、朱之书，潜心究玩。书不多阅，则为力省，又皆得本源，则路径无差。再取《通鉴纲目》观之，于以见古人行事之是非得失，以证吾心不易之理，则黑白昭然，不特有以辨乎古，亦即借以坚定乎吾之识与力，以此立身行道，即以此应当世之用而有余矣，而又奚必以文章末技为歉乎哉？夫君子为己之学与秀才博士不同，诚能立定志向，竖起脊骨，八字著脚，一直行去，鬼神将避道，岂必如今学者浮沉悠忽，舍己耘人，忙忙一生，徇世俗起倒，或以博溺心，以华减实，无一人敢承当大道者。四海茫茫，孰是堪受业之人？故人而欲秉学，须具大根器、大智慧，先辨志始得，思惟终始，痛自刮磨，如救头然，不舍昼夜。若趁惯过日，父兄师友见止等闲，日聚徒说闲事杂话，即读书作文，亦止为取利禄声闻计，无有人直指性命相为者。光阴虚度，日复一日，一旦身尽，与草木众生同朽，无一善可留于世。其好名者，纵有一部诗稿文集，而学未知本，言成浅薄，于世于身，何足为有无乎？至为人师匠，亦大不易，须是善知识，道业纯熟，反经守正，又有成物之智，始得力不误人。

余今方便为子姑设两义以相尽，惟子内自决择之。其一若见为人阅世，则当念岁月如流水，驹隙不相待，刹那即失人身，斯为可惧，固惜阴趋事，以成德业。其一若见为世阅人，则当念天地无穷，人寿命有限，何苦于电光石火之顷，迷执痴贪，徇欲妄作，无益之扰，闲言末节，毫发不肯饶人。其侗者怨天尤人，叹老嗟卑，不安义命。其强者直逞志作业，自堕三涂地狱。其清而灵者，亦止为一己之名，汲汲著书，剿说雷同，言与行违，居之不疑，毫无功于天地民物。故名士之后多不昌者，为其无实善而多取名也，如魏文帝《典论》所言不过如此。所以屈子赋《远游》，首言哀生人之长勤，盖哀其勤所不当勤，而不知勤其所当勤。若孳孳之学道为善，惟日不足，何哀于勤？此李习之所以拜禹言而哭也。虽然，饭所以为肥也，壹饭而问人奚若，尸子讥之，亦在乎勉强熟之而已矣。黄石斋引施四明之说，谓天下病虚，救之以实，天下病实，救之以虚。朱子有见于词章记诵之失，故救之以义理。此浅见妄说也。是不知孔孟、程朱之道，彻上彻下，不隔古今，天不变，道不变，所谓庸常不易也。

佛学者有曰：宗无延促，一念万年。岂区区为补救一时之计乎？如国朝学人有鉴乎明人之空疏，举为考证汉学，其末流之害，乃至忘其身心礼义名节，其失又甚于空疏。又黄梨洲云："学问之事，析之愈精而逃之愈巧。三代以上，只有儒之名而已。司马子长因之而传儒林。汉之衰也，始有壮夫不为雕虫之论，于是分文苑于外，而不以乱儒。宋之为儒者，有事功、经制之异，宋史立《道学传》以别之。未几道学之中又有异同，明邓潜谷又于道学之外立心学。究之，封己守残，其规为措注与纤儿细士无异。天崩地坼，落落然无与于吾事，犹自附于道学、儒林，同归无用而已。"此论似是而未究其实也。古之真道学者，岂如是乎？不究其实，而徒于其名区之，虽名为学道，奚益乎？子今欲为学，须于此大介处辨明之，则自知所从事而无误于歧趋矣。

赠马云序

金陵马云，工画，尤妙写真，尝自比唐之曹霸。道光乙巳冬，来桐城，谓余曰："必为君写像。"余曰：昔顾长康欲图殷仲堪，殷自以形恶不欲。今吾貌寝而癯，气轻神薄，常顾影自憎，又可图邪？窃同仲堪之不欲也。且义不止此。昔程子谓人之图形者，苟有一毛发之未真，则其子孙即不得以为亲。此其说似迂，然由此可以悟理道诚伪虚实之精，亦讲学之切义也。古之作史传者，于其人雄俊英特者，间亦略及其状貌一二语，以致景慕。究之，其语传而像未有传。米元章为李伯时说晋王、谢、支、许共游山阴事，伯时随其言以意作《山阴图》，状四公意态各妙，遂为名迹。其实伯时何尝亲见四公哉？古人有言，人貌荣名，此自以名荣，而非谓其貌真然也。庄子言：独子之食于其死母者，少焉眴若弃之而走，为不见其使形者耳。申屠嘉谓子产曰："吾与子游于形骸之外，而子索我于形骸之内。"由二子之意，则形骸非人之所寄以存者也。尸子曰：人之欲见毛嫱、西施，美其面也。若夫黄帝、尧、舜、汤、武，美者非面也，人之所欲观者其行也，所欲闻者其言也，而言之与行皆在《诗》、《书》矣。且吾闻之，尧黑、舜瘦、禹漏、汤跳、皋陶马咮面如削瓜，伊尹面无须麋，而世共尊之曰圣人。形骸妍媸，本无关于妙德，而况非其人者乎？惟夫元勋硕辅，功名烨赫，于旂常则图之于凌烟、麒麟，以记功宗。又若幽人畸士，如谢幼舆辈，清风高韵，迥出尘外，允宜著丘壑中，是二者俱于图像宜。

若余至微贱，才能行业无闻于时，衰羸困乏，为乡里小儿所贱简。七十老翁，精华销竭，身心俱忘，前有垢谷，后有洼丘，尚何图哉！尚何图哉！且马君徒欲写吾之貌，而不能写吾之心，后世不得吾之心，则必不重吾之貌。浸假而得见吾貌，亦徒以马君之画增重焉耳。是马君之大有造于我，而终无益于我。马君慕曹霸之为人，不知霸所写佳士及路人，今皆安在？而霸之名固至今不朽矣。然则马君自以其意为之，如伯时之图支、许可也，肖与不肖，固不必论也。抑闻晋范宣初不好画，及见戴安道画《南都赋》，乃始咨嗟，甚以为有益。姑洗吾目以俟之，马君自行其确然之志，知必有以化予者也。

赠文生序

孔门论学论道，不出智仁二德。顾仁道至广，圣人重之，不轻许人，而独以许管仲。夫仲之于仁，特其用之外著亦浅耳。故尝疑此二章出《齐论》，矜夸功利俗习而托诸圣言耳。后世纯学备德者少，古今贤豪大抵全任天资以成其诟。其资于仁多者，往往失之愚柔，于智多者，又往往流于谲诈。故圣人平日与及门诸贤论学，或欲其以智全仁，或欲其以仁善智，所谓裁之也。

文生锺甫，质美而性明，事理通达，固本仁以为用，而于智偏多。其行之既于事多济，亦咸孚于人。顾吾以古今君子之失，多坐未能守经而好语行权，故尝立论，以为学者制行，宁固守经以依于贤，毋慕通行权以妄托于圣。观圣人论尽性之事，曰："与天地相似，故不违；智周乎万物而道济天下，故不过；旁行而不流，乐天知命，故不忧；安土敦乎仁，故能爱。"生自审之，果能不违乎？不过乎？不流乎？不忧而敦且爱乎？饮水者，冷暖自知，他人不觉也。生将远别，来请益，故以此告之，生其无以老生常谈忽之也。道光庚戌七月初九日，时年七十九岁。

蒋邑侯暨德配曾宜人五十双寿序

福闽蒋侯既莅桐之三年，政修治洽，农不违其时，士不失其教，狱市无扰，吏胥敕法，百尔颛蒙，罔不沐浴膏泽，佩服政教，喁喁然向风靡已，循声播闻，聿著成效。以前十六年在颍上县获邻境盗首，奉旨以知州升用。于二十三年三月补授无为州知州。未去任，先五月某日，值侯暨曾宜人五十双寿，于是邑之士绅某等同申祝贺，而命邑士方东树曰："子宜择其言。"树曰："然，固所欲言之于心久矣。"

盖侯之为政，其大者彰彰在人耳目，曰教士，曰惠民，曰兴利，曰除害，而其节之清，操之廉，行之勤，出之慎，无倦以忠，难遍以言举。桐在江北为望县，人文风俗夙胜于他邑，然地广民稠，又当七省要冲，号称繁剧难治，而侯之治之也裕如。桐邑城乡旧有三书院，侯延请学师，率兴课教，亲为评阅文卷，时分禄俸以奖励殿最。又与学官弟子款曲延接，有如家人，未尝不以立品去邪奋立功名为诲。又于北乡孔城镇敦劝富室，创立桐乡书院，一以教其乡人，一以无忘汉朱大司农之遗爱焉。桐邑东乡濒江，田多患水，向有陈家洲诸圩，圩内田数万亩，为东南乡一大保障。连岁江潮涨漫，灌圩决溢，田庐漂没，哀鸿满泽，数十百里，井赋无输，停征者再。侯劝谕赈济，亲自给散，露宿风餐，不避寒湿暑热，民得安集。又筹经费，督率首事，辛勤修筑，圩得复故，赖以保全。此侯莅桐三年内政之最大者也。又桐虽无大猾巨盗，而亦偶有江姓、束姓者稔恶，著闻上宪，名捕累年不获。侯不动声色，以计掩取如探掌。其他严究讼师土棍，重刑以惩，而虚诬架讼之风以息。桐俗惑于青鸟之说，或贫穷不能葬其亲，自郊关四乡，权攒淹柩不葬者，或数十百年不等。侯出示敦劝，并筹费以助极贫无力者，严饬地保，按户晓谕。期年之间，远近举葬者至数千棺。此所谓泽及枯骨者，非邪？又灾荒之后，瘟疫流行，侯刊秘方，并制良药，散给施救，贫惫者多赖以活。夫人曾宜人，系出名族，世多仕宦，家传治谱，其所以佐侯为治者，靡不克尽其智仁之方。先是，宜人族兄曾侯令桐城，最爱士，士林至今思慕之。及是，宜人又来佐我侯，故桐士尤为叹美，如有亲故之情者焉。《诗》曰："岂弟君子，民之父母。"我侯有焉。又曰："辰彼硕女，令德来教。"宜人有焉。抑又惟书契以来，言善政者，三代而下，惟两汉为近古。某窃衡之，以为侯之为政，殆庶几焉。于是遂征其实而书之以侑觞，兼以为去思之颂云。

姚石甫六十寿序

道光二十四年甲辰冬十月，为吾友姚石甫六十初度，其族人征余文以为寿。余惟古之奉觞而上寿者，必致其规谏之词，今将举石甫行能才美而言，则虑人以为虚称而非实，且近于谀颂，而乖择言之义。于是为援朱子、陆子两大儒之言，而扬榷其意焉。

朱子曰:"大凡天下之事,莫非实理之所为。盖由物而观,有其实乃有是物,以事而论,亦有其实乃是有事。大之为日星昭赫乎在上也,实有其为昭赫也,细之为五行百产充牣于在下也,实有其为充牣也。体之于人,学术以实而成,道德以实而著,文章政事以实而称,功业声名以实而久。"此朱子之意也。陆子之言曰:"千古以上有圣人出,此心同,此理同也。千古以下有圣人出,此心同,此理同也。东海有圣人出,此心此理同,南海、西海、北海有圣人出,此心此理率无不同。其所以同者何也?实也。不实则恶能同。"象山陆子极提一"实"字以明道立教,其大指发挥,莫切于此。世风不古,末俗多诬,大道灿陈,昏而勿思,于是乃有专骛于虚伪而诡以为实者。是故稽其学术,全未有实也,而妄以为实推之,德行、文章、政事,莫不皆然。三季以来,至于今几千年矣,中间之人若流水,不可涯量,不可纪极。当其时,意气声华,各予智圣,而有亡之数,终不系之。究其杰然不可磨灭,惟此数十百人之有实者相望于天壤。后之人美爱斯传,非必有亲戚相与之雅,昵比燕好之私,稠乎不谋,咸信悦之而无疑。是说也,历物之意莫不谓然,而卒鲜有人克强己使然。居尝慨叹,私窃怪之,乃今而于吾石甫豁之也。

石甫之少,日勤于学则实勤于学,孝于亲友于兄弟则实孝于亲友于兄弟,此非吾一人之私言也,盖实无间于其父母昆弟之言也。石甫尝慕贾谊、王文成之为人,则实克究贾、王之志事以效于行,故其释褐而始仕为县也,则实克效其理县之能。及其迁而为盐官也,则实克效其转运之法。进而受知于天子,超授监司刑名也,则实克效其监司刑名之职。而且在所治之地,则实克信于其所治之民。其在海外,则实克信于海外之民。其伸威于外夷也,外夷虽忌之恶之,亦实克令其敬畏之。至于仕之所尝同僚也,则实克使同僚咸欢乐之。其睦姻任恤於梓里之戚友、四方之交游,则实克使戚里交游咸感念之。是故读石甫之文章,则实克诠乎道理焉。考石甫之政事,则实克劚劙乎利病焉。聆石甫之言论,则实克辨析乎异同焉。接石甫之气貌,则实克散开乎老泏之阴凝焉。故凡石甫之所以将其实心实理者,虽未知于向所称千古以上、千古以下、东海、西海、南海、北海之圣人及所慕贾、王之德业为何如,而要其以一实致设施之有效、众志之咸孚,则以为于朱子、陆子所论无爽焉。盖吾非止寿石甫于六十也,实将寿石甫于千载百世也,亦非私于石甫一人也,实欲风人,使皆由于实以成材而懋德,立事而辅治也。览余文者,其尚能信吾言为实而非阿私其所好也乎?

吴贞女传

吴贞女者，亡友姚君锡九之聘子妇也。父荆园，与余居同巷而相善。贞女生一岁，许字锡九次子元蓉。锡九以戊辰中式，辛未成进士，用内阁中书，改就实录馆，议叙知县，携元蓉之官湖南，未至，中道病卒。元蓉弱孤，遽遭变，归途复覆舟，惊哀致疾，旋亦卒，时嘉庆十七年某月也。

贞女先闻舅卒夫疾，则已不食。及元蓉讣至，乃跪泣而请于父母，愿归夫家持服，父母弗忍也而拒之。贞女膝行固请，三日，血渍巾舄，父母又弗忍也而许之，谓曰：“许尔守，归不尔许也。”贞女拜谢，起入房，屏服饰，自是身不登堂，非骨肉不得见其面。岁余，或窃有议婚者，贞女闻之，遂绝粒七日，几殒。家人惶戚，荆园泣而抚之曰：“吾固从尔志，何自苦为？”贞女跃起伏谢。于是贞女居室七载。嘉庆二十三年某月日，姚族始议以锡九长子元芙之子某为之嗣，而敬迎贞女以归。入门，拜姑，易服，哭奠其夫，立受其嗣子朝。是日，姚氏亲戚内外尊卑及仆妇在者，莫不失声陨涕，不能仰面。元蓉卒之年，贞女年十有六，至是，盖年二十有二，卒成其志焉。

方子曰：古今之远，四海之大，女子之著贞烈者众矣。其姓字不同，而其行与事大略皆同，然独一二人其传最盛，则又视乎传之者其人之文有著不著以为显晦焉。虽然，欲传之心，丈夫之苟名者则尔，若夫贞烈女子，其纯明坚确之操，皎皎乎，皓皓乎，岂计其名之传而后为是哉！呜呼！是可风也已。

舒保斋家传

舒采愿，字守中，保斋，其自号也。金溪杨中丞蘐作《双溪两贤传》。双溪，江西靖安县也；两贤，谓东轩、补亭两舒公也。东轩名亮襄，补亭名亮衮，两人孪生，岐嶷凤慧，同以奇童补邑庠生，又同中雍正癸卯江西乡试举人。东轩以丁未会试归卒，年三十六。补亭仕为四川永川县知县，有惠政。

君为补亭第五子，屡困场屋，援例除甘肃渠宁巡检。巡检固卑官，为之者或降志取安，君独以方耿自饬，手书"孝弟忠信礼义廉耻"八大字，揭堡城楼扉上，而时与士之知学者吟咏其间，为劝讲田渠水利，民大悦。有武举渔夺乡民，横为不法，君命健役执之来，晓以义，不服，则按而笞之如律，而自检举。会上官欲两全，其事遂寝。

偶郡守之妻过渠宁境，属吏当拜迎，君独长揖道左。守闻而怒，属令求其短，令曰："此强项书生，忍饥奉职，未尝有过也。"守乃檄君送秋审重囚数十人于兰州省，而不给长解车役，欲因以误差失陷为其罪。或谓君曷往谢守而薪免焉，君曰："行矣，余幸薪免而改檄他人，是余移之祸也，吾不为也。"于是质衣裘，为囚赁车。行数程而赀罄，囚皆步行，银铛踉蹡，踏蹄血出。君不忍，乃属囚而语之曰："吾诚哀若，今欲尽释若等桎梏以载于吾车，吾与若皆徒步徐行，可乎？若曹有罪，我无罪，谅不以脱逃累我。即若曹逃而皆得遂其生，杀余而活数十人，亦余心所愿而不悔。"于是囚皆感泣，相许誓不敢负。既行，囚则左右卫君。值津险处，扶者，掖者，敷茵褥以待憩者，爇松瀹茗以止渴者，烟村荒碉中依依若子弟之捍父兄者。然一日日晡，行至六盘山，崎岖万仞，麓无居民。他邑解役，皆畏难而止。君与囚喘息登，未及半岭而飓风作。凉西之飓比海飓更暴恶，色黑而气刚，作则正昼如夜，阴霾潮涌，大舆千钧，遭之辄覆，飞石如拳，击人头面。众囚值风起，皆纷窜。君坐树间，但闻崩崖折木，石破雷吼，如是者数十刻。风势渐杀，微见星光，则车子为覆车所压，几折股。寻声往迹，见骡伏草中，幸无恙。风际遥闻呼啸声，稍稍相近，则数囚埋面土中，风息而起，相与追寻而来者也。于是囚抱车子置车后，扶君坐车前，并驾骡而推挽之，且行且歇。复见有执炬者遥呼而来，则斩罪某囚也。凤夜无行客，深山呼啸聚立而相待者，皆死囚也。戊夜至山麓，去旅店里许，又有鞿塞骡而来者，近之，则杀人钜盗某犯也。君乘之入店，按名对文，只少一斩枭某。众曰："渠罪十恶，知不宥，是必逃矣。"君不语，弟与众相对啜粥。荒鸡乱号，忽闻剥啄叩关，人之，则某也。君望见，泣下，囚亦泣，曰："人谁不愿逃死，实不忍负我生佛耳。"先是，君见车子时，众囚无一在者，车子曰："此天假之缘，不逃何待？行速者，将百里矣。"君曰："我实纵之，复何尤？"至是，众囚毕至，故君感之而泣下也。及至兰州郭外浮桥下，囚皆坐待。君后至，谓曰："何不先入？"众曰："省会官兵多，见小人等徒行，公且得罪。"于是各向车中认取刑具，互相钮锁。君见之，更为涕泣不禁。及君公事毕，将归，不谒客，先赴监中别囚，与囚对泣，如母别子。囚之知必决而有老亲者，求君寄声身后事，君皆一一疏于纸，归途迂道往致其家。其或有枭示近地者，仍为之瘗其首焉。

新疆地多浩壤，戍边之将各以部卒及谪犯开屯田无限制，故武职多富。其应给军粮，则设粮厅为收放，尖入平出，谓之耗羡，以供差徭杂费。初，未设州县，其各屯粮厅必拣调内地之强干者，谓之调口。每遇当调，不愿往者必多方求免。至是，乌鲁木齐呼图壁粮厅员缺。时适有遣犯戕官作乱事，人尤畏之。郡守方忌君送囚而囚不逃也，则伪以强干有为荐君调口。为君忧者，皆劝其以疾辞，否则宜送室家归，只身赴边。君夫人吴恭人谓君："是不可辞，辞且获谴，且必偕行乃相安，死生有命，奚惧焉？"于是渠民之送君者，哭声相续，皆虑君不生还矣。君行，出关七千里，始至屯所。适值严冬，朔风苦寒，堕指裂肤，积雪中人首累累，逆旅之犬衔之入床下。呼图壁城戍兵千余，守备数十员，统于一都司。屯田遍野，例交文仓收管者若厂，贮都司屯仓以备征调者若干，余皆入营员私囊。盖漠外无运道，无盖藏，民食仰屯余之蓄。岁祲麦贵，都司往往尽枭其备征之粮，获利倍蓰。次年则补之有余，亦未尝有所征调也。

故事，凡祭祀，拜次文东武西，定位也。君到官，与都司祭武庙，都司欲拜东，君与争仪注旧制，都司怒，自是事事相掣肘，且时命其军校寻隙。一日，有遣犯窃商旅，君缉得其人，拘系之，都司率弁卒夺去。君申提督，提督亦不理，于是衅益深。都司令其营校逻守文仓，虽遵例支放，而耗羡则不许粮厅出粜，以窘困之。闭粜数年，耗粮充栋，积而勿用，赖新疆杂职养廉厚，得不饥寒而已。乾隆三十六年，吐尔扈特率众数十万来降，奉旨计口给粮以安插之。伊犁将军所部数千里，降人咸在将弁屯仓所储备征粮以供数。羽檄下都司，文到即速运，后期者以乏军兴论。都司得檄，忧怖莫知计之所出。盖是年麦价踊贵，凡诸屯之储尽粜，积金虽多，而千里内外无市粮处。于是有为都司谋者，是非求舒某不能解。都司虑君怀怨已深，将必不许。其人曰："吾观此人，轻利上义，胆虽大而心甚慈，宜可以诚礼动也。"于是都司乃率群弁造门请谒。君方习射后圃，释弓矢，出见之，则长跪乞救死。君再三掖之起，询知所急，慨然曰："蒙君数年为我守，用有此积，我亦岂乘人之急者。事不可缓，今尽以管钥付君，即自发运，以成数报我可耳。"都司竦悦出于望外。

于时金川用兵，诏许有能运粮饷军者，叙劳授官。君乃命其长子庆云应诏，得议叙同知，加二级，封君为中宪大夫。适君兄来视弟，道殁于山丹。君遂辞职，往护兄丧归里。濒行，念塞外贫交多谪戍而无依可愍者，取囊中粜粟价三千金，悉分赠之而后别。既而庆云除广西庆远府同知，摄永宁牧，迎养君至署。己亥，终于州廨，年五十有一。

舒固世族，今庆云仕为浙江金衢严兵备道，其群从子姓为牧令者甚众，人以为隐德之报云。君初至塞外，贫甚，都统索公怜之，以监照百纸发君备赈，君辞不受。后十年，口内外监照冒赈案发，而君独免，非先识乎？君第三子梦兰，世称白香先生，以才俊名，所著《天香日记》、《湘舟漫录》、诗文集皆行于世。尝在怡贤亲王邸为上客。甲辰应江南召试，一时如纪文达公、赵文恪公、胡文僖公、杨中丞䕫皆与游好。白香子普，即文僖婿也。

方东树曰：余读史，尝刺取古人纵囚者十余事，皆奇伟。而欧阳永叔独议唐太宗为好名，岂尽然与？夫子语或人以德报怨，何以报德，而又称伯夷、叔齐不念旧恶，怨是用希。夫言岂一端而已，豚鱼可格，而仁之为道远，亦义各有当焉耳。余未识白香，而顾尝辱与之书，极相慕悦，且愿与余谈，愿与连日夕谈而不一谈。呜呼！是可想其风期矣。道光十七年，余在两粤制府幕，而普仕为广东盐场大使，示余以杨中丞所为《保斋逸事记》，余因为点窜为《保斋家传》。是年冬十二月，白香卒，而余遂终不得与相见，故并及其梗概焉。

都君传

当吾世而有笃行诚孝者，曰都君。余敬之慕之，因为之传以警世，而使知鉴焉。

孝者，庸行也。自众人能尽其道者少，而视之遂若奇行焉。若夫众人所共难以为奇行者，而君子行之只若庸行，众人于君子所易者而难之，君子于众人所难者而易之，若行其所无事，无他，直所以用其恩者，有推与弗推耳。

君名某，字某，世为桐城人。始君生而父客游于秦，君之叔祖父及群伯叔咸挈家偕往，君茕然依母家居。未几而母亡。又未几而父继殁于客所。于时君甫五龄，无所依，则就鞠于外氏，随群儿力樵采以供薪爨，恒冬无缊絮，夏无绤葛，餐蓼茹蒿，朝夕负荷，以自食其力，以自脱于饥寒。及长，娶妇倪氏，倪亦贤淑，日勤纺织以佐乏匮。君佣力以给生计三十余年，备历苦艰，卒无能多所赢蓄。

居常早夜西向号泣，以不得归其父骨为痛。一旦决意欲往，因告贷于素所亲爱者，为贩茶以佐资斧。于是由舒蓼径商洛，徒步二千余里，忍饥露宿，得达关中。至则觅得父棺所埋葬处，殓其骨，载以归。归至中涂，每夜若闻哭泣嘈嘈声甚众，相随于后。君悟，因泣而祝曰："某归，若能自存，当复来迎叔祖父暨群伯叔柩，终不使久淹于异地矣。"祝毕，而哭声随息。越数年，复徒步尽取叔祖父母等八柩，悉改殓其骨以归，因买地为三分而族葬焉。呜呼！此一事也，是士大夫读书仕宦而莫或能为者，而君以一窭人，再行而毕葬焉，岂必其力之能裕与？亦竭其心所不容已焉耳。

先是，君少孤，不能省其先祖父墓，每春秋祭，辄携香楮望冢之屹然高大者而拜之，人皆笑其非。君志穷，乃佣于其山下之人家，不取其工值，求之一年，始得诸麦陇之中，因买田置祀而广其界。又有祖山为他姓盗占而葬者，君踵门哀求，以大义动之，其人卒感其诚而自行起阡焉。君少所鞠外氏已衰薄，有柩久淹不举，君购地代为归窆，以报其豢育之恩云。其于他亲疏及戚坟墓，苟其子孙不克振者，岁时必徒步亲往代祭，极其诚敬哀思之情。里有殷某，挈家之秦，而托其邻为视其亲柩者。及遇君于秦，询知其所为，则大恸，因以属君。君归，视其柩，则前和已坏，力为捐赀而葬焉。

君生于乾隆辛卯年，卒于道光庚子，享年七十有一。生二子：某、某，遗命子周恤族人惟厚。

论曰：古人一事得力，其心遂以数十百用而终身不尽，他事类然，况其为至情之所发与？迹君之所为，多在于亲丧追远之事。《诗》曰："永言孝思，孝思维则。"又曰："孝子不匮，永锡尔类。"若君者，信乎其不匮而可则焉已。余撰君事，辄为太息泣下云。

朝议大夫贵州大定府知府姚君墓志铭

道光二十七年九月六日，前贵州大定府知府姚君殁于江宁之侨舍。越明年，将即葬于句容县新扦先茔兆域，其孤世憙先于七月返桐城，以状来乞铭。噫！吾故人也，义不可辞，乃按状次其行历，并以余所夙知者为序而铭焉。

君登道光二年壬午恩科进士，以知县分发河南。三年癸未，补临漳县知县，中膺卓荐回任候升，故在临漳久，凡七年，前后尝两次兼摄内黄县事。九年，丁母忧，扶柩南回，以桐城坟山禁严，动碍他人墓界，往往涉讼，乃卜兆于江宁府属句容县孝义乡大柯村之馒头山，并迎其祖若父之柩于桐而聚葬焉。十二年，服阕赴铨，改发广东，补揭阳县。在揭阳三年。十五年，升连州绥瑶厅同知。以前办普宁县镫匪案被台臣误劾，经钦使辨明，旋署肇庆府知府。用太吏保奏，擢升贵州大定府知府，在大定六年。君尚气负才，敏而敢为，遇事执义强争，上官寖不悦。君以道不合则去，遂决意引疾归，道光二十四年甲辰也。

君生有异禀，自少读书，轩轾非常，族伯祖以诗古文词为海内所宗，世所称姬传先生者也。君早闻绪论，亦欲以著撰学问文章名世。时会所际，乃反以吏能显。其仕所历之地，悉号繁剧难治，而君所至，锄奸辨狱，禽狝草薙，卓著威声。尝两辨冤狱，八铲贼巢，其余兴利除害，不可殚述，赫然与古功名之士竞能，有汉西京张、赵之风焉。

初，君至河南，值抚军程公祖洛与署开封府，后为河督张公井清审积案，檄君入局。其时共事诸公，皆素负折狱才，君以新进居其间，见同意合，皆相引重。君每谳一案，推明律意，揆情度理，务使两造诚服无憾。於时滞狱皆决，悉称无枉，则君之才得於所授天分者不可度量也。

在临漳，有邑民张鸣武控妻被贼杀，前官将以贼成狱矣。君阅谳牍，称贼攀折二窗櫺而入。君念北方窗多窄，仅折二櫺，何由能入，且其所居非呼无人应之区，其夫又未远出，情皆可疑。即往覆勘研讯，果其夫因逐贼误斫杀妻，惧罪诬控。又有常姚氏被杀，罪人不得，狱久不决。君察是年县试有招覆弟一名文童杨献子不到，而常姚氏被杀之夜，即招覆前一日。心疑之，乃召献子至署，而察其神色举动多恍惚。又查得献子之居，与常姚氏居中隔一家，为献子媢姊，老而瞽。乃以计赚至署，又传其胞姊杨越氏诱讯尽一日，夜引至城隍庙，得官媒似常姚氏者，使以血污面，俟人静潜蹑其后，杨越氏见之以为鬼也，与语辨因，遂得实。乃献子夜至瞽姊家，借梯图奸，不从，行强所杀。邑多无赖，恃强扰肆，民因不敢设肆，凡日用所需，多远购之郡城。君廉得故，亲巡街市，遇则严惩之，期年风革，市肆遂兴。俗又好讼，君每因公事赴乡，遇生童即为讲说义理，见妇女之勤织纺者劳以束布，童子在乡塾者奖以笔墨。四乡之民习熟相亲，或请赴其家，诉以事者，即为辨其曲直，或劝令不必结讼，或令其补结存案，欢附如家人父子，情伪尽显，无敢作奸，由是讼狱遂稀。

癸未，漳、卫、洹、荡并涨，漳水改道东趋，抵内黄，入卫县等属，村庄尽被冲没。君乘水正发时，赍粮赴水所，且赈且勘，民欢呼感动。幕宾或言当待勘报而后赈，君言：“弃一官而可全万命，吾何惜?”及抚军来邺，遂檄君承办灾务，全活甚众。彰属惟内黄俗最悍，上控罢漕之案，无岁不有。上官择贤令陈君凤图宰是邑，谓能获民也。会漕务正殷，时陈君以忧去，大吏以君为彰郡六属民所素服，乃檄君兼摄内黄事。君至，民果输纳恐后，漕事获济。君不取内黄一钱，故陈君亦得无困。内黄有贼薮，其村四面设壕堑，聚党羽，具矛铳，兵役莫敢撄。君率兵役乘夜往，入村搜捕扑灭。临邑毗连大名境，有积匪聚赌博，不畏官法。君致书大名镇及大名令，拨兵役，堵要隘，会营往捕。匪徒汹汹将抗捕，君大张声威，惊使散，大名兵役合势犄逐，遂全数就获。北地博徒多掘地窖，聚盗其中，其门仅容一人出入，内排枪矛为拒捕计。君令以烟薰之，众争出逃，遂被获。于是合邑赌窖俱尽，盗贼无所容，皆君调度适机宜所致。

在揭阳，揭阳为粤省著名第一剧邑，其民凶悍，积钜赀为械斗费，世相仇杀。城以外，民各距隘守，无敢逾境一步。人有被掳，勒财以赎，不赎即脔割食之。良民禾稼，岁被抢夺，故赋无所出，强者自祖若父以来，不知有纳赋事。截夺商贾，勒取其税，名曰打单。官斯土者，恐激之生变，率因循苟且，以隐忍为得计。君下车，召吏民矢之曰：“吾来治斯邑，不要钱，不要官，并不要命，有梗吾治者锄之。”集壮勇，教以坐作、步伐、击刺之法。构崇台西郊，上揭楹帖，下树大旆，示以保护善良，与民更化之意。集绅耆会台下，为若设筵约和者，皆辞以惧仇不敢赴，则命人护之来，俾共知振作本意。初，揭邑有戕官事，民贿和之，不以实报。又昔年镇道督兵至揭，见其势汹，乃夜遁，故民益不畏官。邑之河婆司巡检属有地名下滩，林箐深密，匪徒匿其中，土豪开张质库，为之囊橐，盗贼所聚，公肆抢劫，人无敢出其涂者。君会营往捕，其人皆赤身持铳，裹头脱裤。揭俗，亡命者每以此示必死以吓人。君调拨兵勇，直前冲突，或死，或被擒获，即时扑灭，于是威风大振。捕一盗，积犯十八案，乃召被害十八家环观之，轰以火枪十八出，如其案数，被害家皆感泣，民咸称快。

有正凶居钱坑不出，君率壮勇往擒。其地四面皆山，仰攻不可。君入其村，村人共奔高山以观动静。潮州故事，凡官兵赴乡剿捕，如人逃避，则爇其室庐，空其积聚。君戒毋焚烧，书示于门，令其耆老见官谕话，限以日，勒壮勇驻河干以俟。至日，耆老不来，君书示复如前，耆老仍不出，君令人入村见耆老，传谕述官长意在劝化，无恶意，而耆老终怀疑不敢出。复令一同乡门生入见耆老，耆老言感官长厚恩，惟负罪太多，故不敢见。某为一一解释，复婉导再三，耆老愿请官一人独进村，勿带兵勇。报君，许可。次日，君乘舆张盖入村，随行厮役仅数人。耆老接见，君一一慰劳，耆老流涕而言昔年被累情事，君告以愿与更始，谕令将正凶送出，耆老许诺，并请质子以明信，君谕止之。维时民有在四山高望者皆欢呼，称曰好官。君返至河干，耆老知无相罪意，皆送至舟次，君书数笺，分给耆老，以示戢安意。越日，果将正凶获送，遂置之法。盖自下滩示以威，钱坑怀以德，而恩信大著。有罪人潜来城探官消息，役拘以来，君以不能拘人于乡而拘于城，是使民畏而不敢进城也，纵之归，并责役。数日，其族长缚之来，乃按论焉。初，差役不敢赴乡，每奉有票拘，俟其乡之人有入城者辄拘之，令其以正犯来，始释放还，故民不敢进城。自此次整顿而后，乡城始通，其弊乃革。

揭邑有榕江书院，久废，君复兴之，作意培养士子，课余回乡，皆以官长新政告其乡人。若闻其乡有将械斗者，密先以告，君闻即驰往为之排解，其不遵者，则并力治之。君置"催科"、"止斗"二旗，于收获时，惧良善或被抢夺，亲督勇壮巡行四乡，为之保护，树"摧〔催〕①科"旗使民无惊。械斗者，则树"止斗"旗以往，未至而械斗者慑于威，无不止散。一日，遇持火枪者结队行，望见君至，悉没水中。君命以渔网取之，得五十七人，讯为受雇助斗者，悉按以法。自是民乃不敢助斗，而械斗之风浸息。民间张镫庆贺，揭牌书古谚语曰"官清民安"云。揭邑之不完赋者已三四十年，至是输将恐后，虽揭民亦诧为意想不到也。

君将去揭，揭民具公呈赴大吏吁请乞留，呈中历叙君治揭之政，揭民向德之殷，后引《豳》诗"无使公归"语，以爱周公者相比况。时总督卢敏肃公阅之，优语批答，准其回任。四境之民闻君复至，演剧以迎，自入境至县治数十里不绝。先期共揭示曰："合境共迎县主复任，有敢乘此为逆，报私仇泄私忿者，通邑大小七百余村，共往洗荡之。"自后民益驯扰亲附，强梗之俗遂化。

---

① "摧"，应为"催"，据上下文改。

新会令陈君凤图前署揭阳，为团练乡勇犒赏诸费，挪用垫款数至三万。及是卒于新会任，或有劝君揭参陈君亏空者，君谓陈君好官，止有一子，又穷乏，吾何忍令其入囹圄受追比之累？徐图筹补可耳。陈君前令内黄，后令揭阳，皆与君相接，似有因缘，然亦可见君厚待同僚，不以财利死生易心也。

十五年，升连州绥瑶厅同知。是冬，奉檄普宁察案。先是，普宁令周君赴乡相验，令事主一人在己轿中间行走，盖亦虑有不虞也。行至大埧，凶徒追至，杀于官前，并杀夫役二人。又有盐曹官晋省，中途突有匪众出，伤其舆夫，随从行李悉被抢夺。大吏奏明查办，饬潮州镇惠潮道同带兵五百名前往督捕，委君随同办理。镇道先赴大埧搜捕群凶，有远扬者，有就获者，乃命君就现获各犯研鞫，究出有龙镫会事，同盟有厝寮各村，以某村暨涂洋为巢穴，以磨盘山暨某村为声援。君以涂洋自宋以来未有能攻取之者，因与镇道谋议必计出万全。乃遣人至揭阳，借乡勇百名听用。至则令屯大埧，防会匪复聚。复令门辟司巡检刘某同揭勇自大埧潜捕磨盘岭，又别遣带兵勇同日分行潜捕某寨，以先绝其援。次日，君与镇将整队伍，趋涂洋，令都司赵某攻其东，都司马某扼其后，揭阳乡勇自磨盘岭来，亦自成一队。贼寨中枪炮并发，揭阳乡勇从烟火中冒死先进，各路兵继之，遂大破之，群匪以次就擒。乘胜复围捕某村，倾其巢穴，取获大炮、鸟枪、长矛，计前后其获首从六百余名。是役，惟伤揭阳先登乡勇一人、厮役一人。

二月，事竣回省，因湖南瑶匪蓝正樽滋事，恐逆匪窜入连山，乃奏令君先赴绥瑶任防范。其时，君遣弁目入瑶排严查，而潮道及三江协及湖南皆有委员纷纷入排，瑶人不胜疑惧。君查明确无潜匪，禀明大府，出示晓谕，八排瑶情乃定。君在连州，遇民瑶构讼，于判决时每防微杜渐，必使民瑶相安，故以无事。十六年丙申，以前办普宁案被台臣误劾，奉旨交钦使之本先在粤察案者就近查办，所劾皆诬，乃得解。初，君自连州被逮，揭阳民闻之，络驿遣子弟至省探问消息，忽讹传君已得罪，城乡惊扰，经潮郡文武出示谕之乃止。此亦可见斯民三代直道之公也。

十七年五月，署肇庆府。端溪大水，城不没者数版。君立城上，率吏役堵守，与水敌不去。吾时作诗贻君，谓似汉王尊云。君以郡为总督劄所，营伍最大，兵额最众，乃与营将商，预放兵粮一月。时米价腾贵，一经支放，民不知灾。是冬，卸肇庆事，回省，适东莞县有怀德、北栅、赤冈等乡陈、何、邓三姓械斗滋事，仇杀多命，大吏委君会同督标、中协、都司、守备等带弁兵五百驰赴东莞，会县营围捕。至则各凶闻风逃匿，围无可围，捕无可捕。君谓此次督抚会商，大兵压境，警惕凶顽，若不得民之情，服民之心，空举而回，何以示惩。乃暂驻城内，谕令送凶以缓之，一面排列船只，以张军威，以寒匪胆，潜选员弁，分途踹缉，遂将首从各犯先后全获。

十九年，升贵州大定府知府。大定为苗疆繁要之区，辖三州一厅一县，其繁甲于通省。其俗好讼，每讼必牵书役，一案变成数案。或借命、图诈、贿和、私埋，一切鸡豚细故，皆可酿命案，以致良民不能自安。君每逢告期，必亲坐堂皇，且阅且批，或当即掷还，或当即斥责，应讯者即日带讯。每结一案，必有判单，使两造不能再进一词。有一批即结者，一讯即结者，无案不办，无案不结，故吏民咸畏之。其始至，每告期呈词必百余起，期年仅十余起。其起解之案，悉依犯者原供，不增减一字。上官或有意挑驳，逼令改供，而犯者自谓情实如此，不肯改。大吏或下一令，君必斟酌地方之宜，不使受新法之累，见多不合，故卒以龃龉去。

郡有白蟒洞，系荒僻之区，无塘汛墩铺。山有岩硐，硐口宽约十余丈，深约五里，可藏数千人，中产煤铁。有汪摆片者，招集匪类聚于此，烧香拜盟，结老人会，扰害地方。君已访闻，及是又有抢掳民人谢石沅妻谢赵氏事。君随会营往捕，并密谕土目，分涂踹缉，旋将汪摆片等五十余人先后全数弋获。讯出匪等立有名单规条，约定先抢三江苗寨，后八大户土目，再抢各场。勘得此地有穴可以容人，有铁可以铸兵，有廪可以贮谷。定郡民苗杂处，界连川滇，其被惑及诱协之人更易更多，非他郡可比。今迅速破灭，不致滋蔓，微君之力，将遗无穷之患。

初，君在临漳，值漳水涨为灾。是冬，大庾戴相国奉命来勘漳河，时有议复漳流故道者。君考全邑皆故道，故道不可复，乃著《漳水图经》。及在连州，君以绥瑶乾隆间始设官，其时连山尚为县辖并不久，疆域错处，人多未知，乃创为《绥瑶厅志》，二书俱已刊行。文集若干卷，诗集若干卷，俱藏家，世熹等将即为付梓。

君性好奇，喜大言，行多不掩，人或诮之，君亦无作容。余尝面质君，谓君大言不惭，似李邺侯，君笑不顾。然察君行事，凡有所处，若省括于度，必获而后释，非捣虚者所能为也。尝与君同宿逆旅，命酒纵饮，剧谈至深处，君忽放声大哭，众皆惊骇，走集户外环观。君徐收涕，谓余曰："吾之哭，岂惟若辈所不解邪？"凡君平生言动，一切率多类此，人咸目为狂，以比盖次公沈昭略。昨岁《答友人书》内言植之瞋念未除，乃图欲作佛，亦奇士矣。盖友人以是谤余，故君因其语以为诮也。是不知菩萨慧多定少，必至道树下始断绝，而白衣在家修行者不受具足戒，是乃佛理至深妙之法，二乘及辟支佛所不能证，余人那得知？嗟呼！安得起君于九原而与共论此？是故余不可不铭君，君舍余莫能得铭，即铭亦必不当君意。

君讳柬之，字佑之，号伯山。七世祖讳文燮，为刑部尚书谥端恪讳文然公再从弟，仕为云南开化同知，负奇才，有声，康熙时遂为名家，画入妙品，号黄蘗山樵。黄蘗山在东西两龙眠之间，故君亦号蘗山。后官连州，见山壁间有宋苏文定公颍滨石刻"且看山"三大字，故又号且看山人。君生于乾隆五十一年乙巳，享年六十有三。高祖讳孔钺，康熙乙卯举人，内阁中书，钦旌孝子。配庄氏，封安人。曾祖讳兴瀛，监生，赠登仕佐郎，候选从九品。配张氏，继配马氏，封孺人。祖讳培致，府学增生，貤赠奉直大夫、河南临漳县知县。配张氏，赠宜人。考讳原黼，诰赠奉直大夫、河南临漳县知县，例晋朝议大夫、贵州大定府知府。配张氏，诰封太宜人，钦旌节孝，例晋太恭人。君初娶张氏，同里寿州学正讳裕术公女，继配徐氏，武进县顺天粮马通判讳准宜公女，俱例封恭人。初纳侧室周氏，俱前卒。继纳侧室杨氏，君殁殉节，呈报待旌。子六人：世恩、世惠、世憙，俱张恭人出。世憙早殁。寿恺，周氏出。恭懋，徐恭人出。懋恬，周氏出。杨氏所出殇，君命以懋恬为杨氏后。女二：长适浙江钱塘汪锡智，夫死，绝粒以殉，奉旨旌表；次适同里方之粲。孙男四：昶、晨、暻、晒，孙女二。

铭曰：谓学未究，瑶簿漳经，用谂厥后。谓仕未究，节错根盘，功喧万口。谓君无奇，跌宕纵横，执居君右。彼庚元规，其风涴人，嗟嗟某某。我铭君幽，慰君地下，掀髯拍手。百世而遥，石可渐磨，载词不朽。自记云：章法完密，于叙事中一一点缀，风韵焕发，韩、欧、王法也。或言艾繁，不可删者亦有说。念此为伯山平生弟一得意，弟一功名，英姿飒爽，毛发俱动，平心而论，实多有足为后来治剧之谱。若贪惜笔墨，裁损字身，缩减文句，以求合所谓义法，则伯山面目性情不出，文章精神亦不出，如宋子京《新唐书》，反成伪体。墓志即史家纪传，宜实征事迹，如太史公诸列传，各肖其人，描写尽致，自成千古。故韩、欧、王三家志文，皆学史迁法。若但以长短为胜劣，则子由志东坡亦六千字，东坡状温公至万言以上，虽昔贤之论苏氏文不登金石之录，然二公亦尚非全流俗门外汉也。且伯山之为政与吾之为文，自行意而已，固不规规傍人门户，指前相袭用一律，作优孟衣冠也。此意何当与吾伯山地下共论之。

祭姚姬传先生文

　　呜呼！惟古之时，道出于一。德行、文学，并曰儒术。四科既判，其流遂歧。匪惟儒蔽，亦见文枝。立之标准，汉差近之。而道不明，徒存其词。继周八代，纽芽于唐，韩徒始作，宋乃大昌。茫茫晦迹，如日中天。凡有血气，毕被昭宣。惟文于道，其用相辅。有昌其运，同复于古。在唐韩、柳，在宋欧、苏，曾、王翕奏，如笙管竽。譬济沧海，必浮河江。如登泰岱，曷舍鲁邦。有或越是，斯悖斯庞。昔吾先祖，奉是以教。先生受之，益宏其觉。近世俗士，党崇汉学。丑诋紫阳，门户是角。搜抉细碎，违离道本。苟肆其心，哗众取宠。遂及文章，群喙沸腾。土苴韩、欧，放言云憎。孟某好辨，惩是凌暴。洪水猛兽，处士同悼。先生之学，先生自深。用力之久，益精于心。郁郁其文，播是雅言。近维俗敝，远系道根。四方之士，既止其门。如何不信，有闻不尊。或进不至，短垣自藩。或牵异说，中道改辕。繄维贱子，函丈夙依。二十年来，不远以违。食我诲我，除舍分衣。闵兹孱弱，长贫兼病。先生顾之，忧心忉忉。岁在乙亥，梁木其萎。远承凶问，日冽风凄。中丞之幕，用权吾寝。余哀不忘，有泪在枕。追维平昔，无善以报。庶广微言，以觉诏告。呜呼！媛媛妹妹〔暖暖姝姝〕①，陋士之羞。先生之守，实惟道周。后有夫儒，旦暮相求。论世考言，知非谬悠。奠醑陈词，敢质诸幽。尚飨。

---

　　① "媛媛妹妹"，应为"暖暖姝姝"。据《庄子·徐无鬼》："所谓暖姝者，学一先生之言，则暖暖姝姝而私自说也，自以为是也，而未知未始有物也，是以谓暖姝者也。"

妻孙氏生志

妻孙氏，生于乾隆己丑年九月十三日，年二十五归余，今三十九年矣。怜其备历愍艰，老病且死，乃豫为之志，道其苦并述其行，及其见之也，以慰其心。以妻平生知文字为可贵，又乐余之能文也，谓庶可以著其不朽故也。

妻以癸丑年冬归余，逾二年丧其母，毁瘠几灭性。一弟未受室，父远客，乃归，代理其家，居一年始返。是时吾家尤穷空，先君子困处，大母老疾，无以赡朝夕。余迫生故，遂出游授经为养，修俸所入薄，不能兼顾，妻凡有所需，常典质自给。嘉庆己未，余客江右。是岁邑中痘殇，一月之间，吾两弟妹及两女皆亡，妻抱其子而哭其女，抚其尸无以为殓。妻尝为余述其事，而不忍竟其词。以居临卑湿，兼患气中伤，得痹疾，不能良行。初犹扶杖强起，医者误投方药，遂致笃废，手足俱挛，癸酉年也。丙子，吾在江苏胡中丞幕，而吾父殁，吾母老疾不任事，妻以家妇持家，责无旁贷，竭力以主大事，礼无违者。明年，余羁旅江宁，漂困扬州，而大母继殁，妻所以治办丧事者，校吾父之殁而备艰矣。频年之间，更两大丧，余以不孝皆远避，而独以委于妻，是固私心所惨愧而无可言者也。又明年，余客粤东，妻又为长子纳妇。自癸酉以来至于今，凡十有九年，每朝则令人负之起，坐一榻，漏三下，又负之就席，以为常。其余终岁终日踞坐一案，凡米盐所需，追呼所告，丧祭所供，宾亲所接，纷至沓来，悉以一心一口运之。呜呼！是健男子所莫能支，而以一病妇人当之，其亦可谓难矣。

妻知书，通《毛诗》，子未就傅，尝自课之。性刚明厚重，有蕴蓄，喜愠不形，虽甚急，无惶遽色，虽甚穷，无戚容悲语，转侧痛苦，未尝呻吟呼天及父母。与人言以诚，无巧伪，哭死必哀，见人有苦常慈悯，行事有常度，明于大义，虽无财，而事所当行未尝废。

余赋气弱，自少多疾，妻来时，余羸瘵不成形，又常喀血，妻常恐余死，以故无论在家在外，一心常念余。若在病者，常舍其疾以忧余之疾，数十年如一日。余偶归，则所以视寒燠饥饱之节者甚至。余意有所欲行，但闻言必谨成之，从未有一事梗避龃龉怨阻者。常默计余所需，不待告语，莫不夙办。余每念以妻之事余，若移之子事父母，可称孝子，故虽非有古人异量德贤，而揆之妇行，实无所阙，其亦可以谓之君子女者矣。余尝十赴秋闱不得售，妻谓余曰："吾在室，望吾父，及归，望舅，继又望君，而终不获一如意。"此虽俗情，而其言亦可悲矣。余性不深，固好直言人失，常以取怨。妻每谏余，迄未能改，以此愧之。余出在外，幸与贤士大夫交游，妻闻之乐，间与商榷人士才性贤否及时事之是非，皆能解意表，故余不归，归则如对一良友焉。

妻母弟仕于广东，为知县，妻无几微之念望其濡沫，及其弟所以待姊者甚疏，亦无几微之念以为怨，此则余亦服其度之不可及也已。吾尝谓妻曰："汝勿死，待吾力稍裕，能为若具棺殓而后可。"斯言也，因循十余年未能酬，今岁辛卯，始奋然决志，为假贷购材木，使匠合成之，于余心为稍尽矣。余痛先子之殁也，材木未美，又感姚氏姑及七叔父之事，誓于神明，不许厚殓，用自罚以求安吾心。而于妻独勤勤如此者，吾无符伟明之德，不敢以妻子行志，又所以报其代余当两大丧之劳也。

妻桐城世族，五世祖节愍公讳临，曾祖陕西兴汉镇总兵讳建勋，祖癸未进士讳颜，而邑庠生讳詹泰之女也。初，妻叔辛酉进士起岷与先君交最笃，爱余所作诗文，谋于其兄嫂，而以女焉。铭曰：

暇豫不敢望启处者，生人之常。天罚酷于余，而以为君殃。懵荼荼之匪固，性诚壹其如忘。铭余词兮使睹，要后死之无伤。语征实而无溢，允昭显于德行。

书妻孙氏生志后

辛卯岁，在宿松书院作家传毕，为妻作生志，欲使见之，以慰其心。明年壬辰，困陋无聊，再入粤谋升斗，八月归，堕泷水，不死。妻悯余衰莫奔走不能息，忍耻违心而非得已，常太息涕泣。今年余在常州旅处失意，妻闻之，加忉愤，病益增，盖隐度内外人事，无有长策生意可冀以纾困者矣。余以二月二十五日出门，是日意惝恍荒忽，步徙倚似不任履行，妻劝余少息偃，余决然不顾，勉强遂出。至东郊将登车，瞥睹一道殣人新死，横尸车侧，瞿然知为不祥。及至常州，意外遭拂逆。五月以来，心神不宁，忧念家室，肠若中绝，心如攒刃。画穷无俚，乃卜乃筮，乃占梦祷神，不见吉端。八月八日，祷于于忠肃神，蒙示杯珓，不吉，反舍得家书，述妻病危笃。十四日，复祷于文昌帝君，亦不吉，反舍得家书，则报妻以七月二十九日弃余死矣。

呜呼！妻事我四十年，无纤毫言语之过，惟日盼困陋之解，辛苦垫隘，备罗酷急。近岁衰羸，尪疷痼瘵，言气不属，犹日张空拳，呕心血，枝梧日月，以祭以养，以持门户，以保弱幼。余久客于外，不能裕所入，而室不毁者，妻之力也。常念三世先枢未葬，千金逋负莫偿，一门十口资生无计，余老不支，故虽至疾亟，宛转不肯自矜惜，医药饵膳之弗求，以速于死。呜呼！痛矣！人生有死，百年必至之常期，惟共贫贱同忧患者难忘，共贫贱同忧患而能贤者尤难忘。吾又寡兄弟戚属，行止出入，惟妻能悯我疾苦，谅我端良，自今无有能悯我谅我者矣。

吾闻凶讣已一月，屡以事阻不得归护丧，以尽其志，且闻其所以殓者皆薄。呜呼！黔娄之妇之殓黔娄也，不肯斜其手足，以君之贤，必能自怡，吾不及与之也。初，吾闻报，自悼暮景凄凉如此，穷涂错履，世路险艰，归邪，死邪，生邪，皆不得。顾念身世，将有阖门殄绝之忧，不胜存殁哀惧之情，魄逝心坏，计日待尽。继念门祚安危，冀缓须臾，尚在吾身，身死之日，此茕茕者益之速绝，必非君之明惠所善，以为君地下之忧，故复乃忍情，强自宽释，百计以求瀹吾哀。天乎，神乎，其继今而能久生乎？吾力能累妻之死，乃不能以一哀酬其酷乎？颇闻吊哭者有余哀，吾顾可以已乎！虽然，妻笃疾患苦二十年，吾在外尝忧其死如未尝生，则今虽悼其亡，冀其尚生也，或未尝死。呜呼！君之足哀见于吾言者如是，其不可以言见者，吾亦不能既言之也，无穷而已矣。君之殁距生享年六十有五，子二人，孙男三人。《传》曰："妻能成夫，则妻亦成焉。"余故窃取康子之义，转谥君曰成子，冀后世有能知君之贤，悲君之遇也。道光十三年九月十三日，是日君之诞辰也。

终　制

　　士君子行己素位而道中庸，亦曰行乎理之所安而已。使微有感激遍宕之意则失中，失中则失道，失中失道，君子不由也。斯义也，盖尝有志焉学之而未能，亦遵之而不敢悖。念及兹衰暮，旦夕游泰山，恐不获得正而毙，故及未暝豫言，誓出诚心告汝，其尚以素位中行逆我，慎勿以偏激失道悖我。曾子不云乎："人之将死，其言也善。"尚念之哉！

　　一、我生平有大戚数端，不暇悉言，大约不孝居其最。居恒思之，无以自赎，惟欲一切自克损用罚。今与汝约，我死则必无厚殓，毋用纩及帛，弟布衾时服裹手足形，素棺，充木屑断楮，校之杨王孙已为费矣。

　　一、我无名位，又寡亲识，死之日，一二执友当相闻，外此毋用赴报。至于丧仪奠设，一切明器虚文概勿用，亦勿致客。古有会吊车几百辆者，亦有老庄、黔娄、子舆无相而不以为沽者。夫理无常是，事无常非，各安同异，毋所疑也。

　　一、我幼多疾且窭，虽资性尚非底下，而未尝实用功读书，故学无基址。长而乞食四方，颠沛患苦以纷杂其心，愈不暇精诵。中年以后，始稍稍悔，而已时过弗及又羸不堪策厉。夜兴自扪，德无可据，道不成章，行能鄙薄，为人所忽，卒老无闻，尚何称扬。即死，慎毋乞人为志传等文，虚词赧人，使地下增愧也。

　　一、我于文事，幸及承教先辈，粗闻绪言，亦幸天启其衷，时有获于思虑所开悟，但仅望见涂辙，实未曾专心深学之也。平日所为，率牵事应付，冗陋凡下，惭恶不自信，已判只字不存。至其中或有论议所及，义理可取者，尝欲别出为一编，久而未暇，以为与使人訾鄙憎弃，不如绝其传，犹胜作诤痴符也。

一、《待定录》中颇有切言至论，牵人事少暇，忽忽未及修理写定，又卷帙校繁，傥日力不给，则壹切焚之。尝慨后人撰辑前人未成之书，不得其心，徒用己意羼乱之，往往谬误百出，既失其本然，又以遗误来学，最是一大恨事，故不如其已也。至所已刻行数种，虽无根柢，似于义理尚无大倍处，则亦听后人之弃取可也。《大意尊闻》，家诫也，非以为著书，然于修己治人之方可得大略，用以教幼学，当不至差谬。《昭昧詹言》，皆作诗文微言奥旨，惟讲解太絮，为大雅所不屑，要当割去之。杂稿数篇，辨论学术道脉，似尚该审。古之哲人违世，言不及家事，非忍之不言，将为不可言也。王僧虔诫子曰："鬼只爱深松茂柏，无预子孙荣枯事。"唐大历中虎丘寺壁有鬼题诗曰："虽复隔幽垅，犹知念子孙。"庄子言："豚子食于其死母者，少焉眴若弃之而走。"是三说者，吾尝痛之。道光辛丑三月晦日，仪卫主人书。

名字说

吾名树，字植之，先子所命也。初亦膋于取义，知命之年，感物发悟，喟然有戚于吾心，因自诲之曰：今人植百果草木者，加浇灌，勤护理，条蘖茎叶，未有不日滋荣而遂其生者。以我殖物，物贲然不我欺。然则移此理以善道自殖，加浇灌，勤护理，克尽其性，天顾不笃其生乎哉！《诗》曰："自求多福。"夫福莫大于有生，求莫勤于自殖。呜呼！小子尔乃不绎思彝教，日任其槁折以萎绝也。吾见其于生也，靡幸矣。

自题像赞

近俗以来，文儒学士多喜写小像，遍乞人题咏，又喜为别号以自署。予生平非之，义不肯效，以为本非名流，徒成习气。适金陵马君强为予作此图，固谢不获，则亦因自为号曰歇庵，又曰冷斋，系之以赞铭诗说，用自警策，以比于古人几杖座席之铭及书绅云尔。道光二十五年乙巳冬十月。

古之善士，微妙玄通。唯不可识，强为之容。转转权实，荡荡虚空。世智懵暗，教理真宗。谁与莫逆，圣佛参同。

歇庵铭

　　昼居歇庵，夜卧冷斋。十六智孽，十六事本《庄子》。一乘平怀。明镜止水，无心去来。起念即妄，断常又乖。见心不二，同师黄梅。夙契植树，东山门开。

冷斋说

　　客曰：子号歇庵，义已尽矣，无余矣，无隐矣。又曰：冷斋何哉？曰：非冷不能歇也。盖尝上观千古，横览一世，品类不齐，大都凡民多而贤圣之人不数遘。揆厥所由，不能耐冷故也。不能耐冷则趋于热，一念热，遂歧为万念，方生倏灭，日夜相代于前，如乐出虚，如蒸成菌，如浮云变灭，不可方物，如扬帆驶海，骤马下坂，无能休息。而究其根本，萌芽不出一我。由有我因有人，人之盛为众生，我之盛为寿者，佛释氏所谓四相也。由是缘以色、声、香、味、触、法之六尘，造为妄言绮语恶口两舌、淫杀盗、贪嗔痴之三业。盖以色、受、想、行、识之五蕴，动以八风，沦于六趣，焚炙爤燧，以销铄障蔽吾清净本来无物之妙心，皆有我为之也。故举一世之俦类，皆视同楚、越，即君臣、父子、昆弟、夫妇之伦，礼教、信义、廉耻之防，悉掉臂而不之顾，何者？彼热则此冷，势不并立也。

范浚曰："一心之危，众欲攻之，其与存者，于戏几希。"故道家言一念热情，丹炉毁裂。甚矣。治心之要莫急于濯热，濯热必以冷，则沃心其要也。际利害切身之来而不惧，遇万锺千驷之加而不顾，处酒色财如杨秉而不惑，著忍辱铠，提智慧剑，作羼提仙人，坚固不摇，宁静不动，远离颠倒梦想恐怖挂碍，以死生为一条，以可不可为一贯，信定业之不可离合，而以不惧为保始之征，凡此皆由冷而后可几也。世俗凡夫，闻古有仁圣贤人，亦知慕之，曰："是有道者也，是不可及也。"而恶知此仁圣贤人之初，乃天下之大冷人也。虽然，惟天下之大冷人，又能为天下之大热人。盖自古仁圣贤人，其守己甚冷，其与人甚热，故既曰淡曰无欲，又曰欲立人达人，己溺己饥也。夫曰淡曰无欲，冷也，曰欲立人达人，热也。至于己溺己饥，则热之极矣。此石隐者流与罗汉辟支之恝然为冷，终不如大圣人忘身利物之为热也。是知热由于冷，此冷与热皆道心主之，非夫凡民之所为冷与热也。

客曰：子之言皆然已，无如习熟老生之常谈，不能振沉痼久痹之疾，何也？曰：固也。夫大道不专苦行，而非苦无以助修行之力。冷者，苦力也。故吾之欲居是斋也，非徒欲顾其名而思其义，实欲强其骨而弱其志，以目警吾心耳。僧家有曰"枯木倚寒岩，三冬无暖气"，则即以此斋为如来之雪山焉耳矣。抑又有进焉。为学者之患，莫甚于好名。名者，热之根，其害远过于欲利。世颇有不好财色、甘淡泊、无营于富贵而其心不得为仁者，名心炽而不能冷也。此庚桑所以不释于畏垒也。

吾无用于世，而窃慕古之立言者，蕲与为不朽，故平生喜著书，除已刻十余种外，尚有《老子章义》、《阴符经测义》、《待定录》、《昭昧詹言》、《大意尊闻》、《思适居铃语》及古文集十二卷。晚岁研说性命，因兼寻祖意，缉成《金刚藏》十书，曰《初发心癫语》、《金刚经疏记钩提》、《无著菩萨十八住》、《天亲菩萨二十七疑》、《秦译直解般若五位细因》、《唯识论举要》、《大智度论》、《乐说》、《本法心证》、《圣佛参同》，共六十四卷。初亦自信正智诚言，后读黄檗禅师语录，见其告裴休尚书云："若也形于笔墨，何有吾宗？"不觉汗下，默自念曰：吾岂将为杓人乎？吾求冷而以热为杓，何异以生灭心行说实相法？如鹿逐阳焰，岂有解渴分，而况意识著述从门入者乎？已出者不及止矣，其未出者，当如古德，悉焚经疏文字，庶于冷与歇本志相应。此文伧伪昏浊，私独大惭，友人光聿元谓其似《有学集》，诚然诚然。非光君不能道此语，非予不能自承认此失。留此一段公案，他日吾孙能辨别之，乃于文章有可语分。丙午七月望日自识。

学海堂铭并序

昔在尧命羲和，宅是明都，帝妫巡方，兴于韶石。圣化所被，文明大启。南土之宾，自此始也。秦置桂林、南海、象郡，荒裔内属。赵佗起番禺，怀服百越之君。然珠官之南在九甸之外，论者以为山川长远，习俗不齐，言语同异，重译乃通，椎结徒跣，不识学义。汉武帝诛吕嘉，开九郡，始设长吏，颇使学书，观见礼化。及后任延、锡光继为太守，于是教之耕稼，制为冠履，建立学校，导之经义，故史称岭南华风，始于二守焉。

由此以来，沐浴涵濡，郡遂有儒雅之士。故杨孚为议郎，擢英于省署，黄颍为儒学从事，覃思于羲画，董正通《毛诗》、三《礼》、《春秋》，潜精于圣文。此三士者，高行殊轨，虽或缅焉未之能详，然皆担世主之珪组，究六艺之秘奥。澡身文渊，宅心道壶。湛渍于儒学之场，游泳乎篇籍之囿。则明分爽，探赜洞文，以茹其实而发其华。道光乎前圣，业炳乎来兹。名垂册籍，声流千载。古称不朽，斯非亚与？

若乃陆公骋其高谈，虞翻留其经苑。名贤所苤，风流津逮。缀学之士，祖述所传。逖彼前良，思皇曩哲。永瞻先觉，顾惟后昆。岂非闻所不闻，允为伊人之表镜也。是以斯文未普［替］①，并有所承，辙岐［歧］② 派别，专门亦兴。越嬴傃刘，洎吴徂晋，更兴迭盛，以迄于今。挈经者，味道德之华滋；测理者，分窔奥之荧烛；发藻者，搴兰芷之芬

---

① "普"，疑为"替"之误，据上下文改。

② "岐"，应为"歧"，据上下文改。

馨；采韵者，激丝磬之宫徵。天钟其瑞，地毓其灵。方以类聚，物以群分。野馗风动，都庄云兴。家自以为郑、孔，人自以为坚、云。莫不枝附叶著，焱飞景从。含精吐芒、雪煜流光者，盖不可胜记。

然而士有常习，俗有旧风，运有隆替，化有浇淳，时有升降，器有浊清。精粗殊会，通蔽相徵。千载不作，渊源莫澄。浚明爽曙，祖构雷同。学者蔽暗，师道又缺，虚张流宕，优劣非一，亦不可同年而语矣。夫立乎豫圃，百夫趋反，争为决拾者，以有夷羿之善也；处于高唐，千人抚拍，其相唱和者，以有绵驹之工也。游五都之市，而斤削之伎莫不良者，以鼓辅者多也；击大昕之鼓，而俊造之士莫不臻者，以奉帗者众也。何则？蓬生麻间，不扶自直；素湛于涅，不染自淄。所以渐之者，势也。是以郑侨不废其乡校，而文翁特修其学官。彼岂徒为虚文哉？道有不可易也。

方今国尚师位，家崇儒门。虞庠饰馆，石渠炳文。怀仁者麕至，抱器者景从。缨弁匝序，巾卷充庭。风教上升，协于辰极。光炎绝远，下照渊深。仁风翔于海表，元化耀于丹垠。于时泰阶衡平，景云光润，遐方徼裔，侧闻邦教，靡然向风，同源共流，禀仰太和。通人仲彧，追垄畔而传经，高士侯君，佣爨柴而著述。是以达义之士，曜所闻，信所觌，执经怀椠，云合雾塞，咸自娱于斯文。

于斯时也，大司马仪徵阮公以文武光朝，经纶宰世。秉列精之淳耀，降河岳之上灵。海内仪刑，当世冠冕。岁路未强，学优而仕。固以道综天人，理穷坟索。入陪侍从，则严、徐、东、马恧其文；出典圻封，则方、召、桓、文二其迹。乘理照物，抱神研几。凡军国远谟，政刑大典，既道在隆民，则功归辅世。而犹缀讲不倦，述作无疲。陶士行之贞干，乃惜分阴；王仲宝之升朝，仍成《七志》。对而为言，孰云不及？况乃钩沉小学，形声必辨，研精篆刻，彝碣广集。畴人谢其算数，羲献惭其笔札。洵所谓黄中通理，照邻知十者矣。而公雅言惟让，未尝显己所长，诠论持平，未尝形人所短。加之以宏长风流，许与气类，善诱极于单门，品题荣于寒畯。虽谢朓齿牙，叔休毛羽，何以尚兹？平日所至，招揽秀髦，与之述业。含经味道之士，寻声而响臻；雕章缛采之生，希光而景附。英灵辐辏，才俊如林。莫不抑首人宗，北面资敬。督粤之八载，岁躔实沉，月应南吕。今皇帝御天下之四年也，函夏无尘，海外有谧。七曜循度，四序顺轨。斯人扬和乐之声，庶士腾醉饱之颂。公方膏以礼乐，沐以诗书，扇以和风，晞以文德。勤恁旅力，清澄岛堠，尊贤接士，敬求损益。典文既洽，儒化大行。遐迩望风，莫不欣赖。乐在官之职，而中和之诗宣布；开集雅之馆，而讲德之士怡怿。

昔巴汉太守曾穿石室，新城小宰犹建讲舍，而况宗臣作牧，风喻令德，观廪廪之容，称莘莘之礼者哉？于是度崇基，练时日，储财用，选匠量功，揆景正臬，砻石厄材，经营不日，乃构学海堂于粤秀山址。依林结宇，背山筑室，前临交衢，旁呕市宅。启重闉以为门，包二山以为曲。带六脉之隐渠，抗双门之巍阙。北睎庾岭，巉岏之势插天；南眺重溟，瀿滞之届无际。扶胥浴日升其东，苍梧横云封其右。丹刻翠飞，阶户离立。长廊广平，飞檐齐直。肃肃焉，锷锷焉，业业焉，翼翼焉，信学范之鸿规，而礼堂之钜制也。卫子产桂阳学校方此为劣，雷次宗钟山精舍曾何足云。于是玄冥畅月，水轸旦中。合门晨启，命车凤驾。严鼓雷动，五校星列。云罕淼悠，霓旍缪辖。旄头被绣，武夫戴鹖。仪卫容裔，虎戟交铩。嫛裛沛艾以腾骧，百金前驱而负策。殷殷跄跄，跻跻圜阗，以莅乎兹堂。辕旌宿设，帟幕高张。僚属旁庚，司存先至。位以职分，屏待交侍。公乃缓带轻裘，弭节徘徊，远览山川，近周堂序。修容乎文囿，翱翔于艺圃。右延经神，左内文虎。群士陈书，俊民奉贽。升自东除，从容讲对。寄之深识，致在赏意。教若风行，应如流水。勖以丹霄之价，宏以青冥之契。学无常师，道在则是。人无求备，一艺毕取。等契者以气集，同方者以类萃。士感知己，人尽其器，而南州盖多士矣。

且吾闻之，学者所以饰百行也，海者所以汇百川也。细流不择，象于坎五；原泉不舍，终于放四。大海荡荡水所归，高贤愉愉民所怀，岂不然哉？钦乐文轨，师禀前式。尚实之制，词罔虚饰。休用我铭，庶彼浚则。其词曰：

赫赫祝融，作配赤精。是宅是祀，位于南行。火德淳耀，山川文明。兆基上世，开国秦嬴。茫茫百代，视此疆理。有清函夏，暨讫四海。涓选师德，熙我道揆。其来绳绳，令问不已。嗣公承之，益休其光。奸伪不萌，乱邪伏藏。畏威慕教，远人宾将。轨物作范，恍署文章。文章如何，悉我髦士。髦士未悉，公曰予耻。顺彼长道，播告厥指。濯缨振冠，部人多有。粤秀之山，作镇明都。左缀瓯闽，右达黔巫。洋洋钜浸，浴走天吴。时维形胜，邦之奥区。公曰熙哉，可用作黉。以居学生，资其高明。爰命审曲，经营备成。万流之屋，荡荡灵平。乃瞻薆宇，薆宇有象。上连翠微，二仪昭朗。孔翠晨翔，山鸡暮响。树隐潮飞，窗延月上。既作学堂，群士孔妩。凡我今彻，由公后诣。揭揭元哲，鼎来无贪。刊石赞始，永贞于南。

为姬传先生请祀乡贤公启

为吁请详题崇祀乡贤以彰学行事。恭惟圣朝稽古右文，肇隆儒术，型方训俗，首重崇贤。祭于瞽宗，释奠爰称先老；载在祀典，祭法惟报有功。盖学行克助夫民成，斯馨香不遗于王制。

职邑已故原任刑部郎中、嘉庆庚午重燕鹿鸣、钦加四品顶戴姚萧，诞茂淑姿，应期名世，弱不好弄，长实素心。宏业厉翼，羽仪升朝。校书天阁，则妙尽国华；典试方州，则光昭髦俊。道不希荣，弃官从好。解体世纷，结志区外。国爵屏贵，家人忘贫。其为道也，礼义是则，诗书凤敦，砥节励操，直道正词，和而能峻，博而不繁。承亲则孝齐闵、参，友悌则和如琴瑟。然诺之信，重于布衣，敦睦之行，荽于至性。深心追往，远抱惜素，秉彝秉直，不隘不恭。其为学也，考览六经，囊括百氏，钩深探赜，测突研幾。收斯文于在兹，拯微言于未绝。发明周孔，和调汉宋。多所撰述，于学无所遗；作为文章，于词无所假。飞辨驰藻，华繁玉振，如彼随和，发采流润。海内推为儒宗，学者仰如山斗。于时州郡顺风，名卿虚礼。缨弁之徒，绅佩之士，望形表而景附，聆嘉声而响和。虽泰山太守北面高密，瀛州学士师资河汾，无以过之。而且翰墨风流，则羲、献矜其笔札；诗篇远播，则甫、白共其歌吟。哲人卷舒，布在前载。先民既殁，德音犹存。迹其孝友温恭，懿行均淑，是有曾、史之行也。学匪称师，文取载道，是有韩、欧之望也。乡评既协，儒林冠冕。有合祀典，无忝礼制。为此公吁申详题请乡贤，以彰学行。庶几仰叨崇祀，俾芳烈奋于无穷；渥荷褒嘉，自俎豆荣于奕世。相应备具事册，并乡族甘结，呈送查核，详请施行。

方东树年谱简编

乾隆三十七年壬辰（1772）　1 岁

九月八日，生于安徽桐城。名东树，字植之，别号副墨子，又号歇庵、冷斋。晚年因慕春秋时期卫国大夫蘧瑗（伯玉）"五十知非"，卫国国君卫武公"耄而好学"之意①，以"仪卫"名轩，自号"仪卫老人"，亦署"仪卫主人"，学者称仪卫先生。"貌清臞，长身玉立，神采凝重"②。

先世于明洪武间由婺源迁桐城鲁𰖎。曾祖父方泽，字苎川，晚自号待庐，乾隆十二年（1747）优贡生，曾任八旗官学教习，主讲山西洪洞玉峰书院。能诗擅文，论学尊崇朱熹，论文宗尚明艾南英（千子）。祖父方训，字味书，未入仕。祖母胡氏。父方绩，字展卿，县学生，承桐城派大家刘大櫆、姚鼐之学，力倡古文词，著有《经史札记》、《屈子正音》、《鹤鸣集》。母邓氏，继母姚氏、吴氏。

乾隆四十年乙未（1775）　4 岁

二月二十六日，祖父方训卒。

乾隆四十七年壬寅（1782）　11 岁

始学为文，仿效南朝齐、梁间诗人范云作《慎火树诗》，得到乡里前辈叹赏。自此而后，受其父及其乡先辈刘大櫆（海峰）、姚鼐（惜抱）等影响，喜为古文词。

---

① 参见郑福照：《方仪卫先生年谱》，乾隆三十七年条。
② 参见郑福照：《方仪卫先生年谱》，咸丰元年条。

乾隆四十八年癸卯（1783）　12 岁

八月十九日，母邓氏卒。

年少体弱多病，母卒后，依祖母胡氏生活。

乾隆四十九年甲辰（1784）　13 岁

其父续娶姚氏。

乾隆五十一年丙午（1786）　15 岁

闰七月九日，继母姚氏卒。

乾隆五十二年丁未（1787）　16 岁

其父续娶吴氏。

乾隆五十四年己酉（1789）　18 岁

年"十八九时，读孟子书，怃然悟吾学之更有其大者、切者，遂屏文章不为。性喜庄、老及程、朱、陆、王诸贤书，读之若其言皆如吾心之所发者。以观近时人文字，辄见其踳驳谬蠡，为不当意"①。

乾隆五十八年癸丑（1793）　22 岁

与其父同受业于江宁（今南京）钟山书院，为姚鼐弟子。深得姚鼐器重，与梅曾亮（伯言）、管同（异之）、刘开（孟涂）并称为"姚门四杰"。

入县学，补弟子员。后数年，补增广生。

冬，娶妻孙氏。

嘉庆二年丁巳（1797）　26 岁

冬，由江宁书院归里。

嘉庆三年戊午（1798）　27 岁

迫于生计，遂出游授经，以资家用。馆于江西新城陈用光（硕士、石士）侍郎家，教授经学。因得读理学家雷鋐（翠庭）文集钞本等著

---

① 方东树：《考槃集文录》卷六，《答姚石甫书》。

述，心向往之。

八月十二日，长子方闻生。

嘉庆四年己未（1799） 28 岁

三月，订其少作之文，定名《栎社杂篇》，自为作序。

四月，撰《老子章义》成，自序谓："今吾作解，合儒、佛之理而通之，其本义则窃取之朱子，其分章则以吾所私见者断之。"①

嘉庆六年辛酉（1801） 30 岁

馆于同里汪志伊（稼门）尚书家，教授经学。

嘉庆七年壬戌（1802） 31 岁

客居安徽阜阳县令王约斋官署。

嘉庆九年甲子（1804） 33 岁

闲居桐城。

嘉庆十年乙丑（1805） 34 岁

客居安徽六安，教授经学。

嘉庆十二年丁卯（1807） 36 岁

应姚鼐邀请，在江宁书院为其长孙课读。

三月一日，次子方戎生。

嘉庆十三年戊辰（1808） 37 岁

客居安徽池州。

嘉庆十五年庚午（1810） 39 岁

随侍姚鼐于江宁书院。

应江宁知府新安吕燕昭（仲笃）之请，参与纂修《江宁府志》，并作《新修江宁府志序》。

---

① 方东树：《考槃集文录》卷三，《老子章义序》。

嘉庆十六年辛未（1811）　40 岁

在江宁书院。

年"四十以后，不欲以诗文名世，研极义理，而最契朱子言"①。持身谨严，"勤于学问，每日鸡鸣起，秉烛读书，至漏数下始就寝。严寒酷暑，精进靡间，七十后犹不辍"②。

嘉庆十七年壬申（1812）　41 岁

客居安徽巡抚胡克家（果泉）幕府，教授经学，前后凡五年。

嘉庆二十年乙亥（1815）　44 岁

六月十五日，撰《时政策》成，自为作序。

嘉庆二十一年丙子（1816）　45 岁

闰六月四日，其父卒。因随胡克家中丞在江苏，未及奔丧。

嘉庆二十二年丁丑（1817）　46 岁

羁旅江宁，赁居青溪祇树僧舍。偶见僧徒几案有《感应篇》一书，因"思此书立意甚美，毋任其以出于道家，见忽于世，遂取为校正，并为作注"③。

十一月十三日，祖母卒，贫不能归。

嘉庆二十三年戊寅（1818）　47 岁

五月，赴安徽宿州。于途中撰成《考正感应篇畅隐》，凡三卷。其书"发明天道、人事、物理，极为详尽，又引经义、史事及诸传记以证明之。盖借'感应'二字明圣贤正道，而辨正俗说之诬，极有益于世教，非如世俗善书可比也"④。

归里，安置其祖母棺柩。

嘉庆二十四年己卯（1819）　48 岁

三月，应两广总督阮元（伯元）之请赴广州，参与纂修《广东通志》。

---

① 方宗诚：《仪卫先生行状》，载《大意尊闻》卷前。
② 郑福照：《方仪卫先生年谱》，咸丰元年条。
③④ 郑福照：《方仪卫先生年谱》，嘉庆二十三年条。

十月，为姚莹（石甫）《姚石甫文集》作序。

嘉庆二十五年庚辰（1820）　49 岁
在志局续纂《广东通志》。

道光元年辛巳（1821）　50 岁
主持广东廉州海门书院。

应廉州知府何公之请，为当地新建湖廉社学、珠场社学作记，撰成《新建廉州湖廉社学记》、《新建珠场社学记》两文。

道光二年壬午（1822）　51 岁
四月，归里。

九月，应惠州知府罗月川①之聘，复往广东。

道光三年癸未（1823）　52 岁
主持广东韶州韶阳书院。

道光四年甲申（1824）　53 岁
客居两广总督阮元幕府，教授经学。

从阮元处借得卢文弨手校本《十三经注疏》，与阮元所刻《十三经注疏校勘记》详加校勘。

八月，撰《待定录》成，凡百余卷，自言其书于"身心性命之旨，修己接物之方，体验甚悉"②，并自为作序。

十二月，阮元主持创建之学海堂落成，为撰《学海堂铭并序》，称颂其扬厉学术，广集人才，主持风会之功绩。

道光五年乙酉（1825）　54 岁
在阮元幕府教授经学。

以"后世著书太易而多，殆于有孔子所谓不知而作者。因诵往哲遗

---

① 罗月川，即程含章，云南景东人，"其先佐官吏捕杀土寇，惧祸，改姓罗"。道光间"擢广东巡抚，入觐，面奏请复姓，许之"（参见《清史稿》卷三八一程含章本传）。

② 郑福照：《方仪卫先生年谱》，道光四年条。

言及臆见所及，为十有六论"①，即著书源流、人当著书、著书必有宗旨、著书不可易、著书不贵多、著书无实用、著书不足重、著书伤物、著书争辨、著书精博二派、著书说经、语录著书、说部著书、著书凡例、论文人、序纂，成《书林扬觯》二卷，自为作序。

道光六年丙戌（1826） 55 岁

四月，撰《汉学商兑》成，凡四卷，为作《序例》，呈献两广总督阮元。

五月，阮元调任云贵总督，遂自粤归里，旋往浙江。

道光七年丁亥（1827） 56 岁

主持安徽庐州庐阳书院。

七月，入邓廷桢（嶰筠）幕府，校刊其父方绩所著《屈子正音》。

冬，归里，葬其考妣于武岭龙井湾。

道光八年戊子（1828） 57 岁

主持安徽亳州泖湖书院。

自二十岁以后，为生计所迫，多客游四方。期间一应岁试，十应乡试，均未得中。自此而后，不再应试。

道光九年己丑（1829） 58 岁

客居安徽宣城。

五月，归里。

十一月，应时任四川冕宁县知县、同宗方璋（仲山）之请，为其所纂辑之《培根支谱》作序。

十一月三十日，继母吴氏卒。

道光十年庚寅（1830） 59 岁

客居安徽宣城。

五月，撰《未能录》成，凡分谨独、卫生、修内、慎动、敬事、烛幾、尽伦、执义、安命、积德十义，于十六日自为作序。

---

① 方东树：《书林扬觯·自序》。

道光十一年辛卯（1831） 60 岁

主持安徽宿松松滋书院。

五月，撰《进修谱》成，凡分穷理、密察、实、巽宜、节、止、借所、恒八类，自为作序。同月，并作《族谱序》，《族谱后述》上、下篇。

九月，应朱麟之请，重编其族祖朱书（字绿）《杜溪文集》，并订其讹谬，为之作《朱字绿先生文集序》。

为其妻撰《妻孙氏生志》。

《汉学商兑》、《书林扬觯》二书刊行。

是岁桐城大水，县令杨大缙贪娄，致民怨沸腾，官府欲调兵镇压。"先生适在巡抚邓公幕，急以身家保。邓公素敬信，事得寝，邑赖以安"①。

道光十二年壬辰（1832） 61 岁

二月，应广州知府胡方朔（晓东）之请，自编诗集，收录四十岁以后所作，得一百余篇，定名为《半字集》，并作《半字集序录》。

四月，入粤谋生计未果。

八月，归里，十五日晨，舟过韶州曲江江口，浪大落水，幸被船夫救起，得以不死。

道光十三年癸巳（1833） 62 岁

二月，应武进县令姚莹之请，赴常州，编校其曾祖姚范（薑坞）所著《援鹑堂笔记》，并为其从祖姚鼐作《书惜抱先生墓志后》。

桐城苏惇元（厚子）来受业。

七月二十九日，其妻孙氏卒。

九月二十三日，为其妻作《书妻孙氏生志后》。

胡方朔为其刊刻《半字集》。

道光十四年甲午（1834） 63 岁

客居元和县令姚莹官署。

---

① 郑福照：《方仪卫先生年谱》，道光十一年条。

道光十五年乙未（1835）　64岁

随姚莹升淮南监掣同知之任，同往江苏真州。编校《援鹑堂笔记》毕，作《援鹑堂笔记序》暨《援鹑堂笔记书后》。

道光十六年丙申（1836）　65岁

居里中。于近代大儒推崇陆世仪（桴亭）、张履祥（杨园），誉其"得洛、闽正传"。以陈梓（古民）所订《杨园先生年谱》尚未尽善，命门人苏惇元重编《张杨园先生年谱》。

道光十七年丁酉（1837）　66岁

二月，赴广东，客居两广总督邓廷桢幕府。

四月，为其乡先辈马翮飞（一斋）遗书作跋。

六月，编校其父方绩所著《鹤鸣集》，桐城光聪谐（律原）为之刊行。

十月，其门人苏惇元重编《张杨园先生年谱》成，为之作序。

道光十八年戊戌（1838）　67岁

八月，撰《援鹑堂笔记刊误》成，姚莹为之刊行。

九月，应粤海关监督豫堃之请，参与纂修《粤海关志》，拟定凡例篇目，并代两广总督邓廷桢、粤海关监督豫堃分别作序。

十月，撰成《刊误补义》二卷，包括《汉学商兑刊误补义》一卷，《书林扬觯刊误补义》一卷，序而刊之。

十二月，校勘管同所著《七经纪闻》，为之作序。

以鸦片流毒天下，作《化民正俗对》及《劝戒食鸦片文》，痛陈利害，并提出禁烟之法。

制定《族谱义例》，嘱同族方松（鹤栖）及其子方闻纂修族谱，次年修成。

道光十九年己亥（1839）　68岁

客居粤东。

四月，校刊桐城胡虔（雒君）所著《柿叶轩笔记》，为之撰行历。因并撰与其父方绩友善之桐城学者左坚吾、孙起岷、张元铬、马宗琏、方相褒、王灼、左眉、潘鸿宝、吴庭辉、马春田诸人生平行历，成《诸友记》一文。

八月，撰成《昭昧詹言》十卷，专论诗法及文法，卷一为通论，以下专论五言古诗，其中汉魏一卷，阮籍、陶渊明、谢灵运、鲍照、谢朓、杜甫、韩愈、黄庭坚各一卷，自为作序。其后于道光二十年五月、二十二年九月又先后为是书作记。

九月，为曾钊（勉士）所著《二十一部古韵》一书作序。

十一月，作《许氏说文解字双声叠韵谱序》。

道光二十年庚子（1840）　69 岁

夏，自粤归里。文汉光（钟甫）、戴钧衡（存庄）及从弟方宗诚（柏堂）均受业于门。

撰成《大意尊闻》三卷，阐发修身、做人、读书、治学、居家、处世、交友、理政、安民之道，以示其孙方渊如等。

道光二十一年辛丑（1841）　70 岁

三月，以年齿衰暮，"恐不获得正而毙，故及未瞑豫言"①，作《终制》一篇，总结其一生行迹得失，以示子孙。

五月，以仆人于庭院除草时铲除两蚁穴，有感而发，作《原恶》一篇。

六月，撰成《续昭昧詹言》八卷、《昭昧詹言续录》二卷，专论七言律诗及七言古诗，并附论诸家诗话，序之以付方渊如等孙辈。

道光二十二年壬寅（1842）　71 岁

五月，以朝廷将帅面对英军进逼大多退避，东南数省皆遭祸患，极为痛心疾首，因作《病榻罪言》一篇，纵论制敌之策，并遣人送呈浙江巡抚卞士筠。

五月，撰《猎较正簿》一卷，略述科举制度、八股时文之源流得失，以示孙辈。

十月，门人戴钧衡协助其编成《考槃集文录》十二卷，乃自为作序，述其始末。

道光二十三年癸卯（1843）　72 岁

里居授业。为门人方宗诚评点其日记第五卷。

---

① 方东树：《考槃集文录》卷十一，《终制》。

道光二十四年甲辰 （1844）　73 岁

四月，择取古人格言，编成《山天衣闻》一卷，序而刊之，以示孙辈。

道光二十五年乙巳 （1845）　74 岁

八月，应桐城孙碙泉之请，为其族祖孙麟（苏门）诗集作序。

九月，应同宗方璋之招，与里中诸耆老饮酒赋诗，以参与者凡九人，称为"九老会"。

十月，以金陵马云欲为之画小像，作《赠马云序》。画成，作《自题像赞》。

道光二十六年丙午 （1846）　75 岁

七月，作《歇庵铭》、《冷斋说》，阐发其自号"歇庵"、"冷斋"之意。

十月，作《重修谷林寺续置田产碑记》。

道光二十七年丁未 （1847）　76 岁

八月，为其门人苏惇元所编《方望溪先生年谱》作序。

十二月，又代桐城某人作《方望溪先生年谱序》。

作《玑珥冲刘氏宗谱序》。

撰成《一得拳膺录》。

合葬其祖母胡氏暨继母吴氏于龙眠喻冲。

道光二十八年戊申 （1848）　77 岁

七月，撰成《思适居铃语》，"取经史所载、古今述传而义未安者为之辨论，凡四卷"①。

自编晚年诗集，始道光十三年癸巳，迄道光二十八年戊申，凡三卷，其中五言古诗二卷，七言律诗一卷，定名《考槃集》。

道光二十九年己酉 （1849）　78 岁

六月，撰《语心证璞》一卷，刊而藏家。

---

① 郑福照：《方仪卫先生年谱》，道光二十八年条。

八月，撰《向果微言》二卷，并撰《向果微言述恉》一卷，阐发其书与《语心证璞》同一旨趣，即"借佛学教理，行果证之明"，"于以克己复礼，明善诚身，克肩随周、程、张、朱，以跻泳尧、舜、孔、孟"①。

十月，应同里好友张君之请，作《张君七十寿序》，为之贺寿。

道光三十年庚戌（1850）　79 岁

六月，修改原撰《大意尊闻》，于十五日作《大意尊闻述恉》，阐发其书旨意。

七月九日，门人文汉光以将远行前来请益，因作《赠文生序》。

八月，得读魏源（默深）所著《海国图志》，大为叹服，"以为此真良才济时切用要著，坐而言可起而行，非迂儒影响耳食空谈也"②，因作《与魏默深书》，并呈送己著六种"远求教正"。

十二月，应同宗方璋之请，作《家仲山八十寿序》，为之贺寿。

同里郑福照受业。

咸丰元年辛亥（1851）　80 岁

二月，以原任桐城县令唐治（鲁泉）颇礼重之，及其移任安徽祁门，遂应其请，前往祁门主持东山书院，门人文汉光、甘绍盘（玉亭）随往。

五月二十二日，"感微疾，与门人饮酒论学自若"。以其父卒之时未能归家治丧，始终耿耿于怀，"誓宜没于外以自罚"③。二十四日，盥洗更衣，端坐讲堂，谓门人文汉光等："吾身有病而心无病，身有尽而心无尽。尧、舜、孔、孟、程、朱同此一心，亦同此一尽。"又言其"心无一事，但觉甚安"④，遂卒。

咸丰二年冬，归葬于桐城西乡挂车山吴家嘴祖墓侧。

---

①　方东树：《向果微言述恉》。

②　方东树：《考槃集文录》卷六，《与魏默深书》。

③　郑福照：《方仪卫先生年谱》，咸丰元年条。

④　方宗诚：《仪卫先生行状》，载《大意尊闻》卷前。

唐鉴卷

学案小识

学案小识叙

圣人之学，格致、诚正、修齐、治平而已。离此者畔道，不及此者远于道者也。七十子皆从圣人受学，而传道者推颜、曾。

其在颜子曰"博文"，格致也，曰"约礼"，诚正修也。即博即约，功分知行，而候无先后也。不迁不贰，诚正也，而格致存焉。择善弗失，格致也，而诚正存焉。夫子于其问仁也，曰"一日克己复礼，天下归仁"，而复申之以非礼勿视、听、言、动，盖欲其知之明，行之决，绝去私欲，尽还天理也。厥后三月不违，如有所立。卓尔颜子之格致、诚正，何如哉！

其在曾子曰"以文会友"，格致也，曰"以友辅仁"，诚正修也。即文即行，学有切磋，而道无内外也。任重道远，知之至矣，而诚正可知也。忠信传习，诚之至矣，而格致可知也。夫子于其日省之久也，曰："吾道一以贯之。"曾子举以告门人曰："忠恕而已矣。"盖恐学者以空虚求一贯，不以真实求一贯，妄认本体，而忘工夫也。使之尽己推己，精察而力行之，以驯至于反身而诚，则一理浑然而泛应曲当也。格致、诚正，固如是也。

夫学圣贤者，未有不由格致、诚正而得者也。若别有捷径、宗旨，则颜子才高，圣人当化之以速，而何循循然博文约礼是诱，犹有欲罢不能，欲从末由之叹也？曾子质鲁，圣人当教之以易，而何以兢兢然不忠不信不习是省，犹有如临深渊，如履薄冰之召也？

子思子受之曾子，爰以传之孟子。孟子之知言，格致也，养气，诚正也，集义，则格致、诚正之实修真积，不袭取于外也。故曰："必有事焉而勿正，心勿忘，勿助长也。"勿正者，未发之中也。勿忘者，不睹不闻之戒慎恐惧也。勿助长者，知致而后意诚，意诚而后心正，心正而后身修，身修而后家齐、国治、天下平也。扩而充之，即此物也，此孟子之学、孟子之传也。

阅暴秦而汉而唐，赖有江都董子、昌黎韩子，以及伏、郑、孔、贾诸儒，前后羽翼，得以稍稍不坠。然历六朝之陵替，五代之淆乱，孔孟之道不绝者如发矣，天未丧斯文也。至宋生濂溪周子、中州二程子，又横渠张子，杨、游、尹、谢诸子，道之明已如日丽天中矣。

朱子起于数十年之后，师事延平，得程子之嫡传，以《大学》之纲领、条目，示学者为学次第，以《中庸》天道、人道，明孔门传授心法，以居敬、穷理为尊德性、道问学功夫，集诸子之大成，救万世之沉溺，其心、其道，何异于颜、曾、思、孟哉！

后之学者循其次第，如何格致，如何诚意，如何正心、修身、博学、审问、慎思、明辨而笃行之，由忠恕以至一贯，亦复何可限量？而乃朝谒师而夕思入道，夜入定而旦言明心，贪便喜捷，世态有然，而学术亦有然也。矜奇斗巧，人情多变，而学术亦多变也。于是有新建者，援象山之异，揭“良知”半语为宗旨，托龙场一悟为指归，本立地成佛，谓“满街都是圣人”，大惑人心，愈传愈谬，逾闲荡检，无所顾忌。天下闻风者趋之若鹜，骎骎乎欲祧程朱矣。生其后者，乌可不挽之于狂澜，拯之于胥溺，而任其猖狂恣肆，使斯世尽入榛莽哉！夫学术非则人心异，人心异则世道漓，世道漓则举纲常、伦纪、政教、禁令无不荡然于诐辞邪说之中也，岂细故耶？

欣逢圣朝昌明正学，崇奖斯文，特示优隆，重加尊奉朱子，升祔十哲之次，诚千载一时，亿万祀学统人心之所系也。宜乎真儒跃起，辨是与非，扫新奇而归荡平，去歧趋而入堂奥，还吾程、朱真途辙，即还吾颜、曾、思、孟真授受，更还吾夫子真面目。界限清而后所知定，堤防密而后所守严，志趋坚而后所行笃，践履实而后所立卓，真儒之为真以此。

夫学之所以异，道之所以歧，儒之所以不真，岂有他哉？皆由不识格致、诚正而已。习空谈者，索之于昭昭灵灵而障于内；守残编者，逐之于纷纷藉藉而蔽于外，斯二者皆过也。今夫礼乐、兵农、典章、名物、政事、文章、法制、度数，何莫非儒者之事哉！然当以若大经纶蓄之怀抱，不当以剩余糟粕夸为富强。朱子曰：“盈天地间，千条万绪，是多少人事；圣人大成之地，千节万目，是多少工夫。惟当开拓心胸，大作基址。须万理明澈于胸中，此心与天地一体，然后可以语孔孟之乐。须明古法度，通之于当今而无不宜，然后为全儒而可以语治平事业。须运用酬酢，如探囊中而不匮，然后为资之深，取之左右逢其原，而真为己物。"朱子之博，盖博于内而不博于外也，孟子"万物皆备于我"之谓也。

圣人之言典章也，莫大于颜子之问为邦，曰"夏时、殷辂、周冕、韶乐"，曰"放郑声，远佞人"。是必有顺天应人、长治久安、大经济、大功业，以运用于两间，岂惟推天文，考舆服，讲求乐律而已哉！其言政事，莫大于哀公之问政，曰"达道五，行之者三"，曰"九经，行之者一"。是必有事亲、知天、明善、诚身、真本原、真学问，以弥纶于无际，岂惟考官禄，别等差，讲明礼节而已哉！沾沾焉辨论于粗迹者，不知圣人之学也，外之故也。《中庸》曰："成己仁也，成物知也，性之德也，合外内之道也，故时措之宜也。"治国、平天下之事，岂在外哉！不障于内，不蔽于外，惟格致、诚正者能之。

蒙是编，自平湖陆先生始，重传道也。有先生之辨之力，而后知阳明之学断不能傅会于程朱；有先生之行之笃，而后知程朱之学断不能离格致、诚正而别为宗旨；有先生之扶持辅翼于学术败坏之时，而后知天之未丧斯文。有宋之朱子，即有今之陆先生也。与先生同时诸儒，以及后之继起者，间多不及先生之纯，而能遵程朱之道，则亦先生之心也。他若指归特异，不守朱子家法，则当分别录之，不泯其本末，不掩其瑕瑜，俾后之观者，于以见得失之林焉。是岂得已者乎？

吁！人受天地之中以生，有是性即有是理，有是理即有是意，知、心、身，孰不可以希贤？孰不可以作圣？而惟工夫之不密，以至本体之莫充，则何若从事夫朱子之存省、克治、居敬、穷理，以驯至于诚而明，豁然而贯通也。是则所当共勖也矣。

道光二十五年孟夏月，小岱山人唐鉴。

学案提要

传何由而得其道乎？曰：孔、孟、程、朱。道何由而传得其人？曰：述孔、孟、程、朱。述孔、孟、程、朱何由而遽谓之传乎？曰：孔、孟、程、朱之道晦，而由斯人以明；孔、孟、程、朱之道废，而由斯人以行。孔、孟、程、朱之道何由而遽明遽行乎？曰：辨之严，异说不能乱；行之力，同志服其真。虽未必遽能大明大行，而后之学者可由是而进于明，进于行也。则谓之明可，谓之行可，谓之传可。然而斯人也，或千载一见，或数百年一见，或百年、数十年一见，或一人见而数人随之见，或见仅止一人。故传之者少，而亦未尝绝。

伊川表明道先生之墓也，曰："周公没，圣人之道不行；孟某死，圣人之学不传。道不行，百世无善治；学不传，千载无真儒。无善治，士犹得以明乎善治之道，以淑诸人而传诸后；无真儒，则天下贸贸焉莫知所之，人欲肆而天理灭矣。"是说也，吾于朱子之生，起而幸之；吾尤于薛、胡二先生之殁，引而伤之。

盖明自正嘉以后，讲新建者大肆狂澜，决破藩篱，逾越绳检，人伦以坏，世道日漓，邪说诬民，充塞仁义。逮及鼎革，托为老师宿儒者，尚欲以诐淫邪遁淆乱人心，伤何如哉！孟子曰："吾为此惧，闲先圣之道，距杨、墨，放淫辞邪说者不得作。"夫孟子岂可复生哉！世有欲正人心以熄邪说者，即谓之孟子可也，即谓之朱子可也。道之传也，非斯人其谁与归？述《传道》。

传道者少，未尝不为道忧；翼道者众，又未尝不为道喜。非翼道之重于传道也，翼之则道不孤矣。道不孤，则乱道者不能夺其传矣。不能夺其传，而后统纪可一，法度可明，学术正而人心端，教化肃而风俗美，人道与天道、地道并立矣。然则道之传也，传者传之，翼者亦相与传之也。

昔者，吾孔子之讲学洙泗也，以大圣人之德之道，统承尧、舜、禹、汤、文武、周公，而集其大成。而及门从游者，有颜、曾、冉、卜七十诸贤，且以贤圣之孙继起而绍述之。而阅百余年，杨、墨争鸣，衍仪横议，赖有孟子，奋其至大至刚之气，辨论于黑白淆乱之中，而后吾夫子授受之真传，得以万古不坠。

朱子起千载之下，承二程之遗绪，奉四子书以诏后学。时则有若南轩、东莱诸同志咨询辨难，又有若季通、勉斋诸门人往复商确，可谓极丽泽之盛，几乎践东鲁之遗轨矣。然而诋之者旋起，逐之者至欲加以祸，道学大为厉禁，不亦危哉！由是观之，吾之所忧者未容已，而所喜者亦幸而已。今夫弥纶天地，终古无所损，终古无所益者，非道也乎？传与翼安足为有无乎？然而天地非人不立，道非人不存，人顾不重乎哉！孔子尚矣，曾子、子思、孟子尚矣，朱子又岂易得耶？敬夫张子、伯恭吕子，又岂易得耶？孔子曰："圣人，吾不得而见之矣，得见君子者，斯可矣。"盖慨乎其言之，忧何如哉！述《翼道》。

天下之患，莫大于不顾防检，不敦节概，不修礼义廉耻，不遵规矩准绳，破廉隅而趋巽软，弃闲范而就奔驰，容悦以为恭，婉娴以为敬，揣摩以为智，迁就以为才，委蛇以为识时务，和同以为近人情，饰诈巧以固恩权，假声华而延名誉，扬扬自得而不以为可恶，赫赫陵人而不以为可悲，俾天下进者、退者、行者、居者、尊者、卑者、老者、少者，贸贸焉莫知其所以然，纷纷焉并莫知其所以不得不然，丧其所固有，而亡其所本来。审若是也，道不几绝乎？而幸也，天下有守道之人也；而惜也，天下有守道之人，而人多不知也。然而其人自在也，或当时蔽之，而阅时则章矣；或当途沮之，而穷巷则达矣；或流俗恶之，而高贤则尚矣；或功利词章辈疏之，而道义交则亲矣。何也？所守与时异也。

今夫救时者，人也；而所以救时者，道也。正直可以愧回邪，刚健可以御强梗，庄严可以消柔佞，端悫可以折侵侮，和平可以息横逆，简易可以综繁赜，抱仁戴义可以淑心身，周规折矩可以柔血气，独立不惧可以振风规，百折不回可以定识力。守顾不重乎哉！吾每得一人焉，未尝不正襟而起敬，端坐而缅思也。虽其人已往，而其流风余韵，愈久而愈真，炳炳焉在天地间也。诗曰："虽无老成人，尚有典型。"其斯之谓欤？述《守道》。

道历千古之变而未尝坠，而自有秦氏之焚书，则几乎坠矣。汉之兴也，群经复出，假令有能明道者生于其间，则学术真而统纪一，何至各立门户，迄无指归，而其相为授受者，又大要解说辞意，综核度数而已哉！然而典籍云亡，编简散佚，老师宿儒各得一说，以传于天下。说虽不同，而经未尝不由是以存也。于斯时也，《易》有施、孟、梁邱，《书》有欧阳、大小夏侯，《诗》有鲁、齐、燕，《礼》有刘向、高堂生、后苍，《春秋》有公羊、穀梁、邹氏、夹氏，此皆专门名家最初之师也。

厥后支分派演，愈推愈广，历千有余载而至于今，考古者必溯其源，言师者必从其朔，得其一字一句，远搜而旁猎之，或数十百言，或数千百言，曼衍而无所底止，而考证之学遂争鸣于天下。盖穿凿傅会亦在所不免也。然如天文、地理、音学、算学等事，则于古为精。

今夫经也者，圣人之至文也。圣人之至文，圣人之至道也。圣人之至道，人人之至道也。得人人之至道以求经，而经传，经传而圣人之道亦传。孟子之后，传圣人之道以存经者，朱子一人而已矣。其他则大氐解说辞意者也，综核度数者也。乃或以辞意之别于今，度数之合乎古，遂至矜耀，以为得所未得，而反厌薄夫传圣人之道以存经者，是其所以自处亦太轻矣。秦人有敬其老师而慢其师者，或问之，曰：“老师衣紫，师衣褐。”或曰：“然则非敬其老师也，敬紫也。”今之遵汉经师而诋朱子者，是亦敬紫之类也，又乌足与校哉！述《经学》。

无善无恶之说倡，天下有心而无性矣。有心无性，人非其人矣，世安得不乱哉！及其乱也，而究其所由来，归罪于学术，则亦晚矣。吾于明季，未尝不噓嚱俯仰，而重有感焉。

天下事，由前观之，未必知祸之烈如此其极，由后观之，恒懔懔于其祸之极而莫可复追也。士君子盱衡往迹，俯念未来，未尝不叹前乎此者之可鉴，后乎此者之可戒也。则学业之所谓心宗者，吾乌能忘于怀乎？今夫心不可恃，而恃之以性，性不可凭，而凭之以物，《大学》所以先于格物也。子、臣、弟、友，物之最著者也，性之最切者也，是庸言庸行，亦良知良能也。仁、义、礼、智，物之最初者也，即性之最真者也，是至隐至曲，亦至大至广也。圣人之所以检察夫心者，此也；扩充夫心者，此也。岂索之于空，而听知觉之昭昭灵灵乎？听知觉之昭昭灵灵，而空以待之，恐性天路绝而欲得所据矣。欲得所据谓之“无善”，诚然，谓之“无恶”，自欺甚矣。且恐恶念大来，不至于禽兽不止。是以天泉一会，为阳明之学者，推阐师说，各逞所欲，各便所私，此立一宗旨，彼立一宗旨，愈讲愈诞，愈肆愈狂，愈名高而愈无礼，沦澌流荡，无所底极，而人心亡矣。人心亡，世教裂，而明社亦遂墟矣。

有徵君孙先生者，与鹿伯顺讲学于明者也，入国朝年已七十，遁影韬形，枯槁以终其身，宜矣。而乃移讲席于苏门山，仍以其旧闻号召天下，是亦不可以已乎？幸而稼书、杨园诸先生起而辨之，而天下灼然知心学之非正也。是亦稍足以舒吾怀云尔。述《心宗》。

传道学案

平湖陆先生 [陇其]①

先生讳陇其，字稼书，历官御史。励志圣贤，博文约礼，由洛、闽而上追沂、兖。尝谓：圣门之学，虽一以贯之，未有不从多闻多见入者。欲求圣学，断不能舍经史。又谓：今之论学者无他，亦宗朱子而已。宗朱子为正学，不宗朱子即非正学。董子云："诸不在六艺之科、孔子之术者，皆绝其道，勿使并进，然后统纪可一，而法度可明。"今有不宗朱子者，亦当绝其道，勿使并进。

尝点勘《四书大全》，参以《蒙引》、《存疑》、《浅说》，而一折衷朱子，每读一句，必反复玩味，俟其贯通，然后及下句，用力可谓勤矣。而其后《自序》曰："去取都未能当。有先儒见到之语，读之若平淡，而实关学问之得失者，不知取也。有先儒一时之言，读之若无病，而实开假借之途者，不知辨也。又有先儒微言奥义，《大全》诸书所不及载，或载而不详者，此本亦竟阙如。又有两说互异，当存疑而辄轻断，当画一而务并存。每取而复视之，辄赧然于心，欲遂弃之，则又念其曾用数年之力于此，不忍便置。且欲因此自知其陋，鉴于前者，或毖于后也。"

先生之于学也，思之慎而辨之明，得之深而言之切。其《太极论》曰：论太极者，不在乎明天地之太极，在乎明人身之太极。明人身之太极，则天地之太极在是矣。先儒之论太极，所以必从阴阳五行、天地生物之初言之者，惟恐人不知此理之原，故溯其始而言之，使知此理之无

---

① 各篇标题括号内名讳系点校者所加，特此说明。

物不有，无时不然，虽欲顷刻离之而不可得也。学者徒见先儒之言阴阳，言五行，言天地万物，广大精微，而不从我身切实求之，则岂前贤示人之意哉！夫太极者，万物之总名也。在天则为命，在人则为性；在天则为元亨利贞，在人则为仁义礼智。以其有条而不紊，则谓之理；以其为人所共由，则谓之道；以其不偏不倚，则谓之中；以其真实无妄，则谓之诚；以其纯粹而精，则谓之至善；以其至极而无以加，则谓之太极，名异而实同也。学者诚有志乎太极，惟于日用之间，时时存养，时时省察，不使一念之越乎理，不使一事之悖乎理，不使一言一动之逾乎理，斯太极存焉矣。其寂然不动，是即太极之阴静也。感而遂通，是即太极之阳动也。感而复寂，寂而复感，是即太极之动静无端、阴阳无始也。寂然之中，而感通之理已具；感通之际，而寂然之体常存，是即太极之体用一原，显微无阙也。分而为五常，发而为五事，布而为五伦，是即太极之阳变阴，合而生水、火、木、金、土也。以之处家则家齐，以之处国则国治，以之处天下则天下平，是即太极之成男成女而万物化生也。合吾身之万念万事而无一非理，是万物统体一太极也。即吾身之一念一事而无之非理，是一物各具一太极也。不越乎日用常行之中，而卓然超绝乎流俗，是太极之不离乎阴阳而亦不杂乎阴阳也。若是者，岂必远而求之天地万物，而太极之全体已备于吾身矣。由是以观天地，则太极之在天地亦若是而已。由是以观万物，则太极之在万物亦若是而已。天地万物浩浩茫茫，测之不见其端，穷之莫究其量，而莫非是理之发见也，莫非是理之流行也，莫非是理之循环而不穷也。高明博厚不同，而是理无不同也；飞潜动植有异，而是理无异也。是理散于万物，而萃于吾身，原于天地，而赋于吾身。是故善言太极者，求之远不若求之近，求之虚而难据，不若求之实而可循。故周子《太极图说》虽从阴阳五行言之，而终之曰："圣人定之以中正、仁义，而主静立人极焉。"其示人之意亦深切矣。又恐圣人之立极，非学者可骤及也，而继之曰："君子修之吉。"修之为言，择善固执之谓也。而朱子解之，又推本于敬，以为能敬，然后能静虚、动直，而太极在我。呜呼！至矣。先儒之言虽穷高极深，而推其旨，不过欲人修其身，以治天下国家焉耳。学者慎无骛太极之名而不知近求之身也。

其《学术辨》曰：阳明以禅之实而托于儒，其流害固不可胜言矣。然其所以为禅者如之何？曰：明乎心性之辨，则知禅矣，知禅则知阳明矣。今夫人之生也，气聚而成形，而气之精英又聚而为心。是心也，神明不测，变化无方，要之亦气也。其中所具之理，则性也。故程子曰："性即理也。"邵子曰："心者，性之郛郭。"朱子曰："灵处是心不是性。"是心也者，性之所寓，而非即性也。性也者，寓于心，而非即心也。先儒辨之亦至明矣。若夫禅者，则以知觉为性，而以知觉之发动者为心。故彼之所谓性，则吾之所谓心也。彼之所谓心，则吾之所谓意也。其所以灭彝伦，离仁义，张皇诡怪而自放于准绳之外者，皆由不知有性而以知觉当之耳。何则？既以知觉为性，则其所欲保养而勿失，惟是而已。一切人伦庶物之理，皆足以为我之障，而惟恐其或累，宜其尽举而弃之也。

阳明言性无善无恶，盖亦指知觉为性也。其所谓良知，所谓天理，所谓至善，莫非指此而已。故其言曰："佛氏本来面目，即我门所谓良知。"又曰："良知即天理。"又曰："无善无恶，乃所谓至善。"虽其纵横变幻，不可究诘，而其大旨亦可睹矣。充其说，则人伦庶物固于我何有？而特以束缚于圣人之教，未敢肆然决裂也。则又为之说，曰："良知苟存，自能酬酢万变，非若禅家之遗弃事物也。"其为说则然。然学者苟无格物穷理之功，而欲持此心之知觉以自试于万变，其所见为是者果是，而所见为非者果非乎？又况其心本以为人伦庶物，初无与于我，不得已而应之。以不得已而应之心，而处夫未尝穷究之事，其不至于颠倒错谬者几希。其倡之者虽不敢自居于禅，阴合而阳离，其继起者则直以禅自任，不复有所忌惮。此阳明之学所以为祸于天下也。

泾阳景逸深惩其弊，知夫知觉之非性，而无善无恶不可以言性，其所以排击阳明者，亦可谓得其本矣。然其学也，专以静坐为主，则其所重仍在知觉。虽云事物之理，乃吾性所固有，而亦当穷究。然既偏重于静，则穷之未必能尽其精微，而不免于过不及。是故以理为外，而欲以心笼罩之者，阳明之学也。以理为内，而欲以心笼罩之者，高、顾之学也。阳明之病，在认心为性；高、顾之病，在恶动求静。

我观高子之论学也，言一贯，则以为入门之学，言尽心，则以为尽心然后知性，言格物，则曰知本之谓物格，与程朱之论往往龃龉而不合者，无他，盖欲以静坐为主，则凡先儒致知、穷理、存心、养性之法，不得不为之变易。夫静坐之说，虽程朱亦有之，不过欲使学者动静交养，无顷刻之离耳。非如高子《困学记》中所言，必欲澄神默坐，使呈露面目，然后有以为下手之地也。由是观之，则高、顾之学，虽箴砭阳明多切中其病，至于本原之地，仍不能出其范围。岂非阳明之说浸淫于人心，虽有大贤，不免犹蹈其弊乎？

吾尝推求其故，天下学者所以乐趋于阳明而不可遏者有二：一则为其学者可以纵肆自适，非若程朱之履绳蹈矩，不可假借者也。一则其学专以知觉为主，谓人身有生死，而知觉无生死，故其视天下一切皆幻，而惟此为真。故不贤者既乐其纵肆，而贤者又思求其无生死者，此所以群趋而不能舍。呜呼！纵肆之不可易明，至于无生死之说，则真禅家之妄耳。学者取程朱阴阳、屈伸、往来之论，潜心熟玩焉，其理亦彰彰矣。奈何不此之学为彼之是惑乎？先生此辨可谓拔其本而穷其源矣。

观先生积诚励行，孳孳不已，自修身、正家以及莅官、立朝，动准古人，罔有阙失，俨然程朱之气象，亦卓然程朱之事为。学程朱如先生，则亦程朱也矣，岂独如之而已哉！夫以程朱之道成己，即以程朱之道成人，见有叛于程朱，为世道人心害者，竟隐忍而不置一词乎？是必不能者也。孔子绝异端，斥隐怪；孟子距杨、墨，放淫辞，皆此意也，岂好辨哉？

先生初授嘉定令，见其俗尚侈靡，豪富暴横，而积逋动以万计。叹曰："民不输赋，大率以贫也。其所以贫，风俗为之也。"一以锄豪强、抑胥吏、禁奢汰、变风俗为主，犯者必拘，能自新者与之为善，二年而邑大治。以盗案落职，耆老士绅悉诣督抚为辨，卒莫省。里民刻木为位，旌幢鼓吹，迎归以祠者日数辈，凡两月乃已。会总宪魏公抗章言先生冤，并疏举廉吏，得旨复原官，补灵寿知县。县于真定最为硗瘠，俗强悍，善斗轻生。先生曰："民富而可以教，轻生之习，禁令尤严，然未尽绝，民贫而不知义也。嘉定可使富，而不及为，灵邑又非嘉定比，奈何？"力言于上官，非大恤民力不可。于是举派运之苦民者，力争而去之；于开垦之益民者，遍晓而导之。适巡抚于公咨访利弊，先生遂条陈六事：一曰缓征宜请，二曰垦荒宜劝，三曰水利当兴，四曰积谷宜广，五曰存留宜酌复，六曰审丁不宜求益额。遇荒赈济，躬为部署，驱驰山谷，夜以继日。府檄发限单不许逾额，先生不顾，率尽散之。

以工部尚书张公敦复、左都御史陈公说岩、兵部侍郎李公厚庵、礼部侍郎王公昊庐交章论荐，奉旨行取御史。临行，邑民攀留如去嘉定时。补四川道，试监察御史。上疏言畿辅民情，盖亲睹小民疾苦，不敢不上闻也。《论夺情》笃人伦也，《请速停保举永闭先用》重官箴也。而当时恶先生者，执争议蠲纳保举为迟误军需，拟革职，得恩原宥。及试俸满，以改调归。

既归，屏居泖口，足迹不入城市，闭户食贫，读书课子。先是，嘉定罢归，洞庭席君者尝延至家塾，至是复恳延。先生欣然往，与学徒讲习不倦。腊月归，偶感寒疾，遽卒。四方学者闻之莫不尽伤。嘉定之民相率而来哭者，踵相接也。厥后，九重念其端方廉洁，召主文衡，而溘然谢世者，已经岁矣。

先生之学，以居敬穷理为要。谓："穷理而不居敬，则玩物丧志而失于支离。居敬而不穷理，则将扫见闻、空善恶，其不堕于佛老，以至于师心自用而为猖狂恣睢者，鲜矣。"故既著《学术辨》三篇，又与秦定叟、李子乔、臧介子、汤潜庵、范彪西诸先生书，往复辨论，箴阳明、白沙之病，且以惩泾阳、景逸之偏，洞悉秋毫，显微无间，非至诚至明，安能若是？是以笃实光辉，所过者化。在灵寿时，集诸生讲四子书，谆谆于义利、邪正之辨，汇为《松阳讲义》百余篇。其言曰：今之为世道计者，必自羞乞墦、贱垄断、辟佛老、黜阳儒阴释始。

性孝友，迎养封公于嘉署，定省温清，备极肫笃。以奉荐入都，不获视含殓为恨，服阕，不忍肉食。少壮时，能饮酒不乱。后以仲弟有酒过，遂绝饮，冀以化之。未几，仲殁，遂终身不饮。居常，容止恧敬，一言一动皆有法度。家故贫，及登仕籍，贫益甚。前辈讲学之书，未经见者，辄赁衣易之，虽哺粟不继，不顾也。为令时，上官有欲招致门下者，坚执不允，用是失欢。又尝以公事至都门，政府欲一见之，接淅而行。即魏公环极屡荐先生于朝，亦不先自私谒，履蹈不苟如此。

所著有《灵寿县志》、《先正一隅集》、《四书讲义》、《问学录日钞》、《读礼志疑》、《三鱼堂文集》、《评定四子大全》、《评选国策去毒》，拟辑《困勉录》未成。而《松阳讲义》一书，当下指点，语语亲切，读者警醒感愤，生向善之心。是宜家置一函，朝夕玩味，未有不获其益者。

雍正二年，得旨从祀两庑。乾隆元年，赐谥清献，加赠内阁学士兼礼部侍郎。

门人：王前席、席永恂、赵裳旂、侯开国。

桐乡张先生 [履祥]

先生讳履祥，字考夫，号念芝，又号杨园。穷理居敬，宗法考亭，知行并进，内外夹持，无小无大，无粗无精，无一念非学问，无一事非学问。盖所谓"言有教，动有则，昼有为，宵有得，瞬有存，息有养"

者是也。

尝谓：吾人自著衣至于解衣，终日之间，所言所行须知有多少过差；自解衣至于著衣，终夜之间，所思所虑须知有多少邪妄。有则改之，此为修身第一事。又谓：实其心之谓诚，不敢不实其心之谓敬，无在而不实其心之谓一。又谓：为学自不欺始，不欺自亲长始。于亲长忍用其欺，何所往而不为欺矣？又谓：一入声气，便长一傲字，便熟一伪字，百恶都从此起矣，习奢又未足以尽之。又谓：人之一身，当使阳和之气多而阴肃之气少。盖阳饶阴乏，理自如此。观天地之气，亦是雨露之时多，霜雪之时少。又谓：儒者起脚第一步，是仁以为己任，然后精之以义，文之以礼乐，而德成行立矣。否则，虽能自好，不免为硁硁小人也。又谓：人知作家计须苦吃苦挣，不知读书学问与夫立身行己俱不可不苦吃苦挣。朱子谓孟子，一生忍饥受饿，只破得"枉尺直寻"四字，且吾人于道理上能挣进得几分否？于身分上能挣起得几分否？动辄怨天，岂不得罪于天？尤人，岂不得罪于人？又谓：朱子《答何叔京书》，言其从容和易之意有余，庄整斋肃之功不足，所存不主于敬，不免若存若亡不自觉，其舍而失之，深有警于心。自思学之无成，正坐此患。书于坐隅，常目在之，庶其有改。又谓：可言也不可行，君子弗言也；可行也不可言，君子弗行。只此检点，庶乎鲜失矣。又谓：道理须是举目可见，举足可行，方是实理。功夫须是当下便做得，方是实功。道在迩而求诸远，事在易而求诸难，则惑之甚也。又谓：吾人一日之间，能随时随事提撕警觉，便不到得汩没。当睡觉之初，则念鸡鸣而起，为善为利之义；平旦则念平旦之气，好恶与人相近否；日间则念旦昼之所为，不至梏亡否；以至当衣则思不下带而道存之义，临食则念终食不违之义，及暮则思向晦宴息以及夜以继日记过无憾之义。如此则庶几能勿忘乎？若其稍忘，即自责自讼不已。先生之戒惧、慎独、即物、穷理、勿欺、勿怠者，是亦大可知矣。

迹其抱道在躬，淑身淑世，箪瓢陋巷之中，即寓斯民饥溺之念，或辨学术以回人心，或敦风教而挽世道，时虽穷而道不穷，身虽困而道不困也。尝曰：昔之异端在正道之外，今之异端在正道之中。孟子辟邪说以正人心，正以圣人言仁义，杨墨亦言仁义，同是尧舜，同非桀纣，而所以不同处，则有淄渑白黑之判。今之为邪说者，莫不假托圣人之言以文其说，犹所谓傅会经义也。约而言之，盖有数种。曰知行合一；曰朝闻夕死；曰殊途同归；曰体用有无；曰权以济经；曰大德不逾，小德出入；曰未发之中；曰求其放心；曰孔颜之乐；曰尽心知性；曰寂然不动，退藏于密。若此者，探本穷源，不出于释，则出于功利。否则，调停两可，执中无权而已。学术不明，祸乱四起，率以此也。种种看破，方不为所惑乱。

又曰：姚江"良知"二字，特其借用名目，其意只欲佐成直捷径情之说耳。因孟子有"不学而能，不虑而知"之语，故借之作证佐，实未尝服膺孟子也。又曰：世儒功夫，只说求心，至于威仪、容貌、言语、行事，概以为外，而不知检点。此禅学坑阱，人皆习而不察也。有诸内必形诸外，威仪、容貌德之符，言者心之声，行者心之迹。何往而非心者？外此而求心，空虚寂灭而已矣。一部《论语》，都从谨言慎行、动作威仪处教人，故曰"博文约礼"，曰"无行不与"。颜子问为仁之目，亦就视、听、言、动示之。圣人岂不欲人做向里工夫者乎？何弗思之甚也。世方惑此，不鄙为粗浅，则以为假窃，可叹也夫！又曰：良知之教，使人直情径行，其弊至于废灭礼教，播弃先典。今人不知惩其敝，方将攘袂怒目，与人争胜，亦可哀已。

又曰：延陵同学语予曰："先师于阳明，虽瑕瑜不掩，然未尝不深敬。而子何疾之深也，得毋同异？"予曰："何伤乎？孔子大管仲之功，而孟子羞称之，彼一时，此一时，道固并行而不悖也。"又曰：诐淫邪遁之辞，何必异端？只近日讲学之人，主静悟者，鄙躬行为粗浅；尊践履者，薄格致为空言。各蔽于一隅，所谓诐也多，其辨说不根极于理道，所谓淫也罔。则古昔离经畔道，窃异端近似之言以乱正道，若苗之有莠，郑之乱雅，非邪乎？知其说之有敝，更以他说济之，或为两是两非之说，非遁乎？此种心术存乎中，临事害事，临政害政，为祸不小。又曰：濂溪、明道之书，阳明也理会一过，却只长得他一边见识而已。伊川、考亭则有意与之为难，故一切以己意排击，而不必当其情实。所以深恶之者何？濂溪、明道之言宽大，尽可从他假借；伊川、考亭之言紧严，假借不得。所谓"罪我者，其惟《春秋》也"。又曰：东林诸君子有意救阳明之敝，其矜尚名节是已。然其流至于争党，则以取人不免偏重才气一边，而于暗然为己之功不无少疏。至于释氏之书，则又未尝屏绝，以云救时可矣，明道或未也。孟子云"君子反经而已矣"，明道以是，救时以是。又曰：朱子精微，象山简率，薛、胡谨严，陈、王放旷。今人多好象山，不乐朱子，于近代人尊陈、王而诎薛、胡。固因人情便简率而苦精详，乐放旷而畏谨严，亦缘百余年来承阳明气习，程、朱之书不行于世，而王、陆则家有其书，士人已沦浃其耳目，师友之论复汩其心思，遂以先入之言为主。虽使间读程、朱，亦只本王、陆之意，指摘其短长而已。此种习尚不能丕变，窃忧生心害事之祸未有艾也。

其《与何商隐书》曰：《论语》一书，谨言慎行为多，不亟亟于头脑也。颜子所述善诱之功，则曰"博文约礼"而已。他日所请为仁之目，则曰非礼勿视、听、言、动而已。窃谓此即所为约礼之实也。博文约礼，三千之徒莫不从事于此，非独为颜子教也。曾子所示一贯之指，则曰"忠恕"而已。子思，受曾子之学者也。《中庸》所述，与《论语》、曾子之言若合符节，故曰"忠恕违道不远"。孟子，传子思之学者也，其言曰"居仁由义"，曰"求放心"。其曰"持其志，无暴其气"者，即"求放心"之谓也。"求放心"，则《中庸》"戒慎恐惧"之谓，而《论语》"日省其身"、"如临深渊，如履薄冰"之指也。"仁义"二字，《论语》未尝并举，见于《易传》，则有曰"立人之道曰仁与义"，见于《中庸》，则曰"仁者，人也，亲亲为大；义者，宜也，尊贤为大"，则亦夫子之言也。至云"反身而诚，乐莫大焉，强恕而行，求仁莫近"，则与曾子、子思先后一辙矣。三代以下，在濂溪则曰主静、立人极，在关中则知礼成性，在程门则曰敬义夹持、曰存心致知、曰理一而分殊，在朱子则曰居敬穷理。要而论之，岂有异指哉？居敬所以存心也，穷理所以致知也。惟居敬，故能直其内；惟穷理，故能方其外。惟内之直，故能立天下之大本；惟外之方，故能行天下之达道。然居敬穷理，又非截然有两种工夫也。博学审问，慎思明辨，是为穷理。其不敢苟且以从事，或勤始而怠终，及参以二三，是为居敬。故又曰学者用功，当在分殊上。其曰知礼成性，即约之以礼之谓。亲亲之杀，尊贤之等，皆天理也。故曰礼所生也，三百三千皆所从出也，所谓分殊也。其曰主静立极者，定之以中正仁义而已也。仁义而不轨以中正，则仁之或流于兼爱，义之或流于为我，而人极不立矣。礼以敬为本，则自无非僻之干，人欲退而天理还矣。欲退理还，则终日言，言其所当言，终日行，行其所无事而静矣。故曰无欲故静。然则茂叔、子厚虽不言主敬，而敬在其中矣。由是而上质之邹鲁，岂不同条而共贯哉！象山教人以扩充四端，以孩提知爱，稍长知敬，为人皆尧舜，学者先立乎大，则小者不能夺，未尝非孟子之指。但孟子之言心，有等有杀之心也。故曰："老吾老以及人之老，幼吾幼以及人之幼。"恩及禽兽，功不至百姓，以为失权度之甚。

又曰：圣人人伦之至，遵先王之法而过者，未之有也。象山信其心知，而谓本四端以行，即尧舜所行不过是。夫恻隐而无权度，则其弊恒至摩顶放踵而为之；羞恶而无权度，则其弊恒至拔一毛而不为。故穷理为要也，苟理明而义精，则或出或处，或默或语，皆将合乎规矩方圆之至而时措之宜矣。象山黜穷理为非，是欲舍规矩而自为方圆也，正使离娄、公输子复生，有难任其目力者矣。知其理之一，而不知其分之殊，所由流入于二氏，而其势不可以止也。若下此以佛老之真，剽吾儒之似，以文其奸言，遂其无忌惮者，又无论已。近世学者祖尚其说，以为捷径，稍及格物穷理，则谓之支离烦碎。夫恶支离则好直捷，厌烦碎则乐径省。世儒动称孟子直捷简易，夫动容周旋中礼者，盛德之至。义，路也，礼，门也。君子能由是路，出入是门，非孟子之言乎？抑何不思之甚也？然则吾人学问，舍居仁由义四字，更无所谓学问；吾人功夫，舍居敬穷理四字，更无所谓功夫。凡先儒之言，若志伊尹之所志，学颜子之所学，若为天地立心，为生民立命，若以兴起斯文为己任，种种道术，举不外是矣。夫居敬穷理之方，朱子以其躬行心得者，谆复言之至详至备矣。吾人遵而守之，日夕从事于此，则亦可以有获矣。入门而升堂，升堂而入室，循之有其阶，导之有其相也。或者信之不笃，不免徒倚于歧途，志之不勇，不免徘徊于方轨，以至日暮途远，进退失据耳。今日朋侪中，攸好之深，矢志之固，如仁兄者，盖已不多矣。生平所致力于六行之修者，岂非仁义之事？其事之克修，岂非本于仁义之心哉？本仁义之心，以行仁义之事，所以立人之道者，岂有他哉？而更欲头脑之是求，古人骑驴觅驴之喻，是之谓矣。特患居敬之不熟，则有或得或失之忧；穷理之未精，则有或然或不然之虑。要亦无他道也，有不熟则勉进于熟而已，有未精则勉求其精而已。

《易》曰："三人行，则损一人，一人行，则得其友。"言致一也。九州万国而统于一王，千流万派而归于一海，千红万紫而合于一太极。故曰：礼仪三百，威仪三千，无一而非仁也。仁，人心也；义，人路也。源深则流长，根凝则实茂。清明在躬，则志气如神，平日功夫惟在涵养其本原，以为制事酬物之主尔矣。朋友讲习，养也；独居思索，亦养也。读书考究，养也；饮食动作，亦养也。念兹在兹，释兹在兹，如伏雌之抱卵。其退不舍，其进不锐，如日月之贞恒。修其疆畔，时其籽耘，如农夫之力穑。而后可致其精也，而后可几于熟也。必若先儒云：

满腔子皆恻隐之心，盎然若太和元气之流行于天地之间。必若先儒云：在我之权度精切不差，截然如万物之各正其性命。子思所云"择善固执"，孟子所云"深造自得"，其或以此也欤？

夫学问者，将以尽性命之理也。苟不本于天之所赋，物之所受，非学问之正也，安可使之有两截乎？事物者，身心之准则也，苟事至物来而处之不当其分，正身心之病也，安可视之为两途乎？自世儒以"在物为理，处物为义"之言为不然，而体用、内外始判而二之矣。自世儒不明于"动静不失其时"之义，而以堕黜聪明为静，不明于"心存斯是敬"之义，而但以严威俨恪为敬，而人伦庶物之外若别有一种学问矣。夫事物之不能，不日至者，势也，迎之非也，拒之亦非也。以其皆不免于自私而用智也，非顺应之道也。无事则读书。读书者，所以维持此心，而不使其或怠也，非以务博也。默坐则思索。思索者，所以检点其身，而不使有阙也，非以耽寂也。事至则泛应。泛应者，所以推行天理于事事物物，而不使其有过有不及也，非以外驰也。无众寡，无大小，无敢慢则一矣，无有事无事，无有人无人，无敢慢则一矣。一则穷通一矣，寿夭亦一矣，死生亦一矣。然则仁兄所忧心之粗而气之昏者，或恐不一之故，未必皆不能读书之故也。

上蔡诵史不遗一字，程子责其玩物丧志。上蔡面赤，程子曰：此即是恻隐之心。由是思之，读书只是功夫之一种，非不能读书便无功夫也。但择善之功，惟读书为得益之易，故以为先务耳。然即读书而论，亦不可以不一矣。耳目一，则心志专而义理纯熟，杂则意分而气散，即日力亦有所不给矣。夫数学至康节非小道矣。程子已能得其概，然不以学，后竟忘之，曰吾所知者，惠迪从逆而已。吾人聪明不逮古人远甚，约之使归于一，犹惧不克遂其初志，况敢旁搜而遐览乎？夫孟子之言"暴其气"者，非独应事酬物、言语动作之间，与夫喜怒哀乐之感也。书亦一物也，读之亦一事也。物至而人化物，灭天理而穷人欲，虽读书亦有之，故敬之道不可须臾舍也。颜子惟敬之纯熟，故有不善未尝不知，知之未尝复行。孟子之睟面盎背、四体不言而喻此物此志也。

其《与沈尹同书》曰：《大学》、《中庸》二书，所以开示后学，至详且切矣。《大学》之要在于致知诚意，《中庸》之要在于明善诚身。而其求端、用力之处，一则曰格物，一则曰择善，而固执之要之，非有二也。择善即格物之谓，知至则明乎善矣，诚意则诚乎身矣。知至意诚而德明矣，明善诚身而性尽矣。始于择善，终于止至善，而所以齐家治国平天下，与夫位天地，育万物者，举不越乎此矣。然则吾人日用工夫，止有庸德之行、庸言之谨，内省不疚，无恶于志而已。此诚意之事也。其致知格物之事，则博学审问、慎思明辨者是也。自后儒分尊德性、道问学为二事，而格致之说纷若聚讼，以愚测之，亦于朱子之言或未详考耳。其语格物者曰：或考之事为之著，或察之念虑之微，或求之文字之中，或索之讲论之际。噫！尽之矣。

今之论者，举其一而遗其一，以相非诋相附和，率以己意之所向者，主之奴之，而不能虚心平志，以求夫理之至当宜，其辗转沿习，而学术遂为天下裂也。夫所以致知而明善者，将以谁为乎？诚为人也，则汲汲乎暴扬标异，以冀天下后世之见而闻之也无惑也，诚为己也，则反求诸其身，遁世不见知焉可也。此《大学》于诚意一篇，分别君子、小人而言之。而《中庸》于次章、素位章、末章，对举君子、小人而言之也。盖为己则必暗然，必慎其独，必居易俟命，君子之所以中庸也。为人则必的然，必掩其不善而著其善，必行险侥幸，小人之所以反中庸也。外此则行不著、习不察之人而已矣。然而夫妇之愚，本其好恶之良，多有不违于道之事。若小人之无忌惮，则必至于无所不至，虽有高节善行，斯亦巧言令色、穿窬之盗之类而已。使其著书立说之侈，斯亦率兽食人、人将相食之类而已。吾人今日读古人之书，被儒者之服，其于夫妇之愚、夫妇之不肖，既已有间，若夫本于的然，而极于无忌惮，则凡贤智之过，皆将不免于此，而所当切己自省，以时用其戒慎恐惧者也。然则舍却下学为己，更无学问之可言者矣，更无功夫之可事者矣。至于上达天德，则徐以俟之而已，非可意计悬度也，先难后获焉可也。董子曰："正其谊不谋其利，明其道不计其功。"学者始初一念，若从功利起见，早已走入小人门径矣。

其《与屠子高书》曰：承下问格物之义，非由经文本有可疑，或者我兄平日于"物"之一字，未之体当亲切，故有推而远之之疑也。吾人自有生以来，无一刻不与物交，大而君臣父子，小而事物细微，无非物也，则无非我性分之所固有而不可辞者，故曰"万物皆备于我"。有是物即有是物当然之理，惟圣人为能先知先觉，而于人伦庶物莫不各副其当然之则，下此即不免仁者谓仁，知者谓知，百姓则日用而不知，而一身之喜怒哀乐与夫视听言动，无往而得当其可矣。是以学者始事在即物而穷其理，穷一物则知一物，穷物物则知物物，渐积驯致，以至于无所不知，而吾德之明者始无不明矣。正如火之德本明，非丽乎物，则亦何以见其光哉？

近代释氏之说，乱于吾儒之书。于凡人伦庶物，一切视之为外，遂欲离物而求其所为惺惺者、昭昭者，虽其清净寂灭之余，此中不无所见，然未有不限于一偏，举此遗彼，而于大中至正之矩，终以有乖也。今且以《中庸》之义通之。明善者即致知之谓也，择善者即格物之谓也，博学、审问、慎思、明辨四者，即格之之事也。抑非特学者，舍是无所用其力也。虽孔子好古敏求，孟子深造说约，亦若是也。来教随处体认力行，力行自属心正后事，阳明以为善去恶是格物，非也。随处体认天理，甘泉尝有是言，然不免有病，要惟程朱之言为无弊也。仁兄但本程朱之意于日用之事，凡身之所接，无不审察，无不研求，勿厌繁琐，不求近功，久久熟落，当有自得之效，不觉其冰之释而冻之解也。

廿三日之会，不审弟可不出否？举会亦一物也，见得思义，久要不忘，固为是物之理。不特此也，凡与会之人，细及期约、地所、酒馔、人舟之类，无不在所当格，推之物物皆然。若有一知之不明，即有一行之未笃。窃谓吾人自始学以往，至于义精仁熟，只是格之精熟，故能知之精熟，知之精熟，故能行之精熟。感兄虚怀切问，率其妄测之见如此。

其《与沈德孚书》曰：姚江良知之学，其精微之言只"吾心自有天则"一语而已。夫人性本善，以为天则不具于吾心不可也。然人之生也，有气禀之拘，有习染之迁，有物欲之蔽，此心已非性之本然，故曰人心之不同如其面也。夫子之圣，必至七十，然后从心所欲不逾矩，亦谓天则未能即此心，而是故须好古以敏求耳。今以未尝学问之人，而谓吾心即是天则可乎？将恐虽无物欲之蔽，犹有习染之迁，即无习染之迁，而气禀之拘将必不免。此仁者见仁，智者见智，而君子之道鲜也。夫子之门，虽以颜、曾之徒，亦不能不因其性之所近以为学，而必待于夫子之裁之。若当下即以所知为良而已，动符圣人，无烦学虑之支离，则何以颜子所见即有不同于曾子，子路所见即有不同于冉求，以及子夏、子张、子贡、仲弓，莫不皆然，而亦何必终身服膺夫子之教哉？比如子夏、子游、子张，以有若似圣人，欲以所事孔子事之，此岂不是良知所发？由曾子言之，则知游、夏、子张所谓似圣人者，正未必然也。

又如一卷之书，昨日读之，所见如此；今日读之，所见又如此。今年读之如此，来年读之所见又未必如此。然昨日岂无良知乎？抑有两良知乎？抑今日所知或未必良而尚待之来年乎？然则所谓"吾心自有天则，而满街都是圣人"者，何说也？整庵先生谓"世间岂有见成良知"是也。夫孟子之言，良知良能，本谓不学不虑，岂非见成？而顾谓岂有见成，其苦心可思也已。今日邪说暴行之徒，莫非自托于良知之学，究其立身，寡廉耻，决名教，流祸已极。而有志于学问者，曾不知察，方将主张其说，以鼓动学徒，招来群辈，断然自信而不疑，亦难乎其为豪杰之士矣。

其《与沈上襄书》曰：去冬所谕"喜怒哀乐未发以前"一段疑义，弟初于先师语录闻其说而悦之，已而证之朱夫子《与湖南诸公》一书，深悔前时所见之失，因以为定论，而反而求之日用之间，事物未感此心，寂然不动，有以具众理而应万事者，但吾人以憧憧往来之心急卒求之，是以未之见耳。然欲求见此体，则又非释氏瞑目却虑之可庶几也。《易》曰"天下何思何虑"，又曰"君子思不出其位"。吾人工夫之用，窃以宜从思不出位，庄敬持养，而不使放心邪气得入焉，则能时行时止，而无所往而非天理之流行矣。不审仁兄近日所见以为何如？

又如所谕"君子中庸"注云："有君子之德，而又能随时以处中；有小人之心，而又无所忌惮"，疑多此"而又"四字。弟退而思之，朱子之意大约从本文两"而"字体味出来。盖天下固有有君子之德而未能随时以处中者，如均天下国家、辞爵禄、蹈白刃之可能，而中庸则不可能。又如伯夷之清、柳下惠之和、伊尹之任，岂非已有君子之德，而未能至于时中？天下亦有有小人之心而不至于无所忌惮者，如《易》所言"包羞"，《论语》所言"色厉内荏"之类。中藏既不可知，犹然顾畏名义，不敢肆然为非，则以未为小人之甚者也。是以分别界限言之，则一为君子，一为小人。而就君子一边言之，则君子之间自有分数，君子而时中，而后君子之为君子至是而极。就小人一边言之，则小人之间亦自有分数，小人无忌惮，而后小人之为小人亦至是而极。

正如一阴一阳判为两途，而由《复》之一阳，进而为《临》、为《泰》、为《大壮》、为《夬》，以至于六阳之《乾》。由《姤》之一阴，积而为《遁》、为《否》、为《观》、为《剥》，以至于六阴之《坤》。阳而不至于乾，则阳不极，可以为舜之徒，而未可为法天下传于后世。阴而不至于坤，则阴不极，可以为跖之徒，而未为恶积而不可掩、罪大而不可解。

由此以思，则凡吾人既有志于圣贤之学，而正己不求诸尽，或安于一善之成名，或怠于百里之九十，其视夫妇之愚不肖疑若有间，要不可谓之君子人也。且恶知夫名义自闲，不至大段决裂，以昭昭然入于匪慝之际，不犹有小人之心也乎？此古之人所以省身如不及，惟日孜孜，毙而后已也。仁兄以为于义不为牵合傅会否？弟窃有感于百有余年格物之义不明，而有志于学者，往往即于邪慝而不自知也。其曰以吾心格之是已，然不知吾之心其能尽出于道心否耶？如其尽出于道心也，以此心格之可也，如其不然，其能无过不及之差乎？夫吾人自气拘物蔽以来，其与圣贤大中至正之心相去固已远矣。一旦欲以相去圣贤既远之心宰制事物，非失之过，即失之不及，不待言也。正使念念自信以为尽合于天理，而不知已为人欲之私也。是以古之为教，莫先于穷理，凡人伦事物，无大无小，莫不有当然之则，吾心未之得也，圣贤先得之，以示法则于后世。今于事事物物，莫不考诸圣贤之成法，而不敢以气拘物蔽之心参之，则当然之则见矣。所谓衡诚悬不可欺以轻重，规矩诚设不可欺以方员也。夫惟圣人为能动容周旋无不中礼也。世儒动称天则具于吾心。夫谓天则不具于吾心不可也，谓吾今日之心所出皆中天则，是犹舍权衡而求轻重，离规矩而求方员，无论轻重方员，施之必乖其当。即使一一无所乖谬，亦只得其约略近似，而非其至当之则也。自颜子大贤，夫子教之，犹然博文约礼，其余又何疑乎？观此可以知先王之道矣。

陆清献公尝谓张先生遗书未有刻本，前偶见其《备忘》一册，笃实正大，足救俗学之弊，盖犹未见其全集云。乾隆年间，濮川布衣陈古民梓为之传曰：先生居桐乡之杨园村，故东南学者称为杨园先生。幼孤，王父及母夫人训之成立。幼中酒，母责之，谕曰：孔子、孟子亦是两家无父之子，只为肯学好，便做到大圣大贤，尔勿自弃也。年十五为诸生，耻入社，尝读《小学》、《近思录》，忽有得，作《愿学记》。东渡拜刘念台先生门下，有甲申春冬二问目，归而肆力于程朱之书。真知力践，觉《人谱》独体，犹染阳明，然以师故不敢言。澉湖何商隐先生延之家塾，出《传习录》请评，以维斯道，以觉来学，先生不敢任也。既而馆语水，主人复以请，先生复固辞。既乃慨然谓东南坛坫、西北干戈，其乱于世，无所上下。东林诸公气节伟然，而学术未纯，神州陆沉，天地晦盲，生心害政，厥由传习。于是毅然秉笔，条分缕析，洞揭其阳儒阴释之隐，以为炯鉴。盖自此书出，而闲辟、通辨、困知，皆所谓择焉而不精者矣。吴江张嘉玲，弃诸生从先生游，资独敏，故所造弥粹。诸弟子或质鲁不善学，或借以干禄，或袭为口耳标榜，皆弗逮也。

先生自乱后益杜门寡交，惟茗上凌子渝安、沈子石长及商隐，道义切磋，终身无间。与人和易，故人王迈人既显请谒，亦不峻拒，惟默坐晤对，使自愧而已。平居虽盛暑，方巾深衣端拱若泥塑，或舟行百里坐不少欹。晚年写《寒风伫立图》，自题云："行己欲清，恒入于浊。求道欲勇，恒病于怯。"噫！君之初志岂不曰古之人？古之人老斯至矣，其仿佛乎何代之民？

先生诗非所长，古文得八家神髓，然教学者惟以严立藩篱，深造堂奥为则。尝云："三代以上，折衷于孔孟；三代以下，折衷于程朱。"于朱子《纲目》、《文集》、《语类》，晨夕不释手，订其疑而阐其微，旁及《读书》、《居业》、《童蒙训》、《鲁斋集》，俱有评本。

尝自痛先世厝宫，贫不荤葬，毁于盗，虽罪人已得斩首祭墓，祔衣犹粗麻。卒年六十有四，遗命以衰敛。商隐偕诸同人葬先生于草庐侧。碑曰：杨园先生之墓。诸孺人、长子维恭早世，次子与敬不及娶而没，继圣文亦夭。配姚氏守节殁，无后。门人姚琏辑《文集》及《训子语》、《备忘》、《初学备忘》、《言行见闻录》、《近鉴》、《农书》共三十余卷，后学范鲲刻之海昌，因语水流言误毁，天下惜之。

论曰：有明一代儒者，薛、胡为冠，而敬轩乃尊鲁斋为朱子后之一人，何所见之隘也。惟先生值仁山之厄，不仅洁其身，砥白云之节，不徒衍其传。纯粹如敬轩，而穷研洞悉；谨饬如敬斋，而规模宏远。存养深不涉于澄心，省察密不沦于独体。志存《西铭》，而辨严兼爱；行准《中庸》，而恶深乡愿。障姚江之澜，直穷其窟；杀语水之波，力防其溃。呜呼！如先生者，真朱子后之一人已。虽然，武夷九曲，剩水残山，金华私淑，犹延其脉。今之为杨园后之四子者何人？呜呼！危哉！盖先生遭时艰难，立身高洁，以主敬为行己之本，以反经为兴民之原。荜门蓬户，具有天下万世世道人心之忧，谓为朱子后之一人，不亦信哉！大也姚氏辑其年谱，古民陈氏订之，阅后子春方氏又考正而加详焉，此补读书斋所藏本也。其《全集》目次十六，曰经正录，曰愿学记，曰问目，曰备忘录，曰诗，曰书，曰初学备忘，曰学规，曰训子语，曰答问，曰门人所记，曰言行见闻录，曰近古录，曰近鉴，曰丧祭杂说，曰农书。祝氏诠修补本，勤宣堂所藏者也。

同学：颜士凤、凌渝安、沈石长、何商隐。

从游诸子：张嘉玲、姚瑚、姚琏。

太仓陆先生 [世仪]

先生讳世仪，字道威，号桴亭。隐居不仕，笃志圣贤，谨守程朱家法，以格致、诚正、修齐、治平为程，以居敬穷理、省察克治为工夫。谓只提一敬字，便觉此身举止动作如在明镜中。又谓：主一无适。不是心有所系，任所遇之自然，只时时提掇此心，认清天理一边做去，觉得不期敬而自敬。又谓：居敬是主宰，穷理是进步，处文公之学，大抵穷理以致其知，反躬以践其实，而以居敬为本。又谓：致知工夫，只"心为严师，随事精察"八个字。心为严师即居敬，随事精察即穷理。

著《思辨录》，前后十四类，前集曰小学、曰大学、曰立志、曰居敬、曰格致、曰诚正、曰修齐、曰治平，后集曰天道、曰人道、曰诸儒、曰异学、曰经子、曰史籍。先生之学，主于身体力行，不尚空知空论，其辨晰物理至精至实，举凡天文、地理、礼乐、农桑、井田、学校、封建、郡县、河渠、贡赋、战阵、刑罚、荐举、科目、乡饮、宾射、祭祀、丧纪，非惟考核之详明，实乃体认之精审。盖理无不穷，而随处有会心也。观其一言一动、一视一听、一卧一起、一瞬一息，察之又察，省之又省，存之又存，养之又养，其功可谓深矣。是以用力之久，窥见天人之微，发周子《太极图说》所未宣，明程子、朱子性理所未尽。

其言曰：周子作《太极图》，发挥天地万物之理。"太极"二字原本《系辞》，不过祖述孔子之旧。至于主静立人极，"人极"二字则自周子开辟出来，后半"惟人也得其秀而最灵"一段，都是说人极。人极与太极句句相对，则知人身与天地处处相合，绝非矫揉造作，故人能践形即能尽性，能尽性即能达天，天与人总是一理，此是周子独得处。又曰：周子定之以中正仁义而主静立人极，"主静"二字是立人极之本，中正仁义又是主静之实落处，此总是圣人尽性工夫。又曰：中正仁义而主静，周子立言甚周匝，然主静之下又自注曰：无欲故静。无欲者无人欲也，无人欲则纯乎天理矣。是周子以天理为静，以人欲为动。主静者主乎天理也，主乎天理则静固静、动亦静矣。岂有偏静之弊乎？又曰：中正仁义句，周子自注曰：圣人之道，仁义中正而已矣。夫周子之学，似重主静，然不曰主静而已矣，而曰仁义中正而已矣。乃知仁义中正之外，别无主静，离仁义中正而言主静者，非主静也。又曰：论性只有程朱二处说得全备。程子曰：论性不论气不备，论气不论性不明，二之则不是。二之则不是者，谓性只在气中耳。朱子曰：论万物之一源，则理同而气异，论万物之异体，则气犹相近，而理绝不同。理绝不同者，谓人为万物之灵，独能具众理而称性善也。又曰：程子曰：生之谓性，性即气，气即性，又恶亦不可不谓之性，又人生而上不容说。朱子曰：性须是个气质，方说得性字。若人生而上只说得个天道，下性字不得。两夫子不是实实见得性不离气质，如何敢开此口？又曰：张子谓：形而后有气质之性善，反之则天地之性存焉。此语甚开辟有功，然又谓天性在人，犹水性之在冰，如此则天命与气质之分何在？谓之气质者，谓其与天地之性不同故也，若水凝为冰，冰释为水，有何不同？缘张子只就聚散上起见，认理气原不分明，故有此语。又曰：诸儒谓孟子道性善只是就天命上说，未落气质。然读孟子"人无有不善"之言，是就人有生以后看，即下愚浊恶亦无有不性善者。盖孟子论善只就四端发见处言，因其四端即知其有仁义礼智，人人有四端，即人人有性善也。不必说到浑然至善，未尝有恶，然后谓之性善。又曰：《太极图说》惟人也得其秀而最灵，形既生矣，神发知矣，形生质也，神发气也，有形生神发而五性具，是有气质而后有性也。不落气质不可谓之性，一言性便属气质。又曰：论性离不得气质，一离气质便要离天地，盖天地亦气质也。一离天地，则于阴阳外别寻太极，于阴阳外别寻太极，则太极不落于空虚，即同于一物。观此则先生之于性理，可谓语语着实矣。

　　其自叙曰：仪于性学工夫不啻数转，起初未学时只是随时师说，有义理之性，有气质之性，亦喜同禅和方外谭说，不睹不闻，无声无臭，父母未生前无始以前真己。及至丁丑，下手做工夫，着实研穷，始觉得禅和方外固非分性为二者，亦非于是得力于"理先于气"一言。于理气之间尽心体验，始知太极为理，两仪为气，人之义理本于太极，人之气质本于两仪，理居先，气居后，理为主，气为辅，条理判然。然终觉得性分理气，究未合一。既而悟理一分殊之旨，恰与罗整庵先生暗合，便洒然觉得理气融洽，性原无二，然未察到人与物性同异处也。既而知人与万物之所以同，又知人与万物之所以异，于禽兽、草木上皆细细察其义理气质，于朱子论"万物之一原，则理同而气异"，论"万物之异体，则气犹相近而理绝不同"二语，大有契入。于是又识得天地万物本同一体处，然而性善之说则终以先入之言为主，以为孟子论善，只就天命之初，继之者善处论，未敢说到成之者性。

　　直至己亥，偶与两儿言性，始觉得成之者性以前，著不得性字，既说成之者性，便属气质，既属气质，何云性善。于是旷览夫天人之原，博观于万物之际，见夫异异而同同者，始知性为万物所同，善惟人性所独，性善之旨正不必离气质而观也。于是取孟子前后论性语反复读之，始知孟子当时亦只就气质中说善，而程、朱以后尚未之能晰也。于是又取孟子以后周、程、张、朱之言观之，周则无不吻合，程、朱则间有一二未合，而合者常八九也。然未敢与世昌言，至庚子讲学东林，而始微发其端，至丙午论性毗陵，而始略书其概。然而性与天道难言之矣。世之学者尚未见一二层，而遽与之言第七八层，不骇而欲绝乎？予故稍笔于此，以志予三折肱之概。

　　彼时龚子无竞读先生《性善图说》，与先生论性终日。先生曰：五图大旨不过云孟子所称性善，在成之者性，不在继之者善耳。成之者性已属气质，故即就气质发明之。人习闻气质之恶，今见称其为善，不觉骇怪，要之不骇怪，不肯究心，不能透彻。

　　先生又叙其得“仁”字，曰“仁”字是圣门大头脑，吾儒终身止须尽此一字。自圣化衰微，道学不讲，士大夫虽读孔孟遗书、诸儒传注而茫然不解，所以至专以“爱”字当之，如此则与墨子奚别。间有一二究心者，又以仁为第一义，不敢遽称，胥失之矣。愚自丁丑春始从事斯道，便识得仁字面目，窃谓仁字之义，语其远且大者，虽极千圣之微言，不足以尽其蕴奥，语其精且约者，即俗谚一言已自至当不易。俗谚云：人心天理，即是个仁字。又云：瞒心昧己，便是个不仁字。

　　又自叙得“理一分殊”四字。曰：“理一分殊”四字最妙，穷天地，亘古今，总不出此四字。会得此四字，然后知当然所以然之理，然后可与立，亦可与权，千变万化不离规矩。予自庚辰夏，始会得此四字，尝以之旷观天地古今，无有不贯。因念尧夫遇物皆成四片，此只是于阴阳老少处看得熟，然未若见得理一分殊亲切，则遇物一片亦可，千万片亦可，觉得四片终落气数也。整庵《困知记》，其言若出于一，是真先得我心者。先生言理气，若是分明，若是融洽，可不谓之豁然贯通乎？

　　陆清献公序其《思辨录》曰：士生斯世而欲言学，岂不难哉？功利之习浸淫于人心，根深蒂固而不可拔。幸而能自拔于功利矣，则或溺于记诵词章，终身竭蹶，而适长其浮薄骄吝之气。幸而又不溺于是，而有志于道矣，则佛老之徒又从而惑之。舍三代以来圣贤相传之道，而欲求所谓虚无寂灭者，求之愈力，去道愈远。幸而不惑于佛老而归于儒矣，而儒者之道复分途各驱，宋之洛闽、金溪，明之河津、余干、新会、姚江，同师孔孟，同讲仁义，其辨在毫厘之间，而其流至于相去悬绝，若方圆冰炭之不同。学者未尝辨其同异，晰其疑似，浮慕乎学之名而用力焉，其不舍坦途而趋荒径者几希矣。于此有人焉，以身示之，且别白而告之，其有功于世何如也？

余家居时闻太仓陆桴亭先生之学而未获亲炙，及承乏嘉定，去先生之乡咫尺，而先生已成古人。乃访其遗书，得所谓《思辨录》者。其辨同异，晰疑似，一准于程朱，其于金溪、新会、姚江，虽未尝力排深拒，而深知其流弊之祸世。其教人先《小学》，而后《大学》，以立志居敬为本，而以圣经之八条目为程，然后渐进于天人之微，旁及百家之言，其先后次序悉闽之遗法也。虽未熟识其生平，然考其发于言而著于书者，可谓有道之士矣。盖先生自言二十七岁即志于斯学，心体躬行未敢稍懈，则所以能成就如此者，亦非一日之故也。呜呼！处功利浸淫之日，而能自振拔，又不溺于词章记诵，又不惑于佛老，又不惑于儒之近佛老者，而卓然自立，岂不难哉？

先生之子名顾正者，请余叙其书。余不敏，虽于先儒异同之间尝闻其大略，然明不足以察理，勇不足以卫道，优游岁月，将泯没之是惧，何能叙先生之书哉？姑记其仰慕于先生者如此，尚当尽求先生之书，而访于其良友高弟以琢磨焉。其庶几乎！

绎清献之言，盖有高山仰止之思矣。清献因末明学术之害，深以阳儒阴释者为当力辨，故序中及之。今查后集中，如曰"无善无恶"之说，极易流弊。得其说者，愚不肖之人便入告子一边，贤知之人便入阳明一边。告子无论矣，主阳明之说者，就此处寻向上去，则为人生而上，为父母未生前，无始以前；就此处说到下来，则为情亦无善无恶，意亦无善无恶，知亦无善无恶，物亦无善无恶。原头一差，毫厘千里，与告子较，只是过犹不及。

又谓今之学者，好言工夫即本体，本体即工夫。此种言语，看去极是高明，只是古来圣人却不如此说，字字句句剖判得分明的确。如人心惟危，道心惟微，本体也；惟精惟一，允执厥中，工夫也。继之者善，成之者性，本体也；成性存存，道义之门，工夫也。性相近，本体也；习相远，工夫也。天命谓性，本体也；戒惧慎独，工夫也。性善，本体也；察识扩充，工夫也。细勘古来，即尧、舜、孔子，未尝说一句现成话，未尝扯一句高苗话。乃自嘉、隆以后，谬学流传，即乳臭狂童、兔园野叟，一拾唾余，便说性谭天，直出尧、舜、周、孔之上。世道之忧，未知所底，其病只在无心实得，而专欲口角胜人，故甘心陷溺而不悔也。

又谓古人多说尽性，今人多说复性。复性者修为以复其性，从汤武反之上说来，全要重在学虑。故《大学》一部书，开口命名便是一"学"字，得止工夫到底重在一"虑"字。《中庸》学、问、思、辨、行五个字，不过只"学"、"虑"两字。学与虑即孟子所谓知，皆扩而充之也。今人说复性，只讲不学不虑，以为不用思维，不须把捉，只信口说出，信步行出，但认得个圆陀陀、光烁烁的东西，便左之右之，无不宜之。试思孔子、孟子，何曾有此说话？

又谓郁天民辨《传习录》疑义，言言切当。天民与阳明同邑，而能不为其所泪，是亦实学之士矣。又谓天泉宗旨四言，在阳明已露出破绽，至龙溪"四无"之语，则是文人口头聪明语，绝无意义，虽禅宗之有得者亦不取也。其流弊之害，至万历时，凡诸老会讲，专拈"四无"掉弄机锋，闲话过日，其祸盖不止如王衍之清谈矣。万历之末，人心委顿，驯至大乱，其明验也。《九解》之作，出海门汝登周氏，时海门讲天泉无善无恶之旨于南都，许敬庵闻而疑之，作《九谛》相难，海门又作《九解》以解之。夫《九解》之说，海门固非矣，敬庵《九谛》初无卓见，又乌能相难乎？亦徒为角口而已。

又谓王龙溪《南游会纪》，句句是禅，字字是禅，昌言三教，绝无避忌，以至老子、庄子都打合作一家，四书六经不知撇向何处。呜呼！龙溪不足责矣。天泉证道，而遂以龙溪为回、赐以上人物，使之流弊至此，则阳明先生不得辞其责也。阳明尝曰：我在南京时尚有个乡愿意思，在今则实实信得是个圣门狂者。以龙溪为回、赐以上人，岂犹有乡愿之意耶？

此数条者，辨之明而诋之切，先生忧世之心，其亦同于清献乎？《思辨录》外，著有《宗礼》、《典礼折衷》、《治通》、《治乡三约》、《甲申臆议》、《八阵法门》、《城守要略》、《先儒语录集成》、《明儒语录集成》、《礼衡》、《易窥》、《诗鉴》、《书鉴》、《春秋讨论》、《读史笔记》、《考德录》诸书。

同学：盛圣传、陈确庵、江药园。

从游诸子：许舜光、周淑文、王异公、袁幼白、龚无竞、郁东堂、黄殷嘉、荆豫章、许南村、方武篆、毛亦史、孔蓼园、黄项传、王男伟、沈孝恭、沙介臣、曹云祉、夏玉汝、江位初、周异微、吴白耳。

仪封张先生 [伯行]

先生讳伯行，字孝先，号敬庵。进士，历官礼部尚书。学以程朱为准的，不参异说，不立宗旨，主敬以端其本，穷理以致其知，躬行以践其实。以圣人之道为必可学，以圣人之功为必不可一蹴而致，循序渐进，若无一非困而知勉而行者，历艰险崎岖，千磨百炼，以成其确乎不可拔，凛乎不可干之气象。而犹且退然不自足，随时随事检束身心，考验德性，善者我果能有之否？不善者我果能无之否？朝夕体察，有一理之未融于心，一事之未协于道，则潜思极虑以求之，此困学之所以自始至终不能辍也。

先生曰：仁者，天地生物之心，敬者，圣学之所以成始而成终者也。万善之理统于一仁，千圣之学括于一敬，故道莫大于体仁，学莫先于主敬。又曰：天地大矣，立三才之中，必能与天地同体，而后不愧于天地。圣贤往矣，生百世之下，必能与圣贤同心，而后不负乎圣贤，学者立志可不远且大哉？又曰：格物穷理，存诚主敬，是为学实地工夫。古来善学者无如朱夫子，而或者每议其支离，无他，避难而就易，务为苟道而已。岂知舍格物穷理、存诚主敬而言学，举非学乎？又曰：义理无穷，学然后知不足。试观文王望道，未见孔子，曰未能，曰何有，非示谦也，直见道量无穷，歇脚不得之意。又曰：古之学者为己，须是不求人知方好，若有一毫求名之意，要人知道，功夫便不真实，便有间断。试思仁义礼智吾心之所固有，孝弟忠信吾身之所当为，那一件是求名的事。《易》云："遁世无闷，不见是而无闷。"《论语》云："人不知而不愠。"《中庸》云："遁世不见知而不悔。"须是存这一副心肠，方是实落做工夫的人，方能有长进处。又曰：学者诚有志于道，须是无以货利损行，无以嗜欲忘生，无以骄奢败德，而后可以求进于向上一路。又曰：学者贵卓然自立，尤贵奋然有为，只一个"待"字，断送了古来多少人，故因循最是害事。有待而兴，便是凡民，凡民自甘为凡民，非天有以限之。无待而兴，即是豪杰，豪杰自命为豪杰，非人有以助之。又曰：人必于道理上见得极真，而后于贫贱患难上立得脚住，亦必于贫贱患难上立得脚住，而后于道理上守之愈固。又曰：大凡处顺不可喜，喜心一生，骄侈之所由起。处逆不可厌，厌心一生，怨尤之所由起。一喜一厌，皆有动于中也。圣贤之心如止水，或顺或逆，以理处之耳，岂以自外至者为忧乐哉？

又曰：今之学者，只求做官，不求做人。盖务举业，饰文辞，博科第，拾青紫，此求做官者也。以立身行己为先，以纲常名教为重，以孝弟忠信为实修，以礼义廉耻为防检，此求做人者也。求做官，自不暇求做人；求做人，自不暇求做官，此两事也。而做人好，做官自好；做官好，必由于做人好，此又相因者也。若不求做人，只求做官，决不能为好官；不求做官，但求做人，断未有不为好人者也。学者须是急求做人，莫要急求做官。又曰：天下只有一个是，此是则彼非，彼是则此非。若曰两存其是，岂有此理。譬如之燕都者，一人之北，一人之南，必告之以之北是，之南不是，然后人有所适从。今日两存之，则误人多矣。今之《明儒学案》、《理学备考》得毋类是。

又曰：罗整庵云：理之所在谓之心，心之所有谓之性。愚按：心统性情，谓心之所有谓之性则可，谓理之所在谓之心似欠妥。盖理之所在谓之心，是有道心而无人心，《虞书》何以曰"人心惟危，道心惟微"乎？谓理具于心则可，谓理之所在谓之心则不可。孟子曰"养心莫善于寡欲"，欲之所在将不谓之心乎？观程子曰"性即理也"，心则知觉之在人，而具此理也便见。又曰：学者实心做为己工夫，须是先读五经四书，后读《近思录》、《小学》，则趋向既正。再读薛文清《读书录》、胡文敬《居业录》，然后知朱子得孔孟之真传，当恪守而不失。再读罗整庵《困知记》、陈清澜《学蔀通辨》，然后知阳明非圣贤之正学，断不可惑于其说。从此观诸儒语录，则是非了然胸中，邪正判如墨白，可以无歧趋之惑矣。

又曰：天下事多坏于伪君子。今有人焉，观其容貌，君子也；观其言论，君子也；观其威仪、动作，无往非君子也。而其最不能假者，每在利害之间。盖见利必趋，见害必避，乃小人之真情也。孔子曰：君子喻于义，小人喻于利。观人者，亦观其喻义者为君子，喻利者为小人而已。容貌、言论、威仪、动作，举不足凭，矢天誓日，举不足信也。持此以观人，则小人之情无所遁矣。又曰：人于外物，件件要好，只有一个心与身是自己的，偏不要好，失所重轻矣。或问心何以好？曰：还其心之所固有，去其心之所本无，如此而已。问身何以好？曰：吾身之所当为者，不敢不为；所不当为者，必不敢为，如此而已。心之所固有，仁义礼智信是也。身之所当为，忠孝廉节是也。

又曰：何以为学？曰：致知力行。何以为治？曰：厚生正德。何以治己？曰：存理遏欲。何以处世？曰：守正不阿。何以待人？曰：温厚和平。此五者其庶几乎？又曰：司马温公章奏，皆有关于君德，有关于民隐，有关于世道人心。其剀切详明，可法可传，独乞印行《荀子》、《扬子法言》状为不宜行。韩文公云：荀与扬也，择焉而不精，语焉而不详，温公乞印行之，乌得无误乎？程朱有功于万世，以其表章四书五经，倡明孔孟之大道也。设使荀、扬之言得行，孔孟之道又何由而著？此一章奏不得不为温公之错。

又曰：此心不敬，则事事皆病，此心能敬，则百样病痛皆无自而生，故"敬"字为圣学要诀。《中庸》言"慎独"，《孟子》言"求放心"，皆是敬字注脚。又曰：朱子之学，主敬以立其本，穷理以致其知，反躬以践其实，为功切实可循。但学者畏其艰苦难入，自姚江之徒以不检饬为自然，以无忌惮为圆妙，以恣情纵欲、同流合污为神化，以灭理败常、毁经弃法为超脱，凡一切荡闲逾检之事，皆不碍正法。天下有此便宜事，谁不去做？而圣学之藩篱决矣！即姚江亦不意其流弊至此。然作俑者谁？按律当分首从，其罪亦何所逃于天地间乎？

又曰：伊川先生每见学者静坐，便叹其善学。予谓：静坐而思念俱冥者，此坐忘也；静坐而思念纷扰者，此坐驰也，皆不得谓之善学也。须是静坐时有存诚主敬之功方可。《中庸》曰"戒慎乎其所不睹，恐惧乎其所不闻"，存养其要矣。又曰：程篁墩《道一编》，信王阳明《朱子晚年定论》，几欲混朱陆为一，使学者茫然莫辨。得陈清澜《学蔀通辨》，朱陆之异始见，朱陆之早同晚异始见。陈清澜大有功于朱子，大有功于后学也。又曰：《传习录》云：萧惠好仙、释，先生警之曰：吾亦自幼笃志二氏，自谓既有所得，谓儒者为不足学。其后得见圣人之学，简易广大，始自叹悔错用了三十年气力。大抵二氏之学，其妙与圣人只有毫厘之间，此正所谓差之毫厘，谬之千里者。阳明自谓错用三十年气力，不知一生气力皆错用，岂但三十年哉？于圣人之学何曾梦见？又曰：夫子不以一贯示他人，而独示曾子；周子不以《太极图》示他人，而独示二程。曾子却又不言一贯而言忠恕，二程夫子却又不言太极而只言人伦日用当尽的道理，无非要人从极平常处循循做将去，自有入手得力处。张横渠先生以礼教人，使人有所持守。朱子纂《小学》、《近思录》，亦是这个意思。

又曰：人有不为，是其操守坚定处；可以有为，是其才识练达处。

一介不与，一介不取，伊尹之不为也。以天下为己任，放桐复辟以安社稷，非其有为者乎？西山采薇，耻食周粟，伯夷之不为也。叩马一谏，犯左右之不测，留君臣之大义，非其有为者乎？伊尹之功，人皆知之矣，而或有忘其操者。伯夷之操，人皆知之矣，而或有忘其功者。然伊尹之功在一时，伯夷之功在万世。伦常在一日，即伯夷在一日，吾安能知其始终哉？又曰：古之成材也易，今之成材也难。古之时，耳目之所接，心思之所存，无非义理也。以义理相渐摩，故其成材也易。今之世，耳目之所接，心思之所存，无非势利也。以势利相追逐，故其成材也难。又曰：权者变而不失其常也，必于道理熟悉胸中，乃可言权。若学未至而遽言行权，不入于委曲迁就，则流于机械变诈，上之仅可以为乡愿，下之即入于小人。又曰：孟子曰：舜为法于天下，可传于后世，我犹未免为乡人也。不特庸庸碌碌、与世浮沉者为乡人，即志趋远大、德业闻望无所表见者，亦乡人也。不特一介匹夫、侧身寒微者为乡人，即公卿大夫不能建立功勋、法今传后者，亦乡人也。先将乡人二字辨得明白，而君子之所忧可知矣。又曰：君子之辞受取与，皆有一定的道理，非可以苟焉而已。小之系一己之贫廉，大之关世运之兴衰；显之见风俗之厚薄，微之系人心之纯漓。学者甚不可以小事而忽之也。

又曰：知行有分用处，有交勉处。知是要晓得这事，行是要实践其事，这是分用处。知之既真，则行愈力，行之既力，则知益进，此是交勉处。又曰：时势之当然，事体之本然，只有可不可一定的道理。圣人只是可者还他个可，不可者还他个不可，不先存一可不可之见，这便是圣人之无可无不可耳。又曰：善教者无他法，只是教人实下手做工夫便是善教。善学者亦无他法，只是从实地上下手做工夫便是善学。实下手做工夫如何？曰：朱子不云乎"主敬以立其本，穷理以致其知，反躬以践其实"而已。又曰：敬字是彻上彻下功夫。当致知之时要用敬，当力行之时要用敬，即至成德之后仍少敬字不得。

又曰：读圣贤书，当思圣贤之所以为圣贤者是如何，我之所以未至乎圣贤而求至乎圣贤者又当如何。其合乎圣贤者则行之，其不合乎圣贤者则改之，必求如圣贤而后已。先立定这个根基，日积月累，自然渐有长进。若不先定趋向，读书时知有圣贤，到应事时依旧还是庸人，随俗俯仰，与世浮沉，徇情纵欲，流荡忘返，汩没而不能自振，迨至日暮途穷，岁月逾迈，而始叹生为徒生，死为徒死，不亦晚哉？又曰：明道先生论建学择师曰：俾诸儒朝夕相与讲明正学，其道必本于人伦，明乎物理；其教自小学洒扫应对以往，修其孝弟忠信，周旋礼乐，其所以诱掖激厉、渐摩成就之道，皆有节序；其要在于择善修身，至于化成天下，自乡人而可至于圣人之道，其学行皆中于是者为成德。又言以成德者为太学之师，聚天下子弟而教焉，此皆坐而言可起而行者，安得施之今日而收其效乎？又曰：学以圣人为至，不为圣人之学，而为世俗之学，无为贵学矣。治以先王为法，不遵先王之治而为世俗之治，不足言治矣。又曰：吾人为学，须是日新月异而岁不同方好。今日胜似昨日，明日胜似今日，今月胜似前月，后月胜似今月，推之一岁有一岁之功。不可放旷了亲切工夫，不可虚度了少壮的时日，自然日有进益。若今日如是，明日亦复如是，今年此人，明年依旧此人，与不学之人何异？又曰：人之初学，要整齐严肃之意多，方见得立志之专。学之既成，要温厚和平之意多，方见得所养之厚。

又曰：韩昌黎以仁义礼智言性，以喜怒哀乐言情，大端已自不差，但不知补出气质之性来。其性有三品，所以不同者尚未分晓。直至程、张说出气质之性来，今言性之家始不辨而自明。又曰：仁无可名，惟公近之，盖有公心而后有仁心也。敬无可名，惟畏近之，盖有畏心而后敬心生也。又曰：君子比德于玉，素练易染也，白璧投泥而不污，则所云近墨者黑，近朱者赤，不足以定君子矣。君子比操于松，黄叶易雕也，青松凌霜而独秀，则所谓荣者易枯，盛者易衰，不足以限君子矣。又曰：视、听、言、动四者，皆合于礼，辞、受、取、与一介，必准乎义，此真志伊尹之志，学颜子之学者也，希圣希贤须从此始。又曰：客气与气节不同，傲世凌物谓之客气，持己守正谓之气节，故客气不可有，气节不可无。功利与事业不同，功名富贵谓之功利，辅世长民谓之事业，故事业不可无，功利不必有。又曰：士之难知也久矣，其守正不阿者有似乎迂，其不枉道以求合者有似乎拘，其不同流合污有似乎矫，其守先王待后学有似乎亢，其持己之洁清而不乐受人之汶汶有似乎傲，是数者皆其不合于时宜者也。持此数者不合之资而欲求合于人，亦诚见其难矣。自非具大识力、大眼目，安能识于风尘流俗之表？孟子曰："观近臣以其所主，观远臣以其所为主。"[①] 以此观之，亦可以得其人之大概矣。

又曰：人生百年者有几？即以九十年计之，前三十年既为举业文章

---

① 《孟子·万章上》原文为："吾闻观近臣以其所为主，观远臣以其所主。"

所牵缠，中三十年又为富贵功名所消磨，到六十以后即发愤欲为圣贤，而精力已竭，日暮途穷，道之浩浩，何处下手？此所以真儒难得，而大道乏传人也。学者必自幼即志圣人之学，以举业听之时命，庶乎将来有真人品、真事功。程子云："每月以十日为举业，余日足可为学。"此至言也。又曰：《中庸集注》云："独者，人所不知而己所独知之地也。"此地须时时要慎，如念虑初动时，此衷先觉其真妄，是意之初起处固独也，须严以防之，存其真而去其妄。至事物交接时，亦有暗地自觉其是非者，是意之己成亦独也，须密以证之，是者从之，非者戒之。即事物应酬后，亦有默默回想其中之是非处，是意之既往亦独也，须有挽回之法，是者不邻于非，而非者终返于是。此君子慎独之法也。又曰：人不可以不闻道。学者无向道之志，则己果有向道之志，便当立时奋发，定其趋向，时时用力，不可一刻放过，如吕新吾五十始谋道诗曰："从今便立志，打起真精神。半世虽已过，犹为半世人。"此五十岁立志，便从五十岁用功。今日学者三十岁谋道，即从三十岁用功，四十岁谋道，即从四十岁用功。警省奋力，不为他物所摇夺，日积月累，久而弥精，其于造道也，何难之有？即至六十岁谋道，七十岁谋道，便从六十、七十用功，竖起脊梁，踏定脚根，止是一息尚存，此志不容少懈，终亦必有见道之日。是一生皆有立志之日，即皆可闻道之时，亦顾人之自待何如耳。若悠悠忽忽，庸庸碌碌，除衣食之外无余事，只是空来世上走了一番，岂不可怜？

又曰：蒋西章云：学者志不立，每日世趋日下，正学难行，不知道无今古，近世此道既孤，君子益当以身任之，维持圣教，越要在难立之时立得住，方见豪杰有功圣门，其高卓更有加于吾道大行、理学昌明之日者矣。又云：一日之间有许多危险关头，心一放便堕下去了。又云：若说道不可行，学不该讲，则是文庙可毁，四书五经可焚，何为而崇祀日盛，传诵不已乎？议论最警策，可破学者推诿因循之弊。又曰：论人品，当取先儒长处以决趋向；论学问，兼要知先儒错处以定从违。非苟责也，正恐辨之不明，以致贻误后人。又曰：陈清澜之《学蔀通辨》、张武承之《王学质疑》、应潜斋之《王学考》，皆有功于朱子，大有功于后学，学者不可以不读。又曰：朱子曰：《易》大概欲人恐惧修省，今学《易》，非必待遇事而占方有所戒，只平居玩味，看他所说道理于自家所处地位合是如何。故云：居则观其象而玩其辞，动则观其变而玩其占。孔子所谓学《易》，正是平日常常学之。想见圣人之所读，异乎人之所谓读，想见胸中洞然于《易》之理，无纤毫蔽处，故云"可以无大过"。观朱子之言，知《易》非特为卜筮而设，惟时时读之，则时时戒惧修省，临事占之，则临事愈加戒惧修省。夫子之所谓"无大过"者以此。

又曰：陆象山曰"六经皆我注脚"，陆稼书先生云"率天下之人而祸六经者，必此言也"，正朱子所谓以意捉志而非以意逆志也。读书者贵乎以我之心体贴圣贤之理，若象山则硬使圣贤之书来从我，此其所以为学者之害也。又曰：耿逸庵曰"吾身之有心，犹天之有日"。日者，天之阳气；心者，人之神明。天以阳气生万物，吾人以神明宰万事。阳气不着之地，则物便郁抑而不畅遂；神明不照之处，则事必差错而不恰好。故须常常存养此心，如日之光明，万事万理无不洞澈，则大本立而达道行，此作圣之本也。此说在逸庵集中是极精粹者，故特表出之。又曰：陆稼书先生校对《高忠宪年谱》，见其与管登之辨，云：以觉包理则理乃在外。又云：谓气在空虚中，则是张子所谓以万象为太虚中所见之物，虚是虚，气是气，不相资入矣。先生云此条大可理会，大抵梁溪一派看得性尽明白，却不认得性中条目。后又阅其静坐说，乃知高子所谓性体亦是指心，实大异于程朱也。其不欲以觉包理，特欲自伸其见耳。先生可谓深知梁溪之学矣。其评论甚当，先生以前无人敢发此言。又曰：或问太虚，程子曰亦无虚，遂指虚曰皆是理，安得谓之虚？天下无实于理者。又曰：有形只是气，无形总是道。薛文清曰："天地万物浑是一团理气。理万古只依旧，气则日新。"胡敬斋亦云："只是一个真实道理流行，而天地万物各得其性。"当细思而静体之，觉道理无一毫空阔，无一息间断，参破及此，真有手舞足蹈之乐，人特习于其中而不察耳。

《困学录》所载，语语皆切实工夫，可以推阐程、朱之所已言，引申薛、胡之所未及。而按之先生之平生践履、历官、品节，真所谓先行其言而后从之者也。闻之蔡先生为之序曰：

吾师仪封张清恪公所著《困学录》，嗣君师栻、师载校梓竣事邮京，属世远序之。世远读毕，肃而叹曰：国朝称理学正宗，陆稼书、张武承二先生最著。先生之学，则与同撰合轨，不参以异说者也。其学以立志为始，复性为归。生平所自勉及所以勉人者，一以程朱为准的，拳拳然服膺不倦，深悯世俗之汩没于势利，惑溺于词章，其高明者又为姚江顿悟之学所误，大声疾呼如救焚拯溺。呜呼！先生之于道，可谓不遗余力者矣。

忆康熙丁亥岁，先生巡抚吾闽，世远年方二十有六，先生使郡守诏之来学。晋谒之际，授以《读书录》、《居业录》二书，曰：由此而体究程朱，由程朱而上溯孔孟，由孔孟而上溯尧舜，道岂有二哉？侍学二年，奖诲日加，故稍稍有所闻知，不敢忘所自也。先生生逢明盛，遭遇圣祖仁皇帝及今皇上眷遇之隆，始终一德。圣祖每称曰"天下清官第一"，皇上赐之匾曰"礼乐名臣"。其学术事功炳耀天壤，生荣死哀，鲜有伦比，世远独叹先生躬行实践之功为不可及也。立心以忠信不欺为主本。先生自少至老，发言制行，表里洞达，可不谓不欺者乎？整齐严肃者，主一之功。先生自私居以至群萃，未尝戏言戏动，可不谓主一者乎？学必先于义利之辨。先生为济宁道时，值岁饥，携家资数万赈，活数千万人，所属仓谷不待申请，辄行赈粜，几以此得罪而不顾。自为中书，涉历内外，终大宗伯，常俸之外，未尝受一钱，寸丝粒粟，皆取之家中。恶古节度之进羡余以自浣者，凡有公余，悉为恤民养士之费，可不谓义利之界辨若淄渑者乎？

自古圣贤，莫不以好善为心，先生见人则勖以第一等人事业，有一善，好之不啻口出。抚闽时，访求读书敦行之士，延入书院，厚其既廪，月三四至，躬为讲论。尔时闽学大兴，穷乡僻壤翻然勃然，至今风声犹昨。及身为大臣，荐达皆天下之选，及已荐而人不知者何限，此所谓身有之，故好之笃如斯也。或以为先生温厚和平，而风节未甚表著，此又耳食之见。先生历官四十年，未尝以私干人，人亦莫敢干以私。抚闽三年，举劾悉当，吏肃民安。抚吴则直劾同官之奸贪，疏辞有"除两江之民害，快四海之人心"，天下共传诵之。卒赖圣明，公道得伸，然当其始，亦岌岌乎殆矣。夫识时观变之士，守令监司苟有攀援之私者，罪状昭彰，尚依违系恋，欲上弹章而不能自决，若先生直节劲风，忧国忘家，虽朱子之参唐仲友，许鲁斋之劾阿合马何异？大儒风节，万古一辙，俗子徒以小聪明才辨而傲体道力行笃学之儒，亦见其不知量而已矣。

先生刊布《理学节义》诸书共五十余种，所自纂辑者，则《学规养正》诸书，集解则四书、濂、洛、关、闽书及《正蒙》等书，皆刊行于世。斯录多先生心得之言，自效力河干以至垂没之年，皆有成卷。策躬觉世，言之重、词之切，总不外自为圣贤与勉人共为圣贤之心。先生往矣，抚卷沉思，惧玷河汾之门，常羞栎社之木，用志余愧，非能表扬万一也。

闻之之于先生，犹勉斋之于朱子，知先生深，故其言先生也当，而先生之道可谓有传人矣。吁！自稼书、杨园两先生倡正学于南，天下之误入姚江者，稍知所趋向，而独河洛间龂龂焉竞而不为之屈，则以夏峰之主持故也。先生能不惑溺于乡先生，而卓然归于至正，兢兢以程朱为法守则，今日之有志于洛学者，非先生之师而谁师乎？先生见《理学宗传》、《理学备考》、《明儒学案》等书，调停夹杂而不归一是，因而纂《性理正宗》，以一统纪而正涂辙，其有关于学术人心何如哉？

翼道学案

睢州汤先生 [斌]

先生讳斌，字孔伯，号荆岘，晚号潜庵，历官工部尚书。少不好弄，稍长，益励于学，于书无不读，而尤好习宋诸大儒书。尝谓宋以前儒者，患不知道，今诸儒之说备矣，苟好学深思，人人可得，第患不力行耳。今虽横说竖说，何曾一语出古人范围？言愈多而道愈晦，语愈精而行愈伪。孔子辨为己为人，于讷言敏行三致意焉，真救世良方也。欲摘周、程、张、朱五先生要语为后学津梁，谓于此精思而力行之，虽为圣人无难，所摘虽未就，意固有在矣。

其《苏州府儒学碑记》有曰：国家兴治化在正人心，而正人心在崇经术。汉儒专门名家，师说相承，当《诗》《书》煨烬之余，仪文器数之目、删定传授之旨，犹存什一于千百。且其时选举不以词章，通经学古之士皆得上闻，朝廷定大议，断大疑，博士据经以对。故其时，士大夫勇于自立，无苟简之心，孝弟廉让之行更衰乱而不变，此重经之效也。其后虚无寂灭之说盛，声律骈俪之习工，而经学荒矣。宋濂、洛、关、闽诸大儒出，阐天人性道之源流，故天下知性不外乎仁义礼智，而虚无寂灭非性也，道不外乎人伦日用，而功利词章非道也。所谓得六经之精微而继孔孟之绝学，又岂汉以后诸儒所可及欤？《宋史》道学、儒林厘为二传，盖以周、程、张、朱继往开来，其师友渊源不可与诸儒等耳，而道学、经学自此分矣。

夫所谓道学者，六经四书之旨体验于心，躬行而有得之谓也，非经书之外更有不传之遗学也。故离经书而言道，此异端之所谓道也；外身心而言经，此俗儒之所谓经也。宗洙泗而祢洛闽，人心之所以正也；家柱史而户天竺，世道之所以衰也。今圣朝尊礼先圣，表章正学，士子宜知所趋向矣。吾恐朝廷以实求，而士子终以名应也。苟无骛乎其名而致力于其实，则亦曰躬行而已矣。故学者必先明义利之界，谨诚伪之关，则贫富贵贱之非道，不处不去必划然也。造次颠沛死生祸福之间，不可移易者必确然也。毋为枉尺直寻之事，毋作捷径苟得之谋，宁拙毋巧，宁朴毋华，宁方毋圆，戒惧慎独之功无时可间，子臣弟友之职不敢不勉，不愧于大廷，亦不愧于屋漏。如此则发为议论，自能息邪距诐，而乡愿杨墨之教不得骋也；出为政事，自能尊王黜霸，而管商申韩之政不得施也。其斯为真经学，其斯为真道学也已。否则，剽窃浮华，苟为哗世取宠之具，讲论践履，析为二事，即诵说先儒，世道亦何赖乎？

又《嵩阳书院记》有曰：《中庸》之博学，将以笃行也，颜子之博文，将以约礼也，大《易》之穷理，将尽性而至命也，《大学》之格物，将以修齐治平也。今滞事物以为穷理，未免沉溺迹象，既支离而无本，离事物而言致知，又近于堕聪黜明，亦虚空而鲜实。学路久迷，习染日深，偶尔虚见，未为真得。非默识本体，诚敬存之，绵绵密密，不贰不息，前圣心传何能会通无间。故曰：苟不至德，至道不凝焉。呜呼！岂易言哉？观此，则先生之言之教专主程朱无疑也。

或谓其《上孙征君书》及答褚怀葛、张仲诚、顾亭林等书，皆以阳明与朱子并论，而《志学会约》有"致良知为圣学真脉"之语。盖先生师事苏门，初不欲显违其师若友，而及其久而悔，学而成也，则纯乎程朱矣。其《答陆清献书》曰：窃尝泛滥诸家，妄有论说，其后学稍进，心稍细，甚悔之。反复审择，知程朱为儒之正宗，欲求孔孟之道而不由程朱，犹航断港绝潢而望至于海也，必不可得矣。故所学虽未能望程朱之门墙，而不敢有他途之归。若夫姚江之学，嘉、隆以来几遍天下，近年有一二巨公，倡言排之，不遗余力，姚江之学遂衰，可谓有功于程朱矣。仆之不敢诋斥姚江者，非笃信姚江之学也，非博长厚之誉也。以为欲明程朱之道者，当心程朱之心，学程朱之学，穷理必极其精，居敬必极其至，喜怒哀乐必求中节，视听言动必求合礼，子臣弟友必求尽分，久之人心咸孚，声应自众，即笃信阳明者，亦晓然知圣学之有真也，而翻然从之。仆已衰暮，学不加进，实深自愧，惟愿默自体勘，求不愧先贤。或天稍假以年，果有所见，然后徐出数言，以就正海内君子未晚，此时正未敢漫然附和也。今天下真为程朱之学者，舍先生其谁归？故仆将奉大教为指南焉。是则先生不主阳明可知矣。而后之称先生者，乃谓其初用阳明良知之言以立根脚。阳明顿悟，何根脚之有？不细读先生之遗稿而妄加指议，先生有知，未必受其诬也。

先生与朋友讲习，以相观而善为主，未尝立有宗旨，为人指授。晚在经筵，志存启沃，虽有撰述，惟求所以发明圣贤指趣，感格两宫听闻，斋祓悚惕，未敢一言出于矜炫也。

初出为潼关道副使，中原甫定，大军方下，滇蜀关中当孔道，民多避匿。先生戒属吏毋科取民财，毋妄用驿夫，兵来吾自应之。不三年，流民归复业者逾数千户。移岭北道参政，治所在赣州，赣四省上游地，穷山深箐，大盗窟穴其间。值海寇犯江宁，赣人骚然，先生密陈方略于上官，擒盗魁一人，诛海上谍者一人，及城中奸民与盗同谋者又一人，而贳其余党，赣人以靖。

乞假养亲，里居二十年。以荐举复起，由侍讲洊擢右副都御史，巡抚江南。江南故习豪侈，妇女嬉游以为常，无籍子率用斗殴，恐喝民财，先生悉禁止不少贷。又素多淫祠事，楞伽山五通神者，严寒剧暑，鼓吹牲帛，赛祷不绝，奸巫淫尼，竞相煽惑。先生廉得其状，躬至五通祠，取土偶投诸湖中，众始骇，久而大悦服。重修泰伯祠，朔望必往躬谒，又谒范文正公及周忠介公祠，以为众劝。数亲诣学宫，命诸生讲《孝经》，俾幼稚悉得列坐以听，吴俗自是大变。屡上疏诉吴人疾苦，请改并征积逋为分年带征，请蠲十八、十九两年灾欠，请除邳州版荒田赋，又请蠲明神宗朝所加九厘饷，又请免淮、扬、徐水灾诸州县赋。部议或从或否，而先生初未尝惮烦也。擢礼部尚书，吴人空一城痛哭，守辕门叩留不得，则塞城闉阻其行，又不得，则遮道焚香以送，逾千里不绝。忌者衔之。及入朝，凡是非可否，必侃侃正言，不婀不挠。忌者益恨，力谋中伤，摘去吴时教令中语，指为市恩干誉。上不听，仅令回奏。遂嗾廷臣交章屡劾，部议革职，上特宽其罚，镌五级留任。上疏乞暂归省，上遣使赍手诏慰留。忌者不得骋，更谋兴大狱，罗织其罪，适先生病革乃已。方祸急时，或劝先生委曲请诸公居间，冀得稍解者。哂曰：吾义命自安，六十老翁尚何求哉？

先生潜心圣贤之学，尽性至命，一以诚正为本，一以忠孝为先，尚力行不尚讲论。观其事君临民，知其学之所得者深且粹也，正无事于言语文字也。卒谥文正，从祀两庑。著有《潜庵先生遗稿》、《洛学编》、《明史稿》、《睢州志》、《苏州奏疏》。

子溥，字元博，能继其学弗替。

从学诸子：姚岳生、窦克勤、沈昭嗣、孙绎武、高菖生、田兰芳、张夏。

昆山顾先生 [炎武]

先生讳炎武，初名绛，号亭林。学主明体达用，经世济人。年十一，从其祖受《资治通鉴》，阅二年而卒业。由是贯通经史，上下古今，以卓荦不群之才，抱俯仰无穷之志，足迹半天下，所交皆贤豪有道之士，而卒著书以老，使人追慕于简策之间而不能置。夫先生之为通儒，人人能言之，而不知先生之所以通，不在外而在内，不在制度、典礼而在学问、思辨也。是以平心察理，事事求实，凡所论述，权度惟精，往往折衷于朱子。尝谓王文成所辑《朱子晚年定论》，今之学者多信之，不知当时罗文庄已尝与之书而辨之矣。

其书曰：详朱子《定论》之编，盖以其中岁以前所见未真，及晚年始克有悟，乃于其论学书牍三数十卷之内，摘此三十余条，其意皆主于向里者，以为得于既悟之余而断其为定论。斯其所择宜亦精矣，第不知所谓晚年者，断以何年为定？偶考得何叔京氏卒于淳熙乙未，时朱子年方四十有六，后二年丁酉，而《论孟集注》、《或问》始成。今有取于答何书者四通，以为晚年定论，至于《集注》、《或问》，则以为中年未定之说，窃恐考之欠详而立论之太果也。又所取《答黄直卿》一书，监本止云此是向来差误，别无"定本"二字，今所编增此二字，而序中又变"定"字为"旧"字，却未详本字所指。朱子有《答吕东莱》一书，尝及定本之说，然非指《集注》、《或问》也。凡此愚皆不能无疑，顾犹未足深论。窃以执事天姿绝世而日新不已，向来恍若有悟，之后自以为证诸五经四子，沛然若决江河而放诸海，又以为精明的确，洞然无复可疑。某固信其非虚语也，然又以为独于朱子之说有相抵牾，揆之于理，容有是耶。他说固未敢请。尝读《朱子文集》，其第三十二卷，皆与张南轩答问书，内第四书亦自以为其于实体似益精明。因复取凡圣贤之书以及近世诸老先生之遗语，读而验之，则又无一不合。盖平日所疑而未白者，今皆不待安排往往自见洒落处，与执事之所自序者，无一语不相似也。书中发其所见，不为不明，而卷末一书，提纲振领尤为详尽。窃以为千圣相传之心学殆无以出此矣，不知何故独不为执事所取，毋亦偶然也耶？若以此二书为然，则《论孟集注》、《学庸章句》、《或问》，不容别有一般道理，如其以为未合，则是执事精明之见决与朱子异矣。凡此三十余条者，不过姑取之以证成高论，而所谓先得我心之所同然者，安知不有毫厘之不同者为祟于其间，以成抵牾之大隙哉？

又执事于朱子之后，特推草庐吴氏，以为见之尤真，而取其一说以附三十余条之后。窃以草庐晚年所见，端的与否，良未易知。盖吾儒昭昭之云，释氏亦每言之，毫厘之差，正在于此，即草庐所见果有合于吾之所谓昭昭者，安知非其四十年间钻研文义之效？殆所谓真积力久而豁然贯通者也。盖虽以明道先生之高明纯粹，又蚤获亲炙于濂溪，以发其吟风弄月之趣，亦必反求诸六经而后得之。但其所禀邻于生知，闻一以知十，与他人极力于钻研者不同耳，又安得以前日之钻研文义为非，而以堕此科臼为悔？夫得鱼忘筌，得兔忘蹄可也，矜鱼兔之获而反追咎筌蹄以为多事，其可乎哉？

东莞陈建作《学蔀通辩》，取朱子年谱、行状、文集、语类及与陆氏兄弟往来书札，逐年编辑而为之辩。曰：朱陆早同晚异之实，二家谱集具载甚明。近世东山赵汸对江右六君子策乃云：朱子《答项平父书》有去短集长之语，岂鹅湖之论至是而有合耶？使其合并于晚岁，则其微言精义必有契焉，而子静则既往矣。此朱陆早异晚同之说所萌芽也。程篁墩因之乃著《道一编》，分朱陆异同为三节，始焉如冰炭之相反，中焉则疑信之相半，终焉则辅车之相依。朱陆早异晚同之说，于是乎成矣。王阳明因之，遂有《朱子晚年定论》之录，专取朱子议论与象山合者，与《道一编》辅车之说正相倡和矣。凡此皆颠倒早晚以弥缝陆学，而不顾矫诬朱子、诳误后学之深。故今编年以辩，而二家早晚之实，近儒颠倒之弊，举昭然矣。

又曰：朱子有朱子之定论，象山有象山之定论，不可强同。专务虚静，完养精神，此象山之定论也。主敬涵养以立其本，读书穷理以致其知，身体力行以践其实，三者交修并尽，此朱子之定论也。乃或专言涵养，或专言穷理，或止言力行，则朱子因人之教，因病之药也。今乃指专言涵养者为定论，以附合于象山，其诬朱子甚矣。又曰：赵东山所云，盖求朱陆生前无可同之实，而没后乃臆料其后会之必同，本欲安排早异晚同，乃至说成生异死同，可笑可笑。如此岂不适所以彰朱陆平生之未尝同，适自彰其牵合欺人之弊？奈何近世咸信之而莫能察也。昔裴延龄掩有为无，指无为有，以欺人主，陆宣公谓其愚弄朝廷，甚于赵高指鹿为马。今篁墩辈分明掩有为无，指无为有，以欺弄后学，岂非吾道中之延龄哉？

又曰：昔韩绛、吕惠卿代王安石执政时，号绛为传法沙门，惠卿为护法善神。愚谓近日继陆学而兴者，王阳明是传法沙门，程篁墩则护法善神也。宛平孙氏谓阳明所编，其意欲借朱子以攻朱子，且吾夫子以天纵之圣，不以生知自居，而曰好古敏求，曰多闻多见，曰博文约礼，至老删述不休，犹欲假年学《易》。朱子一生效法孔子，进学必在致知，涵养必在主敬，德性在是，问学在是。如谬以朱子为支离，为晚悔，则是吾夫子所谓好古敏求、多闻多见、博文约礼，皆早年之支离，必如无言无知无能为晚年自悔之定论也。以此观之，则晚年定论之刻，真为阳明舞文之书矣。盖自弘治、正德之际，天下之士，厌常喜新，风气之变已有所自来，而文成以绝世之资，倡其新说，鼓动海内。嘉靖以后，从王氏而诋朱子者，始接踵于人间。而王尚书发策谓，今之学者偶有所窥，则欲尽发先儒之说而出其上，不学则借一贯之言以文其陋，无行则逃之性命之乡以使人不可诘。此三言者，尽当日之情事矣。故王门高弟为泰州、龙溪二人，泰州之学一传而为颜山农，再传而为罗近溪、赵大洲，龙溪之学一传而为何心隐，再传而为李卓吾、陶石篑。昔范武子论王弼、何晏二人之罪深于桀纣，以为一世之患轻，历代之害重，自丧之恶小，迷众之罪大。而苏子瞻谓李斯乱天下，至于焚书坑儒，皆出于其师荀卿高谈异论而不顾者也。《困知》之记，《学蔀》之编，固今日中流之砥柱矣。

又《姑苏志》言姚荣国著书一卷，名曰《道馀录》，专诋朱子。少师亡后，其友张洪谓人曰：少师于我厚，今死矣，无以报之，但每见《道馀录》辄为焚弃。少师之才不下于文成，而不能行其说者，少师当道德一、风俗同之日，而文成在世衰道微、邪说又作之时也。

又嘉靖二年会试，发策谓朱陆之论终以不合，而今之学者顾欲强而同之，岂乐彼之径便而欲阴诋吾朱子之学与？究其用心，其与何澹、陈贾辈，亦岂大相远欤？至笔之简策，公肆诋訾，以求售其私见，礼官举祖宗朝故事，燔其书而禁斥之，得毋不可乎？此以知先生之所宗矣。

其平时论学，曰博学于文，曰行己有耻，自一身以至天下国家，皆学之事，自子臣弟友以至出入往来、辞受取与之间，皆有耻之事，不耻恶衣恶食，而耻匹夫匹妇之不被其泽。故曰万物皆备于我矣，反身而诚。

又《与友人书》曰：《大学》言心不言性，《中庸》言性不言心，来教单提心字而未竟其说，未敢漫为许可，以堕于上蔡、横浦、象山三家之学。窃以为圣人之道，下学上达之方，其行在孝弟忠信，其职在洒扫应对进退，其文在《诗》、《书》、三《礼》、《周易》、《春秋》，其用之身在出处、辞受、取与，其施之天下在政令、教化、刑法，其所著之书皆以拨乱反正、移风易俗以驯至乎治平之用，而无益者不谈。一切诗、赋、铭、颂、赞、谏、序、记之文，皆谓之巧言而不以措笔。其于世儒尽性至命之说，必归之有物有则、五行五事之常，而不入于空虚之论。仆之所以为学者如此，以质诸大方之家，未免以为浅近而不足观。虽然，亦可以弗畔矣夫！

又《下学指南序》云：今之言学者，必求诸语录，语录之书，始于二程，前此未有也。今之语录，几于充栋矣，而淫于禅学者实多，然其学盖出于程门。故取慈溪《黄氏日钞》所摘谢氏、张氏、陆氏之言，以别其源流，而衷诸朱子之说。夫学程子而涉于禅者，上蔡也，横浦则以禅而入于儒，象山则自立一说，以排千五百年之学者，而其所谓"收拾精神、扫去阶级"，亦无非禅之宗旨矣。后之学者递相演述，大抵不出乎此，而其术愈深，其言愈巧，无复象山崖异之迹，而示人以易信。苟读此编，则知其说固源于宋之三家也。呜呼！在宋之时，一阴之《姤》也；其在于今，五阴之《剥》也。有能繇朱子之言以达乎圣人下学之旨，则此一编者，其硕果之犹存也。孟子曰"能言距杨墨者，圣人之徒也"，得不望于后之人也。

夫其所著《日知录》，上篇经术，中篇治道，下篇博闻，共三十余卷。谓有王者起，将见诸行事，以跻斯世于治古之隆，而未敢为今人道也。所著《天下郡国利病书》，谓历览二十一史以及天下郡县志书，一代名公文集及章奏文册之类，有得即录，共成四十余帙。一为地舆之记，一为利病之书，乱后多散佚，亦或增补，而其书本不曾先定义例，又多往代之言，地势民风，与今不尽合，年老善忘，不能一一刊正，姑以初稿存之箧中，以待后之君子斟酌取舍云尔。《肇域志》则谓，先取《一统志》，后取各省府州县志，后取二十一史，参互书之，凡阅志书一千余部，本行不尽则注之旁，旁又不尽则别为一集曰备录。年来糊口四方，未遑删订以成一家之书，叹精力之已衰，惧韦编之莫就，庶后之人有同志者，为续而传之，俾区区二十余年之苦心不终泯没尔。其著《音学五书》，谓据唐人以正宋人之失，据古经以正沈氏唐人之失，而三代以上之音部分秩如，至赜而不可乱。乃列古今音之变，而究其所以不同，为《音论》二卷；考正三代以上之音，注三百五篇，为《诗本音》十卷；注《易》，为《易音》三卷；辨沈氏部分之误，而一一以古音定为《唐韵正》二十卷；综古音为十部，为《古音表》二卷。自是而六经之文乃可读。其他诸子之书，离合有之，而不甚远也。天之未丧斯文，必有圣人复起，举今日之音而还之淳古者。子曰："吾自卫反鲁，然后乐正，《雅》、《颂》各得其所。"实有望于后之作者焉。又撰《金石文字记》、《求古录》，与经史相证。又以杜预《左传集解》时有阙失，作《杜解补正》三卷。又有《石经考》、《九经误字》、《二十一史年表》、《历代帝王宅京记》、《亭林文集》、《诗集》、《营平二州地名记》、《昌平山水记》、《山东考古录》、《京东考古录》、《谲觚》、《菰中随笔》、《救文格论》等书。

先生精力绝人，自少至老，无一刻离书，所至之地，以二骡二马载书，遇边塞亭障，呼老卒询曲折，有与平日所闻不合，即发书对勘。康熙年间，举博学鸿儒，又征修《明史》，并辞未赴。卒年六十九，无子。吴江潘耒叙其遗书行世。

交游：王锡阐、杨雪臣、张尔岐、傅山、李中孚、路安乡、吴任臣、朱彝尊、王宏撰、张弨。

济阳张先生 [尔岐]

先生讳尔岐，字稷若，号蒿庵。学以笃志力行为本，一主程朱，直追曾孟，暗修一室，茕悴终身。

其《辨志》曰：人之生也，未始有异也，而卒至于大异者，习为之也。人之有习，初不知其何以异也，而遂至于日异者，志为之也。志异而习以异，习异而人以异也。志也者，学术之枢机，适善适恶之辕楫也。枢机正，则莫不正矣；枢机不正，亦莫之或正矣。适燕者北其辕，虽未至燕，必不误入越矣；适越南其楫，虽未至越，必不误入燕矣。呜呼！人之于志，可不慎欤？

今夫人生而呱呱以啼，哑哑以笑，蠕蠕以动，惕惕以息，无以异也。出而就傅，朝授之读，暮课之义，同一圣人之《易》、《书》、《诗》、《礼》、《春秋》也。及其既成，或为百世之人焉，或为天下之人焉，或为一国一乡之人焉。其劣者为一室之人，七尺之人焉。至于最劣，则为不具之人，异类之人焉。言为世法，动为世表，存则仪其人，没则传其书，流风余泽，久而愈新者，百世之人也。功在生民，业隆匡济，身存则天下赖之以安，身亡则天下莫知所恃者，天下之人也。恩施沾乎一域，行能表乎一方，业未光大，立身无负者，一国一乡之人也。若夫智虑不离乎钟釜，慈爱不外乎妻子，则一室之人而已。耽口体之养，徇耳目之娱，膜外概置，不通疴痒者，则七尺之人。笃于所嗜，瞀乱荒遗，则不具之人。因而败度灭义，为民蠹害者，则为异类之人也。岂有生之始遽不同如此哉？抑岂有驱迫限制为之区别致然哉？习为之耳。习之不同如此，志为之耳。志在乎此，则习在乎此矣；志在乎彼，则习在乎彼矣。子曰："苟志于仁矣，无恶也。"言志之不可不定也。故志乎道义，未有入于货利者也；志乎货利，未有幸而为道义者也。志乎道义，则每进而上；志乎货利，则每趋而下。其端甚微，其效甚巨。近在胸臆之间，远周天地之内，定一一息之顷，著之百年之久。孟子曰："鸡鸣而起，孳孳为善者，舜之徒也。鸡鸣而起，孳孳为利者，跖之徒也。"欲知舜与跖之分，无他，利与善之间也。人之所以孳孳终其身不已者，志在故耳。志之为物，往而必达，图而必成。及其既达，则不可以返也；及其既成，则不可以改也。于是为舜者安享其为舜，为跖者未尝不自悔其为跖而已。莫可致力矣，所志者殊也。

世之诵周公、孔子之言者，肩相比也。诵其言，通其义，以售于世者，项相望也。周公、孔子之遗教，未闻有见诸行事，被于上下者，岂少而习之，长而忘之欤？毋亦诵周公、孔子，志不在周公、孔子也。志不在周公、孔子，则所志必货利矣。以志在货利之人，而乘富贵之资，制斯人之命，吾悲民生之日蹙也。志之定于心也，如种之播于地也。种梁菽则梁菽，种乌附则乌附矣。雨露之滋，壅培之力，各如所种以成效焉。梁菽成则人赖以养，乌附成则人被其毒。学不正志，而勤其占毕，美其文辞，以售于世，则所学皆其毒人、自利之借也。呜呼！学者一日之志，天下治乱之源，生人忧乐之本矣。孟子曰："士何事？曰：尚志。"《学记》曰："凡学，官先事，士先志。"张子曰："未官者，使正其志。"教而不知先志，学而不知尚志，欲天下治隆而俗美，何繇得哉？故人之漫无所志，安坐饱食而已者，自弃者也。舍其道义而汲汲货利不知自返者，将致毒于人以贼其身者也。自弃不可也，毒人而以贼其身愈不可也。且也志在道义，未有不得乎道义者也，穷与达均得焉。志在货利，未必货利之果得也，而道义已坐失矣。孟子曰："欲贵者，人之同心也。人人有贵于己者，弗思耳。"求则得之，舍则失之，是求有益于得也，求在我者也。求之有道，得之有命，是求无益于得也，求在外者也。苟审乎内与外之分，必得与不必得之数，亦可以定所志矣。

其《答顾亭林书》曰：亭林先生足下：五六年来，愿见之切，而相遇之难如此。其所以愿见者，非敢效世俗顾从虚仪，亦欲商略道术之同异，决所学之当否耳。今夏，同学艾兄携所赐教函及《论学书》、干禄字样至，喜慰莫胜，反复流览，乃信昔所私意者之不谬。教言训励谆切，多所奖牖，且示以康成、泰山、徂徕三先生之遗烈而期之修述。此岂猥陋敢希万一？虽然，自有识来，于六经亦常稍涉其流矣。见诸儒先之言经者后先继出，注疏之典核，程朱之深醇，《大全》、《蒙引》之语详而择精，似已各极其至。今欲修而述之，未知当于何处着手？学者苟能席其成业，尊所闻而行所知，上者可至于圣贤，下者亦足以效一官、济一隅、名一善而无难。私谓士生今日，欲倡正学于天下，似不必多所著述，正当以笃志力行为先务耳。不识高明以为何如？《论学书》粹然儒者之言，特拈博学、行己二事以为学鹄，确当不易，真足砭好高无实之病。"行己有耻"一语更觉切至。学之真伪只以行己为断，行己果有耻也，博学固以考辨得失，即言心言性亦非窳语。行己未必果有耻也，言心言性固恍惚无据，即博学亦未免玩物丧志之失。此愚见，所以于二语中，更服此语之有裨世教也。弟老矣，于博学无及，敢不益励其耻，以终余年乎？在愚见又有欲质者。性命之理，夫子固未尝轻以示人，其所与门弟子详言而谆复者，何一非性命之显设散见者欤？苟于博学、有耻、真实、践履自当，因标见本，合散知总，心性天命将有不待言而庶几一遇者。故性命之理，滕说不可也，未始不可默喻；侈于人不可也，未始不可验诸己；强探力索于一日不可也，未始不可优裕渐渍以俟自悟。如谓于学人分上，了无交涉，是将格尽天下之理而反遗身以内之理也。恐其知有所未至，则行亦有所未尽，将令异学之直指本体，反得夸耀所长，诱吾党以去，此又留心世教者之所当虑也。寡昧之质，乐求师资，不敢苟异，亦不敢苟同，惟幸裁正。拙作本欲请教，既承近日不作文字，遂亦不敢以此等相渎，所以然者，欲先生永不破除此戒耳。独《中庸论》一篇，似与《论学书》旨有偶似者，谨录奉览，倘肯一涉笔绳削乎？良晤何期，惟为道自爱为祈。

其论《中庸》曰：中庸之见尊于天下久矣，而小人每窃其说以便其私，宋儒已力明之，至近日而复晦者，何也？盖以言中庸而不指名其物，人得本所见以为说，摹求形似以妄意一当。故高之则以为浑渺幽玄之事，卑卑者则以为义理损其半，情嗜亦损其半，此中庸耳。迁此之所是，避彼之所非，此中庸耳。众所可可之，众所然然之，此中庸耳。从前之说既不致诘，从后之说又为游移，熟便猥近之称，而人之自寄于中庸者，于是乎众矣。此无他，不明中庸之所指者何事，既无所持以绳其是非，故人得自美其名，以各慰其不肖如此也。愚尝读其书而思之，其要至者两言耳。喜怒哀乐之未发谓之中，发而皆中节谓之和。夫喜怒哀乐一日之间屡迁矣，自天子至于庶人，苟非圣贤，必不能遽中节也。圣人必知人之不能遽中节，又必不肯听其不中节而无以节之，节之则有其物矣。不然，则喜者、乐者何以适得吾仁？哀者、怒者何以适得吾义？何所藏以为智？何所决以为勇？君臣、父子、兄弟、夫妇、朋友之伦，祭祀、丧葬、禅代、征诛之故，百司、执事、典章、仪物之数，饮食、言语、揖让、登降之节，何以明得失，生变化？富贵者何所禀以为功？贫贱忧患者何所恃以自强？四时鬼神之所幽，山川百物之所明，天地之所统，纲纪之所维，帝王之所公以为制作，匹夫之所私以为学问，士君子之所循以为出处进退，则又何物以善其会通？吾知必礼也。由礼而后可以中节，中节而后可以为中庸，则中庸云者，赞礼之极辞也。

《中庸》一书，礼之统论约束也。夫礼，抑人之盛气，抗人之懦情，以就于中。天下之人质之所不便，皆不能安，不安，恐遂为道裂。指礼之物而赞以坦易之辞，以究其说于至深、至大、至尽之地。所以坚守礼者之心，而统之一途也。故其言始之天命，以著从来，曰："斯礼也，命与性先之矣。不然，不汝强也。"极之伦彝典则，以表大业，曰："斯礼也，帝王之所考，名教之所责，无之或二也。"要之，诚明以立本事，曰："斯礼也，非明无以通微，非诚无以正隐，非所以为外也。"于是使愚不肖者知所跂，而贤智者亦厌其意而不敢求多焉，此《中庸》之书所以继六经而鞭其后也。使其漫无所指，悬一至美之称在事实之外，听人之所拟，岂圣贤著书道善禁奸之本意乎？难之者曰："礼者，道之文也。子举中庸蔽之于礼，圣人之道无以加于礼乎？"曰：礼者，道之所会也。虽有仁圣，不得礼，无以加于人。则礼者，道之所待以征事者也，故其说不可殚。圣人之所是，皆礼同类也；圣人之所非，皆礼反对也。《易》之失得，《书》之治乱，《诗》之贞淫，《春秋》之诛赏，皆是物矣。尽六经之说，而后可以究礼之说，而后可以究《中庸》之说。《中庸》者，礼之统论约说，非其详者也。而孔子之告颜渊曰："克己复礼为仁。"仁不得礼，无以为行，并无以为存也。礼之统不既全矣乎？吾故断以《中庸》为必有所指，而其所指断乎其为礼，而非他也。汉儒取以记礼，为得解矣。世方乐《中庸》之便其私，其疑吾说也必甚，乌知吾之说固古人之说耶！

其《学言》曰：人同于始而异于终，学不同也，人同而学异者，志不同也。故莫先于辨志，定志而后可言学。所志甚大，而所成不逮，故相背驰者，操术有异也。故次辨术。术择其正，而又有夺之者，则业未颛也，人多所习者，皆以为不可废。辨之而后，缓急可知，则一源之道也。故又当辨业。学圣而行不至，犹之未学也，征其迹，而或学或不学，不可掩矣。故次辨迹。迹者，人所同适也。君子履之，小人亦或履之，诚与伪之殊也；圣者履之，贤者亦履之，安与强之殊也。不伪而诚则成矣，安之则圣，强之亦不失为贤。故次辨成。综核之说可除蒙蔽，其病必至苛察；权谋之说可开昏塞，其失必为机诈；旷达之说可破拘挛，必至败名检；清静之说可息嚣竞，必至废人事；报应之说可以劝善惩恶，必至觊幸而矫诬；缘业之说可以宽忿寡怨，必至疏骨肉而怠修为；养生之说可拯殉欲之害而已，必至贪天而违命。盖先生之学，穷极精微，参考真切。所著《仪礼郑注句读》十七卷，顾先生特重之，尝曰："独精三《礼》，卓然经师，吾不如张稷若。"又曰："炎武年过五十，乃知不学礼，无以立。济阳张稷若作《仪礼郑注句读》一书，根本先儒，立言简当，以其人不求闻达，故无当世名。然书实可传，使朱子见之，必不仅谢监狱之称许矣。"又著《周易说略》四卷、《春秋传议》四卷、《蒿庵集》三卷、《蒿庵闲话》三卷。

先生教授乡里，学者化之，至今不忘。朗夫陆先生作《蒿庵书院碑》曰：齐鲁自伏生、辕固而还，至东京之末，康成郑氏始为诸经笺注，号为经师。爰及北宋，乃有泰山孙明复、徂徕石守道特起，为人伦师表。越六百余年，复有济阳蒿庵张先生。先生生于明季，际会兴朝，当正学昌明之日，博综载籍，笃志躬行。当是时，孙钟元讲学于苏门，黄梨洲标宗于姚江，类沿明人余论，出入白沙、阳明、心斋、近溪之间。先生独守程朱说不少变，海内君子如桐乡张考夫、太仓陆道威，各以韦布力行，任斯道之重。先生缟纻不通，而风期合辙，隐然有以开陆清献、张清恪之先。故昆山顾亭林亦每以康成、泰山、徂徕三先生相勉。呜呼！若先生者，其庶几人师也已。或以先生《释迦院记》作佛氏语，又有《老子说略》，皆未醇。不知《释迦记》先生为天下妄舍妄冀者指迷，《说略》亦推其治身以及天下，与外伦常、遗世事者异趣。昔司马温公作《潜虚》，真西山跋《遗教经》，朱子注《参同契》、著《调息箴》，将尽不得为圣人之徒耶？亦观系乎学术人心者何如耳。恭逢今天子重道崇文，搜罗遗帙，其乡人以先生所著书上当事，进册府，海岱经生益知先生为三先生以后一人。顾三先生皆得俎豆馨宗，所在讲学旧址亦多为精舍奉祠，独先生无专祠，闻其风者引以为憾。

余自辛卯出守登州，数月量移济南行部，过先生里，辄低徊留之。比承乏秉臬，署廨东偏有前使海州黄公炳所立振英书院，岁久倾颓，芜废不治。乃谋撤旧为新，更名嵩庵书院，以祀先生，而额其堂曰"辨志"，取先生所论著以立教也。会转运使长洲章公以泺口书院僻在市镇，且无定居，移其经费合并于此，冀与诸生讲明先生之所以为人与其治经，而弗徒以功利词章糜费岁月，庶几彬彬乎与省会旧有之泺源书院比盛。议既定，请于大中丞杨公，以为可行，乃倡同僚捐俸，属历城令陈君珏庀材鸠工，始事于丙申九月，越十一月报竣。诹良辰，具牲醴，虔奉先生主升于座，释奠礼成。绅士耆儒咸相嗟叹，请予一言文诸石。予惟前使黄公以问刑之官不忘典学，深有合于弼教之旨，今得转运章公道义翕合，襄举废坠，且奉其乡先生为邦人士之导，皆不可以无述。来学之士景仰先生之遗风，勿摭其细而舍其大，经师、人师胥于是在，于以溯三先生之学之行，岂有让哉？

衡阳王先生 [夫之]

先生讳夫之，字而农，号薑斋。明崇祯举人。明亡，隐于湘西蒸左之石船山，学者称船山先生云。先生理究天人，事通今古，探道德性命之原，明得丧兴亡之故，流连颠沛而不违其仁，险阻艰难而不失其正。穷居四十余年，身足以砺金石；著书三百余卷，言足以名山川。遁迹自甘，立心恒苦，寄怀弥远，见性愈真，奸邪莫之能撄，渠逆莫之能慑，嶔崎莫之能颣，空乏莫之能穷。先生之道，可以奋乎百世矣。

其为学也，由关而洛而闽，力诋殊途，归宿正轨。观其于《大学补传》为之衍曰：经云事有终始，知所先后，则近道矣。递推其先，则曰在格物。物格而后知至，而意诚，以及于天下平，皆因焉。是事之始，而为先所当知者明矣。故以格物为始，教而为至善之全体，非朱子之言也，经之意也。盖尝论之，何以谓之德行焉？而得之谓也。何以谓之善处焉？而宜之谓也。何以谓之至善皆得？咸宜之谓也。不行胡得？不处胡宜？则君子之所谓知者吾心，喜怒哀乐之节，万物是非得失之幾，诚明于心而不昧之谓耳，非君子之有异教也。人之所以为人，不能离乎君民亲友以为道，则亦不能舍夫人官物曲以尽道，其固然也。今使绝物而始静焉，舍天下之恶而不取天下之善，堕其志，息其意，外其身，于是而洞洞焉，晃晃焉，若有一澄澈之境置吾心而偷以安。又使解析万物，求物之始而不可得；穷测意念，求吾心之所据而不可得。于是弃其本有，疑其本无，则有如去重而轻，去拘而旷，将与无形之虚同体，而可以自矜其大。斯二者，乍若有所睹，而可谓之觉，则庄周、瞿昙氏之所谓知尽此矣。然而求之于身，身无当也；求之于天下，天下无当也。行焉而不得，处焉而不宜，则固然矣。于是曰：吾将不行奚不得，不处奚不宜，乃势不容已。而抑必与物接，则又洸洋自恣，未有不蹶而狂者也。不然，则弃君亲，残支体，而犹不足以充其操也。虽然，彼自为说，而为君子之徒者，未有以为可与于圣人之教也。

有儒之驳者起焉，有志于圣人之道，而惮至善之难止也。且知天下之惮其难者之众，吾与之先难而不能从，则无以遂其好为人师之私欲，以收显名与厚实也。于是取《大学》之教，疾趋以附二氏之涂，以其恍惚空明之见名之，曰此明德也，此知也，此致良知而明明德也。体用一，知行合，善恶泯，介然有觉，颓然任之，而德明于天下矣。乃罗织朱子之过，而以穷理格物为其大罪，天下之畏难苟安，以希冀不劳无所忌惮而坐致圣贤者，翕然起而从之。呜呼！彼之为师者，与其繁有之徒，其所用心吾既知之矣。若其始为是说者，修身制行之间，犹不远于君子，而试之事功者亦成，亦其蚤岁未惑之先，尝用力于讲习讨论之学。故虽叛即异端，而所蓄犹存，可以给其终身之用。乃昧其所得力之本而疾攻之，则为误亦甚矣。将问之曰：今子之所用以立言而制事者，为离物求觉以后而乃知之乎？抑故然已有所知而阴用之也。其口虽辨，而愧怍亦无以自释矣。况乎为之徒者，无其学问之积，而早叛其规矩，天理无存，介然之觉不可恃，奚怪其疾趋于淫邪而莫之救与！《补传》之旨与夫子"博文约礼"之教千古合符，精者以尽天德之深微，而浅者亦不亟叛于道。圣人复起，不易朱子之言矣。

其《衍中庸》曰：《中庸》、《大学》自程子择之《礼记》之中，以为圣贤传心入德之要典，迄于今，学宫之教，取士之科，与言道者之所宗，虽有曲学邪说，莫能违也，则其为万世不易之常道允矣。乃《中庸》之义，自朱子之时已病乎？程门诸子，背其师说而淫于佛老。盖此书之旨，言性、言天、言隐，皆上达之蕴奥，学者非躬行而心得之，则固不知其指归之所在，而佛老之诬性命以惑人者，亦易托焉。朱子《章句》之作，一出于心得，而深切著明，俾异端之徒无可假借，为至严矣，终不能取未涉其域者之蓬心而一一喻之也。当时及门之士，得体其实于言意之表者亦寡矣。数传之后，愈徇迹而忘其真。于是朱门之余裔，或以钩考文句、分支配拟为穷经之能，仅资场屋射覆之用，而无与于躬行心得之毫末。其偏者，则抑以臆测度趋入荒杳，堕二氏之邪廓而不自知，其为此书之累，不但如游、谢、侯、吕之小有所疵而已也。明兴，河东、江右诸大儒既汲汲于躬行，而立言之未暇，为干禄之学者，纷然杂起而乱之。降及正、嘉之际，姚江王氏始出焉，则以其所得于佛老者，殆攀是篇以为证据。其为妄也，既莫之穷诘，而其失之皎然易见者，则但取经中片句只字与彼相似者，以为文过之媒。至于全书之义，详略相因，巨细毕举，一以贯之而为天德、王道之全者，则茫然置之而不恤。迨其徒二王、钱、罗之流，恬不知耻，而窃佛老之土苴以相附会，则害愈烈，而人心之坏，世道之否，莫不由之矣。夫之不敏，深悼其所为而不屑一与之辨也。故僭承朱子之正宗而为之衍，以附诸《章句》之下，庶读者知圣经之作、朱子之述，皆圣功深造体验之实，俾学者反求自得而不屑从事于文词之末，则亦不待深为之辨，而驳儒淫邪之说亦尚息乎？凡此二篇，今既专行，为学者之通习，而必归之《记》中者，盖欲使五经之各为全书，以见圣道之大，抑以知凡戴氏所纂四十九篇，皆《大学》、《中庸》大用之所流行，而不可以精粗异视也。先生之学宗程朱，于是可见矣。

其著述之已刊者，《周易内传》十二卷、《周易外传》七卷、《周易大象解》一卷、《周易稗疏》二卷、《考异》① 一卷、《书经稗疏》四卷、《尚书引义》六卷、《诗广传》五卷、《诗经稗疏》五卷、《考异》② 一卷、《礼记章句》四十九卷、《春秋稗疏》二卷、《春秋家说》七卷、《春秋世论》五卷、《续春秋左氏博议》二卷、《四书义训》三十八卷、《四书稗疏》二卷、《考异》③ 一卷。先生通训诂、名物、象数，辨核精详，而又涉猎释、老、庄、列之中，知其所以乱道者，抉其伏而抵其瑕，于

---

① 该书全称为《周易考异》。
② 该书全称为《诗经考异》。
③ 该书全称为《四书考异》。

《易外传》中往往见之。先生之著书也，大抵为人心之衰，世道之递，学术之不明也。汪洋浩瀚，烟雨迷离，以绵邈旷远之词，写沉菀隐幽之志，激而不尽其所欲言，婉而不失其所宜语，盖胸中之蕴蓄深，而腕下之枢机密也。斯其为有道君子乎！

先生之兄曰介之，字石子，号石崖，与先生同举于乡。性至孝，献贼陷衡州，执其父以购之，与弟百计营护乃得脱。明亡，匿而不出，先先生卒。先生为撰传略，其门人李朴大撰墓志铭，称贞献先生云。著有《周易本义质》四卷、《诗经尊序》十卷、《春秋四传质》十二卷。

大兴张先生 [烈]

先生讳烈，字武承。进士，博学宏词，历官赞善。学以程朱为宗，深疾阳儒阴释之徒，以闲邪卫道为己任，著《王学质疑》，于阳明《传习录》中条而析之，辨而难之，辞而辟之，诘而质之，以求释其疑，一归于学之正而已。凡为卷五，其一质心即理也，其二质致知格物也，其三质知行合一也，其四质与人问答也，其五总论阳明之流弊至于诐淫邪遁也。后附《朱陆异同》、《史法质疑》二则，又《读史质疑》五通。

其《总论》曰：象山言本心，阳明言良知，其弊使人丧本心，丧良知，何也？天之道非别有一物寄于声臭之上，时行物生，即所谓"无声无臭，上天之载"也。人之心非别有一物在窈窈冥冥之中，视听言动皆心所在也。善治心者，治视听言动即治心也，治伦物政事即治心也。视听言动、伦物政事之间，讲明一分则心之本明者复一分矣，力行一分则心之本善者复一分矣。积之久而悟其皆心也。天命流行之妙，一以贯之无余，即使不悟，要其讲求持守于视听言动、伦物政事之间者，固有规矩可循，心之本明、本善者自在也。天下由此惧礼法而尚淳朴，畏清议而多善人，此圣学所以平稳纯正、万万无弊者。尧舜人心道心而外不复言心，但与其臣惇典庸礼、命德讨罪、教稼明伦、恤刑熙绩，即无非精一，不必人人与之言心也。成汤若有恒性而外不复言性，但惟用人惟己，改过不吝，显忠遂良，取乱侮亡，即无非建中，不必人人与之言性也。

夫子立教，惟是与子言孝，与臣言忠，宽信敏公，知人爱人，闻见择识，礼乐诗书，即此人言此人，即此事言此事，不必人人与之言一贯也。惟朱子善学孔子，循循畏谨，一字必求其安，一事必审其极，奉先圣之格言，佩前贤之遗矩，俯焉日有孳孳、毙而后已者，此圣门家法也。学者沿是而谨守之，即使不皆进于高妙，要其恪遵往训，宁慎勿疏，敢于逞聪明、恣议论、蔑经侮圣者无有矣；畏名教、惮公议，宁拘勿肆，敢于挟才任诈、恣欲败检者无有矣。此弘、正以前所以称治，正学之为功于天下生民也大矣。

今诋学朱子者，曰支离也，玩物也，义外也。讲求制度名物者，谓增霸者之藩篱，而温清定省之仪节，等于扮戏。以是垂则后学，其谁不曰"吾自有良知，六经任我驱使，读书训诂可鄙也"？而穿凿武断、离经背道之讲说显行于世矣。谁不曰"吾自有良知，制度、仪节傀儡耳"？而苟且佻薄、简略戏慢之行，众以为风雅圆融，无可无不可矣。谁不曰"吾自有良知，公议皆世俗之论，名教特形迹之粗也"？甚至踪迹诡秘，举良知以自解，曰"吾一念自信而已"，乡评不许，举良知以自文，曰"良知自信乃贤者所为，与乡党自好者不侔也"，而贪色好货、争名角利之习可肆行而无忌矣。故单提本心、良知者，予人以假借掩饰之题，挟高欺人，足以陵蔑君子，开不肖者方便之路。而及其既为不肖也，并掩饰假借亦可不用，此必至之势也。当阳明之世，欲前知末流之弊，诚有所甚难。由今以观万历、启祯之士习，前弊彰彰较著矣，犹曰朱陆并行不悖也。可谓知言乎？夫言本心，言良知，以是救夫颛事口耳、不治身心者，诚良药也，朱子固屡言之矣。若以是鄙弃一切，长傲恣胸，决堤防、破崖岸，蹈擎拳竖拂、呵佛骂祖之余智，则圣门之罪人也。言本心，言良知，使人读圣经贤传，字字触其本心，动其良知，巽顺抑畏，以听命于孔孟、程朱，则圣人之徒也。若以是目空千古，动称"颜子没而圣学亡"，自处甚尊而不顾，率天下为佛老、功利趋于沦胥而不救，则天下之至愚大惑而可怅可痛者也。言本心使人丧本心，言良知使人丧良知，必至之势，已然之征，宁曰过论乎？

总之，阳明天资雄放，其于循循讲习、循规蹈矩实所不耐，及一旦有得于佛老，与象山旨合，喜其与己便也。自私所好亦可矣，不宜以此讲学，独辟宗旨，举圣贤经书，直欲以此意强贯之。直谓"六经注我"，随意驱驾，何所不可？此诐淫之始也。及人多不服，则借孟子"良知"二字，犹嫌其仅出《孟子》，遂窜入《大学》"致知"，至于攻者益众，又见象山之学竟为朱子所掩，计以为势不两立，非抵死作敌，尽灭朱子之道，则人犹以朱律我，故遂操戈反面，尽翻全案而后已。朱子如泰山乔岳，何可易摇？则以《大学》古本为据，曰"我非背朱，失于信孔太过也"，巧言如此。格不训至，则以格其非心为据，曰"致良知于事物，格其不正以复本体之正也"，牵强傅会又如此。至究其何以格其不正，则曰"去人欲、存天理"也。诘其不即物穷理，恐认欲为理，则又曰"此志不真切也。"夫以格物为去人欲、存天理，是欲正心先诚意，欲诚意先致知，而欲致知又在正心诚意矣，说其可通乎？况以认欲为理，如此大病，不急求所以磨砻辨析之方，而竟以"立志不真"为脱卸，真所谓茫茫荡荡反以诬朱子乎？人曰东则拗而之西，人曰西则拗而之东，澜翻泉涌，人人被其摄盖，而悦其文词者，尤俯首推服也。顾天下良知难泯，非之者不已也，则又以朱攻朱，著为《晚年定论》，实则以中为晚，以晚为中，与当日情事迥不相涉，锻炼舞文，诳词以欺天下人。不可欺则又曰："年岁原未深考，乃委曲调停不得已之心。"夫大道如日中天，是则是，非则非，乃亦调停委曲乎？即此一言，心术叵测，何止遁之又遁乎？夫妄称定论，是意不诚也；不深考事实，是物不格也。此之谓物不格，知不至，故意不诚也。使其虚心逊志，从容详审，则无是弊矣。惟其占题太高，叛道已甚，骑虎不得下，不得不左支右吾，借笔舌以塞人一时之议，而前后矛盾罅漏实多。既曰信孔子太过矣，又曰孔子之言亦不以为是也；既曰生平于朱子有罔极之恩矣，又曰天下宗朱如宗杨墨也。如狡狯健讼之人，逢人即攀，遇事便借，口无一定之舌，笔无不牵之义。以此为诗张伎俩可矣，以此为战国纵横游说诡辩可矣，乃用此以讲学乎？然则王子之良知安在也？

其《读史质疑》之四曰：阳明宜立何传？曰功在社稷，子孙世封，列之功臣传宜也。曰阳明倡明绝学，其徒以为滴血明宗，独得先圣不传之秘，尔何知而妄诽若是？曰愚读《论语》、《孟子》，惟曰"文行忠信"，《诗》、《书》执礼，多闻择识，博文约礼，博学详说，未尝一言及于高妙，其功积力久，悟及一贯者一二人，而其余谨守成法，诵《诗》、《书》，习礼乐，为孝弟谨信之人，天下所以多善人也。要之，悟一贯者，心知性命之妙而不必言，即未悟者，自恂恂于出入孝弟之间，莫非性命之流行，亦不待言也。象山、阳明，必先提所谓本心、良知者，举此以致之于事物，而以下学讲习为支离无本领，其亦舛矣。盖象山、阳明之说，禅门直指人心之说也，圣门无是也。特以身为儒者，不敢显然谈禅，而借孟子之本心、良知以附会其说，不知孟子所谓本心、良知，孩提爱敬、恻隐羞恶之类，必待家识扩充，深造自得。学问之事尚多，未尝曰耳本自聪，目本自明，六经皆我注脚也。又未尝曰致此良知于事物之间，不待即物而穷理也。夫无问学积累之力，而直提此心为主，以为施之而无不可，其不至偏陂放诞者几希。象山门人，今日悟道而明日醉酒骂人，正坐此弊。而犹曰吾独得孔子之学，诬罔不已甚乎？愚谓假孔孟以文禅宗者此也。阳明恐人攻己，则援古本《大学》以为据，此挟天子令诸侯之智也。著《朱子晚年定论》，此以敌攻敌之术也。以行兵之权谋用之以讲学，其心术险谲而技穷可知。愚谓借权谋以标道德者此也。

弘治以前，天下谨守程朱之教，纲纪肃于上，廉隅励于下，风俗号为淳美，无敢一言谤议者。至阳明始，肆然与之为难，明斥程朱之非，四书五经尽改面目，遂若朱子无一言之可存者。其徒乐其诞而自便也，人人争为新奇之论，以扬其波而鼓其焰，圣门温良恭让之气象，儒者读书修身、循循善诱之遗矩，荡然无存。于是人心乖张，发政害事，至于崩溃坏烂而后已。夫弘、正以前，尊程朱之教若彼，隆、万以下，毁程朱之祸若此。朱陆得失关乎治乱，彰彰较著，而说者欲调停而两存之，不亦谬乎？弘治己未，阳明成进士。其年六月，孔庙灾。九月，建阳书坊灾。盖阳明之出，孔、朱之厄也。天象昭著，人所不及知耳。愚谓破坏程朱之规矩，蹂躏圣贤之门庭者此也。

曰：《中庸》不言性命乎？尔何病乎阳明？曰：圣贤言性命，有惕然戒惧、勉勉下学之心焉。象山、阳明言本心、良知，则侈然自大，侮圣灭经矣。且人心险恶，圣人谓之"惟危"，《诗》、《书》名教，防此人心犹惧不足，而忽有为任心之学者，为之排斥先贤，非毁往训，使人皆自任其聪明，此甚便于不肖之心，而人欲所以横流也。若阳明者，亦开阡陌、废封建、焚《诗》《书》、堕名城之徒耳。故阳明之出，圣道之厄也。曰：阳明自言其所悟也，尔何为以禅诬之？曰：阳明言知善知恶，是良知是也。谓为善去恶是格物，已牵强不伦，犹未甚害于理也。必曰无善无恶心之体，其徒遂举意知物，悉以无贯之，谓无善恶为秘旨，知善恶为权教，诧为天机漏泄。颜子明道所不敢言，何无忌惮之甚也！夫无善无恶，不过如所谓不思善，不思恶，是明上座本来面目也，非禅而何？且阳明之学好高求胜，以为良知之说高出程朱之上矣。但所谓良知，正佛氏所呵为昭昭灵灵第八识不断为生死根本者，恐其见嗤于禅人也，故又言无善无恶以盖之，而其徒遂显然言禅言仙，谓良知二字足以贯通三教。噫！此又鄙俚之甚，经书传注所未有也。夫窃良知之说以胜诸儒，又窃无善无恶之说以敌佛氏，此其用心亦劳矣，而究为佛氏所不许。

徐存斋谓龙溪，八十老翁，舍不得良知，终不济事，欲了生死，须看话头。存斋服膺阳明，而其言如此，正禅家所讥儒门淡泊收不住者。阳明欲以无善恶屈天下，而学佛者终不之许也。然则欲为儒而显叛夫儒，欲窃佛而见嗤于佛，两无所容，而邪遁之苦亦已甚矣。故隆、万之初，天下学者群然向佛，不屑言良知。其谨愿者受戒持，咒礼经，忏求西方，修比丘之行；而黠者掉机锋，恣横议，沿李贽之余唾，不以孔子之是非为是非；其高者脱略职业以歇睡名庵，而卑者日沉迷于酒色名利以为才情真率。当是时，几案有《楞严》、《南华》者为名士；挟妓呼卢，裸而夜饮者为高致；抗官犯上，群噪而不逊者为气节；矫诈嗜杀，侥幸苟利者为真经济；谨纲常，重廉隅者为"宋头巾"。举天下庠序之事，如沸如狂，入则诟于家，出则哗于朝，闯、献之形日积于学士大夫之心术，而天下不可为。故高谈必趋于佛老，佛老必趋于夸诈，夸诈必趋于杀戮。阳明一出，而尽变天下之学术，尽坏天下之人心，卒以酿乱亡之祸。彼乃以天下崇尚朱学比于崇杨墨，指正学为洪水猛兽，欲身起而救之，不自知其为倡乱之首。悲夫！我朝鼎新文教，始有倡明程朱之学者，而论者犹曲为阳明讳，欲挽朱陆而一之。此不深究其本末，徒为世俗瞻徇之态，非所语于学也。有识者将黜阳明之祀，何道学传之有？

读先生是书，如日之中于天，如雷之奋于地，使人肃然而起，卓然而知所趋向。举凡诐淫邪遁、虚无怪诞之说，昔沉锢于人心者，一砭而可以去其害矣。何也？昏者醒，肆者惕，误者得，所以自返也。然而是书初未之行也，当湖陆子刊而序之曰：当阳明之世，其害未见，故知之也甚难，而其病未深，救之也尚易。至今日其害已见，故知之也似易，而其病既深，救之也则难。无论显树姚江之帜，锐与吾角者，未易胜也，即闻吾言，而唯唯叹息击节，不敢置一辞，而遗毒之潜伏隐藏于肺腑者，不知其几也。荡涤而消融之，岂易也乎？孟子曰："七年之病，求三年之艾。"我未有艾，而徒咎人之病，非良医也。阅先生之书者，其急讲蓄艾之术也哉！是言也，其思深，其意切，其忧若有不可已者也。而欣逢尧舜在上，正学昌明，一时同人如杨园、桴亭、蒿庵、潜斋、船山、亭林诸先生，皆破横流而趋大道，新建之焰从兹遂熄。今日之洛、闽一堂，歧途永塞者，大有赖于此也。然而功利杂之，词章艳之，学者粗即于理而未能真得其是，尝试其功而未能实践其程，时出时入，若存若亡，见异而迁，凿空而遁者，亦正不少也。虽非姚江之的传，而影响描摹所在皆有，则《质疑》一书与陆子《学术辨》三章，正宜刊布天下，以警人心而留学脉，乌可忽哉？

所著尚有《读易日钞》六卷。

蔚州魏先生 [象枢]

先生讳象枢，字环极，号庸斋。官至刑部尚书。以道自任。在朝激浊扬清，进贤退不肖无虚日。自给谏洊历左都御史，陈奏至八十余疏。凡国家大根本、大纲常、大典礼、大政事，以及吏治积弊、民生疾苦无不周悉，而荐举清廉，参核贪墨，尤凛凛焉若日月之可揭，鬼神之可盟。先生之学，盖主于诚，成于忠，而终身存省于勿欺者也。

尝曰：士君子未有不学为高贤大儒者也。然只要实实行去，曾子之日省、孟子之反身、诸葛武侯之淡泊宁静、赵清献之焚香夜告，工夫各有所得。予一言以蔽之曰：勿欺。无论立朝居乡，每日所作之事，内可以告妻子，外可以告朋友，便是圣贤路上人。若千百事中有一二事难以出口者，还是工夫未纯，去圣贤路尚远。

其讲"吾日三省"一章，谓看此章才见吾身何等关系、何等重大。凡齐家治国、任重道远，都在这身子上。反身不诚，便亏体辱亲了，怎么担的这担子起？虽指出三件事来，却总是毋自欺一念，如为人谋是人我一体的胸怀。如舜为尧谋，禹、皋、稷、契为舜谋，孔子为天下万世谋，方是忠。与朋友交，乃五伦中大事，四伦都要靠他成就，必如久要不忘平生之言。孔子所云"朋友信之"，方是信。传是道统绝续关头，必如"精一执中"。舜承尧，禹承舜，孔子所云"三人有师"，善者从，不善者改，方是习。这三件，在人看作小节目，曾子看作大纲领；人看作欺他人，曾子看作欺自己。故不忠、不信、不习，都在心苗上检点。人不及知而我独知之，三件正是忠恕工夫。用到纯熟田地，所以独得一贯真传，后来启予足、启予手时候，方卸下宏毅担子，完了自省勾当。此真时习之学，终身不能尽，一日不可忘的。想我辈受病处，或不止这三件。且学曾子从三件下手，莫把天生父育的身子轻轻坏了，令人痛惜。大家各自一揣，为人谋较为己谋，孰忠？责善的朋友交较与比匿的朋友交，孰信？传道义之传较与传名利之传，孰习？从此肯一省，便是曾子后身也。

其讲"贤贤易色"一章，谓人在世，学成个贤人、孝子、忠臣、信友，才不虚生一场。学者终日讲求，千言万语，只要明这道理。道理不明，先由心地不清，多因好色，不肯好贤。既不好贤，一点诚心已雕丧了。那有诚心爱父母，于父母必不竭力；那有诚心爱君，于君必不致身；那有诚心爱友，于友必不全信。人若识得好色念头是病，心上一转移，变而好贤，妄念变为真念，人心变为道心，心地何等清明。或见贤人所行之事，实实效法他；或闻贤人所立之言，实实遵奉他。世间孝子、忠臣、信友，都是贤人，都是我所好的。我所好在孝子，事父母就能竭力；我所好在忠臣，事君就能致身；我所好在信友，交朋友就有信。这力如何竭？也有菽水承欢的，也有爵禄荣养的，总要立身行道，才不辱了父母。这身如何致？也有庶人服役的，也有卿士奉职的，总要以身许国，才不负了君。这言如何信？或言贤当好、色不当好的，或言为子当孝、为臣当忠的，总要责善告过，才不欺了朋友。这样人，人伦上明明白白，完完全全，难道没些学力做到这地位？既说他未尝记诵，这等清心寡欲，明善诚身，可以对亲，可以对君，可以对友，在不睹不闻之地，理欲交战之时，用了多少功？从勉强而几自然，岂不是真实学力？子夏博学笃志，切问近思，一生功力和盘托出，可谓善学。圣人之学，吾辈细看，学莫大于五伦，则以贤贤居首；政莫大于九经，则以尊贤居首。可见虚心屈己是第一难事，是第一要务。此处见的明，行的当，别项一线穿去自不差错。学者不可不知也。观此可以知先生矣。

先生尚名节，重道义，而当时有毁弃防隅、志行亏丧、托尊崇朱子以为名者，先生与之往来问答，是亦不免失所审择矣。所著有《寒松堂全集》、《日知录》、《元明儒言录》、《嘉言录》。

问答诸子：刁蒙吉、孙钟元、左翼宸、白东谷、魏贞庵、裴晋卿、张伯珩、马玉筒、黄大音、王敬哉、徐子星、宫宗衮、浦潜夫、于北溟、郝雪海、汤荆岘、李毅可、王君栋、张逸之。

盩厔李先生 [颙]

先生讳颙，字中孚，号二曲。布衣。至孝，其父信吾翁从军讨贼，以身殉难，于崇祯壬午年，与五千人同死襄城。先生幼不逮事，孝思殷挚，哀慕不已，泪尽继之以血。阅三十年，抵襄招魂，撰文祷于隍神之庙，约牒五千游魂随信吾翁归宿华岳。襄令张某于其归也，为之勒碑构祠，俎豆千秋，以慰孝思，以彰义烈。将归前一夕，邑之襄事于祠者凡数十人，闻鬼声号泣，凄怆悲凉，沁人肌骨，共骇异焉，而缩舌不敢吐。诸工役中有一人，强出数语妥其灵乃止。呜呼！诚之所感，若是其神乎！先生母殁，终身垩室，作《垩室录感》，以寄蓼莪之痛。其示子云：我日抱隐痛，详具《录感》一书，只缘身本奇穷，不能事吾母于生前。服满永栖垩室，晨夕瞻礼供奉，聊事母像于没后。不意为虚名所累，赠弋屡及，觊觎逼不已，惟有一死。死后宜怀藏《录感》，敛以粗衣，白棺权厝像侧，三年后方可附葬吾母墓旁。我生为抱憾之人，死为抱憾之鬼，断勿挂纸开吊，轻受亲友之奠。惟望封锁祠宇，勿令闲人出入，以时洒扫，勿断香火，稍有资力，即图葺治，垂戒子孙，虔修时祀。是可知先生之孝、先生之志矣。

先生学在反身，道在守约，功在悔过自新。于人问入门下手之要，曰：我这里论学，却不欲人闲讲泛论，只要各人自觅各人受病之所在，知有某病即思自医某病，即此便是入门，便是下手。又于人问格物，曰：格物穷理，贵有补于修齐治平。否则，夸多斗富，徒雄见闻，若张茂先之该博，陶弘景之以一事不知为耻是名，玩物如是，则丧志愈甚，去道愈远矣。又其《授受纪要》曰：重实行不重见闻，论人品不论材艺。夫君子多识前言往行，原为畜德，德既畜矣，推己及人，有补于世。若多闻多识，不见之实行以畜德，人品不足而材艺过人，擅美炫长，于世无补，徒以夸闾里而骄流俗，乌足齿于士君子之林乎？又其《锡山要语》曰：求《易》于《易》，不若求《易》于己。人当未与物接，一念不起，即此便是"无极而太极"。及事至念起惺惺处，即此便是"太极之动而阳"。一念知敛处，即此便是"太极之静而阴"。无时无刻而不以去欲存理为务，即此便是"天行健，君子以自强不息"。人欲净尽，而天理流行，即此便是"乾之刚健中正，纯粹精"。希颜之愚，效曾之鲁，敛华就实，一味韬晦，即此便是"归藏于坤"。亲师取友，丽泽求益，见善则迁，如风之疾，有过则改，若雷之勇，时止则止，时行则行，见可而进，知难而退，动静不失其时，继明以照四方，则兑、巽、震、艮、坎、离，一一在己而不在《易》矣。

嗟乎！先生处处从身上验真修，事事从约中求实践，而犹谓践履弗笃，躬实未逮，口头圣贤，纸上道学，张浮驾虚，自欺欺人，堕于小人禽兽之归，自反之严亦至矣。曾子十目十手，何以异乎？夫先生之严若此，笃守程朱夫又何疑？而门人所记《体用全学》，谓象山、阳明之书为斯道大原，程朱诸录及康斋、敬轩等集，可以尽下学之功。或者自反之初，亦有取于陆王之本体乎？观其谓"六经皆我注脚"为象山之失，"满街都是圣人"为阳明之失，则其确宗程朱家法亦大可知矣。所著有《二曲集》、《四书反身录》。

从学诸子：白焕彩、吴发祥、陆士楷、吴发育、张光复、尤霞、朱士蛟、邹隆祚、羊球、徐超、张瀋生、左辅、张珥、李士瑄、赵之俊、王心敬、骆钟麟、李修、王天如、李钟麟、樊嶷、岳宏誉、吴光、高世泰、唐献恂。

婺源汪先生 [烜]

先生讳烜，其为诸生，名曰绂，字灿人，号双池。初能言，母江口授四子书、五经，八岁悉成诵。自是读书禀母之教，未尝从师，而以五经、四子书为师。母没，闻父淹滞金陵，泣且往劝父归。父曰：吾无家，安归？叱之返。归葬母后，无以自活。为景德镇画碗佣，且佣且读。旋教读于枫岭、浦城间。父卒，恸几绝，扶柩而归。

先生二十以后著书十余万言，旁及百氏九流，三十后尽烧之。自是凡有述作，息神庄坐，振笔直书，博极两汉、六代诸儒疏义，元元本本，而一以宋五子之学为归。六经皆有成书，下逮乐律、天文、地舆、阵法、术数，无不究畅，卓然可传于世。所著《易经诠义》十五卷、《尚书诠义》十二卷、《诗经诠义》十五卷、《春秋集传》十六卷、《礼记章句》十卷、《或问》四卷、《参读礼志疑》二卷、《孝经章句》一卷、《乐经律吕通解》五卷、《乐经或问》三卷、《读阴符经》一卷、《读参同契》一卷、《读近思录》一卷、《读读书录》一卷、《先儒晬语》二卷、《山海经存》九卷、《理学逢原》十二卷、《诗韵析》六卷、《物诠》八卷、《苛略》四卷、《读困知记》一卷、《读问学录》一卷、《琴谱》一卷、《医林辑略探源》九卷、《戎笈谈兵》若干卷、《六壬数论》若干卷、《大风集》四卷、《文集》六卷、《诗集》六卷。先生著书博而用功专，不求人知而功愈严焉。

其言致知也，曰：有志格物，无物无理，随处目睹、耳闻、手持、足践，皆吾穷理之学，岂独经书？故朱子《补格物致知传》曰："言欲致吾之知，在即物而穷其理也。"一即字已吃紧教人矣。格物不只是格一物便可贯通，亦非谓必穷尽天下之理，只积累多后自然见去。盖天下之理，同归殊途，一致百虑，只学者事事寻向里面去，由已然而想其当然，由当然而求其所以然，则源头必有相合处，所以积累多时自然见去。故朱子曰："至于用力之久，而一旦豁然贯通焉。"至于豁然贯通，则虽未格之物，未穷之理，亦可一以贯之矣。然格物之学非有终穷，纵使会通得来，遇事物犹须印证。孔子入太庙每事问，格致亦终身焉。己曰《中庸》言学问思辨，皆弗得弗措。程子曰：若于一事上思未得，且别换一事思之。其不同何也？盖《中庸》所言"困勉"之用力宜如此也。程子所言，则为学之活法也。朱子解《学记》如攻坚木，先其易者，后其节目，及其久也，相说以解，亦引此为说，且放下难的去攻治那易的，易的解得多来，并此难的亦因彼说印证参会以相为说，而于此难者亦解意通之矣。然则非弗得便措也，正欲其有相说以解时耳。若于蔽著时勉强去思，则反恐有牵强意见，助长之病矣。曰：以类而推者，因其已知之理而益穷之也。如认得此字，便细看此字笔画，细辨此字声音，又求解此字字义，又推想此字何以数处用之音义各有不同，又穷究古人所以制此字之意义，所谓益穷之也。曰：一草木皆须察，察得来皆有用处，且无非性命，只要会心乡里。若乡外，则只求多识，无当身心，如大军游骑远而失所归矣。曰：读书不会疑，便是不会读；疑而不能悟，亦是不会读，总是未尝用心去求得之病。

曰：格物之格训"至"，自程子始，然格字本有"至、到"之训。如《书》言格于上下，格于皇天，格于上帝，皆"至、到"之义。又如有苗来格，祖考来格，则又"来"字之义也。物如何格？《诗》云：有物有则。上文致知，致字为推致之义甚明，则格物为穷至物理亦甚明矣。凡物虽在外，而万物之理则本皆备于吾心，但吾心之知虚，而在物之理实。故欲推极吾心之知，必须实靠事物上逐件印证过来，此心之知方实在信认得定。如人家有田地万顷，契墨册税承祖以来本皆在家，然亦须逐亩逐段亲身历过，四至分明，与契税符合，方始信得此亩此段是自家田地。不然，则或冒认他人田地为己有，或自己田地却被他人冒去不得清矣。要之，所格之物，则原是吾心本具之理，原非乡外面捉一物来放在心下，霸占他人田地也。大概犬马无知，则书字自教不得；犬马若人，则凡可学而知者，即皆吾心所固有之知。而陆王家反疑其不当求之在外，不亦异乎？曰：学者于物怪神奸既惑而不能不信，却又不敢全信，故只得委之无穷，付之以不可知。留此一个疑团，终被神怪牵去，谓之不敢全信，已是深信之矣。故所贵穷理，穷理者，非是穷那神怪有无之理，只是穷究自己身心性命之理。身心性命之理，果能真知其本源，则神怪自不足惑。若乡神怪穷究其有无，则终身只是惑也。"子不语怪力乱神"，且守住圣人不语之教，以默待之于知天知性之后可耳。曰："夫子之言性与天道，不可得而闻。"此非夫子不言，但不轻为下学言耳。然则不可得闻直是不可得闻，张子必以"了悟"为闻之说，未必子贡语意也。朱子集此说于《近思录》者，则又因后学偶有所闻，便自道已晓，自作聪明，多生枝叶，不求心得，又且遗弃下学，妄希上达，如陆王家，此却因早闻性天而未尝了悟，以至害了终身，又果于自信，贻害后人也。故周、程、张、朱所以每详言性命，正欲人有个了悟处耳。是朱子所以集此条之意欤？

曰：或问圣人之言，其远如天，其近如地，还是有近的有远的，抑或是言近而指远。曰："有近的，有远的，亦有言近而指远的"。本浅也，而凿之使深，此最是说经大病。汉儒说《诗》、说《春秋》往往如此。然于圣言深处，人又每每看浅了，钻研不入，却又辜负了圣言处亦不少。总当平易其心，随着文义从容涵泳，咀嚼出滋味，绅绎得意旨，则浅者还浅，深者还深，无不得矣。若先横着有个意见，则将圣人言语都拦入自己意见来，殊甚害事也。曰：读《诗》如"兴观群怨"章是第一诣，只曰"达政能言"已落第二诣，至于"不达不能专对"则下等矣。然后世又有下等，只求撮几个字眼，作文时当典故用，尚且移撮不来也。解经果得要紧处同，文义些少不同，何害？但是有事于解经，则众说不同处亦不可胡乱放过，须必求其至是。

曰：入德之门，无如《大学》，以其纲领条目、先后次第一一知有所循也。然培植入德根基，则又无如朱子《小学》。曰：为学不可不知要，然必不可苦其多而求要。盖所以得要，正须从学得多，后乃能拣选出紧要处来。若苦其多而求要，则并紧要者亦不出矣，此只是怠惰不向上人口语。曰：《诗经》本不难解，只须依字句吟咏，久之意味自出，不必向字句外别寻事迹来凑合附会也。《雅》、《颂》则义蕴稍深，然《风》神自和易，得其《风》神，则义蕴亦久之自见。盖以性情会之，不是以死字句解之也。以死字句解之，则必失诗人言外之意矣。朱子《诗传序》曰："讽咏以昌之，涵濡以体之"，二句已尽读诗之法。古人意旨、古人性情，都自讽咏涵濡中得出，兴观群怨，事父事君之益，亦只在讽咏涵濡中得出。又诗自有韵的，读诗者不可不知叶韵。得声韵调洽，则诗之段落明白，而吟咏之际亦意趣愈长。《书经》却稍难看，然且反身切己看之，如精一执中不必在帝王事，其历象、禹贡、洪范等项，亦不可畏难，须着力去考。都是经济，但不可勉强求合，致生诞妄。曰：《中庸》语至高深，却至切实，人不得其切实处，则只见是高深耳。梁武帝亦讲中庸，可见中庸若非程朱，早被异学窃去矣。

曰：《易》之为书，造化备矣。学《易》之方，则只在"观象玩辞，观变玩占"二语。辞因象系，占以变殊，故谛观而熟玩之，求其所以系此辞、有此占之故也，体用一源，显微无间。河津薛子曰：太极中涵阴阳、五行、男女、万物之理，体用一源也。阴阳、五行、男女、万物具太极之理，显微无间也。然则由辞占之显，亦可以得象变之微，而三极之道，亦可以神明而默成矣。曰：《易》不可专以象数求，象数亦不可忽，盖《易》理全在象数上乘载出来。道器相与为体，若离却象数，理亦无从凭据。故程子《易传》亦时有滞碍，但离义理专求象数，则焦京、郭璞之流又已惑矣。朱子于数则本之康节，于理则宗伊川，合二家而斟酌之，又专以卜筮释经，使人可由浅会深，尤圣人因贰以济民行之深意也。曰：《易》言时中之道，故以中为吉，中而得正，吉其常也。中而不正，而亦不妨于吉，权于时地之宜，非必正而不失其为正也。正，吉道也，正而不中，则昧于时，中之义虽正而不必吉矣。然亦有中而未必吉，或虽非中正而得吉，总看时位如何，不为典要，惟变所适也。然必善反身求之，方始见得。

曰：程子《春秋传》多有可疑，其大意则以"颜渊问为邦"一章为作《春秋》大旨，大略看则可，若谓书"春王正月"为志在夏时，则朱子尝云不成二百四十二年，只证得"行夏之时"一语，而强以夏时冠之周月，亦于理有不安也。然大义数十，微词隐义，时措从宜，则诚哉言矣。大抵《春秋传》是程子未成之书也。曰：看《周礼》，亦须得周公之心，乃于宏大处见治体之大，于琐屑处见法度之详，彼毁以为伪经与用之而坏事者，俱未尝细读之，以求周公之心故也。朱子曰：《周礼》不可谓无关心性，曰张子谓《诗》不可以艰险求，微《诗》而已，六经俱不可艰险求也。但张子说经却时不免艰险，亦或自知之，而气质未能尽化与？曰：《春秋》非理明义精，殆未可学，先儒未及此而治之，故其说多凿。张子此言深中治《春秋》之病，胡康侯且不免也。

其言存养也，曰：人非能涵养，亦无以致知，然既能致知，则涵养之功宜益加密。所谓学以聚之，问以辨之，则必宽以居之，而后仁以行之也。致知力行，道问学之事；存养者，尊德性之事。朱子以《存养》一卷，置于致知、克治之间，为旨微矣。曰：一为要者，一即人生而静之天也，无欲即无极，而太极之体也。主静立极，使静无一毫妄念参焉，故静虚矣，静虚则动直矣，未有静不虚而能动直者也。静虚，静故静也；动直，动亦静也。静而能虚，自无不明矣，明则无不照矣；动而能直，自无不公矣，公则无不及矣。此一字亦兼内外，该动静，而静为之主，无欲者亦自静，而动皆无一毫私妄，是乃为纯一之至，所谓动以天也。孟子言寡欲，周子言无欲。寡之者，以用功言之，渐次减少之意也。无欲则举其全言之，苟尚留一毫私意不尽，非圣学也。曰：周子言一，程子言主一；周子言无欲，程子言无适。将毋同？曰：微有不同也。周子所谓一者，天也；所谓欲者，人也。纯乎天而不参以人，一者即无欲也。程子所谓一者，事也；所谓适者，心也。一其心于所事，而不强事以成心，无适之谓一也。然当事心有偏主，纵非不正，是亦妄矣，妄则非静虚之天矣。失其静虚，故不能动直，而与事不相值，非主一也。能静虚则能无偏主，能动直则能主于一，其致一也。周子举全体言象也材也，程子密言之爻也，惟其时位耳。曰：艮其背。一者，无欲也，不获其身。无欲则静虚也，非无身也，纯乎天而形气之私不作也。行其庭不见其人，动直也，非无人也，廓然大公，物来顺应，而于己无与焉也。静亦静，动亦静，主静立人极焉，艮，止之道也。曰：心是活的，物必不肯静，故无事时当使之有事，如游于艺，亦驱除妄念之一法。所谓实之以水，则水不能入也。若再无事时，则俨若思而已。俨若思者，整齐严肃则心便一，一则自无非僻之干也。曰：涵养者，如水之涵物，静静的养在此中也。若急迫监押，着此心在里，则是苦其心而已，岂涵养之谓哉？有学之君子，静坐片时，亦自有从容不迫气象，此必非急切所能勉强。曰秋气澄清，水波不动，潭底之天最好看，欲看喜怒哀乐未发时气象，不如看此潭底之天，人之涵养当使此心如是。

曰：心无一事，方可应万事，心有一事，则应事时必为此一事所害。曰：人间百事须是人做，人有此心，所以应事，便油盐柴米亦是居家应办事。循分黾勉可也，办不来出乎无奈，但此心须提得起放得下耳，何必厌苦？人事不教人应，教谁应乎？惟不关己分事，则不须兜揽也。人常见得天理浩然，胸怀自然洒落，不使卑秽之念得存，静时之敬，如是而已。曰：出门如见大宾，使民如承大祭。如何见心广体胖，动容周旋中礼？凡人心才一检束，则胸中泰然，自有天清地宁气象，手足自觉安闲，举动自然顺适。但人都日在利欲场中放逸怠惰了，则不见得有此境界耳。若人能时常检束，敬而无失，则是此心常存，视听言动岂不肃乂哲谋？以此常存之心接人，岂能不孝弟忠信？以此常存之心应付天下之事，则礼乐刑政各当其理，老安少怀各如其分，皆只因心而出，行所无事，岂非笃恭而天下平？故曰：人之聪明睿智，皆由此检束之心而出；事天飨帝，皆以此检束之心而格。盖人心皆万理备具，一提摄便在，一不存则不可见耳。今试自家体验，一念放逸则一事过差，一事过差则一物不得其所。由是以推之，则程子之言不吾欺矣。曰"敬胜百邪"，谓先立乎其大者，则小者不能夺也。

曰："逝者如斯夫，不舍昼夜"。开着眼无非道体，然须自家向身上体当，不是游目骋怀而已。苏子瞻说"逝者如斯而未尝往"，便是混话，便知他未尝向自己身上体当。曰："闲邪则诚自存"，似亦说忒快了，盖天下固自有只闲邪而不存诚者也。然人之有心，莫非得于天之实理，此心才放逸，则百邪攻之，天理不见，一检束则天理炯然自存，此固可验之清夜之思、平旦之气也。是"闲邪则诚自存"，原非在外面捉一个诚来存着也。闲邪而不存诚者，只欲杜绝外诱，而不求此心之安，则此杜绝外诱之心，即私心而不足以见天理。故勉之只如原思之克伐怨欲不行，溺焉则入于佛氏之空寂，此不善闲邪者也。君子只是主一，主一者外边整齐严肃，即内之所以提摄此心。静而整齐严肃，此心既不之东，又不之西，是妄念不兴，未发之中，无所偏倚，片时境界天清地宁矣。动而整齐严肃，此心既不之彼，又不之此，是能因物付物，而由中达外皆中其节，体信达顺，老安少怀矣。是"闲邪则诚自存"，盖此心之理，非从外得也。

曰：同此一心，或言敬，或言诚，或言仁，或言一，何也？曰：敬是提摄此心，使不走作，诚是此心所得于天之实理。此理实而不妄谓之诚，此理全而不亏谓之仁，此理纯而不杂又谓之一，其实一也。诚有以实心言者亦以能敬，则此心实有此理而无妄耳。心如灯火一片灵明，敬如剔起此心使之灵明不息，而光自无不照。若久而不剔，则此灵明亦渐昏去，若先有物蔽之，则其明有所不照矣。灯中有炲，能障光明，此非灯火之本体，乃火所附之烛之烬，形气之私也，剔之则此炲自落矣。曰：同此一心，或言中实，或言中虚，何也？曰：中实者，主一也；中虚者，无适也。此心无欲则虚静，虚静则天理明著，天理明著则此心能为应事之主。此心能为应事之主，则心即事而存而主于一矣。中不虚者，只为外邪入而据之心，而偏主，非无适也。此心即事而存，则实心应事，实心应事则事得其理，是随事顺应而己私无与焉。事过仍虚，一动一静皆一而已。何尝有适乎？中不实者，只为妄念有以参之，天理不见，非主一也。故曰有主则实，又曰有主则虚。曰主一之谓敬，又曰无适之谓一。反复相证，其实一也。要以心存而不放云尔。

曰：心统性情，兼动静。程子言："《复》卦下面一画便是动。"此以言静无可求，求则已动耳。然天地生物之心至《复》而可见，非至《复》而始存也。说个喜怒哀乐，则未发时自有喜怒哀乐之理在矣。如石英可以取火，则石中自有火在矣。但欲知石中有火，只可于取时验之，不可剖石以求之。邵子之诗曰："冬至子之半，天心无改移。"朱子之诗曰："数点梅花天地心。"此皆于初动而生阳处认取一片天机，浑是无极之真，未有半点夹杂。然此是初动之机，只可谓和，不可谓中也。惟识得未发中实有此理，则未及应事时，不可以妄念参焉，而存养之功密矣。识得果实中实有发生之理，则须善藏此果实，而不可听其湿腐虫蠹矣。若求生意于果实之中，岂得见乎？曰：以静坐为善学，亦谓静则生明耳。然工夫岂全靠静坐？况夫人又有外静而内驰者？朱子曰：程子教人静坐，亦终是小偏矣。曰：仁者，心之德也，即天理也，以理主心，心主乎理，是天理常存在内而为心之主也。心不能纯乎理，倘有动静，则此理不可见，纵见之亦不甚分明，如仁反自外至而为宾矣。仁非自外至，心生则如自外至也。然日月至焉者，亦须是彻底，曾至一番，但不能久耳。至焉之前，至焉之后，亦非全不仁，只有些少夹杂，则不得谓之仁也。

其言克治也，曰：乾乾，力行之体；损益，力行之用。忿则惩之，欲则窒之，善则迁之，过则改之，皆乾乾以实心行之，欲其纯乎天而不杂以人也。人之行，不失之忿则失之欲，不入于善则出于过而已。不行不见有得失，一动于行而得失见矣。损益之心不诚，损益之功不力，则凶害之，悔且吝矣，故动不可不慎。曰：理欲相为消长，欲消一分则理长一分，欲尽而诚立矣。诚者，得于天之实理也。欲只是一，欲不外于耳、目、口、鼻、四肢。动于欲，则私欲之流，则入于恶。节之焉之谓寡，咸归于则，则可谓之无，圣人非无欲也，归于天则，则不复谓之欲耳。曰：己不外视听言动，礼亦不过此视听言动之则。才出于礼，则谓之私，克去己私，则复天理也。心与物接，视为最先，故言蔽交于前。其中则迁听，则无形，而以知被诱，故言知诱物化遂亡。其正视自外，故制之于外，知内动，故欲其知止有定，然亦相通也。曰：《节》之九二，何以不取其刚中？曰：卦既名《节》，则宜一于正卦。惟二三不正，刚则节非所节，柔则不能节也。曰：克伐怨欲不行，不得为仁。何以能斩绝病根，使之无？曰：中有主，则病根除矣。复于礼，则中有主矣。

曰：克己可以治怒，明理可以治惧，亦偏言之耳。能明理则能检七情之失，能克己则能得七情之正矣。曰：己非私也，而私生于有己。人欲之私虽曰后起，亦从气质有偏处带来，惟气质有偏颇处，而后物欲乘之，故变化气质即克己之事。孔子之答门人，或曰其言也切，或曰先难后获，或曰善事利器，皆因其气质所偏而使之变化也。德不胜气，性命于气，吝也，弱也，不能克己者也。德胜其气，性命于德，克己复礼也。曰：未下工夫，百事见易；实下工夫，百事见难。然又不可以其难而畏之。实心为之，工夫到后亦不难，以皆性分中事也，求在我者也。曰：未克己时，觉克己是忍痛事，能克己时则克己，又是快活事。得克己中快活处，则工夫自不能已。然偶一间断，依旧己私乘之，便又视克己为难忍痛矣。曰：湛一，气之本，人生而静，天之性也；攻取，气之欲，感于物而动，性之欲也。然此只说得气，惟气湛一，则性中之理自浑涵于气中。及至气动而攻取，则纷纭缠扰，浑浊日滋，而性中之理不可见矣，属餍而已。动而有节气，不失其湛一，则性真亦日著矣。曰：矫轻警惰，只是以志帅气。曰：张子尝言，人要得刚，然又言欲柔其心，何也？曰：刚以自胜，柔以受人也。是可知先生工夫体勘精密，彻内彻外，彻始彻终，毫厘必析，中边皆该，偶设一喻，能使盲者察、聋者听，自来茫昧不得其说者，皆跃然呈露于纸上，隐无不显，秘无不宣也。

余因窃断之曰：先生之学，由不欺以至于诚者也。诚则明，其有以与？先生殁，其门人余元遴传其遗书，后董编修桂敷尊其学，以其书公诸同好，而其书得稍稍行于世。然先生之书如《读近思录》、《理学逢源》诸编，皆能发先儒所未发，洵大有功于程朱者也，即与程朱之书并行可也。

高安朱先生 [轼]

先生讳轼，号可亭。由庶吉士授知县，历官大学士。学以敬为主，以致知、力行为工夫，以经史为法守，以日用、云为为实验。

其《太极图说解》曰：乾坤者，对待之体；六子者，流行之用。筮卦之数，阳极于九，阴极于六。阳主进，进至于无可进，则退九，退为八，八少阴也。阴主退，退至于无可退，则进六，进而为七，七少阳也。图极所说，动极而静，静极复动，动静互为其根者，即筮卦九六进退之谓也。动极、静极者二，太阴生于动，极阳生于静，极者六子也。图书不言四象、八卦，义已见于是也。此阴阳流行之用，总不外乎两仪对待之体。先言用而后及体者，一生于两，一见而后两立也。或问阳变阴合而生五行，五行非即四象、八卦乎？曰：四象、八卦乃两仪之倍，分五行，则两仪之所资以为用也。文图离坎居乾坤之位，后天入用故也。五者之气，弥纶充塞，播于四时，凡阴阳之流行，皆此五者行之也，此水火木金土之所以名行也。二气、五行同出于太极，生则俱生，而无极、太极之蕴，即在阴阳五行之中。同出于太极者，亦各具一太极也。无妄之理与不二之气浑沦融洽而无间，其合也，其妙也，妙合者一也。五行一阴阳，阴阳一太极，气含乎理内也。五行之生各一，其性理行乎气中也。理气之缊缊，分之无可分，两非两，五非五也，一而已矣。一故妙，妙故凝，凝则生，生不息矣。乾，天也，坤，地也。言乎其质，则五行生成于天地，言乎其气，则二五实生乾坤。乾道成男，坤道成女，男女分而形交气感，万物化生。天地者，万物之大父母也。人与物同具此太极之理，而所禀之气有清有浊。人灵于物，而人之中又有顽秀之别焉。五性动而善恶分出，吉凶悔吝所以纷然多故也，惟圣人定以中正、仁义，而主静人极立，而三才位焉。定之者，定此感动之性也。感于物而动，性之欲也。定之以中正、仁义，所谓先立乎其大，其小者不能夺也。中正者，仁义之中正也，先儒以中正为智、礼，礼所以节文，斯二者，智则二者之正而固也。言礼、智不足以尽中正，言中正而礼、智在其中矣。

《通书》云：性者，刚柔、善恶中而已矣。刚恶、柔恶故非中，刚善、柔善亦未必皆中。刚柔者，仁义之偏也。凡物立于偏陂之地，则脚根不定，中则得所止而定矣。《大学》曰"知止得止"，《易》曰"艮止"，定之谓也。求止之功在格致诚正，而其要不外于主静。静者，动之本，《易》所谓"无思无为，寂然不动"是也。廓然大公，性也。无极，太极也。物来顺应，情也。太极之理，蕴于中而发于外也。天禀阳动而静，地禀阴静而动，而要皆本于太极，太极之理本静。圣人主静而性以定，定则动静随时而因应不穷。圣人一天地也，极者至也。道理至此尽头更无去处，故推行变化而不可测，皆自极生也。自气言为阴阳，自质言为刚柔，自人心而言为仁义。动极者，纯阳也，动极而静，《乾》卦所谓"用九"。阳而阴，天极也。静极者，纯阴也，静极复动，《坤》卦所谓"用六"。阴而阳，地极也。主静而动以定者，圣人洗心藏密，吉凶与民同患，仁而义，人极之所以立也。曰阴阳，曰刚柔，曰仁义，对待之体也。曰阴与阳、刚与柔、仁与义，流行之用也。与云者自此及彼，一而二，二而一，张子所谓"一神两化"也。原始反终、无终无始者，精气、游魂屈伸往来之妙也。大哉《易》乎！圣人立教以裁成辅相，君子修德以趋吉避凶，孰有外于是乎？

又与王逊功论气质之性，曰：论性而言情与才，自孟子始。才者，才力也，才干也。性发而为情，才则效能于性情者也。仁能爱，义能敬，礼能让，智能知，凡天下万事万物，莫非此心此理之良能，而有不能者，非不能也，不用其能也。此孟子之所言才，乃天命之性、之才也。成性以后，理丽于气，气有清浊之分，才亦随之。姑息非能爱也，而不谓非仁；卤莽非能断也，而不谓非义。善反之，则其所不能者，正其所以能也。此程子之所言才，乃气质之性、之才也。气质之性、之才有不善，而天命之性、之才则无不善。故曰：为不善，非才之罪也。集中有云：孟子所谓才，即程、张所谓气质。浅见于此不能无疑。变化气质固存乎人，然当其始，则气质固不能无咎焉，岂得谓非其罪乎？况孟子既以性验情，而断其为善，若以才为气质，则当云若夫为不善，乃气质之故，不当云非气质之罪。至云"善正从相近处见，相近亦正从善处见"二语，最为醒豁。顾愚更有进者，善不但从相近处见，亦可于习而相远处见。所谓相近、相远者，如分途各出，一上一下。上者愈上，下者愈下，渐行渐远，或相什伯，或相倍蓰，或相千万而无算者。其源头总从一路上来，若原是两路，又何从较其远近乎？

《周子通书》云：性者，刚柔、善恶中而已矣。有生之初，刚善、柔善者，去中无几，即刚恶、柔恶，亦未至于甚远。迨习焉，各随其性之所近，而一往莫返，不但恶者益恶，而善者亦流于恶矣。然姑息、卤莽都由仁义而起，非仁无缘得爱，非义无缘得断，非爱与断，无缘得姑息、卤莽。恶者，善之恶也。知恶为善之恶，益知性之无不善矣。观此则先生之言太极、言性，可谓至真至切矣。洵为朱子家法，践而行之，必实学也。是以生平未登讲席，而学者奉为模楷，至今不坠。盖其真积力久，所以成人即寓于成己中也。

其《与白中丞书》曰：先生自临莅以来，军国要务，吏治民生，鸿纤毕举，亦既户颂而家祝矣。顷乃遴选十三郡能文之士二百有奇，肆举豫章书院，其不在所选之中而愿来学者，又百有余人，一体给与廪饩而教育之。又特疏请增宾兴解额，比于京闱，凡以鼓励人才，广国家菁莪棫朴之化，意良厚也。非好之真而为之力，安能若是乎？顾惟士所贵读书者，穷理、格物、明善以复其初耳，非欲其博闻强记以资口说、工文词已也。国家以制艺取士，虽程朱亦不能废此而不为，然制义之设，所以阐发六经之微言，必于圣贤义蕴研精习熟，体察于身心之间，而实有所得，而后能津津言之有味。此取士之法所以寓课行于衡文之中，以求得真才实学而用之也。今之士子，朝夕讽诵，未尝体察于身心，及搦管为文，则多方揣摩，曰如此而元，如此而魁，是以文章为邀荣之阶，儒其名，市井其心，可耻孰甚乎？习俗日久，人不自知其非，必得名贤为之师，一言一动，以身示教，而又勤勤恳恳谕以义利、公私之别，以动其羞恶之良，使反其揣摩举业者日孜孜于圣贤之学，斯可挽回积习，无负先生教育人才之至意矣。

昔胡安定教授苏湖，凡游其门者，不问而知其为先生弟子。象山于白鹿洞讲"君子喻义"章，闻者为之涕零。是故非择生徒而教之难，择教生徒之人为难也。先生尝寓书聘钱塘沈位山先生矣。位山，浙之名儒也，位山辞而后别聘其人，必位山匹也。而先生于政治之暇，又时临讲习，谆切开谕，分别勤惰，学有进益者，辄加奖励，不率教者黜之。从此人思策励，有造有德，西江人文彬彬日上矣。抑弟更有请者：明儒配食瞽宗者四，余干、新会皆出崇仁吴康斋先生之门。先生研精义理，玩心高明，霁月光风，有"吾与点也"之意。胡之主敬，陈之主静，盖学焉各得其性之所近，而静之流弊至于专尚自然，则朱易而紫非，青出于蓝也。顾余干祀，新会亦祀，独崇仁不与，岂非缺典？正、嘉间，阳明良知之学遍天下，吉州罗整庵先生大声疾呼，力排异说，先圣微言赖以不坠，厥功巨矣。乃学宫舍整庵而列阳明，其何以训？今圣天子崇尚正学，濂洛关闽之道昭垂日星，倘蒙大贤特疏，题请吴、罗二公配享文庙，定蒙俞旨，此千秋斯文之幸，非徒西江之光也。而树之风声以励后学，使法其乡先生，以无背于正学，其裨益学校非浅矣。

先生切于世教如此，而巡抚浙江，分巡山陕，以及办理畿辅水利，事载国史者，皆足为后世法。所辑有《历代名儒传》、《历代名臣传》、《历代循吏传》。其卫道翊教、利济生民之心，亦大可见矣。乾隆元年，先生病笃，圣驾亲往临视，先生力疾朝服，命子扶掖，迎拜户外，不敢守拖绅之礼，其敬为何如乎？卒谥文端。

宝应王先生 [懋竑]

先生讳懋竑，字予中，号白田。进士，官教授，以荐授翰林院编修，上书房行走。居母忧，瘠甚，遂以老病不复出。先生博极群书，而于朱子著述尤精研细勘，一字一句，寻考其所由来。较定《朱子年谱》，大旨在辨为学次序，以攻姚江之说。又所著《白田存稿》，其中杂著及与人书，于朱子《文集》、《语类》考订尤详。

其《易本义九图论》曰：《易本义》九图非朱子之作也。后之人以《启蒙》依放为之，又杂以己义，而尽失其本指者也。朱子于《易》有《本义》、有《启蒙》，其见于《文集》、《语录》，讲论者甚详。然此九图未尝有一语及之，九图之不合于《本义》、《启蒙》者多矣。门人岂不见此九图者，何以绝不致疑也？朱子于《本义》叙画卦约略《大传》之文，故云："自下而上，再倍而三，以成八卦。三画已具，八卦已成，则又三倍其画以成六画，而于八卦之上各加八卦，以成六十四卦"，而不敢参以邵子之说。至《启蒙》，则一本邵子，而邵子所传，止有《先天图》。即六十四卦方圆图也。其《伏羲八卦图》、《文王八卦图》，则以《经世演易图》推而得之。同州王氏、汉上朱氏《易》，皆载《伏羲八卦图》、《文王八卦图》。《启蒙》因之，至朱子所自作《横图》六，则注《大传》语及邵子语于下，而不敢题云《伏羲六十四卦图》，盖其慎重如此。今乃直云《伏羲八卦次序图》、《伏羲六十四卦次序图》、《伏羲八卦方位图》、《伏羲六十四卦方位图》，是孰受之而孰传之耶？又云伏羲四图，其说皆出邵氏。按邵氏止有《先天》一图，其《八卦图》后来所推，《六横图》朱子所作，而以为皆出于邵氏，是诬邵氏矣。又云邵氏得之李之才挺之，挺之得之穆修伯长，伯长得之希夷先生陈抟图南，此明道叙康节学问源流如此。汉上朱氏以《先天图》属之已无所据，今乃以移之四图，若希夷已有此四图者，是并诬希夷矣。文王八卦，《说卦》明言之，《本义》以为未详，《启蒙》别为之说，而不以入于《本义》，至于"乾，天也故称乎父"一节，《本义》以为揲蓍以求爻，《启蒙》以为乾求于坤，坤求于乾，与"乾为首"、"乾为马"两节，皆文王观于已成之卦而推其未明之象，与《本义》不同，盖两存之。今乃以为《文王八卦次序图》，又孰受之而孰传之耶？

自周子《太极图》以黑白分阴阳，后多因以为说。龟山先生于詹季鲁问《易》，以一图示之，而黑涂其半，曰："此即《易》也，是皆以意为之。"朱子《答袁仲机书》所云：黑白之位当亦类此。今此图乃推明伏羲画卦之次序，其必以奇偶之画，而不可以黑白之位代之，彰彰明矣。为问伏羲之画以奇偶乎？以黑白乎？则以黑白之位为伏羲之画，虽甚愚，知其不可也。今直题为《伏羲八卦次序》、《伏羲六十四卦次序》，而皆以黑白之位，又孰受之而孰传之耶？《答袁书》止有八卦、黑白之位，而无六十四卦，又云三白三黑、一黑二白、一白二黑等语，与今图亦有不同。此书云黑白之位，亦非古法，今欲易晓，故为此以寓之。后书云仆之前书已自谓非是古有此图，只是今日以意为之，写出奇偶相生次序，令人易晓矣。则又明指《六横图》而言，非黑白之位，故窃疑袁书此一节或后剿八之以为九图张本，而非本文。又其后云：此乃《易》中至浅至近而易见者，黑白之位原非《易》中所有，其文义都不相属。《答袁书》凡十一论，黑白仅见于此，而他书皆以奇偶论，其或有增损改易，而非本文，未可知也。卦变图，《启蒙》详之，盖一卦可变为六十四卦，《彖传》卦变偶举十九卦以为说耳。今图卦变，皆自《复》、《姤》、《临》、《遁》等十二辟卦而来，以《本义》考之，惟《讼》、《晋》二卦为合，余十七卦则皆不合，其为谬妄尤为显然，必非朱子之旧明矣。故尝反复参考，九图断断非朱子之作，而数百年以来未有觉其误者，盖自朱子既没，诸儒多以其意改易。《本义》流传既久，有所篡入亦不复辨。马端临《文献通考》载陈氏说《本义》，前列九图，后著揲法，疑即筮仪。学者遂以九图、揲法为《本义》原本所有，后之言《本义》者，莫不据此，而不知《本义》之未尝有九图、揲法也。明永乐《大全》出，以《本义》改附《易传》，而九图、筮仪遂为朱子不刊之书矣。

今详筮仪之文，绝不类朱子语，其注有云："筮者北面，见《仪礼》"。按《仪礼》，《士冠礼》、《特牲馈食礼》、《少牢馈食礼》，筮者皆西面。惟《士丧礼》筮宅以不在庙，筮者北面。今直云"筮者北面，见《仪礼》"，此等瞀说不知何来？推求其故，则学《易》者，但见汉上《易丛说》有引"《仪礼》，筮宅者北面"之文，而并未尝考之《仪礼》也。朱子岂不见《仪礼》者，而疏谬若是耶？由是以言，筮仪亦断非朱子之作。而《通考》所云"前列九图，后著揲法"者，皆为相传之误，而不可以据信矣。余故曰：《易》九图非朱子之作也。后之人以《启蒙》

依放为之，又杂以己意，而尽失其本指者也。今考其大略如此，其碎义琐说有相发明者，别附于后，世之君子得以览观而审其是非焉。

谨按：《易本义》九图沿误已久，其读朱子之书者，因而致疑，而未能考索精详，决然辨其非真；其不读朱子之书者，援据古经，而不暇寻求源委，肆然诋其非是。先生之论，真足破千古之误，指后学之迷，而使诋诃者之爽然失、赧然羞也。论后九则，条分缕析，至纤至悉，极为明了，读先生杂著自知。

其《家礼考》曰：《家礼》，非朱子之书也。《家礼》载于《行状》，其序载于《文集》，其成书之岁月载于《年谱》，其书亡而复得之由载于《家礼》附录。自宋以来遵而用之，其为朱子之书几无可疑者，乃今反复考之，而知决非朱子之书也。李公晦叙《年谱》，《家礼》成于庚寅居祝孺人丧时。《文集》序不纪年月，而序中绝不及居丧事。《家礼》附录陈安卿述朱敬之语，以为此往年僧寺所亡本，有士人录得，会先生葬日携来，因得之。其录得携来，不言其何人，亦不言其得之何所也。黄勉斋作《行状》，但云所辑《家礼》，世所遵用，其后多有损益，未及更定，既不言成于居母丧时，亦不言其亡而复得，其《书家礼后》亦然。敬之，朱子季子、公晦、勉斋、安卿，皆朱子高第弟子，而其言参错不可考据如此。按《文集》朱子《答汪尚书书》、《与张敬夫书》、《吕伯恭书》，其论祭仪、祭说，往复甚详。汪、吕书在壬辰、癸巳，张书不详其年，计亦其前后也。壬辰、癸巳距庚寅仅二三年，《家礼》既有成书，何为绝不之及，而仅以祭仪、祭说为言耶？陈安卿录云：向作祭仪、祭说，甚简而易晓，今已亡之矣。则是所亡者，乃祭仪、祭说，而非《家礼》也明矣。《文集》、《语录》，自《家礼》序外，无一语及《家礼》者。惟《与蔡季通书》有"已取《家礼》四卷纳一哥"之语，此《仪礼经传通解》中《家礼》六卷之四，而非今所传之《家礼》也。甲寅八月，跋《三家礼范》后云：尝欲因司马氏之书，参考诸家，裁订增损，举纲张目以附其后，顾以衰病不能及已，后之君子必有以成吾志也。甲寅距庚寅二十年，庚寅已有成书，朱子虽耄老，岂尽忘之，至是而乃为是语耶？窃尝推求其故，此必有因《三家礼范》跋语而依仿以成之者，盖自附于后之君子，而传者遂以托之。

朱子所自作其序文，亦依仿《礼范》跋语，而于《家礼》反有不合。《家礼》重宗法，此程、张、司马氏所未及，而序中绝不言之，以跋语所未有也。其《年谱》所云居母丧时所作，则或者以意附益之耳。

敬之但据所传，不加深考，此如司马季思刻温公书之比。公晦从游在戊申后，其于早年固所不详，只叙所闻以为谱。而勉斋《行状》之作，在朱子没后二十余年。其时《家礼》已盛行，又为敬之所传录，故不欲公言其非，但其辞略而不尽。其《书家礼后》谓《经传通解》未成，为百世之遗憾，则其微意亦可见矣。后之人以朱子家季子所传，又见《行状》、《年谱》所载，廖子晦、陈安卿皆为刊刻，三山杨氏、上饶周氏，复为之考订，遵而用之，不敢少致其疑。然虽尊用其书，实未有能行者，故于其中谬误，亦不及察，徒口相传，以熟文公《家礼》云尔。惟元应氏作《家礼辨》，其文亦不传，仅见于明邱仲深濬所刻《家礼》中。其辨专据《三家礼范》跋，语多疏略，未有一解世人之惑，仲深亦不然之。故余今遍考《年谱》、《行状》及朱子《文集》、《语录》所载，俱附于后，而一一详注之，其应氏、邱氏语亦并附焉。其他所摘谬误亦数十条，庶来者有知《家礼》决非朱子之书，而予亦得免凿空妄言之罪也夫！

按此篇后载《家礼后考》及《家礼考误》五十余则，旁搜博考，证据详确，观之则知世所称文公《家礼》，实非朱子之书矣。盖先生于朱子之书反复味玩、身体力行者数十年，其朱子先后用功若何，往来问答若何，晚年指归若何，心领神会，言之亲切，不啻朱子之自为言也。

其《答朱宗洛书》曰：前辱手书，以病未及作答也。昨复阅邹琢老所寄《年谱》，其规模大概本之尊公先生，而议论则多取愚说，所增入《文集》、《语录》，欲发明朱子学问次第，为旧谱之所未及。其删削联比，甚费苦心，而考订岁月先后，尤极精密。但不著旧谱异同，仅指摘其舛误，间有增入数条，亦不言其所据，又以他人之说与己说混而不明，此则非著书之体也。

主静之说，前与尊公先生往复论难，卒不能合，大抵此等向上地位，与吾人相去甚远，未可以意见窥测。今但以《文集》、《语录》求之，略见仿佛，非敢自立一论也。程子曰："敬则自虚静，不可把虚静唤做敬。"又曰："言静则偏了，而今且只道敬。"又曰："若言静，便入于释氏之说也。"朱子之论本此，而发明尤详。如曰："道理自有动时，自有静时，不可专去静处求。所以伊川说只用敬，不用静，便说得平也。是他经历多，故见得恁地正而不偏，此其大指亦了然矣。"朱子教人专以《四书集注章句》，而《集注章句》未尝有"主静"一语。《大学或问》发明敬者，圣学所以成始成终，最详且尽，只言主敬不言主静也。主静之说出于周子，朱子作《濂溪祠记》凡四，未尝一及主静，以此为证，更大煞分明矣。《太极图解》以仁义、中正分动静而言，非四者之外别有主静工夫。其引"翕而后辟，专而后遂"，亦言其先后、轻重之序耳。下言君子、小人，只以敬、肆分之，不及主静也。尊公先生谓必从主敬以透主静消息，以愚见妄论之，则既曰主敬，又曰主静，心有二主，自相攫拿，非所以为学。又主敬之上更有主静一层，未免头上安头，是太极之上又有无极，上天之载之上又有无声无臭，恐其卒归于虚无寂灭而已。朱子以静为本，必曰主静之论，皆在己丑、庚寅间，壬辰、癸巳以后，则已不主此说。其或随人说法，因病与药，亦有以静为说者，而非学问之通法也。至于从居敬以透主静消息，则反复朱子之书，未有所据，故未敢以为信然耳。来示所云，与旧说略有不同，而未免以主静兼说。

至所论朱子为学次第，以愚见求之，亦有未尽合者。盖朱子自十五六时即用力为己之学，内外并进，齐头用功，未尝有偏，即其出入老、释，亦从心地本原处用力。故延平言其从谦开善处下工夫来，皆就著里体认。至于考释经书，讲磨义理，则自其时用心为已极矣。及见延平，始悟老、释之非，其于考释、讲磨益以精密，独受求中未发默坐体认之旨，反而求之，未有以自信。是以延平殁，而往问南轩，已而自悟心之动静皆为已发，而未发为性体，自以为无疑矣。比至潭州，与南轩论不合，朱子谨守师说，而南轩以求中未发、默坐澄心为不然，至未发、已发则无以异。其后又卒从南轩受胡氏之学，先察识，后涵养，戊子诸书，皆主此论。己丑春，乃悟已发、未发之各有界地时节，于是改从程子，而于未发复寻延平之说。又至庚寅，乃极言"敬"字用功亲切之妙，拈出程子"涵养须用敬，进学则在致知"二语，与吕东莱、刘子澄书，与延平之云亦少异。自是指归一定，终身守之不易，若三十年以来考释、讲磨之功，虽有浅深精粗之异，而未尝一日废也。盖于《答江元适书》而知戊寅前出入释、老之非，于《答薛士龙书》而知己丑前驰心空妙之失，于《答陈正己书》所云：中间非不用力，而所见终未端的，所言虽或误中，要是想像臆度。则己丑以前亦非错用工夫也。又云：反复旧闻而有得焉，乃知明道先生"天理"二字，自家体贴出来者为不妄。此亦自明所得，非延平之传所能尽矣。

来示云：见延平后，一意于格致上用功，己丑悟未发之旨，乃知主敬、涵养为学问本领。似未免说成两截，非所以言朱子之学也。又前云

"主静涵养",后云"主静持守",中又有"主敬持守"字,未知涵养工夫主敬乎?主静乎?盖敬可以贯动静,而静不可以该动,其不可混而为一明矣。来示又言于一本涵养、栽培,而平日之铢积寸累者,皆豁然贯通,此亦似说成两截。又云及造之熟,则至虚至灵之中万理咸备,是豁然贯通之后又有造之熟一层矣。《大学或问》云:尽心之功,巨细相涵,动静交养,初无内外精粗之择,及其真积力久而豁然贯通,则有以知其浑然一致,而无内外精粗之择矣。《补传》云:"及其一旦豁然贯通,则众物之表里精粗无不到,而吾心之全体大用无不明矣。"夫众物之表里精粗无不到,而吾心之全体大用无不明,是所谓浑然一致者,非众物之表里精粗无不到后,又有一层工夫,而后吾心之全体大用无不明也。至虚至灵之中万理咸备,此惟颜、曾方能与,此子贡以下所不得闻,今日何敢拟议及此?然尝闻之程子曰:性中只有仁义礼智而已,何尝有孝弟来?又曰:在物为理,处物为义,是所谓万物咸备者,即《或问》所云"心之虚灵,足以管乎天下之理,非必事事物物纳入心中,而后徐徐自此出之也"。陈白沙曰:"一片虚灵万象存。"杨慈湖默自反观,觉天地万物通为一体,非心外事,与此亦复何异,而何以为禅学乎?即云从格致得来,非由反观而见,亦朱子所云,别有一物,光明灿烂,动荡流转,必要捉取此物藏在胸中,而后别分一心出以应事接物也。毫厘间其不陷而入于虚无寂灭者几希矣。凡此皆与鄙见有未尽合处,辄尔妄言之,亦未知其是否也?

尊公先生闭户读书,不涉世事,于静中大有得力处,其于《文集》、《语类》反复推寻,非侪辈之所能及。今日当识其苦心用功及其自得处,而于小小离合自可置而不论。顾念创始之难,而思有以赓续成之,常欲以《文集》、《语类》一一考其前后,而极异同之趣,其中可疑者亦各疏于其下,以待后人之考证。此不过言语文字之间,而于学问源流实大有关系。今已衰且病,度不足以了此,望足下与星兄共有以成之也。尝妄论朱子少时知行并进,几类于生知安行,无积累之渐者。及己丑、庚寅后,指归一定,终身不易,又与孔子之不惑、孟子之不动心略同。其后则所谓独觉其进,而人不及知者。《语录》载朱子言,六十一岁方始无疑。又云:上面隔得一膜。此皆谦己诲人,有而不居之辞,而或者以为晚年始悟,不亦妄乎?朱子曰:"曾子工夫只是战兢、临履,是终身事,中间一唯乃不期而会,偶然得之,非别有一节工夫做得到此。而曾子本心蕲向必欲得此,而后施下学之功也。"其言最为明了。

今日学朱子之学者，只于平实切近处加功，默默做去，而至于豁然贯通境界，且可置之。虽云射者之的、行者之归，而行远自迩，登高自卑，今遽妄论及此，正患朱子所诃，"必欲蕲向得此而后施功也"。愚见若此，未知如何，幸有以订正之。病后心思枯竭，语多冗长，前后亦有不相应处，亦不能复改正也。

作字已覆阅之，语多冗长，而吃紧处尚未分明，大抵此要分别敬、静两字。敬者，心在之谓，与畏字相似，即《中庸》之戒慎恐惧也。朱子曰：当自整顿得醒醒了了，即未发时不昏昧，已发时不放纵而已。此言似浅而实尽之。故居敬穷理对言则分内外，以统体言则未有穷理不本于居敬者，此敬所以贯动静而可言主敬也。至于静，则无思无为、寂然不动而已。及其感而遂通，则为动而不名为静，故静与动对，而别无不与动对之静，此静不能以该动而不可以言主静也。盖敬专以心言，动静则以时节言，如人闭户独坐，默然无思，此静也。而忽有一念之起，将禁之乎？忽有一事之来，将却之乎？若以静为主，必屏绝念虑，坐禅入定，则类朱子所云"貌曰僵，视曰盲，听曰聋，言曰哑，思曰塞"者，而又必以静统动，则虽应事接物，而其心块然如木石，一无所动于中。又朱子所谓"未发别为一物，与已发不相涉入，而已发之际，常挟此物以自随"者，而岂理也哉？夫人之心不可以二用，当其动也，必不可别有一心以主静，此亦最易明之事矣。《中庸》戒慎恐惧，与慎独时节不同，而工夫则一，此即敬贯动静之旨。既曰致中，又曰致和，此即静不可以该动之旨，未有致中而不能致和者，未有致和而不本于致中者，此正发明敬贯动静意。故曰：体立而后用行，其实非有两事，而一体一用，动静之殊，则终合并不得也。圣人发用处在行达道时出之，而立大本，溥博渊泉，为行达道时出之之本。若止立大本，溥博渊泉，则圣人之学亦无所用。

来示云："自此而感，自此而通。"孔子六十九岁尚未敢云从心所欲，即七十从心所欲，尚著"不逾矩"三字。曾子一唯之后，战战兢兢，临深履薄，死而后已，非自此感、自此通遂都无事也。若云立大本，又行达道，溥博渊泉，又时出之，则仍是两言之，而非主静之谓矣。翕而后辟，专而后遂，此不贞，则无以为元之义。以此为主静之证，不又曰元为四德之首，而贯乎天德之始终，不又可以主动乎？亦可以哑然而一笑矣。今之言主静者，据朱子以主静为本，必曰主静两书之语皆在己丑、庚寅间。言主敬者，则据朱子《大学或问》"敬者，圣学之所以成始成终"，及甲辰《答吕士瞻》、戊申《答方宾王书》，杨道夫、叶贺孙、沈僩诸录皆在甲辰、癸卯后，而《大学或问》则朱子之手笔，以为垂世立教之大法者，其所据之前后得失，亦自晓然矣。阳明《晚年定论》所以惑世诬民者，在颠倒岁月先后，而诋《四书章句集注》为未成之书。今将力攻其失，而不悟其覆辙，可乎？凡此数条，似较为明晰，唯一屏诸说，详考而较正之，则合并为一，亦必有日矣。

按：宗洛，朱湘陶先生之子也。先生与湘陶先生为切磋友，存稿中载《答湘陶书》三。湘陶先生殁，又重答其书，拈来书语分十二则，详细辨之。谓就来书剖判，自不免于破碎、缭绕之病。然谓主敬穷理以透涵养未发、主静立极之功，则断断非是，此可信其不误者。又《书重答湘陶书后》，引董叔重问语而分释之，以决宗指在主静者失朱子垂世立教之意。则先生之端学术，为洛闽传正脉，为阳儒阴释绝假托者，其虑亦至深远矣。

漳浦蔡先生 [世远]

先生讳世远，字闻之，号梁邨。翰林，历官宗伯。幼禀家学，笃志程朱，以圣人为必可学而至。适仪封张清恪公抚闽，立鳌峰书院，征召各郡县士子肄业其中，为之讲明正学，宣示儒宗。先生应时而出，升堂入室，得仪封之真传。

其《与郑鱼门侍讲书》曰：在京师时，朝夕过从，俯有孜孜，志相同，道相合。分袂时，先生独有所不忍于中者，迥出于交情聚处之外，不可不谓之知我也。前岁附张次修信有江南阅卷之命，心怦怦欲往，以两弟公车外出，又继以台湾之变，不如所愿。嗣闻先生清望日隆，公明之誉溢于近远，然世远窃谓此不足为先生誉也。我辈诵法古人，安肯以文衡作商贾之行，辱名丧心，自好者不为，况先生道力素定哉！明则比公为难，然以理真、辞雅二者律之，空疏者不录，浮杂者不录，验其心得，审其学力，昭昭然若揭其衷也，此亦不足为先生难者。

窃谓学使之官，在有以振士风而变士习，下车伊始，行一令于令长学官曰：有能敦孝弟、重廉隅者，以名闻并上所实行，有能通经学古、奇才异能者，以名闻并上所论著。行之各属，揭之通衢，虽所荐者未必皆贤，而贤者未必荐，然本之以诚心，加之以询访，择其真者而奖励之，或誉之于发落诸生之时，或荐之于督抚，或表宅以优之，试竣或延而面叩之，从容讲论，以验其所长，有行检不饬者，摘其尤而重黜责之，如是而士习不变者，未之有也。且夫士子荒经久矣，剿袭撮摘，以涂有司之目，侮圣人之言，莫此为甚。今于岁科未试之先，通行于各学，曰：书艺二篇之外，不出经题，但依所限，抄录本经，多不过五行，少不过三行。不者，文虽佳，岁试降等，科试不录。科举至期，牌示曰：某经自某处起至某处止，各书于卷后。夫勒写数行本经，非刻也，先期示之，使知成诵，非慢令也。有能兼通者，场中又牌示曰：能成诵四经五经者，廪生给饩廪，童子青其衿。如是而不自励于经学者，未之有也。昔两汉之选博士弟子员也，以好文学、尊长上、顺乡里、出入不悖所闻者为称选，送之太常，太常籍秀才异等者以为郎。又有孝廉一科，得人最盛。今纵不能荐之于朝，私自褒扬，亦学政之大者。唐时有帖经墨义之科，今亦仿此意施之，使士子无荒经之患，于学者大有裨益。先生岁试若未暇及，科试行之未晚也。

且《小学》一书，为饬己敦伦之要，修身齐家之本，士子少小先入以养正之言，虚骄鄙陋之习悉去，内圣外王之学，毕基于此。昔尝以此作次艺论题取士矣，后又移之覆试，士子多视为具文，学使亦有以具文视者，遂使父兄师长不以此勖其弟子。《小学》之废，风俗人心之忧也。今莫若确遵功令，先期饬示曰：童子试书文二艺，次依所限起止，书《小学》数行，不记者定行黜落。如是则人争自诵习恐后矣。夫内篇者，十三经之精义也，外篇者，十七史之精华也。许鲁斋云："吾于《小学》敬之如神明。"今士子尚欲通经学古，岂以简便精要如《小学》，反使束之高阁乎？世远此数载在家乡凡课授子弟以及从游之士，皆令读《小学》，讲期必与经书性理参讲，闽士化者颇多。然与其处卑之苦口大声，孰若学使之行一文，不劳而嘉惠靡穷乎？

今之持论者皆曰外官惟县令与学使最难供职，世远窃谓此二者为最易。夫县令者，朝行一政则夕及于民，兴政立教，无耳目不周之处，无中隔之患，古人所谓得百里之地而君之也。学使无刑名钱谷之繁，惟以衡文劝学、广励学官、振饬士子为职业，草偃风行，比地方职守者尤易。或又以为是二者皆有掣肘之患，不知所谓掣肘者，多由于自掣，非尽人掣之也。夫布衣则古称先，自强不懈，人犹称其严毅清苦，力行可畏，况居官哉？但气不可胜，事不可激，当谨确完养，以合乎中耳。谓见掣于人，吾未之闻也。世远迩来无四方志，今岁抚军吕公又礼至鳌峰，日取先生所示羞恶之说与诸生深切而讲明之。会城气习甚重，然就中亦必有超俗成材者，心诚求之而已。江南学使前有余、林二同乡前辈，继为同门谢君，皆未有一字之通，独于先生惓惓者，恃惠子之知我也。

其《寄宁化五峰诸生》曰：贵业师贯一相聚都门，屡称诸贤志道之心甚锐，深为喜慰。是日重阳，正当休沐，持诸贤请业之书相示，不佞见之，喜而不寐也。年富力强，何事不可为，只直捷要学圣人。夫求为博雅则限于资，荣显富厚则限于命，惟直捷要学圣人可以操之自我。眼前立大志向，定大规模，随所读之书身体心验，随所行之事迁善改过，开其学识，使益宏裕，养其德器，使益坚定焉，斯已矣。茋之来书谓澄本清源，惟在义利一关。此最得之。义即天理，利即人欲，当认得透彻，断得斩截，如写书来京所言，学业有一毫不本中心发出，或拾前人成语，要使见者称为有志，此便是浮外为人之心，即利心也。思大来书称，近日体认吾未见刚者一章与整齐严肃四字，觉更紧切。甚是。朱子谓徒得一二谨厚之人，未必能自振拔而有为，故圣人只思得一刚者。盖气质刚勇，始足任道，但戒浮气矜气耳。眼前非必便能事事合中，尚须细加涵养，然软靡无气骨，人必不能有为也。程子论学之切，莫要于主敬。曰主一之谓敬，无适之谓一。又曰只整齐严肃，则心便一，一则自无非僻之干。然此际加功最难，过于矜持则苦而难久，稍宽缓又便怠弛。惟立志既坚，躬行又力，用谢氏心常惺惺之法，常自提撕敛束，自然坐立不至放佚，心体不至昏怠，以此穷理，心极清明，以此克己，气极勇决，更日加涵养，自然德成而学就，所谓彻终工夫也。又谓时文恐荒正业，欲暂去之。夫时文亦代圣贤以立言者，只要心得而写以时文之体势耳。心有实得，则文字自有精采，科名在其中矣。程子谓科举不患妨功，惟患夺志，此言尽之。至文公《家礼》最切日用，未有学道之人而不行礼者。此时得行即行，不可有待也。且化民成俗，莫不于此，思源向道，自比北溪，却谁当得朱子？惟取朱子、北溪之书，体究实践，不遗余力，则亦朱子、北溪矣。况家有贤父兄，庭训之下，益加刻励，使父子继美，与宋代胡文定、蔡西山二家比隆，是所深望也。与之来书谓取诚意章默会，愈觉警切。此欺慊之介，体察入细，则毛发竦然，愿更策励。《居业录》体勘极有益，敬斋只一布衣，惟能立志居敬，苦学程朱，故能庙祀百世。观其辨别何等精严，用功何等坚苦，若有一念不实，不但鬼神不可欺，天下后世更不可欺也。学山谓《朱子全书》阅毕，欲读《近思录》。《全书》中有无限道理，体用俱备，《近思录》则领要存焉。总在读时句句切己，行事时刻刻对照耳。昔在宋代，吾闽名儒甲天下，多在延、建。今日临汀风土人情最近古，贵业师倡之于前，诸贤互相讲励，如上滩之船，不上不止，则道南之盛复见于今矣。不得面畅属望之深，忘其鄙谀，然皆肝膈之要。不宣。

其《与雷贯一》曰：两载都门相晨夕也，以令祖母年高，急于趋省，不敢款留。归后忽忽如有所失，不佞有疑莫析，儿辈不得聆诲言，能无系念？不佞自数年来曾友天下士，要如贤友之纯心笃志，以第一等人为可学而至，讲明践履不少懈者，有几人哉？学者患于无志，有志矣又苦不能笃实，笃实矣又苦不能晓事。以陈北溪之贤，受业漳州，与闻至道，越十年往见朱子于竹林精舍，犹谓其尚少下学之功，勉之曰当学曾子之所谓贯，勿遽求曾子之所谓一，当学颜子之博约，勿遽求颜子之卓尔。北溪自此精进有加。盖笃实之难也。以司马温公之学识，一代宁有几人，明道犹谓君实不晓事。使明道得大用于世，其明通公溥比之温公，自是不佞，然温公尚未足当晓事之称。由是言之，学之进境，岂有涯哉？贤友年方三十有三，朝之巨公见者无不崇奖，庶所谓笃实而晓事者。然以北溪、司马二公律之，有不爽然若失乎？又何加焉？仍在精义集义二者交勔而不息焉耳。五峰诸生得承指授，英特不群，皆任道之器也。然近之君子，囿于科举，梏于习尚久矣，乡人所不屑矣，必勉之，使为天下所不可少之人，匪徒为天下［所］①不可少之人，又当为一代［所］不可少之人，匪徒为一代［所］不可少之人，又当为千百代所不可少之人。志锐守坚，捐其所甚利，而追其所必至，自然日进于高明，臻于光大矣。夫鼓其趋而指其程途，师友之事也，余则在学者之自勉而已。有己未克，谁则知之？半途而废，谁能禁之？不佞望之深，幸为我勔励之。不佞粗疏寡陋，然此心实未尝一刻少懈。贤友尝勔以静时加功，靡日不体斯言，庶后日相见时，稍进故吾也。

先生穷理精密，律身谨严，识量深宏，节操坚定。退而居家，进而在朝，所行皆有益于人之事，所言皆有益于人之言。侍讲蕞数年，常以天地性命之奥、道心人心危微之判、尧舜禹汤文武周公孔孟周程张朱之心传从容陈奏，荷蒙天藻褒嘉，荣耀千古，亦儒林之大盛事矣。卒谥文勤，著有《二希堂集》。

---

① 此三句中之"所"字，据蔡世远《二希堂文集》卷八《与雷贯一》补。

宁化雷先生 [铉]

先生讳铉，字贯一，号翠庭。翰林，历官通政司通政使。初补诸生，从漳浦蔡文勤学，得造道入德之方。举于乡。至都，不投公卿一刺，以陆平湖不敢见魏蔚州为比。谨守规矩绳墨，克治严密，践履笃实。

尝谓：李贯之得力唤起截断四字，频唤起真心，敬以直内之要也，每截断思念，义以方外之本也。又谓：朱子与何叔京云，人心无形，出入不定，须就规矩绳墨上守定，使自内外帖然。按此是讲学第一紧要处，《小学》一书，所当服膺践履。又谓：一刻不持重，便害德性；一刻不专一，便荒本业；一刻不警惕，便堕晏安。晏安溺志，则害德性，荒本业，不待言矣。又谓：朱子仁说读之既久，令人见得本体融通流贯处，功夫精切周遍处。盖生理涵于心，为心之德，而义礼智统是矣。此生理涵于心，即温然爱人利物之心，为爱之理。故朱子一言以蔽之曰：天地以生物为心，而人各得天地生物之心以为心也。所谓心之德者，此也，所谓爱之理者，此也。明乎心之德、爱之理非有二，此温然爱人利物之心，即天地块然生物之心，而本体有不融通流贯者乎？中间引夫子之言仁，则由体而用，自常而变，一私不容自匿，一理不容或亏，而工夫有不精切周遍者乎？下又发明程子爱不可以言仁，而爱之理为仁，则性情之界限明而脉络通，本体之妙莫非生生之理者，益以著矣。辨杨、谢之不识仁体，泛言同体者，无警切之功，专言知觉者，少沉潜之味，则功夫之实在乎操存涵养，克己力行，然后可以自全其生生之理者，益以明矣。

又谓：孔子性相近之言，实万世言性之宗旨。孟子性善之言，正是相近之实际。相近者，善之相近也。以万物为一体者，尧舜之仁也。今人乍见孺子入井而怵惕恻隐，可谓不与尧舜之仁相近乎？故曰性善也。扩而充之，人皆可以为尧舜也。必待扩充之力者，气质有不同也。孟子言性与孔子无二旨也。又谓：道心即性也。人心之正者，道心为之主，即性宰乎气也。人心之偏者，道心之有蔽，即性汩于气而失焉者也。非道心为一心，人心又为一心。如饮食男女之欲，人心也，而道存焉。知道存即道心也，知其为道而肆焉，则危者愈危，微者愈微矣。故必道心为主，人心听命也。是知谓心即性也非也，离心性而二之者亦非也。

又谓：学问之道，一以贯之，孝而已矣。是故以父母之心为心，天下无不友之兄弟。由父母而上之，则祖宗也。以祖宗之心为心，天下无不和之族人。由祖宗而上之，则厥初生民之天地也。以天地之心为心，天下无不爱之民物。至于民胞物与，学问之道，无以加矣。要自孝之一念积而充之。故曰：天地之性，人为贵，人之行，莫大乎孝。呜呼！此其所以通神明，光四海，而为至德要道与？又谓：断一木、杀一兽，不以其时，非孝也。此可悟孝之为道，无所不贯。又谓：天下无性外之物，凡身之所具，耳目手足、聪明恭重之理皆是也。凡身之所接，父子、君臣、长幼、夫妇、朋友、亲义、序别、信之道，皆是也。凡天地盈虚消息之妙，万物生长收藏之宜，皆是也。朱子论格物，即孟子之言知性，此可悟矣。

又谓：太极者，诚也。诚之之功，在敬以直内，义以方外。敬以直内，诚之源也；义以方外，诚斯立焉。必直内乃能方外，即主静之意也。敬义夹持，直上达天德，则人极立矣。又谓：孔颜之乐如何寻处，先儒隐而不发。窃思"人欲尽处，天理流行，随处充满，无少欠阙"数语，可形容孔颜乐处。何也？即此生意之盎然，一心蔼然四达者也，所谓仁也。颜子心不违仁，虽箪瓢陋巷，不改其乐也，孔子中心安仁，虽疏水曲肱，此乐亦在其中也。然则欲寻孔颜之乐，亦默体吾心之生意而已矣。大抵生意是圣学真种子，克己如耨草，涵养乃灌溉培育之功，由是欣欣向荣，畅茂条达而不容已焉。孟子所谓乐则生矣，此之谓也。学者必有见于此，实加克己涵养之功，孔颜之乐方可寻得。不然，水流花放，无非生意，于我何有哉？又谓：以性理二字分言之，性体浑然，析之为仁义礼智，脉络分明，是之为理。验之身，则肃义哲谋，推之伦，则亲义序别，皆理也，即皆性也。复性在于循理，循理在于尽分。盖性浑沦而理有条绪，然理广大而分更亲切。如孝之理无穷，而吾有分内当尽之孝；忠之理无穷，而吾有分内当尽之忠。随在尽分，则理得而性无亏矣。格物者格此，力行者行此，岂待远求哉？

先生于近代真儒宗法陆平湖、张桐乡两先生，其序《陆子年谱》曰：古之学者，未有不知行并进者也。不离乎日用饮食纲常民物，则曰下学，不创为新奇诡异、幽深玄渺，则曰正学。自孔孟至程朱，逮明之薛、胡，一脉相传，如世系之有大宗、小宗，其他旁门异趋，分之为庶孽，假之为螟蛉而已矣。我朝治教休明，名儒辈出，而从祀文庙，惟平湖陆子一人。盖醇乎下学之功，卓乎正学之的者也。表章陆子，所以示学者之趋向指归。然或隐微幽独不离富贵利达之见，徒以讲学立名，呶呶焉辨异同，争得失，口说自滕，无益也。陆子之言曰：学者必从羞乞墦，贱垄断，辨阳儒阴释始。铉谓学者辨阳儒阴释，必从羞乞墦、贱垄断始。

尝读《陆子文集》《学术辨》、《与汤潜庵先生》诸书，于姚江之学可谓攻其壁垒，捣其巢穴，不遗余力矣。然使陆子穷达出处有一不合乎道，治身检心无人所难能之定力，两任县令无人所莫及之治绩，一载台中无人所不敢言之正论，则讲说虽明，辨驳虽切，亦何足以厌天下后世之心，而称天下之儒宗哉？河南张清恪公学与陆子同，尝刊其遗书，以传于世。令嗣君西铭复增定《陆子年谱》，考订既确，包括无遗，陆子生平体用兼该知行并至具于此。学者探讨服习，如入其门，登其堂，而聆其謦欬，瞻其仪范，与亲得陆子而师之无以异。铉惧终身为道外之人，愿与天下同志之士服膺而弗失焉。

其序《张杨园先生全集》曰：向见陆清献公《卫滨日钞》极推杨园张先生，继见宝应《朱止泉遗集》论学术称杨园为最醇者，顾先生著述蜀山草堂初锓，板毁于火，所流传者，《初学备忘录》、《训子语》二册。窃谓学者得此，已足为入门阶梯矣。然而先生明体达用之全，量未之见也。都门于同年傅谨斋处获览海宁祝孝廉人斋所编集，乃益信先生在前明为薛、胡之后劲，在我朝为清献之前茅。盖先生少嗜姚江，中师蕺山，卒归于洛闽。其为学切实为己，庸言庸行，慥慥不息，而欿然不以师道自居。间论史及时务，皆关系社稷苍生之计，而退然不为出位之谋。呜呼！学术之敝，明季极矣。东林而后，夏峰、二曲尚多骑墙，先生独粹然一出于正，且身处草野，日抱螯忧，荒江寂寞，惴惴念乱，其心固未尝一日忘天下也。学者读是书，当思先生遭困厄流离，内治严密，究心经济，而终身韬晦，不自表襮如此。吾侪幸际文治光昭之世，优游胶庠，顾乃阘冗偷安，小得自炫乎？使者视学两浙，有董率之责，前已刊布《清献公年谱》以勖多士，兹喜萧山朱学博志尚正学，诸生皆知向方，重锓先生《全集》成，爰不揣而序之。观此可以知先生之所宗主矣。他若《象山禅学考》、《阳明禅学考》、《鹅湖说》以及《金华院试示诸生》、《东林书院示诸生》、《严州试院与诸生》、《论格致传义》、《答诸生问毛西河语》，不亦辨之严而言之切乎？与清献《学术辨》同功矣。

所著有《经笥堂诗文集》、《自耻录》、《闻见偶录》、《读书偶记》、《校士偶存》，共若干卷。建宁朱君梅崖序其文集，有曰：公之学以躬行为主，以仁为归，以敬义为堂户，以人情事理为权衡，以六经为食饵，以文艺为绅佩，以奖引天下之士为藩墙，而于邪正之界，流渐之溃，析之尤精，防之尤豫，大要宗朱文公，而以薛文清、陆清献二公之书为谱牒。生平出处，按之固已无一不合于道，所谓文章，则皆本其躬行所得者，而慰唁、问答、解惑、条指、发德、辨奸、析事、类情，以综王道之要，以会天命之精。斯言盖尽其大略云。

婺源江先生 [永]

先生讳永，字慎修。专心经学，博通古今，本义理为考据，通万汇于一源。生朱子之乡，阐朱子之教，凡紫阳之极广大极精微处，先生推扩之，研穷之，不遗余力。

其《礼书纲目序》曰：礼、乐全经废缺久矣。今其存者，唯《仪礼》十七篇，乃礼之本经，所谓周监二代郁郁乎文者，此其仪法、度数之略也。《周礼》为诸司职掌，非经曲正篇，又逸其《冬官》，盖周公草创未就之书。《礼记》四十九篇，则群儒所记录，或杂以秦汉氏之言，纯驳不一，其冠、昏等义，则《仪礼》义疏耳。自三《礼》而外，残篇逸义，亦或颇见他经，《论语》、《孟子》、《尔雅》、《春秋内外传》、《大戴》、《家语》、《孔丛》等书，诸子则管子、荀况，汉儒则伏生、贾谊、刘向、班固之徒，亦能记其一二，然皆纷纶散出，无统纪。至于声律器数，则又绝无完篇。《乐记》但能言其义，已失其数矣。夫礼乐之全虽不可复见，然以《周礼·大宗伯》考之，礼之大纲有五：吉、凶、军、宾、嘉，皆有其目，其他通论制度之事与夫杂记威仪之细者，尚不在此数。乐则统于大司乐，律同度数，铿锵鼓舞，亦必别有一经，与礼相辅。窃意制作之初，当如《仪礼》之例，事别为编，纲以统目，首尾偣贯，条理秩然，所谓"经礼三百，曲礼三千"者，此也。散逸之余，《仪礼》正篇犹存二戴之记者，如投壶奔丧、迁庙衅庙之类，已不可多觏，其他或一篇杂录吉凶，一事散见彼此，又或殷周异制，纪载互殊，学者末由观其聚，则亦不能会其通。夫礼乐之全已病其阙略，而存者又病其纷紊，此朱子《仪礼经传通解》所为作也。朱子之书，以《仪礼》为经，以《周官》、《戴记》及诸经史杂书辅之，其所自编者，曰家礼，曰乡礼，曰学礼，曰邦国礼，曰王朝礼，而丧、祭二礼属之勉斋黄氏。其编类之法，因事而立篇目，分章以附传记，宏纲细目，于是粲然，秦汉而下，未有此书也。顾朱子之书修于晚岁，前后体例亦颇不一，王朝礼编自众手，节目疏阔，且未入疏义。黄氏之书，丧礼固详密，亦间有漏落，祭礼未及精专修改，较丧礼疏密不伦。信斋杨氏有《祭礼通解》，议论详赡，而编类亦有未精者。盖纂述若斯之难也。

永窃谓是书规模极大，条理极密，当别立门目以统之，更为凡例以定之。盖裒集经传，欲其核备而无遗，厘析篇章，欲其有条而不紊。尊经之意，当以朱子为宗，排纂之法，当以黄氏丧礼为式。窃不自揆，为之增损隐括，以成此编。其门凡八：曰嘉礼，十九篇十二卷。曰宾礼，十篇五卷。曰凶礼，十七篇十六卷。曰吉礼，十五篇十四卷。皆因《仪礼》所有者而附益之；曰军礼，五篇五卷。曰通礼，二十八篇二十三卷。曰曲礼，六篇五卷。皆补《仪礼》之所不备；乐一门居后。六篇五卷。总百单六篇，八十有五卷、首三卷，共八十八卷。凡三代以前礼乐制度散见经卷杂书者，搜罗略备，而篇章次第较《通解》尤详密焉。屡易稿而书成，姑缮写本文及旧注一通，名曰《礼书纲目》。若夫贾、孔诸家之疏与后儒考正之说，文字繁多，力不能写，且以俟诸异日。呜呼！礼乐之书精微广大，前贤勤勤补缀，具有深旨，末学何敢与知？顾敢以其谫陋之识，辄改已成之绪，盖欲卒朱子之志，成礼乐之完书，虽僭妄有不辞也。世之君子，取《通解》、《正》、《续》三书，参之是编，考其本末，究其离合异同之故，或亦谅永之心也夫！

其《朱子原订近思录集注序》曰：道在天下，亘古长存。自孟子后一线弗坠，有宋诸大儒起而昌之，所谓"为天地立心，为生民立道，为去圣继绝学，为万世开太平"，其功伟矣。其书广大精微，学者所当博观而约取，玩索而服膺者也。昔朱子与吕东莱晤于寒泉精舍，读周子、程子、张子之书，叹其宏博无涯，恐始学不得其门，因共掇其关于大体、切于日用者，为《近思录》十四卷。凡义理根源圣学体用皆在此编，其于学者心身疵病，应接乖违，言之尤详，箴之极切。盖自孔、曾、思、孟以后，仅见此书。朱子尝谓：四子，六经之阶梯，《近思录》，四子之阶梯。又谓：《近思录》所言，无不切人身、救人病者。则此书直亚于《论》、《孟》、《学》、《庸》，岂寻常之编录哉？其间义旨渊微，非注不显。考朱子朝夕与门人讲论，多及此书，或解析文义，或阐发奥理，或辨别同异，或指摘瑕疵，又或因他事及之，与此相发，散见《文集》、《或问》、《语类》诸书，前人未有为之荟萃者。宋淳祐间，平岩叶氏采进《近思录集解》，采朱子语甚略。近世有周公恕者，因叶氏注以己意别立条目，移置篇章，剖析句段。细校原文，或增或复，且复脱漏讹舛，大非寒泉纂集之旧。后来刻本相仍，几不可读。

永自蚤岁先人授以朱子遗书原本，沉潜反覆有年，今已垂暮，所学无成，日置是书案头，默自省察，以当严师。窃病近本既行，原本破碎，朱子精言，复多刊落，因仍原本次第，裒辑朱子之言有关此录者，悉采入注，朱子说未备，乃采平岩及他氏说补之，间亦窃附鄙说，尽其余蕴。盖欲昭晰，不厌详备，由是寻绎本文，弥觉义旨深远，研之愈出，味之无穷。窃谓此录既为四子之阶梯，则此注又当为此录之牡钥，开扃发镝，祛疑释蔽，于读者不无小补。晚学幸生朱子之乡，取其遗编，辑而释之，或亦先儒之志，既以自勖，且公诸同好，共相砥砺焉。

《礼书纲目》凡八十八卷，引据诸书，厘正发明，足终朱子未竟之绪。《近思录集注》病周氏近本破碎，仍还原本次第，裒辑遗书之涉此录者，以补平岩之所未备。此皆有关学术之大者。至其于制度名物、律吕音韵、天文算法，无不稽考精审，所著有《周礼疑义举要》七卷，《礼记训义择言》六卷，《深衣考误》一卷，《律吕阐微》十卷，《律吕新论》三卷，《春秋地里考实》四卷，《乡党图考》十一卷，《读书随笔》十二卷，《古韵标准》四卷，《四声切韵表》四卷，《音学辨微》一卷，《河洛精蕴》九卷，《推步法解》五卷，《七政衍》、《金水二星发微》、《冬至权度恒气注》、《天〔历〕① 辨》、《岁实消长辨》、《天学补论》、《中西合法拟草》各一卷，《考订朱子世家》一卷。卒年八十二。

临桂陈先生 ［宏谋］

先生讳宏谋，号榕门。进士，历官大学士，谥文恭。学以诚一不欺为主，不尚空谈，不取辨论，溯考古圣贤、名臣、名儒之嘉言懿行，一一尊而奉之，践而履之，心与古印，事与今宜，推己及人，无私于己。

尝曰：是非审之于己，毁誉听之于人，得失安之于数，三者缺一皆有病，须随时随事有此定见，乃为脚踏实地。余最爱范文正公云：为之自我者当如是，其成与否，有不在我者，虽圣贤不能必，吾岂苟哉？数语中原包得义、命二字，在《中庸》"素位而行"一章，无非此义。孔

---

① "天"，应为"历"，此据《戴震文集》卷十二《江先生永事略状》、王昶《春融堂集》卷五五《江慎修先生墓志铭》、钱大昕《潜研堂集》卷三九《江先生传》等记载改。

子所云"不知命，无以为君子也"，又曰"学问须看胜似我者，境遇须看不如我者"。昔年爱此二语，书之座右，嗣是三十余年，益觉道理精当，无所不包，亦确乎不可移易。倘境遇看胜似我者，则怨尤忮求，无所不至；学问看不如我者，则骄傲怠惰，亦无所不至。学术、人品、事功，出乎此则入乎彼，以此为人鬼关头也可。又曰：莫作心上过不去之事，莫萌事上行不去之心，斯云无咎。必为世上不可少之人，必为世人不能做之事，庶非虚生。此余为诸生时题书室语，至今思之，负愧良多。知之非艰，行之维艰，敢不勉旃。又自箴十则曰：谨言语以寡过，节饮食以尊生，省嗜好以养心，耐烦劳以尽职，慎喜怒以平气，戒矜张以集事，绝戏谑以敦体，崇退让以和众，慎然诺以全信，减耗费以惜福。

又与人手札，多关劝惩语。尝寄某曰：凡事不顾公事之有益与否，而先持一自以为是之意见，是己者乐之，非己者恶之，此为刚愎自用，满盈招损，不但于公事之无益，即自己亦受亏损不浅。又吾辈处不如意之事，遇不如意之人，惟益反躬自责，静气平心，以求一至是无非之道。弭谤在此，免祸亦在此，舍此而别生角抵之计，恐无益而有害也。

又承勖以无倦二字，实为切要。有恒可以基作圣，而无恒则不可以作巫医。夫子论近仁，刚则兼毅，曾子论士弘必及毅。盖恒者常久之心，毅者定力之谓，皆无倦之谓也。且以观天下古今之事，愈远大则愈非旦夕可以观效，而有旦夕可以观效者，决非远大。利害固久而后见，是非亦久而后明。有识者计久远不计目前，为民物不为一己。当时或以为迂，而久大之业恒基于此。苟有倦心，则稍有挫折，便生消沮，其何以济？

又生平无他嗜好，每处一地，临一事，即就其地其事悉心讲求，以期稍有裨益。然志广愿奢，百未如愿，事虽未成，心实难已。有时过于劳瘁而亦不觉，觉亦不复惜也。年来精力渐不如前，而又当此烦剧之地，随事经理，已苦难支，若遇有疑难，心要如此而力有不能者，则寝食作止常悬心目，不能摆脱。不以事累心，役物而不役于物，捧读明训，益服知我之切而爱我之深也。诸儒语录不免偏胜有疵，一经朱子，悉归醇正，有如布帛菽粟，可以疗饥，可以御寒。近世言学亦知遵尚朱子，而用功止凭口耳，逞技惟在词章，终日读书作文，未知所读之书于己何益，所作之文于世何用，其业居然读书人，人亦未尝不以读书人目之。究之于身世毫无所益，甚有所存所行与书全相反者，使世人谓书可以不读，读书不必有用，皆由于此。是当以圣门知行并进之语，因人指点，随时印证，庶几挽颓风于万一耳。

又士人惟身心最为切近，其用功亦惟存心克己二者最为吃紧。此处用得一分工夫，便有许多得理之事，所谓所操者约而所及者广也。然官场中所汲汲讲求以为要务者，却不在此，但须仪文习熟，机缘凑合，便为得手。程子云：世人事事要好，惟自己一个身心却不要好，待事事好时，此身心先已不好了。今日官场内所为待好，正所谓身心先已不好者也。

又古圣贤之微言精义散在典籍，惟读书可以通其解，亦惟读书可以践其实。如止以词章为学，雕琢虽工，无关性情，即或矫语性命，又未免谈空说幻，堕入理障，既无益于身心，更何裨于民物。书自书而我自我，世人所以目读书为口头禅，谓作文为敲门瓦，负此书亦重负我矣。大人《实践录》从孟子大体小体句独得真谛，指点亲切，曲畅旁通，格物者格此也，致知者致此也，修齐治平，亦即此而推也。大体立而小体无权，天理流行，人欲退听，克己即所以复礼也。大体立而小体效用，天君泰然，百体从令，践形即所以复性也。

又来札于读书为学之是非利弊畅切言之，语语从体认中来，循环展诵，实获我心。试思国家何所需于文艺而以此取士耶？盖谓能作文者必曾读书，能读书者必能明白道理、变化气质耳。不谓揣摩术工，读书者自读书，而于道理不求甚解，即心能解之，而言与行背，以致不能变化其气质，又焉能泽及于民物？今日欲救读书之弊而收取士之效，惟有讲求身心格致之学，知在此，行亦在此，以此学即以此仕，庶几近之。

又所论我见一语，尤为切中士大夫之病。一有我见，则或凭意见，或顾利害，甚至以我之行止为理之是非，不难强事以就我，更不难苦天下人以遂我，此皆有我之见为累也。又宦海无定，经一番波浪，增一番阅历。古人于横逆之来必三自反，非空空引咎也。正可即此以为熟察人情，克治身心之地耳。又人之聪明材力不相上下，业事诗书亦无不明白义理，辨别径路。及临事稍涉利害，每止图目前不顾久远，止顾一己不顾天下，良由看得一身之富贵太重，故看得君民之事太轻。年来以此观人，即以此自责。昨闻名论，以万物皆备之我，为我，人有不协皆我之责，则视国家之利害皆我之利害，天下人之贤愚皆我之贤愚，上下千古，参赞位育，无非我分内之事。迹似待我者轻，其实待我者极重，先儒以《西铭》一章为仁字源头者，即此意也。

又来札戒惧慎独说得如许亲切，《大学》八条目无非一层紧似一层，治平事业总归根于诚意、正心，《中庸》放之弥六合，而卷之退藏于密，亦即此意。所云愈严密愈广大，已将《中庸》之层次主脑该括无遗，非实在此等处痛下克治苦功，不能道此。

又近来功利词章之习流而不反，读书者所在不乏，顾书自书而我自我。每见读书之人与未读书者无以异，读书之后与未读书时无以异，竟似人不为科第则无取乎读书，读书已得科第则此书可以无用矣。居尝窥见及此，耿耿于怀，学约中偶一发明，而笔墨荒疏，词多浅率，窃恐未足为多士则也。诸君重刊，各撰序文，奖许过甚，心窃愧之。然士者四民之倡，而官司又多士之倡也，各持此意，自勉勉人，化行自上，教成于下，群务于有用之实学，使境内士子以读书为克治身心之事，毋以文章为敲门之瓦，则士习由此而端，民风由此而厚，治化出其中，人才亦出其中，此又吾之所厚望也。

又为己一赋，具见抱负。古之学者为己，圣人垂训，人多囫囵读过，不肯体认己字，如自私自是、好逸恶劳、趋利避害、乐安忘危，自以为为己之道当如是，而不知己字看错，所学岂复可问？程子云"为己者，其终至于成物；为人者，其终至于丧己"，实抉千古为己为学之精蕴。

又身世之事，凡可知者皆理也，凡不可知者皆数也。理本可知而不求知，数本不可知而强欲知之，即云巧中，徒乱心意，何裨实事？来示正复相同，即此当吾辈讲学一则，何如？

又古人穷经足以致用，凡不能致用者，不可谓之穷经。然穷经而不能求其切于身心伦物者，亦必不能致用。近见人毕生读书而不能有用，皆坐看得书中所言不甚亲切之故，而经义尤甚也。

又士人惟功名得失可以听之于数，至于学问器识，全由人事。有一分工夫，便有一分进益。处可以用功之境，值可以用功之时，而因循错过，不但他人见轻，即自己亦不免于后悔。古人之"学问要看胜过我者，境遇要看不如我者"二语，实为万全良剂，随时随事以此着想，则无自足自弃之病，亦省却多少希冀妄想矣。至于门内之事，总要看得骨肉贵重难得，则财物自皆落后一层，匪惟不可计较，且不必计较也。

又中秘书多，心得在人。为诗词歌赋而读书者，风云月露之学也，纵极富丽，何裨民物？为身心性命而读书者，经世服物之学也，似乎迂远，终归实用。果能从身心性命上用功，考古证今，心有所得，措之身世，则为不朽之事业，敷之词翰，则为有用之文章。以云诗赋，莫高于此。近日多以身列词苑，不得不专重诗赋为言者，似文章、事业看成两橛，殊非圣主教育人材之意。

又天下不乏博学能文之士，然往往书自书而我自我，文则是而人则非，皆由读书时只图作文抒写，不曾把书中道理研究一番，更不曾在自己身心体认一番，敲门瓦、口头禅，于己何益，于世何益？今日讲学，只须辨别何为有益，何为无益，正不必分门别户，另立宗主。至于制义，原以发明四书，而四书之理，有因制义而晦者，皆由作文不肯认清书理之故。文字虽佳，奈不切题何？

又《论语》一书，理则精粗上下无所不该，人则贵贱贤愚无所不宜，真有耳得之而成声，目遇之而成色，仁者见之谓之仁，知者见之谓之知。来序云："道理浑沦，莫如诏曾子之一贯；工夫吃紧，莫如答颜子之四勿"二语，该全部之要旨。至于圣门论知、论仁、论礼，乃就一时所重而名之，后人斤斤就字面上分异同离合，便生出许多穿凿捏合。今云仁具于心，礼征于事，自其心之纯粹无间谓之仁，自其事之恰当不易谓之礼，仁礼交关，同原共贯，可云直截了当，昭然发蒙，即张子所云理虚而礼实也。老先生平日于四箴有一段切实体认工夫，以此诏示来学，不愧见道之言。窃以勿视、勿听原有思明思聪工夫，果能非礼勿视、勿听，则尤悔之寡更不待言。复礼之功，不外明健，不必以寡尤、寡悔为明礼实境。颜子于博文约礼之后欲罢不能，正是精进着力之候，以为其觉察也，若有意若无意，其用力也，亦不易亦不难。浮云点空，天风迅扫，大段着力不得，转未免无可捉摸，反疑近于二氏耳。

又人看道字似另有一物，如古董玩器之类，不曰自某传之于某，则曰为某之的派，无非从字句迹象上讲究是古是今，绝不于人情物理上讲究是真是假。道字看不真，则论文不过皮相耳，糟粕耳。朱子解《中庸》"率性之谓道"，即云"道者，日用事物当然之理"，学者多视为浅近语，是以求之愈杳，去之愈远。

先生诚于成己，即诚于成物。凡所与手札，皆即其人之性分职分，语其所当然及其所必不可不然，大抵皆箴规药石也。得其一二，即可立言砥行，其诚故也。所纂《养正遗规》、《教女遗规》、《训俗遗规》、《从政遗规》、《在官法戒录》，至今士大夫家有其书。

其《培远堂偶存稿》十卷，虽寿序、祭文，皆有至意，非寻常应酬可比。归愚沈氏为之序曰：

古大臣垂绅朝宁，扬历中外，功业被于当时，声闻著于后世，大抵本诚一不欺之学，发而为社稷不朽之勋。盖诚则无伪，一则不贰。不欺则忠以处己，恕以待物，而心自定焉，气自静焉，神自凝焉。施之家国，公尔忘私，以立己者即以立国，以寿身者即以寿世，胥是道也。榕门相国以儒生起家，历官内外四十余载，其品望在乡国，其丰烈伟绩在太史，固天所挺生，以锡我国家为元老，为纯臣者也。公生平孝亲忠君，爱民出政，大都以诚一不欺为根本。由名解元入翰林，改吏部，选御史，经国要务，立诚无伪，见信上官。迨历府道，洊擢督抚，阅江右、陕甘、楚豫、闽吴诸省，悉以人心风俗为兢兢，察吏安民，务期实效。而四至秦中，再抚江南，为德尤大。盖无日不为小民计生全，无时不为主上布恩德，九宇之内，多半被公之仁，即多半被公之诚。张文和公尝荐公自代，云"能以民心为己心，亦视官事如家事"，盖实录也。洎乎晋掌铨衡，赞襄密勿，嘉谋嘉猷，悉以入告。综公生平，大概有所设施，无非精白一心，以至诚感动措诸言行，即可质诸衾影。皇上灼见公诚一不欺，始终无倦，故信之笃，任之专，穆穆明明，主臣一德，盛时隆遇，自古无二。且公之诚一不欺，本乎性生，而尤深于学问。一生手不释卷，研穷宋五子之奥义，远绍薛文清、高忠宪之薪传，刊刻《孝经》、《小学》、《近思录》、《纲鉴》、《正史约》、《大学衍义补》诸书，用以省身，即用以劝学。

潜居吴下，亲被德施，又忝主教紫阳，每当课士，辄与公接，公命题必为讲义，剖析圣贤精蕴，毫发不爽，潜亦受公教益。程子曰"不学则老而衰"，谓好不在学，则耳目心思移于嗜欲声色及得失趋舍之途，志气且日以衰颓也。公之勤学好问，至老不倦。公不轻著述，所刊书皆辑古先格言。间有请为文者，久而抄积成部。潜尝受而读之，往往即一名一物之微，有以见精理入神之妙。其言之足以惠苍生，行久远，要皆本此诚一不欺之推，暨与古大臣公忠体国精勤克己者，何多让焉。潜老矣，既窥公之政事，复读公之文章，因为摘其大略而记之。读先生之文，固见先生之学，而观先生之政，尤足见先生之学也。先生过化之地，士服其教，民怀其德，阅数十百年，感之思之如一日，追述其善绩不绝口云。至矣哉！诚之神也。

阅百年而追步遗型者，有干臣朱先生、篦楼赵先生。朱先生讳国桢，上元人。进士，历官巡抚。明体达用，清冷畏人，心乎爱民，勇于惩恶。其明也莫能逃其鉴，其恕也无不服其公。所至官僚奉法，众庶饮和，非徒以严见惮而已。而令行禁止，则有人所不能者。如在广东拆唤夷码头一事，夷心慑服，相戒不敢出一言，尤为人所称仰云。卒谥庄恪。赵先生讳慎畛，武陵人。翰林，历官总制。律己以严，接人以敬，平居整肃，临事周详。训迪僚属，惟恐其有失；怀保黎庶，时见其如伤。遇事有关地方疾苦、国家忧乐者，则竟夕不能眠，起而思之，必得其当而后已。在广西捐廉设各郡县丰备仓，积谷至数万石，其勤事爱民，亦可想见矣。总制云贵，病已亟，犹将贪墨数十员汇作一折具参。阅日属纩，权者发急递追回，至今滇人惜之。卒谥文恪。

潍县韩先生 [梦周]

先生讳梦周，字公复，号理堂。笃守程朱，检身不及，愈勘愈密，愈扩愈充。

其日记曰：人固不可以虚憍欺世，然亦不可自小，立心卑退，让第一等事与别人，卒之悠忽没世，纵有善名，亦只是谨愿之人而已。又曰：人日在热闹场中，焉辨所行污洁。须常令胸中如一盆清水，乃能辨得是非，存得耻心在。又曰：涵泳乎其所已知，敦笃乎其所已能，朱子以为存心之属。盖培养本源，蓄之深，植之厚，成性存存而道义出矣。程子所谓静中有物者，于此体之可见。盖存心薄者必无恻隐之发，存心戾者必无辞让之行。致中以立大本，义盖如此，非空空存此无为之心，使不放驰而已也。又曰："震惊百里，不丧匕鬯"，诚敬之效也。能诚敬则心之理得矣。心便是无形的身，身便是有形的心，养心与修身，其理一也。身若乱为，不在义理上，便不成个身；心若乱思，不在义理上，便不成个心。敬以直内，义以方外，交养之道也。又曰：人之一身，为善事又要为不善事，分明是两个身；人之一心，存善念又存不善念，分明是两个心。倏忽变易，机缄莫测。其存善念为善事也，俨然是君子，其存不善念为不善事也，确然是小人。当下便判两途，究竟必归一致。然上达甚难，下达甚易，危乎戒哉！又曰：任你聪明盖世，事业掀天，只有此心问不过，其余都成妆点败阙。又曰：小不忍则乱大谋。妇人之仁，匹夫之勇，皆不能忍。匹夫之勇，其发尤暴，古来愤事者，坐此甚多。何以能忍？曰：思虑其始也，维其终也，拟之而后言，议之而后动，乌有轻发之患哉？又曰：万事之理出于自然，顺其自然故无事，以私智凿之则纷如矣。又曰：事之难易，尽吾诚以为之，不可杂一毫智术；人之善恶，尽吾诚以化之，不可添一分喜怒。又曰：目不遍视，故能视，耳不遍听，故能听，心不遍思，故能思。又曰：养心之道在敬，敬之道在安，矜迫反失之。又曰：俗学少心一边，异学少事一边，所以上下隔绝，本末乖违。

又曰：太史公以《春秋》为礼义之大宗，谓礼禁未然之前，法施已然之后。法之所用者易见，礼之所禁者难知。所见甚精。彼纷纷然言利害赏罚者，知不足以及此。又说《春秋》别嫌疑，明是非，定犹豫，善善恶恶，贤贤贱不肖，他作《史记》便是仿此意。其用意深远处，人多不能识。如《伯夷传》是说伯夷不怨，《淮阴侯传》是说淮阴不反。其记汉事有显有隐，是非颇不谬于圣人，所以为良史。班固所讥多不中，只是未得他用意所在六经。黄老、处士、奸雄之云为尤舛，后人勿为所罔。

又曰，为阳明之学者有二：其一，学问空疏，不耐劳苦，乐其简易而从之；其一，博览典籍，不知切问近思，勤而无得，见其立教专主向里，遂悔而从之。前者多高明之人，后者亦沉潜之士，皆有造道之资，乃陷于一偏，不复见古人之大全，可惜也。又曰：学陆王之学者，多归于佛，不止当时，后来亦然。交游中如彭允初、汪大绅、罗台山皆是，其大决藩篱，至以念佛为教，求生西天，惑亦甚矣。又曰：彭氏自濂访先生学阳明，允初又受法于薛凤三。凤三，吴人，其舅氏为僧，凤三养于舅氏，遂传其法，衣钵源流如此。又曰：戴东原《孟子字义疏证》驳宋儒说气禀，然疏中却有"其气清明，材质差等"云云，此非气禀而何？其尤异者，谓程朱说性即理也，其视性如人心中有一物，此即老氏之所谓无，佛氏之所谓空，稍变而为此说，孔孟无之。然《孟子》有曰"仁义礼智根于心"，渠疏《孟子》字义，并此句而忽之，何也？孔孟之言，无非是说理、说心，不在字面上讲究，如此荒谬，直枉读一生书耳。又曰：程朱以理为我所本有，用学以复之，戴氏以理为我所本无，但资之于学。即此观之，孰为得失，亦不待烦证深辨也。观此，则先生之定识定力高出群流，吾道之术，甚有赖焉。

其《寄阎怀庭书》曰：来札云静坐对古人，便觉心清志定，及应酬俗事俗人，又不觉从习俗去。此学者通患也。其弊在动静分为二端，动时大小事判为两途。动静分为两端者，如静时心清志定，此时之心不是别处换得个心来，即动时不清不定之心也。缘静时加一番操持，客气既消，自然有此宁谧气象。及至动时，此心一放，便无主宰，习心复来，自然又向熟处走。于此细细体察，分明静时是一心，动时又是一心，此涵养功疏，不能纯一之验也。若能于静时存得极其专一，动时更加一番提撕，一言一行，处处照管得到，则动时之心仍是静时之心。盖以之为主于内，原不曾教他放驰去，如此久之，自成一片，所谓静亦定、动亦定者是也。其要只在敬而无失，不敬则失，敬则无失，动时无失的，即静时无失的，非有二也。除一敬字，更无用力处。所谓大小判为两途者，如人当静时存得此心在，忽有大事来感触者，如承大祭、见大宾，此心依旧不敢放驰，即不能如静时湛然纯一，当亦不至大远。至对俗人、应俗事，便绝不同。缘事小不觉生轻忽心。夫子所以说"出门如见大宾，使民如承大祭"，盖事有大小，理有大小，心无大小，须是要无众寡，无大小，无敢慢，方能操持得此心定。又如人要以敬存心，自然有严威俨恪气象，此时见新识人，尚能持得住，倘遇平日亵狎人，便不觉放倒复入旧习去。此皆是志不帅气，随境迁流之弊。既知其病，更不须别处求药。立则见其参于前，在舆则见其倚于衡，如鸡伏卵，如猫捕鼠，心存诚敬，死生不以动其心，此外更有何事？弟用工粗疏，偶有所见，不曾有真切得手之处，蒙兄下询，不敢不竭其愚。要皆常法，兄所夙知，不足以助高深。虽然，常法之外，亦更无巧法，故时时以此自勉，不敢以无得而苟止。如有未允，祈即赐教。同心离居，无缘面质，何胜怅结！

其《复王震青》曰：惠书以动静不得其方，不能无所昏蔽，欲从事于敬义夹持之功，以祛妄动邪思之累。此见贤者志道恳笃，已得其端而知所用力矣。窃谓古圣垂训立教，道有千变，法亦各殊，其总要莫不统于一心。敬义者，所以事心之方，非所以为心也。不知心之所以为心，敬义将何所加哉？敬以直内者，所以存之也。方其敬时，此心为有乎？为无乎？以为有，所有者，何物也？敬又如之何其存之也？义以方外者，所以发之也。当见义时，与心为一乎？为二乎？以为一，则所谓义者，于内求之乎？于外求之乎？此事要使通彻分明，一有障蔽，如暗中索物，茫无端倪，盲参瞎练，从何入手？程子谓释氏有敬以直内，无义以方外。不知彼所谓直内者，与圣贤果同乎？否乎？阳明以穷理为义外，不穷理则是不思而得，其将能乎？无精义之学，遽言义以方外，所谓义者，果不差乎？且敬义互发，其为一贯者安在？此皆当辨之析之，使明著于心，然后可以从事也。来书又言处贫之道，则既得之矣。内重者外轻，得道者不累于物，君子之为学，不逐事而忘本，必执要以御末。子贡、子路从贫富上用功，颜子从道德上用功，审于二者之间者，可以得师矣。

其《与罗台山》曰：去冬允初寄示足下与镜野书，读之甚畅，其有功于学者甚大。盖道之敝久矣，人各据一术以自是，狃于其方，不能相通，如有所竞，不能相下。至于体用乖隔，本末横决，由不知道之一故也。道之一非一于人，一于天也。《易》曰"乾道变化，各正性命"，又曰"乾以易知，坤以简能。易简而天下之理得矣"。易简之理，天地之道，民物之性命也。圣人之所不能尽，愚夫愚妇之所与知与能者也。或乃不求诸圣人之所不能尽，而嫌其与愚夫愚妇同科，于是背常离经，造为高深玄远，自以为道之至，而不知其违于天。夫道可公而不可私也，可知而行，非可虚而寄也。天地之道，鼓万物而不与圣人同忧者，公也。乾知大始，坤作成物，可知而可行者也。今乃不求之公，不求之可知而可行，而但以其私而虚寄者以为道，则固与天地不相似矣。与天地不相似则违天，违天则道如之何其能一也，彼岂以天之外为有道乎哉？人者，天之所生也，天之外无人也，则无道也。是之谓迷其本而失其用。三代之盛，人皆务道德，自治而已矣，其措诸事业者，自治之余也。故曰天之生此民也，使先知觉后知，使先觉觉后觉。春秋时，先王道衰，人各骛于功利，管、晏之徒艳称于世，道德功名裂而为二。自是以降，才智倍出，汉唐君臣，乘时建树。考之春秋五霸之义，功罪各不相掩。或以其有济于世而业可述，忘其所以致此者，皆逢时遇主，一切以救时弊，而但炫于扬厉之迹，遂欲左显右隐，讥儒者不达时务，空言无补，等诸匏瓜，系而不食。若然，是颜、曾劣于管、晏，而孙、吴、商、李之徒贤于孟子也。《记》曰："能尽其性，则能尽人之性；能尽人之性，则能尽物之性；能尽物之性，则可以赞天地之化育；可以赞天地之化育，则可以与天地参矣。"《春秋》之义，系王于天。王者之道，天之道也。故圣人一出，必将奉天道，正万类，立人极，非苟且随俗以就功名也。故或施不及一物而道侔帝王，或功盖天下而不足媲于五霸，其故何哉？道德有无于己，能达于天与不能达之殊也。是之谓逐其用而弃其本。凡此二者，道所由敝之大端也，皆不求其本于天之故也。故能知天者，则知道之一而不二矣。呜呼！此孔孟以来相传之统绪，惟程朱能得其宗，而世之骋私智起而乱之者，纷纠而不可诘，此君子之所大惧也。因足下道一之说，窃推其旨如此，惟不弃而教之。

其《与李叔白》曰：梦周顿首叔白足下：仆伏处山林，都与世隔，虽乡国知名之士，亦无因会合，莫由获其教益。足下不鄙弃，惠然枉顾，语以学术之辨，欣幸殆无以过。然足下启其端未竟其绪，岂将以发予而使之献其愚乎？仆敢陈所见，惟足下教焉。

阳明之学，世以为禅，旧矣。至禅之浸渐为阳明，其端末则未之详也。六朝文人窃庄、列绪余，作为佛书，口说曼衍，不可究诘。达摩入中国，窥此间隙，乃一扫除文字，直指心体。传至六祖，又从而张之。其说愈辨，其惑人愈深。唐宋学者，趋之若狂。然其时固自别于儒，分门立限，不相假冒，而儒者已往往浸淫于经训而不知。宋南渡，而杲堂出于佛徒，最为黠杰，其得术在援墨入儒。其语张子韶之言曰：侍郎把柄在手，便须改头换面，以诱来学。子韶欣然从之，于是儒墨之界始大乱。谈儒者混于禅，谈禅者亦混于儒。推其始终，殆有三变。其始也，倡为清谈而已。一变而净智圆妙，体自空寂，再变则真空能摄众有而应变矣。至三变，则《中庸》、大《易》之微言与《楞严》、《圆觉》相表里，而两家之邮通矣。此皆佛氏之徒，思以其术角胜，日弥其罅隙而文饰其浅陋，始窃庄、列，继窃吾儒，而不知其说之多变也。论禅学者谓其近理，而不知其得于窃也。然子韶之徒，其智不足以自全，每自供其败阙。象山、阳明则倚傍释氏之所窃，妄意其不殊于儒，遂阴证释氏之谛而巧为改换之术，以掩其迹。于是世之恶常嗜异者，群起倡和，于以诽诋程朱，自居颜孟，非真洞悉于儒释分途，确然不惑，鲜不炫于其说而助之者矣。夫禅学历千余年，数经变易，始成一家学术，其人又皆信心自是，固宜其流而不返也。然则阳明之入禅，殆所谓认贼作子，禅之流为阳明，则螟蛉之肖也。或者以禅学不言理，阳明雅言之，以明其非禅。愚尝读其书，反覆以究其旨，阳明之即心即理与释氏之即心即佛，其有异焉否耶？此即改换头面之术，其词异其实同也。故凡为阳明之学者，高者流于刚愎，为巧诈，为诞妄，下者颓然自放而已。此禅病也。何者？任心而动，有不谬者几何哉！或又以阳明功业轩烁为儒者之效，此古豪杰雄略之士优为之，不必尽由讲学也。阳明本豪杰，夙究于经世之务，又能内定其心，足以乘机制变，故成功如此。至于圣贤体用之全，为学之方，则不可一毫借也。足下以为何如？有不合，祈往复。不宣。

又自记曰：阳明之学，其出入是非，莫详于罗整庵、陆稼书两先生，更考之昭然无疑矣。阳明不自认为禅，其徒则直承不讳，此亦何异证父攘羊之为乎？衍至明末，直以孔佛同道，儒释一源矣。其风至今未熄，恐流而愈甚，尝与南中学者断断持之而不能易也。呜呼！此古人立教，所以慎于作始与！

其《与彭允初》曰：接十一月一日札，知兄且迟南还，昆季聚首，天伦至乐，深为慕羡。教益谆谆，无任愧荷，厚爱至谊，宁可言谢？弟自初知讲学，惩少年狂肆之弊，力为规矩，束缚其身，处处检点，使宁拘勿肆。行之数年，颇自谓无显过大恶。然每反验心中与道、理，未能真实有得，盖实缺得涵养本源一段工夫。及见兄，首以此旨相示，瞿然有深省，知年来悠忽不进，大病全在于此，将力求所未至者以自勉，虽有他说，亦不敢杂陈其间矣。既又思之，学必讲而后明，譬之于医，必自述其受病之由，虽至隐匿，不以自昧，然后医者得施其方。兄之于仆，盖不待其自述，固已洞见五脏症结，今试更一陈之，益可知其求医心切，坦然施其治之之术而无疑矣。

周窃谓圣贤之学，其大要有三：以存养为根本，以省察为修治，以穷理为门户。曾子言正心诚意，必言致知。子思言固执，必言择善。孟子言存心养性，必言尽心知性。《论语》一书，言知者不一端。至《易》之《文言》，既释《乾》九二为"闲邪存其诚"，而又释之曰"学以聚之，问以辨之"，盖知行交资，明诚互需，从古圣贤相传为学之方，周备无弊，未有易此者也。自近世儒者讥程朱格物致知之训为支离，后人和之，不复致察，至闭口不言穷理二字。乃考其生平所复习，虽自谓别有宗旨，卒亦未有绝圣弃智以为学者。何者？所谓穷理者非他，盖即穷其所存养者而已矣，穷其所省察者而已矣。人之初生，其象为蒙，及知识渐开，始教之学，即其良知以导其所不知，使由此以致力于圣贤之道。于是五品之伦、五常之性，莫不讲明而切究之。随其所讲明，而敬以存之于心，则谓之存养。随其所讲明，发于意，施于行，慎以审之，不使其有杂，则谓之省察。存养熟，省察密，则知愈精，知愈精则存养省察亦益熟且密。三者所以致力之方不同，而其所致之理则一也。盖非存养无以立知之本，非省察无以善知之用、尽知之实。然非知则将昏蒙否塞，无所通晓，亦何所存、何所察哉？夫非生知，不能无赖于学，学则未有不以知为先者。故曰或生而知之，或学而知之，或困而知之，言无人可外于知也。自古未有不读书，不讲明义理，而可至圣贤者，此固不待深辨而明矣。然则程朱格物致知之训，果支离否乎？若曰是恶夫以博涉记诵、不切身心以为知者，则亦就其所非者，辟而正之可矣，又何可因彼之非而遂讳言吾之是哉？近与台山论此，其说至辨，终不能破弟之惑，故略述鄙见，以陈于左右，惟决其是非，以发其锢蔽。幸甚，幸甚!

　　盖先生尊崇正学，统归程朱，言知言行不稍假借，故于往来手札，或是或非，或规或劝，总之不离辨陆王、宗洛闽为大要。出为来安令，惩积蠹，斥淫祀，恤民雕敝，兴利除害，职所能为者，无不为之，职所不能为者，必固请于上官而为之。盖如伤之念，无时或忘也。榜于署门曰"愿通民情，喜闻已过"，又曰"畏天明威，无一夫之敢虐；宣上恩德，俾万姓其皆欢"，本儒术以为治，是可知矣。

桐城姚先生 ［鼐］

　　先生讳鼐，字姬传。进士，官礼部郎中。学以研经为主，而并及于史、子、集，一字之不谐于心者，必思之深，辨之审，以求其词之何以洽，义之何以完，圣贤之旨何以不至湮暗而不彰。故其成也，广博而无所不该，精详而无所不实，平正而无所不适。而所忧者，惟学者之厌薄程朱，不知玩味其书，以上求孔孟之道，为学术人心之害。

　　其《赠钱献之序》曰：孔子没而大道微，汉儒承秦灭学之后，始立专门，各抱一经，师弟传受，侪偶怨怒嫉妒，不相通晓，其于圣人之道，犹筑墙垣而塞门巷也。久之，通儒潜出，贯穿群经，左右证明，择其长说，及其蔽也，杂之以谶纬，乱之以怪僻猥碎，世又讥之。盖魏晋之间，空虚之谈兴，以清言为高，以章句为尘垢，放诞颓坏，迄亡天下。然世犹爱其说辞，不忍废也。自是南北乖分，学术异尚，五百余年。唐一天下，兼采南北之长，定为义疏，明示统贯，而所取或是或非，未有折衷。宋之时，真儒乃得圣人之旨，群经略有定说。元明守之，著为功令。当明佚君，乱政屡作，士大夫维持纲纪，明守节义，使明久而后亡，其宋儒论学之效哉！且夫天地之运，久则必变。是故夏尚忠，商尚质，周尚文。学者之变也，有大儒操其本而齐其弊，则所尚也贤于其故，否则不及其故，自汉以来皆然已。明末至今日，学者颇厌功令所载为习闻，又恶陋儒不考古而蔽于近，于是专求古人名物、制度、训诂、书数，以博为量，以窥隙攻难为功。其甚者，欲尽舍程朱而宗汉之士，枝之猎而去其根，细之搜而遗其巨，夫宁非蔽与？

　　嘉定钱君献之，强识而精思，为今士之魁杰。余尝以余意告之，而不吾斥也。虽然，是犹居京师庞淆之间也。钱君将归江南而适岭表，行数千里，旁无朋友，独见高山大川乔木，闻鸟兽之异鸣，四顾天地之内，寥乎茫乎，于以俯思古圣人垂训教世先其大者之意，其于余论将益有合也哉！

其《复蒋松如书》曰：彞与先生虽未及相见，而蒙知爱之谊如此，得不附于左右，而自谓草木臭味之不远者乎？心乎爱矣，何不谓矣，尚有所欲陈于前者，愿卒尽其愚焉。

自秦汉以来，诸儒说经者多矣，其合与离固非一途。逮宋程朱出，实于古人精微之旨所得为多，而其审求文字往复之情，亦更为曲当，非如古儒者之拙滞而不协于情也。而其生平修己立德，又实足以践行其所言而为后世之向慕。故元明以来，皆以其学取士。利禄之途一开，为其学者，以为进趋富贵而已。其言有失，犹奉而不敢稍违之，其得亦不知其所以为得也。斯固数百年以来学者之陋习也。

然今世学者，乃思一切矫之，以专宗汉学为至，以攻驳程朱为能，倡于一二专己好名之人，而相率而效者，遂大为学术之害。夫汉人之为言，非无有善于宋而当从者也。然苟大小之不分，精粗之弗别，是则今之为学者之陋，且有胜于往者为时文之士，守一先生之说而失于隘者矣。博闻强识，以助宋君子之所遗则可也，以将跨越宋君子，则不可也。彞往昔在都中，与戴东原辈往复尝论此事，作《送钱献之序》，发明此旨，非不自度其力小而孤，而义不可以默焉尔。先生胸中，似犹有汉学之意存焉，而未能豁然决去之者，故复为极论之。木铎之义，苏氏说，《集注》固取之矣，然不以为正解者，以其对何患于丧，意少远也。至盆成见杀之《集注》，义甚精当，先生曷为驳之哉？朱子说诚亦有误者，而此条恐未误也。望更思之。

其《程绵庄文集序》曰：彞往昔在京师，闻江宁有程绵庄先生，今世一学者也。乾隆庚戌，余来主钟山书院，则绵庄已死，求所著书亦不得见。今岁杨存斋令君乃持《绵庄集》见示，遂获卒读。乃究论曰：孔子之道一而已。孔子没，而门弟子各以性之所近为师传之真，有舛异交争者矣。况后世不及孔子之门，而求遗言以自奋于圣绪坠绝之后者与？其互相是非，固亦其理。然而天下之学必有所宗，论继孔孟之统，后世君子必归于程朱者，非谓朝廷之功令不敢违也，以程朱生平立身行己，固无愧圣门，而其论说所阐发，上当于圣人之旨，下合乎天下之公心者为大且多，使后贤果能笃信而遵守之，为无病也。若其他欲与程朱立异说者，纵于学者有所得焉，而亦不免贤智者之过。其下则肆然为邪说，以自饰其不肖者而已。

今观绵庄之立言，可谓好学深思、博闻强识者矣，而顾惜其好非议程朱。盖其始厌恶科举之学而疑世之尊程朱者，皆束于功令，未必果当于道。及其久，意见益偏，不复能深思熟玩于程朱之言，而其辞遂流于蔽陷之过而不自知。近世如休宁戴东原，其才本超越乎流俗，而及其为论之僻，则过有甚于流俗者。绵庄所见，大抵有似东原。东原晚以修四库书得官禁林，其书亦皆刻行于世。而绵庄再应征车，卒不用而归老死。其所撰者，仅有留本，不传于世，将忧泯没，斯则所遭或幸或不幸也。绵庄书中所论《周礼》为东周人书，及解六宗、辨《古文尚书》之伪，皆与鄙说不谋而合。若其他如解《易》、《诗》，所论则余未敢以为是。其文辞明辨可喜，固亦近世之杰，而为人代作应酬文字，则不足存录。后有得绵庄书而观之，必有能取其所当取者。

先生当开四库书局时，入局修书，后乞假归里，主讲扬州书院，寻移主钟山。教育人材，成就者众。人之见之也，如坐春风然，不饮而和，不熏而洁，其德辉之所及，固如是也。古文名天下，嘉庆后言古文者，必以先生为归。著有《惜抱轩文集》、经说、笔记等书。

守道学案

永宁于先生 [成龙]

先生讳成龙，字北溟，号于山。由知县历官两江总制。圣贤之学，体用一源。有真体者必有真用，有真用者必有真体。如先生者，所谓有真用者也，而真体即于用中见之。

《自省六戒》曰：朝廷设官分职，皆为治民，而与民最亲，莫如州县。近来积弊成习，亲民者反以累民，甚有不知廉耻为何物，而天理人心四字置之高阁不问矣。噫！吏治日坏，如倒狂澜，何时止乎？用是偶采成言，兼参时弊，陈列六则，朝夕省观，自为猛惕。倘反是道也，王法不及，必有天殃及之矣。谨列于左。

一曰：勤抚恤。州县之官称为父母，而百姓呼为子民。顾名思义，古人所以有保赤子之喻也。夫保赤者，必时其饮食，谨其寒暖，事事发于至诚。保民者，亦当规其饥寒，勤其劝化，事事出于无伪。无伪则有实心，纵力有不及与事有掣肘，然此心自在，即于万分中体认一分，亦百姓受福处也。昔阳城云抚字心劳，知抚字必从心出，由心而发，随事加恤，更有裨益。若徒从外面摭拾一二便民好事，以为得意，亦市名也，其去残忍者几希耳。是不可不戒。

一曰：慎刑法。草木禽鱼，皆有生命，不可恣意杀伐。况人为万物之灵，其肌肤手足，悉胞与也。人不幸而涉词讼，又不幸而于词讼中受刑罚，虽十分不可宽，必须求一分稍可宽处。此吕叔简《戒刑书》内所以有"不轻挞，不就挞"之说也。至于囹圄福地，昔言已及，当思入此者皆无知小民，或有冤枉，极可哀痛，自然稍加体念。若徒任意禁狱与任意加刑，甚有徇情面、恣苞苴，以下民之皮肤，供长吏行私之具者，或身或子孙定遭奇祸。是不可不戒。

一曰：绝贿赂。为贫而仕，虽委吏乘田，止为禄养，未尝于禄养之外有别径也。若舍此而外，多求便利，即为暮夜杨伯起之"四知"，言之已可懔矣。昔人云：士大夫若爱一文，不值一文。又云：从来有名士，不用无名钱。试思长吏于民，论到钱处，亦何项为有名乎？夫爱人钱而不与人干事，则鬼神呵责，必为犬马报人。爱人财而替人枉法，则法律森严，定当妻、子连累。清夜省此，不禁汗流。是不可不戒。

一曰：杜私派。小民最苦，额征尚且难应，未知私派从何起也。不过频年来军需紧急，如解马、赔马，与兵马行粮草豆，冲途供应，动以千百，无计可支，故有派之民间，俟日后销价给发者。如近来行粮价值，檄行刊附由单之末，以防发民短少之弊。是部院大臣亦疑州县为先取民而后发价矣。不知先取后发虽至公无私，小民之揭借，其利已经数倍，况长吏派一钱，则胥吏派数钱，长吏派一斗，则胥吏派数斗，有极不堪命者乎？何如稍那正供，现价现买，而即力请上台，迅速开销，并由单价值亦多此一番周折。昔人云于不得已中求一分担当，即人民利益处也。至于因公苛敛，任意诛求种种，乘机自利，不啻为盗取人，定然自有后祸。是不可不戒。

一曰：严征收。小民正供，自有额赋，外此分厘非可苟也。近来征收立法，著令自封，禁绝火耗，上之所以严州县者，可谓周且密矣。夫为州县而受上之禁饬，即使无弊自好者尚觉汗颜，至为州县而并禁饬之不灵，倘有自欺，则有心者将视为何等乎？古人云：钱粮一节，若肯请减，其善无量。今钱粮不能减，而去其钱粮中加增之弊，亦与减钱粮仿佛。况鸠形鹄面，此等困苦小民，欲阴搜其膏血，纵令安然无事，满载还家，后日亦必生流荡子孙以覆败之者。是不可不戒。

一曰：崇节俭。天生财物，固供人用，然必存不得已而用之之心，方能用度相继。倘奢侈任意，饮食若流，无论暴殄固犯谴诃，即费用必思取给，是亦坏心术之萌蘖也。夫长吏近民，虽自己足食，尤当思民之无食者，自己披衣，亦当思民之无衣者。推此一心，纵令衣食淡薄，尚且不能消受，而犹欲起侈丽之想乎？郑侠语人云：无功于国，无德于民，若华衣美食，与盗何异？夫衣食甚细，而至以盗相推，此充类至尽，惟恐长吏之稍奢也。是不可不戒。

此六者，语语从心上箴砭，不言克治存省，而克治存省备矣。他若弭盗条约，明以立法，威以成仁，所历之地，无不服教畏神者，此也，先生之真体用也。

初选罗城，榛狉狫狼之区也。山獠不遵法，难制，相识者多止之。先生谓义不辞难，慨焉有吞瑶壮、餐烟瘴，死而不为少屈气概。及入境，榛莽满目。先生朝捕贼，夜枕刀，约会乡民，申明保甲。截路劫抢者缉而诛之，啸群扰害者剿而灭之，顽梗不畏杀者，以剥皮为令。三年而盗风息，民乃得安。书其功者，称之为勇。余曰：非勇也，仁也。仁于民，故勇于除害民者也。由是而合州，而黄州，而至总制两江，皆此法此意也。勇之至，仁之至也。

之任江南，骡车一辆，与幼子共乘之。在制府两载余，日食粗粝一盂、粥糜一匙，侑以青菜，终年不食肉味，江南人号为于青菜。尝徒步微行，早晚出入僧舍中。于是人人转相惊愕，各有一于总督在眉睫间，仿佛如或见之。举凡面赤鬓白、形貌微似者，即皆屏息而避焉。其素经创惩，革面自新者，言及辄泣下曰：吾赖于青天，乃有今日。

吁！先生之清，令人畏，令人服，令人感泣。何若是其神也，则以其出于诚也，真体真用于是乎见之。夫而后知先生之政书，即先生之学案也。天下之言清者，孰如先生？天下之言勇者，又孰如先生？曰仁，曰诚，先生可无愧矣。

先生，吏者之师也，而后之最相似者，莫如乐园严先生。严先生讳如煜，溆浦人。生而豪杰，才智过人，自作诸生，即以天下事为忧乐。适三厅山苗不靖，上平苗策，当事伟之，举孝廉方正。特蒙召对，简发陕西知县，办理教匪，积功超擢汉中府知府。先生兴学校，劝农桑，作纺具以补女红，讲团练以备民卫。南山在境内，各省无业之民杂处其间，木竹各厂以及丛祠黑店，俱易藏奸。先生跨一骡，出入往来，道之以垦种，与之言善恶利害。数十年安靖无事，先生之力也。山中人与先生习，感先生恩，至今思之者，犹称为严一骡云。官至按察使，卒赠二品，入名宦祠。所著有《三省边防备览》、《苗防备览》、《洋防辑要》等书。

柏乡魏先生 [裔介]

先生讳裔介，字石生，号贞庵。历官大学士。守周、程、张、朱正脉，身体而心会之，著有《圣学知统录》及《知统翼录》。

其《知统录序》曰：圣学知统者，述见知闻知之统也。自孟轲氏既没，圣学晦蚀，火于秦，杂霸于汉，佛老于六朝，诗赋于唐。至宋，乃有濂溪、程、朱继起，伊洛渊源，粲然可观。其后为虚无幻妄之说，家天竺而人柱下，知统遂不可问矣。余因子舆氏之意而发明之，由尧舜而前，始自伏羲，以明知学之本于天，由孔子而后，终于许、薛，以明知学之不绝于人。其间或考诸经史，或征诸先儒，盖推天命人心之自然，以发大中至正之极则，而功利杂霸异端曲学之私，不敢一毫驳杂于其间。诚不揣固陋，亦欲存天理，遏人欲，息邪说，放淫辞，有助于化民成俗之意也。学者志圣人之道，由是而求之水木本源，岂不昭然觉悟，而知天之所以与我者，良有在乎？昔《论语》终篇述帝王治世之要，而推其本曰"中"。《孟子》终篇述圣贤传道之意，则揭其要曰"知"。所知维何？亦曰知厥中而已矣。知厥中，谓之见知闻知，不知厥中，不可谓之见知闻知也。吾愿学圣人者，从事于格物致知之学。

其《知统翼录序》曰：余既作《知统录》矣，复续以《翼录》者何？呜呼！自孔孟以后，道之不明于天下也久矣。岂道之难知哉？天命人心至善之道，本自易知，不求者失之不著不察，而过求者失之索隐行怪，此其所以终于不知也。孔子曰："不得中行而与之，必也狂狷乎？"中行者，圣道之醇诣；狂狷者，圣道之干城也。伯夷、柳下惠，《论语》以为逸民，而《孟子》跻之圣人之列，乃又曰"隘与不恭"。苏子由《古史》则云："夫人而不能无可无不可，而尚足以为圣人乎？吾从孔子而已。"然余观二子之所学，实亦未易及者。虽道逊孔子，亦亚圣之俦，清和之赞，良非诬也。天运递衍，贤哲代兴。自董江都以下至高存之，或材力有厚薄，学问有浅深，时命有隆替，师友有渊源，德业不同，要皆笃志进修，挺然自立，不惑异端，潜心希古。岂非所谓豪杰之士，虽无文王，犹兴者耶？使得圣人而为之师，其所造又岂止是已乎？以之羽翼圣道，鼓吹六经，亦犹淮泗之归于江海，龟凫之侪于岱宗也。余因捃撫遗传，详为论述，俾后世学者知所景行焉。至于世所好尚而悖于理，与近于理而未深未醇者，并不采录。夫岂不欲泛爱兼收，诚恐开不正之端倪，而未合于天命人心之本然也。尚冀海内大贤匡其不逮而诲之。若曰知我罪我，则吾岂敢？

又《圣学知统合录说》曰：吾序述《知统录》，自伏羲至薛瑄而止。吾序《知统翼录》，自伯夷至高攀龙而止。有生而知之者，有学而知之者，有困而知之者，及其知之一也。虞廷言中，成汤言性，《论语》言仁，《大学》言止，《中庸》言诚，《孟子》道性善，知之理备矣。周濂溪作《太极图》、《通书》，程伊川作《易传》，朱晦庵作《四书集注》、《通鉴纲目》，薛文清作《读书录》，蔡虚斋作《蒙引》，林希元作《存疑》，知之理复大备矣。老子之空虚，佛氏之寂灭，告子之无善无恶，管、商之杂伯功利，荀子之性恶，杨［扬］①雄之善恶混，王通之以佛为圣人，王阳明之性无定体，李贽之诋毁圣贤，褒颂奸雄，皆知之蠹也。夫道者，天地人物之所不能外也。知道则知天矣，知天则知性矣，知性则知仁矣，知仁则知义、礼、智、信矣，知仁、义、礼、智、信则知诚明之合一，知诚明之合一则知明德、新民、止至善为千古圣学之极则。格物致知，其求知之方也。正心、诚意、修身，其守知之要也。齐家、治国、平天下，其充知之量也。究其归，则体用兼该，显微一贯，穷以淑身，达以济世，归于仁而已矣。

又《致知在格物论》曰：知物之所以为物，则知知之所以为知。不知物之所在而强言致知之学者，非明德之本指，其于学也为妄而已矣。知外之物非物也，物外之知非知也。若以其超然立于万物之上，而不与物以为偶，以是冥然自号曰致知，致知则未也。夫惟显微无间，精粗一致，直窥夫天人合一之大原，而不忽其用力之方，于是乎穷理之学乃以有功于天下。《大学》曰"致知在格物"，明明德之始事，何其灼然哉！夫物之说，至难言矣。圣门论述，未有训释之明文，此固启天下后世以疑似之端者也。然纷纷于百家为惝恍无据之说，不如还考于六经，有至当不易之理。《易》曰："精气为物。"凡物未有不合精于气而成者，所谓"形而下者谓之器，形而上者谓之道"也。《诗》曰："天生蒸民，有物有则。"凡物未有无则者，所谓有耳目则有聪明之德，有父子则有孝慈之德是也。《孟子》曰："万物皆备于我矣。"理一本而万殊，万殊而归一本，盖不知物之为我，我之为物也。如是而物之为物，亦大可识矣。四海有圣人焉，此物此知也，有贤人愚人焉，此物此知也，乌用格？然而知不遗物，仍以知达之于物，则有灿然明备之象。物不外知，即以物涵之于知，则必有极深研幾之功。吾乃知仰则观象于天，俯则观法于地，观鸟兽之文与地之宜者，伏羲之格物也。仰以观于天文，俯以察于地理，是故知幽明之故，原始反终，故知死生之说者，孔子之格物也。能尽其性，而尽人物之性，以参赞化育者，《中庸》之格物也。道

---

① "杨"，应为"扬"，即汉代著名学者扬雄。

性善而称尧舜，四端之发，扩而充之，火然泉达者，《孟子》之格物也。物即是知，格即是致，穷理尽性至命，一以贯之矣。然正心诚意而曰先者，次第而及之之义也。此直曰在者反而求之，更无别解之义也。先儒高存之曰：圣人之学所以与二氏异者，以格物而致知也。致知而不在格物，自以为知之真而不知非物之则，去至善远矣。所系岂其微哉？斯言也，有得于致知格物之心传。

又著《希贤录》，十余年而成。其书有五门二十五目：一曰为学门，目曰格致，曰存省，曰谨慎，曰迁改，曰辟距；二曰敦伦门，目曰君臣，曰父子，曰夫妇，曰兄弟，曰朋友；三曰致治门，目曰宰辅，曰台谏，曰牧守，曰教化，曰武备；四曰教家门，目曰勤俭，曰学问，曰敦睦，曰仕宦，曰祭葬；五曰涉世门，目曰颐养，曰度量，曰谦忍，曰义命，曰应接。盖致知、格物、正心、诚意、修身、齐家、治国、平天下，俱蕴括其中矣。

先生本所学以立朝，由台谏而风宪，而铨宰，而阁老，知无不言，言无不尽，凡有关朝纲国纪、吏治民风者，皆穷源溯委，详悉敷陈，以求见允而后已。所著《知统录》、《希贤录》以及《孝经注义》、《四书大全纂要》、《四书朱子全义》、《四书精义汇解》、《四书简捷解》、《约言录》、《鉴语经世编》、《古文欣赏集》、《左国欣赏集》、《唐文欣赏集》、《古文分体大观集》诸书，士林多未之见。至其交往中所称孙北海者，非可与讲学之人也，是不可不辨。

安溪李先生 ［光地］

先生讳光地，字厚庵，号榕村。进士，历官大学士。谭经讲学，一以朱子为宗。其所以学朱子者，曰诚，曰志敬，曰知行。

尝谓：性诚而已矣，圣贤之学，亦诚而已矣。明根于诚，而诚又根于明。诚者，成始成终之道，而明在其间。故《中庸》曰："自诚明，谓之性；自明诚，谓之教。诚则明矣，明则诚矣。"实理浑然，而万物皆备于我，此所以谓自诚明而为性之体；万物散殊，无非完其性之固有，此所以谓自明诚而为教之用。事于性者，尊德性之事也；事于教者，道问学之事也。《易》曰："忠信，所以进德也。修辞立其诚，所以居业也。"忠信，即诚也。主于忠信，以诚致明，尊德性也，故德修而为业之本。辞修诚立，以明致诚，道问学也，故业可居而为德之资。德业相资，故诚明相生也。曾子曰："夫子之道，忠恕而已。"忠，其德也；恕，其业也。孟子曰"反身而诚"，忠也；"强恕而行"，恕也。忠恕皆诚也。忠则所谓大哉乾元，万物资始，诚之源也，恕则所谓乾道变化，各正性命，诚斯立焉。终始于诚，而明在乎其间，此圣学相传之要。二千年之远，而有周子知之。故曰："君子乾乾，不息于诚。然必惩忿窒欲，迁善改过而后至。"此则存诚以为克己之地。又曰："诚心，复其不善之动而已。不善之动，妄也，妄复则无妄矣，无妄则诚矣。"此则克己以致立诚之功也。

又谓：朱子言学，敬、知、行而已。五峰胡氏则前有立志，北溪陈氏又加以虚心。今观虚心在立志、居敬之内，虽不别为条可也。故曰：立志所以植其本也，居敬所以持其志也，穷理所以致其知也，躬行所以蹈其实也。此非独近儒之说，盖上古圣贤之说也。四事者，一时并用，非今日此而明日彼。故欲行而不知，则伥伥然其何之？求知而不敬，则心昏然而不能须臾。敬而非志，则又安得所谓日强之效也。且志而非敬，则此志何以常存。敬而非知，则措其心于空虚之地。知而非行，则理皆非在我而无实矣。然四者虽相须并进，而其序既有先后，则得效亦有难易浅深。故夫子曰"吾十有五而志于学"，志已立矣。"三十而立"，盖敬始成也。自不惑、知命、耳顺而知始精，又至从心、不逾矩而行始熟。先儒以为因其似以自名为学者立法是已。古学校之教亦然。始视离经辨志，观其志之何如也。继视敬业乐群，察其能敬与否也。又视其博习亲师，论学取友，则知学问思辨之日新，卒乃知类通达，强立不返，则知力行之有成矣。然此四者，循环迭用，日月有日月之功，终身有终身之验，圣人有圣人之效，学者有学者之益。虽一日服行，朝暮之间，亦可以旋变。又如志于道，亦立志之谓也。据于德，亦持敬之谓也。依于仁者，真知允蹈乎天理之中。游于艺，则义精仁熟之事也。立志之与存诚异者，诚其主，志其趋向，盖诚又志所自出也。然未有志不立而诚存者。立志而居敬以持之，则存之又存，而成于性矣。

其《朱陆析疑》曰：有宋中叶，运膺五百之期，天显聚奎之象，其所以绍绝学、理遗经，使圣人之道复明于斯世者，岂偶然哉？周、邵、程、张皆以先觉之资，任道统之重，又幸而相师相友，讲明其所未至，其渊源所渐，所以深造直达于圣人之蕴者，必有非后人之所能窥者矣。虞廷群后、邹峄诸哲以来，于斯为盛。是以千余年之芜翳堙塞，启之，辟之，攘之，剔之，圣人之道灼乎其可见，坦乎其可循。呜呼！其功可谓伟哉！南狩以后，而朱子出焉。祖孔孟，宗周、程，正六经，黜百氏，蹒《中庸》之堂而入其室，虽圣人有作，不能易也。而在当时，与象山陆氏，其学终不能以相一。后世随声之徒，入者附之，出者污之，始也安于性之所近，继遂执为门户之见而不可回。鸣呼！彼固不知朱子，然亦何足以知陆氏哉？夫陆氏之论躬行，必先于明理，其言穷理，必深思力索，以造于昭然而不可昧，确然而不可移。此固与朱子知行之学同归，而其心悟身安，言论亲切，虽朱子亦为之感动震矜而为之左次。然则朱陆之道，岂如一南一北之背而驰哉？其始终大致之所以不合者，陆氏之反约也速，收功也近，其教人之法，则径而多疏。朱子之用力也渐，卫道也严，其教人之法，则周而无弊也。夫破末俗之陋，传圣贤之心，洗训诂之讹，发精微之意，若是者，固二子之所同心。然惟其讹且陋也，则必有以矫而正之，爬梳剔抉，究其枝叶，以达于本根，使夫精微之意、圣贤之心，学者有所望而至焉。岂可谓是无益之业而不复措意于其间乎？

孔子圣人也，问礼于老聃，问乐于苌宏，问官于郯子，假年学《易》，至于韦编三绝而不能休，叹夏商之文献不足，足则吾将往而证焉。仲尼亦胡为孳孳而事此无益之业哉？所谓文武之道未坠于地，而天之未丧斯文者，盖在乎经也。经莫大于《易》，《易》莫大于先天，先天之学不传久矣，自尧夫发之，而陆氏以为非作《易》之意。无极之妙，主静之宗，自濂溪启之，而陆氏以为是老子之旨。性之所以善，心之所以仁，主敬之要，知行之方，自程氏兄弟明之，而陆氏以为与孔孟之言不相似。凡如此类，皆可以见其讲学之疏，而其议论举措之间，犹未免于精神用事而气不可掩，不如朱子之粹然平中，有以极规矩准绳于无憾也。揆厥所由，陆氏盖见世之支离沉溺而不能自振，故刊落摆脱，直接乎孟氏之传。然愚窃观夫孟子之时，发明人心而无述作者，去圣未远，群经大备，故第启管钥，示关津，以为当世人心对病之药而已。自汉以来，道丧文弊，《礼》、《乐》、《诗》、《书》扫地而尽，异端邪说，诸子百家，纷纷藉藉相乱，学者颠倒炫瞀于其中，何由而见圣人之宗乎？濂洛诸子，扶持整顿者未几，或疑或信，若明若昧，又绵延而将绝。是故朱子之矻矻著述以终其身，殆有所不得已也。昔周之衰，王道废而旧章亡，邪说繁而大义乖。于是仲尼讨论坟典，述帝王之道，正雅颂之篇，除九丘，驱八索，修明礼乐之遗文，使万世道术有所统一。朱子之心，孔子之心也。若以六经为注脚，章句为俗学，岂独足以病朱子，又上以为孔子病矣。由此言之，陆子之学，得无极高明而失之过，反说约而弊则疏者乎？是故陆氏之学，吾儒之学也。其闲道也犹谨，其择言也犹精，非若明之中世，儒、墨、老、庄混为一途，始也师其意，后也言其言，靡然遂入于二氏而不可返者也。虽然，追原其弊，则谓非陆氏为之端不可。盖朱子之言曰：今之以学自立者，门户衰塌，惟陆子静精神启发，其流祸未艾也。呜呼！贤者之为虑，岂不远哉！

窃观自朱子而后，几四百年之间，守其学者，崇正经，敦实履，循循乎其不畔。逮乎中明，士大夫自以其意为学，于是乎章句不足守，文字不足求，甚而典训不足用，义理不足穷，经术、文字、议论、行检，胥为之一变，而风声大坏矣。《传》曰："差之毫厘，谬以千里。"又曰："不知其形，视其影。"生今之世，有欲为圣人之学者与？吾愿谨而择之，其有世教之责者与？吾愿审而思之。

观此，则先生之心，朱子之心，学，朱子之学，可知矣。夫朱子由二程而上追孔、曾，继往开来，使后之学者致知力行、克治存省、循序渐进以至于圣域者，莫切于《大学》一书。而先生乃谓知本即格物致知，传可不补，古本不必更定，不亦异于朱子乎？异于朱子而有补于后学，则虽异而朱子亦正乐有此异也。异于朱子而有害于后学，则凡学朱子者，不能不疑于先生也。何也？知本示人，知明德之当先也。格物致知，则即物穷理，一物一事不可遗也。博学审问、慎思明辨是也，极广大，极精微，极切近，极真实之功也。朱子吃紧为人，其在此欤？

先生曰：《大学》一书，古人之学的，至宋程朱始表明尊行之。然因明道、伊川、紫阳三夫子各有更定，故群议至今未息。方逊志采元儒之论，以"知止"两节合下"听讼"一节为释格物致知之义，而去朱子补传，谓传未失而错经文之中，不必补也。蔡虚斋、林次崖是之，而又升"物有本末"一节于"知止"之上。王姚江则俱非之，而有古本之复。姚江之言《大学》只是诚意，诚意之至，便是至善；《中庸》只是诚身，诚身之至，便是至诚。愚谓王氏此言，虽曾、思复生，必有取焉。然他言说不能发明此指，而多为淆乱。其言明德、新民也，则以新民为明德工夫；其言致知、诚意也，则以格物为诚意工夫。以格物为诚意工夫，似乎未悖也，然以为善去恶为格物则谬矣。其谬之谬者曰"无善无恶心之体"，此则于圣门传授全失，宜乎其学大弊而不可支也。

愚谓《大学》初无经传，乃一篇首尾文字，如《中庸》之比耳。明德三言者，古人为学纲领也。知止一条者，古人工夫次第也。知止与知至不同，盖知所望慕归向而已。所引孔子"人不如鸟"之叹，可知知止者，开端浅切之事也。知止则志有定向，所谓立志以端其本。至于能静，则心不为物动，能安，则心不为物危。此则又有以继其志而持乎其志也。能虑即下之格物致知，能得即下之诚意，而有以得乎明德、新民、止至善之实也。此两节，自小学入大学之规模节次，一书之指要也。物有本末，至知之至也，以能虑言也。凡物则有本末矣，凡事则有终始矣，循其本末终始而先后之，此大学之道也。然必于本末终始而知所先后，乃可以近道。故古之欲明明德于天下者，当自国而递先之至于诚意，而尤在于究极事物以致其知。正以物格知至，然后能诚意以正心、修身，而家国、天下可得而治也。何谓知至？知本之谓也。盖家国、天下末也，身者本也。天子有天下，等而下之，虽庶人亦有家。本乱则末乱，厚者薄则无所不薄也。能知乎此之谓知本，能知乎此之谓知之至也。

所谓诚其意者，至此谓知本，以能得言也。自曾子所受于夫子而传之子思、孟子者，一诚而已。《大学》自均、平、齐、治本之诚意，犹《中庸》、《孟子》自治民获上、顺亲信友，本之诚身也。诚则有以成己，有以成物，而明德、新民、止至善之道在我。所谓明善、格物，盖所以启思诚之端，而非思诚以外事也。诚身者，统言之也。自此心之存之发至一言一事，皆必致其实焉之谓也。诚意者，诚身之要也。意者，心之所主也。心主于为善，然而存之不固，发之不果不确，是无实也。欲善者，本心之明，今而无实，非自欺而何？原其所以如此者，盖以意藏于内，其实与不实，己所独知，非人之所及检，是以每陷于自欺之域而不顾。惟君子慎独以诚意，诚意以诚身，则心正身修而明德明矣。故曰：德润身，心广体胖也。夫诚则形，形则著，著则明，明则动，至诚而不动者，未之有也。故引《淇澳》以证表里之符，晖光之盛，感人之深，终之以盛德至善，民不能忘，则明德、新民、止至善三者，皆总之矣。自明者，以诚明之也；新民者，以诚新之也。仁、敬、孝、慈、信各止其所，以诚止之，以其分有明德、新民之殊，而贯之者一诚而已。无讼，民之新也。使民无讼，明明德于天下之极也。无情不尽其辞，盖民不自欺。大畏厥志，则民自有指视之严而谨其独也。诚之效至于如此，故复结以知本，与上章相应。不曰"务本"而曰"知本"者，盖知本而后能务之。此欲诚其意，所以先致其知也。

自释正心、修身以至终篇，不过著其展转相关之效，以见一诚之尽乎修己治人之要而已。喜怒哀乐之不得其正与夫心不在者，不诚也。好恶之辟，亦不诚也。所令反其所好以及好恶拂人之性，亦不诚也。语其功之不可阙，则自身、家而国、天下，盖有言坊行表之著，纪纲法度之施，然非诚则无所以行之。故曰："诚者，圣人之本。"又曰："王道本于诚意也"。

或曰：子之说，于经意似矣。然程朱以穷理言格物致知，盖其重也。今第以知本当之，可乎？曰：夫穷理而至于知本，然后其理穷；致知而至于知本，然后其知至。曰：朱子言知至者，全体大用无不明。今第曰近道而已，何也？曰：小知则已近，大知则弥近也。知之至，则将与道为一矣。朱子所言"极致之地"，经文所言"入德之初"也。曰：知性明善之云与此合乎？曰：性者，善而已矣。物之性犹人之性，人之性犹我之性。知其性之同而尽之之本在我，此所以为知性明善也，此所以为知本也。曰：朱子谓正心、修身自有功夫，而今但以诚意概之，可乎？曰：不独身心，家、国、天下亦可以诚意概之矣。若其功之不可阙者，则前既言之也。大抵此篇诚意如《中庸》之戒惧慎独也，正心如《中庸》之致中和也。戒惧慎独，所以致其中和。然朱子又有弥约弥精之云，移之以说此篇，则不以支离为朱子病矣。曰：《中庸》之谨独，则《大学》之诚意事也。子于此又连戒惧说之，何欤？曰：凡言诚者，皆兼乎存诚、立诚之两端。夫学岂有无敬之义哉？朱子补言敬字，盖以此也。曰：经文不言，而待朱子言之，何也？曰：知止而后定，静、安即其事也，贯乎知行而无不在，奚谓其不言也？曰：异于朱子章次，奈何？曰：章次异矣，而义不异，而文同于古，疑朱子未之弃也。又窃谓如是以说经，颇为不费辞而理明，且使姚江之徒无所容其喙焉，姑以俟后之君子正之。先生之学于此为可疑矣，而先生终莫之疑，且自信之坚也。

其《大学古本私记序》曰：《大学》古本，自二程兄弟所更既不同，朱子考订又异，学者尊用虽久，而元明以来，诸儒谨守朱说者，皆不能允于心，而重有纂置为异端［论］①者，又无足述也。愚思朱子所补，致知格物一传耳。然而致知、正心、诚意，其阙自若也。其诚意传文释体，迥然与先后诸章别，来学之疑，有由然已。余姚王氏古本之复，其

---

① "端"，应为"论"，据李光地《榕村集》卷十《大学古本私记序》改。见《文渊阁四库全书》影印本第 1324 册第 673 页。

号则善，而说义乖异，曾不如守旧者之安，欲为残经征信，不亦难乎？夫程朱之学，得其大者，以为孔孟之传，盖定论也。程子之说格物，朱子之说诚意，圣者复起，不能易焉。而余姚皆反之，编简末事，又何足以云？文章、制度，今古异裁，以晚近体读古书，则往往多失。何则？其详略轻重、离合整散，不可以行墨求，而必深探其本指者，古人之书也。《大学》之宗归于诚意，格物、明善者，其开端择术事耳。朱子亦既言之，而不能无疑，故离合整散之间，是以有所更缉。今但不区经传，连贯读之，则旧本完成，无所谓缺乱者。若大义一惟程朱是据，污不阿其所好，或以为习心入之先者，不知言者也。

盖先生考古之功勤，而知行之不逮朱子者，不可以道里计。故见古本为完成，而于朱子之真积实践、大纲细目未之有得。执而不悟，笼统牵合，实所不免。而如"小知则小近，大知则弥近"数语，殊失之支离矣。且以朱子章句比之于文章之晚近体，以是为不阿其所好，其得谓非失言乎？

先生精且博矣，举凡图书、象数、乐律、韵谱，以至道术、兵符，无不参究，得其蕴奥。所著有《榕村语录》、《榕村讲授》、《榕村制义》、《榕村全集》、《周易通论》、《周易观象大指》、《尚书解义》、《洪范说》、《诗所》、《孝经全注》、《古乐经》、《大学古本说》、《中庸章段》、《中庸余论》、《论语孟子札记》、《离骚经注》、《参同契注》、《握奇经注》、《阴符经注》、《历象本要》、《太极图》、《通书》、《二程遗书》、《正蒙》[①]、《朱子礼纂》、《朱子语类四纂》、《韩子粹言》、《古文精藻》。而其最有推阐者，莫如《周易》，义理家特重焉。先生生平行事，备载国史，学者可考而知也，兹不具录。

泽州陈先生 [廷敬]

先生讳廷敬，字说岩，号午亭。历官大学士。先生童稚之年即知向慕正学，壮而愈笃，老而弥专。著有《困学绪言》若干则。

其言曰：吾学亦屡变矣。其始学诗，当其学诗，而见天下之学无以加于诗矣。其继学文，当其学文，而见天下之学无以加于文矣。其继学道，及其学道，而见天下之学无以加于道矣。

---

① 《太极图》、《通书》、《二程遗书》、《正蒙》，李光地做的是编注工作。

又曰：《太极图》括尽天地人物之理，然其所以接圣道之统、开理学之传者，所贵学者以此理实体于心耳。若不实体于心，则天地万物亦何与于吾事乎？故曰"君子修之吉"，修者，修此而已。

又曰：克己复礼。礼言复，本有也，礼即性也。夫曰礼，其善可知，乌有所谓恶哉？故绝天下之恶而成天下之善者，性善两字之功也。

又曰：群居最夺人志。学者言貌必恭谨，如以谑浪笑傲为能，便僻儇巧为才，亦甚失其本心矣。日入其中几何而不与之俱化哉？

又曰：凡事入手，皆须忍耐。稍缓则其理自著，应之庶几少错矣。

又曰：古人读书，直是要将圣贤说话实体于身心，如尹彦明见伊川后半年，方得《大学》、《西铭》看，其郑重如此。今童蒙初学读书，未有不取《大学》熟烂诵习者，其后果能行得一言一字否？父师之所以教，子弟之所以习，为作文辞取科名之具而已。盖以是为固然，而莫之能知古人为学之意也。书虽读，而道益不明不行矣，谓之未尝读书可矣。

又曰：或言道学不可不行，而可不讲。曰：是也。然虽讲之，庸何伤？讲之，所以求为君子，不为小人也。若心慕君子之名而身冒小人之行，不愧于己，必愧于人，愧夫人之以小人目之也。既愧小人之名，将慕君子之实矣。愧于人必愧于己，其致一也。若都不知愧，又何须讲？且犹讲之，必至于愧，愧其不为君子，则必不至于为小人矣。使天下群然愧为小人，慕为君子，此道学之所以行也。

又曰：君子之言动，以天而不以人；小人之言动，以人而不以天。以天者顺而祥，以人者逆而祸。顺而祥，易简之道也；逆而祸，险艰之为也。弃易简而乐险艰，岂人情哉？亦弗思之甚而已矣。

又曰：或问周子云，见其大则心泰，心泰则无不足，无不足则富贵贫贱处之一也。处之一，则能化而齐，不知如何能见其大？曰：且须理会古圣贤言语行事，如理会得孔子疏水曲肱，乐在其中，颜子陋巷箪瓢，不改其乐，此见得一分，则心泰一分，见得十分，则心泰十分。既有所见，须守之勿失，渐次扩充到纯熟处，则化而齐也。

又曰：颜子曰："舜何人也，予何人也？有为者，亦若是。"孟子曰："乃所愿，则学孔子也。"夫子所谓志学亦是如此，故学者莫大于立志。

又曰：戒慎恐惧，此孔、颜之所以乐也。程子谓鸢飞鱼跃境界是戒慎恐惧，正子思吃紧下工夫处也。千古圣贤相传正脉，断不外是。程子谓静中有物始得，盖有物，谓敬也。敬即戒慎恐惧，所谓必有事也。戒慎恐惧，则自然勿正、勿忘、勿助。若静中无物，则是全无事也，而正、忘、助之病，不胜其纷纷矣。此异学之空虚，不可语于吾儒中正之道，禅家受病正坐此，以之处静且不可，况动乎？故合动静而交致其功，断非戒慎恐惧不可。

又曰：行莫善于思，然戒在三思；过莫贵于悔，亦不可数悔。故曰再思，曰不贰过。

又曰：凡人役志于荣利纷华，一旦小失意，则戚然如不欲生。盖其生平患得患失，至此而益不能自持，所谓不仁者，不可以处约乐也。若夫有道之士，不处非义之富贵，不去非道之贫贱，其自处有素，所谓"富贵不能淫，贫贱不能移"也，焉得而不浩浩哉？

观此，先生之学而有得可知矣。先生经学邃深，侍讲席最久。观经筵奏对诸录，日有敷陈，时申启沃，以喜起明良之遇，尽都俞吁咈之诚，尧廷舜陛，极一时赓飏之盛矣。先生精于韵语，雅、颂、风、赋无体不备，而所著各体文亦逼韩、曾诸大家，言中有物，其有以欤？

湘潭陈先生 [鹏年]

先生讳鹏年，字北溟，号沧洲。历官河道总督。生质刚毅，不屈不挠，伟然丈夫，光明磊落。而学本程朱，心存仁义，居平蔼然晬然，温厚和平，不露圭角。而或以无礼犯之，则不稍假借，义正词严，虽强御不之畏。其性然，其学亦然也。

其序《三鱼堂年谱》曰：长洌陆先生，曾为嘉定令。余守吴郡时，其邑之士大夫至于田夫妇孺，皆思之不置，一墟一落，各有祠宇。及再任灵寿，民之思之犹矘志也。嗟乎！先生之感人如是，岂无本而能然与？余考先生年谱，自始学以至全归，无日不讲求于圣贤之道，其黜异端而崇正学，可谓不遗余力矣。然究非敝敝焉大声疾呼，务为丑诋，以攻其隙也。惟是讲明吾儒之学，晰义理于毫芒，辨是非于疑似，使天下之人于吾道灿然若黑白分而淄渑别也，则异说不攻而自屈矣。此欧阳子所谓修其本以胜之也。观先生进而在朝，退而在野，出而为一邑之宰，处而为党塾之师，官守言责，敦然埤遗，往来酬酢，纷然杂乘，未尝一日忘学，往往梦寐之间，若或告之。此岂待仕之优与夫时之暇哉？惟然，故丰采著于朝廷，惠泽施于百姓，本体之明以为用之达，初非有加毫末于性分之外，及卷而藏之，不俟终日，而绝无几微芥蒂于其间。彼无异故，其素所蓄积然也。我朝昌明正学，圣天子表章孔孟、程朱之理，如日月之中天，照耀无垠。以故理学之儒，接踵而兴，先生其当首置一座者也。异日修崇祀之典，将必有议而举之者，岂特桐乡之祭而已哉？记辛未，先生以御史与邵子昆先生同有事棘闱，余即以是年成进士，曾望见其丰采，而未尝一通请谒。今乃得拜先生于祠堂，读其书，闻其流风余韵，如亲炙焉。适先生谱成，敬识数言于简首，以志夙昔向慕之诚如此云。

其《四书宗朱心解序》曰：予承乏吴郡，地冲事剧，敝敝焉从事簿书期会，不复敢辞俗吏之嘲，于曩者鼓箧旧业，几邈若隔世。新安余生鸿业不远千里，持其所订《四书宗朱心解》，乞予言为征，将以行世。庶凡三四上，而予不获辞，乃为之言曰：生是书之取义于心解也，将索解于心乎？抑将索解于言也？苟索解于言，则生之书尚矣。如以心焉，尚乌用是谆谆者哉？然自季明，群言淆乱，诸儒争为异说，或附于陆，或入于禅，人人自以为高明，而不知诐淫邪遁，以至去道弥远而莫可返。于是杨、顾之徒，荟萃《大全》及《蒙存》、《浅达》，纂为《约说》，以救正之。其言一以考亭为的，而敷绎演贯，无敢有抵牾于其间。自是以来，莫不家奉一编，以为俎豆。虽有增润，大率皆承其流而扬其波，锓梨镂枣，几于却车充栋矣。而有志之儒，惟恐其久而寝衰也，故不惮申谕而重晓之，非苟以为名而已。若农之耒耜，以刮磨而加利；若匠之斧斤，以淬厉而加新。此其用意良厚，而羽翼传注之功，亦不为少。若夫脱筌去蹄，超然独诣于圣贤之阃，是又在好学深思之士，自为领取。不然，苟惟是句比字栉，以拘牵于文义之末，是犹买椟而还其珠也，夫岂紫阳所乐许哉？

其序蒋松岩先生《思过处日记》曰：予向耳汉上蒋松岩先生名，未及有以相见也。今春羁寓京江，其嗣君东衍持先生所著书以示予。予反复观之，叹其粹然为儒者之言，而所居思过处有日记若干卷，欲予序而藏之。予惟过之来也，岂有涯哉？君子之过，如日月之蚀，即时而更者也。常人之过，如云翳之生，无地不见者也。若谓指其一处而求之，则他处或有不及防者矣。然寡过于其动，而思过必于其静。语曰：士朝而受业，昼而讲贯，夕而习复，夜而计过，无憾而后即安。夫计过于其夜，则万感既谢，清明复来，回光返照，其是非有不能自昧者。故曰：思过必于其静也，静则必有其所。今先生颜其室曰思过处，固其所也。

犹夫张子之砭愚订顽，触目可以自警也。然先生不徒思焉而已，又从而记之。记之何义也？《书》曰："侯以明之，挞以记之，书用识哉？"盖有过而笔之于简册，真若《春秋》之大书特书，几无地可以自容。日日而记之，苟有过而不改，不特心惭愧而颜扭怩，当其下笔时，已有难为情者矣。此私居之日记，胜于侯挞也。先生行之有年，日记之书寖以成帙，而其心犹岌岌然如不终日。吾知其思愈严，而过愈寡矣。予滥官于外，而远去其乡，职业所系，亦期进思尽忠，退思补过，而不得其方，虽忧介震悔，而罪戾滋惧。异日倘得归老故乡，道经汉上，犹得叩先生思过处而问之。

其《道学正宗序》曰：自十六字心传之妙肇启帝廷，从此君相圣贤递相传授，阐明性理，开示心学，已更无遗义矣。迄乎圣教寖衰，师承渐失，学者罔知所宗，诸家并起，见识各殊，异同杂出，甚且互相攻诋如仇敌矣。《传》曰："天下同归而殊途，一致而百虑。"先儒曰："理一而分殊。"盖理学之在古今，正如天地之大德敦化，小德川流，原自兼本末、该巨细而言之，其中条分缕析，不爽累黍，要知似是而非之辨，所争止在毫厘，相去已不啻千里。譬如人身之有血脉，无所不贯，即毫发孔窍，一源稍有凝滞，即此一处便是不仁，通体亦为之不畅。甚矣，正学之难言也。学之不明，大约其原起于气质之偏，继且惑于异端沾染，而失于不自知。气质犹可以学力变化，独异端邪说为害最烈，不特俗儒庸众受其沉锢，即一二高明才智之士，亦多失足其间。无他，意见一涉偏陂，学术介乎疑似，坚僻蔽障，迷而不返，是可叹也。汉唐诸儒，不无醇疵之差。逮宋六子出，从道统断续存亡之会，直接二千年来孟氏无传之学，遂为吾道之正宗。后之学者，舍此将安适哉？昔龟山亲受业于伊川之门，尝疑横渠《西铭》似近于兼爱，伊川为辨论往复，至于再四，始豁然而自释。夫以横渠之学识，大含细入，无所不备，犹不免于贤人君子之疑。又焉得世之学者，人人潜心笃信如龟山，而为之师友者诲人不倦，尽如伊川者而与之言正学耶？京江顾濂宗先生，好学君子也。尝著《道学正宗》一书，上探羲皇，继以尧、舜、禹、汤、文、周、孔、孟及宋周、程、张、邵，终以紫阳朱子，穷源溯流，发凡起例，奉为宗主。兼采其图书、语录，列诸篇简。其所以继美先儒、嘉惠后学之意，固甚深切而著明矣。读是书者，寻往哲之绪余，味斯道之宗旨，研究乎诸家之精蕴，折衷乎紫阳以为指归，且不为异说所惑，其于千古理学之正，庶乎其不远云尔。

先生刚方正直，居官临事，见有不可，虽大府不能强其一诺。两次守大郡，两见陷害，几致死，而皆获邀恩宽宥。白衣供奉，每召对询问，率逾时。马营口决，总督全河河道，所至以除害安民为主。金陵、姑苏、淮安、怀庆等处，至今爱戴如新，庙祀不绝，视古循吏，有过之无不及也。所著有《道荣堂集》。卒谥恪勤。

孝感熊先生 [赐履]

先生讳赐履，字敬修，原字素九。历官东阁大学士，谥文端。尊朱子，辟阳明，著《学统闲道录》、《程朱学要》、《十子学要》、《下学堂札记》、《会约》等书。

谓洙泗之统，惟朱子得其正，濂洛之学，惟朱子汇其全。又谓自开辟以来，未有孔子，自秦汉以来，未有朱子。朱子乃三代以后绝无仅有之人。又曰：不有孟子，则孔子之道不著，不有朱子，则程子之道不著，而孔孟之道亦不著。不有罗子，则朱子之道不著，孔孟周程之道亦不著，而尧舜以来相传之道，亦因之不著。盖罗子之道，朱子之道也，朱子之道，程子之道也，即孔孟之道也，即尧舜以来相传之道也。列圣诸贤，授受惟一，而守先待后、闲圣距邪之功，则战国之孟子、宋之朱子、明之罗子，尤其昭日月而垂天壤者也。朱子之功不在孟子下，罗子之功不在朱子下，圣人复起，不易斯言矣。夫罗子岂可与朱子比哉？特以良知肆行之时，而能谨守朱子，砥柱狂流，则亦朱子已矣。

又曰：孩提不学而能，不虑而知，圣人不勉而中，不思而得，论其本体，诚如是也。然能即能其所学者，知即知其所虑者，中即中其所勉者，得即得其所思者，学即学其所能者，虑即虑其所知者，勉即勉其所中者，思即思其所得者。且不学而能是不学之学，不虑而知是不虑之虑，不勉而中是不勉之勉，不思而得是不思之思，不能而学是学其不学，不知而虑是虑其不虑，不中而勉是勉其不勉，不得而思是思其不思。若徒骛于不学、不虑、不勉、不思之虚名，坐弃其与能与知、自中自得之实理，废置有本体之真工夫，冒认无工夫的假本体，希图自在，厥弃修为，而不知其与禽兽同归也，亦甚非圣贤教人之本意矣。

又曰：不学而能是良能，学而能亦是良能，不虑而知是良知，虑而知亦是良知；能而不学是良能，不能而学亦是良能，知而不虑是良知，不知而虑亦是良知。人但知不学不虑之为良知良能，不知不学而学、不虑而虑之乃所以为良知良能；但知不能而学、不知而虑之非良知良能，不知不能而不学、不知而不虑之尤非良知良能也。《孟子》此言，正为不善学、不善虑者指出不学不虑之本体，又为泥煞不学、泥煞不虑者指出不学而学、不虑而虑之工夫，使人知不学而能者竟以废学而成不能，不虑而知者竟以废虑而成不知，不学而能者必以学而后无不能，不虑而知者必以虑而后无不知，其所谓不学所谓不虑者，究不足恃，而所谓学所谓虑者，乃终不可废也。是所望于善读《孟子》者。

又曰：无思无为，不在思、为之外；不学不虑，不在学、虑之外。思只思这无思的，为只为这无为的，学只学这不学的，虑只虑这不虑的。无思无为，何曾少得思为？不学不虑，何曾废得学虑？无思之思，无为之为，何碍其无思无为？不学之学，不虑之虑，何害其不学不虑？错认本体，以无思无为、不学不虑为玄空，为自在，为不致毫力，为不起一念。错认本体，因错认工夫，以思为学虑，为骛外，为袭义，为倚靠隳落，为帮贴障蔽。殊不知圣贤之所谓无思无为、不学不虑者果指何物，且既曰无思无为、不学不虑矣，而复谆谆教人以思为学虑之方者，岂圣贤立言自相矛盾如是耶？学者所当深长思之也。

又曰：命也，性也，道也，教也，一以贯之也。如云无善无恶，则是在天为无善无恶之命，在人为无善无恶之性。率无善无恶之性为无善无恶之道，修无善无恶之道为无善无恶之教，不知成何宇宙？甚矣，姚江之徒之谬也。

读此数则，可知先生之学矣。先生中年被罢，流寓金陵，寄怀园林谿壑，曰愚斋，曰朴园，曰归洁园，曰豁然楼，曰默默轩。假名胜以徜徉，择幽深而游息，依山傍水，问柳寻花，则与迁客之流连，骚人之寄托，同其怀抱也。

同游诸子：陈说岩、杜濬、李嶷、刘藜光、周节、施虹玉、洪秋士、钱础日、高节培、周鹿峰、汪文仪、李仁熟、俞春山、郑肯崖、萧介石、陈省斋、刘道尊、黄伯和、范彪西、梁艮夫、汪匪我、韩元少、张寄亭、周澹园、李托裕、刘然、洪名、刘西涧。

江阴杨先生 [名时]

先生讳名时，字宾实。少严重，有局度，不为事物仓卒摇动。为诸生，即取性理诸书朝夕寻绎，得圣贤门径所从入。成进士，出安溪李文贞公门下，遂从文贞问学请益，无间寒暑。而暗然为己，一主于诚，则其自得者也，不尽出于师授。平时存省缜密，推勘精严，札记、讲义诸篇，往往能补师之所未及。读其书，想见其践履之笃实，操持之坚苦，未尝不令人心折焉。以视夫讲学家之笼统陵驾、居之不疑者，相去远矣。

其记《大学》也，曰："修身"二字，所包甚阔，然其功已尽于诚意中，到此只是检点身与人接处，使所施之情得其当耳，观后传以亲爱等言可见。正心，向或专指涵养心体说，工夫原不脱持养，而其当检点者，则恐感物之时，因喜怒哀乐之发，有过不及而失其正。此虽非恶，然亦未尽善也。正心当属用边说，观后传以忿懥等言可见。诚意，向或将意字作念字看。念有善恶，若实其恶念，亦可曰诚意乎？盖意与念不同，心上蓦地发出者为念，心之经营布置者为意。意虽不尽出于善，然此处意字，则以为善去恶之意言。诚意，是诚其为善去恶之意。故朱子诚意章注云皆务决去而求必得之，可见力行之功尽于诚意内。若云在念头上要他实实好善恶恶，非有为善去恶之功，则好善恶恶之意亦何由而快足乎？诚意章慎独，独者，人所不知而己所独知。盖意之所发，其能实之与不能实之，皆人所不知而己所独知也。必致慎乎此，则无徇外为人之弊。若不慎于独中欺慊之幾，但致慎于人所及知之地，则自修之功亦甚疏漏矣。欲正先诚，谓欲正其心于应物之际，使喜怒哀乐之发皆中节而无过不及，必先省察克治，诚其为善去恶之意，使所为有善而无恶。盖喜怒哀乐之不中节，其失犹小，而为善去恶之心不诚，其所关尤大。且未有不能为善去恶，而其喜怒哀乐之发能中节者也。

曰：天命之性，大公无私，所谓善也，此明德之体也。人能克己，始能复性。而克己之功，必先明以察幾，乃能健以致决，即物体察，知万物皆备之体，乃能去有我之私。此格物致知所以在诚意之先。曰：格物穷理，乃格身心之物而穷其理，理即性也，故穷理即尽性之始事。若泛然格去，欲为观象极数之学，非知穷理之要者。曰：今人错认"格物"二字，以博物为格物。不知格物是明善择善工夫，非博物之谓也。如夫子之生知安行，是天纵之将圣分上事，其多才博物，特又多能内事。曰：穷理者，穷其性之固有也。博学审问，慎思明辨，总此明善而已。若格庭前一竹，以为此是穷理，曾何当于明善耶？格物须明其本性之善，若徒逐其形质之变而求之，只格得阴阳五行之气，不曾明得善。曰：汉唐儒者，多以诂训名物为学，滞于外而忘其内。佛氏以明心见性为事，又专于内而遗其外。性合内外，忘内，则所谓外者亦粗迹而已，遗外，则所谓内者亦枯槁无用者而已。知得此意，知内外相为体用而不可相无，又不可因此遂谓穷理之功。既当求之性情，又当求之事物，认作内外并重，两路用功，终致分驰散漫而无归宿。须知有本有末，一以贯之。子夏云："博学而笃志，切问而近思，仁在其中矣。"此言致知之事最善。所学者博，而志专于为己，又切而问，近而思，笃字，切字，近字内便收入根本来，灼然见为我性皆备之体，虽未及乎力行而为仁，然知得真切，则仁已在其中，从此加诚身之功，便易为力。汉唐儒者，有勉强力行而不能至道者，知不真也。周、程、朱子之所以至道者，知之真也。此程朱格物之说所以为至，而孟子之言道统必曰见而知，闻而知也。

曰：知至而后意诚者，知行本相因而并进，必眼见得到处，足方踏得到也。知无不至，则意无不实矣。曰：知至为知之全体大用无不明，断无知既至而意不诚者。但诚意之功本彻上下而言，虽圣人地位，慎独之功未尝息也。故注云：知既尽，则意可得而实矣。曰：诚意者，有为善去恶之意，而能践之于身，不欺其意也。若但以立心诚实为诚意，此乃穷理力行之基，豫养于其始者。或以无妄念为诚意，似与注中实其所发未吻合。盖务决去求，必得实尽为善去恶之事，方能实其好恶初意，非徒不起妄念之谓。诚意是实其好善恶恶之意，意字只在好一边说。诚者是恶务决去而善求必得，使好恶之意不虚也。曰：人有人心道心，故意念有善有恶。须是为善之意真挚笃切，绝无不善之意间杂，乃能实其好善恶恶之本意而不虚。曰：诚意有两解。一是用力为善去恶，以实其好恶之心；一是意所发有善恶，须使为善之意真诚无伪而不杂于恶。观诚意章句，则当以前说为主。盖能实其好恶之意，则发念之诚而无伪已该其中矣。若单说念头真诚，未说到尽为善去恶之功，则"德润身"句尚下不得。曰：观如恶恶臭好好色，则意字当以好善恶恶之本意言，不当兼善恶说。若说实其善恶之意，便讲不去。一解诚作纯诚说，言意有善恶，须使其意纯一而不杂，亦可通，但与传文及注解不合。凡意之所以不诚，其受病全在转念，能不为转念所间阻，则善必为，恶必去，而好善恶恶之本意实践而不虚矣。可见诚意只主实其本意说，而遏绝其转念一层已该在内。如此，则"德润身，心广体胖"，其工夫俱尽于诚意中，故结之曰"君子必诚其意"也。注中实字至精，非徒发念真诚不假伪之谓。又案：主意之意与志字相近，但志是远大之意，意是细碎之志。如说欲为圣人，此便是志。就一事上说欲为善去恶，却只好说得是主意，不可用志字。志是大而直者，意是小而曲折者。曰：既知善当为，恶当去，而立意欲为善去恶，却不能为之去之，是自欺其意也。不实其言行是欺人，不实其意是自欺。所谓实其为善去恶之意而不虚之者，在无自欺其意也。曰：为善去恶之意本我心所发，其后之实与不实，唯己独知，此处须慎之以审其实不实之幾。所谓实其意之所发者，不但不欺人，而不自欺之谓也。盖人发一言而必复其言，行一事而必成其事。能实其言与行者，仅可谓之不欺人。若发一意欲为善去恶，而念虑之间，事为之际，不能实践，则为自欺。自修者必禁止此弊，于恶必去，于善必为，以求自快足其意。凡其不能实践其意而自欺，与能实践其意而自慊，惟己独知，而他人不知之，非如言行之实不实人及知也。必谨之于此，以审其欺慊之幾，使意之所发无一不实，无异于慎于人所及知而欲其言行皆实也。

曰：独处用省察克治，共见处亦须省察其念虑，克治其私欲。若说共见处，心上发念亦是独，此时用省察克治，即是慎独。不知人所共见处用省察克治，只算一个慎字，如何是慎独？大抵常人于共见共闻之地，知慎者多，于人所不及知之地，能慎者少。故圣贤以慎独为教，最为吃紧。今以独字为己所独知之地对人所共知之地而言，其工夫甚得力，能慎乎此，共见共闻自无不慎。说虽似粗，而足以包于精。若以独为动念处而言，则必有徒谨于共见共闻之地，遂以为吾于慎独之功已略能做得一半，至人所不见不闻处，便自宽假。其为说似精，而实不得力。且当日圣贤之旨，本不以独为动念处也。至注中幾字，莫要即作独字看。谨之于此，以审其幾，是言谨之于独，以审其幾也。可见人所共知之地亦有幾在，亦当谨其幾也。注中"苟且以徇外而为人"，此非正释自欺，乃是就言行能实而不欺人上说，意云不可徒不欺人而已。下文"小人之闲居为不善"，是自欺揜着，则既欺人矣。自字对徇外为人说，须贴注中，以求快足于己，方见着力吃紧。曰：应物处固要谨，不谨则恐言行有未尽得宜处。然自己独知处尤不可不谨，若此处不谨，便是自欺。曰：诚意即诚身，下正心、修身、齐治平四章，特明其相因，以见诚意之重，非谓诚意之后，心尚有不正，身尚有不修也。若不正不修，不得谓之诚矣。

其记《中庸》也，曰：天命之谓性，性之与理非有二焉。盖天以于穆不已之理化生万物，而人得此理以为生，即具此理以为性。故体之于人，即可以识此理之不贰，而验之于天，又可以察人生之本来。无极太极，太极阴阳，此天之一理所流行也。性缘理而立，理从性而生，此人之本乎理以为知觉也。不禀乎天，则性何自来，不应乎事，则理何由见。故理为制事之宜，乃百圣不能易之至言，岂别有所谓性而可妄加于人哉？通乎此，则一贯之道也，性善之论也。然非至诚之人不能达其说，故一诚为应事之本，忠君孝亲，必极其诚然后可。极其诚则即宜，用宜之道心也。一有伪焉，则悖宜，不宜之人心也。人心缘外欲而生，虽人所不能无，然易流于不善。道心乃性之所发见，亦与浑然在中之性有别。程子谓：才说性时，便已不是性也。即如太极中虽具阴阳而不偏著于阴阳，至分阴分阳，则太极之所分寄，非浑然之体矣。若夫阴中具阳者，动根乎阴也；阳中具阴者，静根乎阳也。阴阳包涵于太极者，两仪已立之后也；太极不杂于阴阳者，二气未分之初也。所谓维天之命于穆不已者，其不外是乎？命于人而为性，率之而为道，皆此生理之所凝结，而布濩乎人心之所发，出于至诚，则与未发之本不相远矣。善学者求其性之固有，循乎己之当为，克己复礼，由思诚以入于至诚，服膺弗失，则一贯有期，即性即理，本然之学于是乎明，阴阳太极，一体之道于是乎通，大圣人觉世牖民之至意，亦于是乎为不虚矣。

曰：不睹闻，非真是无睹闻，只情未发时便是。朱子云戒惧，是由外言之以尽于内，非是就一刻说，乃是大概说。大抵恐惧戒慎之心，都是因有所感触而起，然学者却当于无所感触时亦恐惧戒慎。故曰由外言之以尽于内。曰："莫见乎隐"节，或以由静而动言，尚将此节与上节分作两时，不知存心谨幾有两件工夫，非有两般时候。常常提醒此心，使之清明如神，一有幾微之动，即以此清明之心省察克治之。戒惧如灯令常明，慎独如将灯照物。曰：不睹不闻，非真目无睹耳无闻也。一日间有目虽睹而不必用意睹之，如不睹者，有耳虽闻而不必用意闻之，如不闻者，此即不睹不闻也。其因睹闻而有所感触者，方是睹闻。而感触中亦有不同。有因感触而惕然知所畏顾者，此戒慎恐惧之事也。有因感触而发出念头者，即所谓独，不可不慎者也。如非礼之声色因睹闻而入，便起私欲，要视之听之，此即独之当慎处，须以义断之。

曰：独字兼独知之念虑。独知之事为说，除恶念，去恶事，即《大学》去欺求慊之功也。曰：戒惧慎独，时时皆然，非一时戒惧，又一时慎独也。心上提醒，是戒惧，正所发之念使无欺是慎独。此所谓敬、义夹持。盖人无思虑及无所感发用情时本甚少，当此须臾之顷，全是敬用事，而义未尝不行于其间。及一思虑一用情，则于敬之中尤显出义之用。须知敬义虽刻刻并行，而慎独尤义之着力处也。曰：戒慎恐惧敬也，慎独义也。凡人惕然知畏惧之心属敬，随即整饬容貌衣冠，此整饬处即属慎独。盖独者，意也。凡属意念者皆是独。无论小念大念，总之一涉思虑，皆是己所独知。惕然知畏之心属敬，一敬后便动念去整顿此念，即属独上。凡读书做事，其一种不肯忽略之意，即敬也，思虑之得宜，即义也。义无所不在，念虑之微，事为之著，莫不有义焉。而念虑则精义集义之切要处也。曰：敬无时不然，义有时不显。康节云阴是循环无端，阳是有首有尾的，即此理也。曰：敬、义无处不在。如日用间容止语默之际，处处有惕然知畏意，即敬也；知畏惧，便加整饬，使容止语默得其宜，即义也。读书穷理之时，清明专一，敬也；慎思之，明辨之，即义也。发一念，为一事，其炯然不昧，主一无适，敬也；省治裁断，即义也。即有言行与人酬对时亦然，总不离敬、义。敬、义并念而处，而敬常为首以倡义。凡义之所行，皆敬之所为也。但朱子解道也者两节，却将整饬容止语默意作戒慎恐惧，不作慎独。盖以整饬容止语默不过略略检点，不消大着意用力，虽不可谓敬中无义，然敬显而义隐。至慎独处，亦皆敬之所为，然义显而敬隐。如此说既于不离道意脉不相刺，而敬则自外收入内，义则自内达之外，于下文"未发之中"、"已发之和"工夫各有归著。朱子之说亦精矣。故此章程朱之说皆可依。至《大学》诚意之功，断兼敬、义两事。若以主敬为正心之功，甚为有弊。

曰：注云既常戒惧，而于此尤加谨焉。谓以此戒惧之心而加谨于此，即周子《通书》所谓存诚以谨幾。细思此语，可以知工夫非是两截。敬以直内，内者，吾心之本性在焉，故属未发边；义以方外，外者，事物之纷在焉，故属已发边。曰：凡主敬者，以非敬不能守义行义也。若异端之惺惺，但要得此心灵觉耳。曰：一日间固常有不用意观物听言时，虽睹若无睹，虽闻若无闻，即不睹不闻也，非必闭目掩耳，乃为不睹不闻也。其用意观物听言时，则所谓睹也、闻也。不睹不闻，固是未发，方睹方闻时，一心用在睹闻上，渐要引出喜怒哀乐，然亦将发而未发也。发念虑时，有因睹闻而发者，有不因睹闻而自发其所发。或一发便是喜怒哀乐，或未便是喜怒哀乐而近于喜怒哀乐。盖中节不中节之分，全系于此，此所谓隐微也。及至发出为喜怒哀乐，言行昭著，人共见闻，则见显也。曰：有睹闻时，喜怒哀乐之幾将发，一转即发矣。

如闻人言语，或看文字，其不立意见，虚心默受，即是戒慎恐惧工夫，属在敬边。随察其言语文字之是非，而以我意裁决之，是即慎独工夫，属在义边。盖喜怒哀乐之端已肇于此，其因睹闻而心以为是者，即喜之端也，心以为非者，即怒之端也。因睹闻而生油然畅遂之意者，即乐之端也，生肃然悚栗之意者，即哀之端也。此即是已发。盖睹闻是物来感我，隐微独知是我心应物。物感我时，以静虚之心受之，是敬边事；我应物处，以察治之力主之，是义边事。戒惧于睹闻而及于不睹闻，此未发之体所以立也，慎于隐微而达之见显，此已发之用所以行也。

曰：程子谓既有知觉即是动，朱子谓静中之知觉虽是动，不害其为未发。程子所谓知觉，以萌芽发动之知觉言也。朱子所谓知觉，以知觉之本体言也。知觉之本体，刻刻常在。至慎独独字，则以念虑之发己所独知而言，乃知觉之用也。曰：程子曰善恶皆天理，所谓恶者，止只有过有不及耳。故发不中节，即恶也。若以莫见莫显为形容至静中一点光景，慎独之独即是己所不睹不闻。此便是《老子》所谓“恍兮惚兮，其中有物，窈兮冥兮，其中有精”与庄子所谓“尸居龙见，渊默雷声”之说，非圣学相传之心法也。若如程子之说，以其所不睹不闻作人所不睹不闻看，即指独字而言，戒慎恐惧即是慎独，看得上节下节内俱兼敬义。此说细究之，于义甚精。盖人所不睹不闻处，我心有不发念虑时，有发念虑时。不发念虑时，惕然顾畏，敬也，随即整饬容体，使合于则，义也。此即是戒慎恐惧于不睹不闻，而慎其独知也。发念虑时，有善念有恶念。知其为善念而不敢弃之褒之，知其为恶念而惕然畏忌，敬也。随即于善断然为之，于恶断然去之，义也。此亦是戒慎恐惧于不睹不闻，而慎其独知也。如此看不睹不闻，所该甚广。或独居一室，或与人应接，我心独知处，皆人所不睹不闻也。如此用功，自然喜怒哀乐未发时，能保全不偏不倚之体，及至发时，能适合于无过不及之用。不睹不闻而独知处，尚未涉喜怒哀乐，而喜怒哀乐之根、喜怒哀乐之几俱系于此。以此观之，《大学》诚意慎独本兼敬、义，程子之意但味其所二字，似应作己所不睹闻说。

曰：未发是用中之体，而所谓本体之性即此而在。曰：注云“自戒惧而约之，以至于至静之中”，可见戒惧之功，本在寻常动用时。“自谨独而精之，以至于应物之处”，是慎于人所共知也。上节戒惧兼动静，确矣。下节若云“慎于方动之时”，不遗却应物一层耶？若将应物处一段践行工夫仍归于戒慎恐惧内，又有未安矣。若云应物时、发念处即是独，朱子何以云"自谨独而精之，以至于应物之处，无少差谬而无适"？不然，盖应物时、发念处只是谨幾，谨幾与慎独须有别。故"慎独"二字亦当对见显一层说，与上节补睹闻一例看。曰："自谨独而精之，以至应物之处"，尝疑应物时之动念，亦即独也。今似将应物一层推开说，何也？盖平时之念虑与应物时之念虑，皆己所独知，人所不知也。若应物时之言行，则人所共见也。言行亦要检点使之得宜，然是后一层事。慎独则是主脑，在念初萌处。曰：天地位，万物育，随人所处地位皆可说。自天子至一国一乡、一家一身皆然，乃是实理实事。尧舜之地平天成，时雍风动，鸟兽草木咸若，是尧舜之位育也。孔子虽不得位，教泽及于天下后世，是孔子之位育也。曰：或问中和交致，致字中可该得格物致知工夫否？曰：格致工夫在慎独内省察二字中。

观此，知先生之格致诚正，皆从心身上一一阅历过来，故言之亲切如此。有此亲切工夫，推而行之，一皆亲切教养，亲切事功。文集所载各疏、各论、各示、各檄、各规约，皆因地为之制，因时为之宜，因人为之转移。滇人至今不忘其德者，此也。而至其定识定力，则身可折而道不可折，气可挫而志不可挫。负荷殊恩，厚膺隆眷，卒以礼部尚书兼管国子监事。其在太学升讲堂，提纲挈领，示诸生曰：学以希天也。天德诚而无妄，一仁之流行也。故必纯于仁，斯谓之诚。其功则在敬以直内，义以方外。盖《乾》画，实诚之象也，《坤》画，虚敬之象也。敬以涵义，义以敬行。人本天而亲地，故体坤斯有以合天。其要必自暗然为己，以为默契天载无声无臭之基。不易世，不成名，遁世不见，是而无闷，乐则行，忧则违，此天德之密，而圣学之所以成始而成终者也。故《易》爻、《论语》皆首发其义焉。有圣学，始有王道。乾元始，万物利，天下而相忘于不言，故论圣德以无名为至，论从政以不贪为美。诸生闻其说者，本末多可观焉。

漳浦蔡先生 [新]

先生讳新，字次明，号葛山。进士，历官大学士，谥文端。学以求仁为宗，以孟子不动心为指归。

其著《丹仁说》曰：有为三教合一之说者，谓老氏之丹，即儒者之仁，特异其名耳。故老氏汲汲于还丹，圣门汲汲于求仁，其致一也。余始闻而惑焉。窃自惟幼习儒书，于圣门求仁之方极意钻研，而未能得其领要。长而涉猎于道教，其间所言性命精微之理，皆杳冥恍惚，未能折其谬而服其心。因反覆深思，究其立心之始与成功之终，有判然而不相合者，始确然信其异而非同也。盖老氏之汲汲于还丹，欲得之一己私也；圣门之汲汲于求仁，欲达之天下公也。得之一己者，所谓"刀圭一入口，白日生羽翰"，可一蹴而至，而于人无与也。达之天下者，所谓苟存心于爱物，于人必有所济，随分可自尽，而于己亦无与也。是其立心之始既判而不同，而成就之规复迥然其互异。乃欲以自私自利之心与胞民与物之量同类而并观，亦惑之甚矣。或谓礼、乐、兵、农，皆济世之具，孔子于由、求、赤三子，许其功而不许其仁，抑独何欤？曰：兵、农、礼、乐，仁之散著，而非其本体也。若论本体，则天下归仁，宇宙内事皆吾分内事，巍巍乎有天下而不与焉，惟圣者能之，岂一材一艺之可拟哉？然则老子丹成之后，上符天篆，造化生身，岂不与仁同功而异位乎？曰：拔宅飞升之事，今亦未见其人，即使有之，亦赖仁人以济世。无皋、夔、稷、契，将巢、许、随、光亦沦胥以没矣，恶在其能成道也。故吾儒之学，非济世及物不为功。

又《三不可得说》曰：余尝苦此心难治，因集先儒言操心、养心、存心、求放心之法，汇成一册，为《事心录》，昼夜体玩，而终不能有得也。因看《金刚经》所云"过去心不可得，现在心不可得，未来心不可得"，初甚乐之，咸谓事心之学莫过于此，与吾儒无将迎，无内外，扩然大公，物来顺应之旨若合符节，此不动心之学也。虽然，予亦尝从事于斯矣。夫过去之事，其慊于吾心者，忘之犹可言也。其差错谬误，不安于心者，则必悔悟深切，痛自刻责，以为迁改之端。《易》曰："震无咎者存乎悔。"昌黎亦云："小人在辱，亦克知悔，及其既宁，终莫能戒。"在辱而悔之，既宁而忘之，非过去心之不可得乎？频复之厉，实基于此。若夫未来之事，其计度谋望之私，不存可也。其或事关艰巨，时当盘错，苟非讲之有素，何能应之裕如，则豫之不可已也。《中庸》言："凡事豫则立。"自古名臣硕辅，所以定大疑、决大计而成大务者，皆以豫也。岂得以未来为出位之思、愿外之想乎？至现在之事，则当幾之，是非得失，间不容发，非实有审幾之哲、决幾之力，不能当幾而发，泛应曲当也。今在过去者，视现在为未来而不之问，未来者视现在为过去而不复留。既无远虑于前，徒贻借鉴于后，势必旁皇失错，甚至卤莽灭裂，一心之回惑，尚可言乎？若谓无思无为，寂然不动，感而遂通天下之故，此则知幾其神，惟圣者能之，岂所望于学人乎？故"三不可得"之说，余既学焉而未能，亦明其不可也，因为之说以自解云。或曰：然则不动心之道，其不可学软？曰：此非孟子之不动心，乃告子之不动心也。三代之时，佛法未入中国，告子"不得于言"四句，与此正相吻合，宜孟子于杨墨之外，独哓哓于告子也。

观此二篇，亦可知先生之学之大概矣。先生邃深经学，为上书房总师傅者数十年。其进呈经解，本末灿然，率皆敬肆欺慊，非盈虚消长之所由来，即治乱安危之所必致，不徒守经师之旧谈也。

其《解泰卦九三爻词》曰：臣谨案：天人治乱之幾，其微矣哉！欲治而不乱者，天心之仁爱也。不能有治而无乱者，气数之乘除也。惧其乱而保其治者，人事之所以维气数而体天心也。自盈虚消息言之，则天心有时不胜气数。以制治保邦言之，则人事亦有时而符天心。谓数不可逃，《六月》、《云汉》之诗，何以光复旧物？谓时有可恃，开元、天宝之治，何以不克令终？知此意者，于《泰》之三爻见之矣。夫泰，极盛之时也；三，亦犹阳长之候也。圣人于《否》，至四而后有喜词；于《泰》，当三而即多戒惧，虑患之意深矣。

盖天下之乱也，不于其乱而生于极治之时，何也？开创之始，国势方兴，人心未固，君若臣早夜孜孜，无非为天下谋治安，为子孙措磐石，其精神之所周贯，天人实系赖之。履泰以后，上恬下嬉，渐忘其旧，君以声色逸游为无害民生，臣以持禄养交为安享暇豫。进谏者谓之沽直，远虑者谓之狂愚。其上下之精神谋画，莫不狃目前之安，而图一己之利。夫图一己之利者，未有不贻天下之害者也；狃目前之安者，未有不来后日之悔者也。则堂陛之玩愒，其一也。

开国之初，简节疏目，网漏吞舟之鱼，而吏治蒸蒸，不恃法也。升平以后，巧伪渐滋，则文网愈密，以繁文缛节为足以黼黻太平，以科条律例为足以厘剔奸蠹。由是百里之命可寄，而颗粒铢两之出入不敢专焉；钧衡之司可秉，而是非轻重之权宜不敢问焉。使其君子无所恃以尽设施，其小人有所援以售巧伪。行之既久，人人但以簿书期会为尽职，而立法之初心，设官之本意，茫然莫辨矣。则政令之烦琐，其一也。

国以民为本，民以食为天，当泰之时，民物滋丰，而民之游惰耗之，俗之侈靡耗之，朝廷之征敛愈密、经费日增耗之。古者以庶而致富，后世则以庶而愈贫。古者论贫富于民间，后世则计赢绌于内府。古者制国用，量入为出，后世筹度支，则因出而经入。由是虽有恤民之令，而民不见德，徒有足国之计，而用不加饶。则物力之匮竭，其一也。

人才者，国家之元气。拨乱之世尚功，致治之初尚文，皆有经世之远猷。泰运既开，承平日久，朝廷渐厌谠论，士大夫讳言风节，拘牵文义以为学，熟习圆通以为才，卑顺柔诡以为德，靡曼繁缛以为文。俗以此为尚，家以此为教，莫不渐染成风，揣摩干进。夫贵之所向，贱之所趋也；家之所修，廷之所献也。在朝无骨鲠之臣工，则在野之诵读皆市心矣；居乡无廉隅之砥砺，则登进之事功皆苟且矣。则人才之委靡，其一也。

风俗者，盛衰之本源。当泰之初，室家妇子，里党闾巷，多有敦庞安集之思。厥后生齿繁，则家庭之诟谇日起，生计迫，则里巷之任恤渐衰。商贾之豪奢逾仕宦，狙狯之险健欺善良。朝廷敦宽大之政，然法行于愚懦而疏于奸民，是长其桀骜之气也。吏治博安静之名，而蠹胥之弊窦日启，雀鼠之案牍常悬，是酿其刁悍之习也。则风俗之浇漓，又其一也。

此数者，或由矫枉之过正，或因时势之递迁，皆人事与气数相因而至者也。圣人知其然，故于《泰》之三爻，即戒以"无平不陂，无往不复"，霜虽未冰，月已几望，诚甚惧乎其孚也。然可谓之气数、人事，而不可谓之天心。盖天心之仁爱甚矣。自古虽当衰乱之运，其君臣能恪谨天戒，侧身修行，则天犹未有不予之以治者，况其未雨之绸缪乎？诚使为人君者，懔竞业之小心，存无虞之儆戒，念《六月》、《云汉》之诗，鉴开元、天宝之事，庙堂之上，恪恭震动，百尔臣工，惟怀永图，罔敢玩愒，以迓天庥。然后崇简易，敦大体，重责成，戒丛脞，则政令不烦矣。省浮费，戒屯膏，修地利，薄征税，则财用不匮矣。审好尚，公赏罚，奖忠直，黜浮华，则人才咸奋矣。敦孝弟，重农桑，严豪猾，清狱讼，则风俗还淳矣。保大定功，和众丰财，有苞桑之固，无复隍之忧，岂不于食有福哉？而必自君心之无玩愒始，则欲尽人事以体天心，而维气数者，诚不外艰贞之训欤？

其《解初一》曰：五行全节曰：蔡沈曰此九畴之纲也。在天为五行，在人为五事。以五事参五行，天人合矣。八政者，人之所以因乎天；五纪者，天之所以示乎人；皇极者，君之所以建极也；三德者，治之所以应变也；稽疑者，以人而听于天也；庶征者，推天而验之人也；福极者，人感而天应也。

臣案：九畴之文原本《洛书》之数，所谓"戴九履一，左三右七，二四为肩，六八为足"者也。五居其中，谓之皇极。其本末有序，其先后有伦，先儒论之辨矣，而对待之义鲜有及者。臣尝绎之，其法以君心为本，上下四旁备列天人，以监观省察，互成其用。君天下之大法，精且备矣。何则？五行者，天道之始也，福极者，人事之终也。天以健顺五常，化生万物，向之者福，背之者威。王者向明而治，赏以春夏，刑以秋冬。其协于极者，则爵赏所加也，而福寿康宁必及之。其罹于咎者，则刑罚所施也，而忧贫疾弱必及之。是圣人之与天共治也。故一与九对，而五行、福极位焉。

五事者，修身之要，人事之本也。庶征者，感应之幾，天道之著也。人君一念之敬必形于外，则凡正身以正朝廷，正朝廷以正百官万民者，相因而至，和气之所以致祥也。一念之肆亦必形于外，则凡作于其心，害于其政，发于其政，害于其事者，亦相因而至，乖气之所以致异也。乃范约言之：曰肃乂哲谋圣，则为时为若者应焉。曰狂僭豫急蒙，则极备极无者应焉。所以深著其感应之幾、征召之速，甚微而可畏也。自古明圣之君，必于此而念之，是圣人之以天自治也。故二与八对，而五事、庶征位焉。

八政者，治世之大端，布于人也。稽疑者，神道之所设教，谋之于天也。盖王道之原，明则有礼乐，幽则有鬼神。惟明有礼乐，故圣人不敢矜无为之治，而食货宾师、命官分职之事从斯而起，所谓建诸天地而不悖者也。惟幽有鬼神，故圣人不敢矜睿思之智，而蓍龟卜筮、三兆五占之法从斯而立，所谓质诸鬼神而无疑者也。是圣人之本天以前民也。故三与七对，而八政、稽疑位焉。

五纪者，钦若之意，后天奉天也。三德者，君师之任，以人治人也。万物幽郁沉滞之气，生于阴阳之愆伏，而默化于岁会之中和。人心偏陂颇侧之端，起于刚柔之互胜，而无不可偕于正直之大道。故五纪布而岁功成，则风、雨、露、雷无非教也，而岁月、日时、星辰、象数，莫不顺序矣。三德敷而万民化，斧、钺、弓、旌无非教也，而沉潜、高明、强弗、燮友，胥受裁成矣。是圣人之与天同功也。故四与六对，而三德、五纪位焉。

总之，皆建极也。故《皇极》一章，言皇建其有极，即申之以锡极、保极、协极、作极、会极、归极，而不言建极之义者，八用总归一建也。以五事修身，以八政理物，以三德立中和之纪，以威福持赏罚之公，天子行之为道义，庶民遵之为道路。由是经之以五行，故材不匮也；叶之以五纪，故序不愆也；参之以稽疑，故民听不惑也；验之以庶征，故事行有考也。《易大传》曰："河出图，洛出书，圣人则之。"其以此欤？然则《河图》虚太极于八卦之外，而《洛书》独列皇极于九畴之中者，又何也？盖太极，天道也，惟不杂阴阳，故能为万物之枢纽。皇极，王道也，惟不离乎万物，故能为四海之会归。此以见天人系属之故，有相维而不相离者，范之深意也。

抑又考之，《皇极》一章，不汲汲于庶民之淫朋比德，而独于凡厥正人三致意焉。俊民何与于庶征，而言庶征，则以用章为平康之本；秉彝无关于五福，而语五福，亦以好德居考终之先。此又皇降之衷、阴骘之意所最先者。故其丁宁垂训如此。《大学》平天下之道在于用人，锡福之君所宜深念焉。

经解可诵者不止此二艺，而此二艺尤为精卓，故录之。所著有《缉斋诗文集》。

桐城方先生 ［苞］

先生讳苞，字灵皋，号望溪。进士，官至礼部侍郎。穷究经史，而于三《礼》考核尤精。通千古盛衰得失之故，辨历代离合异同之言，以蕴蓄郁积而宣之于文。其为文也，简而中乎理，精而尽乎事，隐约而曲当乎人情，大抵根柢于史氏而游泳乎韩、欧者也。今录其言，学者亦可知先生之所自来矣。

其《原过》曰：君子之过，值人事之变而无以自解免者十之七，观理而不审者十之三。众人之过，无心而蹈之者十之三，自知而不能胜其欲者十之七。故君子之过，诚所谓过也，盖仁义之过中者尔。众人之过，非所谓过也，其恶之小者尔。上乎君子而为圣人者，其得过也，必以人事之变，观理而不审者则鲜矣。下乎众人而为小人者，皆不胜其欲而动于恶，其无心而蹈之者亦鲜矣。众人之于大恶，常畏而不敢为，小者则不胜其欲而姑息自恕焉。圣贤视过之小，犹众人视过之大也，故凛然而不敢犯。小人视过之大，犹众人视过之小也，故悍然而不能顾。服物之初御也，常恐其污且毁也，既污且毁，则不复惜之矣。苟以细过自恕而轻蹈之，则不至于大恶不止。故断一树、杀一兽不以其时，孔子以为非孝。微矣哉！亦危矣哉！

其《通蔽》曰：誉乎己则以为喜、毁乎己则以为怒者，心术之公患也；同乎己则以为是、异乎己则以为非者，学术之公患也。君子则不然。誉乎己则惧焉，惧无其实而掠美也；毁乎己则幸焉，幸吾得知而改之也；同乎己则疑焉，疑有所蔽而因是以自坚也；异乎己则思焉，去其所私以观异术，然后与道大适也。盖称吾之善者，或谀佞之虚言也。非然，则未尝知吾之深也。吾行之所由，吾心之所安，吾自知之而已。若攻吾之恶，则不当者鲜矣。虽与吾有憎怨，吾无其十，或实有四三焉。与吾言如响，必中无定识者也。非然，则所见之偶同也。若辨吾之惑，则不当者鲜矣。理之至者，必合于人心之不言而同然，好独而不厌乎人心，则其为偏惑也审矣。吾友刘君古塘行直而清，其为学常自信而不疑，心所不可，虽古人之书，不苟为同也，而好人之同乎己。夫古人之说不能强吾以苟同，而欲人之同乎己，非心术之蔽乎？知君者，犹以为自信之过也，不知者，将以为有争气也。君与吾离群而索居久矣，会有所闻，书以质之。

其《学案序》曰：昔先王以道明民，范其耳目百体，以养所受之中。故精之可至于命，而粗亦不失为寡过。又使人渐而致之，积久而通焉。故入德也易，而造道深。程朱之学所祖述者，盖此也。自阳明王氏出，天下聪明秀杰之士，无虑皆弃程朱之说而从之。盖苦其内之严且密，而乐王氏之疏也；苦其外之拘且详，而乐王氏之简。凡世所称奇节伟行非常之功，皆可勉强奋发，一旦而成之，若夫自事其心，自有生之日以至于死，无一息不依乎天理，而无或少便其私，非圣者不能也。而程朱必以是为宗，由是耳目百体一式于仪则，而无须臾之纵焉。岂好为苟难哉？不如此，终不足以践吾形而复其性也。自功利辞章之习成，学者之身心荡然而无所守也久矣。而骤欲从事于此，则其心转若龁㹟而不安，其耳目百体转若崎岖而无措。而或招之曰：由吾之说，涂之人可一旦而有悟焉。任其所为而与道大适，恶用是戈戈者哉？则其决而趋之也，不待顷矣。然由其道，醇者可以蹈道之大体，而不能尽其精微，而驳者遂至于猖狂而无忌惮。此朱子与象山辨难时，即深用为忧，而预料其末流之至于斯极也。金沙王无量辑《学案》，以《白鹿洞规》为宗，而溯源于洙泗，下逮饶仲元、真西山所定之条目以及高、顾东林之会约。盖无量生明之季世，王氏之飙流方盛，故发愤而为此也。此所谓信道笃而自待厚者欤！惜乎其学不显于时，无或能从之而果有立也。今其孙澍将表而出之，学者果由是而之焉，则知吾之心必依于理而后实，耳目百体必式于仪则而后安，而驯而致之，亦非强人以所难。既志于学，胡复乐其疏且简以为自欺之术哉？

先生尚节概，表幽隐，喜交天下士，而于学术则独守程朱。有友王源昆绳，恢奇人也，所慕惟汉诸葛武侯、明王文成，而目程朱为迂阔。谓使百世以下聪明杰魁之士沉溺于无用之学而不返，是即程朱之罪也。先生作而言：子毋视程朱为气息奄奄人。观朱子《上孝宗书》，虽晚明杨、左之直节，无以过也。其备荒浙东，安抚荆湖，西汉赵、张之吏治，无以过也。而世不以此称者，以道德崇闳，称此转渺乎其小耳。吾姑以浅事喻子，非其义也。虽三公之贵，避之若浼，子之所能信于程朱也。今中朝如某某，子夙所贱恶，倘一旦扬子于朝，以学士或御史中丞征，子将亡命山海而义不反顾乎？抑犹踌躇不能自决也。吾愿子归视妻孥，流行坎止，归洁其身而已矣。昆绳自是终其身，口未尝非程朱。先生以此语载之《李刚主墓志》，并云：余出刑部狱，刚主来唁，以语昆绳者语之。刚主立起自责，取不满程朱语载经说中已镌版者，削之过半，因举习斋《存治》、《存学》二编未惬余心者告之，随更定曰：吾师始教，即以改过为大。子之言然，吾敢留之为口实哉！先生所著，有《礼记析疑》、《周官集注》、《春秋通论》、《望溪集》。

兴县孙先生 [嘉淦]

先生讳嘉淦，字锡公，号懿斋，又号静轩。翰林，历官吏部尚书，协办大学士。少好静坐，诵读之暇，辄瞑目竟日。读书不泥传注，务返诸身心，以求实践。年二十余，为督学高文良公所识拔，即得闻性命之学，研求理学之书。又请业于仪封张清恪公，所造益邃。

尝谓：人言朱陆异同，此直好以口舌争胜耳。若实体则穷理、主敬，原不可分。盖克己乃圣学主脑工夫，但识己之所在，凡所动念，即据礼迫己从生，究己终极，即是穷理。己克而礼自复，即是主敬。所复之礼，不外孝弟，天德王道皆统于此。即如人臣受职，但事事念及民生，休养生息，使之乐业安居，自能老者衣帛食肉，而忠君亲上之心，不教而自生。孔子所谓至德要道，孟子所谓尧舜之道，孝弟而已者，正此意也。

生平惟以至诚待人，自居乡至立朝，未尝作一欺人语。与人共国家事，虽至亲故，亦侃侃无少阿。不得已至于奏劾，必直告无隐。为总制时，僚属有过，先以教谕，不悛，乃劾治。有可原，又未尝不为平反也，故受劾者不怨。处心虚公，不以倾险疑人。居常以八约自戒：一曰事君笃而不显，二曰与人共而不交，三曰势避其所争，四曰功藏于无名，五曰事止于能去，六曰言删其无用，七曰以守独避人，八曰以清费廉取。

视学安徽，进诸生于庭，讲明身心性命之学。纂《近思录辑要》一书，授之曰："此圣学阶梯也。"官国子司业，以人才出学校，而科目仅取文艺，无裨实用，请令天下学政选拔生员，贡于太学，九卿保举经明行修者，任助教、学正、学录，以经术造之，三年考其成，举以佐用。迁祭酒，复上言别置学舍，支帑为膏火资，学成，第其等叙用示劝。得旨，岁给银六千两，赐学南官房三百余间。于是分堂拨住，日给以肄业内外为差，严立课程，令助教等分宿官署。祭酒、司业五日一会讲。后以尚书总理国子监事，奏仿安定经义、治事二斋法，分条教授。学者刮磨砥砺，咸知实学，成均之化，称极盛云。

先生奏疏百数十篇，而天下传诵者，莫重于《三习一弊》。其言曰：主德清，则臣心服而颂；仁政多，则民身受而感。出一言而盈廷称圣，发一令而四海讴歌。在臣民原非献谀，然而人君之耳则熟于此矣。耳与誉化，匪誉则逆。故始而匡拂者拒，继而木讷者厌，久而颂扬之不工者亦绌矣。是谓耳习于所闻，则喜谀而恶直。上愈智，则下愈愚；上愈能，则下愈畏。趋跄谄胁，顾盼而皆然；免冠叩首，应声而即是。在臣工以为尽礼，然而人君之目则熟于此矣。目与媚化，匪媚则触。故始而倨野者斥，继而严惮者疏，久之而便辟之不巧者亦忤矣。是谓目习于所见，则喜柔而恶刚。敬求天下之士，见之多而以为无奇也，则高己而卑人；慎辨天下之务，阅之久而以为无难也，则雄才而易事。质之人而不闻其所短，返之己而不见其所过。于是乎意之所欲，信以为不逾，令之所发，概期于必行矣。是谓心习于所是，则喜从而恶违。三习既成，乃生一弊。何谓一弊？喜小人而厌君子是也。今夫进君子而退小人，岂独三代以上知之哉！虽叔季之主，临政愿治，孰不思用君子？且自智之君，各贤其臣，孰不以为吾所用者，必君子而决非小人。乃卒于小人进而君子退者，无他，用才而不用德故也。德者，君子所独，才则小人与君子共之而且胜焉。语言奏对，君子讷而小人佞谀，则与耳习投矣。奔走周旋，君子拙而小人便辟，则与目习投矣。即课事考劳，君子孤行其意而耻于言功，小人巧于迎合而工于显勤，则与心习又投矣。小人挟其所长以善投，人君溺于所习而不觉，审听之而其言入耳，谛观之而其貌悦目，历试之而其才称乎心也。于是乎小人不约而自合，君子不逐而自离。夫至于小人合而君子离，其患岂可胜言哉！而揆厥所由，皆三习为之弊焉。治乱之机，千古一辙，可考而知也。

我皇上圣明首出，无微不照，登庸耆硕，贤才汇升，岂惟并无此弊，亦并无此习。然臣正及其未习也而言之，设其习既已成，则有知之而不敢言，抑或言之而不见听者矣。今欲预除三习，永杜一弊，不在乎外，惟在乎心。故臣愿言皇上之心也。语曰：人非圣贤，孰能无过？此浅言也。夫圣人岂无过哉！惟圣人而后能知过，惟圣人而后能改过。孔子曰："五十以学《易》，可以无大过矣。"大过且有，小过可知也。圣人在下，过在一身，圣人在上，过在一世。《书》曰"百姓有过，在予一人"是也。故曰："文王视民如伤，望道而未之见。"文王之民无冻馁，而犹以为伤，惟文王知其伤也。文王之《易》贯天人，而犹未见其道，惟文王知其未见也。贤人之过，贤人知之，庸人不知。圣人之过，圣人知之，贤人不知。欲望人之绳愆纠谬，而及于所不知，难已。故望皇上之圣心自懔之也。

危微之辨精而后知执中难允，怀保之愿宏而后知民隐难周。谨幾存诚，返之己而真知其不足；老安少怀，验之世而实见其未能。夫而后欲然不敢以自是。不敢自是之意流贯于用人行政之间，夫而后知谏诤切磋，爱我良深，而谀悦为容者，愚己而陷之阱也。夫而后知严惮匡拂，益我良多，而顺从不违者，推己而坠之渊也。耳目之习除，而便辟善柔便佞之态，一见而若浼；取舍之极定，而嗜好宴安功利之说，无缘以相投。夫而后治臻于郅隆，化成于久道也。不然，而自是之根不拔，则虽敛心为慎，慎之久而觉其无过，则谓可以少宽；励志为勤，勤之久而觉其有功，则谓可以稍慰。夫贤良辅弼，海宇升平，人君之心稍慰，而欲少自宽，似亦无害于天下。而不知此念一转，则嗜好宴安功利之说，渐入耳而不烦，而便辟善柔便佞者，亦熟视而不见其可憎。久而习焉，忽不自知，而为其所中，则黑白可以转色，而东西可以易位，所谓机伏于至微，而势成于不可返者，此之谓也。是岂可不戒慎而预防之哉！《书》曰："满招损，谦受益。"又曰："德日新，万邦惟怀。志自满，九族乃离。"《大学》言"见贤而不能举"，"见不善而不能退"，至于好恶"拂人之性"。而推所由失，皆因于骄泰者自是之谓也。由此观之，治乱之机，转于君子小人之进退，进退之机，握于人君之一心。能知非，则心不期敬而自敬；不见过，则心不期肆而自肆。敬者，君子之招而治之本；肆者，小人之媒而乱之阶也。然则沿流溯源，约言蔽义，惟望我皇上时时事事常存不敢自是之心，而天德王道举不外于此矣。

先生之责难格非，陈善闭邪为何如乎？视朱子诚意正心之说，不亦后先同揆耶！于此可以窥先生之学矣。至其历任封圻，兴利除害，足垂后世者，载在国史，不具述。

宝应朱先生 [泽沄]

先生讳泽沄，字湘淘，号止泉。少时专务该博，多识强记，而于圣贤切要之言，反躬体察，未得其要归。顾独念朱子之学，实继周、程而绍颜、孟，以上溯孔子。自訾朱子者，谓朱子为道问学，象山、阳明为尊德性，分别门户，势同水火，久而莫释。伏取朱子《文集》、《语类》、《全编》读之，潜思力究，至忘寝食。初从《中和旧说序》、《已发未发说》、《与湖南诸公》、《答张钦夫说》，知其用功亲切，惟在静中持守，不敢昏乱，动中省察，不敢纷驰，几信朱子传心之奥在是矣。而又以为静中之动，动中之静，终未融澈，复不能无疑。乃玩《答陈超宗》、《（答）陈器之》、《（答）林德九》、《（答）林择之书》，《玉山讲义》及《太极图说》、《西铭解注》，遂恍然悟夫未发时，四德浑具，自有条理，已发时，四端各见，品节不差，而《语类》中陈北溪所录穷究根源来历一条，为教人入门下手处。盖学者先识理义大概规模于胸中，而日用之间，整齐严肃，惟从庄敬涵养中穷究根源来历如何，皆有以察夫天命之极致，而真知之，而固守之，如是则义理始为我有，而用功精进，与曩时意趣迥乎不同。诚有见夫静则昭昭不昧，而天理浑沦之原于此而存，动则井井有条，而天理脉络之分于此而发。一动一静，虽有体用之殊，而体常涵用，用不离体。静固凝然，动亦凝然。境有万变，心体则一。凡经书子史所为妙道精义者，活泼洋溢，皆统摄于此，融洽于此。此先生四十以前之梗概也。

由是深信朱子居敬穷理之学，为孔子相传以来之的绪，有不可得而移易者。盖居敬者，存其天理之本体，而非空寂；穷理者，穷其天理之条件，而非外驰。故从来道问学莫如朱子，尊德性亦莫如朱子。彼夫为朱陆同异之说，妄以尊道分涂者，固邪说诬民，充塞仁义。即学朱子之学，而居敬不知体认已发未发，斯理流行之实，徒矜于貌言视听之间，未免昏愦纷扰，徒劳把捉，穷理不知推寻性情体段身心源头之实，遂遍观夫天下事物之繁，亦未免失却本领，泛滥无归。是则所谓居敬者，岂朱子之居敬，而所谓穷理者，岂朱子之穷理哉！先生盖积十余年从朱子书中加精思实体之功，而后信为学脉不易之传也。

其《朱子未发涵养辨一》曰：主敬存诚，即所以涵养于未发，以贯通乎已发，实用力者自喻其微。然朱子未发涵养一段工夫，原极力用功，后儒为之讳者，其防微杜渐之意，自有所在。特以阳明《晚年定论》一书，取朱子言收放心存养者，不分早晚，概指为晚年，以明朱陆合一，定学者纷纭之议。若更言涵养，是羽翼阳明，无以分朱陆之界，故概不置词，俟学者自为寻讨，可谓用意深远矣。然朱子涵养，原与陆王两家不同。乃有所避忌，不显明指示，无以阐朱子涵养之切要，且益增章句文义之讥，而目为道问学之分途矣。纵有言及者，又似自陈所见，按之朱子涵养切要之序，不甚相合。盖朱子于程子未发之旨，辨之精，有一毫之未当不敢以为是，思之切，有一毫之未信不敢以为安。验喜怒哀乐之前气象，而求所谓中者，延平得之豫章，以上承龟山、伊川者也。凡言心者，皆指已发而言，程子之言也。与其信程子转相授受之言，不如信程子之言亲切而有味。是以用功于察识端倪，而不以观心于未发为然。然惟其辨之精，思之切，有一毫之未当未信者，不敢以为是而安，故于季通辨论之余，疑而悔，悔而悟，反覆于程子诸说，而自觉其少涵养一段工夫也。朱子悟涵养之旨自己丑始，悟涵养之旨无诸贤之弊，亦自己丑始。集程子诸说，参而求之，会而通之，因疑心指已发之未当而不可信，始悟心兼体用，必敬而无失，乃所以涵养此中，必实致其知，日就光明，而学乃进也。悟心兼体用，而有涵养于未发，贯通乎已发之功，则向来躁迫浮露之病可去，而有宽裕雍容之象矣。悟敬以涵养，又必致知，则绝圣去智，坐禅入定，归于无善无恶之弊有所防，而阳儒阴释之辈无所假借矣。自此以往，涵养之功愈深，所见愈精，本领愈亲。如涵养于未发之前，则中节者多。湖南诸友无前一截工夫，则有《答林择之书》。平日有涵养之功，临事方能识得，则有《答胡广仲》之书，此尤章章可考者也。

夫以朱子好学之笃，功力之专，自不数年而体立用行，然犹需之数十年者，亦有说焉。《答吕伯恭》、《（答）周叔谨》辈，往往从涵养中自见支离之失而不讳，固所以致友朋，箴来学，而自己之由疏而密，由浅而深，亦层进而有验。盖涵养而略于理者易，涵养而精于理者难。涵养而处事不当者易，涵养而事理合一者难。涵养而偏于静者易，涵养而动静合一者难。朱子自四十后，用许多工夫，渐充渐大，渐养渐纯。至丙午，《答象山》有日用得力之语。至庚戌，有方理会得恁地之语。又曰：幸天假之年，许多道理在这里。所谓涵养于未发而贯已发者，心理浑融无间而归于一矣。要其用功，一遵程子涵养之序如此。此直上溯伊川以接子思子之脉者，原与后世阳儒阴佛，假未发之旨，以实行其不思善不思恶之术者，较若黑白，亦何为有所避忌而不言哉！

或曰：子言朱子涵养之序详矣。彼援朱入陆者，方为晚同之论，以混于一。吾子之言，得毋中其欲而赍以粮乎？曰：不然。彼良知家，多言朱子晚年直指本体以示人。今朱子之书具在，如《答度周卿》、《(答)晏亚夫》、《(答)潘子善》、《(答)孙敬甫》诸书，皆六十以后笔，皆以涵养致知为训，曷尝单指本体乎？其言涵养也，莫精于《答吕寺丞纯坤》，不为无阳无知觉之事，而有知觉之理。其言进学在致知也，莫精于《答张元德》横渠成诵之说，最为捷径。此皆甲寅、戊午后之言，又何尝不以涵养致知为训，又何尝单指本体，与良知家有一字之同乎？如单指本体，不惟理不能穷，中无所得，即所养者，亦无理之虚灵知觉，正朱子所云一场大脱空者，亦不俟明者而知之矣。

其《辨二》曰：朱子之色庄言厉，行舒而恭，坐端而直，言貌之涵养者然；整容正坐，缓视微吟，虚心涵泳，切己体察，读书之涵养者然；静而常觉，静之涵养者然；动而常止，动之涵养者然；仁之包义礼智也，求仁之涵养者然；仁义礼之归于智也，藏智之涵养者然。历观朱子注疏、纂辑、删述、粹精之理，居官、事君、治民、忠爱之道，立身行事之大小，无不皆然。此所以动静周流，皆贯通于涵养未发之中者也。然其间尤有当辨者。朱子曰"敬字工夫，贯通动静，但以静为本"，言乎主敬而静也。程子曰"敬则自虚静，不可把虚静唤做敬"，言乎主敬则无弊，主静则有偏也。二说不同，亦自相须。必以敬为主，肃然收敛，无有杂念，乃是性体，此下手要着。敬到熟处，自然一念，不杂而静。朱子无时不敬，无时不静，敬静一者也。若有意于静而不知主敬，诚有如程子所言者。故朱子《答胡季随》、《(答)吕寺丞》讲戒谨、慎独二节言彻头彻尾，随时随处，无不致其戒惧之力，于独之起处尤为切要，更加谨惧，所以涵养须用敬。庶几有未发之中以省已发，慎所已发以全未发之中，而用敬用静之不可不辨也。朱子言未发见于《语类》者详，见于《文集》者，仅《答择之》、《(答)广仲》数书，其他不多有。惟《答吕寺丞》，再三言之，至于辨以未发为太极为不是。未发者，太极之静，已发者，太极之动，尤极细密。若以未发为太极，势必直趋静寂一路，不至于遗弃事物，专守本体不止。故《答张元德》，有"特地将静坐做一件工夫，却是释子坐禅"之语，谓延平行状下得重者，殆指此耳。试取《玉山讲义》、《答陈器之书》读之，至静之中而四德毕具，浑然一理，有灿然者存，是安得第言未发不详，所以涵养即所以立人极，而陷于无善无恶之说，此尤不可不辨也。

观此，则先生之涵养主敬可知矣。他若《朱子格物说辨一》、《格物说辨二》、《读中和旧说序》、《读朱子语类》、《读朱子答陈超宗、程允夫、何叔京书》、《读朱子答黄直卿书》、《太极图说》、《仁说》、《读朱子答程允夫书》以及《坤复乾艮四卦说》、《主静说》、《性情说》、《选读朱子文目录序》、《选读语类目录后序》、《书南轩先生集后》、《跋陈安卿先生集》、《书罗整庵先生答王阳明先生书后》、《共学山居讲义》、《骥沙东川书院商语》、《示进儿》、《示辂侄》等篇，大抵皆发明朱子之精蕴以为教者也，而从居敬以透主静消息。白田王先生极不以为然，谓既曰主敬，又曰主静，心有二主，自相攫拿，非所以为学。见《白田草堂存稿》中。先生所著有《辑朱子圣学考略》、《朱子诲人编》、《王学辨》、《先儒辟佛考》、《阳明晚年定论辑》、《文集》八卷。

吴江陆先生 [燿]

先生讳耀 [燿]①，字青来，一字朗夫。进士，历官巡抚。自幼立志，以古人为期，有体有用，务切时事，不作空谈。而穷理尽性之学，见之于文集中者，读之亲切动人。

其《原善》曰：人莫不有本然之性，亦莫不有后起之情识。观于人之慕善耻不善，而知人之性本善，既本善矣，而复有性恶、善恶混之说者，据后起之情识陷溺既深者言之，而非人性之本然也。涉于事，交于物，而情识参焉。始或见善而不知慕，见不善而不知耻，善恶之间，若相混然。继或以其慕善之心易而慕不善，耻不善之心转而耻善，则似有恶而无善矣。然非真以不善为可慕，善为可耻也。直谓不善为善而慕之之心，仍一慕善之心也。善为不善而耻之之念，仍一耻不善之念也。故曰耻善慕不善，而慕善耻不善本然之性仍在。人性皆善，益信吾儒之言

---

① "耀"，应为"燿"，据其《切问斋文钞》等著述署名及《清史列传》本传等记载改。

为不诬也。

善之与恶，至不同类，乃至以慕善之心易而慕不善，耻不善之心转而耻善，何哉？曰：缘其视善在外，而不曰吾本然之性，是以其于善也，亦皆有所利焉。伯夷、比干，人之所同慕也。学伯夷而可以不饿，学比干而可以不死，则伯夷、比干接踵于时矣。如伯夷、比干而必饿且死，则何伯夷、比干之敢慕？荀彧、冯道，人之所共耻也。学荀彧而必不使冒为圣人之徒，学冯道而必不可奉为因时大臣，则荀彧、冯道绝迹于世矣。乃荀彧、冯道犹有圣人之徒、因时大臣之目，则何荀彧、冯道之足耻？饿且死，人之所大不利也。身享富贵，而没后有圣人之徒、因时大臣之目，人之所大利也。于是决然不为伯夷、比干，而荀彧、冯道之归，何怪乎以其慕善之心易而慕不善，耻不善之心转而耻善也哉！视善在外而有所利焉，其弊至于如此，安得尚有本然之性存乎？曰：是人也，度必有为之说者，曰父命当遵，遵而乱嗣不为孝；君过宜谏，谏而伤体不为忠。是人也，乃真以伯夷、比干之所为为未善，而学其非伯夷、比干者以为善，是以善为不善而耻之之念，仍一耻不善之念也。帷幄与谋，使其主不亲为弑逆，可无惭于往圣；文献攸属，使其典不至于坠地，终不愧为耉成。是人也，乃真以荀彧、冯道之所为为善，而不为荀彧、冯道者，乃非善也，是以不善为善而慕之之心，仍一慕善之心也。故虽当陷溺既深之后，而本然之性如人身命门之火，介在两肾之间，苟一星之未灭，尚生命之可图。使当其情识之参，早为警觉，灼然知善恶之攸分，如白黑之易明，方员之难合，南北之不可易位，而上下之不可倒置也，是必无见善而不知慕，见不善而不知耻之患，而后此者益无虑矣。子思子曰"诚身有道，不明乎善，不诚乎身"，此之谓也。然则善何在？曰：本然之性，仁、义、礼、智、信五者是已。其涉于事，交于物，则为君臣、父子、夫妇、昆弟、朋友之伦，是皆有蔼然、秩然、确然不可易之准则焉。无利害得失之见眩其中而夺其外，是谓明善。适完我有善无不善之本体，是谓诚身。读吾说者，当益知人性本无不善，而吾儒之言性为不可诬也。

仁、义、礼、智、信五者，人亦知为本然之性，而求仁而每得不仁，行义而每得不义，欲合于礼、智、信而每与礼、智、信相反者，岂皆有所利焉而出此？曰：固也。浮屠老子，一外君臣，去父子，屏妻子，断诸昆弟、朋友之缘，而谓可以仙，可以佛，于是有煦煦以为仁，孑孑以为义，虚浮狂诞以为礼、智、信者。而一二儒生，又以因果报应之说为作善降祥、作不善降殃之验，为之而效，则急于再进，为之而不效，则疑而自返。彼其于吾人之言善也，若飘风之过耳焉。是与于耻善慕不善之甚者也，乌睹所谓本然之性者哉！作《原善》。

又《书张啸苏天人篇后》曰：天人一气，呼吸感通，益见修吉悖凶，惟人自取。今人行一善事，即期福报，久之寂然，谓天果梦梦，不以厝意也。然见作恶之人，曾不旋踵，显受殃祸，又谓天之报施，似急于瘅恶而缓于彰善者。不知有望报之一念，即日降之福而常见其不足。犹人血肉荣卫，日受滋养，而初不知感，及内有脏腑之忧，外有疮疡之疾，药饵针砭，攻救并施，如所谓毒疽溃痈决而去之不惜者，然后知向者之饮食起居，晏然无事，皆所以报其无病之躯。天之降福于人犹是矣，岂曰缓于彰善哉！第善亦有辨。苟非读书穷理，将日从事于不善以为善，为之愈力，不善之及人愈远，天之欲决而去之，当不啻其毒疽而溃痈也。如教子弟之徒以词章功利，待朋友之徒以声气党援，事上官之徒以逢迎馈问，治百姓之徒以宽纵因循，凡人之所谓善，皆天之所谓不善，以是而责报于天，安有不爽然者。然则人宜朝夕自省，曰吾之所为，其毋乃为疽为痈为天所欲决而去者乎？而奈何饮食起居犹得晏然无事乎？如是则不善之途塞，望报之念消，天人感应之理真见如心之主宰乎四肢百骸，而不可遗矣。

先生之言亲切类若此。集中书、序、记、说以及禀、启、条、议、檄、札、约、示诸体，皆能抒写人心之所同然，宣道物理之所各当，随时随地，随事随势，各还其所必不容已。故言之可行，行之有功，所过之地，既沐其清风，更思其仁政，久而不忘，如山东、湖南，其明征也。所著有《切问斋文钞》，分《学术》、《风俗》、《教家》、《服官》、《选举》、《财赋》、《荒政》、《保甲》、《兵制》、《刑法》、《时宪》、《河防》十二事，皆近时之急务，所选亦皆补救世道之文。惟《学术》中邵念鲁《学校论》，欲废宋儒诸书，自附于文中子焚经之意。狂悖不足校，岂不大干功令乎？先生当时盖亦择之而未审欤？

经学学案

经学三卷，有本《四库书目》者，有采取于先辈文集者，有就本人所著书论次者，参互成篇，未便揭明所出。

余姚黄先生 [宗羲]

先生讳宗羲，字太冲，号梨洲。毕力著述，以六经为根柢。又谓读书不多，无以证理之变化，多而不求于心，则为俗学。故上下古今，穿穴群言，自天官地志、九流百家之说，无不精研。

所著《易学象数论》六卷，谓圣人以象示人者七：有八卦之象，有六爻之象，象形之象，爻位之象，反对之象，方位之象，互体之象。后儒之为伪象者四：纳甲也，动爻也，卦变也，先天也。乃崇七象而斥四象。又著《深衣考》一卷、《今水经》一卷、《四明山志》九卷、《历代甲子考》一卷、《二程学案》二卷，又《大统法辨》四卷、《时宪书法解新推交食法》一卷、《圜解》一卷、《割圜八线解》一卷、《授时法假如》一卷、《西洋法假如》一卷、《回回法假如》一卷，又辑《宋史丛目补遗》三卷、《明史案》二百四十四卷、《明文海》四百八十二卷。其文集则《南雷文定》十一卷、《文约》四卷。又辑有《宋儒学案》、《元儒学案》、《明儒学案》，数百年来醇者、驳者、是者、非者、正者、偏者，合并于此三编中。学者喜其采之广而言之辨，以为天下之虚无怪诞无非是学，而不知千古学术之统纪由是而乱，后世人心之害陷由是而益深也。孔子曰："攻乎异端，斯害也已。"《孟子》曰："生于其心，害于其事，发于其事，害于其政。"是言岂欺我哉！夫横浦、象山，参究于宗杲德光者也，而与紫阳并列；新会、姚江，首率为阳儒阴释者也，而与河津、余干并称。则是墨、晏可以比于尼山，庄、列可以齐于邹国，先生亦学道者也，曾不一为之思乎？且自颜、曾、思、孟而后，博文约礼，明善诚身，出则致君三代，处则垂教六经，同揆于先圣，而端范于后贤，朱子一人而已。乱朱子之道，即乱孔子之道者也。当湖陆先生曰："董子云：不在六艺之科、孔子之术者，绝其道，勿使并进。今亦曰：不在朱子之术者，绝勿使进。"昆山顾先生曰："阳明所辑《朱子晚年定论》，今之学者多信之，不知当时罗文庄已与之书而辩之矣。"又曰："昔范武子论王弼、何晏二人之罪，深于桀纣，以为一世之患轻，历代之害重，自丧之恶小，迷众之罪大。而苏子瞻谓李斯乱天下，至于焚书坑儒，皆出于其师荀卿，高谈异论而不顾者也。《困知》之记、《学蔀》之编，固今日中流之砥柱矣。"

先生卒年八十六。弟宗炎、宗会，子百家。宗炎，字晦木，著有《周易象辞》二十一卷、《寻门余论》二卷、《图书辨惑》一卷。其说力辟陈抟之学，故其解释爻象，一以义理为主。百家传其家学，又从梅先生问推步法，著《勾股矩测解原》二卷。

吴江朱先生 ［鹤龄］ 陈长发附

先生讳鹤龄，明季诸生。颖敏嗜学，入国朝，屏居著述，晨夕一编，行不识路途，坐不知寒暑，人或谓之愚，遂自号愚庵。与亭林顾先生友，以本原相勖，湛思覃力于经注疏及儒先理学。以《易》理至宋儒已明，而《左传》、《国语》所载占法，多未及详，撰《易广义略》四卷。以蔡氏释《书》未精，斟酌于汉宋之间，撰《尚书埤传》十七卷。以朱子掊击《诗·小序》太过，与同县人陈先生启源参考诸家说，疏通序义，撰《诗经通义》二十卷。以胡氏传《春秋》多偏见凿说，乃合唐宋以来诸儒之解，撰《春秋集说》二十二卷。又以杜氏注《左传》未尽合，俗儒又以林氏注紊之，详证参考，撰《读左日钞》十四卷。又有《禹贡长笺》十二卷，作于胡东樵《锥指》之前，虽不及胡氏之详核，而备论古今利害，旁引曲证，亦多创获。

陈先生著有《毛诗稽古编》二十卷，训诂一准诸《尔雅》篇，义一准诸《小序》，而诠释经旨则一准诸《毛传》，而《郑笺》佐之，其名物则多以陆玑疏为主。题曰《毛诗》，明所宗也，曰《稽古编》，为唐以前专门之学也。而附录中论西方美人，横生妄议，诬毁圣人。专门之病，其狂悖一至此乎！

太原阎先生 [若璩]

先生讳若璩，字百诗。居淮安。年十五，补学生员。研究经史，深造自得，海内名流过淮，必主其家。年二十，读《尚书》至古文二十五篇，即疑其伪。沉潜三十余年，乃尽得其症结所在，作《古文尚书疏证》八卷，引经据古，一一陈其矛盾之故，古文之伪大明。所列一百二十八条，毛氏奇龄《尚书古文冤词》百计相轧，终不能以强词夺正理。则有据之言，先立于不可败也。先生又以朱子以来，已疑《孔传》之依托，递有论辨，复为《朱子尚书古文疑》，以申其说。康熙元年，游京师，旋改归太原旧籍。十七年，应博学鸿词科，试不第。亭林顾先生以所撰《日知录》相质，即为改订数条，顾先生虚心从之。先生于地理尤精审，山川形势，州郡沿革，了如指掌，撰《四书释地》一卷，《续编》及于人名、物类、训诂、典制，又解释经义诸条，共为五卷。事必求其根柢，言必求其依据，旁参互证，多所贯通。又据《孟子》七篇，参以《史记》诸书，作《孟子生卒年月考》一卷。又著《孔庙从祀末议》十一事，又著《潜邱札记》六卷、《毛朱诗说》一卷。手校《困学纪闻》二十卷。又有《日知录补正》、《丧服翼注》、《宋四家逸事》、《博湖掌录》诸书，诗有《眷西堂集》。

子咏，中书舍人，能文。

德清胡先生 [渭]

先生讳渭，字朏明，号东樵。笃志经义，精舆地之学。著《禹贡锥指》二十卷，《图》二十七篇，谓汉唐二孔氏、宋蔡氏于地理多疏舛，如"三江"当主郑康成说；《禹贡》"达于河"，"河"当从《说文》作"荷"；"荥波既潴"，"波"当从郑康成作"播"；梁州黑水与导川之黑水，不可溷为一。乃博稽载籍，考其同异而折衷之。山川形势、郡国分合异同、道里远近平险，讨论详明。宋以来，傅寅、程大昌、毛晃而下，注《禹贡》者数十家，精核典赡，此为之冠。又撰《易图明辨》十卷，专为辨定图、书而作。谓《先天》之图，唐以前书绝无一字符验，而突出于北宋之初，由邵子以及朱子，但取其数之巧合，未暇求太古以来谁从授受，故《易学启蒙》、《易本义》前九图皆沿其说。然考《宋史·儒林传》,《启蒙》本属蔡先生元定创稿,非朱子自撰。《晦庵大全集》载《与刘君房书》,曰:"《启蒙》本欲学者且就《大传》所言卦画蓍数推寻,不须过为浮说。"而自今观之,如《河图》、《洛书》,亦不免尚有剩语。至于《本义》卷首九图,为门人所依附,朱子当日未尝坚主其说。先生所论已足释学者之疑,而犹不如白田王先生之考订为尤详也。又撰《洪范正论》五卷,谓汉人专取灾祥推衍五行,穿凿附会,乱彝伦攸叙之经。又撰《大学翼真》七卷,大旨以朱子为主,力辟王学改本之误,所论尚轨于正。惟谓格致不必补传,则又遵朱而不识其要耳。康熙四十三年,圣驾南巡,先生以《禹贡锥指》献行在,蒙御览嘉奖,书"耆年笃学"四大字赐之。卒年八十二。

蠡县李先生 [塨]

先生讳塨,字刚主,号恕谷。著有《周易传注》七卷、《筮考》一卷、《郊社考辨》一卷、《论语传注》二卷、《大学传注》一卷、《中庸传注》一卷、《传注问》一卷、《李氏学乐录》二卷、《大学辨业》四卷、《圣经学规》二卷、《小学稽业》五卷、《恕谷后集》十三卷。程朱之学,直接孔、曾、思、孟,其传注皆本之躬行心得,用以垂世立教,使后之读其书者,因不失先圣之旨,而道由是明,人心由是正,纪纲法度由是不至泯没于万世也。而先生竟莫之究,乃举与陆王诸近于禅者,一斥为空谈,何其谬哉!惟先生持身谨朴,所著书亦尚有根据。其论《易》,大旨谓圣教罕言性天,《乾》、《坤》四德,必归人事,《屯》建侯,《蒙》初筮,每卦亦皆以人事立言;陈抟《龙图》、刘牧《钩隐》,以及探无极、推先天者,皆使《易》道入于无用;《参同契》、《三易洞玑》诸书,皆异端方技之传,其说适足以乱道;即五行胜负,分卦直日,一世、二世、三世、四世诸说,亦皆于三圣所言之外,再出枝节。其驳卦变之说,发例于《讼》卦象词;驳《河图》、《洛书》之说,发例于《系传》;驳先天、八卦之说,发例于《说卦传》。其余则但明经义,不复驳正旧文。自来诂经者具有心得,发为新义,虽与前儒有异,亦复何害?乃若肆行排击,矜其所长而忘其所短,若先儒之所为更无以胜于我者,客气自高,放言无忌,无学无养,是可知矣。

长洲惠先生 [周惕。子士奇、孙栋附]

先生讳周惕，原名恕，字元龙。进士，官知县。邃于经学，著有《易传》、《春秋三礼问》及《砚溪诗文集》。其《诗说》三卷，谓大、小《雅》以音别，不以政别；谓正雅、变雅，美刺错陈，不必分《六月》以上为正，《六月》以下为变，《文王》以下为正，《民劳》以下为变；谓二《南》二十六篇，皆房中之乐，不必泥其所指何人；谓天子、诸侯均得有颂，《鲁颂》非僭。其言皆有依据。

其子仲儒先生，讳士奇。进士，累官翰林院侍读。著《易说》六卷，专宗汉学，以象为主，征引极博，而不免失之杂。至论大明终始，引《庄子·在宥》篇"我为女遂于大明之上矣，至彼至阳之原也；为女入于窈 [窈]① 冥之门矣，至彼至阴之原也"，谓庄周精于《易》，故善道阴阳，先儒说《易》者皆不及，尤未免失之不经。又撰《春秋说》十五卷，以礼为纲，而纬以春秋之事，言必据典，论必持平。又撰《礼说》十四卷、《大学说》一卷。又究推步之术，著《交食举隅》二卷。又有《琴笛理数》四卷。又有《红豆斋小草》、《咏史乐府》及《南中》诸集。

子七人。栋字定宇，号松崖，最知名，世称定宇先生。乾隆十五年，诏举经明行修之士，大臣交章论荐，会索所著书，未及呈进，罢归。先生于诸经熟洽，贯串诸诂训，古字古音，非经师不能辨，作《九经古义》二十二卷。尤邃于《易》，其撰《易汉学》八卷，乃追考汉儒《易》学，掇拾绪论，以见大凡。凡孟长卿易二卷、虞仲翔易一卷、京君明易一卷，干宝附焉，郑康成易一卷、荀慈明易一卷，其末一卷，则发明汉《易》之理，以辨正《河图》、《洛书》、先天、太极之学。其撰《易例》二卷，乃熔铸旧说，以发《易》之本例，随手记录，以储作论之材。其撰《周易述》二十五卷，以荀爽、虞翻为主，而参以郑玄、宋咸、干宝之说，融会其义，自为注而自疏之。其书垂成而疾革，遂阙《革》至《未济》十五卦及《序卦》、《杂卦》两传。虽为未完之书，而汉学之绝者，至是而粲然复章矣。又撰《明堂大道录》八卷、《禘说》二卷，禘行于明堂，明堂之法本于《易》。又撰《古文尚书考》二卷，

---

① "窃"，应为"窈"，据《庄子》改。

辨郑玄所传之二十四篇为孔壁真古文，东晋晚出之二十五篇为伪。又撰
《后汉书补注》二十四卷，王士禛《精华录训纂》二十四卷，《九曜斋笔
记》、《松崖笔记》、《松崖文钞》、《诸史会最》、《竹南漫录》诸书。卒年
六十二。

长洲余先生 ［萧客］

先生讳萧客，字仲林。撰《古经解钩沉》三十卷，采录唐以前诸儒
训诂。首为《叙录》一卷，次《周易》一卷、《尚书》三卷、《毛诗》二
卷、《周礼》一卷、《仪礼》二卷、《礼记》四卷、《左传》七卷、《公羊
传》一卷、《穀梁传》一卷、《孝经》一卷、《论语》一卷、《孟子》二
卷、《尔雅》三卷，共三十卷。而《叙录》、《周易》、《左传》均各分子
卷，实三十三卷也。其《叙录》备述先儒名氏爵里，即所著义训，其书
尚在者不载，或名存而其说不传者亦不载，余则自诸家经解所引，旁及
史传、类书，凡唐以前旧说，有片语单词可考者，悉著其目。虽有人名
而无书名，有书名而无人名者，亦皆登载。又以传从经，钩稽排比，一
一各著其所出之书，并仿《资暇集》、《龙龛手镜》之例，兼著其书之卷
第，以示有征。至梁皇侃《论语义疏》，日本尚有全帙，又《唐史征》、
《周易口诀义》，今《永乐大典》尚有遗说，是书列皇氏书于佚亡，而史
氏书亦皆未采。盖海外之本，是时尚未至中国，而天禄之珍，庋藏清
秘，非下里寒儒力所能睹也。然经生耳目之所及者，则捃摭亦可谓
备矣。

休宁戴先生 ［震］

先生讳震，字东原。举人，乾隆三十八年诏开四库馆，总裁以纂修
荐，赐进士，改庶吉士。馆中有奇文疑义，辄就咨访。所校《大戴礼
记》、《水经注》最精核。又著有《声韵考》四卷、《声类表》九卷、《方
言疏证》十卷，又《原象》四篇、《迎日推策记》一篇、《勾股割圜记》
三篇、《续天文略》三卷、《策算》一卷，又《诗经二南补注》二卷、
《毛郑诗考》四卷、《考工记图》二卷、《孟子字义疏证》三卷、《屈原赋
注》七卷、《通释》二卷、《文集》十二卷。先生故训之学也，而欲讳其
不知义理，特著《孟子字义疏证》，乃至诋程朱为老为佛，谓理为我所

本无。程朱言性即理也，其视性如人心中有一物，此即老氏之所谓无，佛氏之所谓空，稍变之而为此说，《孟子》无之。然《孟子》有曰"仁、义、礼、智根于心"，先生有意匿之乎，抑并此句而忘之乎？大抵考据训诂，可以明典章制度，不可以穷义理。典章制度非全无义理，特其外迹耳，特其末节耳。圣贤工夫，全在明善复性，以不失乎天之所以予我者。而谓"理为我所本无"，是何言哉！

后之慕先生者，有歙县凌先生廷堪，进士，官教授。撰《礼经释例》十三卷，又著《魏书音义》、《燕乐考原》、《元遗山年谱》、《校礼堂集》。"五物"、"九祭"、"释牲"、"旅酬"、《楚茨》诸说经之文，俱有考核。惟《复礼》三篇，谓"穷理"二字出于宋儒，则并夫子《说卦传》而忘之，亦大可异矣。

大名崔先生 [述]

先生讳述，号东壁。举人，官知县。泛览群书，巨细不择，而一反求之于六经，以考古帝王圣贤行事之实。著有《考信录全书》，其门人陈履和述其目录曰：《考古提要》二卷，《补上古考信录》二卷，是为前录；《唐虞考信录》四卷、《夏考信录》二卷、《商考信录》二卷、《丰镐考信录》八卷、《洙泗考信录》四卷，是为正录；《丰镐考信别录》三卷、《洙泗考信余录》三卷、《孟子事实录》二卷、《考古续说》二卷、《附录》二卷，是为后录，共三十六卷。又有《王政三大典考》三卷、《读风偶识》四卷、《尚书辨伪》二卷、《论语余说》一卷、《读经余论》二卷，为《考信翼录》十二卷。又有《五服异同汇考》三卷、《易卦图说》一卷、《无闻集》、《知非集正编》、《小草集》。先生学主见闻，勇于自信，虽有考证，而从横轩轾任意而为者亦复不少，况其间得者，又强半为昔贤所已言乎！

心宗学案

慈溪潘先生 [平格]

先生讳平格，字用微［微］①。著《求仁录》，谓孔门之学，以求仁为宗，求仁所以复性。仁也者，浑然天地万物一体，而充周于未发，条理于发见，吾人日用平常之事也。孩提之童，无不知爱其亲，及其长，也无不知敬其兄。不虑而知，不学而能，浑然亲长一体，则浑然天地万物一体者也。今人乍见孺子将入于井，怵惕恻隐，勃然而发，直捷痛切，不自知觉，浑然孺子一体，则浑然天地万物一体者也。浑然一体之充周于日用，条理于发见，如此则知皆扩而充之以保四海，岂难事哉！故曰：有能一日用其力于仁矣乎？我未见力不足者。

又谓：吾性浑然天地万物一体，则复吾浑然一体之性，断须一体万物之志。故《大学》首举"古之欲明明德于天下者"为轨则。欲明明德于天下，乃吾性浑然一体之真欲，不从功能伎俩起见。从功能伎俩起见，则日事于强，日事于多，闻识有智虑。惟吾性之真欲，则能反而求之。欲平天下先治国，欲治国先齐家，欲齐家先修身，欲修身先正心，欲正心先诚意，欲诚意先致知，而致知在格物。盖有是明明德于天下之欲，自能直追病源，知平日人我习见之为碍，必务格而通之也。知即良知，所谓爱亲敬长，不忍觳觫，乍见恻隐，时常发见于日用之间者是也。格者，通也。物，即物有本末之物。物有本末之本末，即本乱末治之本末。本者，身也；末者，家国天下也。格物，即格通身家国天下

---

① "徽"，应为"微"。据《潘子求仁录辑要》（见《续修四库全书》第950册）卷前载毛文强撰《潘先生传》及《宁波府志隐逸传》等记载改。

也。不忍觳觫之牛，良知也。致不忍觳觫之知，在推恩以及百姓。乍见孺子之怵惕恻隐，良知也。致乍见恻隐之知，在扩充以保四海。孩提之爱亲敬长，良知也。致爱亲敬长之知，在达之天下，推恩以及百姓，扩充以保四海。仁义而达之天下，格物也。推恩以及百姓，而后不忍觳觫之知至；扩充以保四海，而后乍见恻隐之知至；仁义达之天下，而后爱亲敬长之知至。物格而后知至也。知至而后意之存于中者无伪，运于事者必慊无自欺可知。意无自欺，而后心复其浑然寂然周流四达之体无所可知。心无所，而后无亲爱贱恶敖惰之辟而身修。身修而后宜其家人，为父子兄弟足法而家齐。家齐而一国兴仁兴让，国治矣。国治而好民好，恶民恶，彼我之间各得分愿，上下四旁均齐方正，而天下平矣。

又谓：《大学》乃曾子极言一贯之全书。在明明德、在新民、在止于至善，三语已尽一贯。物有本末，事有终始，两语已尽一贯。古之欲明明德于天下者，一语已尽一贯。格物是打通一贯，物格是实到一贯。物格而后知至，知至而后意诚，意诚而后心正，心正而后身修，身修而后家齐，家齐而后国治，国治而后天下平，浑然一贯。自天子以至于庶人，壹是皆以修身为本。天子庶人，皆是一贯。其本乱而末治者否矣。其所厚者薄，而其所薄者厚，未之有也。反言以见一贯，一贯者，一身以贯乎家国天下，一修身以贯乎齐治平，尽吾浑然天地万物一体之性也。格物者，贯身家国天下为一物，贯修身齐家治国平天下为一事，所以复吾浑然天地万物一体之性也。自格物之学不明，而一贯之道晦矣。今学者欲闻一贯之道，其必如曾子之日省吾身而后可哉！

又谓：学者之患，大率在于不知真心见在日用而别求心，故有种种弊病，以各成其学术。若能审求仁之学脉，而得性善之真旨者，不别求心。盖真心见在，当恻隐自恻隐，当羞恶自羞恶，当恭敬自恭敬，当是非自是非，非有所藏而发，亦不期其然而然。虽梏之反覆者，未尝不流行于伦物之间。本见在，何俟于理会参求？无刻不流行，何待于静中养出？

又谓：有操持则分内外，心意为内，事物为外。以心意为内，则见满前无非引心之境，益不得不提省照管，操持涵养，使此心常在腔子矣。夫吾心浑然天地万物一体者也，而照管操持，欲使之常惺惺于腔子，则心劳。真，心主也；意识，贼也。操持意识以为心，则宾主杂糅。心劳，则神思不安而魂梦扰乱。主宾杂糅，亦宜神思不安而魂梦扰乱。故日间执持，有满前无非引心之苦，向晦燕息，有魂梦颠倒不安之苦。知求仁之学脉者，吾心本浑然天地万物一体。以天地万物为外，则非吾浑然一体之心性矣，焉得有内外之殊？又谓操持者，意也，识也。操持此心，是以意识治意识也。知求仁之学脉者，扩充四端，强恕反求，孜孜焉以尽吾分，日见吾分之未尽，而懔懔焉不敢忽易。夫孜孜焉以尽吾分，全体是敬，日见吾分之未尽，懔懔然不敢忽易，亦全体是敬。敬即是心，而非敬以治心；心即是敬，而非主敬持敬。然不过孜孜焉以尽吾分耳，日见吾分之未尽，而懔懔然不敢忽易耳，初不自知其为敬也。不自知其为敬，乃所以为敬即是心，心即是敬也。

又谓：实发浑然天地万物一体愿欲，实用浑然天地万物一体工夫，自能实证浑然天地万物一体性分。如是工夫复如是性分，如是性分故有如是工夫，是谓本体工夫，非有二。如是工夫副如是愿欲，如是愿欲故有如是工夫，是谓真志真功，非有二。如是愿欲复有如是性分，如是性分故有如是愿欲，是谓真性真欲，非有二。所以某尝谓，明明德于天下，乃自性之欲，格通人我，乃自性格通。自性之欲，则非强立大愿；自性格通，则非作意用力。复性之功，即是率性。诚之者之人道，即是诚者之天道。岂非对针直缝、凡圣同条、天人共贯之学脉与？

又谓：立志之始，须刻刻自提。或于空间无记之际，默默自提，曰我何以无志？或于倥偬恍惚之际，默默自提；或于因循旧习之际，默默自提。久久则志渐切渐坚而立矣。然提志与提心不同。提心者，认灵明知觉为心，欲常在于腔子，常患此心之走失，或至作意而动火。提志者不然，不过自责志之不立而已。阳明先生《立志说》云：一毫私欲之萌，责此志不立，即私欲便退听；一毫客气之动，责此志不立，即客气便消除。怠心生，责此志即不怠；忽心生，责此志即不忽；敖心生，责此志即不敖；吝心生，责此志即不吝；懆心生，责此志即不懆；忿心生，责此志即不忿；慢心生，责此志即不慢；忍心生，责此志即不忍；畏难之心生，责此志即不畏难；怨尤之心生，责此志即不怨尤；自小自弃之心生，责此志即不自小自弃；求人非人之心生，责此志即不求人非人。无一事而非责志，无一时而非责志，无一地而非责志。无一不责志，则志立矣。学者知所以责志，自不至错于提心，而因药发病之患，其庶免乎！

又谓：真志既立，则一日十二时打成一片。志既打成一片，则事事尽分，皆真志所率由，岂见有工夫？工夫二字，起于后世。佛老之徒，盖自伦常日用之外，另有一事，故说是工夫。若主敬之学，先立体以为致用之本，穷理之学，先推极知识以为遇事之用，亦是另有一事，可说是工夫。呜呼！为主敬穷理之学者，岂知是特地工夫耶！亦曰为尽伦常日用，故不可不主敬穷理也。然则非学养子而后嫁者耶？呜呼！为学本无工夫，力行而已矣。不笃志，必不能力行。与学者言，但言笃志而已矣。立志果足，立志果尽，立志之外，果无容更有言说。又谓工夫不是做的，是自然的，志不是要立的，是自然的。只起初思量，乃是勉强。勉强提起之久，至于思路渐熟，不俟起念，时时见前，无间闲忙，无间蚤暮，不由汝思量，不由汝比勘，自不觉知耻发愤，精神焕发，而志立矣。

又谓：晦庵不信《大学》而信伊川之改《大学》，不格物而补格物之传，以至象山、阳明不信曾、思、孟，而谓颜子殁而圣学亡。今敢于悖先圣，而不敢以悖后世诸贤。明道、伊川改《大学》则信为实然，象山、阳明谓颜子殁而圣学亡则尊为确论。若指程朱与象山、阳明之学，未契于孔孟，则必目为狂妄，反疑其非正学矣。总因学者读注听讲，先入于宋贤之说，或又入于阳明、龙溪之说，而未尝读孔门经书，故意见偏陂，窠臼难拔。某之所以说不得看注，不得看诸贤语录，盖尝深中其病，确知其害，故不惜痛切言之。

又谓：吾儒之道，至孟子而绝。二千年来，我幸窥见一班，忧叹徬徨，惟恐不得其人共明之。此种苦怀，惟我自知，二三子所不能喻。二三子有时肫笃，我以为喜，有时懈缓，我以为忧。警励鞭策，似乎赶紧不能不如此。二三子若有一日自得，孔孟之学始不孤，我之责任始轻。我之望二三子，如举子之望捷，贫子之望金。此种苦怀，惟我自知，二三子所不能喻。我之望二三子甚切，二三子自待甚缓，我之悲叹不能不愈深。夫深造自得，二三子见为甚难，我见为甚易。夫子云："一日克己复礼，天下归仁焉。"有能一日用其力于仁矣乎？我未见力不足者，实是如此二三子信不及。夫子岂诳语欺人，我岂援圣言以欺二三子？

盖先生欲超出程朱之涂辙，并亦讳言阳明，以便直接孟子。而观毛氏文强称先生竭力参求、惭痛交迫者四十日［年］[①] 如一日，而亲证浑然天地万物一体，则亦与阳明龙场之悟无异。故一守阳明之致良知与责志之说，而特以格通身家国天下释格物，以示不入阳明窠臼。然而或言真心，或言真性，心性并未分明。又每以不忍觳觫、乍见恻隐、孟子之随时指点者，即据为浑然之一体，即认为豁然之一贯。视扩充为直达流

_____

① "日"，应为"年"，据前后文改。

行，无工夫之可验。其言集义，亦以格通家国天下当之。呜呼！岂不诬乎？夫孟子之博学反约，知言养气，皆格致诚正、穷理居敬之事也，所以扩充者在此，所以集义者亦在此。岂实愿实证、真心真性、当下直捷之谓乎？先生诬孟子矣。而欲直接孟子之传，因狂而妄，明季之言心宗者，其流弊大抵如此。奚足怪哉！

学案后序

　　道不变，而学未尝不变也，学未尝不变，而道终未尝变也。千古一孔子而已矣，千古一颜子、曾子而已矣，千古一子思子、孟子而已矣，千古一程子、朱子而已矣。此数圣人、数贤人者，天以之成其天，地以之成其地，人以之成其人。天地不变，此数圣人、数贤人不变也。数圣人、数贤人不变，天地终古不变也。道不变也，其间学之变者有矣。所闻异词，所见异词，所授异词，所师承异词，典章制度各有所据，名物象数各有所宗，自秦至汉至魏晋至唐，以至于今，变者数矣，变之数而屡变不一变矣。然乃道之外迹也，道之末节也。譬之天，云雾过而日月之明、星辰之灿自在也；譬之地，城郭移而山川之淑、物产之精自在也。非道之真，非道之本也。彼之所谓学也，非道学也。其关于道之本、道之真者，则不可以变。孔子之于异端，孟子之于杨墨，程子之于释老，朱子之于横浦、象山，何如其严也，盖恐其变，而道乃终不至于变也。

　　然而天之生民也，一治一乱，大抵阅数百年而变一见。明之有阳明，横浦、象山之流也，而其焰炽于横浦、象山，以朱子为洪水猛兽，以孔子为九千镒，是竟欲变朱子之道而上及于孔子者也。而及其后也，龙溪、泰州、山农、海门诸人，尊师说而益肆无所忌惮，数十年间若儳若醉，不知何者为洛闽，并不知何者为洙泗，惝恍迷离，任其心之所至而已。而甚者，遂至于犯法乱纪而不之顾。入国朝，其流波余烬尚未息也。平湖陆子起而辟之，而桐乡、太仓、仪封三先生先后其间，与陆子同。夫而后天下之学者，上之则相与为辅翼，次之亦不失所持循。即一名一物之长，一字一句之是，或以明故训，或以征博闻，消其意见，去乃诋訾，亦何不可进于道哉！而且正学日昌，狂澜自倒，间有二三言新建者，知之未真，奉之亦苟，随声附和，如蚓吹蝉吟，既无所宗主，亦复何所提唱。而后知平湖诸先生辟之之功，历百数十年而更著也。道之不变，夫复何疑！虽然，孔子远矣，颜子、曾子远矣，子思子、孟子远矣，程子、朱子亦远矣。即陆子，亦不可复见矣。学者回思故明，正、嘉而后，学术大乖，人心胥溺，至有痛定思痛者。则余辑是编，而以心学附其后，虽不免过虑之诮，而亦无非仰承吾平湖陆子之遗意也。

夫道者，天之所以高，地之所以厚，人之所以生也。非道则气而已矣，则质而已矣。气与质，万物共之者也。人而可以物乎？故非道不可以为人。知其不可为人，而学可得矣。学以完其为人，亦完其道而已。学以完其道，亦完其所以为人者于天地而已。一有不可以对夫天地者，则道自我变矣。安得谓道必不变哉！顾变者在人，而必不变者亦在人也。人能持此道于必不变，则可与天地立矣。然而自孔子以后，又有几人哉？余因平湖诸先生而重念之，未尝不有望于天下之学者也。此是编之所由作也。

唐确慎公集

请立民堡收恤难民疏

奏为广西用兵，宜以安民为主，一在设立民堡，一在收恤难民，仰祈圣鉴事。

窃为广西自去年秋季以来，匪徒滋扰，转掠数府州县。本省文武率领兵勇，且战且堵，未能得力。我皇上至仁恻怛，深念贼势披猖，小民荼毒，钦派大臣，督率文武剿办防堵屡次，各省调兵拨饷，以期速就荡平。仰惟圣虑忧勤，时深就业，只以贼匪未除，斯民失所，贼一日不靖，民即一日不安也。

臣闻粤西之民至不安矣。贼过一村则一村扰，过一墟则一墟扰，过一县则一县扰。逃者幸脱，而家室不知何归；匿者偷生，而衣食已非己有。男不得耕，女不得织，而生业废。男为贼役，女为贼孥，而生理亡。闻之心伤，念之心恻，是不可不思所以安之。安之之术，莫善于设立民堡，急于收恤难民。粤西峰峦重叠，岩岫回环，中间墟场、村落，所在皆有。或数百家，或百家，或数十家。田亩园场，家有其业。乘其列障回翔之处，于山杈①岭岔垒石为垣，高可蔽人，外面遇有悬崖挺出，峭壁天成，自然之险，坚城不若也。即或不然，施工铲挖，去夷就险，亦非难事。其在平原，则开沟筑垣，沟深广一二丈，垣亦一二丈，上下相资，内外交备。有溪涧则通为深堑，有林箐则结为重栅，较之山砦多费工力。而粤西形势，则平原少而山砦多也。其为堡也，合五六村及十余村为之。星散零居之户，则可并入附近堡中。每堡修广约方数里，其田产所出，约可食数千人或万人。堡中议出公正有识者数人为堡长，以司一堡之事。稽查出入，毋为贼所欺，禁止禳赛，毋为妖所惑。

①　《皇朝经世文编》作"凹"。

劝勉耕读，毋为惊疑废正业，讲明忠奋，毋为邪慝生妄心。地方州县朔望出巡，教之以大义，申之以明罚，推之以诚心，结之以恩意，则堡中人皆为腹心干城矣。每堡四面立望楼数座，堡长凭公轮派多人，昼夜瞭望。无贼则耕者耕，读者读，樵者樵，牧者牧，各安本分，不废职守。有贼则鸣锣为号，齐起抵御，发石可以歼远，挥锄可以击近，削竹可以为戟刺，揉木可以为钩援，火弹喷筒，砖块瓦砾，皆兵器也，可以应敌。堡中人人自卫，户户相保，众志成城，贼来未有不能堵御者也。若果府厅州县遍立民堡，声气相连，守望相助，贼至不能得食，退亦无所裹胁。一堡如此，众堡皆然，一县如此，众县皆然。则民志日壮，贼势日沮。贼恒饥而民恒饱，贼恒劳而民恒逸，贼恒濒死而民恒安生，贼恒鼠窜而民恒鸠居。久之，而从贼者悔，将散而思归于民。又久之，而逃贼者愤，将转而制命于贼。加以官兵四路进剿，各险要均有扞备，则贼不战而自穷矣。而且堡之立也，可以为战阵之掎角，可以为壁垒之应援。官兵穷战穷追，得堡寨而收指臂之助，堡寨被攻被劫，得官兵而有保障之资。是则兵可以卫堡，堡亦可以卫兵矣。堡未尝不恃兵，而兵亦未尝不恃堡矣。

粤民遭贼蹂躏掳掠，老弱转沟壑，妇孺投塘井，愚者被诱而困于无知，怯者被虏而屈于无力，黠者诈从以观衅，良者四散以逃生。急切无告之时，其可原可悯，亦非一事，而要皆在天心怀保惠鲜之中。臣愚以为地方有司之官，急宜仰体好生之德，如伤之仁。各府州县收恤难民，其鳏寡孤独，按日给以口粮，壮者有技艺者，或令其随营为役，或入堡中以备耕作及防御等事。因人制宜，因事驭众，要不使一民不得其所，则转危为安，同登衽席矣。

此二者，皆将来善后事宜所必办之事，与其办于贼平之后，不若办于未平之时。贼正披猖，斯民涂炭，逃窜无门，流离遍野。得此堡寨以复旧业，而又加以存活，使得回死为生。贼未平而民先安，与贼平而民后安，其得失大有间也。况得此则民日益多，贼日益蹙，其利害更不相侔矣。所有办理经费，约计不过十余万，即请归入善后事宜内据实核销。查嘉庆年间办理川楚贼匪，亦以堡寨收功，部中当有成案可稽也。

总之，此等乌合，如蜂窠蚁穴，深山穷谷，巢穴存焉。时出时没，恐扑之未必能遽尽，扫之未必能遽无。而远调新兵，未谙艰险，纵加习练，必须日时，糜帑无穷，而藏功难必。不若坚立藩篱，先安磐石，收赤庶为千橹，假崎岖为安宅。彼恃险而我即凭险以困之，彼恃众而我即集众以歼之。拒贼犹在一时，保民可以百世。而且立堡之需，可案地而约计，不似添兵之费，难先期而预定也。臣愚昧所及，是否有当，伏乞皇上圣鉴。谨奏。

进畿辅水利备览疏

奏为畿辅水利久废不举，现在经费不足，生财之道，莫此为善，谨略陈举行大概，仰祈圣鉴事。

窃惟民食以稻为重，稻田以水为原。南方之财赋，稻田为之也，水利之最著者也。直隶地方，经河十八，纬河无数。又有东淀、西淀、南泊、北泊，渐次填淤，衍为沃壤者，随处皆有。若使引河淀诸水，洒为沟洫，荡为塘渠，则水之利不异于东南矣。而农民安守故常，止知高粱、小米以及麦、菽数种。此数种者，是皆喜燥而恶湿，畏水而不敢近水。凡近水者皆徙而避之，至使沃土废而不垦。是以有用之水而置之无用之地，而且须用人力以曲防其害，则不善用水之过也。是以雍正四年，有怡贤亲王与大学士朱轼查办畿辅农田水利之举。办至七年，得稻田六十余万亩。厥后总理不得其人，责成各州县各自办理，有岁终功过考核。而历年久远，堕坏难稽矣。

臣自通籍以来，往来南北，留心此事，稽古诹今，著有《畿辅水利》一书，刻成十二本。因坊本粗具，不敢进呈，谨交军机，以备查采。至举行事宜，求皇上于部院大臣中择其人之谙于农田水利者，钦派一二员为之总理。其经费不过举行之年约须一二十万，次年则已成之田已有收获。年复一年，利益加利，兴功数载，美利万世，生财之道，莫大于是矣。臣愚昧所及，是否有当，伏乞皇上训示。谨奏。

壬辰防瑶五论

　　地方之习于承平也，兵不识步伐，弁不辨干戈，守汛塘者一二无赖，防门关者三五群儿，文武恬嬉，天下诚无事矣。当斯时也，边徼虽荒，数百年不见烽燧，蛮溪虽野，亿万姓悉安耕樵。恃此不恐，而防御无备，战阵无备，一切纠奸摘伏皆无备。一日者，小丑窃发，啸聚山林。初不过鬼蜮伎俩耳，致使蹂躏数邑，劳师数月而后荡平。吁！岂非无备之患哉！向使江华得劲卒数十，益之以乡兵，乘其出山劫掠，迫而攻之，彼二百余人，何难一鼓而歼灭无遗也。而邑宰虽勇而无兵，乡民虽同仇而无器械。俟之数日，而贼势张矣，再俟之数日，而狡焉逞矣。卒至于披猖无所不至，戕害提协大将。其不备之患，尚可胜言哉！

　　语曰：事君能致其身。此惟鞠躬尽瘁死而后已者能当之。其愚而死，轻而死，无备而死，好勇而死，死而张贼氛，死而损国威，死而沮众志，死而益民危，之数者，事理不可死而死，时势不致于死而死，安得以致身为说哉？然而既已死矣，朝廷表忠荩恤其死，岂犹论其不当死哉！而用兵则当以此为戒。兵，凶器，不得已而用之。愚不可，轻不可，无备不可，好勇不可。是故论战必有略，行兵必有方。贼未至则当清野设防，贼将至则当侦探部署，贼既交战则当有正兵、奇兵。李牧之备匈奴也，曰"急入收保"，寇准之役澶渊也，曰"随在瘗藏"，不遗贼粮也。韦孝宽之拒高欢也，缚木于楼，李光弼之应思明也，凿道于地，不留贼隙也。孙子曰："自古明君贤将动而胜人者，先知也。先知者，不可取于鬼神，必取于人，知敌之情者也。"此言侦探也。金人南下，种师道入援，帝命于政事堂共议。师道诘李邦彦曰："闻城外居民为贼杀掠，畜产亦为贼所有。当时既闻贼来，何不悉令移入城中，乃遽闭门资贼？"邦彦曰："仓卒不暇及此。"师道笑曰："亦太慌忙耳。"言无部署也。孔明八阵，其机在二十四队游兵。吴璘叠阵，其要在更休迭出胜算。背水而夺赵帜，撒星而败金酋，大抵皆奇正参合者也。是以将贵有谋，兵宜结阵，从未有知贼之所在而不为之备，甘为贼所愚而舍身以赴之者也。如海军门者，诚令人低回愤惋，伤之惜之，惊愕数日，有不能解于怀者矣。贼由此披猖，民因之荼毒。吁！将之所系，岂不重耶！

自海军门失事之后，贼势日益披猖，众至七八千人，蹂躏数邑，分投四出，各将领无一敢撄其锋者。于是将倚九嶷山，为久踞之策。罗军门设计诱入洋泉洞，连日围攻，亲率将士，不避矢石，克期剿殄，无一逃者。虽古名将，何以加兹？而当时犹有挫辱之者，幸而无瑕可击，得以自全。吁！亦危矣。

瑶亦人也，异视之则异，同视之则同。其种落不一，男衣背有红织文，女头裹红布者，谓之红瑶。白织文裹白布者，谓之白瑶。黑织文裹青布者，谓之黑瑶。男衣负花织文，女头顶板者，谓之花板瑶。女头插箭三枝，以蓝布巾覆之，谓之箭杆瑶。随处迁徙，逢山开垦者，谓之过山瑶。居有定处，与民人杂耕者，谓之平地瑶。平地熟瑶也，视过山等瑶较为驯扰。富川之三辇、倒水、沙母、平石、龙窝、鸟源、石鼓、南源、神源、二九、凤溪、谷塘、大围、都家，恭城之塘黄、石盆、伸家、瓮塘、大源、高界、平源、四村、垓里、马眼，平乐之大源、小源、九堡、四哨、莲塘、兰洞、蛇滩、驼口，荔浦之牛角、古累、龙殿、龙莫、桥头、金波、太平、龙枧、龙田、长汉、黄桑、假羊、茨菇、栗木根、长院坪、枧冲、朝冲，皆熟瑶也。修仁之六定、六断、三片、杨柳、寨堡、江军、长二、长滩、金秀、六那、金村、流村、八沙、六寺、挪妹、赤地，山瑶也，亦不迁徙。永安之东平里八村、龙定里十六村、群峰里四十八村与之同。贺县大凝五十冲、大桂二十四冲，皆过山瑶。道光十二年六月，大桂各冲滋事，而大凝各冲安分守业。其所属犁头山，为冲十八，曰如仁，曰山坪，曰湖广洞，曰仁喜坪，曰见蛇，曰羊烂，曰马地，曰大木万，曰小木万，曰铜罗，曰大隘，曰大浪，曰古那，曰界板，曰石坎，曰龙隐，曰小白碛，曰钓管，过山瑶也。合昭平所属之铜罗山、鸡冲山、枫木坪、苦竹山、文进山、景亮山、屡冲、暗冲、茶子冲、福安冲、牛角山，共二十九冲，为户三百二十有八。当大桂山柑子、金竹等冲起事，往犁头纠约者昼夜不绝，而讫不与从。及官兵俘获鞫讯，黠者挟恨诬扳，几致劳师，幸以安抚而定。夫瑶一也，何以柑子等冲遂至畔离远徙，其平时岂有隐忍不得于心，闻江华赵逆之乱，因相煽而趋其事耶？可谓愚妄无知矣。文武官吏多方晓谕，未出山者亦即帖然奠义，是岂与居民异哉！

山之所系大矣哉！扶舆旁薄，清淑所钟，其民必为秀良。巉岩险峭，毒厉不宣，其民必多顽梗。天之气然，地之形亦然也。连山之八排，万山环耸，其高逼天，阴翳成云雾，岭嶂若干戈，望之生畏，险不可测。生其间者，安得不为蛮野哉！槃瓠之事，远而难稽，即以为廖氏奴，亦属荒渺。要之，不知《诗》、《书》，不辨理义，任其野性，时起斗心，则自古为然，别之为瑶，洵不诬也。其地东通连州，东南接阳山，西界贺县，西南入怀集，北连江华，东北接蓝山，从横四百里而遥。其曰大掌岭、火烧坪、里八峒、军寮、马箭，此内五排也。太坪冲、天塘尾、藤钩岭、八百粟、新寨、茅田、冷水冲、龙水尾、鱼赛冲、岭尾、六碓冲、盘血山、鸡公背、牛路水、水瓮尾、社下冲、大竹山，十五小排属焉。曰油岭、横坑、行祥，此外三排也。香炉山、大莺、新寨、锅盖、上坪、望溪岭、马头鬃，七小排属焉。其人猜忍好杀，挺险轻生，非有严明之吏，行恩于威，以刑弼教，野心一肆，犷悍难驯，数十年必有一用兵之役。及其兵将既集，攻守兼施，则又腰鼓焚香，投诚效顺。故从来有事于此者，未有不先攻后抚，先示之杀戮，而仍与以生全者也。然而兔奸鼠伏，明顺暗乖，劫掠乃其常情，险诈逞其故智，抚之不见恩，约之不为信，晨撤兵而夕复起，父践誓而子旋违。以是攻剿者无竟功，拊循者无成德，所赖一二文武员弁，时时以大义羁縻之，以重威慑服之，使之不敢肆而已。

请申明殴期亲旧章以符定律议

窃维礼分尊卑长幼，所以明人伦。而出乎礼，即入乎刑。刑审大小重轻，所以止罪恶。而失于刑，即乖于教。查律载：弟妹殴同胞兄姊，以未伤、已伤分徒二年半、徒三年之罪，折伤者满流，笃疾者拟绞。注云：各依首从。法言虽殴而未死，故有等差，亦分首从。至死者皆斩。注云：不分首从。言殴期亲尊长至死，若再分首从。则伦常教矣。至若案情不一，有因误而杀者，有救亲情切而杀者，有听从尊长威吓勉从而杀者，各按本律定罪。而原其致死之由，究非有心干犯，不可不少为区别，故又有夹签声请之条。迨九卿核议，改为斩候，归入服制情实，办理本极详慎。自道光三年十二月刑部由江西司现审文元主使胞侄殴死其胞兄一案，先经刑部照例将文元依故杀胞侄例定罪，其听从殴死胞兄之犯，照律不分首从，拟以斩决。因系尊长主使，被逼勉从，照例夹签奉旨改斩监候在案。后因升任御史万以乾隆四十五年刑部通行有"听从尊长殴死期亲以次尊长止科伤罪"之文，声明前后办理舛谬，具折参奏。奉旨派大学士、尚书核议具奏，将所有听从尊长殴死期亲以次尊长之案，前经拟以斩决，夹签改斩监候者，悉行更正，均科伤罪，拟以徒、流、绞各罪增入例册。

某绎此例文，揆以情理，窃见流弊所至，其所关系有三焉。

一则人心浇薄，凶横易生。所赖者见法而生畏，闻刑而改勉耳。若毙一尊长而得以主使威吓止科伤罪，是弟与次兄有隙，可援长兄以殴其次兄，侄与胞叔有隙，可援胞伯以殴其胞叔，弟妹与胞姊有隙，可援兄以殴其胞姊，与先母所出之兄若姊有隙，可援后母而殴其先母所出之兄、姊。其或兄弟数人不相睦，私于长即可以仇于次，伯叔数人不相能，昵于伯即可以忿于叔。是例一行，将何以消其乖戾？何以导其善良？此关于人心者是也。

一则俗有淳漓，化操自上，风有美恶，教为之先。弟毙其兄而得脱罪于其长，侄毙其叔而得脱罪于其伯，弟妹毙其姊而得脱罪于长姊长兄，其有父在者脱罪于父，有母者脱罪于母，无不可脱罪之案，即无不可被殴之人。兄弟相残，叔侄相害，至逆事也，而乃皆得避重就轻。一家为之，孝弟安在，一乡效之，凌竞必多。是例一行，将何以兴仁让？何以泯祸乱？此关于风化者是也。

一则律由礼出，称情而行，例从律生，与礼相准。兄弟叔侄一本之亲，以弟而殴兄，其情岂尚可问，而况殴而至死乎！殴而至死，而犹以伤之轻重科罪之大小，是为次兄者不幸而有长兄，为叔者不幸而有伯，以至被殴至死，竟无抵命之人。在俗吏执救生不救死之说，正乐得有主使威吓之尊长，以开一从宽之路。而为尊长者，或贪其财贿，爱其私昵，又明知不至于死，何苦而不为之承认乎？是衡情则似为周详，而揆理则大失平允。且较之殴大功以下尊长各条，亦多不合。向来断罪，期、功各有差等，惟至死则期、功从同。今将殴期亲尊长伤轻者止科伤罪，而殴大功者自折伤以及误伤致死情有可悯者，并余限外因伤毙命者当拟以绞决、绞候，归入情实，则期亲反轻于大功矣。是例一行，将何以明大义？何以符旧典？此关于律令者是也。

至若万御史执有乾隆四十五年刑部通行为据，不知刑曹修例，五年小修，十年大修，其有窒碍者概行删除。故例首凡例有"修例后，前此一切通行不得引用"之条，则所执本不是为据。某不揣冒昧，窃见止科伤罪之例实有窒碍难行，不敢因其增入例册，遂为膜视。谨据情议上，伏祈奏交刑部核议停止，仍遵不分首从本律施行。谨议。

核议富川县保甲条规禀

案奉牌开道光十二年闰九月十九日奉抚部院批，据富川县禀呈抚绥民瑶事宜，举行保甲乡约各规所拟是否妥协，饬令核议详夺。等因。奉此。

某窃谓治民之道，本乎人情。一县有一县之人情，一乡有一乡之人情，合乎人情，则令行禁止，不合乎人情，则虽善不从。富川县十三源瑶人由来已久，耕读与民人无异，其登庠序者极有俊杰之士，每问其籍，则讳言瑶。是当以民治之，不当以瑶治之也。某遵查抄粘单内开该县李令所禀事宜章程，如晓谕良瑶，严禁匪类等件，皆系各大宪饬令奉行之事，自应认真办理。其乡约规条，如给门牌，编保甲，立约长，完瑶粮，亦系旧章，惟十家牌一条称，每日酉时甲头持牌到各家查询，某家今夜少某人，某家今夜多某人，务须审问的确。似此烦琐，恐添扰累，应毋庸议。其称甲内有别处瑶人迁来居住者，该瑶自询明来历，连环保结。又称不务正业者，约长率同甲诸人指实劝戒。又称民瑶一时小忿不平之事，鸣之约长，公论是非，晓谕解释。又称胥役、弓兵、无业游民在乡滋扰者，约长禀官严究。数则均为整治地方起见，自属可行。总之，政以实不以文，法贵简不贵烦，而措施之当，尤在体察人情。富川县之熟瑶实与民一体，不可异视。谨守保甲、团练之法，实力奉行，而于蠹役、劣衿、地棍、土豪、巨盗、积贼时时留意，去民之所不欲，兴民之所共愿，则地方自臻安靖，而闾阎同乐升平。是否有当，理合将该议缘由禀陈察核。

办理柑子冲瑶匪葳事拟善后事宜八条禀

一、量移倅伍。贺县桂岭错壤江华南乡，紧界连山，彼二隘离县城弯远，大会墟一县丞不足以资镇压。举平乐佐贰官权衡之，则郡城粮捕通判可移至桂岭、南乡适中之大凝地方驻札，其大会县丞即可移驻平乐县之沙子街，而通判所管平乐之兵粮即可归入平乐县征收，其通判在大凝即可酌请为分防理事之缺。平乐沙子街一带号称盗薮，以县丞专任捕务，亦实为地方之益。

一、熟筹备守。南乡、桂岭界连两省，平时缉捕，已觉此追彼逃，倘或有警，更形左支右绌，较之麦岭尤为要隘。富贺营都司住在贺县城内，距南乡、桂岭均有二百余里，无事可指麾自如，有事恐鞭长莫及。不如移于桂岭、南乡适中之大凝地方，与通判一文一武，相为镇压。似亦慎重边围，应为筹酌之事。

一、禁止巫师。愚惑善良，其术不一，而巫师为瑶人肇乱之由。巫师神其说于铃剑，传其妄于碗水。凡瑶生而成人，巫师为之挂灯，有病巫师为之超度，有子巫师为之加职。人人信之，谓巫师铃剑一摇，盘王即至，阴兵即来，福寿可得，灾患不生，即火炮、兵刀皆不能害。此赵金陇、盘均华之所由聚众滋事也，非禁之不可。但愚无知，骤而去之，恐反致扰乱。自应先行确切晓谕，择一二明白者，使之转相传告，翻然知碗水之无益，铃剑之无神，而又加以例禁之不可干犯，自可由渐而止矣。

一、查收枪械。深山穷谷，野兽山猪败苗害稼，在所不免。故瑶人于鸟枪、刀戟，若视为应有之物，一有蠢动，器械不待外求。此宜设法查收，而迫之则恐生变。其如何谕令呈缴，或出价收买，实无良策。况地方官多避处分，匿不肯言，将就了事，更可虑也。

一、严防扰累。粤西山土多属官荒，瑶人越境而来，逢山即种。而地方滥崽及营县兵役，或伪地主，或捏取山租，多方愚弄，使不安生，洵为瑶山之害。昨柑子、荆竹等冲被胁投诚，讯明放归者，原属良瑶。诚恐匪徒借端入山，欺陵鱼肉，极宜严查重究，是在地方官随时以访察也。

一、妥为访查。凡居民乡村墟市，有乡正、地保、乡约、甲长、墟长、街老，所以禁暴防奸也。山居瑶户，或十数家，或二三十家，亦应选择一人为头人。其连绵至于数冲，则当举才识出群者为总头人。然知之不深，择之必不当。是在附近村庄晓事绅耆，所居既近，所悉亦周，访得其人，任以稽查众瑶之事，时常加以劝谕，为之开陈。彼头人既知义理，即可转告众瑶户，由是察明淑慝，编出清册。有过山新至者，听头人询查来历，善者出与保结，添入册中。每岁冬季，总头人率同众头人持清册，当县堂呈缴。该州县官酌给纸张脚费，分别能否功过，加以赏罚。凡营县兵役，不得擅入瑶山。遇有访查之事，属之绅耆可也。

一、恩恤穷乏。山瑶生息在山，包谷、粹粟虽较稻禾稍易为力，而遇天年暵旱，所收歉薄，穷乏不能自给者恒有之。此宜与民户旱荒一体查办，给与抚恤，方不至流徙而无所归也。

一、振拔秀良。人为天地之灵，虽山瑶，亦必有颖秀可教者。即如巫师一项，所演牒文固属不经之语，而其识字则与凡民同。使变巫师之邪说为士子之正经，亦何不可入黉舍而游泮水。而士民每嫌其异类，多阻遏其考试。不知物尚可以同与，况本同为人乎？其实属善良，种山几年，即准其入籍考试之处，并为奏请添设瑶学，必从宽酌定，以示乐与为善，亦暗中化导之一端也。

禀查禁水手滋事章程四则

案奉宪台行准部咨御史章奏请查禁粮船水手恃众不法一折。钦奉上谕：嗣后粮船所过地方，着沿途各督抚派职分较大之营员，酌带兵丁，一路接递巡查，遇有水手滋事，立即严拿，有犯必惩，毋令一名漏网。等因。行道钦遵，令即严督押运厅并各帮重空二弁，议立章程，随时严密稽查约束，如有前项不法水手滋事，立即会同所在地方文武查拿究办，将如何防范缘由，具禀察核。等因。

职道伏查粮船水手恃众行凶，械斗残杀，滋生事端，节奉各宪台奏明加重治罪，法律极严。无如该水手人等冥顽性成，怙恶不悛，近年以来，仍复如前，沿途抢夺，借端起衅，聚众恃强，屡成巨案，实属凶顽已极。窃查一唱百和，乃有渠魁肆虐逞凶，多恃器械，此防范不可不加严，稽查不可不加密也。职道上年督运，沿途细心察访，有应行禁约各款，谨撮为四条，禀请宪裁。

一、各帮水手皆有头目，不可不确查也。定例水手不过九名，而重运自瓜洲口以至抵通，每船所添纤夫，多至二三十人，少亦十余人，每帮约五六百、七八百人不等。有无赖凶棍，或老安支、石安支，石安支中强悍之人为头目，谓之拉头船。凡数百人听其指示，每人拉若干里，派钱若干，一经披定，即不敢违，谓之披溜子。其沿途抢夺逞凶，图财害命，皆听拉头船指使。若某帮与某帮争窝斗杀，则拉头船为之率领指麾。至其勒索帮丁，陵虐行路，犹属常事。日复一日，年复一年，但不显然械斗。如庐州二帮之案，即叠次杀人，无有能知其姓名者。此应责成各帮重空运弁，暗中确切访察，务将拉头船人姓名、年貌、住址查实，无论滋事与否，于重运渡黄时通禀存记。一遇水手犯案，不难按帮查拿，免致临期费手，使正犯得以脱逃也。

一、每船闷舱藏有器械，不可不尽搜也。定例押运粮船，止准重空千总各带鸟枪一杆，其余军器不许携带。如有私带铳炮并多带鸟枪，将失察之该管官照失察铳炮、鸟枪各本例分别议处。可见例禁甚严，除两千总各带鸟枪一杆之外，粮船本不许携带器械。近日拉船水手多属无赖匪徒，动辄逞凶，肆行残害，恃器械为护身之符，即为拒捕之柄。凡所藏枪铳、刀戟，皆在船头闷舱中，缓则秘之不宣，急则挺而为险。帮弁知之不敢问，地方官知之不敢查，诚以其人众、其器凶也。然平时无事，未尝不畏法律，未尝不服盘查。可否即于帮船过淮验时将闷舱逐一搜寻，凡属刀铳等物全行收毁，并出示晓谕，此次免其治罪，如再怙恶不悛，下次仍敢携带，按律从重究办不贷。庶几虎剪其翼，蛮去其尾，而宽其已往，戒其将来，或者自新有路，改匪为良。即不然，挟持无具，亦可戢暴于未萌矣。

一、沿途按递巡查，所有营兵不可不核实也。南省粮船自水次开行抵通，经历数省，节节应有本汛及加派营员带领兵丁，两岸弹压，分段巡查。然某处至某处系派营员何人，派兵若干名，并无文书知会。若仓卒有事，从何会营登时查办。一俟辗转找寻，或数十里，或数百里，方得接应。则有需时日，已缓不及事矣。应请将各省所派各处弁兵先期知会督押道厅，庶几随时有备，见犯必惩，不至有递送之名，无巡查之实也。

一、沿河断肢残体，虽无报案，不可不存查也。凡粮船水手、纤夫，非无籍穷黎，即凶顽刁面，见财则因贪致杀，斗气则逞很为仇，往往戕害相寻，残忍特甚，黑夜毙命，投弃河中，所在时有。而闸坝官因无来历，惟恐惹事，地方官因无报案，置若罔闻，以为可省公牍，不知益长凶残。此宜责成经过沿河州县，遇有浮尸，一面验明交保甲收埋标记，一面严密查访，一有端倪，即报明究办。庶使杀人者有所偿命，而玩法者亦知所儆惕矣。

以上数条，谨就职道见闻所及，肃泐具禀。是否有当，统祈宪核示遵。

粮船水手捞十字河沙不便禀

窃奉宪牌开山东河部堂吴会同山东抚部院钟附奏，嗣后十字河淤沙，由漕臣严饬各帮帮同厅汛捞挖缘由，相应抄录移咨查照转饬各粮道及总运官遵照办理。等因。到本部堂。准此。查十字河道浅阻临期，责令帮船水手协同捞挖是否可行，向来有无成案，合亟饬议。等因。奉此。

　　窃查粮船渡黄，行五百余里，有彭口十字河，在韩庄、夏镇之间，为滕、沛交错之地。近因水浅沙淤，粮船到此阻滞。上年浙江、江西、湖广各帮守候捞挖，至数十日。自应该处河员于冬间水涸之时极力挑浚，于春夏水涨之际刻期赶捞，庶几河为运设，运亦因河速也。自泇河通运以来，彭口十字河从未闻有水手自行捞挖之案，且以帮同捞挖，责在水手，详度事情，细审机宜，职道愚昧之见，恐有难行者四，恐有不便者五。

　　粮船舵水例定九名，拉舵、拦头、扯篷、撑篙、头犁、艄犁、下毛、带纤，只觉事浮于人，不能人浮于事，安有二三名余剩水手以帮补捞浅不足之河夫？即谓每船添设纤夫，亦皆系按里段随处雇添，住船即散，行船即来，断不能责以捞挖之役。此难行者一也。水手习于驾船，不习于挖河，欲使之出力而无如非其所素能，欲驱之从令，而无如非其所当役。粮道厅弁，皆该管官也。戒其停留，可以号令催促，禁其滋扰，可以法律惩治。若帮同捞河一事，既不在号令之中，亦不在法律之内。倘若有误，将治之以何罪？此难行者二也。竹筐为捞沙捷便之物，东省捞沙，似应多备竹筐，不必专责之于帮船。且此物虽粗器，亦须用钱购买。粮船篙缆杠具，一一皆有开报。今饬谕各船备带锹筐，其价值无从筹办支领。此难行者三也。夫船捞浅，是其专责，乃昼夜捞挖，未能十分迅速。惟粮船用筐捞沙，事半功倍，顷刻深通。则专司其役者反不如帮同之吃紧，是河夫可以卸责，而水手反难逃罪。若一旦捞挖不通，将不问河员之办理何如，只治重空之督挖不力矣。此难行者四也。

　　粮船为天庚正供，行走皆有例限，无昼无夜，带缆前行，稍有停泊，即加催儧。今令于十字河挨船捞沙，旋捞旋淤，旋进旋阻，前船难于一通，后船安能超越。以视夫先期捞浚通畅，随到随过者，其迟速为何如哉！此不便者一也。舵水驾运粮船，刻刻皆宜保重，防风、防浪、防碰、防浅，手眼必到而后安放不差。若舍其本役，责以他事，万一照料未周，船遭损坏，赔米赔船，其能曲贷乎？此不便者二也。四五六月山水涨发，洪流卷沙倾泻而来，数十纤夫迎波逆挽，欸乃数声，所行不过一二步。况当闸口冲溜，停立不住，即将陷入泥沙，尚能随进随捞，从容着手乎？此不便者三也。韩庄入闸百余里，河面既窄，河底复浅，多有阻淤之处，而彭口十字河其尤甚者也。一船滞塞，万舸皆停，若非先时捞通，恐船填满河，水手之锹筐固无从着力，即沿河浅夫之木竿、布兜，亦恐急迫难以加功。多停几日，其后帮之衔尾而来者，将集至数百号或千号不等。此不便者四也。到塘灌运，远不过十数日一次，前之船阻浅，后安能畅行。若以捞沙不如法，帮帮停止，则愈壅愈多，无论抵通不能迅速，即将来回空，亦恐过迟。上年江广帮船，非于临清等处设法筹办，已几有守冻之虞矣。此不便者五也。

职道以水手捞挖一节，大有关于运务，不敢默而不言，谨据所见，缕晰述陈。是否有当，伏乞宪台鉴核示遵。

育养幼孩不可领作奴仆移文

为移知事。照得本司前以扬州府禀收养无依幼孩章程，移请饬属仿办，已于十二月十八准复在案。顷又接到大移开称贵司以各属经费有常，势不能不听人领养，即使领为奴役，较之冻馁毙命，已分天壤，又各就地方情形权宜酌办，不必过于拘滞。等语。

本司查扬州府禀中准人领作奴仆一条，究非善议，恐开兴贩人口之端。兴贩则必至转徙转卖，流离失所，良贱不分，纵得偷生于旦夕，实乃磨折于终身。此律例之所以必禁，地方官所以有匿不申报之议也。且人非禽兽也，既收养之，则当善全之。若救其目前而使之转徙无定，污辱一生，虽免拘滞之迹，恐伤仁爱之心。本司昨在贵州与同僚办有及幼堂一事，筹款生息，长年收养，择其秀者，教以读书写字，粗笨者教之打草鞋、打绳索、编竹器簸篮以及一切可以自食其力之事。其或木匠、瓦匠、烟铺、药铺等项，有愿领为徒弟者，均听其便。一年之内手艺未成，尚按堂中应给饭食与以钱米，艺成而后，堂中除名。一切办法，核与贵司前在武昌筹议章程亦相吻合。贵司念切民生，并示以悦生堂捐输旧章，甚得生息赢子缩母之法，可谓仁心而佐以仁术矣。惟准领为奴一条，不敢附和，合再移知。为此合咨贵司，请烦查照，须至咨者。

晓谕昭潭士子示

为晓谕事。照得郡县书院，所以储材，每月课期，所以励士。本府前次莅任，为士子备学田，筹膏火，时与往复，冀其有成。昨岁重来，多烦迎迓，亲若子弟，于以见昭潭之淳风，而长官更不敢不勉也。是以本年边圉告警，防堵方严，戎马倥偬，奸宄窃发，而于菁莪棫朴、杞梓楩楠，未尝不系怀焉。用是筹先疆埸，而庠序之教亦备规条，身在戎行，而黉舍之风时加采择，不敢忘也。今边事既靖，文德宜兴，愿与诸同志不时讲贯，以相与登昭潭于邹鲁，溯乐水之朝宗也。诸生其共勉焉是幸。特谕。

兴立义学示 条规四则

为兴学立教，以善民成俗事。照得性以习成，学莫先于蒙养，塾居闾右，教莫切于乡师。凡有血气心知，孰不欲多识文字，而以生涯困乏，又何暇从事简编，有心者所贵为之义举也。夫家塾党庠，实有关于教化，民风土俗，须借润于《诗》、《书》。现在所属各乡村、墟镇，童稚多嬉，弦歌未作，急宜兴立义学，以养童蒙。为此示仰各处绅民人等知悉。子弟之贤，父兄所愿，乡党之谊，礼教为先。平郡好义者多，则立学洵为急务。本府无能为役，而劝学欲效愚衷，用拟条规四则，诸绅民共寓目焉可也。特示。

一、古者童子八岁入小学，虽庶人亦然。所以淑其性情，使知礼义也。惟庶人中或耕种，或贸易，贫窭之家，安能立塾延师。则赖绅耆之好义者起而振兴之，择乡村中之庙宇寺观以及大族公祠，通融一二间可容师徒者，作为书屋，即可举行。

一、义学既无须兴建书屋，则所筹画专在塾师束修。塾师即本乡村中生监及童生之有品者，公为聘延，每年束修薪水以二三十金为约。则设一义学，捐资多不过四五百金，少即二三百金亦可。乡村有余之家出数千文或一二十千文，而泽惠得以及人，义声永昭千古，岂非一时快举哉！捐有成数，即典买田地，公定殷实公正之人管理，以每年所得租谷为塾师束修之资，羡余仍增置田产，积累之久，一学即可分为两学矣。

一、大村墟即许左近小村墟附入，每处或设一学、二学，量所捐多寡为之。每一学设一师，学生以十五人为限，多则恐教有不及，管束亦必不周。

一、平郡绅耆，义举甚多，而义学尤为地方切要之事，既可以训迪童蒙，亦可以成就寒畯。乐善有心，想绅耆必奋勇争先也。如各属有倡率举行者，本府即先给花红以作其气，并首捐银三十或二十，以相与共成之。俗美化成，惟诸绅耆是望。

道乡书院学规四则

一曰立志。希圣希天，全视乎此志。孔子曰士志于道，孟子曰尚志。士子束发入学，先当定其趋向。所趋远大则其成也必远大，所趋卑陋则终于卑陋，志岂可以不立哉！但初志或峻，而继焉怠、终焉忘者，则无以励之于后故也。日对诗书，取圣贤之言行以为步趋，闻严师益友之督责以加惩戒，奋勉向上之心不间于瞬息，是未有学而无成，成之未有不臻于远大者也。尔诸生手执简编，试思简编中所载何人，所书何事，读此何为，朝廷取士何用，则志之当立可知矣。

一曰勤学。《说命》曰："逊志务时敏，厥修乃来。"《记》曰："蛾子时术之。"盖言勤也。勤则不至于间断，无间断则《诗》《书》之浸灌，义理之涵濡，日入日深，及其后也，忘其为勤，而德纯且一矣。诸生每日温经几卷，读史几卷，于所读书得新知几处，于所不知者从先生问得几条，自立课程登记。每月逢三逢九作课，文必穷尽题中之理，以己意阐发之，取其真实，不贵浮华。《诗》则义本风雅，温柔敦厚，是其教也。若能随事讲求，始终不懈，何患德之不纯乎？

一曰敬师。《记》曰："师严然后道尊，道尊然后民知敬学。"敬之一字，学者彻始彻终之要诀也。而弟子之于师尤为敬之，自然流露而有所不容已者。于此而不敬，尚望其居恒之常存敬畏乎？夫肆本凶德，慢亦轻心，施之于言则取尤，见之于事则招祸。往往有一语不加谨，一步不加防而患随之，并终身之羞辱丛集焉，而莫得而解免者。是不可辨之不早也。是以君子戒谨恐惧，于不睹不闻之地尚且如临师保以为指视之特严，况身当师保之前，其为严惮宜何如也。立敬自长始，欲敬身者，自当先知敬师。

一曰择友。"益者三友，损者三友"，夫子言之详矣。学者守夫子之教，去损取益，其切磋琢磨为何如乎？而嗜好不绝于内，纷华不屏于外，动而相引，将有人于邪僻而不自知者矣。是贵立志以端趋向，勤学以励功修，敬师以持身心，而后所取皆正人，所与居皆严惮之士，有善相劝，有过相规，疑则可以共晰，义则可以共趋，怠惰者群相策勉，勤慎者咸知则效，则学之有成，未尝不系乎择友也。

义学示谕 附条约六则

为出示晓谕事。照得读书必始于龆龄，就传每资于塾学。穷檐子弟，亦皆有俊杰之才，比户熙穰，安得无蒙养之地。况金陵一大都会，商贾往来，闾阎辐辏，未必皆能家设一塾，户各一师。束修不备，必将付之游嬉，管教无人，更恐习为恶少。本司与合城僚友，筹设义塾八处，各该居民铺户，所有十五以上幼童，均可各就所近，赴塾读书。其塾师先生束修薪水，以及塾中桌凳，俱已代为设备。每塾学生以二十人为度，每日卯正入塾，酉正回家，自明春新正灯节后起馆，至腊月十五日散馆。凡尔童稚，岂无可以造就之资，其在父兄，莫不欲有诗书之教。合行出示晓谕，仰左近居民铺户知悉，如有欲入义塾者，入即公具红禀，将学生姓名、年貌开载明白，于本司出门时拦舆呈递，以免官人阻隔。特谕。

义塾条约六则

一、学生始入塾，先生率领拜谒圣人，行四拜礼。礼毕，学生旅拜先生，亦行四拜礼。每月朔望亦然。每日学生入塾，向先生一揖，晚归，向先生一揖。

一、先生卯正入塾，学生必须齐到。酉正回家，学生必随先生齐出。倘或家中有事，必向先生请假，先生必问明事由，定以时刻，不准无故逃学。先生或一二月偶因有事一半日不到馆，亦即具片报明，以免学生旷放。

一、学生在塾读书，将来小成大成，本司等皆有后望，即先生想同此意也。其学生点读以及做破承起讲，均须由先生分立功课。清晨点书，早饭后温书、习字、讲书，能做破承起讲者做破承起讲。下午点诗，或读古文、时文。随时教以礼仪揖让，以长幼为次序，出话不准高声，行坐不准搀越，奉先生之命唯谨，即佳弟子也，亦先生之善教也。

一、蒙以养正，读书不可不审也。四书五经外，如《孝经》、《小学》，最为蒙童切要之书，读之即知作人之道，由此而大成，必为忠臣孝子，次之亦不失为善士，为好人，此在养之以预也。至初发蒙之幼孩，先取顺口，则小儿语、好人歌、《三字经》、《千字文》，皆可取其易于成诵，亦不失为蒙养之初教也。

一、学生在塾，有不听先生约束，轻则训饬，重则责挞。如屡教之不改，即告知本司等察看，传其父兄再加督责。督责不悛，逐之可也。

一、塾虽小学，而出身之根基实始于此。将来一有成就，其受恩于先生者，中心藏之矣。则先生之教此学生，断无不尽心之理。即本司等非敢遽言培植，而冀其有成，则与各书院无异也。

劝民开塘治田示_{附开塘四法、治田四法}

照得农田水利，民食攸关。水非蓄泄无功，田非深易不治。昨读抚宪《快乐说》，首称水利宜讲求筑塘蓄水，举之甚详，次称垦种宜用力勤苦乐利，言之尤切。本府前次莅任平乐，亦曾以开塘治田之法，遍行晓谕在案。今重莅斯土，似尚未能一律遵行，合再出示晓谕。为此示仰阖郡农民知悉，尔农民沾体涂足，终岁辛勤，即得收成丰稔，亦不过粗粝充饥。倘遇旱魃为虐，灵雨不来，仰天兴嗟，束手无策，纵使祷求有应，亦已枯槁难回。何如先事绸缪，仿开塘治田之法，试一举行，其美利数倍，自知之矣。特示。并将各法开列于后。

开塘四法

一、相地宜。山岭上不能开塘，地势高水易下漏故也。土有碎石不能开塘，水因石下浸，且筑之莫能坚密故也。开塘须在山冲陇首，即田间亦可。然田间不如山冲陇首之易为力。山冲陇首随其地势为之，以一面为塘矶，挑塘中土以培之，甚便利也。若田间，则四面皆须打塘矶，故难。

一、迎水源。水源即泉眼。塘中若得泉眼，则源源而来，盈而不竭，绝无待于人力。否则于大雨时收蓄，野潦山浸，虽非泉眼可比，亦未必非水源也。

一、筑塘矶。凡塘矶，下宽上杀，下宽一丈，上杀五尺，其大约也。筑之之法，须用大木槌缚竹为柄，取其软而得力，铺土数寸，以槌打之，或以石夯亦可，一层坚实，再加一层，层累而上，与旁面老土相齐。若田亩在下，则为水垣以通水，高低因势为之，不用则塞之。其塘矶之下，或有隙缝，致水暗漏，则当用抽铁门限法，靠着塘矶里面下脚挖沟一条，约深数尺，以三合土层层筑之，其坚如铁，故谓之铁门限。

三合土系黄土、石灰、沙子合成。

一、练塘底。凡初开塘，其底多渗漏。乘雨后有积水，牵牛其中，使之睡卧践踏，久之土紧漏塞。漏若不止，筑之可也。其塘浅蓄水无多者，每年于秋冬间水涸时，挑去浮土一层，可以粪田，而塘底愈挑愈深。此最便之法也。

治田四法

一、耕田法。凡耕欲其深，一耦之伐广尺深尺，此古法也。深至一尺，则苗根入土亦一尺，虽遇天旱，田面已干，苗根亦不致遽槁。老农其知之否？

一、打白水法。于先年收割后，即将田犁转，以水浸之，使土块化为膏壤，愈浸愈细，谓之打白水。至来年，再犁再耙，土与水自相融洽，虽至夏间，稍遇暵旱，不失其为滋濡也。

一、扯田塍法。先年收割后，将田塍草根连土铲去一层，至来年犁耙已过，以板系绳，一人按板立塍下，一人牵绳立塍上，扯田中泥培护田塍，使无隙缝渗漏。此亦蓄水之一法也。

一、开沟法。禾到八分熟时，固患无水，亦患水多。惟缘田塍下开一小沟，使水旁绕，不致浸坏禾根，而又得其滋润，则禾自然黄茂。若遇连日大雨，水势奔腾，得小沟以通之，禾亦不致为水所败。此亦泄水之一法也。

谕乡民团练示

为遍谕乡村墟市自相团练，以弭患除奸、禁暴惩顽事。古者五家为比，十家为联，平时相保相受，有事相友相共。盖邻里之同居，如手足之同体，彼呼此应，彼劝此规，善则群相矜式，恶则并力驱除，其谊至亲，其势易属，其长幼尊卑皆有父子兄弟之分，其岁时伏腊皆有睦姻任恤之情。为此示仰阖郡所属各乡村墟市绅士耆民以及乡约、地保、墟长等知悉，本府与各牧令深以滥崇为忧，尤以外来匪徒为可恶，并以烟馆、赌场、狭斜之游为善良之大可憾。官府与士民虽痛痒相关，而耳目或有所不及，虽号令可到，而情形或有所未周。所望绅耆视一乡如一家，举一乡之正士，联一乡之闾阎，小村附于大村，单户编于众甲，无事则勉为善，有急则同声赴援。为此特示。所有应行各条，开列于后。

一、御盗有同仇之义。如大村市或千家及数百家，公举首士数人经理其事，公置号锣数面，各家自备防夜木棍，首尾中边共议出持更名数，十日一换，有贼则鸣锣相应，群相救援，其闭门不赴援者，即斟酌议罚。小村市数十家，亦举首士，照此办理。零星不成村落，附于大村市照管。

一、思患有预防之道。拜会一事，为祸最烈，轻则银铛相加，重则身首异处。是当避之如蜂虿，驱之如虎狼。传其教者固为法所不容，堕其术者亦为刑所不宥。尔乡民各有知识，各有身家，岂不闻拜会之为邪，不拜会之为正，偶尔失足，百口难保，是在绅耆严密查察，闻有会首一二到来，即合乡公同捆送鸣官，毋得稍为宽纵。平时父教其子，兄教其弟，长老教其后生，必当举拜会之利害详细讲明，谆谆告诫，以同为善良之民。是所深望。

一、易俗必先立民之防。鸦片烟入人脏腑，便为鬼蜮，始则竭其元神，继且同于枯骨，在荡子恃为狭斜之行，其害固及一家，在贼徒倚为啸聚之具，其毒遂盈四境。此则众之所共知，非官之所独恶也。有开烟馆及吹烟者，绅耆可公同举报，以凭按律惩究。他若娼赌二事，荡家亡身，士民犯之则为匪类，商贾犯之则入穷途。且娼家赌场匿盗留奸，律法所不容，即乡村所必禁。绅耆莫不望其子弟之贤，可治以家法则以家法处之，如其顽梗，切勿姑息不肯送官，以自贻伊戚也。

一、保善必须除恶之本。绅耆自行团练，善者编入团中，恶者屏之团外。往来无常、形迹可疑者，不准驻足，持刀舞械、酗酒逞凶者，立即鸣官。清匪徒之窝巢，多在茅棚小户，绝刁面之来路，须防榨厂工丁。攘窃牛马，则汤锅为之受赃，是私宰亟应严惩，抢割田禾，则滥崇暗为倡率，是游手必当密查。尔绅耆以仁让练此心，以勤俭练此身，以入孝出弟练于家，以相友相助、除暴惩奸练于乡，其康乐和亲安平可知矣。

以上四条，本府体察情形，酌量习俗，以一乡之人治一乡之事，无号令之烦，无胥役之扰，间阎由此靖谧，风土由此淳美，尔绅耆当与共成之，不至视为具文也。

呈销佩刀滋养牲畜示

　　为晓谕民苗呈销佩刀滋养牲畜事。照得黔省生齿日繁，而地土墝瘠，所产既薄，无业者多，谋衣食之维艰，何暇顾及礼义，遂风俗之是染，岂知陷入刑罗。则有匪徒恶少，身佩长刀，以强横为材能，以磕掳为生计，每到场寨，百十成群，顾刀自雄，拔刀肆逞，谓人见其刀，即可任其抢掠，谓已持此刀，即可壮其声威。哀哉！无知亦已甚矣。杀人者死，本有常刑，执仗者凶，大干例禁。以刀为护身之符，而不知身首由此异处；以刀为劫人之具，而不知人命必有抵偿。本司闻之不胜痛恨，思之又觉悯伤。相习成风，迷而不悟，游手无术，陷而不知。

　　古人云：卖剑买牛，卖刀买犊。所以化恶习为美俗也。夫牛、羊、猪、鸡，畜之易蕃，养之易殖。牧羊牧豕，古有以此致富者。该各无业之民，与其佩刀行暴，终在命不可测之中，曷若将刀变卖，或缴呈该地方官，量与之直，即以其直为贩养牲畜之本。虽不能以刀易牛，而若羊若豕若鸡，未必不可以相抵。羊、豕、鸡一年皆数乳，计一羊之息可得三豕，鸡则更蕃矣。无恒产之人，曷不图谋至此，而必以刀为。本司不惜苦心，为此委折示谕，仰各该府、厅、州、县，地方各乡约、地保、场头、甲长、客总、头人、土司、土弁等知悉，见此示谕，即传令将刀缴呈到官，或径到本司衙门呈缴，许其改过自新，量与之直，以为滋养牲畜之资。若地方有牧养牛羊，持以谋生，至于牛数十羊数百为群者，听所在地方公报，由官酌赏，以示激劝。

禁宰耕牛示

　　照得民生以耕种为先，而稼穑以牛力为本。南亩之勃壤埴垆，蹄躈之肋皮欲绝；西成之坚好颖栗，鞭头之血汗几何。闻唤犊而欣然，共庆曾孙之稼；感牵牛之觳觫，是为君子之仁。除大祀割牲之外，宰杀者律有明条。观彼苍好生之心，饕餮者没遭冥罚。本府访查富境王祖庙地方，于七月初六、七等日，借口还愿，擅将耕牛牵宰，动至数十。实神明所不享，尤法禁所难容。除饬差查拿外，合行出示严禁。为此示仰各乡村居民人等知悉，尔等各宜速悟前非，毋蹈故辙，田间赛社，不过鸡豚，乡曲酬神，止须香楮。如果十分至诚，何须一元大武，所谓东邻杀牛，不如西邻禴祭，以诚不以物也。况贪杀必干神怒，犯禁且有官刑，尔等凛之戒之，毋违。特示。

禁止淫词小说示

　　照得淫词小说，最有关于风俗人心，诱人于邪，陷人于恶，往往以未有之事，装点而为金粉之楼台，以本无之人，杂糅而成溱洧之士女。见者心动，舍廉耻而入奇邪；闻者艳称，弃礼义而谈轻薄。人心之坏，风俗之浇，莫甚于此。除饬各府、州、县，将一切淫词小说以及新出画舫、青楼等录概行饬坊烧毁，毋许存留外，合行出示晓谕。为此仰城乡士农工贾人等知悉，尔等各有正业，无事闲书，慎勿以有用之心身，自荡于淫邪之词曲，更勿以有限之岁月，甘掷于荒忽之见闻。岂圣贤传经可读而反不读，世俗传奇不可读而反欲读耶！当不如此其愚昧也。特谕。

息讼安民示

照得《易》称"险而健讼"，讼非善事可知。故厉则终吉，渝则安贞，不克讼为无眚，以讼受服为不足敬，极言讼之不可成也。闾阎中果能入孝出弟，讲让型仁，遇事则惕中而加之以忍，待人则反己而出之以恕，又何至跪堂阶，对官府，受外来之诟谇，被无穷之陵辱哉！本府深恐小民有冤莫伸，又恐刁徒借端逞讼，中家一年之奉养，或且轻掷于崇朝，穷户终身之力佣，遂至尽倾于片牍，言之可为寒心。除实在切己之冤屈，不得已而告官者，务望莫入公门。与其后悔难追，不若作事谋始，忍之一时之为得也。为此示仰阖郡军民人等知悉，以仁恕为心，以礼让为事，断不可动辄告状。其有万不能已者，宜遵照定例格式，于呈后登记代书姓名，不许诡言系倩过路不识姓名人书写，以防讼棍刁唆，愚民受其害陷。讼乃险事，非真有冤抑，切勿妄诉。凛之慎之，毋违。特示。

禁枷锁赛祭示

照得迎神赛会，本干例禁，而金陵风俗，每于赛祭之时，多有妇女童稚枷锁随行，诓诞不经，殊堪骇异。以此为献愚诚，神何可媚，以此为知忏悔，神大难欺。试思为善善报，为恶恶报，果有善行，自然仰荷神休，如是恶人，安能幸逃冥责。此等愿心，实属恶习，合行出示禁止。为此示仰军民人等知悉，为善去恶，方能感动神明，献媚求哀，断难潜消罪孽。况存此心术，无事不可欺人，恃此禳求，无恶不可妄作。嗣后如再有妇人孺子枷锁游街者，立即查拿，该家长照例惩究，断不宽贷。特示。

拟饬州县为民除害谕

照得设官所以爱民、卫民、保民，救民之疾苦，捍民之患害。见有加于吾民者，恨不得以身当之，见有困于吾民者，恨不得以身御之。此凡临民者，皆宜有是心，而州县于民为尤近，故民之称州县者曰父母。试思父母之于子，忍见其受人侵暴乎？忍见其被人劫夺乎？忍见其号呼而不为之详察乎？忍见其痛楚而不为之垂怜乎？何以闻报盗者则起恶，闻报抢者则生烦，因烦致忿，积恶为仇，伺其一言之隙，半语之差，而诛责随之，罪戾加之。由是化盗为贼，化抢为无，并舍盗舍贼而弗拘，而借以抗传，借以妄指，或竟借以滋闹，借以虚诬，逐事苛求，百方罗织，案犯逍遥，而事主锒铛起解矣。此等情事，言之伤心。尔州县未出仕时，亦闾里子民也。倘或有跳梁入室，告之官而官不究，且加之督责，其必厌恶此官，薄劣此官。若竟被劫被抢，一告不应，再告三告亦不应，而反遭诘难，反受磕诈，其当何如怨恨，何如冤结也。今俨然为民父母，而遂忘之乎？遂不知子民之苦乎？心，人所同也。尔州县具有此心，亦反求之而已。经此番示谕之后，倘再有劫盗、抢夺、偷窃等事，闻报不即查拿，反将事主任意磨折，逼其改重为轻，掩饰从事，知害不除者，定当先撤后参，决不宽贷。

劝捐输义仓谕

照得食为民天，有备无患，事关义举，集腋乃成，绸缪缓急之需，斟酌盈虚之用，劝分于无事之日，图匮于未然之时，则善莫过于建义仓。积众人之输将，应一时之捆取，在一乡则济一乡，在一邑则济一邑，不假胥吏之手，不烦商贾之权，豪强无所并吞，贫乏有所倚赖，义仓之善盖备焉。本府莅任三日，诸事未亲，虑旱魃之为虐，且螟蟊之不良，率同牧令，夙夜祷求，虽见惠泽旁敷，已觉收成少缺，所幸早稻尚丰，种禾渐茂，粟秕垂实，薯芋盈野，小民或可糊口，而官长安能释怀。是义仓不得不建。况我平郡，素多仁风，士民每好义举。今饬各属邑，择选首士，兴举义仓，或就乡村设立，或依城邑备储，总期以爱人无已之心，为此爱人无已之利。本府及各牧令亦且身为之倡，与诸绅民共成之。其应行各条规，开列于后。

一、贤牧令各就治内各乡择举首士几人，主持捐输之事，或多或寡，量其乡村为之。今年本非大有，而有余者当亦不少，诸首士其必知之悉也。

一、捐输义谷，自一石以上，或十石，或数十石、数百石，皆听其力之所能，不相强也。一时仓廒难成，则寄存于公正殷实之家，开立清册，首士执管。

一、捐谷至五十石、百石、数百石者，即由牧令禀报大宪，分别奖赏，或给匾额，或奏请议叙，以示鼓励。

一、义仓本出绅民之义举，将来各属乡村捐输已有成局，即交公正绅民管理，不准吏胥干涉其事。遇谷价高昂之时，绅民酌量平粜，其价银公同收管，秋收后仍行买补还仓，不得丝毫侵移。

以上四条，略言其概，未必能尽其蕴，尚赖贤牧令及各属绅耆详细讲求，以臻至善。是所深望。

劝民早种早收谕

照得南方以稻谷为根本，东作以春仲为权舆。谚云：清明前下种，谷雨前分秧。此天时不可失，民事不可缓也。黔省旧俗，播种迟至四月，栽插已近端阳。时方酷暑，根之入土者尚未滋荣，节已届秋，苗之怀新者全无胎息。先失土膏之脉起，继当时令之恒阳。纵或冻雨大来，幸得免于亢旱，而已凄风徐至，难以速其荣敷。秋分而穟尚含苞，霜降而禾犹栖亩。重九多连旬之雨，阡陌无止水之防。收割既在泥中，栖比多于室下。无由晒晾，十分已去其二三，加意掀摊，干圆半化为潮碎。该农民劳苦终岁，幸获丰年，惟以下种过迟，收成太晚，以致减去分数，吃此艰辛。则曷若奋然争先，群焉兴起，于春分后浸种，于谷雨前插秧，迎此下田之春膏，酿作嘉禾之秋实。趱前一月有余，则结实易期饱足，避却重阳以后，则纳稼可得晴明。而且以季秋之水，翻隔年之犁，硬块融为膏腴，草根烂成粪冗。此又早收预耕之利也。尔农民何乃因循旧习，怠惰一时，过春分而莫之省，经谷雨而无所施，失于春而误于秋，懈于始而欢于后。天未尝不爱人，而无如人之不善察天时也；地未尝不养人，而无如人之不善用地利也。为此曲折晓谕，仰各处乡约、地保传谕各农夫知悉，春分后一定赶浸谷种，谷雨前一定齐插秧苗。此间地气素暖，从无冻冰之事，即无烂秧之虞，断然可行，不必过虑。所愿一鼓作气，合力向前，有厚望焉。特谕。

朱子学案目录序

统纪

统纪者何？孔子之学，孔子之教也。孔子集群圣之大成，以训天下万世，使万世之纲常立，伦纪明，人心端，学术正。子得其所以为子，臣得其所以为臣，弟得其所以为弟，友得其所以为友。意以之诚，心以之正，身以之修，家以之齐，国以之治，天下以之平。《论语》一书，至平淡而至精微，至切近而至深远。见或及于童孩，而教可通于造化。遇或遭夫狂悖，而道不离于寻常。视听言动虽偶，必确有持循；出入起居虽亵，必主夫恭敬。斯人锢蔽之深，得一言而奋然以起；吾儒积累之久，奉一语而豁然以通。智愚贤否，得天地之生成者，非我孔子，无以为生成；典章名物，关时世之化裁者，非我孔子，无以为化裁。至矣哉！统纪之所系莫大也。远矣哉！统纪之历久愈明也。曾子述之为《大学》，子思子传之为《中庸》，孟子私淑之为《孟子》七篇。建诸天地而不悖，质诸鬼神而无疑，诸贤亦可谓善继矣。然而焚书坑儒，暴秦渐灭，天理尚有余哉，则又安有所谓统纪者？阅汉有董子，言之而未能行。又阅唐有韩子，知之而未有所表见。千有余载，至宋而得朱子，传周子、二程之学，而上溯孔、曾、思、孟之道，订为《四子书》，以为群经之统领。朝焉夕焉，寝馈于其中者数十年。章分而节析之，章旨未安求之于节，节旨未安求之于句，句之未安审之于一字二字，安而后已。或阅时日，而于心犹见有不安，则又确求其安者以易之。至属纩先数日，犹有所易也。甚矣！读圣贤之书如此，其慎且勤也。其为统纪，岂不重哉！夫统纪之在孔子，天下未有不知者也。然而孔子之学之精，非朱子不能窥其蕴奥，孔子之德之盛，非朱子不能仰其高深，孔子之道之大，非朱子不能极其分量。谓朱子即孔子，吾不敢也，谓朱子即曾子、子思子、孟子，似未远也。何也？周、程而后，集大成者，朱子一人而已。吾故于学案前首识之。

性道

"天命之谓性，率性之谓道。"此二语至明至当，读之者可以知性之所由来，道之所从出矣。知其所由来，则不至于认心为性，识其所从出，则不至于远人为道。不认心为性，则戒慎不睹，恐惧不闻矣。不远人为道，则莫见乎隐，莫显乎微矣。然而不睹不闻，存之必极其密，守之必极其严。若非严密，耳持之而一惑于聪，目在之而一蔽于明，则性亦终必亡矣。莫见莫显，察之必惟其精，省之必惟其详。若非精详，私阻之而即于偏，欲间之而夺于妄，则道焉能为有矣？若是者，安可与言中和？中者，性之体，存养之熟，天理常存，卓然至正之象也。和者，道之用，省察之纯，人欲尽净，廓然大公之量也。天地一中和而已矣，圣人一中和而已矣。希天者，不可不知中和，希圣希贤者，不可不知中和，即初有志于学者，不可不知中和。不知中和，当于性中求之，于道中验之。夫子赞《易》曰："穷理尽性，以至于命。"理，性之所受于天者也，穷之尽之，完其所由来也。又曰："立人之道，曰仁与义。"仁义，性所同具者也。全乎仁义，则与天地并立而为三，天地亦乐与斯人并立为三。此非人人皆然，道在则然也。道顾不重乎哉！而无如世之言性者非性，言道者非道，置仁义礼智于不闻，而惟声色臭味之是徇，舍忠孝廉让于不讲，而惟富贵利达之是图。心术日漓，学业愈下。问其性之所由来，不知也，问其道之所从出，不知也。悠悠忽忽，醉梦于聋聩之中，其亦大可悲矣。嗟乎！吾安得执性道之说遍告吾徒？吾亦安得不以性道之说待之将来也？因以识之。

敬

汤曰："圣敬日跻。"文曰："缉熙敬止。"周公曰："敬之终吉。"敬之由来尚矣。孔子之言敬也，曰："畏天命，畏大人，畏圣人之言。"曾子之言敬也，曰："十目所视，十手所指。"子思子之言敬也，曰："鸢飞戾天，鱼跃于渊。"孟子之言敬也，曰："必有事焉而勿正，心勿忘。"大矣哉！彻上彻下，彻始彻终。道德中无数层级，舍此不能跻其巅；学问中无数功夫，离此不能致其极。其敬之谓乎！夫理，至一者也，二三焉而转为欲，非敬何以持之。性，至清者也，淆乱焉而泪于情，非敬何以定之。是以致知格物，穷理之事也，而非敬则物未必如其则，知未必得其本。诚正修齐治平，尽性之功也，而非敬则意何以能禁其妄，心何以能化其私，身何以能去其僻，家何以能孝弟慈，国与天下何以能通其好恶，审其得失，辨其本末，察其贤奸，讲明其义利。程子曰："《大学》前当补一敬字。"窃谓此"敬"字统纲领条目，通《大学》终篇，而不可无者也。故特表而出之。

明新止至善

《大学》三纲领，一明明德而已矣。反诸己曰明，施之民曰新，新亦明也。明新极其致，曰至善。止至善，亦明也。《大学》之道，一明而已矣。此明也，通天地，贯古今，彻上彻下，成始成终，而又人人之所同得者也。一人能明明德，千万人皆能明明德。前千古之人能明明德，后万世之人皆能明明德。明德者何？天命之性也。不谓之性而谓之明德，以人之得于天者言之也。天无不欲人之明也，天予之明而不求其明，其何以事天乎？《大学》者，存心养性，事天之学也。可以民，可以臣，可以君，可以尧舜天下，可以父母斯民，其功循序而渐进，其效随分而有征。格致加一分，诚正亦加一分，修齐治平亦犹是也。虽然，专恃格致不得也，须有格致之明足以通之，而后诚正修齐治平乃得力耳。是则其功一致也。而必析而分者，各有界限，各有持循，各有险夷，各有难易。毫厘差而千里谬，瞬息乱而万缘纷。明之必止于至善以是也。明而后可以诚，可以正，可以修齐治平也。诚正修齐治平，皆明中事也。我朱子言之详矣。而于奏议、封事、奏劄中，屡举其全而曲折陈之，惟恐其君之不听，听之而不能行也。恳恳勤勤，竭诚尽忠，一奏不已，至再至三至五至七，回环委婉，冀有以默感于君心，以安宗社之危，以振朝纲之堕，以除左右之奸，以消仇敌之侮。而无如谗间叠出，终不能行也。而后世人主，乃往往读此而歆动，惜斯人之不复见也。则未尝不叹当时宋祚之衰，有一忠君爱国、扶危拨乱之贤而置之不用也。吁！其亦朱子之不幸矣。吾因为之歔欷太息而识之。

格致

格致者，穷理尽性之首务也。学安得不博乎？问安得不审乎？思安得不慎乎？辨安得不明乎？然而博有三害：杂而不纯，则漫漫而无所纪矣；奇而不经，则怪诞而无所惮矣；虚而不实，则浮荡而无所薄矣。离其知之正矣。故博以道为主，尤必以古先圣王为主。不然，则虽多反足以致害也。审有三失：厌常喜新，则嵬琐而不可堪矣；舍近求远，则旷渺而不可稽矣；畏难贪易，则迁就而不可诘矣。丧其知之真矣。故审必以经为归，尤必以大本大原为归。不然，则虽勤恐不能无失也。慎有三歧：过于迫促，则所入不能顺序矣；安于详缓，则所进不能破的矣；锐于分剖，则所得不能适当矣。汩其知之灵矣。故慎以义理为权衡，尤必以实事实心为权衡。不然，则虽劳恐不免于多歧也。明有三蔽：自矜其智，则转而入于昧矣；强恃其公，则缘而逞其私矣；参之以严，则阴而成其刻矣。斫其知之善矣。故明必以邪正为判断，尤必以释疑订误为判断。不然，则虽察恐不免于反蔽也。四者，格致之功也。诚能各尽其力，各极其量，而无毫发之差，则明明德之本立矣。

诚正

人与禽，一意心间判之而已。圣与凡，一意心间判之而已。君子与小人，一意心间判之而已。诚也、正也，岂不重哉！夫诚正之功，非岁月之事也，毕生之所持守保护而不容已者也。其用力在存养，其考验在省察。存养之间，不可不知者有四也。以有为无，则入于空寂矣。知白守黑，则遁于清静矣。衍诞为真，则任其狂悖矣。反善为恶，则失其本原矣。省察之间，不可不知者亦有四也。注脚六经，自昧其偏私矣。纵横千古，自乘其义利矣。簸弄神识，自昏其睿照矣。把捉端倪，自取其魔障矣。是以存之者，存其理也，养之者，养其性也。理外无所存，性外无所养也。省之者，省其所存也，察之者，察其所养也。即省即存，即察即养也。学无止境，存省无止境，学无近功，存省无近功也。是以贵乎奋勉，贵乎笃实也。则志尚先焉，践履重焉。入学者，师友每责其志。不知志之责于初者固严，而责于中年，责于衰老者更为迫也。富贵荣华，浸染于人之肌髓者，愈壮愈深，非志之坚，安得不夺？艰难困苦，顿挫于人之筋骸者，愈老愈切，非志之淡，安得不移？孟子曰尚志，自始至终言之也。志尚定则践履敦，一言之苟，悔之终身；一念之差，惭之尔室，其志然也。是以行必顾言，言必顾行，衾不愧影，影不愧衾。在家则以孝弟率其子孙，在国则以忠贞先其僚寀。显则不负其职之所当为，隐则不忘其性之所当尽。盖其欲为君子，而惟恐跬步之近于小人也，欲守先圣先贤之道，而惟恐其疑于乡愿，堕于鄙夫也。其斯为诚正矣乎！

修齐

所谓齐其家在修其身者，人之其所亲爱而僻焉，之其所贱恶而僻焉，之其所畏敬而僻焉，之其所哀矜而僻焉，之其所傲惰而僻焉。故好而知其恶，恶而知其美者，天下鲜矣。僻之为害，岂不大哉！是以君子不可以不修身，思修身不可以不事亲，思事亲不可以不知人，思知人不可以不知天。天下之达道五，所以行之者三。曰君臣也，父子也，夫妇也，昆弟也，朋友之交也，五者天下之达道也。知、仁、勇，三者天下之达德也。所以行之者一也。此修身之事也。其道其德不止行于一家，而家则身之所厚者也。所厚者薄，而其所薄者厚，未之有也。《易·家人·彖》曰:"家人,女正位乎内,男正位乎外。男女正,天地之大义也。家人有严君焉,父母之谓也。父父、子子、兄兄、弟弟、夫夫、妇妇而家道正,正家而天下定矣。"家顾不重乎哉!子朱子辑《小学》内外篇,纂《仪礼经传通解》,列家礼、乡礼、学礼于前,其以此欤。是编未之详也,因识及之。

治平

有知即有好恶,意发之,心存之,身施之,家国天下受之,而治乱出矣。防其乱而图其治,则"公"之一字,万古以之矣,尧舜禹汤文武传心之法也。夫子终之曰"公则悦",盖以此也。我朱子立朝四十余日,陈善闭邪,责难替否,摘隐微之伏,发倾侧之奸,以明好恶公私之极则,而卒间于左右侍从之谗言。其在外经历数阶,旌淑别慝,进贤惩贪,同监司荐者四人,申尚书省者屡状,而唐仲友之罪不加诛,而潘友恭之举将自代。其于学宫书院,或记或铭,法戒具备;其于经界社仓,或申或劝,利病悉详。祧庙有图,而大禘大祫、七庙九庙,其图无不得其精详。谒学有文,而先圣先师、三贤五贤,其文无不致其诚敬。考古不遗于周汉,举废不间于显幽。其治民也,酌盈剂虚,衰多益寡。审利害之重轻,为之均减,通出纳之赢缩,制其经常。损上益下,则蠲除惟恐其不宽,后乐先忧,则救援惟恐其不至。虽当时内不过待制修撰,外不过提举提刑,而见诸朝廷者若是其诚笃,施诸州军者若是其慈仁。是可为致君泽民之法矣,而惜乎其未大用于世也。吁!传道者之厄于时,大抵然也。

时事

建炎以来,和之为害,岂不大哉!高宗非不英杰也,其欲复土疆,恢中原,除伪国,剪仇酋,迎二帝,祠陵寝,以还祖宗之故物,以慰亿兆之归心,而卒未之得。孝宗继之,亦高宗之心也,时时见于辞色,而亦举而复弃,行之未及半而遂已。此何故?知及之而未能常明,意及之而未能常诚,心及之而未能常正。遇有以邪间之者,则夺其正矣,遇有以诈投之者,则夺其诚矣,遇有以暗昧蔽之者,则夺其明矣。是岂独和不和之事哉!而和则关于斯时之势,事莫大焉。张忠献之扈从也,竭其诚恳,济以经略,因险而之夷,即乱而转治,保关陕所以存中州也,守蜀汉所以奠南服也,移建康所以定天位也,城淮甸所以控江海也,拒四郡所以固扬镇也,绝常使所以严体统也。当时贤者皆窃服其略,而奸者则深忌其能矣。忌其能,恐其败和之局,不得成其奸也。屡欲罪公而无丝毫可借口，移怒于公之所使定中原者而加害焉。秦桧、沈该、万俟卨诸贼，万世同诛之矣，然而宋之天下不能复兴矣。厥后汤思退、尹穑、龙大渊、曾觌、王抃之徒，守桧之故智，潜斥忠良，明废纲纪。正人如陈正献、刘少傅、张修撰、刘光禄、王中奉、范秘阁诸君子，亦见知于君而未得竟其用，皆诸奸沮之也，即诸奸之簧鼓君心也。是以君心贵明而又明，以至于无不明，诚而又诚，以至于无不诚，正而又正，以至于无不正。明无间断，诚无间断，正无间断，而后明镜止水，形来见形，影来见影矣。而后浑金璞玉，无隙可乘，无瑕可入矣。

格致诚正之功，存天理遏人欲之功也。使此心有理无欲，则天下虽大，能逃乎人君之一心哉！朱子曰：人主所以制天下之事者，本乎一心，而心之所主，又有天理人欲之异。二者一分，而公私邪正之途判矣。盖天理者，此心之本然，循之则其心公而自正。人欲者，此心之疾疢，循之则其心私而且邪。其效至于治乱安危有大相悬绝者，而其端特在夫一念之间而已。人君察于此理，而不敢以一毫私意凿于其间，则其心廓然大公，俨然至正，泰然行其所无事，而坐收百官众职之成功。一或反是，则为人欲私意之病，其偏党反侧，黮暗猜嫌，固日扰扰乎方寸之间，而奸伪谀懘，丛脞眩瞀，又将有不可胜言者。此其必然者也。至哉言乎！有物必有理。知非理何所致，意非理何所诚，心非理何所正，身非理何所修。故朱子之面对及封奏也，必以格致为先，进之以诚正修，推之以齐治平，而要不外主之以一理而已。而一时之宵小权奸，便辟侧媚，恶其庄严，忌其学术，别之以理学，又指而摘之曰伪学。嗟夫！殆矣。几有徒党之株连，里门之禁锢，而朱子未尝动于心也。遁世不闷，而任道仍如其常，闭户潜修，而诲人亦尚不倦。《答余占之》曰："某老衰殊甚，疾病益侵，仇怨交攻，未知所税驾也。今年绝无朋友相过，近日方有至者。只一二辈犹未有害，若多则恐生事矣。"又《答陈方卿》曰："某碌碌如昨，但年老益衰，已分上事未有得力处，朋友功夫亦多间断。方以为忧，而忽此纷纷，遂皆不敢为久留计。未知天意果何如也。"由是观之，可以知吾朱子之遇，可以知吾朱子之学矣。

传述

朱子传圣人之道，述圣人之言者也。四子书《章句》、《集注》、《或问》，寻绎体究，俯仰追维，惟恐与圣人所言功用不符，口吻不协，添后世学者诵读之病，故再四与友朋权商，学徒辨论，而后敢质之于当世。慎之至也。《周易正义》本程《传》而参以邵子之《先天》，盖由文、周而追溯伏羲也。《诗集传》去《小序》之不可信，并义疏之不合乎道者，而奉思无邪一言，以还兴观群怨之本旨也。《仪礼经传通解》一书虽属未成，而纲领条目犁然灿然，不可紊也。《通鉴纲目》接《春秋》而立大法，使乱臣贼子无所逃罪于天下也。是皆后世之正传，遵之行之，一言不敢违，一步不敢越，非仅字句之训诂已也。此篇即全集之涉于经涉于史，并有关于屡朝之文献及贤士大夫之言论。名山大川之古迹胜概，经朱子之表而出之者，裒为传述一案，亦足以征吾朱子之信而好古矣。

论撰

大禹之岣嵝碑，远矣，尚矣。比干、延陵季子，其墓碑之祖欤。阅汉魏六朝而隋而唐，则凡有德、有功、有言者，葬必有碑、表、铭、志，皆一时知名之人为之，昌黎其最著者也。而时人或讥其谀。夫韩子岂谀墓者哉！善善从长，盖有之矣。我朱子之守道也，平时于二三益友及诸从游往来谈论，从未尝以一语假人。故来请铭请志者，或以家冗辞，或以衰病辞，或以时难辞，往往于书答中见之，亦不知凡几矣。然而道德之尊崇，勋猷之表著，学行之褒嘉，门庭之纪载，幽隐之宣扬，皆有各不容己者焉。则碑铭安得不作？夫朱子固多闻阙疑，慎言其余者也。而祭文、墓碑、墓表、墓志、行状，至十有余卷。绎其文，无非叙其学，叙其道，叙其德，叙其何以立朝，叙其何以治外，何以措置地方，何以抚安军民，何以保护疆宇，何以抵拒强寇。其未仕及仕而止于小吏者，在家则书其何以孝，何以弟，何以睦姻，何以任恤，在官则书其何以事上，何以接下，何以教养，何以兴利除害。无一虚词，无一剩语，盖慎之也。故其文皆信而有征，纳之册府，非信史欤。

兴观群怨

朱子非以诗名者也，而其诗之沉郁深至，有诗人所不能到者。间尝端坐而敬玩之，见其静而正，曲而当，微而彰，直而文，温而理，广而信，简而该。远征而不失其指归，泛举而不违乎义蕴。因时感愤，而能使顽者耻，昧者醒，比类致辞，而能使过者规，善者劝。赠答之偶然也，而不离乎切磋严惮，侮慢之忽至也，而不失乎忠爱恳诚。夫子曰："可以兴，可以观，可以群，可以怨。"其在斯乎！朱子之诗，非即可拟三百篇也，而亦稍近之。夫而后知其平日之学之功纯粹以精，有以养其温厚和平之德，成其舂容大雅之才。吟风弄月之怀，发现皆道本；乐天知命之事，歌咏亦性真。是以音响出于自然，裁调卓乎高妙。不必淡如彭泽，而素抱只在南山；不必悲比杜陵，而此心每依北斗。吁！吾朱子之道，愈老而愈穷；吾朱子之诗，愈衰而愈少。盖不敢作也，避祸于危也。吾衰而录之，以其诗即其学也。

尾后附识

《学案》既卒业矣，因思读之者必以《或问》、《语类》不入为憾，余亦窃自以为憾也。然而《或问》一书，为《四子书》讲解设也。与《集注》、《章句》并读，则互相推说，易于详审。若分列《学案》中，离断其络脉，错乱其条理，置有用于无用，故不敢也。《语类》非《或问》比也，而出于门人之手。当时及门讲学，非无成德达材能钻仰高坚者，而或先入之未化，领悟之未深，则其立言之得失，字句之缓急轻重，未必悉如其师之本旨。蒙也无决择之明，鲜考核之识，安敢轻取而妄论之，亦安敢强分而比丽之也？是以明知有憾而不辞也。

重刊朱子年谱序

孟子曰："诵其诗，读其书，不知其人，可乎？是以论其世也。"此后世之所以有年谱也。朱子集诸儒之大成，直接孔孟之统，其言行为后学津梁，则年谱尤不可不传。宝应王白田先生深于朱子之学，辑《年谱》四卷，附以《考异》、《论学切要语》，较他本为精审。昔年于京师购得之，行箧未尝离也。今见昭潭士子知向正学，与共读之。因用重雕于郡廨之四砭斋。

续理学正宗序

师道立则善人多，善人多则天下治。师道之不立，至今日亦已极矣，可胜慨哉！夫词章以相焜耀，故训以相谇争，假陆袭王以相迷罔，窃功盗名以相欺诳，言者若是，行者若是，学者若是，教者亦居然有师，有弟子，有渊源，有授受，有门庭，有径路矣。何莫非师之谓乎？然而此俗师也，此背道之师也。师道至此，尚可问哉！俗师之教也，使人趋于鄙，习于陋，局于小，安于卑，智者入于纤巧，能者逞其偏私。其究也，脂韦其体，模棱其用。背道之师之教也，使人旷其志，游其心，梏其性，荡其情，恍惚焉以为真，梦幻焉以为神。其究也，决裂藩篱，俪弃规矩。此二师之弊，岂浅鲜哉！夫是以沉锢于学者之心愈深愈悖，读六经而显昧于六经，读《论》、《孟》而动违于《论》、《孟》，读《学》、《庸》而大刺谬于《学》、《庸》。浮慕浅尝者，固懵懵焉不知理道为何事，高谈雄辩者，更断断焉任其所自为而不顾。其得罪于贤圣，醉生梦死，岂不大可悲耶！

然则，如之何而可也？则非周、程、张、朱其人者出，无以指迷途而登之坦道，拯胥溺而授之深衣。然而此必不可得之事也，则有周、程、张、朱之书在，有周、程、张、朱之学在。今夫孔子犹天也，可仰而不可攀也。颜、曾、思、孟犹日月星辰也，可仰而不可攀也。周、程、张、朱则露雷风雨也，可闻其遗响而振兴也，可沾其余润而灌溉也，可追溯其春夏秋冬之气象而得其全体大用也。天之教由露雷风雨而宣，孔子之教由周、程、张、朱而明也。是乃断断然者。六经之训，由来多矣，而自有周、程、张、朱而后，微言奥旨可得而见。《论》、《孟》、《学》、《庸》之传亦已旧矣，而自有周、程、张、朱而后大本大原可考而知。天而无露雷风雨不成其为天，人而无周、程、张、朱不肖其为人。柘城窦先生因而忧之，于是有《理学正宗》之辑，所以示孔孟之统纪不坠，而使学者知所指归，不至纷于歧二，溺于流俗也。余始读而喜焉，继又读而惧焉。喜者，谓孔孟之道虽屡历世变而有传人，惧者，谓传人不数见而元明之许、薛仅见也。阅后思之，抑又幸焉。幸许、薛之后有余干胡先生、泰和罗先生，生当新会、新建之间，痛惩其迷溺，力破其矫诬，虽狂澜大肆，而正学卒未尝挠。国朝稼书、杨园两先生起而昌之，扫荡群嚣，统归一是。其行至卓，其辨至严，谓非许、薛、胡、罗之后劲，周、程、张、朱之继绪乎？吾友丹溪何君闻吾言而然之，手四先生之集，庄诵焉，深思焉，精选其所以发明程朱者，辑为续录。其于窦先生忧道之心，为学者择师之深意，同一兢兢焉，而不容已者欤！

嗟夫！师道之不立，学术之所以乖也，学术之不正，世道之所以日漓也。有心斯世者，必自培植人材始，培植人材者，必自讲求学术始。使此书得行于世，而又有主持教化者鼓舞而利导之，安见庠序学校之风不可复反于隆古耶！此余所为殷殷焉重有望于同志者矣。

罗罗山西铭讲义序

湘乡罗罗山，学道为己之古君子也。余于丁未年见之于会垣，往来过从，蔼然其可亲，肃然其可敬，知其内蕴深也。及其以所著见示，造诣精纯，识量宏大，知不离乎物则，独不欺乎意心，无袭取于外，无幻托于空，斥阳明之顿悟，探伊洛之渊源，孜孜焉以崇正学，辟异端，正人心，明圣教为己任。余爱之敬之，切磋而严惮之，心藏而众誉之，在近在远，无日忘乎罗山矣。前岁从江南避寇归来，满拟与罗山复修旧会，以资助益，而罗山则帅领乡间义勇为国杀贼，二三年间，转战数千里，剿灭万千，克复城池二十余处。同辈惊喜，以为古今不世出之奇才，亦古今所罕觏之奇胜，残蜂溃蚁，不日即可扫荡无遗矣。罗山书来，亦云俟贼平后，当乞假还乡里，讲道论德，以竟平生未了之功。余亦以天下望治之殷，友朋聚学之乐，未尝不跂予望之也。而今已矣，不可得而见矣。

斯人也，论学术则不让能于薛、胡，纪勋庸则几媲美于郭、李。古有几人乎？今有几人乎？才难不其然乎？然而伤之者未尝不抚剑而长嗟，慕之者未尝不振衣而争奋。是故纶巾、羽扇，非重其物也，重其勋名也，而贤豪因之而兴。鹅湖、鹿洞，非尊其地也，尊其德教也，而道学因之而立。吾不能呼罗山而使之复起也，愿后之有志者学罗山而已矣。

《西铭讲义》，罗山之所以教后学也。罗山取法《西铭》，故其尽性至命若是。夫《西铭》，性命之理也。举乾坤而为人生之大父母，揭之曰天地之塞吾其体，天地之帅吾其性。藐焉于兹，而居然体天地之体，性天地之性也。其当何以为民立心，为物立命，为统立君，为辅立相，为秩序立长幼，为道德立圣贤，为疲癃残疾茕独鳏寡立吾兄弟之颠连无告。斯数者，是吾大父母之至仁至诚，亦即事大父母者之孝思孝行所亟不容已者也。其孝维何？则翼其敬也，乐其纯也，德其不违也，仁其不害也，才其合德也，肖其践形也，知化则善述，穷神则善继也，不愧则无忝也，存养则匪懈也，事大父母如事父母也。其顾养锡类，底豫待烹，归全顺令，厚生玉成，皆人子生顺没安之往迹也。事大父母何独不然，罗山绎而讲之，以为乾坤之事即吾父母之事也，安得而辞之，性命之理即吾父母之理也，安得而昧之。保吾性者，所以敬吾父母也，乐吾性者，所以顺吾父母也。其肖也在赋畀，其继述也在神化，其无忝也在屋漏，其不害也在意心。罗山完其为《西铭》矣，学者读其书，不可想见其人乎？

易确序

《易确》，吾友海州许月南作也。月南于书无不读，默识沉思，穷搜密验，必使圣贤无遗义，并天地无余蕴而后已。尝谓理由数生，数依象见，九宫之点画，象之最先者也。即数之所托始，循其次序，辨其方位，明著其奇耦，互观其参两，纵横而详察之，参错而变通之。于是知乾为太极，知乾函坤而生六十四卦，知乾位西北最高处为天气之所周布，象立数立而理气随之。此《易确》一书所由来也。

夫乾，阳也。以乾为主，尊阳也，尊阳而后可以抑阴。其言曰：凡阴阳合居，见为阳，不见为阴，乃得阴阳之正。阳饶阴乏，理充欲诎，君子道全，小人道缺，可以知其意矣。月南为人，刚明外浑，敬义内充，居乎粥粥，若无所知者。及当友朋会合，议论今古，举凡理欲善恶之界，吉凶悔吝之来，以及天地之盈虚消息，国家之治乱兴衰，人事之屈伸顺逆，无不见之切而虑之详。其得于洁静精微者，盖已深矣。鉴尝与月南讲求乘方勾股三角八线之法，见其钩致独精，推测至隐，于方圆径周平视斜立之定率，百变而皆得其准。是以贯通九数，洞察九宫，窥先圣不传之蕴奥，探高远莫测之神奇，穷之直见大原，演之无非至理。此其所以为确，此其所以为月南之《易》也。学《易》者，其善读之。

潜虚先生遗集序

周子曰："不知务道德而第以文词为能者，艺焉而已。噫！弊也久矣。"谓之艺矣，而又申之曰弊，周子其忧之乎？今非周子之时也，而弊益日出。弃性言理，认欲为心，信己而忘经，任天而远事，此端倪神识之流也，而高旷者或效之，其弊也空而罔据。以多为富，以博为雄，见枝而遗本，疏委而失源，此支离蔓衍之过也，而涉猎者或宗之，其弊也纷而无纪。其若春风袅娜，明玉瑶珰，文如锦绣，韵出笙簧，此大雅方家之所羞也，而浮夸子往往艳而称之，其弊也荡泆而不知所归。周子之忧，其在是乎？其不在是乎？而道德固已裂矣。

今夫孝者，道之本也，德之基也。推之为忠为敬、为仁为诚、为节为廉、为信为义、为大有为、为必不可为，皆是物也。本立而道生，未有有德而无言者也。余读潜虚先生之诗文集，而知先生之德成于孝，文亦成于孝也。先生生平追念曾祖、祖两世节母懿行，搜辑邑中列女，撮其孝贞节烈实事，为传若干首，寄哀寄痛，各就其至真处书之。感慨淋漓，追维深至，幽足以泣鬼神，明足以维风俗，使读之者凛然起敬，油然而生仁孝之心也。诗中钱节母、张烈妇及为沈思葵作，皆类此也。其王恭人、李太孺人、许孺人、金孺人各寿序，引经订义，亦教孝之文也。余故曰：成于孝也。

先生，吾先君子之执友也。先君子为海州牧，先生官学正。凡课士、赈饥，以及立书院、建考棚、开河、修志诸政，皆先生左右之。先生本忠孝之怀，具经济之略，向使作为霖雨，大布其泽于斯世斯民，岂非天下之所冀幸者乎？而奈何道德未竟施也。然而后起有人，二铭大理，本孝作忠，推阐而显扬之，其量正不知其所极，而又有文孙编修某承承继继。则先生之所未竟者，尚何遗憾哉！於戏！道德之诒远矣。

朱慎甫布衣遗书序

理，天下万世人心之所同具者也，其致知、主敬、存省、克治诸课程，亦天下万世学者之所共由也。人病不之求耳，求之于周、程、张、朱以前难，求之于周、程、张、朱以后易。暴秦焚经坑儒，孟子之绪几不续矣。天不欲理之不复明于天下也，千有余载，而寄其传于濂溪、明道、伊川、横渠诸大贤，朱子承之，而格致诚正之功永昭著于天下。天下有求是理者，循朱子平生讲论之次序，未有不见之明而致之极者也。然至今日，异端惑其聪，俗学夺其志，故训词章，纷其趋旨，父兄沮之，师友嗤之，仆从去之，胶庠学校屏而弃之，初固不欲求，即求而未能遽得而仍反其故常，理于是乎不可见矣。天下人皆谓理不易见，将并敝庐穷巷中暗修真积实见此理者，亦且等闲视之，谓为枯槁人，为寒酸子，而理遂为天下裂。於戏！慎甫先生之不见知于天下，岂足怪哉！

先生年十六即为求理之学，非有师授也，皆于宋诸贤遗书得之。其穷之也切，其辨之也明，其守之也坚，其存之也密。见之于行以此，见之于言亦以此。凡所著书以及与人问答，随事纪录，无非此也。事亲孝，交友信，为人课读，必端必正。理足，故无不敬也。余以此理望天下之学者久矣，得无有慎甫其人者，或藏于山，或隐于石，犹有待而出耶，是未可知也。

寒香馆集序

《寒香馆诗钞》、《文钞》，蔗农侍御之作也。侍御弱冠登科，捷南宫为名翰林，而行高品洁，好学不倦，志圣贤，穷典籍，博览古名臣大儒之言行，积四十年，罗列于胸中者不知几万千卷，俯仰于时世者不知几千百年。汇经史于一源，通古今之万变，植其体者厚，则所以致其用者远也。督学武昌，学条教术，动关劝惩，至今士子犹称之。使由此而即任天下之重任，大发其所蕴蓄，则安有不可为之事，又安有不可拯救而颓波莫挽者。而乃终于侍御，乞归田里，及其没也，仅仅以诗古文传之。其人岂不悲哉！

自古有才、有德、有道之士，其出也，天若以重负荷畀之，天下之人亦且殷殷然冀其见用于时，有若巨川之舟楫，大旱之霖雨，急不可待者。即斯人之自处，亦不敢委退而安于无能为，唯唯焉与众无所可否。盖天下事未能忘于怀也，而卒无可奈何，如长沙、江都之有才而未尽其才，有道而未能行其道，非千古之一憾事哉！余读侍御之诗古文而有感焉。夫侍御，非有不得于衷者也，夐然旷远，适其所安。其诗恬雅而寓情于温厚，其文宏茂而立意一归于诚笃。非特其养之深，抑亦其识之定也。诗古文虽小事，亦足以知侍御矣。

直省乡墨序

《四书文》之重于功令也，为求贤也。求贤而必于《四书文》，欲士子言孔、曾、思、孟之言，行孔、曾、思、孟之行，学孔、曾、思、孟之学，道孔、曾、思、孟之道，以驯至于孔、曾、思、孟也。其视士子之重为何如也。士果知其重也，言不敢不立其诚，行不敢不主于敬，学不敢不出于正，道不敢不协于中，以是应主司知，以是酬朝廷举。则一文也，而天下重之矣。虽然，《难言》之一日之文遂以定终身之言行固有之也，而不能定终身之言行者亦未尝无。而主司之知以是定，朝廷之举以是定，天下之羡者、慕者、欣赏而嗟叹之者亦以是定。何哉？则以士必不肯自失其重也。夫旋乾转坤，若大事业，安上全下，若大勋猷。此何如人也，而未尝不从斯文出也。辅相裁成，于焉交泰，都俞吁咈，于焉责难。此何如人也，而未尝不从斯文出也。整躬率物，共仰真儒，契性达天，卓为圣学。此何如人也，而未尝不从斯文出也。今使为斯文者皆具此志愿，力践所言，敦敏其行，扩充乎性道，不懈不倦，以日进于圣贤有体有用之学也。是则天下之所欣幸而望之者也，独文也乎哉？

感应篇试帖诗序

天下有知其所当然，并究其所以然者。理由心得，性自天来，油然于不容己而仁见，奋然于不忍甘而义见，秩然于不敢紊而礼见，昭然于不能昧而智见。孝弟本固有之良，忠恕亦自反之道，正不必征之于鬼神，托之于因果，而后为善，而后去恶也。然而提撕省察，乃存养中不可无之功，悔吝吉凶，亦动静间所必谨之事。人果暗窥屋漏，显对大廷，上稽古人，近考当代，不愧不怍，以戒以规，一念勿及于邪，一言勿出于妄，一视一听勿移于非礼，则满腔皆善，形骸不得而闲之，反身而诚，物欲不得而夺之。此即圣贤省己之实修，亦即圣贤求仁之要旨。警悟莫善于此，惩戒亦莫切于此矣。世之言感应者，不当作如是观乎？夫人禽之界甚微，正则为人，偏则为禽；明则为人，蔽则为禽；诚则为人，妄则为禽；敬则为人，肆则为禽；尽性分者为人，性分之限者为禽；敦伦常者为人，伦常之薄者为禽。此皆宜反之于身，求之于隐，慎之于思念之间，修之于幽独之地。不必其事之昭著，而此心之暗昧有人于禽而不自知者。当何如觉察，何如戒谨，何如存养克治也，人亦尽人道而已，使此心无禽心而已。而感应之理在天壤间，存以为警悟惩戒可也。贵筑郭子虚堂以所得《感应篇试帖诗》索为之序，因据所知者揭而质之云。

眼科备览序

盲之为害大矣哉！盲于目，则官骸废，盲于心，为学则学废，为政则政废。久矣乎，其有望于三折肱也。朱君苹野工于眼科，辑《眼科备览》，于目之盲可谓治之有术矣，而于心何如哉？夫目之盲，病在一身，心之盲也，其害可以及天下。纷纷然黑白不分，是其所是，非其所非，一人传之，众人述之，愈推愈失，盲者不自知其盲，天下亦遂忘其为盲而害深矣。然则治之奈何？曰：格物致知，所以去其障也，诚意正心，所以葆其真也。静以养之，虚以运之，神明以出之，斯盲可除，而心之全体可复也。朱君善治盲者也，请以质之。

金陵节孝备考序

曾子曰："临大节而不可夺也，君子人与？君子人也。"节之重于天下也，大贤称美之若是，是岂徒在妇人女子哉！儒者读书考道，志圣贤之志，学圣贤之学，养其恻隐羞恶之良，坚其忠孝廉节之行，一旦出而拜献其身，或仕于朝，或分职于四方，见有便于国、宜于民、关于人心风俗、重系乎国体国脉者，身任之而不敢辞，死生以之而不敢稍有所假借。自来见利思义、见危授命之士，大抵皆平时忠爱所积而然者也。吾尝读史，至临难捐躯，赴汤蹈火，绝无回顾，以及城守不下，拥节数十年而不失者，未尝不废书泣下者久之。上元王茂才竹楼续辑《节孝备考》三编，索为之序。余统其首编、二编观之，叹史传中须縻之所难者，而于此三册得之，且多至数千人。何风俗之淳若是也。虽然，感伤系之矣。节之所由来，皆时危事变为之也。国非危阽，何有结缨之臣，家无变更，安见靡笄之妇。是岂天下之所愿闻哉！然而其事可书，其人可传，其书之传之足以维持风化者，又乌容已耶！

蛇邱刘氏谱序

天下惟长幼尊卑不相陵替，而后纪纲可以立，教化可以行，人民可以和，风俗可以厚。刘子雁浦之修族谱，有此意焉。刘子曰："吾家于兹凡九世。始祖于明季自山后迁居王瓜庄，单传三世至高祖，生三子，分三支。曾祖以附贡终。亦越于今，读书虽未能显，而相继游胶庠者代不乏人。是皆祖宗忠厚所遗也。但瓜瓞蕃衍，愈引愈长，倘世系未明，将有卑逾尊、疏逾戚之嫌。是用滋惧，爰取旧谱而增修之。"夫天下，族之积也。一族之中，长者前，少者后，子弟听命于父兄，卑幼趋承于长老，辈行不相逾，祖免不相绝，宗有所属，族有所联，雍雍以睦，肃肃以敬，是何如其康乐和亲也。积而至于天下，岂有陵替者哉！则敦庞之风可睹矣。余往来汶泗间，见夫行让路，耕让畔，壶飧问劳，遍于道途，未尝不叹圣贤过化之地，其礼让犹存也。如刘子之寓宗法于族谱，殷殷焉为斯民酿太和之气者，尚有其人也。是为序。

安化王氏族谱序

　　宗法者，所以维持一家者也。凡有家者皆立宗法，则一国可以一家视之，即天下亦可以一家视之矣。后世宗法不立，其犹存先王尊祖收族之遗意者，谱系是也。由百世而下而知百世之上，不忘于本支，不遗于同气，统系得其源流，支派知其分合，亲疏序，昭穆明，尊卑定，少长秩，孝弟笃，伦纪敦，富不敢侵贫，贵不敢凌贱，强不敢暴弱，皆于谱乎是赖。夫天下，一亲亲长长之所积而成也。古者相保相受，相葬相救，相赒相宾，始之于家，终之于乡，其情若骨肉，其义若手足，未尝有乖离涣散者，亲亲长长之道得也。亲亲长长之道得，则天下虽广，无一人不在仁让之中。举天下而归之仁让之中，此先王之世所以道一风同也。今比闾族党之法不行，而仁让之风当自宗族始。宗族为同体共出之人，近而亲之，如四肢也，追而溯之，皆一气也。指之曰某为兄，某为弟，某为有服，某为无服，皆祖之所出也。故谱以序之，书其善而劝之，虽有愚顽，未尝不兴爱敬之心。此爱敬之心，人人所同有者也。凡有族者，皆兴其爱敬之心，天下又谁与为不善乎？

　　安化王君萍舫，善士也，以族谱属序于余。窃谓谱者，尊祖收族之遗意，而即宗法之所寓也。王姓著族，在安化者，不下二三千户。此二三千户皆知亲亲长长，则其和厚可知矣。而以此化于一乡，更化于一邑，其风当何如乎？至王氏得姓之由，以至昔时之显赫，今日之甲第，谱皆详之，不具论。论其有补于风教者，以为之序。

蔡氏族谱序

　　蔡君芸蕃与余友善，往来过访，屡称其尊人手订族谱，属为之序。谓余曰："吾族贫，咸以耕读为业，且重族谊。"余曰："是可传于宗，可风于乡矣。"夫逐其末而遗其本，日弄其智巧而不安其业，知利而不知义，无所不为而不求其所当为，本心失，天性漓，而风俗遂至于大坏，此不耕不读之人为之也。今蔡氏举族以耕读为业，则其勤俭可知矣。其不忘其本，不沦于薄俗可知矣。其孝弟力田，食陇亩之旧德，奉高曾之规矩可知矣。其修礼以耕，陈义以种，本诗书之泽，为道德之光可知矣。世之人倘闻其风而化之，淑其教而宗之，此也敦庞纯固，彼也康乐和亲，又岂特兴起于一乡已哉！芸蕃，惇笃之士也。以拔萃科试于京师，七举而未伸其志，归而养其亲。余于其归也无以赠，而序其族谱，以识数年之好云。

赠贺藕耕太史提学山西序 并九条

　　师道不立，则教化不宣，教化不宣，则人材日少。学政者，士子之所趋向，人材之所由成就者也。而非道德充于己，诚敬符于人，讲之甚明，而施之皆当者，则不能称是职。贺藕耕太史，余讲习切磋之友也。自余与之交，未尝见其有过言而不悔，有过行而不改也，未尝见其硁硁然不能容物而自以为信果也，未尝见其亟亟焉求名于外而少有一豪之骄吝以接于人也，是足以立师道而宣教化明矣。今者提学山西，山西之士闻之，其何如欣喜而跂望也。余于其行也，谨拟九条以备采，知无益于大方之一二，抑亦愚者之千虑云尔。

一曰治身。夫子曰："其身正，不令而行。"身者，所以出令人所瞻仰者也。故欲正人，必自身始。身何以正，则在治之力与不力耳。治之之功有四：穷理、主敬、克治、扩充是也。执事即事讲求，凡遇一事，未尝不问于人，未尝不举其至纤至悉者而剖析之，以求其当，则可谓穷理矣。然非涵泳于六经，浸灌于义理，得圣贤之指归为吾心之指归，将求理于外，不如求理于心之为切至也。执事不矜才，不使气，未尝以轻侮加人，未尝以疏狂任事，则可谓主敬矣。然而几微之间不可放过，倦怠之际尤宜提撕，张子所谓瞬有养，息有存，其是之谓与？执事淡泊之志，坚毅之操，徒步不以为劳，粗粝不以为苦，则可谓能克治矣。然而一言之失，终身悔之有余，一念之差，百病因之而起。古人所谓讼过改过者，几甚微而功甚密也。执事有所不忍，未尝不为之周全而曲护之，有所不安，未尝不为之奋兴而决处之，闻一善言，见一善行，欣欣然称道之不已也，不自为是，不自为非，断断焉辨论之必明也，则可谓能扩充矣。然而曲之致不如诚之通，性之存不如道之贯，以忠守之，以恕施之，庶几和顺积中者，自能推行尽利也。此四者，治身之要，执事之所已能而不难进而求之者也。故首述之。

二曰取友。友，所以辅仁，所以善事者也。而非直，则无以惩吾过，无以惩吾过，则吾之气骄矣。施之于己，必不免于盈溢；施之于人，必不免于纵肆。过而恶矣，非谅则无以孚吾心，无以孚吾心则吾之志疑矣。置之左右而以携贰待之，必不免于乖戾；委之负荷而以防闲处之，必不免于欺罔。乖戾欺罔，腹心而寇仇矣。非多闻则无以致吾知，解吾惑，无以致吾知解吾惑，是吾之于事窒而不能通矣。疑似于取与之间，未能定其廉惠，则因循者多；迷离于闻见之中，未能酌其轻重，则将就者多。因循将就，知日浅而惑日深矣。是取友以直谅多闻为主，而取之之道，则必自治身始。故以取友次之。

三曰立教。小学之教，备于"弟子入则孝"一章。而朱子《小学》一书，足以发明此章之义。他如周子《太极图说》、《通书》，程明道先生《定性书》，张横渠先生东西《铭》，皆可以辅翼六经，而为弟子所当致力者也。提学倡之于上，士子应之于下，程朱之教立，孔孟之学传矣。至于先事为后事之师，前贤为后贤之表，地方有名儒、哲士、孝子、忠臣淹没未彰，显扬有待，表而出之，崇而祀之，亦足以挽颓波而励流俗矣。而尤望于执事者，言足为典型，行足为法则，衣冠瞻视足起人畏敬之心，举措云为足示人趋向之道，则无往而非教矣。然非亲贤取友，使其身无丝豪悔吝，何以致此。故立教又次之。

四曰毓才。士未尝无才，在所以养之何如耳。养之之地，莫重于书院。诚使书院山长守白鹿洞学规以为教，守程氏读书分年日程以为功课，则贤者不过数年而底于大成，不贤者亦不过数年而进于贤。书院之士皆贤，天下之人才将不可胜用矣。执事以提学之重，兴起而乐成之，其谁不从。然非以身立教，则无源之泉易竭，无本之木易僵，欲教泽之无穷，其可得乎！故毓才又次之。

五曰端士习。诗书礼乐之文，孝弟忠信之行，此士之所当习者。而乃立心则囿于浮浇，读书则工于剽窃。与之言圣贤之道则以为高远而难行，与之言心性之学则以为迂缓而非急。视得失利害之计较为要图，以好恶取舍之揣摩为捷径。知有文词而不知有道德，知有机巧而不知有廉耻。淑慝有所不辨，高下有所不分，往往互相标榜，共推名宿，而庞薄之行所在流传。亦或貌为诚朴，号称正人，而欺罔之心随时败露。他若武断乡曲，把持官府，则又甚之又甚者也。此数者，皆习之过也。执事素以教育人材为心，必于此加意焉乃可。故端士习又次之。

六曰作士气。士子读书考道，涵濡圣泽，未尝无兴起之心。而鼓之舞之，则提学之责也。平生攻苦克治，思得一知己者，以取其长而救其过。而乃一黜再黜，则此士之气沮矣。一邑之中，所仰望者不过一二人。此一二人者，众所延颈而冀其见赏于有司者也。而乃郁而抑之，则一邑之士气沮矣。知其不可沮而为之振兴焉，则有精于义理者，即义理以发其蕴；有长于经济者，即经济以大其成；有讲求于河防边略者，即河防边略以策其用；有用力于考据训诂者，即考据训诂以示其本。文以宣之，策论以证之，而尤必与之讨究，以吐其平生之学，加之砥砺，以助其切磋之功。亲之若子弟，重之若手足，以通其爱敬之诚，成其向往之志。其有文词不甚著而孝弟忠信称于一乡者，则特举之以出于众，优待之以劝于人。于是相观而善，前此之薄者将由此而进于厚，前此之伪者将由此而归于诚。尚何习之不端乎？而士之蒸蒸日上，有不可遏之势矣。故作士气又次之。

七曰慎采访。知人最难，而采访亦一事也。然吾之所可信者，不过数人。此数人之以欺待我不足虑，而此数人之不见欺于人，不失其分寸，正未可知也。意在沉潜，则庸腐者或逡巡而借其推引；意在高明，则放纵者或慷慨以资其介绍。喜之而溢于情，则私好所加，即将登之上坐；憎之而过其实，则微瑕可拾，即将坠之深渊。此数人虽诚以待我，而或限于不知，或拘于意见，亦所不免也。故吾之所未深信者，察之不可不密，吾之所深信者，择之亦不可不精。能于此致谨焉，则采访亦知人之一事，未必非鼓舞作兴者之所赖以进退者也。故慎采访又次之。

八曰审取舍。提学之职在教化，而教化之权在取舍。舍其伪而取其真，舍其浅而取其深，舍其庸恶而取其超出之才。此取舍之大略也。而谈名理者，非徒取其辨论之详，必体认以得之，而后不失为真学。谈经术者，非徒取其援据之博，必融会以出之，而后不失为通儒。以为孝子，则求其所以孝者何如。以为悌弟，则求其所以悌者何如。以为端人正士，则求其所以治己者何如，所以接物者何如。取舍之道，果能审之又审，斯明眼独具，正非特寄之于采访而已也。故审取舍又次之。

九曰穷弊窦。考试之弊如山，而自外入者，曰传递，曰顶替，曰拖签。一蚁之穴，消息以之而通，一雀之鸣，号召因之而起，此传递之最谲者也。以牛易马，问之则祖考无稽，为鬼为蜮，察之则情形毕露，此顶替之最显者也。藏头露尾，皇皇然不知所之，妆哑妆聋，冒冒焉若有所失，此拖签之易见者也。其自内出者，曰漏泄命题，曰偷打红号，曰指官撞骗。此则鼠窃狗偷，左右近习之人最为捷足。彼来我往，偶然疏略之处或起波澜，考试之弊大概如此。而防之于未然者，贵约而明；治之于已然者，贵严而恕。所谓约而明者，究其源委，制其要害，使之无隙可乘而已。所谓严而恕者，以惩创之意行其仁，以恻怛之心治其罪，使之知所改勉而已。然非主敬则不能约，非穷理则不能明，非克治则严非所当严，非扩充则恕非所当恕，治己而后可以治人。故治身始，而穷弊窦终之。

赠严乐园太守归所治序

嘉庆元年，朝廷开孝廉方正科，天下之应是选者，不下数千余人。独吾乡严乐园先生以从军苗疆有功，膺大府特荐，天子给笔札，亲试方略，授陕西知县。

当是时，川陕教匪出入山谷。先生所至，通民情，备险要，约数里为立一寨，深沟高垒，置炮以通号令。于是远近相应，缓急相助，贼至出而歼之，退则各归本寨，肆耕其中，无巡逻守望之苦，而贼日就芟薙，一时赖之。主将遂下其法于各郡县，各郡县亦得以安。及贼既平，擢守汉中，日跨骡入南山老林，与山民习险阻要害，历历在心目间。而以其余课耕织，作农具及纺车等物以为式。凡山川林麓之利，皆为之指授方法，使之得以生息。而又于闾里族党之间设立义学，讲求孝弟忠信之道。一郡之民咸遂其生，而深林密箐不至为患。先生曰："未也。自华阳北至盩厔，自宁陕西至留坝，中间辽阔，几六七百里。非于其中分置官吏，以时访察而抚绥之，则漏迹者多，巉岩邃谷，勾稽必不能周。吾守斯土，安得不为是虑也。"因上其议于大吏。二十一年，先生以资满入觐。天子知其剿贼有功，又知其善抚斯民，又知其于山川悉得其险要而为民所依赖，故以民之所以御贼问先生甚悉，而先生一以实闻。夫天下之守土者多矣，亦莫不欲顺民之性情，使之无不得所。而往往于广谷大川之异制，寒暖燥湿之异宜，不能得其本末。即或亲履阡陌，而举措不当，不失之纵，即失之猛。今先生为县令则治一县，为郡守则治一郡，经画所及，无不合乎古。使尽用其言，其利又非一二世已也。

方今天子求贤若渴，不拘资格，不限幽隐，旁搜博采，朝登之则朝用之，夕举之则夕用之。学识才猷如先生者必有其人，而先生则又功业之已焯焯表见者也。于其归也，同人各赋诗送之，而余为之序。

赠萧秀才序

天下之以会试举于有司者，谓之通籍，合天下而考试之也。其始也，则县若府州考试之，辨其乡里，注其籍贯，定其可举者，然后升于提学。其不在是籍者，不与是数焉。提学总其府若州县之所升，又考试之如府州县，加察详焉，辨其乡里，注其籍贯，定其可举者，然后列于庠序。其不在是籍者，不与是数焉。科举之岁，主司以提学之所甄别者考试之，加察详焉，辨其乡里，注其籍贯，定其可举者，然后升之礼部。其不在是籍者，不与是数焉，谓之举人。由县考试以至礼部，盖亦难矣。

顺天之乡试也，直隶本省生员编为北贝，贡监生编为北皿。山东、河南、山西、陕西、甘肃贡监生同之。江苏、安徽、浙江、江西、福建、湖北、湖南贡监生编为南皿。广东、广西、四川、云南、贵州贡监生编为中皿。他若满洲、蒙古、汉军，亦各识以字号，定以额数。圣天子乐育人材，登进俊乂，乡举里选，博采旁搜，惟恐一人不见其长，一士不展其志。立提学以拔其秀，命主司以取其尤，于京师之乡试尤致意焉。然非其地其人，不得与是数也。秀才，一乡之俊选，即府州若县之茂才异等也。一乡或一人焉，一乡或数人焉。乡之人耳而目之曰：此吾乡之善士也，此吾乡之执经讲学，名列胶庠者也，此吾乡之有志未逮，将以羽仪天下者也。如此，而不由本籍登于乡荐，贡之天子，以见一乡之中有若而人者，岂不忘其所本，而亦何以歆劝其乡人也哉！然则籍贯之重，其将以人传地欤？

萧君，澧人，困苦于场屋，负笈来京师，馆于余。将以试于京师也，格于例，不得进取。吾见其磊落抑郁之才与其笃信守道之学，必有知而求之者也。于其归也，序以赠之。

富川县宋塘三辇义学序

余以防堵居富川，三阅月矣。偶出巡视，过所谓宋塘山村、三辇山村，见其层峦复岭，列嶂横岩，嵰岈而峭削，突兀而回合，龙蛇隐伏，虎豹蹲立。嘻！何其险且劲也。而轩然旷朗，挺然秀杰，凝然蕴结，郁然深厚，其扶舆清淑之气，秘而未宣者岂不待有所暴发耶！古人云种麦得麦，种稷得稷。言人之随地为良，而地之因人而化也。余以采风问俗之职，愧无所设施，爱富邑之文学昌明，弦歌遍野，欣欣然欲以义学为劝。遂因朱学博谕令宋塘、三辇、斗米、冈下、路溪数村居民集义兴举，不数日，已捐钱二百余千。是其踊跃好善，急切从公，于天性盖可知矣。由是服习诗书，渐摩礼义，不负此山川之清淑，其即不负余劝立义学之举也欤。

区田种法序

区田，伊尹教民救旱之法也。区方一尺五寸，旁空如之。凡山陵原隰以及荒畦废壤、屋角墙边，但稍近水者，皆可田焉。沃粪壅以培土膏之不足，倍灌溉以补雨露之不齐，勤民所以裕民也。观其以少胜广，以约得丰，变瘠为肥，转薄为厚，举墝埆之地而化为良田，策怠惰之民而勉于力作，则于黔为尤宜。黔之民知耕种矣，而实未尽其法。有告之用人功者，则曰无奈土薄何，劝之穷地力者，则曰无奈石多何。水田之利不丰，而山坂之所收尤薄。中人之家食包谷、红稗以为常，稍旱则饔飧不继。而山居穷乏者，更不胜其饥饿矣。夫天之爱人，不以山溪之隘而异其量，不以边徼之荒而薄其施。黔之少丰多匮，少乐多苦，其盖有以取之欤，抑亦临民者无以起其惰而导之勤欤。

中丞殷殷然讲求农政，既以《农政全书》付之梓人，又捡《区田种法》，命为之序。考区田之法，隔年掘下八九寸，垫以底粪，使之经冻酥融，通接地气，来年清明后撒种，密者疏之，芜者耡之，冷者覆之以灰，薄者壅之以土，一日一灌，或间日一灌。用力专勤，获效孔厚。天下事惟不专不勤，则所废必多，所以为计必不周，所以用功必不至，由是积而为瘠，因之就荒，大抵皆然。而农事尤其最著者也。余愿黔民之不安于瘠也，因体中丞之意而序以告之。

读大学或问二说

敬

小学不传，而程子以敬补之。非补小学也，所以立大学之基也。然习于小学，习于敬者也，不期敬而自敬。不习于小学，不习于敬者也，虽欲敬而不能敬。此心之动，一有持循，亦不至纷然而外驰也，而仓卒乘之，则有不及防者矣。此心之静，一有戒惧，亦不至冥然而罔觉也，而怠惰间之，则有不自主者矣。以其内言之，倏起倏灭，倏往倏来，千头万绪，莫知其所归宿也。以其外言之，或肆或荒，或矜或慢，五官百骸，莫知其所范围也。若是者何也？则小学之失而不讲也。小学之失不可追矣，而敬可不习乎？程子曰"主一之谓敬，无适之谓一"，此习于内者也。又曰"整齐严肃，则心便一"，此习于外者也。习之奈何？亦曰常惺惺法而已。无所知觉，而知觉之体可不明乎？有所发见，而发见之几可不谨乎？翕焉而澄然，辟焉而廓然，一出言也凛然，一举足也肃然。朝如斯，夕如斯，瞬如斯，息如斯，起居如斯，饮食如斯，周旋进退如斯，凝然于端正静一之时，耸然于耳目闻见之地。卓然精明，森然义理，无乎不敬，而敬无操存之迹也。则习而至于纯一者，然也。汤之圣敬，文王之止敬，非此之谓欤。

觉

壅阏而不行，非水之不行也，未尝通其流而导之耳。遏抑而不发，非火之不发也，未尝引其机而著之耳。四端之不明，非心之本体不明也，未尝因其所觉而识之耳。赤子啼号，恻然动念，此其心之仁也。而不昧乎仁，则觉也。涂人袒裸，赧然含羞，此其心之义也。而不昧乎义，则觉也。夫仁义，本之于天，赋之于性，而人人之所同得者也。其油然者有所从来，其浑然者未尝或异，而特有觉有不觉耳。如能因所觉而觉焉，则物由是而格，知由是而致，意由是而诚，心由是而正，身由是而修，家国天下由是而齐治平矣。然则朱子所谓介然之顷，一有觉焉，其可忽乎哉！夫人固无一事之可忽也，而心之所觉，尤不可不有以识之。动于中而不存于中，将始有所觉，而终无所觉矣。任其发而不审其所发，将以心为知觉，而失其所觉矣。觉者，非心之虚灵洞澈也。虚灵洞澈之妙用，所谓觉也。气禀拘矣，物欲蔽矣，而虚灵洞澈，本体常存，岂遂无显著之时乎？云雾之厚薄，能掩日月而不能损日月，空隙之中一有照焉，其觉之谓欤？而可不云雾之是去，而日月之是明乎？

格物说

《大学》言致知，不曰穷理而曰格物者，太极由乾坤阴阳而后见，理未有不出于物者也。夫子曰：乾坤，其《易》之蕴耶？乾坤成列，而《易》立乎其中矣。乾坤毁则无以见《易》，《易》不可见，则乾坤或几乎息矣。言有物则有理，理亡则物亦亡也，《易》即理也。程子曰一阴一阳之谓道，此语截得上下最分明，原来只此是道。言即物即理，理不杂夫阴阳，亦不离夫阴阳也，阴阳即物也。夫天下之物，天下之理也。天下之理，天地之理也。天地之理，吾心之理也。吾心之理，吾心之知也。吾心之知，非物不见理也。吾心之理，非物无以为知也。天地之理备万物，吾心之理亦备万物。天地备万物而万物各有其一理，吾心备万物而万物亦各有其一理。所谓天地一太极，而物物各一太极也。理一而分殊也。

诚，一也，而好恶殊焉。正，一也，而忿懥、恐惧、好乐、忧患殊焉。修，一也，而亲爱、贱恶、畏敬、哀矜、敖惰殊焉。所藏之恕一也，而孝以事君，弟以事长，慈以使众殊焉。所絜之矩一也，而老老、长长、恤孤殊焉，上下、前后、左右殊焉，公好恶、辨本末、进贤退不肖殊焉。殊焉而归于一，所谓一本而万殊也。然而万殊之不讲，徒言一本者，则或于静中求端倪，或于心中讨知觉，或于恍惚中觅主人翁，或于戒定中认不生不灭。遗弃天下之物矣，遗弃吾心之理矣。遗弃吾心之理，即遗弃天下之理矣。一人召焉，众人率焉，愈昌愈炽，愈捩愈乖，愈漫衍愈不可收拾。害心害事，害政害道，礼义由是而堕，名检由是而荡，纲纪法度由是而大乱，乾坤其得不息乎？呜呼！明末之讲心宗者可戒也夫！

今夫乾坤之不息也，由天理之常存也。天理之常存，由人之不遗于物也。有圣人作，父得其所以为父，子得其所以为子，君得其所以为君，臣得其所以为臣，兄弟得其所以为兄弟，朋友得其所以为朋友。老有所安，少有所长，鳏寡孤独废疾有所养。飞者飞，潜者潜，蠕者蠕，植者植，胎生者不殰，卵生者不殈。无一物不关吾心身，即无一物不由吾格致。无一物不由吾格致，即无一物不在吾中和位育中也。《传》曰：圣人有以见天下之赜，而拟诸其形容，象其物宜，是故谓之象。圣人有以见天下之动，而观其会通，以行其典礼，系辞焉以断其吉凶，是故谓之爻。言天下之至赜而不可恶也，言天下之至动而不可乱也。拟之而后言，议之而后动，拟议以成其变化。大矣哉！《易》之言格物也。朱子知之矣，作为补传，以正人心，以存天理，以辅相天地，财成万物，为万世治乱安危之防。岂不伟哉！孟子以下，一人而已矣。

窒欲说

不知其所从来，不见其所从入，争之不胜而心移，纵之即逝而心荡，浸浸乎失其所固有而莫反其本，渺渺乎归于无何有而不得其乡。若盗贼之来也，庐舍皆空；若江河之决也，堤防胥溃。此何物哉？惟欲之故。夫欲之害多矣。一念可以为圣贤，而不能遂至于圣贤者，欲间之也。欲起而不窒，犹寇至而不为之御，河决而不为之防也。奚可乎？圣贤之于盗贼也，循而化之，其于河流也，顺而宣之。移之于潜养之中，消之于退藏之地，不见其御与防也。不见其御与防，而后可以言无欲。虽然，御与防，则固功之不可少者也。贼之环而窥也，从而御之，即可循而化之。河之逆而行也，从而防之，即可顺而宣之。功有渐而效亦有渐也，则无欲必先窒欲也。或曰：欲生于情，人不能无情，又安能无欲乎？余曰：情者，性之所发也。该乎理，理不足则欲生。惟格物者能知之，惟诚意者能去之。非然，则御与防又何以用力哉！

族谱说

人有适荒陬远徼者，见异域之人，引而近之，亲之爱之，若兄弟宗族然。而及其处于兄弟宗族间，则又有大不然者。嘻！其用情之异乃若是耶！今夫人同生于天地中，老者吾父兄之，少者吾子弟之，鳏寡孤独废疾者，吾视之若身之有隐疾，手足之痿痹，可救而救之，可矜而矜之。逆不与之校，昵非示之私。贤而智者以育吾德，愚而顽者以惩吾过。位吾上，吾所禀承，开吾先，吾所追步。友善则相敬勉，过从则相款洽，同出入则相先后，共有无则相推解。险阻相关，患难相恤。谊至周而念至切，情至挚而性至真。关河虽限而未可限，吴楚虽殊而未尝殊。而特其亲爱之心，则自吾兄弟宗族始。夫兄弟宗族之视异域之人，其相去悬隔，固何如也。而其相处也，或往往不啻荒陬远徼之遇异域之人者。何哉？安于固常，溺于私好恶也。吾父之子为吾兄弟，阅数世而疏焉，又阅数世而无服焉。而究之其初，则出于一人之身也。以出于一人之身而异域视之，可乎哉？以异域之人而犹且亲之爱之，而出于一人之身反或不然，岂可不自反哉！今有途遇不相识，庆吊不相闻，而或且至于相争相夺，忘其同出于一体者，则收族睦宗之道不讲，而亲爱之心失也。不失其亲爱之心，凡在天地之中者，皆可以吾胞吾与，又岂特兄弟宗族乎？而又况其为兄弟宗族乎！

曾立安字说

曾兄某某，宗圣之后裔也，有志于道。一日谓余曰：某行年三十矣。念前此未能立，恒觉其危而不安。性不立则血气为害，心不立则物欲为害，德不立则形骸为害，道不立则习俗为害，皆危事也。今改字立安，欲去其危而即于安也。请为之说。

余曰：善哉！子之为字也。昔宗圣夫子之言曰："士不可以不弘毅。"又曰："夫子之道，忠恕而已矣。"夫弘，至大也；夫毅，至刚也。至刚则不折，至大则不穷。不折，则其植深矣；不穷，则其源广矣。其深其广，得立安之本矣。忠者，诚也；恕者，仁也。天有是诚而阴阳立，地有是诚而刚柔立，人有是诚而仁义立。夫而后乾道变化，各正性命。夫而后厚德载物，乃顺承天。夫而后与天地准，安土敦仁。立也、安也，亦不外乎忠恕之道而已矣。是为说。

与陈秋舫书 沅

方切观摩，旋言离索，途中昕夕展读赠章，推许之重，所不敢当，而勉励之深，则未敢或忘也。

弟自壬申冬得《近思录》读之，颇知自奋，思前之所为，无非病痛，欲求急效，遂不觉强为收拾，硬去把持，而遇一小事，对一平等人，都不能应接得当，断制得宜。其所以然，则存心致知全无工夫故也。后来虽私为辨论，痛自克治，而旧时病痛无端而生，生而复炽，友朋切磋，诗书浸灌，要不能绝其起伏之根。于是静时存养，动时体察，一念不敢外驰，一步不敢他越，气粗则砭之于气，言过则惩之于言，有时提撕切而得所觉察矣，有时持守严而得所主宰矣。然而有意为敬而敬亦失，有意为和而和亦失，着手重则呆比泥塑，着手轻则逸同逸马，勉强而臻自然，其间工夫火候，不知几千万层。弟之所造，略无层级，阁下引而教之，甚幸。

阁下天资高迈，读儒先语录，深信不疑，毅然以前之所为为不合夫道，与一二良友讲习而讨论之。其用功也如烈火之炎上，其从善也如急流之就下，使旁观者改色，亲昵者敛容，可谓能壁立矣。然而下手之初，虽难犹易，积累之际，似易而难。自以为致知而不致者多矣，自以为存心而不存者多矣。盖非明之至，则豪厘之差不可得而辨；非诚之至，则几微之际不可得而泯。是所贵于讲求之密，涵养之纯，步步有功夫，念念有界限也。至于无谓之酬应必须屏除，有意之营为最宜芟剃，则又不待言矣。阁下所进何如，便中示知，虽远在数千里外，其受教益无异也。

复曾涤生侍郎书

接到赐缄，如亲丰范，数千里良友不得握谈，而于书中见之，亦野老之一大快事也。

新天子渊穆钦明，至神至圣，草野向化，四海同风，天下之大福也。伏闻采纳群言，而阁下与艮峰诸君子皆蒙褒答非常之庆，忠爱者能不舞蹈而前乎？前于邸钞见《轮讲仪次》一折，详细敷陈，有典有则，何其周欤！想见中心恳切，曲仰圣心之危微精一，并同人之激切拜飏，以襄赞我尧舜大同之盛治，野人欣欣然喜不能已者久之。然至愚所虑者，皋、夔、稷、契之俦，阁下而外，亦不过艮峰、竹如、丹谿三数人。其余君子，一边者固多，而其能知格致诚正者，恐亦难得。即外间河海兵农，亦何能洞见款要，行之都有把握。虽教诲陶镕，正可仰赖圣人化裁，以作成之，而万几之下，亦恐过于勤劳也。朱子有轮讲不如日讲之说，盖日讲有定，官设亦不过一二员，如伊川先生及朱子皆曾为之，是自可以得入。轮讲则派人者众多，安得人人皆程朱乎？吾兄意在溥博，而乃以迂阔驳之，闻之深惜此美举之不成，爱礼之意未容已也。然当此圣怀虚受之时，为臣子者，有可必献，有否必替，竭诚尽性，以求上答夫求言若渴之至意，此职分事，亦性分事也。

阁下读书深，养气足，抱经纶之才，具澄清之度，为时物望，舟楫以之。目下风调雨顺，时和年丰，郅治之世也。而惟人材似短绌者，庠序中知时文诗赋，不知有明新正学也。邸钞言学校者不一而足，而多谓责成于校官。试思校官皆能知格致诚正、农桑礼乐乎？亦可谓全不省时事矣。无已，则惟有讲学一法。先将周、程、张、朱之书颁发学官，不读此者，不准入学。慎选各省乡官之素能明道者，以为之师，不禁其召徒讲学，丽泽群居，述濂洛渊源，守关闽礼法。庶几后起有所趋向，而清议渐申，则一切穿窬之心，其有所忌惮矣。此当由上大降明谕，剀切详言，以申明圣人之至教不可不讲，凡入庠序者不可徒尚文艺，不知诚正修齐之道。庶几师道尊崇，讲求真切，志向一定，体用必充，不独释道百流惝恍无根之说不足为其所移，即今天竺邪种亦借此中流以为砥柱。而且人知廉耻，各励操修，一有不善，清议如山，由是人人自奋而善人多，师师相传而圣道近，邪焰因此而戢，异教因此而消矣。朝中有主张此说者，可与熟商之。

复何丹谿编修书

读嘉平望九惠缄，有孔怀之痛，不胜骇愕，奠赙缺礼为歉。

伏维尊候安善，崇业深纯，上蒙主知，正儒者家修廷献之至幸，闻之喜而不寐。朱子承周、程既启之学，身体而力行之。其与知交、门人等往复问答及各经注解问难所言道理工夫，平正悫实，浅浅深深，以渐而进。不准有一丝差谬，不任有一念放过，不容有一语陵躐，不使有一事安排。诚诚实实，的的当当，于独知中大著精神，撤开茫昧，一意勇往行将去，始得光明正大，绝无挂碍。后世学者果能遵此而行，何患不到圣贤路上乎？

某四十前即欲拟作学案，因外放中辍，而稿本后亦毁于火。去岁忽于敝簏中得当年所看《大全》、文集，其签记尚存，惟所记眉目多不惬于意，则一时所见，自不足凭矣。今拟分为五案：开章总案曰敬曰诚，次格致案，次诚正案，次修齐案，次治平案。敬者所以补《小学》之缺，诚者所以立《大学》、《中庸》之基。敬字无工夫，则血气溢而为戾、为乖、为忿、为暴虐，形骸肆而为惰、为骄、为偷、为淫泆，心欲公而私阻之，身欲正而邪夺之，知与意可恃乎？此敬之所由必补也。诚字无工夫，则知假、意假、心身假，而齐治平亦假，在中庸则中假、庸假、达道假、达德假，即九经亦假，是何以尽性达天乎？此诚之所以必立其基也。礼制本欲另作一编，今审思之，似可归入修齐案中，何如？

《水利备览》，为营田而作也。利，即所谓农田也。下手则见地开田而已，切不可在河工上讲治法。何也？直隶之河，无不治也。桑干、滹沱虽少大，其来势平，其涨易下，即遇大涨，稍疏之，不数日已散归于淀矣，不足患也。九十九淀现已填淤几及一半，疏其未填淤者，而垦其填淤，并及旁地，利莫大于此也。惟北农不谙种稻法，若果欲行，则当先募湖南北、江西等处农民若干人，相地开垦，以为之倡。先一年给以工本，次年即有出息，三年以后所出可溢于本，无须筹资矣。所开之田，或即给开田之人以收官租，或另有办法，是可因时制宜也。所难者，非得一明晓农务之总管以经纬之，恐见之不真，筹之不备，守之不坚，任之不力，举之不当，如道光初年之程工部，则大谬不然矣。立夫于此事甚为明白，但避嫌不肯为越俎之举耳。《备览》中《源流》等篇，是追其源头，不能不备载也。《臆说》则切今日言之。谨此布复。

复窦兰泉吏部书

寄示"毋自欺也"制艺，即是来书之意，尊君抑臣，闲邪辅正，意中之好恶如此，推之国家，亦何不如此哉！

窃谓未有不慎独而可与言好恶者，未有不禁止其自欺而可与言慎独者，未有不求自快足而可与言毋自欺者，未有不实用其力务决去而求必得而可与言自慊者。意者何知之？用心之发动也。用而不实则是空明，发动而不实则是空慎。空明则虽降妖伏魔，究是禅和作用；空慎则虽焚香讼过，适为异学心传。注中实字固为诚字注脚，而于后世之言静功、言顿悟、言神识端倪等事者，为之留箴规而示真诠，盖亦极有意焉。吾兄体认之精，推勘之切，笔笔挟风霜，字字成斧钺，妖腰乱领，无处遁逃，纷扰者皆归荡平，侮慢者咸奉法戒矣。读之数过，服其识，高其才，并钦其肃穆，爱其恳诚，真不可多得之大裁也。

复戴汝舟茂才书_楫

去夏接展手教并薛子《条贯》二册。薛子之书流传三百余年，得此编齸缕分明，鈲捊精审，洵足为学者津梁矣，钦佩之至。近日庠序中众友只知应试之时文诗赋，此外不肯涉目性理之学，视同乌喙，若稍一充腹，即有与死同患者矣。是以师不欲其徒知之，父不欲其子闻之，以至抛弃心身，不知何为性，并不知何为理，求一主敬致知，确守朱程之法者，绝无其人。执事从事文清，实有所得，深切慕之。未审何日得一握手，以证性真而辨疑难。临颖不胜驰企。

敬恕轩记

　　仲弓问仁，子曰："出门如见大宾，使民如承大祭。己所不欲，勿施于人。"盖此心之仁，非敬无以存之，非恕无以推之。存之以敬，则于事不敢慢；推之以恕，则于人不敢横。夫人惟慢与横之念不绝于方寸，于是徇己凌物，悖理逆情，日寻于肆虐凉薄而不自知，而恻隐之端泯矣。余秉臬黔阳，每与僚寀相勉于爱人，而深惧此爱人之心有间于慢与横之两念也。爰用书此以自儆云。

楹语记

　　臬廨西偏，有池有亭。道光戊戌春，鹤来止焉。饮啄自适，无猜无猳，偶一鸣，清响振云霄。噫！何其高耶？夏，池莲帖水出，干亭亭从泥中挺立，花洁而不滓。虽盛暑，有清风徐徐来此。其品为何如，可以为鹤伴矣。鹤之来也，有意耶？无意耶？避尘嚣耶？觅俦侣耶？吾不得而知之也。莲凡处皆有，未尝不入俗，而实未尝污于俗。其生于池也，未尝有异，非同鹤之为世罕见也。然而鹤之高，莲之清，是皆君子之所取法者。爰为楹语以记之。其楹语曰：亭前日暖常留鹤，池上风清独爱莲。

五原学舍图记

　　粤西，山国也。列嶂如林，不数里必有奇险之处。居民不习攀缘，因弃之不顾，于是瑶人来居焉。山峦层叠，数十百年树木遮荫，虽大旱，水瀺瀺从岩穴中出。居其间者，灌溉资焉，是之谓水源。富川十三源，皆为瑶人耕作之地，故言瑶以富川为最多。壬辰，楚南有事，祁中丞檄余守富川。余稔知十三源之瑶，其尚衣冠，重礼义，随民籍，入庠序者有人。而宋塘、三辇、龙窝、平市、倒水五源，尚未改故习。然每与之言顺逆之事，未尝不义形于色也。于是授以团练之方，教之以坐作进退、尊卑长幼之礼，皆欣欣然乐而从之。尝私相谓曰："我辈亦人耳，遂不可读《诗》、《书》学义礼乎？"余闻之，择其子弟之秀者，与之以《四子书》，为之村设一蒙师，以分授之。而五源皆具状以义学请。阅数月，宋塘山之学成，三辇继之，倒水、龙窝、平市亦继之。余每一至，儿童绕膝，捧书背诵者，竟日不绝，已忘余之为官，又岂自知其为瑶人哉！夫天之生人，畀以至灵之性，即畀以向善之心，瑶岂有异耶！惜学粗立而余适膺荐北上，未尝得睹其衣冠人文之盛也，因绘图以记之。异日倘复莅彼都，昔之儿童当已成立，五源风俗当何如懿美耶！
　　道光十四年督粮舟次御黄坝自记。

新建五源书院碑记

　　宋塘、三辇、龙窝、平石、倒水，富川之东五源也。修广约六七十里，为户数千，为村数百。黄童白叟，田更牧竖，嬉游于太平盛世者，由来旧矣。道光壬辰春，江华九冲赵孽滋事，楚南用兵，富川隘口如宋塘、三辇等处，直当其北路，筹防御甚急。而五源之人义见乎辞，仁形于色，奋勇争先，为官捍卫。时余奉檄守富川，巡历所至，负弩前驱者辄数十百人。因与语加以慰劳，并示以孝弟忠信礼义廉耻诸大端，无不欣然喜悦，欲读书从事于义理。于是群焉有建立义学之议。夫人受天地之中以生，其性之善，天畀之也。虽地有夷险，习俗有淑慝，皆不得而泯之。五源瑶户之立义学亦宜矣。方赵孽之炽也，妖氛肆起，奸宄潜出，人或为富川危之。而余谓众志已固，无足忧，卒之奠定如磐石。而五源于同心捍卫之余，捐置钱七百余千，兴建书院，讲堂斋舍，屹然以成。巡抚粤西宫保祁公闻而嘉之，奖劳有加，亲题额以赐，所以鼓励五源。而凡如五源者，皆宜知所向化矣。

是役也，建议于壬辰之夏，落成于癸巳之春。富川训导朱德鈇为之定基址，辨方位，往来劝相，始终其事云。

题刘忠介公与陶石梁书后

忠介公之行事著于本传，读之者可以想见其为人。盖公生平于伦常无所缺陷，于名检无所假借，事事在性天中，念念在慎独上。忧当时之宗良知者，高之入于狂禅，卑之则放纵而无忌惮，此证人书院所由筑也。

是书与陶石梁者，其"谈性宗而忽彝伦，乐猖狂而恶名检"二语，正为石梁辈顶门针、当头棒，而公之为学教人，亦可知矣。呜呼！公临终谓"父子之亲固不可解于心，君臣之义又何能忘于念"，绝食十数日，从容就殁。斯其于彝伦名检，可谓至矣！孔子曰："天下之达道五。"又曰："言忠信，行笃敬。"孟子曰："圣人，人伦之至也。"又曰："居仁由义，大人之事备矣。"人诚能秉孝弟忠信之道，不失夫仁义礼智之性，兢兢焉一言之必谨，一行之必修，一念之不敢欺于心，一视听之不敢徇于非礼，事父母竭其力，事君致其身，友于兄弟，信于朋友，则其学为何如乎？鉴固知忠介公此二语者，虽为一时流弊而发，而要欲人之所趋，不悖于孔孟也。观忠介公平生以慎独为宗，谓觉有主，是曰意，离意根一步，便是妄，便非独。盖因学者不认主宰，索良知于虚无之中，而以是晓之也。故又曰："证得性体分明，而以时保之，即是慎矣。"忠介之苦心补救，使宗良知者归于无弊，其功大矣！虽其言诚意稍不同于程朱，而主敬立诚之功，则未尝非程朱也。

传忠介之学者，曰黄梨洲先生，曰张杨园先生。读《杨园问答》及《备忘录》，其功夫全在于居敬穷理。其与友人书，大率以儒名禅实为虑，而格物、致知、诚意、正心，谆谆焉以之相勉。可谓得忠介之正传，而传程朱之学，以窥孔孟之堂奥者也。视夫徒守忠介之宗旨者，固大不侔矣。

题汪容甫先生书诸葛武侯诫子书后

道光九年冬，起赴铨部，居旅舍。汪孟慈同年以其尊人容甫先生书见示。鉴生晚，不得见先生，见此手迹，知先生之所以为训，而景仰之心益深矣。

《易·系辞传》曰："天下之动，贞夫一者也。"一者何？太极也。太极，至静者也，理也。天地之所以恒久不已者，以有此至静者也。人心之所以瞬息无间者，以有此至静者也。程子曰：静亦定，动亦定。定于理而已。定主性言，静主心言，心无欲则静，性不迁则定，未有静而不定者。程子之定即周子之静，周子之静即子思子之中和、曾子之诚正、孔颜之仁也。视听言动，动也，而复礼则静矣。喜怒哀乐，动也，而中节则静矣。用人理财，动也，而絜矩则静矣。夫子之"从心不逾"，静之功候。颜子之"三月不违"，静之课程。《大学》之"公好恶，辨义利"，《中庸》之"位天地，育万物"，静之全量也。学孰大于是？才孰广于是？乃后世之言主静者，往往遁入于禅寂，闭室跏坐，以求此心之空。不知儒者之心，非可存诸空者也。孟子曰："必有事焉而勿正，心勿忘，勿助长也。"此持敬之方，即不动心之所由来也。若存诸空而已，则事物之来，安能以空应之？恐理不至，而忿与欲先至矣。求静者当知有忿必惩，有欲必窒。惩之又惩，以至于无忿，窒之又窒，以至于无欲。而后理明性复，吾心之矩昭然若揭，喜怒哀乐之节，不期中而自中，视听言动之礼，不期复而自复矣。此其为静，则诚静矣。《诫子书》所云"学欲静也"，其是之谓乎？孟慈深于学，而有得于庭训者也。谨以质之。

书刘君茶云墓志后

余未识茶云也，因吴君竹如见之，而亦未甚窥其蕴。出京后，竹如书来数称之。曾君涤生亦然，言京师之可与切磋者，惟茶云一人。至去秋，两君均谓茶云弃去旧所嗜好，一反诸己，且舍国子监学正，归养父母，力敦孝弟，以式于乡。吾谓茶云知所自处矣，而不意其遽卒也。读曾君所为墓志，谓其初习于德清胡东樵、太原阎百诗两先生之书，治方舆、六书、九数，日夜求明彻。再会丧妇，劳忧致疾，慨然反本务要，愤而言曰："凡吾之所为学者，何为也哉？舍心身本务不讲，而旁骛琐琐，不以愦乎！"于是痛革故常，志曾思之志，学程朱之学，以求不负乎人之所以为人者。

昔大圣人以《易》教诏天下，曰："穷理尽性，以至于命。"曾子述之，曰："仁以为己任，死而后已。"子思子引而伸之，曰："天命之谓性，率性之谓道，修道之谓教。"传之孟子，孟子道"性善"，曰"人皆可以为尧舜"，曰"君子所性，仁义礼智根于心"，曰"形色，天性也，惟圣人然后可以践形"。人之所以为人，尽乎此矣。

兵戈于秦，谶纬于汉，词章于晋唐。千四百年，濂洛关闽诸贤出。缵孔孟之遗，体乾坤之撰。定之以中正仁义，本之以诚几德。识仁定性，廓然而大公，养性正心，力行以求至。全而生，全而归，于天地为完人，于父母为肖子。道物身，身体道，为往圣继绝学，为万世开太平。此四子者，得乎理之所当然，极乎性之所必至，成乎人，成乎天矣。晦翁统承前绪，推阐遗言，患经不明而人道裂，患学不正而人心危。敬义挟持其心身，中和深致其存发。幽独无所欺，尔室无所愧。进则以诚意正心告我后，退则以居敬穷理训及门。瞿然于道不行为戚，惕焉以道不传为忧。合汉唐诸儒之笺注而辨其是非，而后六艺之大义微言不至浑淆而昧没。研《论》、《孟》、《学》、《庸》之精微而得其旨趣，而后先圣之天德王道遂以昭著而如新。学者口诵而心维之，身体而笃行之，息而养，瞬而存，夜而思，昼而得，微而惩创，显而提撕，愤而克治，惧而修省，严人禽之界，懔欺慊之原，谨圣狂之念，审进止之几，于日用中求至平至实，于伦纪中求至和至顺，于性情中求至中至正，于学问中求至精至粹，夫亦可以为成人矣。

而无如尚博者不知反约，务广者莫能求要。其初也，或补法象之所不周，或撼图史之所未备，或证古书之伪简，或追旧学之遗编。虽于切己之功有所未属，抑亦好古者之所不废也。厥后闻见日偏，矜夸是尚，拾前贤之所不取者而号为绝学，取先正之所不敢言者而谓之新知。发其狂狡，肆乃诋訾。谓人心之伪，伏于孔孟程朱之中，谓性理之言，即是佛老空无之说。迹其生平，坚强能辨，若己无所不知，矫捷为雄，岂复有所自反？是以于往圣真诠冥焉罔觉，而宋贤正学更悍然而莫之顾矣。今日者其人已往，其学益疏，而其陵轹之余风则犹未之熄也。唏！何其恻隐羞恶之泯灭若是耶！

茉云贤于人多矣。始而溺焉，继而悔焉，且悔且厉，若非从事于切己之功，讲求夫事亲从兄之实践，有不可以为人者。归养后黾勉孝恭，必诚必敬，族党大悦，长幼秩然。未几而没，没其安矣。夫人之所大不安者，莫如此心之不可对天。综一生之事，可告天者几何，不可告天者几何，而安与不安可见矣。《易》曰："原始反终。"原于天而始之，反于天而终焉。其始也以天，其终也不负夫天，何不安之有？茉云知其学之非，而翻然改勉，使其永年，勤修而积累之，所至正不可限量，而顾不然，亦可伤矣。然观其改悔之一念，则谓之安也亦宜。

书宋氏双节传后

天下有大不幸之事，足以欷歔流涕，慷慨悲歌，救之不可，援之不能，徘徊焉而莫测其所致，抑塞焉而莫解其所以然。其遇之苦，亦至无告矣。然而义以是定，仁以是全，纪纲以是而饬，民风国俗以是而变，天下循良吏所不能得者，以是而教立化行，非节孝之谓乎？有松柏焉，其翠参天，其阴覆地，干如铁，节如石，雷霆过之不为惊，霜雪侵之不为动，众木凋零，此独亭亭然无能加损者，历变深而所持固也。士夫读古人书，任天下事，平时卓卓自立，若无能夺其所守，移易其素所蓄积者，一旦遇穷时厄，沮丧不知所为，折其刚劲，从而柔之。所谓岁寒之操者安在耶？吾读《宋氏双节传》，叹其志坚行卓，足为天下立纪纲，兴教化，使士君子闻之，奋然励其行，勉其所不得不为，其有裨于世道何如也？孔子称求仁得仁，孟子称廉顽立懦，韩子称特立独行，是岂独为伯夷言乎哉！岂独为伯夷言乎哉！

题西岭塞团练册

本府莅任之初，即以买犊为先，害马宜去，于保甲、团练不啻三致意焉。昨赴富川防堵，道出恭城之西岭村，绅士来谒，出保甲条规若干则及烟户清册呈阅。见其劝人为善，戒人为恶，群而不比于私，别而不入于刻，由是型仁讲让，一道同风，骎骎乎成周比闾族党之教复见于今日也。使村村如是，邑邑如是，岂不亦田无越畔，道不拾遗乎？《礼》曰"相保相受"，又曰"相观而善"，倘群焉以守望之情，共作渐磨之义，于本府有深幸矣。

永宁节孝吴杨氏传

道光十七年秋，拔萃吴生寅邦以其母氏节孝事实请为之传。余维臣之忠，子之孝，妇之节，皆天下之大纲常，非此无以明人伦，兴教化也。黔地岭峦盘郁，林箐绵复，山居谷宿，穴寨岩栖，习于野而远于文，安于椎鲁而略于绳墨，往往教有所不及，化有所不能遍者。赖此世家大族，有卓然可风之事，维持于其间，以鼓舞而振兴之，而俗以蒸变，纪纲以植。则所谓节孝者，乌可不传？

按节妇吴杨氏，岁贡生杨志仕之女。年十九归拔贡生吴志锦，二十三夫亡。当是时，姑殁翁衰，伯兄相继尽殁，一子方岁余。节妇操纺绩，奉甘旨，事翁十年，居丧尽哀尽礼。妾姑薛氏，养膳、安葬，亦极情文。教子教书，学成行立，有闻于时。十六年，有司上其行迹，朝廷旌之。

吾闻吴氏，世有贤德。贵阳教授君视爵，于志锦为高祖。甲戌进士君，视爵之孙也。生经县致仕君播，志锦之考。传家有法，内外井井。播殁而家得以不坠者，节妇之力也，乡里咸称焉。夫自古特立独行，艰辛百倍，亦不过完己所当为，未尝预有他望，而因是感鬼神，动天地，降之以厚报，子孙之达者相继起，何其盛耶！盖人纪之立，世道之存，天亦若借手于斯人而默以相之于不可知之中，其郁抑于先者，即其表著于后者也。而变国俗，植伦常，非官斯土者之所乐闻而述之者乎？是为传。

车陈氏传

车生汝相学于余，将别，愀然告余曰："汝相兄弟幼失怙，赖母氏陈孺人教，得以成人。谨以事实，乞为之传。"

按车姓籍出江西，迁居黔之遵义。汝相之父讳绍田，以举人历官训导，力学有节操，贫而不改其素，待兄弟友爱，尽推田宅与之，没后一无所有。陈孺人事姑抚幼，凡训导君未竟之志，皆以身任之。勤纺绩以助甘旨，补诸子衣食。汝相兄弟三人，左提右挈，言砭动针，稍有不谨，折箠随之。尝曰："作好人难，作丑人易。"语虽浅近，而汝相兄弟之所以能自立者以此。夫好人，圣贤君子之谓，背乎圣贤君子，则丑人矣。是以自洒扫应对以至格致诚正，功有浅深，敬无疏密，一念可以为圣贤，而不敬则入于邪妄。一日之间，敬者有几，不敬者有几，反而自省，好人、丑人之难易可知矣。汝相欲无忘母训也，则当于敬上求之。是为传。

诰授荣禄大夫前云贵总督贺君墓志铭

君姓贺氏，讳长龄，字耦庚，号西涯，晚自号耐庵，湖南善化县人也。旧籍镇海。其高祖上振公为湖南司狱，恤囚有隐德，贫未能归，居会垣，为善化人，世世以仁厚传家。迨君为云贵总督，曾祖士英、祖国华、考启曾，皆赠荣禄大夫。曾祖妣冯氏、祖妣陈氏、妣严氏，皆赠一品夫人。

君英姿动人，而志高言下，见善如不及，勇于任事。自秀才至词翰，常以文章为群党雄，而自视恒阙如也。初放广西考官，继简山西学政，称得士之盛云。今上登极，大简贤能。君以春坊赞善出守南昌，以察吏助大府指臂信谳，舒民间疾苦，深得上下心。二年七月，擢兖沂曹济道。四年闰月，擢江苏按察使。五年四月，升江苏布政使。时以清口塞，议海运，协撰英和连疏其利，而外间以事涉创始，慎之不敢决。君主之，海运乃行。六年十二月，调山东布政使。时库项繣辖，君立清查局，或追或补，数月顿清。旋护巡抚，条奏甚众。七年九月，调江宁布政使。十年十月，请假省亲，丁母忧。服阕，因病请假。十五年四月，奉召入都，授福建布政使。十六年正月，授贵州巡抚。阅九年而升云贵总督。

君之惠政在贵州者，虽屡册不能罄。而其待士也，尤加意焉。养之教之，奋而鼓之，循而导之，优游而涵育之，扩充其所已能，辅翼其所未逮，父之于子，师之于弟，不是过也。凡书院、义学在省垣者，暇则往焉，或背书，或摘讲经义，乐此不倦。固其所好，抑亦爱士之心深也。他若迪官方，泽黎庶，缉盗贼，惩胥吏，赡仓储，练营伍，收恤孤嫠，存养婴幼，开通沟渎，布种桑棉，亦皆义肃仁安，法明恩备。君好与人诘辨，相知与不相知，但可与言，见则发端启问，逐层推诘，穷其原又竭其委，叩其中又讨其边，愈攻愈进，应者倾囊倒箧不足以给之，而君方鳃鳃然未已也。盖其听言也顺而易受，其取言也广而能蓄，一人作如此言然之，一人作如彼言亦然之，惟其善而已，无彼此也。其读书也亦若是。君无日不读书，亦无书不读。未闻者记之，数闻而互异者亦记之。一篇若是，易千百篇亦若是。是以胸怀磊落，得于古者足，得于今者多，事来亦以其所得者应之而已。然而千得之中未尝无一失也，而心之光明则可以告于天下。之总督任，适永昌回变，督兵剿办，亦即解散。次年，遗孽复行聚抢，以是左迁河南布政使。腿疾，告归。旋以前案罗观察搜杀过当，未经严参落职。

君少失怙，恒痛不及禄养，又以官远不能迎奉太夫人为不乐。居丧三年，不出闉闉。友于兄弟，虽远，每月必数起居以为常。戚郦贫乏者，周恤不少吝，晚年尤好行善事。君生于乾隆乙巳年二月初八日戌时，卒于道光戊申年六月初六日巳时，葬长沙明道都南岳庙金鸡嘴之原子山，午向。元配徐氏，前任河南固安县知县讳坦公女，继配郑氏，山东同知讳士杰公女，韩氏，山西平阳府知府讳某公女，皆早卒。陈氏，同邑处士讳锷公女。姜陈氏、冯氏、吴氏。子二：长殇，继配陈氏出；次诒，令胞弟桂龄之子入继，娶丁氏，翰林院侍讲学士名善庆公女。女五：长适河南固始县前任山西巡抚吴公讳其濬长子，荫生，元禧徐氏出；次殇，郑氏出；次殇，韩氏出；次殇，陈氏出；次幼，姜陈氏出。孙女一。君才高望重，交游遍天下，而于同邑唐鉴最亲且信。葬有日，其孤走书请铭，不敢辞。铭曰：

梧桐兮高冈，凤凰鸣兮，邦家之光。菉竹兮淇澳，圭璧绰兮，君子之独。君子之独兮，至隐实大兮，声扬而闻远。名孚其实兮，仕孚其学。仁爱其心兮，经纬其腹。先民而劳兮，先士而觉。不显其恩兮，雨甘林绿。不大其威兮，风柔草肃。嶔崟兮黔之阳，迢递兮阻且长。思君之去兮，徙倚而傍徨。祝君之来兮，蘋藻而羔羊。惟此遗爱兮，百世烝尝。

诰授朝议大夫掌四川道监察御史贺君墓志铭

生平道义交，数人而已。近年来凋丧者大半，心焉伤之。昨岁乞假，由齐至吴归湖湘。到未三日，又失吾蔗农贺君。岂独衰老所难忘于怀，亦天下论人者所共欷歔而慨叹也。

君讳熙龄，字光甫，蔗农其号也。系出浙江镇海。高祖上振公讳宏声，官湖南司狱，因侨居长沙，占籍为善化县人。司狱公尽心于其职，狱粮不可食，辄更之，捐俸置田，以补不足。姒董孺人于冬月给囚棉衣裤，去其败絮，易之以新，泽被幽囚，郁为隐德。曾祖梅九公讳士英，姒冯氏。祖用宾公讳国华，姒陈氏。生子二：建亭公讳启曾，姒严氏；省吾公讳念曾，姒吴氏。建亭公生子七人，君次居六，出后省吾公。君兄耦庚，官云贵总督。曾祖、祖姒至考姒，均赠荣禄大夫、一品夫人。君之考姒以君贵，封朝议大夫，赠恭人。

君外浑内明，不污俗染，不远世情，不梯荣禄，不癖泉林。处则蓄其所必为，出则达其所素积。经常权变之理，探之于怀，皆足以放夫天下。由翰林而御史，而学政，而教于乡，均能以其所设施表见于一时。陈奏所及，皆天下之至要。如复巡湖缉船、禁濒湖私垸、严士习民风五事、惩盐务河工出入二大端、苗疆防驭不可弛、银桩改用不可行，俱利病之大者。时遇圣明，皆得俞旨。督学湖北，以仁行严，以诚觉伪，以身立教，以经史实学示之涂辙，善则称之不绝口，恶则防之于未然，廉耻之道兴，《诗》、《书》之化隆矣。任未满，闻严太夫人病，即日吁请开缺省视。讣至，徒跣星奔，备极哀惨。服阕，以省吾公年高终养，侍奉五年，衔恤终丧不肯出。友朋敦劝，就道入都，补掌四川道监察御史。疏请严禁鸦片囤贩及疏通盐课残引。旋因病乞归。

君前掌教城南书院，辨义利，正人心，训多士，以立志穷经为有体有用之学，又于月米、膏火——清厘，梓为条规，教不忘养，人心帖然服。退归后，仍主城南讲席，教爱后进出于至诚，学者翕然再见茂叔。于其卒也，合馆之士莫不尽伤。君自幼纯笃，与兄耦庚同经而研，合志而求。厥后离合不常，德业各有据依，莫窥其极。至其蕊榜同登，蓬瀛联步，世俗艳称，又其不足论者也。呜呼！君往矣，耦庚何以为怀，余于耦庚又何以为怀耶！

君生于乾隆戊申五月初七日，卒于道光丙午十月二十四日，年五十有九。配梁恭人，本邑处士惟一女。侧室陈孺人、冯孺人、林孺人。丈夫子四：长毅，增贡生，候选训导，次瑷，郡廪生，次瑀，梁恭人出；次璐，陈孺人出。女子子五：长适同邑副榜唐尔羡，次适长邑庠生郑先朴，梁恭人出；三适同邑沈衢昌，四字同邑徐元照，陈孺人出；五未字，冯孺人出。孙男五：彬、凯、诚、德，瑷出；钧，瑀出。孙女一，毅出。逾年秋，卜葬于善化八都新桥柏秋峰之庵坡甲山，庚向，兼卯酉。耦庚以行状属为铭，不获辞。铭曰：

不岩之岖，而谷之虚，德充而储。不川之洋，而渊之藏，道暗而章。言之行之，人咸宜之，教之诲之，人咸思之。虽达而未竟其施，于古贤惟孜孜，乡之人其永奉为师。

戚母蒋太恭人墓志铭

道光九年十有一月二十三日子时，诰封太恭人戚母蒋太恭人卒于京第。其孤人镜哀毁甚，劝之食，不食，语以节哀，哭踊不止。继而归葬有期，谓其游唐鉴曰："人镜四龄失怙，吾母从泪痕中教育成人，劳苦忧虑，事事可传示子孙。请为志之。"

谨按太恭人姓蒋氏，仁和人。考讳思远。年二十四，归同邑诰赠朝议大夫庠生戚公讳凤鸣。朝议公先娶沈太恭人，病废。母孙太恭人闻太恭人贤，且旧姻也，为朝议公聘焉。及见太恭人治家政，谙仪法，抚其背曰："得汝，吾第三子家当兴矣。"朝议公学甚苦，又为兄弟肩任诸事，日常不得休，或忧思至终夜不寐。乾隆五十二年十月病卒。当是时，姑老子幼，病者在床，纷纷无所主。太恭人椎心茹血，以一心经纪丧事，以一心调护慈闱，以一心问疾抚孤，以一心解纷排难。致使殁者安，生者养，逆者顺，乖者和。瘁矣。其后孙太恭人殁，太恭人哀毁倍至，而丧葬悉中礼。岁时蘋藻，悲感不知所自出。其于沈太恭人生殁称情，视其亲如己亲。与族中共产，临财必让。遇人贫乏，假贷无吝色。御下宽仁，恤其饥寒。佣一妪，至老相随。勤于缝绩，夜深始息。醒则课子背诵，习以为常。虽贵，所以勖子者，不离勤慎而已。年七十余，天微明即起，严冬不肯衣皮衣，或劝之，则曰："居深屋着绵犹言寒，独不念途中无衣人耶！"

人镜至孝，年逾四十，犹如婴儿，自入直上书房以及视学贵州，或转一职，或晋一阶，太恭人皆训之周而戒之悉，人镜亦守之谨而行之笃。由学政召归，圣天子垂询备至。人镜向太恭人敬述，太恭人且感且泣，勉人镜者益深。人镜旋落职，自以重负圣恩，又违母训，不敢使太恭人闻。阅岁复职检讨，旨下日，值太恭人七十生辰。人谓人镜之孝有以致之，抑太恭人之教有以成之也。

先是，杭州尝大火，比邻皆烬，独戚氏居无恙。阅数岁，再火，戚氏居复岿然独存，人皆以为太恭人贞孝应。呜呼！天人之际，信可畏哉！

太恭人生乾隆二十九年四月二十四日戌时，享年七十有五。子二：长桂生，早殇；次人镜，官司经局洗马，娶金氏，同邑国学生广聚女。孙男二：恒，聘同邑济南府知府吴振棫女；贞，聘肥城广西平乐府知府唐鉴女。孙女一，字同邑原任河南布政使费丙章之子。以某年某月祔葬于朝议公与沈太恭人之侧，坐乾向巽。铭曰：

衰当兴，剥必复，惟淑德，受嘉毂，懿哉恭人敬以穆。松为操，筼为节，茹坚冰，饭余蘖，长号无泪继以血。奉慈陔，鞠孤子，昼治薪炊夜衣履，以勤补乏家政理。荩惠心，获严教，蒸为祥，曰慈孝，千秋百世斯则效。祔从至，葬以时，慈云去，渺何之，贞珉不朽勒此辞。

节孝李钟氏墓碑

节孝之旌表也，所以励天下之人心，善天下之风俗，整天下之纪纲，立天下之节概，垂天下之大教，壮天下之正气，振天下之幽隐，扬天下之芳烈。可以震嚣漓者之微，可以撼浮薄者之焰，可以杜无忌惮者之渐，可以斩抉藩篱者之萌，可以辅相天地之裁成，可以赞翼圣贤之道德。其心之无可告也穷，其事之无可回也苦，其天之责其身也重，其地之保其生也密，其鬼神之睊其诚、厚其殖也周。无他，为是人也，存则可师，没则可祀，在一乡则一乡之典型，在一邑则一邑之矩范也。是以里人知之，则曰不可不告于国，国人知之，则曰不可不告于天下。请旌其可已乎？而县府道司院各衙门书吏层层索费，不满其欲，断不准行，于是中止者不一而足。吁！可慨也矣。

平江三墩里太学生李发桂之妻钟氏，系封员钟崇山之女。乾隆壬子岁适发桂，时年二十，生子后荣。嘉庆庚申四月，发桂病殁。氏剪发自誓，历尽艰苦，守节五十五年，寿八十二而终。氏于归不及事翁，侍姑吴氏，孝养不离左右。姑病，尽心药饵，衣不解带者数十昼夜。及殁，尽哀尽礼，可为闾里法。课子严，望其成立，常训以不坠先志。道光乙未，其子故，媳钟氏亦亡，抚孤孙恩勤曲至，课读灯下，漏尽弗休。平生守女箴不失，凡邻族妇女辈来候问者，必为之疏讲，乡里敬而重之。殁后，有乡宦在京据其实事呈部请旌。部咨下省，为书吏婪索而止。为之辞曰：

松柏之有心兮，霜雪迫而坚之。竹箭之有筠兮，风雨激而贞之。有哀其中兮，辛之又辛。有穷其外兮，勤之又勤。姑何为而疾兮，不解带而清温。孙何为而泣兮，不挥涕而悲酸。诚且笃兮，其感人也神。孝且慈兮，其教家也仁。是安得不表而书之，托砥石以永其传。

节烈梁马氏墓碑

节烈之重于天下久矣。乡党书其事，呈学转县，历申到院，详部题请给旌，此定例也，而贫者往往难之。夫妇人于归，事舅姑，奉夫子，井臼薪米，丝麻纺织，操持家事，亲睦姻党，闺门礼范，内则规模，皆其职也。以孝称，以顺称，以勤俭称，以慈厚称，以严肃称，以福德称，恒多有之。而节烈则为闺门之所大不幸，亦乡邻之所极不忍闻，而为风俗之大纪，人心之大防，末世苟且之大藩篱，庸夫浇薄之大厉禁。有一于此，而不为之举而称之，以慰其幽魂，以扬其苦志，以垂为乡曲之芳型，以留为国风之正音，岂仁乎？岂义乎？岂有心者之所得已乎？

长沙万都梁马氏，马奂禄之女也。道光丁未岁，适夫秉箴。业伞，日食艰窭。氏勤纺绩以助菽水，侍奉谨至，得堂上心。咸丰辛亥十一月，秉箴病殁。氏泣誓相从地下，既葬，即自经死，年二十岁。甲寅岁，梁姓长老士桢暨其舅士莹惧其潜德不彰，与乡邻茂才曹春典等议所以表扬之，以节略来请碑。系之词曰：

南山之竹，北山之松，一竿劲节，满树清风。九嶷之石，三湘之波，其坚若此，其激云何？泐之以珉，表之于墓，行路同钦，山灵永护。

李舍人白桥哀辞

尝读书至古人之磊落光明，奇行焯焯，才足以当一世之务，德足以敦百行之本，而或崎岖不遇，虽遇而不满其志者，未尝不高其行，哀其穷，悲其赍志以没，而为之留连而不已也。夫自古人以至于今，亦已数千百年矣。目未尝睹其形容，耳未尝倾其言论，进退揖让未尝相接，而见其通也，每鼓舞而欢欣，见其塞也，恒低徊而太息。立乎百世之下，而百世之上有与吾相契而相感者，尚不能不想像于冥漠之中，讨论于闻见之外，而况生与同其时，居与同其地，立志同其方，营道同其术乎？

余初以孤陋不敢广交天下士，闻李君之名而慕之。及嘉庆十六年李君举进士，拜舍人，始见于京师。相与友善，言信而婉，行笃而洁，有善则相劝，有不善则相规。人曰李君古人也，是诚古人哉！少孤，事其母以至孝闻，而生平读书考道，常欲有所建白于天下。使其早得一官，尽展其志，内修甘旨之奉，外以经济施于时，则在家为孝子，在国为名臣，岂非古人之复见于今乎？而乃郁抑数十年，甫获一第，淹没以死，岂不哀哉！其辞曰：

汪汪万顷兮，扰不浊而澄不清。其器广深兮，前叔度而后斯人。与之相接兮，神如秋而气如春。才当见用兮，生乃不辰。坎坷若此兮，又何独悲乎古人？

惩忿箴

　　乾称父也，坤称母也，而于我何负耶！民吾同胞，物吾与也，而于我何侮耶！无端而怨天，无端而尤人，反而求之，吾实不仁。气之悖也，色之厉也，言之恚也，手足之肆也，意态之恣也，皆由于心之戾也。纵能自饰，不形于色，憧憧往来，何时可释？况乃不知，已出于辞，纷纷辨争，以是为非。岂不知祸福，而乃悔而不复，岂不知重轻，而乃激而不平。忘其身矣，及其亲矣。大圣有言，夫何不书之于绅。

训俗俚歌 八十六首，为山苗作

有父母，方有身，人生当报父母恩。报恩无穷尽，是在此心顺。
睦兄弟，父母喜，家庭须有长幼礼。有礼不在多，是要此心和。
别夫妇，内外分，一家表率在己身。表正影亦正，是要此身敬。
宗与族，一本亲，源源流派合而分。流远莫忘源，是要此心仁。
乡若里，比屋居，朝朝暮暮通有无。相亲相保受，是要此心厚。
子若女，爱所钟，教之耕读与女红。无论富与穷，勤俭好家风。
伯与叔，父同怀，奉之如父不敢违。书称侄犹子，爱敬可推矣。

姑姊妹，近亲戚，嫁归不与同席食。礼以别嫌疑，防之在至微。
子定妇，女适人，门户相当不怨贫。好歹随天命，安之家有庆。
奴有义，主有恩，相怜相顾亦至亲。主人戒凌虐，奴仆勤力作。
因爱子，亦爱侄，满阶芝兰同一室。试看手与足，十指皆骨肉。
兄曰嫂，弟曰妇，茅屋数间分左右。礼称不通问，有别乃不亵。
男由左，女由右，即此道路莫乱走。男女不同俦，切勿妄回头。
父有妾，育兄弟，是乃宜奉庶母礼。父妾无所出，敬养之毋阙。
子不幸，有后母，育之切莫分前后。膝边有爱憎，祸患由此兴。
媳不贤，善教之，莫轻出口命子离。离之情太恶，恩义俱伤薄。
母之党，曰舅氏，分义乃与伯叔比。母尊舅亦尊，敬爱推母恩。
妻之党，内兄弟，因妻所称称若是。是乃异同胞，误认惹人嘲。
惟女子，最难养，是要此身不放荡。妾骄妻更妒，反身在善驭。
己无子，嗣在侄，择贤择爱须主一。莫听外来言，骨肉相争瞋。
婚礼重，人伦本，问名纳采礼惟本。六礼不齐备，男女安得会。
婚妁言，年庚帖，俗礼亦取两家合。门前花轿来，新人面始开。
苗瑶俗，男女歌，歌词相合笑呵呵。此风极应变，有礼方不乱。
丧自尽，哭无时，缞象悲痛经象哀。僧道夫何为，无乃与礼乖。
朝夕奠，如亲存，生前定省死亦然。望望不能忘，双双在我傍。
虞有日，葬有时，落土为安俗所知。水蚁所宜避，不必求富贵。
祭追远，要诚敬，精神相感通视听。蘋藻虽云约，诚至神来格。
日月易，时节迁，人子心伤痛念亲。容貌不可见，手奉一盂饭。
祠依神，墓藏魄，春秋雨霜时怵惕。拜扫不可违，深夜子心悲。
父母在，不远游，远游恐惹父母忧。晨夕不离傍，笑语奉爹娘。
衣与食，父母先，穷汉勤劳岂为身。竭力复竭力，能否尽子职。
婉其容，愉其色，凡事必求父母怿。和顺积为祥，五世喜同堂。
诚之至，天亦知，卧冰哭笋与埋儿。点点孝顺心，神明来鉴临。
好田宅，让弟兄，知此道理始无争。不争安有讼，莫受傍人弄。
疏骨肉，是妇言，床头屋里莫轻论。说得颠颠倒，和好成乖恼。
曰孤独，曰鳏寡，是乃穷民无告者。人谁无仁心，何乃反相侵。
为图产，因逼嫁，诬名诬节称强霸。官刑所不饶，冥责尤难逃。
田有畔，山有基，占人分寸都不宜。如人与我争，好说自分明。
钱一串，银几分，大家相假本情亲。如何偶逾限，一忿致交刃。
假索债，牵牛抵，此等恶习宜痛改。耕作赖牛力，治尔不为刻。

食民天，农民本，田家之事不可缓。出作与入息，勤乃农之职。

耕要深，粪要沃，一亩可收四石足。耕浅获亦浅，况乃粪又短。

隔年耕，打白水，收割后将田犁转，以水浸之，谓之打白水。土膏经冻松且解。迨到春雨发，犁耙加七八。

塘底泥，墙畔草，再加灶灰和野燎。酝酿出精华，肥田此可夸。

去旧土，培新塍，一人按板一举绳。扯田塍板，横宽尺二，竖高一尺。要得水不漏，田塍宜光厚。既将新泥扯覆田塍，以板按而光之。

要积水，宜开塘，坡尾陇首可商量。练底练堤堰，还靠铁门限。贴塘堰内挖下五尺，用三合土层层筑之。

山有溪，坝蓄之，闲时蓄积用时施。三家五家共，切莫妄兴讼。

欲养禾，要看水，大雨来时半夜起。水多坏禾苗，水少竭土膏。

田有沟，亩有畎，广尺深尺随塍转。谷熟水宜收，引水入此流。

防旱具，亦多端，龙骨之车是为先。筒车亦省力，却要水相击。

区田法，利瘠土，粪壅深倍一尺五。近水灌溉勤，一亩食三人。

野溪边，家井畔，开畦壅土好救暵。包谷满山隅，不如稻一区。

茧有五，桑为先，樗棘栾萧同一般。陈公留大惠，岂独宜遵义。乾隆年间，遵义太守陈公以山东檞茧传于遵义，至今大享其利。

山有橡，野有檞，但加培植蚕可育。莫嫌无用材，美利从此来。

备不足，要储蓄，仓中不可无羡谷。旱涝亦何常，切勿忘饥荒。

虽佣工，宜羡馀，腰间不可一钱无。一日不空虚，积久可千铢。

农耕田，士读书，读书须用苦工夫。工夫若不勤，惰农无丰年。

读书人，宜穷理，五伦五性俱在是。理穷知乃致，行高登甲第。

是非场，切莫管，一入公门辱难忍。《诗》《书》本尊贵，无乃自污秽。

朋友中，分损益，往来过从宜善择。毋友不如己，其益乃在是。

先器识，后文艺，循循乃是好资地。动辄逞才高，器小乃轻佻。

七八龄，入家塾，洒扫应对贵敦笃。少小不由礼，成人败伦纪。

小学书，朱子纂，读之方见学之本。立身诚敬中，乃是圣贤功。

工与商，大生计，诚诚实实尽吾事。我欺人亦欺，到头无好时。

竭人功，穷地利，开得山坡满树艺。果然勤且苦，天当降甘雨。

原有桐，隰有�，多多种下亦生涯。杉松不择地，到处皆可植。

陶朱公，善牧羊，牧羊亦是富民方。腾趈满山谷，滋养胜他畜。

古吉贝，今木棉，下种须在清明前。粪壅忌太肥，最宜饼与灰。

雨太多，根渐坏，南方须择高仰地。土松苗易长，含花怕风荡。
刀凶器，佩何为，一朝失手悔难追。何如牛与犊，安稳田边宿。
怒难制，忿忘身，见人横逆莫妄瞋。避之莫与校，庶几免凶暴。
花柳巷，莫轻走，落到此中便猪狗。家产浪花了，不久成饿殍。
虽饿死，莫作贼，作贼登时罪不测。人当各努力，好好谋衣食。
抢与劫，当重典，入其伙者轻犹遣。莫逞一时雄，转眼入囚笼。
立名教，念经语，此宜穷治到党羽。慎勿入迷途，以身干重诛。
鸦片土，毒最深，中人肝肠并中心。人形变鬼形，肩竦两眼青。
若上瘾，难除根，戒之戒之莫与亲。少年一贪着，终身人鄙薄。
有等僧，为庙会，诱使妇女分成队。风俗因之坏，当以严刑戒。
有妇人，眼眶烂，以蛊中人死立见。告尔同村人，公举鸣于官。
端士剑，巫师符，假言疗病罪可诛。是不遵法律，拿到先梏桎。
山川淑，人民安，大家同享太平天。早早完钱粮，以此奉输将。
善相劝，恶相规，望衡对宇莫间违。但得好人多，处处可观摩。
同闾井，共防御，保善除奸编甲伍。有害诉官府，擅杀戒轻举。
以有余，济不足，推所不忍莫退缩。为富怕不仁，何不周比邻。
民多愚，士多秀，以秀化愚须口授。官有教民言，还要士先传。
乡曲间，教难遍，为拟歌辞从俗谚。妇孺亦皆知，莫作寻常诗。

幼学口语

谆谆命我，受之自天，是之谓性，是之谓人。
善从性来，其端有四：曰仁曰义，曰礼曰智。
仁于何见？是爱是施。义于何见？是正是宜。礼于何见？是敬是
仪。智于何见？是觉是知。
其爱伊何？亲于所亲，推而施之，及物及民。

其正伊何？为所当为，行而宜之，去偏去私。

其敬伊何？心无所放，发而为仪，不卑不亢。

其觉伊何？理有难昧，致其所知，无小无大。

信以实之，是曰五性。五性扩充，由贤入圣。

圣贤之道，不外五伦。亲曰父子，义曰君臣，序曰长幼，别曰夫妇。更有取资，信在朋友。

是以五伦，配取五性，非是非人，勉焉立命。

大人之德，惟学乃成。何以为之？曰明曰诚。

学者之心，惟道是务。何以贯之？曰忠曰恕。

理从天出，知由性生，理穷知致，是之谓明。

私因欲起，妄以欺成，私除妄去，乃至于诚。

即人即己，道在自反，能尽吾心，行恕之本。

由己及人，理无二致，但推此心，皆忠所至。

为学工夫，体认为先，不知心性，难入圣贤。

心于何存？全在慎独。性于何尽？乃由致曲。

不睹不闻，独知之地。一萌邪妄，指视环至。

忽醒忽觉，善端之发，加以扩充，义理乃出。

持心惟敬，存性惟诚。敬则心立，诚则性成。

何以主敬？谨此斯须。何以立诚？戒在隐微。

立人之道，曰仁曰义。仁统五性，义制万事。

本心之良，曰知曰能。知以明理，能以力行。

惟知之明，行乃能至。惟行之笃，知乃不昧。

惟静惟虚，方识理气。惟诚惟正，方见心意。

气以理帅，理以气充，即理即气，不滞不空。

存主为心，发端为意，是意是心，有慊有戒。

既有体认，尤贵存养，以瞬以息，是生是长。

恻隐之心，发于不忍，人谁无之，是在善反。

羞恶之心，出于不肯，人谁无之，是在循省。

辞让之心，本于不敢，人谁无之，是在知检。

是非之心，由于不安，人谁无之，是在审端。

孝为大德，须由敬生，一敬皆敬，孝道乃成。

忠为大道，须由诚立，一诚皆诚，忠心乃得。

圣贤之心，我亦有之，守之勿失，戒之勿欺。

天地之性，我亦赋之，率之勿怠，秉之勿私。
存养有功，克治宜力，一有己私，即非天德。
诚有隙漏，妄随之起，是如逐亡，不治不已。
敬有间断，邪由此生，是如斩乱，不克不平。
动欲胜人，时而矜己，反而求之，乃知不是。
逐物生憎，逆我而恶，平而理之，乃知不恕。
媚人而谄，傲人而骄，侮人而慢，欺人而侥。
是乃有端，不诚不正，急反此心，急复此性。
非仁自仁，非义自义，非礼自礼，非智自智。
是乃何由？无学无识，急讲此道，急明此德。
忿欲二者，最为心害，忿来原燎，欲来防溃。
何以惩之？是在责己。责之又责，不为气使。
何以窒之？是在持心。持之又持，不为邪侵。
二者不去，难望圣贤。不迁不贰，独有颜渊。
学者用功，先逆后顺。四勿四毋，皆由逆进。
克治既严，存养乃切。须臾不离，提撕省察。
屋漏何明？衾影何近？欺乎不欺，慎乎不慎。
十手指之，幽独难避。十目视之，肺肝如绘。
自以为诚，那知其伪。自以为敬，那知其肆。
自以为正，那知其比。自以为和，那知其戾。
去伪求诚，去肆求敬。或断或续，潜参密听。
去比求正，去戾求和。或操或舍，细按轻摩。
一出言时，戒躁戒轻。兴戎贾祸，尤从此生。
一行事间，戒僻戒随。辱身败德，悔从何追。
自来修为，败于私昵。夜寐夙兴，以战以栗。
多少事功，堕于夸大。手胼足胝，不骄不替。
动静互根，显微无间。以理驭神，以一定散。
是谓省察，无时可离。加以讼过，随失随治。
文过过增，讼过过损。讼之奈何？自惩自愤。
人不我责，我岂不知。知之不悔，咎其日滋。
悔之悔之，反侧难寐，如见师呵，如闻友怼。
悔之悔之，丝毫必判，如以官临，如来鬼瞰。
一言之玷，省之终身。一步之差，究之长年。

时时警惕，念念持循。以理胜欲，以慎完仁。
最可畏者，人禽之界。其心偶乖，其身已悖。
伦常具存，义理具在。越此半步，陷入大海。
又有两关，名利祸福，相拒相迎，纷纷逐逐。
古人暗修，不知华膴。得时而行，取怀而与。
君子内省，可质鬼神，任天而动，举世莫干。
名利不撄，祸福不问。学由此纯，道由此进。
希圣希贤，是学者事。攻苦多端，首重立志。
一开书卷，即定所趋，中道而立，勿东勿西。
一关念虑，必择所主，惟理是存，无攻无取。
志之所至，以力赴之，日往月来，此心不移。
值境之苦，所守惟坚。遭时之艰，所秉惟贞。
生而安乐，操之弥笃。身入流波，振之弥卓。
所效惟贤，贤矣未足。所跻惟圣，圣矣犹勖。
以是修德，以是凝道，发愤忘食，不知其老。

唐鉴年谱简编

乾隆四十三年戊戌（1778）　1 岁

五月七日，生于湖南善化（今长沙）。名鉴，字栗生，号镜海，或作敬楷，又称小岱山人。

先世于明永乐间由江西丰城迁湖南善化。祖父唐焕，字尧章，乾隆六年（1741）举人，曾任山东平阴县县令。父唐仲冕，字六枳，号陶山，学者称陶山先生。乾隆五十八年（1793）进士，历任江苏荆溪、吴江、吴县知县，海州、通州知州，松江府、苏州府知府，官至陕西布政使。为官清正廉洁，关心民瘼，每至一地，均兴利除弊，振兴文教，深得民众拥戴，江苏士人为其绘像刻石，立于苏州沧浪亭。学识广博，考核精审，崇尚明体达用之实学，著有《岱览》、《陶山文录》、《陶山诗录》等。

乾隆四十八年癸卯（1783）　6 岁

始随祖父唐焕读朱熹《小学》等书。少时即"迈异精勤，嗜学如渴"①。

乾隆五十四年己酉（1789）　12 岁

读《资治通鉴纲目》等书，每事必论。

乾隆五十七年壬子（1792）　15 岁

应童子试，名列前茅。

---

① 曾国藩：《皇清诰授通奉大夫二品衔太常寺卿谥确慎唐公墓志铭》，见唐鉴《唐确慎公集》卷首。

嘉庆四年己未（1799）　22 岁

补弟子员。

嘉庆五年庚申（1800）　23 岁

为廪膳生。

嘉庆九年甲子（1804）　27 岁

赴京城参加顺天乡试，落第。归途经山东泰安府肥城县陶山，拜扫祖母墓，赋诗《陶山扫墓三首》。

援例选为湖南岳州府临湘县学训导。

嘉庆十二年丁卯（1807）　30 岁

与贺长龄（耦庚，或作耦耕、藕耕）、贺熙龄（蔗农）兄弟同举湖南乡试。

"年三十后，专读朱子之书，于《文集》、《语录》致力尤深"①。

嘉庆十四年己巳（1809）　32 岁

赴京城参加会试，中进士。

嘉庆十五年庚午（1810）　33 岁

入翰林院，改庶吉士。

公事之余，日与贺长龄、陶澍（云汀）、戚人镜（蓉台）等友人以理学相切磋，以经济相劝勉。

嘉庆十六年辛未（1811）　34 岁

散馆，授翰林院检讨，充国史馆协修。

嘉庆十七年壬申（1812）　35 岁

得朱熹《近思录》读之，"颇知自奋"②。

---

① 许乔林：《四砭斋省身日课序》，见唐鉴《四砭斋省身日课》卷首。
② 唐鉴：《唐确慎公集》卷三，《与陈秋舫书》。

嘉庆十九年甲戌（1814）　　37岁

充会试同考官。

撰《读易反身录》二卷。

以畿辅水利久废不举，意欲兴修水利，开垦农田，为国家解决生财之道，为百姓防御水旱灾害，因采择古书，并实地查访直隶地区河流湖泊，撰《畿辅水利备览》一书。

以贺熙龄考中进士，来到京城，常与之切磋经济学问，遂成道义之交。

嘉庆二十一年丙子（1816）　　39岁

以贺长龄赴山西学政任，作《赠贺藕耕太史提学山西序》，并提出治身、取友、立教、毓才、端士习、作士气、慎采访、审取舍、穷弊窦凡九条建议，为之送行。

嘉庆二十二年丁丑（1817）　　40岁

补浙江道监察御史。"疏劾湖南武陵知县顾烺圻贪劣状，一时称快"[1]。

嘉庆二十三年戊寅（1818）　　41岁

充顺天乡试同考官。

嘉庆二十四年己卯（1819）　　42岁

充会试监察御史。

以所上"淮盐引地疏"与部议不合，降为六部员外郎。

道光元年辛巳（1821）　　44岁

道光帝登基，得户部尚书刘镮之（信芳）力荐，以废员引见，简放广西遗缺知府，补平乐府知府。于任内兴利除弊，捕盗安民，并相其地宜，推广开塘治田之法。

道光四年甲申（1824）　　47岁

以母病告假归养，端汤侍药，恪尽孝道。十月，母亲病逝，奉父命

---

[1]　《清史列传》卷六七，《儒林传上二》。

葬母于肥城县陶山祖母墓东侧。旋遵父命改籍山东肥城，自称小岱山人。

道光五年乙酉（1825）　48 岁

丁母忧，庐墓三年，事事求合古礼，因著《读礼小事记》前、后编。
应督学何凌汉（文安）、山东布政使贺长龄之聘，主讲泰安书院。

道光六年丙戌（1826）　49 岁

冬，服阙，回江南，侍奉父亲膝下。

道光七年丁亥（1827）　50 岁

父亲病逝。冬，扶父柩随漕船回山东肥城，葬父于平阴县安子山。

道光八年戊子（1828）　51 岁

丁父艰，守制岱麓。
主讲泰安书院。并设义学于肥城涧北山庄，教授乡人之无力读书者。

道光九年己丑（1829）　52 岁

服阙，进京引见，分发广西，补原缺。

道光十年庚寅（1830）　53 岁

引见归，回金陵。率家人赴广西任所，取道长沙，拜祭祖墓。

道光十一年辛卯（1831）　54 岁

四月，抵广西，署理梧州、桂林二府事，旋奏补平乐府知府。于任内捐廉修缮文庙、考棚、书院，革除陋规，惩治盗贼，并重申开塘治田之法，以惠民生。

道光十二年壬辰（1832）　55 岁

湖南江华瑶民赵金龙率众起事，波及广东、广西两省。奉命出守平乐府属要隘富川，自春至冬，效力戎行，未敢稍懈。闻贺县瑶民意欲起而响之，乃轻车简从，深入瑶寨，安抚瑶民，其事遂平。又力倡于宋塘、三辇、龙窝、平市、倒水五源地方兴建瑶学，以培植礼义，端正人心。

作《壬辰防瑶五论》一篇。

道光十三年癸巳（1833）　56 岁

富川五源书院建成，为作《新建五源书院碑记》。

以瑶事平息，著《平瑶纪略》二卷。板存金陵，后毁于兵燹。

以平瑶有功，得两广总督、广西巡抚卢坤（厚山）荐举，送部引见。于途次简放安徽徽宁池太广兵备道，兼管钞关。甫到任，即查处蠹胥赵士孝，获来往商旅称颂。

道光十四年甲午（1834）　57 岁

调任江安徽宁池太庐凤淮扬十府粮储道，管理漕粮督运事务。以粮船水手多有恃强逞凶，聚众斗殴之事，拟定《禀查禁水手滋事章程四则》。又以粮船水手责在漕运，不宜帮同捞挖运河淤沙，上《粮船水手捞十字河沙不便禀》。

道光十六年丙申（1836）　59 岁

补授山西按察使。于途次调补贵州按察使，入京召对三次。在任秉公审理讼案，处置得宜。公余之暇，招本地士子入署读书，亲为讲解，并于官署倡立四处义学。又与时任贵州巡抚贺长龄共同推广区田法，以利民生。

道光十八年戊戌（1838）　61 岁

补授浙江布政使。于途次调补江宁布政使，入京召对三次。在任严察胥吏，革除弊政，又捐廉设立八处义学。

以两江总督陶澍卧病，代为处理日常事务。"文牍如山，宾僚填咽。昧爽而勤职，丙夜而不休，忘寝辍餐，形神交瘁。而言者乃劾其多病近药，废阁公事，又杂摭他端，以相訾毁。朝廷遣使者按问，率无左验。"①

---

① 曾国藩：《皇清诰授通奉大夫二品衔太常寺卿谥确慎唐公墓志铭》，见唐鉴《唐确慎公集》卷首。

道光十九年己亥（1839） 62 岁

以两江总督陶澍病逝，署理两江事务。

道光二十年庚子（1840） 63 岁

四月，由江宁布政使内转太常寺卿，入京供职，召对一次。修订汉文则例，独任校雠。

公务之余，倡导正学，谨守程朱，严立藩篱，无稍依违。倭仁（艮峰）、曾国藩（涤生）、吴廷栋（竹如）、吕贤基（鹤田）、何桂珍（丹溪，或作丹谿，一作丹畦）、窦垿（兰泉）等人均从而问学。

道光二十一年辛丑（1841） 64 岁

广东海疆事起，坚决主战，反对主和，上疏弹劾主和派琦善、耆英等人，"直声震天下"①。

七月，曾国藩请教为学之方及修身之法。为之推荐《朱子全书》，并告以治经宜专一经，为学只义理、考核、文章三门，"经济之学即在义理内"。又言修身当以"整齐严肃"四字检摄于外，以"主一无适"四字持守于内。②

道光二十三年癸卯（1843） 66 岁

召见一次。

始纂《学案小识》，恪守程朱正学，贬低经学，于心学则深致不满。其书首以陆陇其、张履祥、陆世仪、张伯行四人为传道，次以汤斌、顾炎武等十九人为翼道，再次以于成龙、魏裔介等四十四人为守道，余为经学、心宗等。

道光二十四年甲辰（1844） 67 岁

召见一次。

郭嵩焘来谒，得见其所著《四砭斋省身日课》，深受教益。

道光二十五年乙巳（1845） 68 岁

召见一次。

---

① 李元度：《国朝先正事略》卷三一。
② 参见《清史列传》卷六七，《儒林传上二》。

《学案小识》书成，凡十五卷，自为作《叙》。何桂珍、窦垿、曾国藩诸人为之校刻，并作跋语。

乘车入内廷值日，车翻伤肘。是冬以肘疾复发，奏请开缺，回籍调理。

道光二十六年丙午（1846）　69 岁

三月，出京，作《都门留别》组诗四首。取道山东，拜祭祖墓。

十月，回到善化，与贺长龄、贺熙龄兄弟相聚。未几贺熙龄去世，为之撰墓志铭。

道光二十七年丁未（1847）　70 岁

与贺长龄切磋《易》学，撰成《易牖》二卷，贺长龄为之作序。

与同乡后学罗泽南（罗山）、刘蓉（霞仙）、左宗棠（朴存）、劳崇光（辛阶）等人探讨性理之学，后学诸人多得其教诲。

八月，应两江总督李星沅（石梧）、江苏巡抚陆枚（立甫，或作立夫）之聘，前往金陵。途经岳阳，遇盗被劫，一生藏书损失大半。

道光二十八年戊申（1848）　71 岁

抵达金陵，主讲江南尊经书院。

道光二十九年己酉（1849）　72 岁

其金陵寓所颐园建成，作《颐园落成》组诗四首。

咸丰元年辛亥（1851）　74 岁

咸丰帝登基。以其弟子吕贤基推荐，获新帝召见。三月十八日，内阁奉旨传谕进京。五月十九日，行抵京城。先后召见十一次，或问家世学术，或询安民之策，皆一一进言，凡"中外利弊，无所不罄"①。期间，以《畿辅水利备览》一书进呈，谕交军机处收存，以备采用。又因太平天国起义，以"广西用兵，宜以安民为主"，疏请立民堡收恤难民。②

---

① 曾国藩：《皇清诰授通奉大夫二品衔太常寺卿谥确慎唐公墓志铭》，见唐鉴《唐确慎公集》卷首。

② 参见唐鉴：《唐确慎公集》卷首，《请立民堡收恤难民疏》。

帝"嘉其品学兼优，器识安定，欲令留京供职"。以年老体衰，陛辞四次，始得"赏加二品衔，回江南主讲书院"①。

咸丰二年壬子（1852）　75 岁
回至金陵，移席钟山书院。

咸丰三年癸丑（1853）　76 岁
以太平天国起义波及湖湘，急欲回乡祭扫祖墓。正月启程，途经江苏、浙江，一路颠沛，作《纪行十六首》、《南征三十四首》等诗纪之。

咸丰四年甲寅（1854）　77 岁
正月，行抵江西南昌。应陆元烺（虹江）、邓仁堃（厚甫）两先生之邀，主讲白鹿洞书院。

冬，回到长沙。以城中颓败，满目疮痍，遂卜居宁乡四都衡丹岭，日事著述。

咸丰六年丙辰（1856）　79 岁
为罗泽南《西铭讲义》作序，称其学术"不让能于薛、胡"，功绩"几媲美于郭、李"②。

咸丰七年丁巳（1857）　80 岁
以行年八十，赋诗《八十自寿四章》。
应邀赴朗江书院讲学。
移居宁乡四都扬冠冲之月塘。

咸丰九年己未（1859）　82 岁
偶患腹疾，服药调理，虽获痊愈，但步履艰难，身体已非昔比。

咸丰十年庚申（1860）　83 岁
迁回衡丹岭。

---

① 唐鉴：《唐确慎公集》卷首，《恭谢赏加二品衔，回江南主讲书院疏》。
② 唐鉴：《唐确慎公集》卷一，《罗罗山西铭讲义序》。

腹疾复发，时愈时剧。

咸丰十一年辛酉（1861） 84 岁

正月十一日，复曾国藩函。十五日，精神恍惚。十八日辰时，肃然端坐而逝。

三月二十五日，葬于宁乡四都十区王坑新屋后山子山。

曾国藩代递其遗折并请谥，奉特旨予谥"确慎"。

后　记

　　本书作为《中国近代思想家文库》入选作品之一，从选题的确定、体例的编排，到最终完成点校整理工作，得到了多方面的帮助和支持。中国人民大学清史研究所的博士生沈伟、项旋协助查找文献资料，中国人民大学出版社的策划编辑王琬莹帮助确立选题、完善体例，责任编辑认真审校，严格把关。他们都为本书的顺利出版，付出了艰辛的努力，谨在此一并表示诚挚的谢意！

编者

2015 年 5 月于中国人民大学

中国近代思想家文库

图书在版编目（CIP）数据

中国近代思想家文库．方东树唐鉴卷/黄爱平，吴杰编．—北京：中国人民大学出版社，2015.1
ISBN 978-7-300-20456-7

Ⅰ．①中… Ⅱ．①黄…②吴… Ⅲ．①思想史-研究-中国-近代②方东树（1772～1851）-思想评论③唐鉴（1778～1861）-思想评论 Ⅳ．①B250.5

中国版本图书馆 CIP 数据核字（2014）第 302297 号

中国近代思想家文库
方东树 唐鉴卷
黄爱平 吴 杰 编
Fang Dongshu Tang Jian Juan

出版发行	中国人民大学出版社	
社 址	北京中关村大街 31 号	**邮政编码** 100080
电 话	010－62511242（总编室）	010－62511770（质管部）
	010－82501766（邮购部）	010－62514148（门市部）
	010－62515195（发行公司）	010－62515275（盗版举报
网 址	http://www.crup.com.cn	
经 销	新华书店	
印 刷	涿州市星河印刷有限公司	
开 本	720 mm×1000 mm 1/16	**版 次** 2015 年 5 月第
印 张	40.75 插页 1	**印 次** 2025 年 1 月第
字 数	651 000	**定 价** 144.00 元

版权所有　　　侵权必究　　　印装差错　　　负责记